Akron

Partnerschaftsastrologie

Akron

Partnerschafts-Astrologie

Das Handbuch
zu den Aspekten der
persönlichen Kräfte

KAILASH

KAILASH
Eine Buchreihe herausgegeben von Hajo Banzhaf

Die Deutsche Bibliothek – CIP-Einheitsaufnahme
Akron:
Partnerschaftsastrologie : das Handbuch zu den Aspekten der persönlichen Kräfte / Akron. – München : Hugendubel, 1999
(Kailash)
ISBN 3-89631-284-7

Umschlaggestaltung: Zembsch' Werkstatt, München, unter Verwendung eines Bildes von Gianfranco Ruzzon, Rosolina, Italien
Illustrationen: Voenix, Köln
Gesamtgestaltung: Akron
Produktion: Tillmann Roeder, München
Satz: Creative Atelier Rageth, Schwellbrunn
Druck und Bindung: Huber, Dießen
Printed in Germany

ISBN 3-89631-284-7

Inhalt

Wenn ein Mensch nicht das Ewige,
das in der Liebe wohnt, ahnend erfaßt,
so macht er leicht daraus eine persönliche Tragödie,
und dann ist wieder einmal ein Funke vom ewigen Feuer
in einem Tümpel erloschen.

Marie-Luise von Franz

Vorwort

Wenn im Zeitalter der Computertechnologie jemand behauptet, daß die Gestirnsstände zweier Personen irgendeine seelische Auswirkung auf die gegenseitigen Reflexionen in der Partnerschaft bewirken könnten, ist der rationale Denker erst einmal irritiert. Irgendwie ist jede Form von nicht nachvollziehbaren Erklärungen, die behauptet, daß es irrational auf das Geschehen Einfluß nehmende Zusammenhänge gibt, ein Schlag gegen das logisch-rationale Weltbild der elektronischen Medien und der futuristischen Entwicklungstechnologie. Für viele Intellektuelle ist die Wirksamkeit der Astrologie kein schlüssiger Beweis, drückt sich in ihr doch mehr das Unbehagen der Gesellschaft gegenüber den Schattenseiten des rationalen Fortschritts aus, dessen rasender Entwicklung das Individuum nicht immer zu folgen vermag. Der Wunsch, Verborgenes zu erfahren, ist dem Menschen angeboren und drückt sich vermehrt in Situationen aus, in denen sich die rationalen Ziele nicht ohne weiteres erreichen lassen, denn die Astrologie denkt weder logisch, kausal, rational noch linear, sondern symbolisch, ganzheitlich, irrational und analog. Deshalb lautet die Frage zunächst: Was ist Astrologie, und funktioniert sie wirklich?

Astrologie funktioniert tatsächlich. Trotzdem – und das ist der Pferdefuß bei diesem Thema – kann man nicht davon ausgehen, daß das Geburtshoroskop die Erklärungen für die einem im Leben begegnenden Umstände allein gibt und daß diese in allen Fällen unverrückbar wären. Man kann eher davon ausgehen, daß die Planetenstellungen im persönlichen Horoskop die individuelle Sichtweise bestimmen, aus der heraus wir die Umwelt betrachten – also gewissermaßen einer Einladung gleichkommen, wie wir die (an sich unbestimmten) Eindrücke aus der Außenwelt zu erleben und für uns auszuwerten haben. Deshalb ist die Umwelt auch nicht annähernd so umfassend, wie das der Sinn-Suchende durch die Aura seines Erkennens anfänglich in das astrologische Weltbild hineinzuinterpretieren versucht, das diametral zu seiner seelischen Ungewißheit seine fehlende Schicksalsausrichtung zementieren soll. Man muß hier vorausschicken, daß die menschliche Vorstellung aus den zahlreichen Möglichkeiten vorzugsweise die herauspflückt, die ihm in einem simplen Sinn seine Wünsche bestätigen. Erst wenn der Mensch erkennt, daß er die Situation, die er betrachtet, immer aus einer Perspektive sieht, die meistens einen Negativ-Wert beinhaltet (kaum einer kümmert sich z. B. um den Sinn des Scheiterns, solange seine Erfolgskurve aufwärts zeigt), kann er feststellen, daß die Antworten, die er akzeptiert, immer etwas mit dem Verdrängen des Standpunktes zu tun haben, auf den er sich bezieht.

Wenn wir jedoch um diese seelischen Aussteuerungsmechanismen wissen und die verdrängten, sich im astrologischen Modell bestätigenden Sehnsüchte nicht unreflektiert zum karmischen Zielpunkt erheben, dann bleibt auch abzüglich der Übertragungen und Selbstsuggestionen, die bei der Beschäftigung mit Astrologie eine dominierende Rolle spielen, unter dem Strich immer noch eine Menge unerklärlicher Erkenntnisse übrig, die an die Pforten unseres rationalen Weltbildes klopfen und denen wir uns, wenn wir uns mit den kosmischen Gesetzen auseinandersetzen wollen, nicht verschließen sollten.

Partnerschaftsastrologie aus tiefenpsychologischer Sicht

Um die Partnerschaftsastrologie in ihrem tieferen Sinn zu verstehen, müssen wir das Prinzip von Ursache und Wirkung verlassen. Dieses Prinzip ist nur ein Kunstgriff unseres Verstandes, um uns die Strukturen in der Welt einsichtiger zu machen (denn die Voraussetzungen unseres Verstandes zwingen uns, die Welt nach dem Prinzip von Ursache und Wirkung zu betrachten). Wir müssen begreifen, daß die Ursachen, aus denen sich die Wirkungen ergeben, selbst nur Wirkungen zurückliegender Ursachen sind, die sich auf immer weiter zurückliegende Voraussetzungen zurückführen lassen. Probleme in der Beziehung sind die Wirkungen weiter zurückliegender Ursachen, die wiederum Wirkungen noch tieferer Ursachen sind. Man muß sich Gedanken über die Gesamtzusammenhänge machen, um sich mit seinen Problemen spirituell oder tiefenastrologisch auseinandersetzen zu können.

Es ist nicht nur der Partner, der uns gibt oder nicht gibt, was wir von ihm erwarten; genauso sind wir es selbst, die den anderen unbewußt dazu zwingen, uns das Bild zu vermitteln, das wir aufgrund unserer Vorstellung von ihm erwarten. Solche Beobachtungen helfen uns zu erkennen, daß unsere objektive Wirklichkeit einem Denken entspricht, das sich aus seinen Beobachtungen selbst ausschließt, weil es glaubt, außerhalb zu stehen und den anderen getrennt von der eigenen Vorstellung zu sehen. In Wirklichkeit gibt es nur die Wechselwirkung zwischen dem Beobachter und dem Beobachteten, wobei der Beobachter das, was er sehen will, in das zu Beobachtende einfließen läßt, um in der Außenwelt die Bestätigung für das zu bekommen, was er sehen will.

Erst wenn wir den anderen von unserem inneren Bild abziehen, können wir ihn wirklich sehen, da er sonst mit unserer inneren Vorstellung verschmilzt. Wir sehen eine Sache nicht so, wie sie ist, sondern nur so, wie wir sie sehen wollen. Wenn Disharmonien zum Partner in unserer Psyche angelegt sind, dann kann sich der andere verhalten, wie er will – immer wird er von unserem unbewußten Verhalten in eine Lage gezwungen, in der sich die Spannungen auch auslösen. Das, was mir im anderen begegnet, sind meine inneren Bilder, die mich zwingen, mich denjenigen Umständen in der Umwelt auszuliefern, die mich dorthin dirigieren, wo mich mein gelebtes, akzeptiertes Schicksal freudig belohnt oder mich meine Verdrängungen zwangsweise von außen wieder einholen. Immer sind es die Gefühle uns selbst gegenüber, die uns einladen, den anderen aus jener Perspektive zu beurteilen, die den Gefühlen entspricht, mit denen wir uns identifizieren. Es sind die uns anziehenden Gefühle, an die wir uns je nach Anlagen zu binden haben und die dann über diese Bindungen die Funktionen oder Wirkungen in unserem Leben festlegen, die wir aufgrund unserer Veranlagungen über den Partner in unser persönliches Schicksal übernehmen.

Dieses Geflecht, das dem Verhalten der menschlichen Psyche entspricht, sich immer auf irgend etwas zu beziehen, ist die Welt, die sich aus dem Bewußtsein dieser Bilder nährt. Es ist also wichtig zu wissen, daß die Probleme in einer Partnerschaft auch Probleme einer Folge von Wirkungsprinzipien sind, die auf Ursachen folgen, deren Grundlagen in uns selbst zu suchen sind. Dieses Beziehungsgeflecht zieht sich durch die Geschichte der Menschheit und wird gleichsam zu der Straße, auf der sich Generationen vererbter Vorstellungen bewegen. Und so, wie die Menschheit keinen Frieden finden wird, solange sie ihr Verhalten nicht ändert, weil der Krieg exakt den Auswirkungen menschlicher Verhaltensmuster entspricht, so werden sich die Partnerschaftsprobleme nicht ändern, wenn man dem anderen die Schuld gibt. Der andere ist nicht nur Ursache, sondern auch Wirkung in unserem eigenen Verhalten, das gleichzeitig in die Vergangenheit und in die Zukunft weist.

Der kybernetische Ansatz

Ein ins Wasser geworfener Stein verursacht Wellen – doch der Flug setzt das Werfen eines Werfenden voraus und beginnt beim Loslassen des Steins. Psychologisch relevant sind beide Aspekte: der «Hintergrund der Erwartungshaltung des Werfenden» ebenso wie die «Zukunft der Wellen, die der Stein (= die Erwartungshaltung des Werfenden) auslöst». Beide Aspekte ein und desselben Vorgangs überlagern sich im Moment des Aufschlagens des Steins auf der Wasseroberfläche. Dies ist der magische Brennpunkt, den es zu untersuchen gilt, weil sich hier das Bild des anderen fokussiert.

Nehmen wir einmal an, Eva wünscht sich einen lieben, netten und zärtlichen Mann. Ein solcher Wunsch ist niemals der Anfang – genausowenig wie ein Keimling nur Anfang ist, sondern immer auch Frucht einer vorangegangenen Blüte –, sondern er impliziert bereits zwei entscheidende Voraussetzungen oder Vorgeschichten: zum einen den Wunsch selbst und zum anderen den Hintergrund dieses Wunsches. Wir gehen davon aus, daß das, was wir uns wünschen, uns deshalb fehlt, weil es uns zufälligerweise noch nicht über den Weg gelaufen ist. Das Fehlende auf der horizontalen Ebene ist uns noch nicht begegnet, weil wir uns noch nicht genügend auf der flächendeckenden Ebene der Realität umgesehen haben, um dem Gewünschten zu begegnen. Doch im Grunde verhält es sich gerade umgekehrt: Das Fehlende verbirgt sich vor uns auf der rationalen Ebene gerade aus dem Grund, weil es uns fehlt. Was sich hier aus der dualen Ebene wie ein Widerspruch andeutet, ist gerade ein Grund, warum wir aus der dualen Ebene des Verstandes die psychologischen Probleme der Seele nie erkennen können. Denn das, was uns fehlt, kann gerade deshalb nicht von uns gesehen werden, weil es sich vor uns verbirgt. Um das Problem überhaupt zu erkennen, müßten wir unsere Sichtweise ändern, da alles, was wir aus der alten Perspektive betrachten, immer genau das ungesehene Problem ausdrückt. Das bedeutet im konkreten Fall: Solange Eva mit ihren abgespaltenen inneren männlichen Anteilen keinen inneren Frieden findet, solange kann sie keinen entsprechenden Mann in der Außenwelt anziehen. Der Mann, von dem sie sich anziehen läßt, muß sie zwangsläufig enttäuschen, weil das ganz genau ihrer unbewußten inneren Abmachung entspricht, solange in der Außenwelt enttäuscht zu werden, solange sie ihre inneren Verstrickungen nicht erkennen kann.

Wenn also Eva die Werfende und ihre Absicht die ist, einen lieben Mann zu finden, dann ist die «Vergangenheit der zukünftigen Absicht der Werfenden» wahrscheinlich eine unbewußte Ablehnung des Mannes (der verdrängte Hintergrund ihrer Partnerschaftssituation), die sich unbeabsichtigt und ohne Evas Wissen in jeder Absicht inkarniert.

Was passiert jetzt? In dem Moment, wenn sich der Wunsch in der Realität verwirklicht (das ist der Moment des Aufschlagens des Steins auf der Wasseroberfläche, wo sie dem Partner in der Realität begegnet), begegnet Eva ihrem beabsichtigten Mann, der ihr aber nicht objektiv, sondern auf der Grundlage ihrer unbewußten inneren Disposition begegnet. Wenn wir annehmen, daß Eva nicht die Zuneigung ihres Vaters bekam, könnte sich dieses Muster in der Partnerschaft so auswirken, daß sie sich nur von einem Mann angezogen fühlt, der sie enttäuschen wird, ja geradezu enttäuschen muß, damit sich die auf die unterbliebene Vaterliebe entwickelte psychische Reaktion, das «Zuneigungs-Verhinderungsmuster», also «das, was ich sowieso nicht kriege, auch nicht zu wollen», erfüllen kann. Denn was Eva nicht weiß: In jedem äußeren Wunsch fährt ihre unbewußte Verhinderung als blinder Passagier mit und zwingt sie, ihre Option einzulösen – zum Beispiel, die Zuneigung eines Mannes niemals annehmen zu wollen. Die Partnerschaftsanziehung funktioniert also nicht, sondern es ist vielmehr so, daß sich die Anziehung nach ihren eigenen komplexen Gesetzen vollzieht, die die unbewußt in den Wunsch eingelagerten Konditionen mit einschließt, und nicht nach den Gesetzen der bewußten Absichten der Wünschenden. Dies kann mit Hilfe der astrologischen Komponenten besser nachvollzogen werden.

Natürlich genügt die astrologische Sichtweise nicht, um die Zusammenhänge in der Psyche, die die Seele zu dem einen oder anderen Menschen hinzieht, vollständig erkennen zu können. Deshalb sei an dieser Stelle auch die ketzerische Frage erlaubt, was unsere Eva in diesem Fall unternehmen müßte, wenn sie sich wirklich tiefer mit ihrer Partnerwahl auseinandersetzen möchte? Sie müßte sich zuerst einmal damit auseinandersetzen, welches die Voraussetzungen ihrer Wünsche sind, also welche unbewußten Verhinderungen an ihren geäußerten Wunsch gebunden sind. Sie müßte ihre eigene Geschichte «rekapitulieren», um die Zusammenhänge zu erkennen, warum sie ist, was sie ist. Vielleicht erklärt sich ihre persönliche Geschichte dann so: Die kleine Eva, die sich von ihrem Vater beleidigt und zurückgestoßen fühlte, weil er ihr die jüngere Schwester vorzog, reagierte darauf, indem sie sich als nicht liebenswert empfand. Da sie auf ihre Gefühle aber nicht verzichten konnte, versuchte sie, die negative Situation zu kontrollieren, um wenigstens (aktiv) nicht zu wollen, was sie in Wirklichkeit sowieso nicht erhielt. Deshalb wollte sie als Kind niemals Zärtlichkeiten von «Vätern» annehmen. Bei der erwachsenen Eva ist diese negative Fixierung noch immer vorhanden, denn jetzt interessiert sie sich nur für Männer, die sie aus ihrer negativen Prägung als Strafe gegen den Vater ablehnen kann – was auf eine unbefriedigende Weise in sich stimmt.

Zur Vertiefung noch ein anderes Beispiel: Ein gehemmter Mann mit unterdrücktem Geschlechtstrieb wünscht sich eine Frau mit großem Busen und Rubens-Figur. Auch hier sind die Voraussetzungen schon vorher relevant: «Die Vergangenheit der zukünftigen Absicht des Wünschenden» beabsichtigt wahrscheinlich das dominante Mutterbild. Dieses Bild schwingt als unsichtbare Frequenz durch Zeit und Raum und findet in der mütterlichen Frau Resonanz, die einen «kleinen Jungen» sucht. Vergessen wir nicht: Die Zukunft der Wellen muß einen inneren Zusammenhang mit der Vergangenheit «der zukünftigen Absicht des Werfenden» haben, wenn das Ganze funktionieren soll. Dies bedeutet: Eine mütterliche Frau, die sich einen Macho wünscht, empfängt nicht auf dieser Frequenz.

Dieser Mann kann nur eine Frau anziehen, die in ihrer eigenen Prägung mit seiner inneren Anlage übereinstimmt. Deshalb ist auch der oft gehörte Ausspruch nicht relevant, daß man in der Partnerschaft jemand negativ beeinflussen könnte. Man kann jemanden nur zu sich selbst (hin) beeinflussen, also zu dem, was in ihm latent schon angelegt ist, und selbst das auch nur zu dem Zeitpunkt, wenn der andere diese Auslösung selbst anstrebt. Ja, der Beeinflussende ist hier selbst Opfer, denn er wird vom Opfer angezogen, wenn es Zeit ist, daß sich diese Latenz manifestieren will. Es ist also gar nicht falsch, wenn man umgekehrt behauptet, daß der Zu-Beeinflussende den Beeinflussenden genauso sucht, um seine unbewußten Schicksalsmuster aus der Latenz heben zu können. Damit sind wir wieder bei der Partnerschafts-Astrologie.

Die Lüge in der Partnerschaft

Eines der unentschlüsselten Geheimnisse des Lebens ist die Liebe, denn darin drückt sich die Anziehung der Gegensätze aus, die Sehnsucht zwischen Mann und Frau, um die verlorene Einheit wiederherzustellen, oder – allegorisch ausgedrückt – den Zustand vor der Vertreibung aus dem Paradies. Mit dem Sündenfall zerbrach die Einheit zwischen Gott und Schöpfung, zwischen Mensch und Natur, und seither stehen sich diese als Polaritäten unversöhnlich gegenüber. Aufgrund ihrer inneren, wesenhaften Zusammengehörigkeit ziehen sich alle Gegensätze unwiderstehlich an. Jedes Wesen ist ein Teil des Ganzen und versucht deshalb immer wieder, mit dem Ganzen zu verschmelzen. Im ewigen Schöpfungsplan, der die Vorgänge in der Natur steuert und für die Erhaltung der Arten und die Weitergabe der Fackel des Geistes sorgt, liegt der Drang nach Einswerdung der Geschöpfe in der Liebe. Auch die Vergeistigung seelischer Lebensformen, die an eine materielle Form gebunden sind, ist in diesem Plan als eine natürliche, gleichsam evolutionäre Notwendigkeit enthalten. Die Liebe steht also für das universale Streben der Vielheit nach der Einheit auf der Ebene der Seele, des Leibes und des Geistes.

Aber das ist nur die eine, von unserem Ego verklärte Seite. Mephisto würde auf die Frage, was Liebe ist, antworten: «Liebe ist nicht die Befriedigung eines Bedürfnisses, sondern die Voraussetzung für alle anderen». Was mag das bedeuten? Zuerst einmal, daß wir von der Liebe ergriffen werden wollen. Dann wäre die nächste Frage: Was ist die Voraussetzung eines solchen Wunsches? Die Antwort ist klar: Die eigene Unvollständigkeit und das daraus abgeleitete Streben nach Vollständigkeit. Was aber ist Vollständigkeit? Hier wird die Antwort schon schwerer, denn wir können nicht annehmen, daß das Streben nach Vollständigkeit und das Verschmelzen mit dem anderen uns wirklich Vollständigkeit schenken kann. Aber vielleicht geht es gar nicht um Vollständigkeit; vielleicht geht es nur um das Bild von Vollständigkeit. Dann fiele die Antwort schon leichter: Das angesteuerte Ziel von Vollständigkeit wäre das aus sich ausgelagerte, niemals zu erreichende Ziel, das trotzdem ständig angepeilt werden will. Nicht um es zu erreichen, sondern um von der Illusion abzulenken, daß es gar nicht erreicht werden kann. Denn ließe es sich erreichen, dann brächte sich der Mensch um sein Ziel. Damit drückte sich in der Liebe die illusionäre Sehnsucht des Unvollkommenen aus, in den Schoß des Vollkommenen wieder aufgenommen zu werden, dem es (durch die Paradiesvertreibung) eben entkommen war. Deshalb müssen wir uns an dieser Stelle mit der Frage auseinandersetzen, was ist Vollkommenheit? Vollkommenheit wäre nach unseren psychologischen Erkenntnissen der Naturzustand und der Zustand vor dem Fall aus dem Zustand der Unschuld. Was aber ist der Zustand vor dem Fall aus dem Zustand der Unschuld? Es ist das Verharren im Unbewußten.

Im Prinzip entspricht die Liebe dem Zustand, bevor wir uns von unserer Umwelt als verschieden bewußt wurden, und das wiederum entspricht dem Rückfall in die numinose Phase vor der Bewußtwerdung durch den menschlichen Verstand: also gewissermaßen bevor wir mit dem zweischneidigen Denken, das uns unsere Erkenntnisbilder polarisieren läßt, ausgestattet wurden. Das individuelle Bewußtsein, das feststellt «ich bin», stellt im gleichen Gedankengang auch fest, daß das «Nicht-Ich» etwas Fremdes ist, vor dem es sich in acht nehmen muß. Gleichzeitig ist das der Preis, der uns aus der Paradieseinheit katapultiert, die wir unbewußt wieder erreichen wollen, obwohl wir ihr auf der bewußten Ebene alles entgegenstellen. Und hier offenbart sich der schizoide Mechanismus unseres instinktiven Verhaltens. Im Bauch wollen wir miteinander verschmelzen, im Kopf wollen wir jedoch voneinander getrennt bleiben, und das ist es, was auch den Unterscheidungsmechanismus in unserem Wahrnehmungsverhalten beeinflußt. Denn der Kopf, der sich mit dem anderen nicht verschmelzen, sondern ihn sich nach seinen eigenen Gesichtspunkten einverleiben möchte, wird in der Partnerschaftsanalyse nicht den anderen, sondern nur die «Beschreibung des anderen» anstreben, und zwar nach seinem eigenen Bild. Deshalb ist das Problem, das wir haben, daß wir niemals den anderen anstreben, sondern nur das eigene Spiegelbild, von dem wir uns anziehen lassen, und zwar nach den Kriterien der Werte, die wir dem Partner oder der Partnerin vorher aufoktroyiert haben. Es sind deshalb immer unsere eigenen Bilder, mit denen wir kommunizieren, weil wir den anderen gar nicht so, wie er ist, wahrnehmen, sondern nur so, wie wir ihn sehen. Wir sehen ihn durch die Verschmelzungssehnsucht der in uns selbst unerfüllten Bilder, von denen wir uns durch einen geeigneten Träger, auf den wir zuvor unsere eigenen Wünsche übertragen haben, anziehen lassen. Wir lassen also unsere Übertragungen in der Partnerschaft «sich durch sich selbst lieben», indem wir ihnen unsere eigene Identität «hinterherspiegeln», damit wir nicht das Gefühl bekommen, daß was «nicht uns entspricht», etwas mit unseren inneren Sehnsüchten zu tun haben sollte. Somit sind wir für einen kurzen Augenblick wieder innerhalb des Paradieses, obwohl wir uns in Wirklichkeit natürlich außerhalb befinden.

Normalerweise hat also das, was wir in einer Beziehung sehen, mit dem anderen wenig zu tun. Denn wir sehen den anderen ja nicht so, wie er ist, sondern nur so, wie wir ihn sehen wollen. Wenn wir voraussetzen, daß wir die Welt so sehen, wie wir gelernt haben, sie wahrzunehmen, und wir aus dem Angebot, wie wir wahrnehmen können, nur aus den Möglichkeiten unserer ererbten Anlagen wählen können, wird uns klar, daß das, was wir im anderen erkennen, immer auch etwas mit uns selbst zu tun hat. Im Prinzip begegnen wir im anderen immer auch den eigenen Möglichkeiten, die wir durch den anderen reflektiert bekommen. Weil wir alle dazu neigen, immer sehr subjektiv etwas für richtig und falsch zu halten, bedingt jede Auseinandersetzung mit dem anderen zuerst einmal die Auseinandersetzung mit unserem eigenen Selbst.

Dieses Selbst ist die Gesamtheit. Deshalb schließt es notwendigerweise auch alles, was wir beim anderen betrachten, mit ein. Darum ist auch die Frage müßig, ist es der andere, der auf mich einwirkt, oder bin ich es selbst, der seine ausgelagerten Teile durch den anderen zurückreflektiert bekommt. Es ist immer sowohl das eine als auch das andere. Damit ich das, was ich bei mir selbst nicht sehe, zurückreflektiert bekomme, brauche ich eine geeignete Projektionsfläche. Und deshalb suche ich mir unbewußt den Partner aus, der geeignet ist, das bei mir Ungesehene zu reflektieren, so daß ich meinen unbewußten Teilen im anderen begegnen kann. Deswegen ist der andere immer auch das, was er für mich reflektiert. Wenigstens für mich. Was er außerhalb von mir für sich selbst und andere noch sein könnte, braucht mich nicht zu interessieren. Weil ich ihn aus dieser Perspektive, also außerhalb der Ausrichtung, wie ich ihn sehe, sowieso nicht wahrnehme. Weil alles, was wir im anderen sehen, immer nur mit uns selbst zu tun hat, müßten wir folgerichtig feststellen, daß es gar keine Partnerschaftsastrologie geben kann, sondern nur eine psychologische Selbstanschauung der Teile, die ich in mir abgespalten und ausgelagert habe und die ich nun über den anderen wieder zurückzubekommen hoffe.

Die Aspekte

Die Beziehungsaspekte zeigen an, wie sich die Teile, die wir bei uns ausgelagert haben, mit den Teilen, die andere bei sich ausgelagert haben, zu Reaktionsmustern und Verhaltensabläufen verbinden, die an unsere Bewußtseinstüre pochen und um Wiederaufnahme in unsere überpersonale Seelenstruktur bitten. Die wechselseitigen Verbindungen verraten, wie sich Menschen in Gruppen energetisch aufeinander abstimmen, denn «das, was wir zu sein glauben», ist die eine Seite unserer Persönlichkeit, und «das, was durch die anderen auf uns zukommt», entspricht dem unbekannteren Teil unseres Wesens, das uns mit den abgespaltenen Teilen unserer Persönlichkeit über die anderen berührt. Deshalb sind Beziehungen nicht nur ein Ergebnis der Art und Weise, wie Menschen untereinander kommunizieren, sondern auch das Ergebnis der Suche nach der eigenen Vollständigkeit. Das, was der andere uns spiegelt, ist der uns selbst unbekannte Teil unseres Wesens, der erkannt und wieder zurückgenommen werden möchte, und wir, die wir so tun, als seien wir das, was der Verstand glaubt, das wir sind, müssen uns damit abfinden, daß es uns nicht gelingen wird, uns zu erkennen, solange wir den Schatten im anderen nicht zulassen können. Da jene unbequemen Kräfte im Außen unsere eigene Schöpferkraft und unseren schöpferischen Willen mit darstellen, müssen wir wissen, daß es in dieser Hinsicht keine Entwicklung geben kann, solange wir den Partner und alles, was uns aus der Außenwelt berührt, nicht auch in unsere Entwicklung miteinbeziehen können.

Im Grunde genügt es nicht, nur einfach die Beziehung zu betrachten; es wäre wichtig, auch die Voraussetzungen zu sehen, warum mich der eine oder andere Partner in einer Lebensphase anzieht. Das Festhalten am Ich entspricht der Angst vor dem Verlust des Egos. Man hält an Bildern fest, auf die man das Bild seiner Identität übertragen hat, und verteidigt nun mit den Waffen der Ausgrenzung die eigene Vorstellung des anderen! Damit ist der Schatten, den wir vor uns selbst verstecken und auf die anderen projizieren, zu einem Teil des eigenen Verhaltens geworden, indem wir stellvertretend für das bei uns selbst Unerkannte das Unbequeme in der Umwelt angreifen und zerstören. Damit werden wir wieder mit der Frage konfrontiert: Nehmen wir die objektive Außenwelt wahr oder nur unsere subjektiven Vorstellungen, die wir der Außenwelt nachgebildet haben? Ist es der Partner oder die Partnerin, die wir sehen, oder sind es unsere eigenen Übertragungen, die wir im anderen zurückbetrachtet erhalten? Nehmen wir ihn überhaupt objektiv wahr oder nur unsere subjektiven Vorstellungsmuster, wie wir ihn sehen? Gibt es ein Ziel, auf das wir uns ausrichten, oder gibt es nie ein Ende für das, was innerhalb der «Innenwelt unser Außenwelt unserer Innenwelt» nicht weiterführt?

Auf unserer Reise durchlaufen wir endlose Lernschlaufen, also Erfahrungen, die unseren Persönlichkeitskern mit anderen Energiemustern zu endlosen Kombinationen an Lern- und damit an Bewußtseinserfahrung verschmelzen. Jedesmal, wenn uns das Unbewußte mit neuen Perspektiven (und damit neuen Seelenanteilen) konfrontieren möchte, dann ruft es gewissermaßen als Schicksalsauslösung solche Begegnungen in unser Leben, die uns Teile der Antworten reflektieren, nach denen wir suchen. Denn schließlich ist es kein Zufall, wer in unser Leben tritt, weil wir im Unbewußten wie ein riesiges Energiegebilde miteinander vernetzt sind und dann die passenden Partner in unser Leben ziehen, wenn es gilt, unsere Bewußtseinserfahrungen auszudehnen und über den anderen unerkannt neue Perspektiven auf unseren Weg zu ziehen, die darauf warten, in uns entdeckt und in unsere Entwicklung integriert zu werden. Im Grunde können wir den anderen als eine mögliche Ergänzung des bei uns selbst Unerkannten betrachten, der uns in der Konfrontation mit den unangenehmen Teilen seiner Persönlichkeit an die bei uns selbst ungelebten Inhalte erinnert. Umgekehrt kann mir auch eine vertiefte Betrachtung der Probleme, die mir durch den anderen bewußt werden, etwas von dem zeigen, was an mir selbst unerlöst ist und in die Beziehung eingebracht werden kann.

Mit anderen Worten, die Partner, so wie sie sich uns darstellen, entsprechen der Summe unserer Erfahrungen, die wir mit den Widersprüchen in uns selbst gemacht haben. Das entspricht gleichzeitig auch unserem Bewußtsein, in das ständig neue Erfahrungen einfließen, was sich in einem immer wieder leicht modifizierten Partnerbild niederschlägt. Wir müssen wissen, daß wir nicht generell Erfahrungen anziehen, sondern uns von Erfahrungsmustern anziehen lassen, die zu unserer inneren Persönlichkeitsstruktur irgendwie in Verbindung stehen. Da diese persönliche Innenschau sich wechselwirkend mit den gemachten Erfahrungen verbindet und gleichzeitig auf sich selbst zurückreflektiert, d. h. auf den eigenen Standpunkt einwirkt, ist es leicht nachvollziehbar, daß das persönliche Streben nicht primär darauf zielt, den anderen kennenzulernen, sondern sich mehr darauf beschränkt, sich in seinen eigenen Erfahrungen zu bestätigen: den Erfahrungen, den anderen aufgrund der eigenen Ausrichtung kennenzulernen.

Setzen wir weiter voraus, daß unsere persönlichen Erfahrungen unserem persönlichen Wirken in der Welt entsprechen und dieses Wirken unseren ererbten Anlagen, so können wir vermuten, daß wir uns nicht nur gegenseitig ergänzen, sondern vor allem voneinander lernen, uns selbst im anderen zu verstehen. Dies wiederum bedeutet, unsere karmischen Lektionen zu begreifen, auch wenn die meisten von uns diese falsch als äußeres, unbeeinflußbares Schicksal interpretieren. Wir können also schlußfolgern, daß die Schaltzentrale für unsere Taten nicht in unserem Bewußtsein sitzt, sondern in jenem übergeordneten Menschengeist, der die Welt in allen Seelen zusammen wahrnimmt, was sich unserem Ego dann als kollektiver Zeitgeist auswirft. Unser Ego wäre dann also nur ein Ausschnitt des kollektiven Geistes; unsere individuellen Anlagen zögen dabei die noch fehlenden Erlebnismuster an, um sie über den Filter des bewußten Erlebens in die Gesamtpersönlichkeit zu integrieren. Das würde dann bedeuten, daß es gar kein individuelles Ego mehr gibt, sondern nur noch die Illusion des Egos, das sich als «Ich» wahrnimmt, während sich in Wirklichkeit das Ganze durch seine eigenen Teile in den verschiedenen Beziehungskonflikten selbst erfährt. Die Dualitäten wären dann nichts anderes als die Projektionen unseres Ich, um sich die Außenwelt zu entschlüsseln. Wir schaffen unsere Realitätsebenen durch die Wirkungen unserer Handlungsbilder und gleichzeitig erschaffen die Wirkungen dieser Bilder erst die Identität unseres Ich.

Zusammenfassung

Wenn wir akzeptieren können, daß der erste Schritt zum Sehen ist, uns mit dem Widerspruch zu versöhnen, daß der andere gleichzeitig der ist, der er ist und es andererseits doch nicht ist, sind wir der Wahrheit näher. Er ist einerseits nicht so, wie uns unsere bewußte Wahrnehmung dies glauben machen will, denn der Gesehene entspricht nur dem, was wir von ihm wahrnehmen und was wir wechselwirkend aus unserer Psyche in ihn hineinspiegeln können. Andererseits ist das, was wir an ihm sehen, genau das, was er für uns ist. Er entspricht demzufolge genau unserem Vorstellungserleben, das wir auf ihn übertragen. Da sich das Bewußtsein des Menschen immer über die Erlebnisse in der Welt selbst erfahren will, legt es in die Betrachtungen des anderen seine persönlichen Vorstellungen hinein, um aus den Reflexionen des Partners etwas über seine individuellen Vorstellungsmuster zu erfahren. Der Mensch versucht also stets, die Welt in sich hineinzuspiegeln, um darauf reagieren zu können. Dem spirituell Interessierten, der sich selbst betrachtet, eröffnet sich dabei eine Vielzahl verschiedener Einsichten, und diese relativieren seine Zweifel über sich selbst, die er im anderen reflektiert, und daraus schöpfen sich Wissen und Erkenntnis. Dem Uninteressierten schlägt die Sache um. Denn hat er erst einmal angefangen, den anderen in seinen eigenen Fehlern zu erkennen, ist bald kein Halten mehr. Seiner selbst völlig ungewiß, weiß er sich sicher: Er versucht wenigstens dem Partner klarzumachen, daß er an den Konflikten unschuldig ist.

Schwellbrunn, Walpurgis 1999 *Akron*

Teil 1

Aus der Sicht des Mannes

☉

Sonne

Der geistige Wille aus der Sicht des Mannes

Für dich als Mann ist die alles überstrahlende Sonne ein Symbol der universalen Lebenskraft, denn sie ist die spirituelle Helle, deren Strahlen alles durchdringen und auf deren Schwingen du dich bis zum Olymp hinauftragen lassen kannst. Aus der «Sehnsucht nach dir selbst» machst du ein erstrebenswertes Ziel. Aus diesem durch deine eigenen Bilder hindurch projizierten Suchen formst du gern ein himmlisches Schlaraffenland, in dem du alle Wünsche und Sehnsüchte als persönliche Ziele wiederfindest. Dadurch kehren in allen Zielen die eigenen Bilder wieder, ebenso wie du in allen Bildern die eigenen Ziele siehst. In der Sonne als Inbegriff der Tageshelle schießt du bisweilen über deine Ziele hinaus. Doch solange deine Motive und Handlungen sich im Einklang mit deinem schöpferischen Willen befinden, sind die angepeilten Ziele (noch) erstrebenswert.

Sonne in **Konjunktion** entspricht der Suche nach dem Ziel oder der Reise des Helden zu sich selbst, denn sie ist der innere Motor deines persönlichen Strebens und lädt dich ein, die Umwelt als Steigbügel für deine eigenen Ziele zu benutzen. Doch erst in der Verschmelzung mit der Heldin kann sich dein Ich als das erkennen, was es ist: eine sich stets wandelnde, vitale Größe mit begrenzter Existenzdauer, die sich aus unbewußten Verhaltensmechanismen und kollektiven Urmustern zusammensetzt. Durch den verschmelzenden Aspekt verwirklichst du dich selbst in ihr auf bedingungslose und kompromißlose Weise, so daß die kindlich-unschuldige Freude am Sich-Verstrahlen oft zur Sucht nach Bewunderung des eigenen Glanzes wird. Denn trotz Leidenschaft, geistiger Kraft und schöpferischem Willen erinnert diese Konstellation an die Herrschaft der Sonnenkönige und weckt (oft) den Anschein rücksichtsloser Selbstverwirklichung.

In einer **negativen Verbindung** repräsentiert das Zentralgestirn nicht nur die aktiven, in klarer Bewußtheit angestrebten Lebensziele, sondern zeigt dir auch die Instabilität deiner Wünsche. Denn in negativer Beziehung besteht die akute Gefahr, dich von der Realität zu entfernen, da das Bedürfnis nach Größe und Freiheit in dem Maße wächst, wie Minderwertigkeitsgefühle und persönliche Schwäche auf die Partnerin übertragen werden, weil sie deine Mängel kompensieren muß. Das kann zu totalem Wirklichkeitsverlust führen. Denn sobald du dich in deinen eigenen Größenwahnbildern verirrst, bist du von der Realität durch diese Wunschvorstellung getrennt, die du nicht als Illusion erkennst. Durch das Kompensieren der verdrängten Suche, die die «Vereinigung mit der Frau» zum Inhalt hat, versuchst du dieses Defizit durch aktive Dominanz zu korrigieren. In überhöhter Selbstbezogenheit spielst du vor der Welt den «Vater Held», auf dessen innerer Bühne sich die Partnerin als ein Inventarstück seiner unausgelebten, kompensierenden Bilderwelt darstellt.

Sonnentrigone und -sextile resultieren aus dem Zusammenspiel des Seins, aus der Freude heraus zu sein: aus dem innersten Schöpferwillen, der sich aus sich selbst gebärt. Dabei erhellen sie sich durch ihr eigenes Leuchten und stellen sich sofort in den Mittelpunkt, denn sie verkörpern sich auf eine Weise, in der die kindlich-unschuldige Freude am eigenen Strahlen zur Sucht nach Bewunderung durch die anderen wird. Das Ich, das sich gern mit der Sonne identifiziert, realisiert nicht, daß es selbst ein Sammelsurium von Trieben und Wünschen, Minderwertigkeitskomplexen und Autoritätskonflikten ist, das sich selbst nicht immer sicher ist und das eigene Unbehagen ungelöster Fragen oft in den Antworten des Beziehungspartners sucht. Doch normalerweise versprechen diese Aspekte einen ungeheuren Strom potenter Ausdruckskraft und deuten Möglichkeiten zur geistigen Entwicklung in der Beziehung und zur gemeinsamen Entfaltung schöpferischer Kräfte auf allen Gebieten an, die von der jeweiligen Verbindung konstelliert und von der Sonne dominiert werden.

⊙ ⊙

Sonne / Sonne

Sonne des Mannes in Aspekt zur Sonne der Frau

Konjunktion ☌

Wenn sich die Kraft des sich pausenlos selbst in den Mittelpunkt stellenden Egos mit dem Feuer deiner Partnerin verbindet, dann erlebst du die Flammen deines kreativen inneren Feuers als reflektierende Himmelsglut, deren Strahlen deine Seele durchdringen und auf deren Schwingen du dich in ihren Armen über dich selbst hinaustragen lassen kannst. Dieser Aspekt zeigt das kraftvolle, lebensbejahende, alles erhellende Prinzip, das Lebenslust, Vitalität und jugendliche Frische zum Ausdruck bringt. In der Beziehung zeigt er das Erwachen, Aufblühen und Reifen der sonnenhaften Natur. Es gelingt, das eigene Wesen in deinem Gegenüber zu entfalten und nicht nur den Hohlraum auszufüllen, der dem Suchbild der Gesuchten nach der Phase der ersten Verliebtheit entspricht.

Quadrat, Opposition ⊼ □ ∟

Dies ist ein äußerst unangenehmer Aspekt, weil die Flammen des sich gegenseitig vernichtenden inneren Feuers nicht als Himmelsglut, sondern als unbewußte Angst des innersten Schöpfer-Egos empfunden werden, von dem Numinosen des anderen verschlungen zu werden. Die Absicht, deiner kreativen Manifestation in der Seele der Gefährtin Raum zu schaffen, in dem dein Höheres Selbst ihr schöpferisches Ich auf der Suche nach sich selbst inszeniert, wird von ihr aus deiner Sicht böserweise dadurch unterlaufen, indem sie ihr Ego auf deiner «Bühne» rücksichtslos auszuleben versucht und dadurch alles, was du erhöhst, im Namen ihres inneren Widerstandes mit unglaublicher tyrannischer Arroganz zerstört. Aus der Sicht des Mannes zeigt dieser Aspekt eine Partnerin, die ihre unerfüllte Sehnsucht nach Vereinigung durch die Zerstörung der sich weigernden Sonne befriedigen will.

Trigon, Sextil ⊻

Im Bereich persönlicher Beziehungen ist die Sonne Ausdruck gelebter Großzügigkeit. Sie hat häufig einen versöhnenden Charakter, der wohltut wie ein Sonnenaufgang nach einem erfrischenden, nächtlichen Regen. Zusammenspiel und Harmonie verbinden sich in deiner Seele unter dieser Gestirnsverbindung zu einer leuchtenden Kraft gemeinsamer Energie, die alles Dunkle in der Beziehung im Licht der Kraft triumphierend überwindet. Aber auch dort, wo keine Brücken geschlagen werden müssen, steht dieser Aspekt für wohltuende Wärme, gegenseitiges Vertrauen und für die Aussicht, in der Beziehung die Sonnenseite des Lebens zu erfahren.

☉ ☽

Sonne / Mond

Sonne des Mannes in Aspekt zum Mond der Frau

Konjunktion ☌
Der allegorische «Neumond» (die Sonne des einen bedeckt den Mond des anderen) zeigt die männliche Stärke, die von der weiblichen Empfindsamkeit angezogen wird. Deshalb bringt dieser Aspekt deine Suche nach Vollständigkeit zum Ausdruck, die über das Betreten mondhafter Lebensstege und das Verlieren im weiblichen Wassergeist Einsicht in die unentwickelten Dimensionen der Psyche nehmen will. Im Objekt deiner Anziehung kannst du dem verdrängten Teil deiner Sehnsucht in dir wieder begegnen, und das ist es, was diese Verbindung so wertvoll macht: die Begegnung mit dir selbst. Solange du dem anderen Teil nicht begegnet bist, mußtest du dein Selbstbild immer wieder wechseln. Jetzt aber erfährst du, daß du dein Suchbild nicht mehr länger verändern mußt, weil du spürst, daß das Gesuchte mit dem Suchenden identisch ist. Wenn du fühlst, wie die Göttin im «Subjekt deiner Begierde» pulst und lebt, erhältst du in der Erfahrung mit ihr das Gefühl nach Übereinstimmung mit dir selbst zurück; das dir eigene Gefühl, dich in der Beziehung mit ihr wie zu Hause zu fühlen.

Quadrat, Opposition ⚻ □ ∟
Für dich als Mann ist die Sonne identisch mit der Macht rücksichtsloser Selbstverwirklichung. Dem reflektierenden Gestirn des Mondes, unter dessen abnehmendem Schein Hexen ihre todbringenden Kräuter sammeln, stellst du den patriarchalischen Sonnenkönig entgegen. In seinen Folterkammern wird alles gepfählt, enthäutet und gepeinigt, was nicht ins Licht der Sonne strebt. Der harte Spannungswinkel zwischen den Hauptlichtern Mond und Sonne deutet auf Schwierigkeiten und Reibungen bei der Rollenverteilung in der Partnerschaft hin: Treibender Faktor ist die Diskrepanz zwischen Fühlen und Wollen, denn dieser Aspekt verkörpert eine Stätte des seelischen Empfindens, deren libidinöses Feuer wohl intuitiv erahnt, aber nicht erfaßt werden kann, denn er zeigt die vehemente Wiederauslösung des kindlichen Dranges an, wenn nicht über Liebe, sich doch wenigstens über die inneren Konflikte negativer Elternbilder spüren zu können. Frauen wollen sich mit ihren Vätern verschmelzen, Söhne sind daran interessiert, sich mit ihren Müttern zu verbinden: Deshalb solltest du die auf deine Partnerin übertragenen unbewußten Erinnerungen an deine Mutter überwinden. Vielleicht wolltest du sie besitzen und identifiziertest dich mit dem Vater, um wenigstens im übertragenen Sinn an der Sexualität mit der Mutter teilhaben zu können. Oder du machtest das Vaterbild zu einem Teil deines eigenen Verhaltens, von dem aus du dein eigenes, kindliches Verlangen dirigiertest. Dadurch identifizierst du dich mit einem Verhaltensmodell, das dir auf bildhafte Weise zwar Sexualität erlaubt, in wirklichem Sinn aber jede Körperlichkeit verweigert. Da du unter diesem Aspekt jeder Frau die Züge der Mutter (Mond) verleihst, die dir Sexualität nur über die Identifikation mit dem Vater (Sonne) erlaubt, mußt du dich einerseits mit dem Vater identifizieren, um überhaupt an dein Frauenbild herankommen zu können. Andererseits mußt du dich in dieser Vaterrolle gleichzeitig von deinen eigenen Gefühlen distanzieren, weil es sich für das «Kind» nicht schickt, mit der Mutter zu schlafen. Das entspricht der Eliminierung des andersgeschlechtlichen Elternteils in der heutigen Beziehung bei gleichzeitiger Verschmelzung als ein Zeichen des Rückfalls auf eine frühe, ungelöste Stufe der Triebvorgänge. Dieses Gestirn versinnbildlicht die Wiederauferstehung deines ungelösten kindlichen Konfliktes, dich wenn schon nicht über Anziehung und Nähe wenigstens über die Schatten negativer Elternbilder spüren zu können.

☉

Trigon, Sextil ⊻

Der Impuls der harmonischen Sonne/Mond-Verbindung, Gefühl und Wollen zu vereinen und als Verkörperung des emotionalen Willens in die Welt hinauszustrahlen, wird von dir auf die seelische Gefährtin übertragen. Deshalb fällt es dir leicht, dich in harmonischer Verbundenheit zu deiner Begleiterin zu fühlen, denn sie reflektiert dir exakt das Gefühl, im Gleichklang mit dem Kosmischen zu sein. Für den sonnenhaften Helden ist dieser Aspekt ein Symbol der universalen Lebenskraft, denn er ist die spirituelle Helle, dessen Strahlen deine Beziehung durchdringen und auf dessen Flügeln du dich in das Herz deiner Partnerin hineintragen lassen kannst, denn er ist auch ein Symbol deines eigenen Lichts auf der Reise zu dir selbst. Es ist dein privater Himmel, den du in der Seelenfrau entdeckst, und in dem du alle Wünsche und Sehnsüchte als persönliche Ziele wiederfindest. Dadurch reflektieren sich in allen Facetten deiner Partnerschaft die eigenen Bilder wieder, ebenso wie du in allen Bildern die eigenen Ziele siehst, und deshalb fällt es dir entsprechend leicht, das ergänzend Weibliche in deine mentale Ich-Struktur harmonisch einzubringen. Solange sich deine Motive und Handlungen im Einklang mit deinem Herz befinden, sind alle Ziele recht. In dieser Konstellation verbindet sich harmonisches Gelingen mit deinem schöpferischen Willen.

☉ ☿
Sonne / Merkur

Sonne des Mannes in Aspekt zum Merkur der Frau

Konjunktion ☌
Sonne/Merkur repräsentiert die Energie des Denkens, die sich ständig zwischen dir und deiner Gefährtin hin- und herbewegt, und fördert Ausdrucksfähigkeit, Verstand und einen sprunghaften Erkenntnisdrang. Deine Liebe zielt nicht auf ihre Gefühle, sondern auf ihren Verstand, der sich leicht in die Lüfte der Denkvorstellungen erhebt. Und weil du das «Objekt der Anziehung» bist, auf das ihr Denken «zufliegt», kann diese Verbindung auch für dein Streben, dich mit den Äußerungen deiner Partnerin zu identifizieren, die du willensmäßig kontrollierst und dir dadurch ein Gedankengebäude nach deinem «Bilde» erschaffst, ohne selbst die Bausteine zusammensuchen zu müssen, sehr bereichernd sein.

Quadrat, Opposition ⚻ □ ∟
Der Spannungswinkel beinhaltet ein Potential der Ruhelosigkeit, Streitlust, Verhärtung, kurz: des ruhelosen und subjektiven Denkens, aus dessen Konfliktsituation heraus sich aber immer wieder ein neuer, kreativer Standpunkt entwickeln kann. Deshalb ist es in der Beziehung für dich notwendig, daß du eine klare Vorstellung mitbringst, wo immer du etwas erreichen willst. Vielleicht möchtest du deine Partnerin durch das Feuer deiner Sonne gefühlsmäßig entzünden, was aber durch ihre verstandesmäßige Ausrichtung nur schwer gelingt. Sie wird dich niemals aus einer emotionalen, sondern immer nur aus der intellektuellen Perspektive sehen und in dir den (feindlichen) Bruder, Vater oder Chef wahrnehmen. Es ist daher wichtig, bei Sachfragen nicht zu viele Emotionen einzubringen, es könnte sonst zu Unklarheiten oder Verwechslungen kommen. Reden, Zuhören und miteinander Kommunizieren ist das, was euch in dieser Beziehung weiterbringt.

Trigon, Sextil ⊻
Harmonisch verbunden reflektiert dieser Aspekt die intellektuelle Distanz deiner Beziehung, die von den anderen gerne als «vernünftig» qualifiziert wird. Möglicherweise handelt es sich dabei um die kräftig «verdünnte» Liebe einer Zweckbeziehung. Du bist offen für die Gedanken und Sichtweisen deiner Partnerin, und sie wirkt über ihre sachliche und klare Argumentation ausgleichend auf deinen Seelen-Haushalt ein. Ihr spornt euch gegenseitig an, die Intuition deines Willens mit ihren praktischen Zielen in eine harmonische Übereinstimmung zu bringen, denn im Gegensatz zu ihrem oft zersplitternden Ringen kannst du die Dinge global sehen, ohne dich in Details zu verrennen. Im wesentlichen zeigt diese Verbindung, daß ihr die wohltuende Kraft des Verstandes erfahrt, die darin liegt, in den Kern der Dinge einzudringen und Klärungen und Lösungen herbeizuführen, die wohlbemessen und ausgewogen sind.

☉ ♀

Sonne / Venus

Sonne des Mannes in Aspekt zur Venus der Frau

Konjunktion ☌
Das Charisma der weiblichen Venus schenkt dir als Mann viel Freude am Sex, denn sie verkörpert die kosmische Schwingung göttlicher Harmonie sowie die Lüsternheit sexuellen Feuers und handelt aus dem Gefühl kosmischer Verschmelzungssehnsucht genauso wie aus der drängenden Gewalt sexueller Selbstdarstellung heraus. Dabei erscheint sie dir als prickelnde Verführerin, die um deine Gunst und Aufmerksamkeit buhlt und sich dafür mit Liebe und Zuneigung revanchiert. Genauso wichtig ist aber auch die mit der inneren Mitte verbundene Erfahrung, zu den tiefen Gefühlen von wahrer innerer Freude zu kommen, denn du entwickelst für die Gefährtin viel vertrauliches Gespür. Diese Verbindung steht für das Erleben tiefer Zufriedenheit, denn sie spricht von Erfüllung und Freude und zeigt Befriedigung und gegenseitiges Verstehen in einer Beziehung an.

Quadrat, Opposition ⚻ □ ∟
Es ist nicht der süße Honigmond eines seligen Erlebens, dem du hier begegnest, sondern die verschlingende Hingabe, die das verlorene Paradies durch ekstatische Liebe und überpeitschende Gefühle wieder zu erreichen sucht. In der bacchantischen Gestalt der Liebe drückt sich Leidenschaft und sexuelle Ekstase aufgrund innerer Unerfülltheit aus. Es ist die Schwelle zu den tieferen Bezirken der Seele, hinter der die Begegnung mit der dunkleren Instinktnatur erfolgt, aus deren Sicht sich alles verhindert, was du in deiner Beziehung suchst. Vielleicht erscheint dir der sexuelle Ausdruck deiner Partnerin in einem schiefen Licht, oder etwas anderes fehlt, um ihr Potential in eurer Beziehung zum Ausdruck zu bringen, Tatsache ist: Sie stößt dich ab! Hier befindest du dich im Sündenschlamm der unstillbaren Liebeslust. Deine Strafe entspricht dem ewigen Eingebundensein in den Schleiern der Triebe, auf denen als zusätzliche Strafe die ewig lockende, aber ihre Versprechungen niemals einhaltende Liebesgöttin aufgemalt ist.

Trigon, Sextil ⊻
Dieser Aspekt repräsentiert den feurigen Bereich von Luft und Erde, der sich in Tanz und Bewegung ausdrückt, und symbolisiert die Beziehungsebene in dir, die, überwältigt vom unbändigen Verlangen nach Liebe, sich den Instinkten überläßt. In Sachen Liebe bedeutet das Unbekümmertheit, Lebenslust, Freude am Sex, Ungebundenheit und erfrischende Spontaneität ebenso wie eine manchmal rücksichtslos wirkende Sorglosigkeit. Venus kann dir in der Partnerschaft aber auch als temperamentvolle, energische, charismatische, egoistische und rücksichtslose Frau voller Lust und Lebenshunger begegnen, denn diese Gestirnsverbindung symbolisiert Erlösung durch Liebe, und das bedeutet nichts anderes als die Sehnsucht nach körperlicher Liebe. Das entspricht dem Verhalten, dich entweder der Liebesgöttin auszuliefern, die deiner vereinnahmenden inneren Weiblichkeit entspricht, oder diese Lüsternheit in lustdurchtränkten Wunschvorstellungen selbst zu inszenieren, denen du in der Folge dann hinterherlaufen mußt.

☉ ♂
Sonne / Mars
Sonne des Mannes in Aspekt zum Mars der Frau

Konjunktion ☌
Unter dieser Konstellation kennzeichnest du dich durch das Erstürmen deiner Ziele mittels der Durchsetzungskraft deines impulsiven Willens als Held, denn der Mars der Partnerin bedeutet eine Landemöglichkeit für deine ausgelagerten Aggressionen, und deine Sonne verkörpert die strahlende Durchsetzung der eigenen Ziele. Dadurch erhält die Frau von dir Energie und kann in der Partnerschaft selbst die Initiative ergreifen. Ihr sexuelles Erleben ist intensiviert, denn sie ist aggressiv und angriffslustig und versucht physisch und psychisch mit dir in Konkurrenz zu treten. Dabei ist sie launisch und unberechenbar wie das Wetter im April, denn sie verkörpert eine warme bis hitzige Atmosphäre, in der Lebenslust, Leidenschaft und schwärmerische Begeisterung genauso zu finden sind wie Impulsivität, Heißblütigkeit und ungestüme Übertreibung. Die Ungeduld, die dieser Aspekt ausdrückt, heißt: Ich will alles, und zwar sofort. Deshalb kommt es sehr auf die Art der Verbindung der übrigen Planeten an, ob ihr die Wärme genießen dürft oder ihre Hitze und ihre Unbeständigkeit fürchten müßt.

Quadrat, Opposition ⊼ □ ∟
Im Spannungsfeld dieser Verbindung spürst du die aggressive Energie des Feuers, die von der Frau auf dich projiziert wird und nach außen drängt, weil sie ihre eigene Weiblichkeit nicht spürt. Du bist oft in Rangeleien und Widersprüche verstrickt, die viel Anstrengung erfordern, um die entgegengesetzten Impulse unter einen Hut zu bringen. Die Reibungswärme, die dabei entsteht, kann sich aber auch kreativ entladen, denn oft wirken sich die Verletzungen des täglichen Überlebenskampfes anreizend auf deinen Energiehaushalt aus. Dieser Aspekt steigert deine Vitalität, läßt die Bremsen wie von selbst wegfallen und führt zu einem Verhalten, wo du den «inneren» Helden oft übertrieben nach außen darstellst, denn er charakterisiert nicht nur den Widerstand deiner Gefährtin, sondern auch die Widerstände im eigenen Kopf, die dir auf Umwegen über sie ständig Angst einjagen. Du fühlst dich stets aufs neue in die gleichen Auseinandersetzungen verstrickt, weil du nicht erkennst, daß es deine alten Ängste sind, die immer wieder ausbrechen, weil sie, statt von dir wegzufließen, von deiner Partnerin ständig auf dich projiziert werden.

Trigon, Sextil ⊻
Mut, Entschlossenheit und Potenz sind das Positive dieses Aspekts. Ob du dich für deinen äußeren Tatendrang entscheidest oder für die schöpferische Energie deines inneren Willens, eins ist sicher: Unter diesem Einfluß kannst du zu einem Kurier jener ansteckenden Begeisterung werden, die durch einen zielgerichteten, sprühenden Tatendrang besticht und nicht nur durch den Zwang, ständig gegen die Umwelt anrennen zu müssen. Und dank der Kunst, mit deiner Impulsivität auch die Animalität deiner Partnerin zu entzünden, die ihren Animus auf dich überträgt, entwickelt sich zwischen deinem inneren Wollen und der männlichen Ausrichtung der Frau eine große Harmonie, da sie dich in ihrer ganzen Tatkraft unterstützt. Das Selbstvertrauen wächst und alle Hürden werden restlos überwunden. Auf jeden Fall kannst du in dieser Beziehung die Früchte deines Wirkens ernten. Und was du neu beginnst, verheißt erfolgreiches Gelingen.

☉ ♃

Sonne / Jupiter

Sonne des Mannes in Aspekt zum Jupiter der Frau

Konjunktion ☌
Unter diesem «himmlischen» Einfluß peilst du olympische Gipfel an. Dazu begleitet dich eine Partnerin, die sich in einem positiven Sinn «unter deinen Scheffel» stellt. Da die Sonne ihren jupiterhaften Drang widerspiegelt, sich in deiner Schöpferkraft zu verwirklichen, möchte sie alle imaginären Inhalte durch dich zur Entfaltung bringen. Du wiederum entzündest in ihr alle Lichter, um auch den letzten Schatten zu vertreiben, denn in deiner Sonne erscheint ihr der Geist des Feuers, der ihr ganzes Bewußtsein durchdringt. Dadurch empfindet die Frau zwar eine große Anziehung zu dir als Partner, aber auch den Drang wegzulaufen, weil sie spürt, daß sie in diesem Feuer auch verbrennen kann, denn manchmal verheddern sich die überhöhten Ziele in den Niederungen der Absicht, immerzu nach der eigenen Göttlichkeit zu streben.

Quadrat, Opposition ⚻ □ ∟
Energetisch weist diese Verbindung auf ein Feuerwerk großer Erwartungen hin, das du in Form unerfüllbarer Wünsche und Hoffnungen auf deine Partnerin überträgst. Dabei kommt dein Wesen um so strahlender zur Geltung, je mehr du dich in deinen projizierten Spiegelbildern selbst darstellst. Da der Geltungstrieb der Sonne aber damit nicht verschwunden ist, sondern sich durch ihren Jupiter ins Uferlose ausdehnt, verstecken sich die überhöhten Ziele in den Niederungen des Egos, um die eigene Göttlichkeit im Spiegel deiner Seelenfrau zu reflektieren. Deshalb besteht die Gefahr, von der Realität getrennt zu werden, denn das Bedürfnis nach Größe und Freiheit wächst kompensativ mit dem eigenen Unvermögen, Grösse zu erreichen. Wenn es dir gelingt, zu einer gelasseneren Haltung und einem tieferen Verständnis deines Lebens zu gelangen und nicht alles von den Reflexionen deiner seelischen Umgebung zu erwarten, wirst du merken, daß dein Glück in dir selbst liegt und nicht vom Erreichen übertriebener Ziele abhängt.

Trigon, Sextil ⊻
In deiner persönlichen Entwicklung signalisiert dieser Aspekt, daß du den Durchbruch wagen und den entscheidenden Schritt zur Ganzheit jetzt ins Auge fassen kannst: zur kosmischen Vereinigung, Selbstwerdung und Vollendung. Das beinhaltet Großzügigkeit, Würde, Autorität und Vertrauen und bedeutet in der Beziehung jenes unvorstellbare Gefühl von Glück, das dir erlaubt, offen und voller Lebendigkeit den Geist deiner Fülle zu genießen. Man könnte auch behaupten, daß diese Verbindung dich einlädt, die Sehnsucht nach dem Gipfel zum Himmel hinaufzusenden, denn dein Herz ist erfüllt von einem Gefühl innerer Stärke, die dir auf allen Ebenen zu Großzügigkeit, Optimismus, Würde und Autorität verhilft.

☉ ♄

Sonne / Saturn

Sonne des Mannes in Aspekt zum Saturn der Frau

Konjunktion ☌

Da die Sonne das eigentliche Symbol für die Persönlichkeit darstellt, zeigt sich im beklemmenden Saturn-Aspekt der Frau die Tendenz, statt der inneren Freude die äußere Leistung zu entwickeln und dir für deine geopferte Wärme und deinen sonnenhaften Optimismus ein Gefühl äußerer Struktur und das kristalline Empfinden innerer Sicherheit zu vermitteln. Wahrscheinlich ist es das Vaterbild der Frau, das sie auf dich projiziert, mit dem unbewußten Auftrag, die Forderungen, die dieser an sie stellte, stellvertretend für sie zu erfüllen. Im Würgegriff dieser Projektion entwickelst du dich in der Partnerschaft zu einem Menschen, der sich permanent selbst übertreffen will, weil er unbewußt gegen das übertragene Vaterbild konkurrieren und dieses in den Augen der Frau sogar übertreffen muß, will er vor ihrem inneren Erwartungsanspruch bestehen. Deshalb stehst du unter permanentem Druck und mußt dich immerzu beweisen.

Quadrat, Opposition ⚻ □ ☍

In dieser Beziehung fühlst du dich nicht geliebt und wenn, dann ist es nur das Bild deiner äußeren Bedeutung oder die Liebe der Partnerin zu ihrem Bild von dir. Umgekehrt entspricht der Gefühlsübergriff der Frau, die dich kontrolliert und die du in der tragenden Rolle des Vaterbildes inszenierst, deiner eigenen Regie, wenn du dein ausgelagertes Ich nebenbei als psychischen Notausgang im Lebensstück benutzt, wodurch du vor dir selbst davonlaufen kannst. In dieser Verbindung bist du deiner inneren Verhinderungsstruktur, die du auf deine Partnerin überträgst, nicht schutzlos ausgeliefert. Auf der einen Seite ist dein emotionaler Austausch zwar blockiert, aber auf der anderen Seite fällt die Betreffende auf dein großartig kompensierendes Selbstbild herein, in dem du all deine Schwächen unbewußt auf andere projizierst. Statt deinem verletzlichen Ich (Sonne) Schutz zu verleihen, identifizierst du dich mit ihrem mächtigen Verhinderer und versuchst diesen unbewußt gegen sie auszuspielen; andererseits zwingt dich dieser Teil, dich ihren Verdrängungsmechanismen zu unterwerfen und keine persönlichen Gefühle zu zeigen, die sie bedrohen. Aber alles, was du an dir selbst lieben läßt, ist nur die Präsentation deiner Selbstinszenierung, das erblindete Spiegelbild deiner die Kontrolleurin «kontrollierenden» Selbstreflektion.

Trigon, Sextil ⚺

In der Partnerschaft strebst du ein untadeliges, keimfreies Verhalten an, das nicht unbedingt deiner Individualität entspricht, das dir aber den Respekt und die Anerkennung deiner Begleiterin einbringt und dich vor der Auseinandersetzung mit deiner eigenen Subjektivität schützt. Den unbewußten Frust, dich hinter einem Verhaltensrahmen verstecken zu müssen, kompensierst du dadurch, daß du den Inhalt dieses Rahmens zum Prinzip erklärst. Das fehlende Selbstvertrauen, das du durch Lebensernst und Selbstbehauptungswillen kompensierst, zwingst du deiner Umwelt durch Leistungsforderungen, soziale Verantwortung zu übernehmen, auf. Insoweit diese Maske mit deiner inneren Person übereinstimmt, macht sie dir keine Schwierigkeiten; wenn sie aber eine unbewußte Fälschung der Abweichung darstellt, bezahlst du für ihre Hilfe nicht nur mit der Angst, sie verlieren zu können, sondern auch mit den Gewissensbissen, sie akzeptieren zu müssen. Erst wenn du loslassen und unabhängig von einem leistungsstützenden, gefühlsunterdrückenden Abwehrmechanismus der eigenen Subjektivität begegnen kannst, kannst du um diese neuen Erkenntnisse herum einen anderen Rahmen bilden, der deinen eigenen Erfahrungen im Umgang mit diesen inneren Blockaden entspricht.

☉

☉ ⚷

Sonne / Chiron

Sonne des Mannes in Aspekt zum Chiron der Frau

Konjunktion

Dieser Aspekt verkörpert die Anpassung deiner schöpferischen Ideen an den kritischen Willen der Frau. Die Flammen des Optimismus, des siegreichen Kampfes, des Triumphes und der Krönung sind am Erlöschen, denn unter der trockenen Brise eines Realitätsverständnisses aus der Perspektive der Aufarbeitung karmischer Vergangenheit sind nicht mehr spontane Höhenflüge, sondern intellektuelle Verarbeitung der Realität, Strukturierung des Lebens und Strategien zur Bewältigung des Alltags das Thema. In dieser Verbindung gilt es, dich von den angenehmen Selbsttäuschungen zu verabschieden, von den betörenden Illusionen der Triebe, und dich statt dessen dieser zunächst bitter zu erfahrenden, aber tief eindringenden Strahlenkälte des bewußtwerdenden Geistes deiner Partnerin auszusetzen. Hier kannst du nicht nur lernen, dich in den Dienst der anderen zu stellen, sondern auch, diesen Akt nach außen würdig darzustellen und dir aus deinem Opfer-Inszenarium einen Lebensraum zu schaffen, indem du die anderen durch deine Anpassung an ihre Botschaften in ihrem eigenen Sendungsbewußtsein von dir abhängig machst.

Quadrat, Opposition

Unter dieser Verbindung bist du dem Willen deiner Gefährtin ausgeliefert, die sich in allen Belangen um dich kümmert, denn Chiron ist die Verkörperung des verletzten Ich, das zwischen den lebendigen Kräften des Unbewußten und Bewußten in karmischer Vergangenheit einst aufgerieben worden ist und nun die kontrollierte Defensive zum Prinzip erklärt. Deshalb hältst du dich auf der Beziehungsebene innerlich bedeckt. Das bedeutet, du lebst deine Ideen unter ihrer Obhut aus, und oft, wenn sie deine Ideen schon auf der Vorstellungsebene blockiert, setzt sie dich deinen eigenen Zerstörungsmechanismen aus, was zu überspitzten Verhaltenszwängen (Ordnungswahn, Sauberkeitsfimmel) führen kann, wenn sich die Wut in ängstlichem Verhalten zu kompensieren sucht. Da der Durchsetzungstrieb deines Feuers aber damit nicht verschwunden ist, sondern unter dem Diktat der karmischen «Wächterin» nur umgedreht wird, wendet sich die Energie gegen dich selbst und blockiert so möglicherweise deinen Entwicklungsprozeß. Zumindest solange du nicht merkst, daß du dir deine Realität aufgrund deiner inneren Erwartungen erschaffst, die du dadurch nicht ungeschehen machst, indem du sie in der Projektion auf die Eva vor dir versteckst, und das wiederum ist es, was dir dieser Aspekt vermitteln will.

Trigon, Sextil

Wenn die Sonne deinen Drang widerspiegelt, dich in deiner Schöpferkraft zu verwirklichen, und der Chiron deiner Partnerin das rechte Maß, dann siehst du hier, daß es dir nicht immer leicht fällt, das rechte Maß zu finden und – statt Maßlosigkeit und Übertreibung zu leben – Einsicht in die natürlichen Zusammenhänge des Lebens zu bekommen. Der hohe Anspruch, sich mit der Schöpfernatur ins Gleichgewicht zu bringen, setzt nicht nur reine Beweggründe und selbstloses Weisheitsstreben voraus, sondern auch das spirituelle Erkennen, daß sich Chaos und Ordnung, Zerstörung und Aufbau, schöpferische Intelligenz und emotionale Motivation nicht widersprechen, sondern wechselseitig bedingen. Dabei verströmt die Frau Harmonie und ein gesundes ökologisches Empfinden, auch wenn ihre mangelnde atmosphärische Flexibilität und puritanischen Fehlidentifikationen mit weltverbessernden Modellen dich immer wieder hemmen. Trotzdem verbleibt dir immer noch ein gerüttelt Maß an innerem Erkennen, um über das Reinheitsprinzip der Seele auch im Alltag karmische Tiefeneinsichten zu akzeptieren, die dein Feuergeist in seiner sonnenhaften Überheblichkeit alleine zu erkennen nicht immer in der Lage ist.

☉ ♅

Sonne / Uranus

Sonne des Mannes in Aspekt zum Uranus der Frau

Konjunktion ☌

Unter diesem Einfluß schaffst du dir selbst den Nährboden, auf dem das rebellierende Verlangen deiner Partnerin gedeiht, die zerstört und ihre Zerstörungmechanismen mit immer neuen Ideen am Leben erhält. Sie peitscht dir das Blut durch die Kanäle, um den Ausbruch aus den Konventionen einzuleiten oder wenigstens die Bereitschaft zum Ausbruch sicherzustellen. Wird ein solcher Ausbruch aber nicht gelebt, so kann die vermehrte Energie nicht entschärft werden, was zu ungewohnten Spannungen in der Beziehung führen kann. Es ist der Blitz aus heiterem Himmel, der die natürliche Beziehung stört, der die Veränderung einleitet und generell das Alte zugunsten des Neuen stürzt. Es kann aber auch sein, daß sie – wenn der Ausbruch in der Vorstellung steckenbleibt und zu Depressionen führt – ihr unstillbares Fernweh auf dich überträgt, denn der unerfüllte Uranus der Frau wird deine eigene Sehnsucht nach der Ferne motivieren. Er nistet sich als unterschwellige Lebensbedrohung in deinen Alltag ein und wird als unbewußte Abwehr gegen jegliche Anpassung an die Bedingungen der Umwelt aktiv. Obwohl es in eurem Zusammenleben viel Aufregung und Zündstoff gibt, fehlt der Verbindung auf die Dauer die nötige Stabilität, es sei denn, du bist reif genug, die «Kastanien» deiner Partnerin ständig aus dem Feuer zu holen.

Quadrat, Opposition ⚻ □ ∟

Hier fühlst du dich von deiner seelischen Begleiterin nicht nur dauernd unter Druck gesetzt, sondern innerhalb der Bedrohung auch nicht ernstgenommen. Denn irgendwie ist dir bewußt, daß du die Beziehung nur dem Umstand verdankst, daß die Frau gar nicht sieht, wer du bist, daß sie nicht einmal deine Angst wahrnimmt und die Verbindung wahrscheinlich nur aufgrund des Versäumnisses existiert, eure Lebensansichten und -ziele einer genaueren Überprüfung zu unterziehen. Innerhalb der Beziehung bestimmt sie deinen emotionalen Hintergrund, denn unter diesem Aspekt wirst du von ihren Visionen durchdrungen, alles auf den Kopf stellen zu müssen. Sie zwingt dich, alles in Frage zu stellen und ohne Rücksicht auf Verluste zu neuen Ufern aufzubrechen; gleichzeitig wirst du durch ihre dauernden Ausbruchsversuche ständig eingepfercht. Die seelische Rastlosigkeit drängt ins Erleben. Du willst vor der Bedrohung davonlaufen. Dieses «Vor-sich-Davonlaufen» wird durch die Beständigkeit in einen Lebensrhythmus umfunktioniert, in dem die Unruhe zu einem Teil des beziehungsbedingten Verhaltens wird. Weil du weder sie noch ihre unberechenbare Sexualität kontrollieren kannst, kommt es zum ständigen Anrennen gegen den Widerstand der Frau, zum ständigen Ausbruchsversuch aus der Beziehung. Die Angst vor Auseinandersetzung kann so groß werden, daß du dich bei den leisesten Anzeichen von Herausforderung von allen bestehenden Banden losreißt und nicht nur vor dem Streit, sondern allmählich auch vor der Beziehung davonläufst.

Trigon, Sextil ⊻

Unter der explosiven Einwirkung dieser Konstellation wirst du von den glücklichen Erkenntnissen förmlich überschwemmt, die dir durch den Kontakt mit deiner Partnerin möglich werden. Sie schenkt dir den aufregendsten Widerstand, den du dir nur vorstellen kannst. Auch über einen Mangel an Rebellion brauchst du dich nicht zu beklagen, denn ihre Unkonventionalität und ihr Erfindungsgeist können Formen annehmen, die dazu führen, daß du dein ganzes Weltbild sprengst und deinen bisherigen Lebensstil neu ausrichtest. Die Befreiung aus den Erwartungen der Welt geschieht durch das freiwillige Überdrehen der Ansprüche, in dem man sich die Tätigkeitsfelder aussucht, die die Unruhe absorbieren und in denen Hektik und Aufregung schon einbezogen sind. So kannst du die Angst von dir aus lösen, indem du die Angst immer wieder hervorzwingst und ihr in der Unbekümmertheit deiner Gefährtin bewußt begegnest. Dann können beide offen füreinander werden: Sie lockt dich mit ihrem unbewußten Verlangen, aus der Form herauszubrechen und dabei alle Hüllen zu sprengen, die dir, um die Beziehung zusammenzuhalten, immer wieder neue Rätsellösungen aufzwingen.

☉

☉ ♆

Sonne / Neptun

Sonne des Mannes in Aspekt zum Neptun der Frau

Konjunktion ☌

Sonne/Neptun handelt von der Sehnsucht deiner Seele nach ihrem inneren Licht, und des Rätsels Lösung, die dir nach rational-logischen Kriterien unmöglich erscheint, begegnet dir auf der Beziehungsebene in der Neptun-Frau. Es ist die Sehnsucht nach der unerreichbaren Liebe, die dich anzieht, denn in dieser Beziehung segelst du in einem Meer aus träumerischen Bildern und Empfindungen, die der Grenzüberschreitung und Selbstauflösung huldigen. Auf der symbolischen Ebene entspricht das dem Bild einer Seejungfrau, die unheimlich in den unergründlichen Tiefen des Meeres leuchtet und durch ihr Licht die unerlösten Seelen anzieht. Wenn tiefes Einfühlen und intuitives Verschmelzen die Grundlage eurer Verbindung sind, wird die Beziehung wie ein leuchtendes Schiff am Abendhimmel segeln. Wenn nicht, wird die ungelebte Seite der Partnerschaft im Unbewußten versenkt und die verdrängte Sehnsucht die Sterne verfinstern.

Quadrat, Opposition ⊼ ⊡ ∟

Wenn die Neptun-Frau unter diesem Aspekt die innere Sehnsucht verkörpert, um die emotionale Bindung zu sprengen und sich ins Göttliche auszudehnen, wird sie deine sonnenhafte Identitätsfindung nicht nur unterbinden, sondern jede Instinktbefriedigung generell verhindern, indem sie spirituelle Signale in die sexuellen Bedürfnisse einströmen läßt. Du bist ständig auf der Suche nach der Göttin, die du aber gar nicht wirklich finden willst, weil du in den Tümpeln gründelst, wo sie sich dir immer wieder zu entziehen vermag. Dadurch läßt du dich von ihrem Sehnen vereinnahmen, die emotionalen Bedürfnisse nur noch auf der höheren Ebene zu leben, weil du mit der Transzendierung der leiblichen Instinkte jede Ausrichtung nach weltlichen Zielen aufgibst. Wenn du eines Tages erkennst, daß du das verzweifelt gesuchte Bild niemals erreichen kannst, stehst du mit leeren Händen da. Gleichzeitig beschwört das eine (heilsame) Krise herauf, weil du in dieser Beziehung nicht gelernt hast, deine Bedürfnisse zu formulieren, sondern deine Ansprüche immer nur um das herum projizierst, was dir deine Partnerin reflektiert, und das ist es ja, was dich immer weiter von dir wegführt. Vielleicht solltest du dich fragen, ob es nicht klüger wäre, die Beziehung aufzuheben, weil du darin die Verhinderung erkennst, deine persönliche Eigenart auszuleben, die nur so lange sinnvoll ist, wie du sie nicht siehst.

Trigon, Sextil ⊻

Du bist in einen Archetyp deiner inneren Sehnsucht verliebt, der sich in der äußeren Frau manifestiert. Deine Sonne benutzt ihren Neptun sozusagen als Spiegel, um sich selbst besser verstehen zu lernen. Gleichzeitig fühlt sich ihr Neptun durch deine Sonne herausgefordert, durch dieses Spiegelbild hindurchzusteigen und dir zu zeigen, das es nur ein Traum ist, den du anziehst, und auch sie nur ein Teil dieses Traumes ist. Doch durch die Selbsterkenntnis machst du dich frei, den Sinn der Illusion anzunehmen, die dich zwar hindert, bloße Selbstverwirklichung anzustreben, deren Sinn aber andererseits nicht sein kann, den bloßen Vorstellungen deiner Sehnsüchte zu unterliegen – sondern deren Aufgabe sich allein in der gemeinsamen Einsicht erfüllt, das Wesen der Harmonie miteinander zu erfühlen.

☉ ♇

Sonne / Pluto

Sonne des Mannes in Aspekt zum Pluto der Frau

Konjunktion ☌
Im Zusammenspiel mit der Sonne kombinieren sich die dunklen und unbewußten Antriebe der Frau in deiner Seele zu einer leidenschaftlichen Tiefe faustischer Erleuchtung: entweder auf den Gipfel der Verschmelzung oder in die Unerlöstheit der Selbstvernichtung. Dieser Aspekt zeigt an, daß du nun bereit bist, gemeinsam mit deiner Begleiterin in die finsteren Schächte hinabzusteigen und die Maske plutonischer Kraft ins Licht zu heben, in der dir dein königlicher Stolz entgegenleuchtet, der dir aus den dunklen Augen der Partnerin entgegenblickt. Durch deine Sonne kannst du euren gemeinsamen Weg durch die Dunkelheit beleuchten und dabei entdecken, daß das, was die Frau auf dich überträgt, deine eigene Unterdrükkung ist, die du in dieser Verbindung durch sie auslebst. Und zwar, indem du sie auf dieser Reise durch die Hölle, deren Existenz du normalerweise verdrängst, als deine Führerin akzeptierst.

Quadrat, Opposition ⚻ □ ∟
Dem Schatten deiner Sonne, wo die Hexen und Zauberinnen in der Nacht den Mann betören, verführen, sexuell gefangennehmen und von sich abhängig machen, stellst du deinen inneren Großinquisitor entgegen. Du willst die Widersacherinnen verbrennen, die all jene kastrieren, die schwach genug sind, sie zu fürchten, statt deine wahren Gefühle anzuschauen. Dein größtes Problem ist, daß du fürchtest, der Gefährtin zu sehr ausgeliefert zu sein und dadurch allzusehr verletzt zu werden, denn dieser Aspekt symbolisiert nicht den Herrscher, sondern das Opfer oder den durch die Frau «entthronten» Mann. Um gegenüber ihr zu bestehen, müßtest du dich öffnen und dich nicht mit der Unerbittlichkeit der Götter identifizieren, damit das Menschliche unter deiner Maske nicht erstickt und zu einer Art von Menschenfeindlichkeit pervertiert. Das, wovor du Angst hast, ist deine eigene Unterdrückung, die du im Spiegel deiner Partnerin empfängst, und in dem Augenblick, wo dich der unablässige Schöpferzwang, das ständige Herrschertum, das du dir nur aufgesetzt hast, um dich der Frau nicht ausliefern zu müssen, verläßt, fällt dein Abwehrmechanismus zusammen und die verdrängte Lust nach Unterwerfung und völliger Auslieferung an die «Höllenfürstin» in den finsteren Katakomben instinktiver Weiblichkeit bricht durch. Du durchbrichst die Angst und und bietest dich ihr als Opfer auf dem Altar der Erlösung dar.

Trigon, Sextil ⚺
Unter dem mächtigen Einfluß deiner plutonischen Gefährtin zeichnest du dich durch ein starkes Bedürfnis nach Macht aus und durch das Streben, in den Augen der Welt in überhöhter Selbstbezogenheit «Gottvater Sonne» zu spielen, denn das Bedürfnis nach Größe und Freiheit durch die Krafteinwirkung der Frau wächst in dem Maße, wie Minderwertigkeitsgefühle und persönliche Schwäche kompensiert werden müssen. Es sind die unterschwellig angelegten, in der Beziehung erwachten Machttriebe, durch die dich die «Hexe» in völlig unbekannte Höhen katapultiert. Für sie ist deine Sonne Lebenskraft, die ihr hilft, ihre auf dich projizierten Schattenkräfte zum Strahlen zu bringen, was ihr wiederum ermöglicht, sich ihrer Energie bewußt zu werden. Umgekehrt verweist das auf den Mut und die Leidensbereitschaft, die du aufbringen mußt, um dich von ihren Schattenmächten durchdringen zu lassen. Damit verbinden sich hier Energie und Leidenschaft zu einer außerordentlichen Partnerschaft, in der du wie Rumpelstilzchen um ihre Seele tanzt, wenn es ihr gelingt, ihre dunkle Glut durch dein Sonnenfeuer hindurchleuchten zu lassen.

☉ ⚸

Sonne / Lilith

Sonne des Mannes in Aspekt zur Lilith der Frau

Konjunktion ☌

Diese Konstellation weckt die schlafenden Triebe in dir, denn die dunkle Seite oder die Lilith der Frau kombiniert sich mit deinem Licht zu leidenschaftlichen Extremen. Das Höchste und das Tiefste von allem wird durchlebt, denn du möchtest endlich deiner «echten inneren Person» begegnen. Dabei legst du die Grenzen fest, wie weit du gehen möchtest, und der verdrängte Teil deiner eigenen in ihr wahrgenommenen Übertragung übernimmt in der Gestalt deiner Gefährtin die Regie und die Verantwortung für dieses Spiel. Deine nicht gelebte Persönlichkeit, die du als Kind (möglicherweise) nicht akzeptieren durftest und die immer noch als Schattenseite in deiner Psyche ihr Unwesen treibt, wird durch deine Lilith-Partnerin aktiviert. Obwohl du anfangs sehr große Mühe hast, dich mit ihr zu konfrontieren, lernst du sie mit der Zeit bewußt zu kanalisieren und damit durch Annahme zu entschärfen, damit sie sich nicht mehr nur nachteilig in deinem Leben auswirken kann.

Quadrat, Opposition ⊼ ☍ ∟

Das Gefühl, in der Enge eingeschlossen zu sein, stellt für dich eine Art Geborgenheit dar. Doch weil du das gleichzeitig verdrängst, kann diese Verbindung oft auch zur Hölle für dich werden, weil dieser Aspekt eine erotische «Zwangsjacke» verkörpert. Wo es Gelebtes gibt, existiert auch Ungelebtes, und letzteres ist es, was dir deine Partnerin vermitteln will. Einerseits erwartest du von ihr, daß sie dir die Teile, die du versteckst, weil du dich sie nicht zu leben traust, zeigt, und andererseits bekämpfst du sie für die Angst, die sie in dir auslösen könnte, falls es ihr gelänge, deine Alpträume ans Tageslicht zu bringen. Das gipfelt darin, daß du, um mit den unterdrückten Emotionen in Kontakt zu kommen, auf eine selbstzerstörerische Weise im täglichen Leben immer wieder mit Situationen konfrontiert zu werden wünschst, die dich nicht nur bedrohen, sondern auch – weil du sie gleichzeitig abwehrst – zu zerstören drohen, weil dich deine unentdeckten Zwänge zwingen, das Unerlöste immer wieder in die Kommunikation einzubringen. So richtest du deine unterdrückte Identität gegen die Frau, von der du gleichzeitig Erlösung erwartest, und merkst nicht, wie du dich immer tiefer in deinen ungelösten Problemen verstrickst, die dir deine Partnerin nur widerspiegelt.

Trigon, Sextil ⊻

In dieser Beziehung kannst du auf eine tiefe, intensive Weise neue Perspektiven ergründen, denn hier öffnet sich dir die Gelegenheit, deinen dunklen Seiten in einem emotional geschützten Rahmen und einer tiefenpsychologischen Atmosphäre zu begegnen. Der Lilith-Anteil deiner Begleiterin hilft dir, mit deinen verborgenen Teilen wieder in Kontakt zu kommen, weil die karmischen Blockaden unter diesem Aspekt wegfallen und du all die verdrängten Gefühle in dir wecken und innerhalb der Beziehung leben darfst. Dadurch bekommst du die Möglichkeit, durch die «Schwarze Göttin» zu deinem inneren Wesen zurückzufinden. Am schönsten ist es, wenn du deine Belastbarkeit durch totale Hingabe unter Beweis stellen darfst und sie dich dabei tröstend streichelt und dir Mut zuspricht.

☉ ☊

Sonne / Mondknoten

Sonne des Mannes in Aspekt zum Mondknoten der Frau

Konjunktion ☌
Sonne/Mondknoten hat mit deinen inneren Wandlungen und den Veränderungen durch die Frau zu tun; somit sind neben Illusion und Hoffnung auch Befreiung und Erlösung angesprochen. Der Mondknoten deiner Partnerin ist nämlich nicht nur ein karmischer Erfüller, sondern vor allem auch der Überbringer jenes Urteils, das du selbst (über dich) in ihr gefällt hast: Sie ist die Frau, die dich mit deinen ursprünglichen Wurzeln wieder in Verbindung bringt. Das Bewußtsein tut sich nämlich schwer, neben den Inhalten, mit denen es sich beschäftigt, auch jene Inhalte gelten zu lassen, die zwangsläufig nicht im Zentrum seiner Aufmerksamkeit stehen oder sogar verleugnet werden; diese aber sind es, die durch deine Gefährtin reflektiert werden wollen. In den Urgründen der Seele steht diese Begegnung für eine Zeit tiefster Einsicht in die ewigen Zyklen von Werden und Vergehen. Sie zeigt den Beginn des Neuen, das sein Ende jedoch bereits in sich trägt, weil sich im Untergrund schon die Kraft des Zukünftigen regt. In dieser Partnerschaft richtet sich dein Blick auf eine neue Entwicklung, auf ein neues Leben und betont dabei die Bedeutung der transzendenten Dimension, die die Verbindung mit dem Höheren Selbst ermöglicht.

Quadrat, Opposition ⚻ □ ∟
Im gemeinsamen Erleben erinnert dieser Aspekt an die dem Tageslicht abgewendete Seite deiner unbewußten Suche, die du in ihr spürst, ohne das Erahnte aber weder sehen noch fassen zu können. Hier manifestiert sich der karmische Wille, den du für deine persönlichen Ziele so lange vor den eigenen Karren spanntest, bis er sich in dieser Verbindung plötzlich gegen dich selbst wendet, um dich mit den Auswirkungen deiner eigenen Taten in den Gefühlen der Partnerin zu konfrontieren. Vielleicht solltest du dich aber auch glücklich schätzen, wenn deine eingeübten Methoden, Überpersönliches abzuwehren und Karma zu verdrängen, in dieser Beziehung nicht mehr funktionieren: Damit kannst du dich endlich öffnen und dich deinem wahren Inneren zuwenden. Das Ewige kann dann seinen Platz in deiner Seele wiederfinden. Möglicherweise steht Eva für eine Trauer, die du verdrängt hast, weil du sie nie leben konntest. Oder die Dame deiner Wahl zieht dich trotz heftigster Ablehnung unwiderstehlich an, so daß dein Karma wieder zum Leben erwacht und du dich mit deinen inneren Widersprüchen auseinandersetzen kannst. Wenn du die Schwermut und das Unverständnis, das du in dieser Beziehung erlebst, untersuchst, wirst du womöglich auf ein verdrängtes Ereignis aus deinem Leben treffen, daß sich in Zusammenhang mit der Beziehung auslöst. Der Aspekt kann dich also auf alte unbearbeitete Konflikte aufmerksam machen, so daß ein Problem «heimgeholt» und betrachtet werden kann. In jedem Fall brechen uralte Versteinerungen auf, weil der Mondknoten der Partnerin dich zur Problemlösung auffordert.

Trigon, Sextil ⊻
Diese Verbindung zeigt neue, weitreichende Perspektiven in Übereinstimmung mit deiner Begleiterin an und auch deren positive Reflexion deiner inneren Erwartungen. Wenn du beispielsweise überzeugt davon bist, daß du ein edler Beschützer sein mußt, um dir die Anerkennung deiner Gefährtin zu sichern, dann wird sie dir mit Freude die Lichtseiten deiner Erwartungen spiegeln. Dein solarer Wille kann sich in die Partnerin hineinschwingen, um in ihrer Seele auf Entdeckungsreise zu gehen. Es wäre aber falsch, sie bloß stellvertretend für opportunistisches Denken, Fühlen und Handeln zu betrachten. Ihr zentrales Thema ist der karmische Ausgleich, und sie sieht ihre Aufgabe darin, das Gleichgewicht zwischen bewußten und unbewußten Inhalten zu fördern, das durch Hinsehen, Hinhören und Hinfühlen hergestellt werden kann. Doch trotz all ihrer Vorzüge mußt du behutsam vorgehen: Das unbewußte Wissen der Frau muß vorsichtig angepeilt und ans Tageslicht gehoben werden, bevor sie dir die Wahrheiten vermitteln kann, die dein bewußter Wille nicht zu entdecken vermag.

☉ AC

Sonne / Aszendent

Sonne des Mannes in Aspekt zum Aszendenten der Frau

Konjunktion

Auf der Gefühlsebene verweist dieser Aspekt auf eine starke gegenseitige Anziehungskraft. Dabei ist es keine persönliche Zielsetzung, die du auf deine Partnerin überträgst, sondern der gelassene, fast selbstverständliche Glaube an die eigene Kraft und Fähigkeit, wie sie nur der harmonische Gleichklang zwischen bewußtem und unbewußtem Willen hervorbringen kann. Du bekommst alles von ihr, was du dir wünschst, weil du deine sonnenhaften Energien auf den «Brennpunkt ihrer Anziehung» (Aszendent) zu richten weißt. Vor diesem Hintergrund entsteht eine enorme Suggestivkraft; du akzeptierst die Frau in der Rolle, so wie sie sich dir gegenüber gibt, und ziehst dadurch ihre bedingungslose Hingabe auf dich. Sie fühlt sich von dir in ihrer ureigensten Art und Weise wahrgenommen, und deshalb schenkt sie dir ihren besten Teil von sich: ihr Vertrauen.

Quadrat, Opposition

Diese Beziehung entspricht nicht den gegebenen Erfordernissen, deine inneren Bedürfnisse mit dem Profil deiner Begleiterin in Übereinstimmung zu bringen. Deshalb ist es folgerichtig, wenn du dich gegenüber dem Erscheinungsbild, mit dem sie sich identifiziert, die Art, wie sie auf dich zugeht oder dem Magnetismus ihrer Ausstrahlung, den du als ersten Eindruck von ihr aufnimmst, in Opposition begibst. Du bekämpfst die Seite ihres Wesens, die aus der Vielschichtigkeit ihrer Person egozentrisch ans Tageslicht drängt, und möchtest die selbstdarstellerische Maske zerstören, durch die sie sich dir zeigt.

Trigon, Sextil

Im Bild der Partnerin drückt sich genau das aus, was du dir in deinen kühnsten Träumen erhoffst: die Personifizierung deines gesuchten, faszinierenden weiblichen Selbst. Das bedeutet, die Sichtweise, wie sie gerne wahrgenommen werden möchte, entspricht dem inneren Bild, das du in jeder Frau suchst, und damit zeigt dieser Aspekt die Auswirkung, die durch ihr Selbstbild, das du imaginierst, in dir ausgelöst wird. Damit kommt in dieser Verbindung vor allem der Übertragungscharakter deiner inneren Bilder zum Zug, der signalisiert, daß du dich der Macht über sie bewußt bedienst und deinen Einfluß zielgerichtet geltend machst. Gleichzeitig besitzt sie in deinen Augen eine enorme Ausstrahlungskraft; du akzeptierst sie, so wie du sie siehst, und dadurch ziehst du das Vertrauen der auf dich projizierten Maske auf dich.

☉ MC

Sonne / Medium Coeli

Sonne des Mannes in Aspekt zum Medium Coeli der Frau

Konjunktion ☌
Die Sonne ist immer Ausdruck von erfreulichen Erfahrungen, herrlichen Aussichten und großer Lebensfreude. Wenn sie die «Himmelsmitte» deiner Weggefährtin bestrahlt (d.h. im Zenit des Horoskopbildes deiner Partnerin steht), beschreibt dies den gemeinsamen Aufstieg ins Licht, was nichts anderes bedeutet, als daß du den in die Umwelt eingebundenen Ausschnitt deiner Persönlichkeitsstruktur durch die Energie und die gesellschaftliche Ausrichtung deiner Gefährtin erfährst. Ihr verfügt zusammen über das Gespür, über alle Verschiedenheiten hinaus Brücken zu bauen und das gemeinsam Verbindliche herauszustreichen.

Quadrat, Opposition ⚻ □ ∟
Es ist nicht leicht für dich, genügend Einsicht zu entwickeln, um dich nicht in unnötige und oberflächliche Reibereien mit dem Objekt deiner Liebe zu verwickeln. Oft realisierst du nicht, daß du immer noch von den Minderwertigkeitskomplexen ungelöster Gesellschaftskonflikte gesteuert bist, die du stellvertretend über die Frau auslebst. Diese Handlungen sind zu einem Verhaltensmechanismus verklammert, der die schlafenden Ängste weckt und das Gefühl von Sinnlosigkeit an die Oberfläche bringt. Die Verbindung verdorrt, wenn du dich innerlich zu weit von ihren Zielen entfernst. Andererseits fällt es dir schwer, ihre Ziele so zu kontrollieren, wie dir dies die Verplanung der materiellen Realität suggeriert. So entsteht ein geschlossener Kreislauf der Verdrängung als Ausdruck eines wackligen Fundaments, auf dem die Beziehung steht.

Trigon, Sextil ⊻
Diese Aspektierung entspricht der Bildung einer atmosphärischen Harmonie zwischen deiner Partnerin und dir. Auf unbewußter Ebene gibt es viele vertrauliche Gemeinsamkeiten, nicht ganz unverwandt dem herzlichen Verständnis zwischen Opa und Enkelkind. Daraus leitet sich eine große innere Zuneigung aus Übereinstimmung in der äußeren Zielrichtung ab, und es fällt dir leicht, zusammen mit der Frau zu glänzen und in der Außenwelt die gebührende Beachtung zu finden. Auch in der gesellschaftlichen Ausrichtung zeigt diese Konstellation Stabilität und verweist damit auf die Möglichkeit einer dauerhaften, nach außen orientierten Bindung. Es sind die aktiven, in klarer Bewußtheit angestrebten Lebensziele, die dich in dieser Verbindung zu einem völlig neuen Lebensgefühl führen, wo du alte Verhaltensmuster und Grenzen überwinden und dich zu einer großmütigen, versöhnenden Geste durchringen kannst.

☉ ⨯

Sonne aspektlos

Sonne des Mannes ohne Aspekt zu einem Planeten der Frau

Da die Sonne den Willen des Ich verkörpert, sich in der äußeren Welt zu behaupten, entspricht ihre fehlende Verbindung auf der Beziehungsebene der Instabilität gemeinsamer Ziele. Ist sie der Inbegriff der Tageshelle, dann entspricht ihre Abwesenheit dem Schatten, um vom unermeßlichen Nichts der «Nicht-Verbindung» verschlungen zu werden. Unter dieser Voraussetzung gelingt es dir kaum, in die Einheit mit der Urmutter zurückzusinken. Vielleicht versuchst du, das Weibliche systematisch zu unterdrücken, doch weil hier kein Austausch stattfindet, ist selbst das ein vergebliches Bemühen. Nicht einmal die Angst der sonnenhaften Männlichkeit, in die Abgründe der Mondin zurückzusinken und von den Urgründen des Unbewußten wieder verschlungen zu werden, ist dir hier vergönnt. Das innere Verlangen, dem Leben gemeinsam zu trotzen und alle Ziele in gegenseitiger Übereinstimmung zu erreichen, ist erloschen; es gibt nichts, was sich auf der Sonnenebene für dich zu erreichen lohnt. Wenn die Flammen der Sonne deine Begleiterin auf dem langen Schicksalsweg nicht umhüllen, gibt es keine Schritte zu einem gemeinsamen Ziel. Auch nicht das große Aufatmen am Ende eines Krieges, der Friede einer befreiend göttlichen Barmherzigkeit, das Eingehen in die Wahrheit höchster Sphären findet statt. Es braucht weder eine Schar Dämonen, die ihre Hand gegen dein Beziehungsglück richten, noch mutige Pioniere, die die Beziehungsbrücken wieder aufbauen, die unter der Kriegssonne in Schutt und Asche gelegt worden sind, nicht einmal einen versöhnenden Charakter, der es dir ermöglicht, das Kriegsbeil endgültig zu begraben und einen echten Neuanfang zu finden: Es bleibt nur noch das große Gähnen – einfach nichts! Denn es ist das kleine, verzweifelte Ich, das sich vergeblich in den Mittelpunkt der Welt stellt, um von der Partnerin berührt zu werden, und das in seinem Anspruch nach Aufmerksamkeit dieser aspektlosen Sonne ebenso weichen muß wie sein aufgeblasenes Ego, dem in dieser Verbindung auf die Dauer die Puste ausgeht.

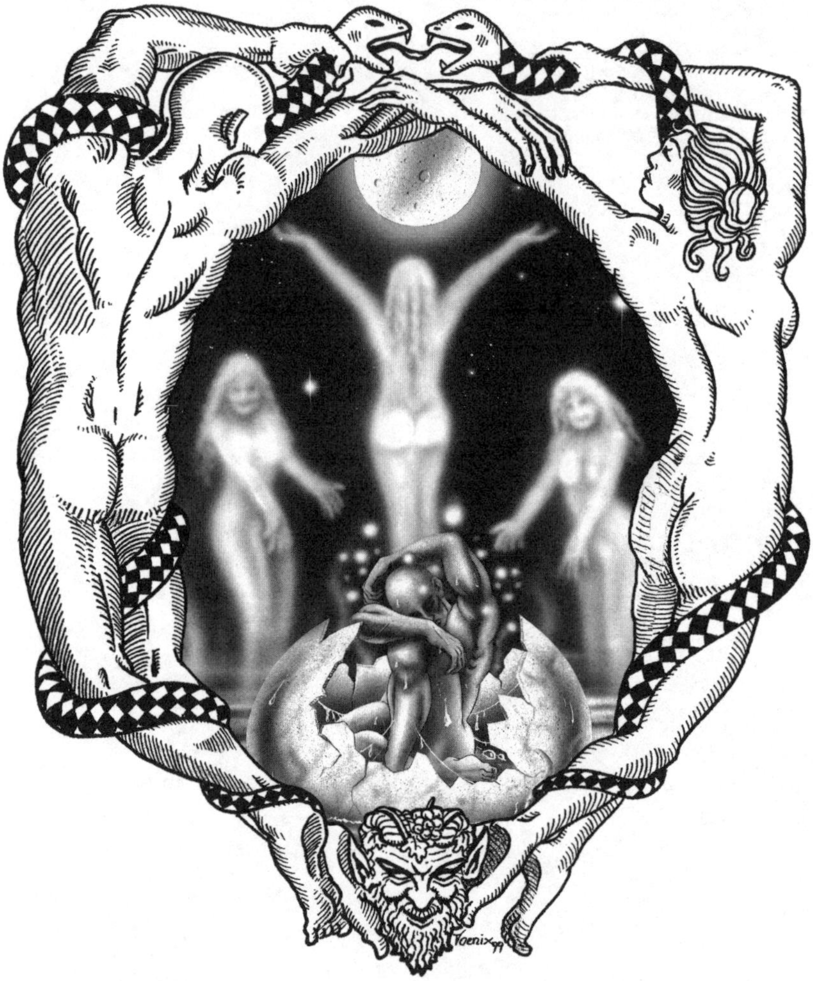

☽

Mond

Die seelische Reflexion aus der Sicht des Mannes

Der Mond ist beim Mann das Symbol der Mutter, im hellen wie im dunklen Sinn. Die lunarische Seite in jedem Menschen strebt danach, sich mit dem Prinzip der Großen Mutter zu verbinden, um wieder einen Zugang zu den Urwurzeln zu finden. Er symbolisiert das Ungesehene in dir, die unbewußten Verhaltensweisen, die so sehr Teil deiner Gewohnheiten geworden sind, daß du sie gar nicht mehr bemerkst. Er repräsentiert aber auch die abgespaltenen Teile deiner emotionalen Natur, die mondhaften Launen, die du ins Exil der dunkelsten Seelenschächte verwiesen glaubtest, die jedoch in den Negativprojektionen deines Tagesbewußtseins ihr bequemes Domizil gefunden haben und dir alles in die Realität übertragen, was dir deine inneren Gesichter vorgaukeln.

Psychologisch gesehen erschließt dir die **Mondkonjunktion** jenen Bereich, in dem du dich gern deiner triebhaften Sehnsucht auslieferst, die du der Partnerin überstreifst. Man könnte auch sagen, daß du deine inneren Gefühlsquellen mit Lebenskraft nährst, indem du dich der Seelenbegleiterin emotional öffnest und sie damit zu entsprechenden Reaktionen einlädst, an deren Reflexionen sich dein Mond wiederum vollsaugen kann. Dadurch vertiefst du dich in ihr Wesen und umkreist das «Weltall ihrer Seele», von dem deine begriffliche Welt nur ein Teil und deine Suche nach dir selbst ein noch kleinerer Ausschnitt ist.

Eine **negative Konstellation** weist auf emotionale Probleme hin, die im Gefühlsaustausch mit der Partnerin zum Ausdruck kommen können. Entweder läßt du dich von ihr übermäßig beeindrucken, indem du deine Gefühle ihren Ansprüchen unterstellst, oder du neigst in der Beziehung zu unnötiger Aggressivität, weil du aufgrund deines hart aspektierten Radixmondes ständig Gefahr witterst, von ihr betrogen oder mißverstanden zu werden. Wie du deinen Gefühlen auf der Schwelle zwischen Realität und Irrationalität begegnest, so begegnet dir auch die Realität in den Gefühlen der Frau zwischen Manie und Wahnsinn, zwischen Selbsttäuschung, Empfänglichkeit und Sensitivität, denn Luna ist die Ahnin, die die Geheimnisse seelischer Innenräume berührt und die Tiefenbilder der Seele beschreibt, so wie dir die Gefährtin deine Gefühle reflektiert. Immer ist es dein Morast, der in ihr dann die Widerstände auslöst, die du spürst: der Urschlamm der Mütter, in dem du versinkst, um den mondhaften Ungeheuern zu begegnen oder um in der Eva die Schattenanteile deines verdrängten Weiblichen zu erkennen, das gleichzeitig die Basis allen Lebens ist.

Mondsextile und -trigone deuten dagegen auf die gegenseitige Durchdringung positiver Gefühlseinheiten an. Esoterisch gesehen erschließen sie jenen Bereich, der die Harmonie im Umgang mit dem anderen Geschlecht fördert. Denn all dein Streben, in dem du dich gern deinen triebhaften Gefühlsahnungen auslieferst, dient nur dem Versuch, mit deiner Partnerin einen positiven Gefühlsaustausch zu erreichen. Somit kannst du erkennen, daß deine äußeren Handlungen nur das eine Ziel vor Augen haben – nämlich deine Gefühlsinhalte jemandem überzustülpen und das Objekt deiner Ausrichtung dann auf die Ebene hinunterzuziehen, auf der dir die Person dann die aufoktroyierten Gefühlsharmonien zurückreflektiert, um das Ganze dann in Übereinstimmung mit dem zu bringen, was sich tatsächlich in der Außenwelt vorfindet – : die Kongruenz des in der Außenwelt Sichtbaren mit deinem inneren Gefühlseindruck.

☽ ☉

Mond / Sonne

Mond des Mannes in Aspekt zur Sonne der Frau

Konjunktion ☌

Der männliche Mond als der reflektierende Teil im persönlichen Empfinden kann sich nur schwer im aktiven Sonnenprinzip der Frau verwirklichen, deshalb fällt es deiner Männlichkeit nicht leicht, dich im passiven Reflektieren, der bedingungslosen Öffnung und aufopfernden Hingabe an die Frau zu offenbaren. Zwischen dem Drang, dich als Mann zu verwirklichen, und dem gleichzeitigen Zwang, dich in den Bedürfnissen deiner Partnerin zu reflektieren, verhältst du dich in der Beziehung unberechenbar und gibst ein gutes Spiegelbild für die innere Zerrissenheit deiner Gefühlswelt ab. Solange du nicht bereit bist, die weibliche Sonne zu akzeptieren, die sich auf deiner Oberfläche spiegelt, und damit Reflektor für die Kraft und den Willen der Frau zu sein, können vergangene Traumata wie Feminisierung oder Kastration zum Vorschein kommen, die ein widersprüchliches Verhalten in dir auslösen. Das könnte in deinem Verhalten als Mann auch zu «lesbischen» Beziehungen (weibliche Hingabe an eine männliche Frau) führen, oder auf eine «homosexuelle» Verbindung deiner Partnerin zu dir als Mann (männliche Dominanz über einen weiblichen Knaben).

Quadrat, Opposition ⚼ ☍ ∟

Diese Konstellation verkörpert das ödipus-komplexbeladene Ich, das zwischen dem mondhaften Matriarchat der Triebe (Gefühle) und dem Sonnen-Patriarchat der Götter (Verstand) aufgerieben wird, und steht für die Forderung, dein inneres Elternbild zu korrigieren. In der Frau begegnest du den Schwierigkeiten, die du mit deiner Mutter hattest, und damit kannst du dich mit den inneren Prinzipien deiner Anima-Figur auseinandersetzen. Du rebellierst gegen das Sonnenprinzip des Vaters (in der Frau) und suchst die Vereinigung mit der Großen Mutter (in dir), was der Flucht vor deiner Selbstverwirklichung entspricht. Genauso wie Ödipus wünschst du dich in den Schoß des infantilen Ausgeliefertseins zurück, wo du keine Verantwortung zu übernehmen brauchst. Psychologisch läßt das auf eine starke weibliche Tendenz rückschliessen, die das männliche Prinzip absorbiert. Da dein männlicher Durchsetzungstrieb aber damit nicht verschwunden ist, sondern unter dem Diktat des ausgelagerten weiblichen Bildes nur umgedreht wird, setzt du dich sozusagen «gegen dich selbst» durch, indem du dich «gegen die eigene Verwirklichung durchsetzt» und dich damit unter den Augen der Frau selbst kastrierst. Dies ist kein leichter Beziehungsaspekt, weil deine kindhafte Muttererfahrung in der Projektion auf die Frau immer noch in deinem Kopf herumspukt und darauf wartet, analysiert und auf ihre wahre innere Bedeutung reduziert zu werden.

Trigon, Sextil ⊻

Eine harmonische Verbindung zwischen deinem Mond und ihrer Sonne unterstützt die Abstimmung zwischen Gefühl und Wille: Du wirst zum medialen Genießer, der sich nicht nur – sich selbst erkennend – in den Gefühlen seiner Partnerin sonnt, sondern der sich über die mehrfachen Brechungen ihres Lichtes, in dem er sich spiegeln kann, auch als das begreift, was er ist: der gespiegelte Spiegel, der sich im Spiegelrahmen ihrer Begrenzung erkennt. Ängste, Blockaden und emotionaler Leidensdruck werden aus den Tiefen des Unbewußten ins Licht der Sonne übertragen und von der geballten Kraft des Willens dort verbrannt. Damit erlebst du hier eine Phase des äußersten Wohlbefindens, denn die Chance, die sich hier bietet, reicht vom Gefühl spontaner Freude bis zum tiefsten Glück reifer Liebe und einer vertrauensvollen Gewißheit der Geborgenheit und des Aufgehobenseins im anderen. In dieser Verbindung kannst du dich einer großen Sympathie erfreuen, denn deine sensible Gefühlswelt wird durch die Sonne deiner Begleiterin unterstützt. So fällt es dir in der Beziehung entsprechend leicht, das ergänzend Weibliche in deine mentale Ich-Struktur harmonisch einzubringen.

☽ ☽

Mond / Mond

Mond des Mannes in Aspekt zum Mond der Frau

Konjunktion ☌

Dieser Beziehung liegt ein eminentes Streben nach Verschmelzung mit den Gefühlen des anderen zugrunde, weil alles, was wir wähnen, nur die Materialisation dessen ist, was wir träumen. Dein Auge projiziert das innere Bild deiner Gefühle auf die äußere Welt, genauso wie die Erfahrungen der äußeren Welt auf deine Gefühle einwirken. Wenn du das erkennst, entlarvst du die Stabilität der Welt als eine Illusion, hervorgegangen aus dir selbst. Unter dieser Konstellation gibst du deinen Gefühlen dadurch Sinn, indem du sie zuerst auf die äußere Frau projizierst, um sie dann als erkannte Realität wieder zurückzunehmen, denn diese tiefe Verbindung deutet auf das innere Aufspüren deiner Gefühle in der von dir als wärmend empfundenen Aura der Partnerin hin. Sie kann aber auch ein Hinweis dafür sein, daß du dich auf dem Weg der Selbstfindung in deinen emotionalen Abgründen verlierst, denn die Beziehung symbolisiert die aus den Tiefen der Gefühle heraufleuchtenden emotionalen Bedürfnisse, die nicht nur für alle Antworten auf die Rätsel des Lebens, sondern genauso für die tiefen Wasser ungestillter Sehnsüchte stehen. So verbinden sich Realität und Wahn im gegenseitig reflektierten «Mondschein» zur Vorstellung, einen gemeinsamen seelischen Austausch zu erleben, der weit über eine menschliche Bindung hinausreicht, denn das, was in des anderen Seele erscheint, ist der Stoff, aus dem deine eigenen Sehnsüchte gemacht sind.

Quadrat, Opposition ⊼ □ ∟

Innerhalb dieser Verbindung, in deren «Wassern» sich der Beziehungsaspekt in ständig neuen Selbstbespiegelungen bricht, zerstäubt das menschliche Fühlen und verwandelt den pulsierenden Strom sich verändernder Bilder in ein inbrünstiges, aber vergebliches Sehnen nach Verschmelzung. Darin teilst du dich dem Objekt deiner Anziehung mit: ist doch der Mond die Brücke, die in die Seele deiner Gefährtin führt, der Spiegel, aus dessen Entwindungen sich das Gesicht der Großen Mutter schält und dich blendet, wenn du sie ansiehst. Durch den damit verbundenen Rückfall in die Embryo-Rolle wirst du gezwungen, dich der inneren Rolle auch in der äußeren Form anzupassen, denn Blindsein entspricht auf der instinktiven Ebene den mondhaften Gefühlen des Ausgeliefertseins: der Verschmelzung mit den inneren Trieben. Laß dich also von der Mondfrau am «Laufgeschirr» deiner Seele in die Höhe heben, und schwebe wie ein Embryo im Fruchtwasser schwerelos durch die Räume infantiler Traumvorstellungen, die neben sehnsuchtsvollen Gefühlen auch Illusionen und Luftschlösser entstehen lassen können.

Trigon, Sextil ⊻

Der Mond ist das Symbol der Mutter. Um wieder einen Kontakt zu den eigenen Grundlagen herzustellen, strebt die lunarische Seite in jedem von uns danach, sich mit dem Prinzip der Großen Mutter zu verbinden, denn die Sehnsucht, die aus dem (embryonalen) Verhalten herrührt, mit der Mutter eins zu bleiben, wird mit dem unstillbaren Wunsch nach Geborgenheit verknüpft. Deshalb stellt sich hier die Seele in den Vordergrund. Unter ihrem Einfluß dient dein äußeres Streben im Prinzip nur dem Ziel, das Innere deiner Seelenbegleiterin zu erhellen und von seinen sphinxhaften Verschleierungen offenzulegen, was sich in einem großen Bemühen um das Verständnis innerseelischer Prozesse niederschlägt. Tiefes Eindringen in die Seele der Geliebten ist die Voraussetzung für den strahlenden Weg ins Licht, bei dem du in Gefühlen und Gedanken nicht nur um dich selbst kreist und über das Unvermögen deines eigenen Erkennens reflektierst. In der Begegnung mit der Mondin spiegelt sich das Urseiend-Weibliche, in deren Formen du harmonisch zerfließt. Es ist, als ob du eingetaucht wärst in die Herzenskammer des Weibes, und das entspricht auf der exoterischen Ebene dem Fötus im Mutterbauch, der wächst, um ins Licht des Bewußtseins geboren zu werden.

☽ ☿

Mond / Merkur

Mond des Mannes in Aspekt zum Merkur der Frau

Konjunktion

Diese Verbindung entspricht ihrem eifrigen Bemühen, Gefühle zu analysieren, oder ist zumindest der Versuch, deine Gefühle in einem äußeren Rahmen festzuhalten, der den «Denkschubladen» deiner Partnerin einverleibt erscheint. Die Frau läßt Konflikte auf der Gefühlsebene gar nicht erst zu, indem sie deine Emotionen rationalisiert, und ist mit Argumenten schnell zur Hand, wenn es gilt, über Gefühle zu reden. Es ist ein ernstzunehmender Versuch, den Emotionen durch die Übersetzung in Sprache sozusagen den Stachel zu ziehen, sie also gewissermaßen zu neutralisieren und auf eine Ebene zu heben, auf der ihnen verstandesmäßig begegnet werden kann. Du müßtest ihr deine Gefühle einreden, damit sie sie, wenn sie sie schon nicht spüren, wenigstens auf der rationalen Ebene nachvollziehen kann. Dann könnte sie die Gefühle zum Teil jenes Vorstellungsrahmens machen, durch den sie, weil sie die Gefühle jetzt rational kontrolliert, mit dir wenigstens darüber kommunizieren kann.

Quadrat, Opposition

Auf der Beziehungsebene werden deine Gefühle durch die verstandesorientierten Merkurkräfte der Frau kontrolliert. All ihr partnerschaftliches Streben dient im Prinzip nur dem Versuch, dein Inneres zu erhellen und es den Vorstellungsinhalten des analysierenden Denkens einzuverleiben, was sich in einem großen Angebot von Wegen zum Verständnis innerseelischer Prozesse niederschlägt. Doch da du dich (und dein inneres Kind) in ihr nicht fühlen kannst, führt jedes Gespräch über emotionale Nähe zu einem Gefühl beklemmender Frustration. Sie läßt nicht zu, daß du dein mütterliches Gefühl auf sie überträgst und deine eigene Projektion in ihr begehrst, weil sie mit ihrer Mutter möglicherweise Probleme hatte. Umgekehrt kannst du sie ohne Mutterbild sexuell nicht begehren und ohne Kontakt zu ihrer Leiblichkeit steigt dir die Sexualsphäre in den Kopf. Stilisiertes Verhalten ersetzt die Werte, Gefühle werden auf Formalismen reduziert und emotionale Werte werden nicht gelebt, sondern nur vorgespiegelt: Tiefsitzende seelische Ängste lassen lieben. Nur wenn du ein gewisses Maß an innerer Frustration und Unbefriedigtsein akzeptierst, wird es dir eines Tages vielleicht gelingen, daß die Frau die Gefühle zu ihrer Mutter wieder zuläßt und deinem Mond damit stellvertretend erlaubt, sein Kind (in ihr) wieder zurückzubekommen. Vielleicht läßt sie sich dann trotz ihrer vordergründigen Unverbindlichkeit in ihrem Gefühlsbereich von dir erlösen, wenn dein Fühlen durch ihr Denken hindurchdiffundiert.

Trigon, Sextil

Wenn Verstand und Psyche harmonisch miteinander in Verbindung treten, kann das Ergebnis nur Kreativität sein (oder Erkenntnis), also Schöpferisches, das sich aus den Urnebeln des Unbewußten nährt. Das symbolisiert das Aufbrechen innerer Gesichter und das Hervorkeimen einer spirituellen Erkenntnis, in den scheinbaren Zufälligkeiten vergangener Ereignisse den inneren Zusammenhang zur eigenen Entwicklung zu ermitteln. Bisweilen erlebst du in der Beziehung aber auch ein von deinen Gefühlen abgespaltenes Denken oder ein von den Denkmustern getrenntes Fühlen und damit die Diskrepanz zwischen Seele und Geist. Wenn du deine Zeit damit vertrödelst, diese beiden Opponenten, die sich dir von Zeit zu Zeit verweigern, zwanghaft zu verbinden, erreichst du nichts. Wenn du aber ein gewisses Maß an innerer Spannung als notwendige Folge dieser Stellung akzeptierst, dann verleiht dir dein Mond Mut, Witz und geistreiches Reagieren gegenüber den intellektuellen und gefühlsmäßigen Ansprüchen deiner Partnerin.

☽ ♀

Mond / Venus

Mond des Mannes in Aspekt zur Venus der Frau

Konjunktion ☌

Die Konjunktion symbolisiert die Verbindung zwischen dem Bewußten und dem Unbewußten und verkörpert das Geheimnis des Weiblichen, das dich bisweilen in deinen Träumen erreicht. Es ist der Wunsch nach einem inneren Gleichgewicht, das dich aus den Extremen der sich oft widersprechenden Gefühle erlösen soll. Da Mond und Venus die Verbindung der Realität zur inneren Gefühlswelt ausdrücken, kannst du ermessen, wie dein weltliches Empfinden noch in den Gefilden unbewußter Träume steckt. Somit entdeckst du die Wurzeln in den inneren Bildern. Die objektive Welt läßt die individuellen Ängste durchscheinen, weil die subjektiven Ängste die Grundlage objektiver Weltanschauung sind; doch die Maske läßt als Wahrheit nur durchschimmern, daß jede Wahrheit immer wieder eine neue Maske von Verlogenheit darstellt. Du gibst dich sanft und damit der Frau die Möglichkeit, ihre Empfindungen in dir zu reflektieren, denn niemand beherrscht den Balanceakt zwischen Realität und Unbewußtem so perfekt: den Doppelsalto, sich in seinen Anziehungs- und Abstoßungsspielen so unbeschwert und heiter spiegeln zu können.

Quadrat, Opposition ⚻ □ ∟

Auf der Suche nach Geborgenheit und Liebe begegnest du hier den polymorphen Gespenstern im Reich der Triebe, die sich hinter verschiedenen Masken verbergen, und in deren Gesichter du deine Verhinderung hineininterpretierst. Damit bricht hinter dem Bild von Harmonie und Zuneigung jene dunkle Seite auf, die dem instinktiven, irdischen Aspekt des archetypisch Weiblichen entspricht, nämlich alles auf sich zu ziehen und in die eigene Gefühlswelt einzubinden, ohne dich in deiner männlichen Rolle zu akzeptieren. Der weibliche Buhlteufel in Gestalt deiner Partnerin ist die Nadel in der Rille der Seele, die sich zwischen dich und das Bild deiner Mutter stellt und dadurch, daß sie deine Männlichkeit aus der Sicht der Mutter ablehnt, deine negativen inneren Gefühle zum Klingen bringt. Als Mann kannst du darüber nachdenken, wie du die verschlingende Seite deiner besitzergreifenden Gefühle im Tempel der Harmonie zur Kommunion mit der Liebe bewegen kannst, ohne daß der Motor deiner überschäumenden Lebenslust ins Stottern kommt. Verheddere dich nicht in den Tiefenschichten irritierender Anziehungs- und Abstoßungskräfte, und liefere dich nicht deinen perversen inneren Erscheinungen aus, denn oft erlebst du deine Sexualität auch in einem Rahmen, der sich zwischen Hingabe und Verweigerung bewegt.

Trigon, Sextil ⊻

Dieser Aspekt symbolisiert die Lockrufe der Lust, die nicht nur für Liebe und inneren Frieden, sondern auch für die unerlösten Sehnsüchte in deiner Seele stehen, und die dich wieder mit deinen Urquellen verbinden. Es ist die Sehnsucht nach der Tiefe, die dich durchströmt, die Suche nach der inneren Wahrheit, denn die Jagd nach äußeren Werten füllt dich immer weniger aus, je länger die Beziehung dauert. Vielleicht fühlst du dich deiner Mutter gegenüber schuldig, weil du ihre Nähe nicht genügend würdigen konntest, und rehabilitierst dich dadurch, indem du jede Frau ablehnst, die dir deine Vorstellung von Liebe im Sinne deiner Mutter erfüllt. Also muß die verschmähte Partnerin herhalten, durch einen immer wiederkehrenden Akt der Ablehnung dein inneres Mutterbild zu besänftigen. Die Harmonie in der Beziehung dient somit dem einzigen Zweck, die unerlöste innere Weiblichkeit wieder zu versöhnen und damit den unersättlichen Hunger nach Liebe und Anerkennung wenigstens vorübergehend zu stillen. Gerade innerhalb dieser Verbindung kannst du erfahren, daß du mit dem, was du bekommst, niemals restlos glücklich werden kannst. Doch liegt gerade in dieser Erkenntnis die Kraft, die dich über dich selbst hinaus zur tiefsten inneren Erfüllung führt.

☽ ♂

Mond / Mars

Mond des Mannes in Aspekt zum Mars der Frau

Konjunktion ☌

Im Beziehungsbereich symbolisiert dieser Aspekt die Bindung der aktiven, nach außen drängenden Aggressionskräfte (Mars der Frau) an deinen innersten Gefühlsbereich (Mond). Das drückt sich im Alltag als etwas aus, das dich zugleich ängstigt und fasziniert. Denn einerseits bist du eingesperrt in den Bildern deiner Kindheitsängste – jederzeit bereit, deine Wurzeln gegen Angriffe von außen zu verteidigen, denn du befindest dich in der schwierigen Lage, deine inneren Gefühle gegen äußere Einwirkungen ständig verteidigen zu müssen –, und andererseits ziehst du die Aggressionen deiner Partnerin auf dich. Du spürst, wie dein Leib zur Flamme wird, in der ihre Männlichkeit tanzt, denn du fühlst ihre starke sexuelle Anziehung, der du dich öffnest, ob du willst oder nicht, und durch die sich dein Triebleben belebt. Immer tiefer zieht es dich in den Bereich der Triebe, kindliche Erinnerungen an die Mutter brechen auf und manchmal ist es dir, als müßtest du für die Aggressionen deiner Begleiterin die mütterliche Verantwortung übernehmen. Sex ist die Reibefläche für das Feuer zu zweit, dabei ist die Frau der aggressive Teil und reflektiert dir deine männliche Seite. Oft nimmst du ihre Energie aber auch mit dem Magen auf, wenn es dir nicht gelingt, deine Gefühle in Übereinstimmung mit ihrem zielgerichteten Triebverlangen zu bekommen, denn in Beziehung zu deiner seelischen Innenwelt verhält sie sich oft wie ihr Vater, der – in ihrer kindlichen Erinnerung – die Mutter unterworfen hat.

Quadrat, Opposition ⚻ ☍ ∟

Unter diesem Einfluß bist du ein Gefangener deiner eigenen Furcht. Die Furien in den Nischen deiner unterirdischen Seelenkammern richten sich destruktiv gegen dich, weil du durch deine Partnerin Wünsche ausleben willst, die dem zuwiderlaufen, was du dir gefühlsmäßig überhaupt zutraust. Deshalb suchst du Schmach und Verletzung als notwendige Erfahrung, um dich über die Aggressivität der äußeren Frau von deinem inneren Mutterbild, das dich in der Rolle des Kindes gefangenhält, zu lösen, denn die Frustration, durch die sich dein ungelebtes Aggressionspotential in der Gefährtin zum Ausdruck bringt, ist der Schlüssel, um dein Unbewußtes zu bewegen bzw. das innere Kind der Mutter wegzunehmen. Erinnerungen an frühkindliche Verschmelzungssehnsüchte mit ihr tauchen auf, denn deine Seele (Mond) fühlt sich plötzlich von ihren Erinnerungen angegriffen, wenn sich der Mars deiner Begleiterin durch die Schichten deines Innenlebens pflügt. Die Beschäftigung mit deinen inneren Gespenstern kann zum Ventil für unterdrückte Aggressionen werden, und ihnen zu unterliegen verspricht gleichzeitig (befreienden) Lustgewinn.

Trigon, Sextil ⚺

Du suchst in deiner Partnerin die Löwenbändigerin, die dich unterwirft, worauf du ihre Peitsche küßt. Überhaupt erinnert dein Verhalten an das eines Kindes, das alles in der Außenwelt anzieht, was es selbst gefühlsmäßig zum Ausdruck bringen möchte. Dabei machst du dir durch das Erscheinungsbild der Frau deine Gefühle bewußt, die du dir nicht eingestehen kannst, und indem sie dir als «Dompteuse» die Herausforderung schenkt, nach der du dich sehnst, fühlst du dich von deiner Angst aufs Angenehmste bedroht. Das ist der Preis für die Erfahrung, Sex und Angst im selben Augenblick wahrnehmen zu können. Dein Mut ist groß, und in gewisser Hinsicht erinnerst du an den «Grimmschen Knaben», der die Bedeutung der Furcht noch nicht kennt und auszieht, um sich von seinem Aggressionpotential unter Druck setzen zu lassen («Von einem, der auszog, das Fürchten zu lernen»). Archetypisch entspricht dein Gefühlsleben dem naiven Rollenspiel des heldenhaften Jünglings, der jene Liebe und Hingabe, die er seelisch weder empfindet noch schenken kann, übertrieben nach außen darstellt. Da dein Gefühl – in unbewußter Nähe zur frühkindlichen Sexualität – keineswegs frei von autoerotischen Bestrebungen ist, kehrst du manchmal auch den mutterbetörenden Jüngling hervor, der die Beschützerinstinkte in der Partnerin weckt und auf die «Wassermühlen» seiner erotischen Wünsche lenkt.

☽ ♃
Mond / Jupiter
Mond des Mannes in Aspekt zum Jupiter der Frau

Konjunktion ☌
Die harmonische Verbindung steht für das ahnende Verstehen emotionaler Zusammenhänge und für das Vertrauen in die Frau, also für das seelische Verstehen, die innere Einsicht und das damit verbundene Vertrauen in das, was dich in der Partnerin gefühlsmäßig über dich hinaushebt und es dir ermöglicht, den Geist der Mütter zu empfangen. Lohn sind die kryptischen Ahnungen und visionären Erscheinungen aus dem Reich der Tiefe, wo sich deine Seele in den unermeßlichen Schichten des spirituellen Weiblichen verfängt. Es ist der Abstieg zu den Quellen, der deine Seele befähigt, das Spektrum ihrer Wahrnehmung zu erweitern, und es ist der Schoß der Nacht, aus dessen Urgründen sich das mondhafte Sehnen in die Walhalla von Jupiters schöpferischem Bewußtsein emporwälzt. Dieser zeigt, daß du für die Gefühle deiner Gefährtin empfänglich bist, durch die du über die Enge deines unmittelbaren Gesichtskreises hinauswachsen kannst, denn die Kombination symbolisiert (über das egoistische Ich hinaus) die Potenz deines in den Gewässern des kollektiven Unbewußten aufleuchtenden Selbst. Mond/Jupiter unterstreicht deine innere Bereitschaft, zu reifen und in der Partnerschaft zu wachsen, bis du den äußeren Anforderungen seelisch gewachsen bist.

Quadrat, Opposition ⚻ □ ∟
Der harte Aspekt führt zu den übertriebenen Gefühlen eines grenzenlosen Optimismus, der in allen Bereichen deiner Beziehung ihren Niederschlag findet. In emotionalen Dingen bist du absolut vereinnahmend und hoffst auf eine gefühlsmäßige Übereinstimmung mit der Göttin, um dir deine egoistischen, ichbezogenen Wünsche zu erfüllen. Partnerschaft wird nur unter der Bedingung der eigenen Wunscherfüllung akzeptiert: Du bejahst in der Gefährtin all das, was sie dir an eigenen Wünschen erfüllt. Damit stünden dir in dieser Verbindung romantische Zeiten bevor, in denen du in warmen Gefühlen baden könntest, wäre da nicht der Freiheitsdrang der Frau, dich immer wieder dann in deinem Seelen-Morast allein zu lassen, wenn dein infantiles Streben nach dem Eintauchen in die eigenen Tiefensümpfe verlangt. Das bedeutet, daß du zu tiefen, dich selbst überwältigenden Erfahrungen nur gelangst, wenn du, statt von ihr ständig im «Winde stehen gelassen zu werden», deine innere Unvollständigkeit selbst ausfüllst.

Trigon, Sextil ⊻
In dieser Beziehung entwickelst du dein geistiges Potential aus dem Fundus der Liebe, vor allem aus der Liebe zu deiner Mutter. Bis in alle Tiefen spürst du die starke Verbindung mit dem innersten Kreis der Schöpfung, woraus die Ganzheit strömt, den Abstieg in den Erdenschoß, und zwar nicht als Opfer der Verführung, sondern in der Hoffnung auf Wiedergeburt. Es sind die unvergänglichen Archetypen, die du hier im Herzen deiner Partnerin berührst, die deiner individuellen Erfahrung im Sinne einer ungeschauten Ordnung zugrunde liegen, die man auch als Liebe bezeichnen könnte. Da dein Mond im Jupiter der Frau all dies selbst gebiert, ist er – ohne selbst Bild zu sein – die hinter den Bildern wirkende Gefühlsenergie für die Netzwerke des «Großen All-Bewußtseins», und er stattet dich mit der Gewißheit aus, intuitiv und hochsensibel mit dieser feingesponnenen Organisation umzugehen. Die übertriebene Idealisierung der Göttin entspricht dem Streben nach Befreiung von instinktgebundenen Zwängen, was dich nach jener reinen Form von Liebe suchen läßt, die sich nicht nur im Kopf entwickelt, sondern die aus deiner Seele wie eine Blume hervorwächst, wenn sie Licht, Wärme und Wasser von der Manifestation deiner Projektion bekommt.

☽ ♄

Mond / Saturn

Mond des Mannes in Aspekt zum Saturn der Frau

Konjunktion ☌

Im Einflußbereich dieser Aspektverbindung kannst du erfahren, wie schwer es ist, die eigenen Gefühle zu leben, wenn es der lieben Partnerin nicht gefällt. Irgendwie löst sie in dir den Wunsch aus, auf individuelle Eigenart zu verzichten und deinen emotionalen Ausdruck an ihre Forderungen anzupassen, denn in ihr begegnet dir die von einem Streben nach besseren Lösungen beseelte Über-Mutter. Als wertende, kontrollierende Instanz verlangt sie meistens Verzichte auf Gefühle und verhindert die triebhafte Instinktnatur. Das mag oft zu Verdrängungen oder für das Ego unannehmbaren Zwängen führen. Andererseits vermagst du deine besitzergreifende Bindung an deine Peinigerin auch nur schwer aufzugeben, denn sie ist nicht nur die Unterdrückerin, die dich die Abgeschnittenheit von deiner inneren Geborgenheit spüren läßt, sondern sie ist auch die Mutter, die dich vor den Verführungen und den vielfältigen Versuchungen der Außenwelt um den Preis deiner noch unerwachsenen Freiheit schützt.

Quadrat, Opposition ⚻ □ ∟

Als Mann hast du unter dieser «strengen» Konstellation eine Partnerin gefunden, die dich in Frage stellt, um dich mit deinen Zweifeln zu identifizieren und aus dieser Verdrängungsperspektive Anziehung zu deiner ablehnenden Weiblichkeit zu empfinden. Das entspricht in der Beziehung einer triebverneinenden Erzieherin, der du dich völlig auslieferst – in der ganzen Embryonalität deiner kindlichen Gefühlsnatur. Ablöseprozesse gelingen dir nicht, weil du von den Schuldgefühlen, die sie in dir auslöst, abhängig bist. Möglicherweise antwortet deine Seele mit einer (verspäteten) Vorstellung von Buße für die Unzufriedenheit der Mutter, denn du spürst Gefühle nur in der exemplarischen Bestrafung durch die Frau. Das bedeutet auch, daß du dich in der Beziehung in einem Kerker befindest, denn aus der Angst heraus, der «Schwarzen Göttin» zu begegnen, die dich in die unkontrollierten Instinktbereiche deiner Gefühlsnatur hinabzieht, schützt du dich durch die Partnerschaftsübertragung auf eine triebverhindernde Komplizin, der du dich willentlich auslieferst, denn sie verkörpert den seelischen Zugriff, der deine Gefühle durch Strukturierung fest zusammenhält. Gemeinsamkeit wird dabei zur seelischen Prothese, weil dir erst die Reaktion der unbewußt Verbündeten die eigene Vorstellung ausfüllt, wie du dich seelisch wahrnehmen kannst. So versuchst du, alle emotionalen Entscheidungen auszugrenzen und hoffst vergeblich, durch praktische und nachvollziehbare Werte die in den Fluten der Gefühle versunkene Identität wieder ans Tageslicht zu bringen. Der Schwerpunkt liegt auf Recht und Ordnung, weil du dich in dieser Beziehung an sichere Strukturen auslieferst, ohne zu bedenken, daß du hinter diesen Gefängnismauern deinem seelischen Manko nicht entkommst. Einerseits versuchst du, ihr alle gefühlsmäßigen Entscheidungen zu überlassen, doch da der Mond Gemüt und Gefühle symbolisiert, zeigt sich jede Saturnberührung gleichzeitig als endothymer Grund in deiner Seele, wo Beklemmung und Unterdrückung noch die freundlicheren Aspekte dieser Verbindung sind.

Trigon, Sextil ⊻
Auch hier fällt es dir schwer, deine Empfindungen zu formulieren oder überhaupt Entscheidungen zu treffen, weil du deine realen Werte nicht entwickelt hast. Du überträgst die Verantwortung auf eine Partnerin, die dir die Entscheidungen abnehmen soll, und machst dich von ihr abhängig, um ihr die Gefühlskontrolle zuweisen zu können. Voraussetzung zu dieser Disposition war möglicherweise eine Mutter, die sich unbewußt weigerte, Mutter zu werden. Ihre Unzufriedenheit in dieser Rolle könnte sich auf dich übertragen haben, worauf du Schuldgefühle entwickelt hast und wünschtest «psychologisch» ungeboren zu bleiben, gefangen im Mutterbauch. Denn die Sehnsucht nach der Mütter Quelle ist doch geradezu der Heimweg und gipfelt in der Frage, was für Voraussetzungen in der eigenen Psyche solche Wirkungen erst sinnvoll machen: nämlich diesen Bedürfnissen nicht zu unterliegen, die du sowieso nie befriedigen kannst, und statt dessen den Rahmen der Gefühle in jenem größeren Zusammenhang zu suchen, der im Gewölbe deiner unbegriffenen Psyche eingekerkert ist. Solange du nicht bereit bist, deine persönliche Perspektive zu erweitern, darfst du in der Beziehung auch keine Paradieszustände erwarten. Es ist die Aufgabe der Frau, dich durch die Kälte hindurchzustoßen, bis der Leidensdruck größer ist als deine Angst vor der Psyche – deine Angst vor Umwertung der Werte und dem Verlust der Welt. Es wäre also klug, dir hier die Frage zu stellen, was sich gewinnen ließe, solltest du die Voraussetzungen zur Blockierung deiner Gefühle jetzt erkennen? Denn wie immer, wenn Saturn angesprochen ist, findet sich die Lösung meistens dort, wo du bereit bist, dich in der Leere selbst zu erkennen und das Defizit aus eigenen Kräften auszugleichen, dort wo du durch das Abgeschnittensein vom Leben dazu angespornt wirst, die verlorenen Gefühle zu erfragen und durch dein Erkennen wieder zu ersetzen. Die fehlenden Werte also auszugleichen, statt noch länger auf die Akzeptanz deiner Gefühle im anderen zu hoffen und den nicht erkannten Teil der eigenen Psyche in die Welt zu projizieren und dort gewissermaßen gegen dich zu leben.

☽ ⚷

Mond / Chiron

Mond des Mannes in Aspekt zum Chiron der Frau

Konjunktion ☌

Hier irritiert dich dein inneres «Gespenst von Freiheit», das dir trotz aller Hingabezwänge ständig im Kopf herumspukt, denn in dieser Verbindung werden deine alten kindlichen Gefühle gegenüber der Mutter wieder geweckt, denen du in deiner Partnerin begegnest. Du projizierst dein Mutterbild auf sie, oder besser gesagt: sie zieht dein Mutterbild auf sich, und unbewußt strebst du danach, der Mann (für sie) zu sein, den deine Mutter aus dir machen wollte. Weil diese Zuneigung im «Zeichen der Mutter» erfolgt, bedeutet das, daß du dich ihr unterwirfst und von ihr erwartest, daß sie dich hemmt und zur Tradition anhält, damit du – wie der kleine Junge, der vor seiner Mutter davonläuft – einen Grund zur Flucht hast. Doch das ist natürlich nur ein inneres Bild. Da es dein übertragenes Schuldgefühl ist, das dich im Rahmen deiner Partnerin anzieht, weil du dich selbst als unbewußter Liebhaber der Mutter fühlst, wirst du ihr niemals davonlaufen, so wie du deiner Mutter auch niemals davongelaufen bist. Sie ist die Sklavin deines Verlangens, deine Schuld durch bedingungslose Hingabe langsam abzubauen, indem sie die Führung übernimmt oder – wenn dich die beschränkende Enge nicht mehr anspornt – die Beziehung aufgrund deines Bedürfnisses nach Schmerz in einem therapeutischen Sinne rücksichtslos beendet.

Quadrat, Opposition ⚻ □ ☍

In deiner seelischen Ausrichtung findet sich ein übertriebenes Streben nach Ordnung, die Angst vor Chaos und der damit verbundene Drang, die Gefühle zu organisieren und zu analysieren, um sie vermeintlich besser zu kontrollieren. Wahrscheinlich besitzt du kein großes emotionales Selbstwertgefühl und mußt dich sehr anstrengen, die Gefühlsrolle in der Beziehung aufrechtzuerhalten, um bei deiner Partnerin Anerkennung zu finden und deine mondhaften Gefühle in harmonischen Einklang von Körper, Seele und Geist zu bringen. Unterschwellige Empfindungen werden in deine Erinnerung hochgespült, denn das aus den Mondbereichen heraufschimmernde Gespinst unsichtbarer Verknüpfungen, das in Form von unstrukturierten, gefühlsmäßigen Taten und Entscheidungen ins Leben eindringt, verhilft dir erst in der karmischen Auslese deiner Seelenführerin zu jenem gefühlsmäßigen Erkennen, das ganzheitlich und organisch ins Leben eingebettet ist. Solange du dir nicht eingestehen willst, daß dein Gefühlswert vom dunklen Hintergrund in deiner Seele abhängig ist, der die destruktive Irrationalität deiner Empfindungen in Form übersteigerter Subjektivität auf die Gefährtin projiziert, was nichts anderes als die Angst ausdrückt, von den eigenen Gefühlen überrannt zu werden, erlebst du in dieser Beziehung eine vollständige Auslieferung an die eigene Gefühlsnatur. Es ist die Vorstellungsblockade, die sich aus deinem Fühlen, was die Frau empfindet, zusammensetzt, oder aus dem, was du glaubst, daß die Frau empfinden muß, damit du sie spüren kannst.

Trigon, Sextil ⚺

Im Bereich der Partnerschaft bist du für die irrationalen Mutterprojektionen der Gefährtin empfänglich (sie signalisiert dir umgekehrt den rationalisierenden Vater), denn die Verbindung schafft einen gewissen Ausgleich zwischen deiner emotionalen Spontaneität, die du dich nicht zu leben traust, und dem asketischen Streben der Frau nach heilender Beschränkung. Die Neigung ihrer Seele, kontrollierend in die Welt der Gefühle einzugreifen, zwingt dich oft, mit «angezogener Handbremse» auf der Gefühlsspur zu fahren. Willst du nicht Sklave einer freudlosen Routine werden, mußt du neue Ideen entwickeln und Aufgaben und Projekte beginnen, die dich fordern, denn unter diesem Aspekt hast du ein feines Gespür für die Leiden der anderen und ein offenes Auge für das Ungleichgewicht der Welt.

☽ ♅

Mond / Uranus

Mond des Mannes in Aspekt zum Uranus der Frau

Konjunktion

Der Ruf der Instinkte erreicht dich in dieser Verbindung in uneingeschränkter und unschuldiger Unterstützung deiner Sinnlichkeit. Das entspricht der glühenden Seite der Göttin, die das «Feuer der Schlange» in dir aufsteigen läßt, denn der lockende, in Versuchung führende Uranus des Weibes, der sich am Aufreizenden und Verführerischen nicht weniger freut als am Häßlichen und Unfruchtbaren, repräsentiert die Ekstase in jeder Erscheinung und die Erfüllung jedes nur denkbaren Verlangens nach Liebe. Das führt oft zu unkonventionellen Beziehungen, weil unvereinbare Gegensätze plötzlich zueinanderfinden und sich zu Sichtweisen zusammenbinden, in denen alles Sichtbare nur vorübergehende Formen sind, die auftauchen und wieder verschwinden. Du suchst in der Gefährtin den gesellschaftlichen Kontakt, der dir ein anregendes Lebensgefühl vermittelt, und sie strebt weniger nach ewiger Liebe, sondern nach impulsiver Leidenschaft, durch die sie ihr aktives Gefühlsleben loswerden kann.

Quadrat, Opposition

In dieser Beziehung liegt ein unbewußtes karmisches Muster verborgen, das du nicht erträgst, das dir aber durch die Frau ins Bewußtsein gerufen wird: nämlich immer und überall davonzulaufen. Es ist eine merkwürdige Schizophrenie zwischen dem Gebot nach absoluter Freiheit und dem inneren Bedürfnis nach Bindung und Geborgenheit, die dich umzingelt, wobei du den Wunsch nach Bindung selbst lebst und den Wunsch nach Freiheit an die Partnerin delegierst, die es vorzieht, sich aus dem Staub zu machen, bevor sie von dir eingefangen wird. Du kompensierst dein Verhalten dadurch, indem du eine Frau anziehst, die dich abwehrt und damit indirekt ihre Mutter bestraft, indem sie dich (bzw. deinen Mond stellvertretend für ihre Mutter) in deiner seelischen Zudringlichkeit an ihrer Kälte ständig auflaufen und leiden läßt. Sie distanziert sich nicht nur vom mütterlichen Verhalten, sondern in der Verkörperung der Mutter als Frau auch vom Weiblichen schlechthin. Da auch du das Weibliche unbewußt ablehnst, dich ihm aber gefühlsmäßig nicht entziehen kannst, suchst du unbemerkt die verhinderte Frau, die deine Gefühle nicht annehmen kann. Du benutzt also das Unvermögen der Gefährtin, dir einen sichtbaren Grund im Leben zu schaffen, dem Weiblichen entkommen zu können, ohne dir das selbst eingestehen zu müssen. Dadurch sieht sich dein mondhaftes Empfinden plötzlich in der abstrakten Situation, in der es an den Projektionen der Gefühle zwar interessiert teilnimmt, aber mehr, um sich wie in der Hauptrolle eines Filmes zu betrachten und ohne am Geschehen seelisch teilnehmen zu können. Du betrachtest dich selbst aus der Perspektive eines Berichterstatters, der über die Gefühle zwar berichtet, ohne sich dabei jedoch persönlich festlegen zu müssen, weil die Begleiterin sich dir ständig entzieht. Du distanzierst dich gleichsam in der Auserwählten von dir selbst!

Trigon, Sextil

Diese Verbindung ist eine komplexe Mischung aus der Offenheit gegenüber allem Neuen und der gleichzeitigen Fixierung auf die Gefühlsmuster. Die Frau kann sich selbst nicht spüren, denn die bildhafte Manifestierung der sich selbst erkennenden Seele, die sich ins Herz hineinschaut, ist unter Uranus der «gespiegelte Betrachter»: sie selbst! Sie befindet sich in der schizoiden Situation, in der sie an den Projektionen ihrer Gefühle zwar interessiert teilnimmt, aber mehr, um die Welt wie aus einem Glashaus zu betrachten. Es ist die Sichtweise einer Außenstehenden, die das Geschehen rapportiert, ohne sich seelisch einbringen zu können. Jetzt hat sie Angst vor ihren eigenen Gefühlen, die sie irrtümlicherweise für deine hält, und möchte statt ihnen lieber Gefühle verwirklichen, von denen sie glaubt, daß es nicht die ihren sind. Sie entzieht sich dir, um dieses «Sich-Verlieren» nicht in sich selbst zu erleben. Das verursacht dir Schmerz. Und da sie sich nicht an dich binden will, weil sie ihren Gefühlen nicht traut, hilft dir hier nur noch ein göttlicher Trick aus dem Dilemma: Du akzeptierst ihre Ablehnung, weil du merkst, daß es ihre Weiblichkeit ist, die sie in dir ablehnt, da sie sich in ihrem Frausein minderwertig fühlt. Denn gerade die Projektion, aus der sie sich (in dir) betrachtet, vergrößert die Möglichkeit, in dieser Beziehung zu wachsen.

☽ ♆

Mond / Neptun

Mond des Mannes in Aspekt zum Neptun der Frau

Konjunktion ☌
Die Konjunktion entwickelt ihr geistiges Potential aus der unerreichbaren Sehnsucht nach Liebe, die so hoch über dem Verstand der Menschen schwebt, daß ihr keine Gefahr droht, innerhalb menschlicher Bewußtseinsziele jemals Realität werden zu müssen. Die ersehnte Gefährtin badet in den warmen Gewässern deiner Seele, und du antwortest ihrem numinosen Streben nach dem Göttlichen mit deiner verschwenderischen Liebe. Dieser Aspekt beschreibt nicht zuletzt ein grenzenloses Gefühl von innerer Wärme, nämlich das innere Bild zweier Seelen, die in den Gewässern des Unbewußten träumen. Gleichzeitig ist er eng mit der Libido verknüpft, denn das spirituelle Engagement ist eine Sublimierung des Mutter-Eros. Damit steht diese Beziehung für grenzenlose Sehnsucht und tiefe Gefühle und verkörpert die Ausweitung des seelischen Empfindens in die Gefühlswelt der Partnerin, die dir neue Räume öffnen soll.

Quadrat, Opposition ⚻ □ ∟
Das Kind in dir, das sich aus Angst vor der Mutter seine Gefühle nicht zu leben traut, sucht seine Aufgabe in der Beziehung darin zu finden, daß es sich zwischen die Welten stellt, um dort Verwirrung zu stiften, und, statt die Emotionen der Mondin weiterzugeben, unbewußt an der Frau seiner Träume festhält. Denn hinter der Sehnsucht nach der Göttin verbirgt sich nichts anderes als das ständige Manöver, Gefühlen auszuweichen und alles Persönliche aufzulösen. Du hältst, statt nach dem Erreichbaren zu streben, an dem unerreichbaren Bild deines inneren Verlangens fest, das dir deine Wünsche schon aus dem Grunde nicht erfüllen wird, damit es weiterhin Ziel deiner Träume bleiben kann. Zwar versuchst du die Frau mit der ganzen Ausdruckskraft deiner verschlingenden Gefühlsnatur an dich zu binden, was aber nicht gelingt, da sie aus ihrem Wunsch nach Befreiung von der Mutter mit all ihrer Kraft dagegenhält. Was du für die Frau deiner Sehnsucht hältst, ist ein Gefühlszustand, der für deine emotionalen Bedürfnisse viel zu hoch gegriffen ist, als daß du von ihm das seelische Glück für einen Preis erwarten könntest, der sich in dieser Verbindung als positiv herausstellen dürfte.

Trigon, Sextil ⚺
Der Neptun der Partnerin zeigt dir deinen ausgelagerten Drang nach Auflösung und Verschmelzung an, und da dein Mond die Beziehung zum «inneren» Kind repräsentiert, das nur auf Bilder und Symbole reagiert, finden wir unter diesem Aspekt eine Sehnsucht nach der inneren Begleiterin vor, die dich freundlich an der Hand nimmt und zu den «Müttern» führt. Sie führt dich behutsam in die unendlichen Abgründe deiner Innenwelt und gewährt dir einen Blick in die geheimnisvolle Tiefe, wo sich dir zwischen Sehnsüchten und Abgründen die spirituelle Liebe enthüllt. Persönliche Wünsche werden durch kosmische Schwingungen ersetzt und in allen Zielen dem Jenseitigen nachgeeifert, was neue Schwerpunkte im Leben setzt. Das Gefühl, irgendwie aus Raum und Zeit hinauszutreiben, nimmt überhand, je mehr du dich deinen inneren Träumen überläßt, und läßt dich ahnen, welche vibrierende Spannung in der Tiefe deiner Seele glimmt, wenn du hinab zu den Quellen der Mysterien dringst.

☽ ♇

Mond / Pluto

Mond des Mannes in Aspekt zum Pluto der Frau

Konjunktion ☌
Auf der mythologischen Ebene symbolisiert diese Verbindung die Rippe Adams, die der christliche Vatergott dem Mann wegnahm und daraus Eva formte, denn diese Rippe, die innerhalb dieser Beziehung zu dir gehört, aber außerhalb von dir existiert, ist die Flamme des Bewußtseins, die dir leuchtet, wenn du in die Finsternis des Unbewußten hinabsteigen mußt, um deinen verlorenen Teil wiederzuentdecken. Die Frau ist dabei die Fackel, die dich in den unterirdischen Räumen der Seele leitet, denn in dieser tiefgründigen Verbindung kommen deine unbewußten Bedürfnisse erst durch die Reflexionen der plutonischen Göttin ans Licht. Um die Tiefe dieser Beziehung zu ergründen, mußt du wie ein Dschungelkämpfer die Schichten der seelischen Unterwelt durchdringen und die fehlende «Rippe» in der Tiefe entdecken und zur inneren Vollständigkeit wieder ins Licht des Bewußtseins hinaufbringen. Erst wenn du sie wiedergefunden hast, kannst du erahnen, was Liebe ist, denn dieser Aspekt ist das Tiefste, was du erleben kannst, wenn du dich dem Kraftstrom deiner Partnerin wirklich öffnen kannst.

Quadrat, Opposition ⚻ ☍ ∟
Die plutonische Gefährtin ist die Herrscherin, die immer zur Stelle ist, wenn es gilt, all jene zu beherrschen, die schwach genug sind, sie zu fürchten. Hier befindest du dich im Reich der verschlingenden Mutter, deren Schatten die kinderfressende Medea aus den tiefsten Schichten deiner Seele ist, denn sie löst in dir die Horrorbilder aus, von ihr entweder lustvoll verschlungen oder in irgendeiner Form zur Verantwortung gezogen zu werden. Das zeigt dich als einen durch das Weib kastrierten Mann, der durch den Verlust seiner Männlichkeit und die schmerzende Wunde am eigenen Leib die spirituelle Seite seiner Persönlichkeit entwickeln und den Weg der Priesterschaft beschreiten kann, der ihm einen besseren Zugang zu seinen unterentwickelten Persönlichkeitsanteilen bietet. Durch die Verschmelzung mit dem Weiblichen wirst du der eigenen Unvollständigkeit bewußt und für die Leiden der anderen offen.

Trigon, Sextil ⊻
Dieser Aspekt steht für Tiefe und Einsicht in einer Beziehung. Er gewährt dir einen Blick hinter den Spiegel, denn er symbolisiert das Unentdeckte, die verdrängten Teile deines Selbst, die du in die Hölle verwiesen glaubtest, die jedoch in den Projektionen innerhalb deiner Beziehung ihren Aufenthaltsort gefunden haben. Du forderst von der Frau, daß sie dich bedingungslos festhält, um dich gerade aus diesem Grund von ihr abzuwenden, denn du fühlst dich plötzlich in der Lage, durch die Reflexionen einer schwierigen Verbindung ein tieferes emotionales Fundament zu legen, um darauf eine seelische Beziehung zu errichten, die die Aufforderung zur Regeneration und Wandlung schon in sich trägt. Es ist, als ob du durch das Feuer gehen müßtest, um zu bemerken, wie auch die verbrauchten Gefühle in ihr ursprüngliches Element des Unbewußten zurückkehren müssen, um wieder neu aus den Ruinen auferstehen zu können. Denn du ahnst: Erst wenn du die Traumata deiner Seele überwunden hast, also auch das Böse außerhalb von dir als einen Teil von dir selbst erkennst, der wieder zu dir zurück möchte, erst dann kannst du dich als der erleben, der du bist, und auch den Selbsterkenntnisakt mit Hilfe deiner Begleiterin vollbringen, die Gegensätze in dir wieder zu versöhnen und damit in der Beziehung immer vollständiger zu werden.

☽ ⚸

Mond / Lilith

Mond des Mannes in Aspekt zur Lilith der Frau

Konjunktion ☌
Der «schwarze Mond» deiner Begleiterin zeigt an, daß du in der Beziehung mit ihren dunklen Seiten in Berührung kommst. Das sind Erfahrungen, in denen du dir deiner Unfreiheit und Abhängigkeit bewußt werden kannst, denn der inaktive, bewußt verführte Teil in einer Partnerschaft zu sein, ist eine faszinierend-schmerzhafte Entdeckung für dich. Zwar kann die Lilith der Frau auch für das Gefühl der wunderbaren Wiedererlangung eines verlorenen Teils deines Selbst stehen, in der Regel aber beschreibt sie alle unglücklichen Auswüchse von Beziehungen wie Hörigkeit, Tyrannei und unkontrollierte Leidenschaft. Mitunter ist in dieser karmischen Verbindung aber auch die psychische Verstrickung als Summe aller ungelebten Möglichkeiten angesprochen, wo dir die Dämonin der Nacht in der Seele herumstochert und die alten, nur oberflächlich verheilten Wunden wieder aufreißt.

Quadrat, Opposition ⚻ ☍ ∟
Unter diesem Einfluß triffst du auf eine Frau, die sich nicht binden will. Sie will weder Liebe noch Verschmelzung, sondern nur die Freiheit, sie selbst zu sein. Meist neigt sie zu Destruktivität hinsichtlich deiner Vorstellungen über Partnerschaft und Familie, dafür schenkt sie dir die aus dem Mangel an emotionaler Wärme geborenen Fieberträume, in denen du erfährst, wie Liliths feurige, rachedürstende Wut auf die patriarchalische Unterdrückung des Weiblichen die Gefühle der Männer zerstört. Sie wird versuchen, dich psychisch zu zerbrechen, um sich über deine eigenen Gefühle zu erheben und in ihrem triumphalen Sieg über deinen Willen ihre dämonische Macht zu spüren. Dieser ungleiche Kampf verläuft zwischen ihrer abgründigen Seite, die sich verstärkt in deine Gefühle vertiefen will, und der lähmenden Gebundenheit deiner Ohnmacht, die dir nichts anderes zu tun einräumt, als die Übergriffe deiner Partnerin zu reflektieren. Das Schlachtfeld ist deine mondhafte Seele, in deren schwarzen Löchern sie sich in die Tiefen deiner Seele versenkt, aus der sich ihre finstere Weiblichkeit dann wieder erhebt und in deinen Gefühlen unbemerkt nach der Herrschaft über dein Bewußtsein strebt.

Trigon, Sextil ⊻
Für die Psyche ist nichts so verwirrend wie die verlockende und verführerische Gestalt der verhängnisvollen Lilith, die den negativen transformativen Aspekt des Weiblichen darstellt und den Mann durch ihre verhängnisvolle Bezauberung total verwirrt. Sie ist die dunkle Schwelle, die, wenn du sie übertrittst, dich in den faszinierenden Wahnsinn der Gefühle jenseits des kontrollierenden Verstandes führt. Im Gegensatz zur Eva, die sich Adam unterwirft, ermöglicht sie die Ausweitung des intuitiven Fühlens in Bereiche jenseits des Lichts, denn deine Begleiterin erfährt Liliths Fluch in einem kalten Zorn, wodurch sie sich weigert, sich dir anzupassen und statt dessen lieber deine Normen und Werte umpflügt. Umgekehrt versuchst auch du in ihre Finsternis einzugreifen, um den winzigen Lichtfunken zu packen, der die Neugeburt deines Bewußtseins durch die Tiefe des Erkennens ihres Alptraums entfacht. Doch wenn es dir gelingt, sie durch Vertrauen und Liebe in der Tiefe ihres Herzens so zu berühren, daß sie wie in einem Schock ihre verletzte Hülle abwirft und hinter sich läßt, kann sie für dich auch zur transformierenden Schwelle werden, die dich von der Dunkelheit ins Licht katapultiert.

☽ ☊

Mond / Mondknoten

Mond des Mannes in Aspekt zum Mondknoten der Frau

Konjunktion ☌

Dieser Aspekt bringt die Verbundenheit durch gemeinsame Erfahrungen zum Vorschein, wie es normalerweise in einer Beziehung kaum möglich ist. So wie der Regen die Wüste durchtränkt, so durchziehen alte Erinnerungen deine Gefühle, und unter den wärmenden Strahlen deiner Gedanken wächst die Frau im Spiegel deiner Vorstellungen zum Ebenbild alter gemeinsamer Erlebnisse heran. Doch damit du sie auf deiner Gefühlsfrequenz «empfangen» kannst, mußt du zuerst gewisse Emanationen hervorheben, die aus jenem schmalen Band des Karmas «zusammengestrickt» werden, aus dem sich die menschlichen Handlungen zu den Mustern verweben, auf dem sich das Schicksal dann vollzieht. Obwohl es die Seelengefährtin ist, deren wärmendes Licht du auf der Oberfläche deiner Seele empfängst, empfindest du dich als die Speichermaterie, die ihre Energien zusammenhält. Umgekehrt greift auch sie in den Schlamm deines «Bodensatzes», um die Lotoswurzel im seelischen Urgrund zu finden, die eure Herzen vereint. Wenn du dich ihr öffnest und sie in deinem Seeleninneren gründeln läßt, spürst du, wie das Gefühl seelischer Heimat in dir erwacht, das du erhältst, wenn du erkennst, daß du sie aufgrund deiner Gefühlsvorstellungen erschaffen hast. Dann wirst du entdecken, daß du in ihr deinem Wunschbild begegnest, das dir alle Wünsche erfüllt.

Quadrat, Opposition ⚼ □ ⊾

Hier mußt du dir das Bild deiner Partnerin genauer anschauen, das du dir aufgrund deiner Gefühle in deiner Vorstellung kreierst, denn es ist der in der Frau verwirklichte, idealisierte Traum von dir selbst, dem du in dieser Beziehung begegnest. Falls du nicht erkennst, daß du dir deine Gefühlswelt selbst erschaffst, zwingst du sie, dich immer wieder zu enttäuschen, bis du die Ergebnisse deiner äußeren Wirklichkeit an dem messen kannst, was du innerlich suchst. Doch wenn du deine Gefühle entdeckst, die du auf sie projizierst, und gleichzeitig erkennst, daß du nicht der Inhalt deiner Gefühle bist, sondern nur der Beobachter, der sich mit seiner Projektion identifiziert, dann kannst du im Spiegel deiner Gefühle zum «Bild deiner Sehnsucht» einen Kontakt herstellen und durch die Rücknahme der Projektion deine wahre Partnerin hinter dem Spiegel entdecken, die durch die Vorstellungssplitter des zerbrechenden Spiegels hindurchsteigt, durch dessen reflektierende Oberfläche du sie in deinen eigenen Maskentänzen bisher von dir fernhieltest.

Trigon, Sextil ⊻

In dieser Verbindung kommen Sensibilität und instinktsichere Empfänglichkeit zusammen. Daher sind die Gefühle, die du von deiner Weggefährtin empfängst, deinem Unbewußten bis in die Urgründe vertraut. Du verstehst zwar nicht, daß du zu tiefen, dich überwältigenden Erfahrungen nur gelangen kannst, wenn du deine emotionale Leere selbst ausfüllst, aber wenigstens ist das, was dir die vertraute Begleiterin reflektiert, dazu angetan, diesen Mangel mit der bildhaften Erfüllung karmischer Verschmelzung auszufüllen. Sie suggeriert dir, daß sie diejenige ist, die dein Verlangen erfüllt, das verlorene Paradies durch das verzweifelte Entbrennen in Liebe wiederzubekommen. Auch wenn du die innere Leere durch die Bindung an eine dich ergänzende Frau letztlich verdrängst, so verwirklicht sich in ihr deine Vorstellung von Liebe. Deshalb handelt dieser Aspekt von einer Beziehung, die sich im leuchtenden Glanz übereinstimmender Gefühle erfüllt.

☽

☽ (AC)

Mond / Aszendent

Mond des Mannes in Aspekt zum Aszendenten der Frau

Konjunktion ☌
Da diese Konstellation die äußere Erscheinungsform der Frau in Beziehung zu deinen innersten Wünschen ausdrückt, kannst du ermessen, wie stark ihr Bild, das sie in die Welt ausstrahlt, mit dem, was dich emotional beeindruckt, verbunden ist. Das bedeutet nicht nur, daß sie die Aufmerksamkeit deiner Gefühlswelt erreicht, sondern daß sie auch von deinem Unbewußten in einer tragenden Rolle in die Archetypen deiner Seele eingebunden wird und dir dort als Anima-Projektion zur Verfügung steht. Die Archetypen sind bildhafte Verdichtungen psychischer Erlebnisse, die die Menschheit im Laufe ihrer Entwicklung angesammelt hat, und die sich nun um das Erscheinungsbild deiner Gefährtin legen, da ihr Aszendent deine Seele berührt. Wenn du begreifst, daß das engelshafte Weib sich immer einer Maske deiner Zustimmung bedient, ohne daß zwischen ihr und dem Eindruck, den sie in dir auslöst, ein Zusammenhang bestehen muß, dann steht dieser Aspekt für Verständnis, tiefe Zuneigung, Nähe und Seelenverwandschaft, Feingefühl und Fürsorglichkeit im Umgang miteinander und nicht zuletzt für die Gewißheit, daß ein geheinmisvolles, unsichtbares Band dich mit deiner Partnerin vereint.

Quadrat, Opposition ⚻ □ ☍
Der negative Winkel zeigt, daß du mit Gefühlsverletzungen zu kämpfen hast, denn es ist die Formlosigkeit oder der unergründliche Wasserspiegel, auf dem sich das Erscheinungsbild der Partnerin reflektiert. Es ist kein faßbares, dreidimensionales Gebilde, das sich dir erschließt, sondern es ist die Illusion einer Schimäre, die sich dir entzieht, und zwar immer dann, wenn du dich ihr öffnest. Sie führt dich in die unendlichen Tiefen der Innenwelt und gewährt dir einen Blick hinter den Spiegel des Bewußtseins, in dem du deine inneren Ängste am Bild der Enttäuschung ausgerichtet hast. Dieser Aspekt symbolisiert auch die Erwartungen deines Selbst, durch die Begleiterin ständig aufs Glatteis geführt werden zu wollen. Der Gang durchs Wasser beeinflußt die gespiegelte Erscheinungsform der Frau, aus der sich deine Erwartung nährt, und je mehr das Wasser zu gefühlsmäßigen Welt- und Wertvorstellungen «gefriert», je mehr kannst oder willst du die Wahrheit hinter der Maske deiner Partnerin erkennen, wo dir deine Sehnsüchte und Abgründe entgegenblicken, die du ins Exil der nächtlichen seelischen Korridore verwiesen glaubtest, die aber in den Gefühlseinbrüchen deines Tagesbewußtseins fröhlich Auferstehung feiern.

Trigon, Sextil ⚺
Es ist keine wirkliche Person, die du hier erstrebst, sondern eine äußere Projektion, die du dir unter dem Einfluß deiner Gefährtin ersehnst. Erfaßt du dein Streben spirituell, so umgreift es nichts weniger als das Göttliche, untersuchst du dein Ziel aber konkret, so ist es die unerreichbare Maske vor deinem weiblichen Wunschbild, auf die du deine Gefühle überträgst. Da die Begleiterin unter diesem Aspekt exakt dem Spiegelbild deiner Vorstellung entspricht, kannst du deine Sehnsüchte leicht auf sie projizieren, indem du ihre Nähe zu deinen emotionalen Träumen freudig begrüßt. Dann erlebst du in der Beziehung Klarheit und Harmonie, denn die Mondin schafft den natürlichen Einklang mit der inneren Sehnsucht durch das hohe Prinzip ihres Wesens für alle ihre Verstrickungen sich erkennenden Seelen.

☽ (MC)

Mond / Medium Coeli

Mond des Mannes in Aspekt zum Medium Coeli der Frau

Konjunktion ☌
Im Beziehungsleben bedeutet diese Kombination Wärme, Lebendigkeit und Engagement, denn du verfügst über eine emotionale Beweglichkeit, die es dir erlaubt, dich auch mit der Umwelt der Partnerin gefühlsmäßig auseinanderzusetzen. Es fällt dir nicht schwer, eine Verbindung zwischen deinen Zielen und ihrem Erscheinungsbild herzustellen, denn du spürst den Einklang von bewußtem Wollen und unbewußtem Streben, was psychisch ein gesteigertes Lebensgefühl auslöst und in der Außenwelt zum überzeugenden Ausdruck führt. Da du dich stets bemühst, das äußere Streben der Frau auf deine Gefühlsmitte zu lenken und es dort festzuhalten, kannst du äußere Ziele in seelische Tiefen hüllen, auf die sich deine Begleiterin gerne ausrichtet. Im Bereich der Liebe verbindet sich die Sonnenglut ihrer «Mittagsspitze» mit dem reflektierenden Licht deines Mondes und zeigt, daß ihr euch in einem Flammenmeer befindet, das sich zu einer prächtigen Dauerglut entwickeln kann.

Quadrat, Opposition ⚻ □ ∟
Hier kannst du erfahren, wie schwer es ist, Gefühle zu entwickeln, wenn es der (bösen) Partnerin nicht gefällt. Psychologisch ausgedrückt entspricht ihr Medium Coeli in Beziehung zu deinem Mond dem Animus der Mutter, den du über die männliche Seite der Frau in dir auslebst (introjizierter Mutteranimus!). Im alltäglichen Leben drückt sich dieser Teil deiner Psyche über die Gefährtin in Pedanterie, Krittelei und Starrsinn aus, vor allem dann, wenn du dich der rigiden Moral ihres Über-Ich kritiklos unterwirfst, um deiner Männlichkeit auszuweichen. Die Neigung ihrer (gesellschaftlichen) Vernunft, kontrollierend in deine Gefühle einzugreifen, mag zwar in manchen Fällen berechtigt sein, in der Regel zeigt sie aber eine Ablehnung deiner inneren Gefühlswelt, den damit verbundenen Rückzug in dich selbst und die Verhärtung deiner empfindlichen Gefühlsnatur an. Anstelle gelebter Lebendigkeit treten immer häufiger Sicherheit vorspiegelnde Verhaltensweisen, die die Beziehung in eine starre, leblose Verbindung verwandeln. Statt Lust und Freude erwarten dich Ernst und Verantwortung in einseitiger und übertriebener Form. Deshalb ist es hier ratsam, Abstand zu deiner Begleiterin zu halten, um diese Verstrickungen zu erkennen und sie in positiver Weise lösen zu lernen, statt sie in äußeren Spiegelbildern überwinden zu wollen.

Trigon, Sextil ⊻
In der Partnerschaft unterstützt die Frau dein Bemühen, deine emotionale Intelligenz ihrer gesellschaftlichen Perspektive anzugleichen. Sie bestimmt deine Zielsetzungen, weil du deine Gefühlswelt ihrer Sichtweise «nachstellst». Dadurch beeinflußt sie deine Entscheidungen, und zwar in Übereinstimmung mit deiner Gefühlsnatur. Andererseits fällt es dir nicht schwer, deinen Mondbereich mit ihren Zielen zu verbinden, denn im harmonischen Brennpunkt dieses Aspektes hast du die Möglichkeit, seelische Tiefen zu ergründen und in gesellschaftliche Ziele einzuhüllen, die der Partnerin ein übereinstimmendes Kopfnicken abringen.

☽ ⨯

Mond aspektlos

Mond des Mannes ohne Aspekt zu einem Planeten der Frau

Im seelischen Erleben kannst du hier erfahren, wie deine Gefühle durch deine Partnerin ohne Resonanz «hindurchfließen». Wenn wir den Mond als die Anpassung der Realität an die eigene Gefühlsnatur betrachten, der die gespiegelte Erscheinungsform der Welt repräsentiert, was innerhalb des Fühlens keinen Widerspruch bedeutet, so kann man sagen, daß deine Gefühle in der Frau weder Alp- noch Wunschträume auslösen. Man kann aber auch nicht behaupten, daß sie deine Gefühle nicht versteht: Es ist ganz einfach kein Resonanzkörper da, um sie aufzufangen, und so ist das Gefühlsbild der Gefährtin das Erscheinungsbild deiner selbst, einzig und allein durch deine Wahrnehmung gefärbt. Du träumst von den Quellen des Lebens, aus denen die Gefühle wie Seifenblasen schweben, und alles, was hinter den glitzernden Kugeln vor dir aufleuchtet, ist der Inhalt deiner Projektion. Gerade, weil deine Begleiterin nichts für dich fühlt und deine Emanationen deshalb auch nicht mit ihrer Seele in Verbindung bringt, übersieht sie deine Gefühle und ist für alle deine Empfindungen auf eine sachliche, unemotionale Weise offen. Das kann zu Mißverständnissen führen, weil du diese vorbehaltlose Offenheit fälschlicherweise als Einverständnis deutest.

☿

Merkur

Das begriffliche Denken aus der Sicht des Mannes

Merkur ist der Planet des kommunizierenden Verstandes, der den Austausch mit der Umwelt regelt, und damit ist er auf der Partnerschaftsebene nicht nur ein Sinnbild des intellektuellen Erkennens, der sich mit der Lösung der Probleme der anderen befaßt, sondern auch des Tricksters, der mit seiner ausgelagerten, auf die Umwelt projizierten Gefühlsnatur in den Herzen der anderen jongliert. In der mythologischen Überlieferung wird er sowohl als Gott der Narren und Betrüger als auch als Hermaphrodit beschrieben, der den Schlüssel zu den tieferen Wahrheiten in sich trägt. Dieses äußere Streben nach der inneren Wahrheit des anderen entspringt dem Drang nach Freiheit, der allem Denkerischen innewohnt: der Sehnsucht nach Befreiung durch die Erkenntnis der Zusammenhänge der ihm selbst verschlossenen Gefühlsnatur. Merkur entspricht dem denkerischen Gestalten, alles, was er berührt oder mit dem er in Verbindung kommt, als Symbole zu erfassen und damit den Sinnen zugänglich zu machen. Damit wird seine Position, zwischen dir und der Außenwelt zu vermitteln, einsichtig: Es ist der Austausch zwischen dem Inneren und dem Äußeren, zwischen dem bewußten und dem unbewußten Selbst. In dir verstärkt er die logische Analyse, sowie die Fähigkeit, sich mitzuteilen und zu erklären, denn das merkurische Prinzip basiert auf der Erfassung von Gesetzmäßigkeiten und Schlußfolgerungen und entscheidet darüber, ob ein Inhalt in seinem Zusammenhang erkannt werden kann oder in seine Einzelteile zerfällt.

Konjunktionen deuten auf einen tiefen Austausch mit der Partnerin hin, und zwar in den Bereichen, die von den die Konjunktion bildenden Planeten und den von ihnen besetzten Feldern und Zeichen beherrscht werden. Energetisch charakterisiert dieser Aspekt das Denken, das die Welt polarisiert, um sie zu begreifen. Im gemeinsamen Erleben zeigt diese Verbindung, daß du die wohltuende Kraft des Verstandes erfährst, die darin liegt, in die Bedürfnisse der weiblichen Seele eindringen und auch in kniffligen Situationen Erklärungen und Lösungen herbeiführen zu können, die wohlbemessen und ausgewogen sind.

Negative Aspekte bedeuten oft einen zugespitzten Konflikt, Auseinandersetzungen, Tiefschläge, Niedertracht oder Schwierigkeiten und Blockaden beim Gedankenaustausch, die der Verstand nicht zu entziffern vermag und die unbemerkt die Kommunikation verhindern, weil die Verbindungsdrähte zwischen dir und der Umwelt zerschnitten sind. Vielleicht ist es auch die Furcht, von der Umwelt nicht verstanden zu werden, die durch diese Konstellation ausgelöst wird. Andererseits kann eine negative Stellung ablehnende Themen oft besser zum Ausdruck und damit Probleme schneller zur Konfliktlösung auf den Seziertisch der intellektuellen Analyse bringen. Wird diese Seite allerdings übermäßig betont, kann das ganzheitliche Erfassen der Zusammenhänge zu kurz kommen.

Harmonische Verbindungen führen zu einer umfassenden gemeinsamen Lebensausrichtung und deuten auf einen Zustand optimaler Ausgewogenheit zwischen den Vorstellungen deines Verstandes und den Bedürfnissen deiner Partnerin hin, wodurch bisweilen unvereinbare Gegensätze miteinander verschmolzen werden können. Hier dominiert die Vermittlungs- und Kommunikationsfähigkeit und der damit verbundene Abbau von Konfliktsituationen in der Partnerschaft. Du wirst dich im Bewußtsein der Frau in jenen Bereichen durchsetzen, die von den das Sextil oder Trigon zu deinem Merkur bildenden Planeten dominiert werden. Neue Einsichten helfen Widersprüche zu überwinden und führen immer wieder zu unkonventionellen Lösungen bisweilen schwierig erscheinender Probleme.

☿ ☉

Merkur / Sonne

Merkur des Mannes in Aspekt zur Sonne der Frau

Konjunktion ☌
Hier bist du ständig darauf erpicht, der Frau ein auf Horizonterweiterung ausgerichtetes Bild zu vermitteln, weil es um die «Identifizierung mit dem Bild von Wissen» geht. Das, was deinen Geist dazu bewegt, über sich selbst und die Welt ein Bild zu machen, wird mit der Partnerin geteilt, doch identifizierst du dich manchmal so stark mit dem Produkt deiner Gedanken, daß du, statt auf ihre Argumente einzugehen, von den Bildern deines Geistes fortgerissen wirst. Dabei schätzt du sie weniger wegen ihrer Weiblichkeit, sondern weil sie dir ihren sonnenhaften Glanz, auf der du dein intellektuelles Potential entfalten kannst, als Projektionsfläche zur Verfügung stellt. Deshalb führt dieser Weg manchmal auch weniger zu einem Austausch in der Beziehung als zu einer mehr oder weniger starken Identifikation mit dir selbst. In diesem Sinn lebst du in der Beziehung die Inkarnation des mittelalterlichen Pfaffen und dein «Wort von der Kanzel» besitzt die feurige Überzeugungskraft schöpferischer Vision und führt zur allumfassenden Gewichtung weltlicher Zusammenhänge.

Quadrat, Opposition ⚻ ☍ ∟
Vielfach bist du ein Spötter oder ein Lästermaul, dessen Streben sich darin erschöpft, recht zu haben und in den Augen der Frau als der Klügere erscheinen zu wollen. Aus ihrer Sicht verkörperst du oftmals den neunmalklugen Besserwisser oder den Luftikus, der seine Gedanken nicht zu zügeln weiß. In gemeinsamen Zielsetzungen springst du von einer Sache zur anderen und weißt oft nicht, was du einen Augenblick vorher wolltest. Immer wieder bringt dich ihre Gegenwart von einem Vorhaben oder einem wichtigen Erkenntnisschritt ab, denn in dir wirkt eine nervöse Energie des Denkens, die ständig zwischen den Polaritäten hin- und herfließt, ohne zu einem klaren Standpunkt zu kommen. Es kann aber auch bedeuten, daß du sie ständig auszutricksen versuchst, weil du dich ihrer fortgesetzten Ablehnung ausgeliefert fühlst. Das führt auf der intellektuellen Ebene oft zu Blockaden, weil du sie die ganze Zeit von dir ablenken mußt. Sie empfindet dich als Sündenbock ihrer unausgelebten intellektuellen Möglichkeiten, kann dich aber trotzdem nicht loslassen, weil du ein Teil ihrer eigenen Ich-Betrachtung bist.

Trigon, Sextil ⊻
Deine Schwäche im Erleben versuchst du durch die Sonne deiner Partnerin zu kompensieren, damit du deine Ideen an ihren Flammen «entzünden» kannst, denn im gemeinsamen Erleben strebst du danach, ihre Energien zu bündeln und für dich nutzbar zu machen. Der merkurische Geist in dir hat sich entschlossen, sich über sein Handeln selbst Klarheit zu verschaffen, und auch wenn er dies natürlich nur in den eigenen Denkkanälen tut, so bist du doch in der Lage, deine verstandesmäßigen Ansätze in den Sonnenstrahlen der Frau zum Ausdruck zu bringen, indem du ihr die Ziele vorgibst und ihre Ausrichtung schon im Bereich der Absicht mental dirigierst. Im inneren Erleben zeigt diese Konstellation, daß du die wohltuende Kraft des Verstandes auf der Beziehungsebene erfährst, die darin liegt, in den Kern der Dinge einzudringen und bei allen Zielen die Sichtweise deiner Partnerin genügend zu berücksichtigen, um nicht plötzlich vor Hindernissen zu stehen, die sich deinen Vorstellungen widersetzen.

☿ ☽

Merkur / Mond

Merkur des Mannes in Aspekt zum Mond der Frau

Konjunktion ☌
Dies ist ein sehr glücklicher Aspekt, weil sich die Gefühle der Mondfrau deinem rationalen Empfinden leicht erschließen. Sie kann deine Gedankengänge spüren und fühlt sich zu dir sehr hingezogen. Aber auch du bist sehr einfühlsam und kannst mit ihr empfinden und dabei gleichzeitig gut zum Ausdruck bringen, was du spürst, wenn du sie umfängst. Dabei gelingt es deiner behutsam in die Gefühle der Partnerin eindringenden Wahrnehmung, auch unbewußte Bereiche zu analysieren, etwa wenn sie über ihre Visionen mit dir zu reden wünscht und sich dadurch aus den numinosen Schleiern der Seele plötzlich so etwas wie eine Perspektive herauskristallisiert. Das symbolisiert das Aufbrechen innerer Gesichter und das Hervorkeimen einer spirituellen Erkenntnis, in den scheinbaren Zufälligkeiten seelischen Erlebens einen inneren Zusammenhang zu finden, denn dieser Aspekt ist ein Symbol deiner erkennenden Kraft, aus den unüberschaubaren Gefühlen der Mondin jenen Ausschnitt des Sichtbaren herauszuzirkeln, der sich bewußt ausmessen und mit dem Verstand ausloten läßt.

Quadrat, Opposition ⚻ ⚼ ∟
Vielleicht mag es dir dann und wann gelingen, mit dem Verstand Annäherungen an den sensiblen Gefühlsbereich deiner Gefährtin zu finden, auch wenn sich Verstand und Seele nicht überaus gewogen sind. Deshalb sind dir ihre Gefühle auch meistens fremd, da du sie hinter deiner Maske des Erkennens nur so erleben kannst, wie du sie durch deine Brille siehst. Zwar hättest du die Fähigkeit, in die Sphären ihres Mondes einzudringen, psychische Tiefen zu ergründen und sie phantasiereich in Sprache zu hüllen, in der die Obertöne der Seele mitschwingen, doch bist du mit Geschichten viel zu schnell zur Hand, wenn es gilt, über Gefühle zu reden, und oft versuchst du sie der Partnerin einzureden, bis sie sie zu spüren glaubt. Das passiert immer dann, wenn dein Merkur, statt den gespiegelten Bildern nachzuspüren, plötzlich die Gefühle der Frau ergründen und zum Teil jener Vorstellung machen will, durch die er sie gleichzeitig kontrollieren kann.

Sextil, Trigon ⊻
Im harmonischen Brennpunkt dieser Wirkungskräfte verfügst du über eine geistige Beweglichkeit, die es dir erlaubt, dich mit den gefühlsmäßigen Dingen in der Psyche deiner Partnerin auseinanderzusetzen. Sie bietet dir ihre mütterliche Seite als Landefläche an, während sich bei dir Gefühl und Vernunft miteinander streiten, ob du auf dieser Projektionsfläche auch landen kannst. Daß dir solche Manöver meistens gelingen, verdankst du nicht zuletzt der Fähigkeit, mit dem reinen Intellekt Annäherungen an den ungreifbaren Gefühlsbereich zu finden, wo Fühlen und Denken eine sichere Grundlage für die gegenseitigen Suchbilder bilden. Du besitzt die Fähigkeit, durch eine verstandesmäßige Annäherung an das innere Fühlen der weiblichen Seele die eigenen Spiegelbilder zu erkennen, hinter denen die verdrängten Instinkte lauern. Erst an den Überschneidungen zwischen den inneren Ängsten und den äußeren Bildern dämmert die archetypische Mondin in Gestalt deiner durch Erkenntnis erlösten Anima auf.

☿ ☿

Merkur / Merkur

Merkur des Mannes in Aspekt zum Merkur der Frau

Konjunktion

Es sind nicht hundert Einfälle, es sind hunderttausend Ideen, die du mit deiner Partnerin gleichzeitig verwirklichen möchtest. Dabei geht es dir nicht immer um einen tiefschürfenden Gedankenaustausch, sondern oft auch um pure Debattier- und Redelust. Energetisch ist hier die Initialzündung für den Prozeß der Bewußtwerdung angesprochen, denn ihr Merkur dringt durch deinen gedanklichen Raum, und du beginnst, dir ein Bild von dir selbst – und damit von ihr – zu machen. Damit befindest du dich in dieser Beziehung auf einer inneren Erkundungsreise, auf der du die Vorstellung von deiner Welt in ihren Gedanken entdeckst. Und weil dir in Übereinstimmung mit der Gefährtin immer wieder neue Gesichtspunkte zufallen, symbolisiert diese Verbindung die gemeinsame Kraft des Verstandes, der ständig neue Sichtweisen entwickelt und Ideen und Lösungsvorschläge kreiert, die in den Kern der Dinge eindringen und Klärungen und Lösungen herbeiführen können, die realistisch sind.

Quadrat, Opposition

Im gemeinsamen Erleben fühlst du dich von deinem Denkpotential bedroht und von deinen inneren Vorstellungsbildern umzingelt, die unbarmherzig in deinem Kopf zirkulieren, denn Merkur verstrickt sich in den Verschlingungen des Denkens und die Frau entpuppt sich als neunmalkluge Besserwisserin. Der aufdämmernden Angst, dich im undurchdringlichen Dschungel gegenseitiger Argumente zu verirren, stellst du klugerweise deinen abwehrenden Verstand entgegen, der sich stellvertretend für deine Einfälle jetzt um die Gedanken der anderen kümmert. Doch erst, wenn du erkennst, daß du den Widerstand deiner Partnerin suchst, damit du etwas hast, was du bekämpfen kannst, kannst du den intellektuellen Widerstand dieses Aspekts erkennen: Erkenntnis der eigenen Grenzen, Einblick in die Zusammenhänge und Einsicht in die Notwendigkeit, aggressiven Regungen rechtzeitig einen angemessenen Ausdruck zur Verfügung zu stellen, kurz: einen äußeren Rahmen, der dich gerade deshalb stärkt, weil du dich gegen ihn auflehnen kannst. Erst, wenn du die Einwände der Gefährtin als deine eigene Strategie erkennst, die Bedingungen der Widerstände kennenzulernen und damit die Voraussetzungen zu deren Beseitigung, bist du am Ziel: in der Anpassung an die eigenen Gespenster in den Gedanken der anderen.

Trigon, Sextil

Im Ansatz zeigt diese Verbindung eine gedankliche Übereinstimmung mit den Ideen deiner Partnerin, in deren Umfeld du dich für ihre Einfälle begeisterst und dich ihren Perspektiven öffnest. In deinem merkurischen Geist inkarniert sich der Klugscheißer, der sprunghafte Veränderungen durchlebt und auf seiner Suche nach Erkenntnissen und Lösungen ständig auf der Flucht ist und beengende Fesseln durchschneiden will. Es ist die kreative Form des unruhigen Verstandes, dessen sprudelnde Ideen und Gedanken nur so fließen, weshalb du oft unfähig bist, deine Gedanken ohne den Beistand deiner Begleiterin zu disziplinieren. Die schöpferische Kraft des Denkprinzips schleudert dich ständig zwischen den Zielen hin und her. Vielseitig beschreibst und rekonstruierst du kausallogische Zusammenhänge, verbindest Widersprüche und gleichst vorübergehend aufscheinende Gegensätze mit den doppelzüngigen Wortspaltereien mehrschichtiger Sichtweisen aus, so daß du ständig neue Standpunkte einnimmst. Doch erst die Argumente der Frau helfen dir, die ambivalente Gabe der Verstandeskraft zu nutzen und durch ihr Verständnis zu entfalten, um zur Klarheit zu gelangen. Damit befindest du dich in ihrem Kopf auf jener Entdeckungsreise, auf der du die Welt als das Bild in einem Spiegel, den Spiegel aber als die Grundlage deiner eigenen Gedanken erkennst. Denn im Innersten spürst du genau, daß der intellektuelle Schulterschluß mit der Partnerin die angestrebte Sicherheit für dich bedeutet, da sie genauso denkt wie du.

☿ ♀

Merkur / Venus

Merkur des Mannes in Aspekt zur Venus der Frau

Konjunktion
Diese Konstellation schenkt dir die Gabe, deine Gedanken klar zu formulieren und auch komplexere Aussagen in einfache Bilder zu übertragen, die von deiner Umgebung leicht verstanden werden können. Dadurch fällt es dir nicht schwer, die Partnerin um den kleinen Finger zu wickeln, denn der Merkur verleiht dir im Umgang mit ihr das innere Empfinden, ihren Charme stets ins Zentrum deines Kommunikationsaustausches zu rücken. Deshalb setzt du dich auch lieber mit ihren Problemen auseinander, statt dich um deine eigenen Gefühle zu kümmern. Dein diplomatisches Gespür, sie in den Mittelpunkt deines Interesses zu stellen, sichert dir ihre Aufmerksamkeit und ihr blindes Vertrauen. Doch in der Selbsttäuschung verhangen, die Verbindung zu harmonisieren, sind alle Bestrebungen schließlich nur triumphale Versuche, die Realität sozusagen aus der Entfernung über das Harmoniestreben im anderen zu leben. Fazit: Du versuchst die eventuell fehlende Libido durch ein freundliches Weltbild zu kompensieren, damit du deine gefühlsmäßige Leere durch dieses filtern und damit für dein eigenes, unmittelbares Erleben entschärfen kannst.

Quadrat, Opposition
Die Welt der Harmonie ist ein Ideal, das mehr mit deinen inneren Wünschen als mit der äußeren Wirklichkeit zu tun hat. Solange du dir das nicht eingestehen willst, verdrängst du die Wirklichkeit in der Partnerschaft zugunsten deiner Wunschvorstellung, damit du deine Verlogenheit auch leben kannst. Das entspricht der unbefruchteten Blüte, die den Zweck ihrer Bestimmung vergessen hat, denn dahinter versteckt sich der Konflikt, dich mit deiner Partnerin gar nicht auseinandersetzen zu wollen, sondern sie dir in den Bildern deiner Vorstellung zu erschließen, an die du dein intellektuelles Empfinden angepaßt hast. Doch je mehr du dich an das Bild ihrer äußeren Wirklichkeit anzupassen versuchst, desto mehr werden deine Gefühle in den Wirkungsbereich der beiseite geschobenen inneren Gefühlswelt gezogen. Statt deine Gefühlsnatur zu motivieren, setzt du dich mit der Venus der Eva auseinander und suchst durch verbale Auseinandersetzung zu entschärfen, was du an eigenen Triebinstinkten nicht erträgst.

Trigon, Sextil
Die übermäßige Rationalisierung, die du unter dieser Verbindung in die Beziehung einbringst, versucht die Partnerin unter objektiven Gesichtspunkten zu sehen. Da dies natürlich niemals gelingen wird, weil du in deinen merkurischen Überlegungen die Irrationalität ihrer weiblichen Instinktnatur nicht berücksichtigt hast, bleibt nur die Möglichkeit, ihr «gefiltertes» Bild in deine eigene Lebensbeschreibung miteinzubeziehen. Du lebst ihr emotionsfreies Spiegelbild, aus dem du ihre Triebnatur entfernt hast, vor dem harmonischen Hintergrund einer «Heidiland»-Inszenierung aus, und stülpst diesem Bühnenstück noch schnell deine Sichtweise auf, um dein Beziehungsbild zusammenzuhalten, denn du glaubst, das Bild in deinem Kopf sei die Wirklichkeit. Dieser Aspekt umschreibt also das, was du zu sehen nicht gewillt bist, in den schönsten Farben, wobei du dich fortwährend selbst überlisten mußt, weil dein Merkur nicht nach ihrem weiblichen Empfinden, sondern nur nach dem Bild deiner Wahrnehmung ausgerichtet ist.

☿ ♂

Merkur / Mars

Merkur des Mannes in Aspekt zum Mars der Frau

Konjunktion ☌

Innerhalb der Beziehung läßt du dir von der kämpferischen Natur der Frau, die die karmischen Verwebungen aus den Tiefen des Unbewußten durch einen mutigen Schritt des Egos hervorholt, den Intellekt stimulieren, worauf es zu objektiven Erkenntnissen kommt. Es ist nicht auszuschließen, daß die Partnerin bisweilen enttäuscht reagiert, wenn du ihre Sexualinstinkte neutralisierst und auf der geistigen Ebene interpretierst; andererseits möchtest du nichts anderes als die Einsicht herbeireden, daß zur Harmonie des Ganzen die Triebnatur einbezogen werden muß. Der Sinn der Verbindung findet sich dort, wo deine intellektuelle Sichtweise mit dem aggressiven Willen der Gefährtin zusammenfällt und zeigt, daß ein erfolgreicher Weg nicht über blindes Handeln geht, sondern daß er über die innere Absicht zweier Menschen führt, die ihr unbewußtes Potential auf ein gemeinsames Ziel ausrichten und den Dschungelpfad miteinander in unbeirrbarer Beharrlichkeit gehen.

Quadrat, Opposition ⊼ ☐ ∟

Aggression ist Mars und Spiel ist Merkur. Und damit der Mars deiner Partnerin funktionieren kann, braucht er den reflektierten Widerstand in deiner Sprache. Dabei hast du öfter das Bedürfnis, die Gefährtin verbal zu «töten», denn sie wird durch ihre Animus-Projektion (Mars) versuchen, ins aufgeklappte Messer ihrer verdrängten rationalen Sichtweise zu rennen (Merkur), die sie durch dich auslebt. In diesem widersprüchlichen Verhalten vermagst du ihre Aggression zu sehen, die nicht wirklich ins Leben hineingeht, sondern ständig mit deinen Gedanken kokettiert. Statt eines mutigen Triumphators auf dem Schlachtfeld der Triebe bist du nur ein Gladiator der Zunge in der Arena der Argumente, der seine Einsichten nach allen Seiten verteilt. Gleichzeitig ist Merkurs Sprache aber auch das «Bollwerk», um die emotionale Wirklichkeit von dir fernzuhalten. Dadurch werden alle Weisheiten zu tauben Worten und die Reden selbst zu hohlen Sprüchen, die du brauchst, um mit der Aggressivität der Begleiterin nicht konfrontiert zu werden. Hier mußt du Farbe in der Beziehung bekennen als Teilnehmer eines Krieges, den du in weiter Ferne wähnst, dabei findet er nur durch deine Worte statt.

Trigon, Sextil ⊻

Der Mars repräsentiert die Triebnatur der Frau, die auf die Muster deiner Vorstellungen trifft, wenn sie den funkelnden Speer ihrer Begierde wie eine Amazone in den Kopf des von ihr verwundeten Helden stößt. Dabei genießt sie das Unbehagen des Opfers, wenn sie es in seiner Männlichkeit provoziert, denn dieser Aspekt deutet auf eine Beziehung hin, in der sie ihr inneres Heldenbild in dir wiederfindet, mit dem sie sich sexuell manifestieren will. Umgekehrt versuchst du, die Instinktnatur der Partnerin zu «dirigieren», indem du sie zu aggressiven Handlungen gegen dich einlädst, wobei du unbewußt hoffst, endlich deiner verhinderten Aggression zu begegnen. Unter dem Vorwand, wenigstens zu erfahren, was du nicht willst, lieferst du dich von Zeit zu Zeit ihrer aggressiven Triebnatur aus, um deine inneren Konflikte zu spüren und sie stellvertretend in ihren Handlungen zu analysieren. Das entspricht einem inneren Verhalten, dich durch die Kontrolle der Aggressionen deiner Gefährtin aggressiv zu profilieren. Jeder deiner Gedanken trägt deshalb den Stempel intellektueller Vernunft, die sich bestätigen will oder zu erkennen sucht, aber immer nur vor sich selbst davonläuft, weil hinter allen Zielen bloß die eigene Verhinderung steht. Die Partnerschaft ist dabei die Straße, auf der sich die Frau ständig selbst überholt.

☿ ♃

Merkur / Jupiter

Merkur des Mannes in Aspekt zum Jupiter der Frau

Konjunktion ☌

In dieser Partnerschaft bist du vom Wunsch erfüllt, Harmonie und Frieden durch den Austausch von Informationen herzustellen, während deine Gefährtin wünscht, aus der Erweiterung des Wissens zusätzliche Perspektiven zu gewinnen. Während du die Fragen des Lebens durch hinterfragendes Denken zu lösen suchst, wünscht sie in ihren Problemen gleichzeitig auch den rationalen Sinn zu erkennen. Daher ist es euer gemeinsames Ziel, die Verschmelzung von Seele und Geist über die Bewußtseinskanäle zu vollziehen, wobei du der «Wellenbrecher» bist, der die Dreidimensionalität ihrer göttlichen Höhenflüge in die Zweidimensionalität des Verstehens einzwängt. In der Regel mußt du ihren jupiterhaften Anspruch, das Ewige transparent zu machen, durch denkerische Klimmzüge ausgleichen, denn ihre schöpferische Abgehobenheit führt oft zu gedanklichen Widersprüchen, die aber trotzdem Anreiz zur Vereinigung bieten und damit das Unaussprechliche oder Undenkbare spiegeln, für das sie in der Dualität ein Symbol sein wollen.

Quadrat, Opposition ⚼ □ ∟

Auf der Beziehungsebene wirkt sich dieser Aspekt zunächst einmal nachteilig aus, weil die vielen Ideen und Pläne, die ihr zusammen schmiedet, nie halten, was ihr euch von ihnen versprecht, da sie meistens realitätsfremd und übertrieben sind. Wegen der Fülle von Eindrücken, die es unter diesem Einfluß zu vernetzen gibt, besteht ständig die Gefahr, daß du dich in den weiten Assoziationsfeldern der Jupiter-Frau gedanklich verstrickst. Je größer dein Wissen ist, desto unruhiger wirst du in der Verbindung mit ihr, denn es gilt, immer neue Informationen zu erwerben und Fähigkeiten zu wecken, die du jedoch nicht in der Lage bist, zu einem sinnvollen Ganzen zu verbinden. Du verirrst dich im Gedanken eines nach Objektivität strebenden «Beziehungskoordinaten», der das Zerfließen der Partnerin in einen spirituellen Rahmen setzt, um das «Unaussprechliche» darin unterbringen zu können. Gerade der unbewußte intellektuelle Zwang, den Überblick nicht zu verlieren, liefert dich einer Informations-Schwemme aus, denn dieser Aspekt versinnbildlicht Interessenfülle und geistige Expansion und zielt in Bereiche, wo der Sinn unseres Daseins nicht mehr in der gegenseitigen Verschmelzung, sondern in den Labyrinthen der Kommunikationspsychologie oder in den vierdimensionalen Laboren virtueller Wirklichkeit empfangen wird. Doch da die Weltbilder im Kopf entstehen, schwingt sich dein Denken in die schwindelerregende Uferlosigkeit vernetzter Wechselseitigkeiten aus.

Trigon, Sextil ⚹

Im Einflußbereich dieser Konstellation verbindet sich dein rationaler Verstand mit dem höheren Bewußtsein deiner Beziehungsgefährtin zu einem ineinandergreifenden Verständnis auf allen Ebenen. Großzügiges Denken, das auch gegenteilige Meinungen erlaubt, ist angesagt: Das gemeinsame Ziel ist die Erweiterung von Geist und Verstand. Ständig evoziert ihr die Geburt eines größeren Weltbildes – oder wenigstens die Erweiterung des weltanschaulichen Rahmens für eure Bilder. Dein Wissensdurst nimmt überhand, denn Merkur trägt – in seiner Rolle als Verbinder – Erkenntnisse von einem Koordinatenpunkt zum anderen und offenbart dir die Ziele einer weltumspannenden Perspektive der Frau, die das Ideal einer ungeheuren Vision von Zukunft aus sich gebärt und die du zu einer beeindruckenden Synthese verarbeiten kannst, wenn es dir gelingt, sie ins Bewußtsein zu integrieren. Ständig bist du vom inneren Verlangen getrieben, durch den Austausch neue Visionen aus ihr zu evozieren und aus dem Rückfluß ihres Wissens größere Perspektiven zu gewinnen. Doch auf der Suche nach Erlebnistiefe tauchst du oft in die Bilder ihrer Vergangenheit ab, um die vergessene Göttin zu suchen, die in deiner Psyche hochsteigt, weil du glaubst, ihr Geheimnis mit dem Verstand nicht entschlüsseln zu können. So können sich alte Bilder mit neuen Zielen in deinem Hirn zu Pseudowahrheiten verbinden, deren Ziele allein darin liegen, die innere Leere auszufüllen. Das richtige Ziel aber wäre, in der Vergangenheit das Zeitlose zu erkennen und daraus reale Gegenwartsbezüge zu gewinnen.

☿ ♄

Merkur / Saturn

Merkur des Mannes in Aspekt zum Saturn der Frau

Konjunktion ☌

Dieser Aspekt konfrontiert dich mit der Oberflächlichkeit des Denkens und fordert dich auf, die Ziele, die du in der Beziehung anstrebst, mit dem Pflichtgefühl deiner Partnerin abzustimmen. Da sie die Suche nach dem Licht repräsentiert, liegt ihre Hauptbedeutung in der tiefen Erkenntnis und der Gewißheit dessen, was dir im Beziehungsleben wirklich wichtig ist. Deshalb mußt du dir das Vertrauen der saturnischen Begleiterin erwerben, denn sie ist das Symbol pflichtbewußter Einbindung schlechthin und macht dir bewußt, daß du mit deiner merkurhaften Intellektualität oft Bereiche wie «karmische Haftung aus kollektiver Verantwortung» verdrängst. Mit der rechten Hand gibt sie dir einen inhaltlich beschränkten Rahmen vor, nicht ohne dir aber mit der linken gleichzeitig die Möglichkeit einzuräumen, diesen beengenden Käfig in den Mittelpunkt eurer Kommunikation zu bringen und ihn mit Hilfe reifer Erkenntnisse zu sprengen.

Quadrat, Opposition ⊼ ☐ ∟

Durch die Begegnung mit der argwöhnischen Gefährtin wirst du gezwungen, deine ungeliebten Schattenseiten wahrzunehmen, in denen du den Auswirkungen deines Denkens mitsamt seinen Versäumnissen begegnest. Das kann zu Hemmungen und Blockaden im Kommunikationsbereich führen, denn dein Denken wird durch ihre Kritik blockiert. Statt vorschnell zu handeln lernst du hier, ihr zuzuhören und deine Ideen erst dann zu formulieren, wenn du genau weißt, was du sagen willst. Der Aspekt steht einerseits für Stabilität und Fixierung und zeigt weniger den Aufbruch zu neuen Ufern, sondern mehr das Streben nach Konsolidierung an, in der Erreichtes verteidigt und abgesichert werden kann. Andererseits repräsentiert er aber auch die sich bewußt zusammenziehenden Kräfte, dank derer es dir gelingt, aus der Fülle der Möglichkeiten in jedem Augenblick diejenige auszuwählen, die sich in der jeweiligen Lage am besten verwirklichen läßt. Leider kommst du dabei selten über ein Weltbild im «Jackentaschenformat» hinaus, denn unter der Führung der skeptischen Begleiterin entwickelt sich dein Weltbild nur sehr langsam und verweist nicht selten auf den inneren Zwang, deinen Intellekt in den Käfig ihrer eigenen (unerkannten) Verhinderung einpferchen zu wollen.

Trigon, Sextil ⊻

Da der Saturn der Frau unter dieser Konstellation auf das innere Bedürfnis des Mannes verweist, die Essenz seines Denkens in den Dienst eines organisierten Umfelds zu stellen – das Ganze aber an die Partnerin zu delegieren und in der Übertragung an sie unerkannt vor sich selbst zu leben –, hast du hier die passende Begleiterin gefunden, die dir hilft, deine Spontaneität zu unterdrücken, weil du dich unbewußt nach einem festen Rahmen sehnst, dessen Überwindung dich gleichzeitig wieder anspornt. Deshalb steht die Saturnierin für die ersehnte Erzieherin, die dir hilft, alles, was du in der Welt vorfindest, zu strukturieren und damit deiner überbordenden Fülle von Ideen und Gedanken ein sicheres Nest zu bauen, in dem deine Ideen ausgebrütet und ins Licht gelangen können.

☿ ⚷

Merkur / Chiron

Merkur des Mannes in Aspekt zum Chiron der Frau

Konjunktion ☌
Mit Hilfe der Frau kannst du in der Beziehung über deine Absichten und Taten hinauswachsen: zum einen, weil es dir gelingt, eine Sache gleichzeitig von außen und von innen zu betrachten; zum anderen, weil du erkennst, daß du gleichzeitig Antreiber und Getriebener deiner Handlungen bist. Sie öffnet dir unbekannte Bereiche in deinem Verstand, über die du in alte karmische Verstrickungen eintauchen kannst. Doch werden die Probleme leider nicht dadurch gelöst, daß man sie artikuliert. Zum Vorteil gereichen sie auch nur unter der Voraussetzung, daß ihr Vorhandensein ein Ansporn ist, um sich selbst zu erkennen. Es ist also sicherlich falsch, wolltest du im Verhalten deiner Partnerin nur das Gute erkennen. Ebenso ist es aber auch verfehlt, wenn du in ihr die bloße Verhinderung von geistiger Entwicklung siehst. Denn im Grunde ist beides richtig, aber nur, wenn du beides in ein angemessenes Verhältnis zueinander bringst und dich nicht der schmerzhaften Einsicht entziehst, daß das, was verletzt, seine Voraussetzung nicht in der Reflexion der Begleiterin, sondern in deiner Verstrickung in die eigenen Modelle vergangener Wirklichkeit hat.

Quadrat, Opposition ⚻ □ ∟
Psychologisch scheint die Gefährtin die Ziele in dir zu repräsentieren, die dir in höchstem Maße zuwider sind. Sie legt durchdachte Vorstellungen, Pläne oder Selbstkonzepte in Schutt und Asche, denn sie möchte viel tiefer in die Dinge eindringen, als du dir das vorstellen kannst. Sie kompensiert deine Geschäftigkeit, indem sie dir die Leere hinter deinen Fassaden vor Augen hält. Oft fühlst du dich von ihren Gedanken bedroht oder von den inneren Vorstellungsbildern umzingelt, die sich in deinem Hirn entfachen, denn Chiron löst die Blockaden in deinem Denken auf schmerzvolle Art und Weise auf, die als Personifizierung eines drohenden Verderbens in Form von Schuldgefühlen und Ohnmachtserlebnissen in dein Erleben hineinzufließen beginnen. Der inneren Angst, dich im undurchdringlichen Dschungel deiner quälenden Bilder zu verirren, versuchst du oft das Abwehrverhalten deines pragmatischen Verstandes entgegenzuhalten, der vorgibt, sich jetzt um das Chaos der anderen zu kümmern. Da du nicht ahnst, daß du den Widerstand als notwendige Erfahrung brauchst, um in die Tiefe zu dringen, ist dir die Chance dieser Seelenverbindung meist nicht klar. Doch sie bringt dich wieder zu dir selbst zurück, weil es nichts mehr gibt, das du erreichen mußt oder vor dem du dich zu verstecken brauchst. Du bist jetzt in der verzweifelt-glücklichen Lage, alles zulassen zu können, was deine Partnerin verlangt, weil du dich nicht mehr gegen ihre Einflüsse verteidigen kannst. Du brauchst dich aber auch nicht mehr zu wehren, weil du jetzt alles geschehen lassen kannst und darfst: «Ich wandle mich durch bewußtes, denkerisches Nicht-Handeln!»

Trigon, Sextil ⚺
Hier begegnest du einer Frau, die eine Form des Bewußtseins repräsentiert, das einerseits mit deinen Schuldgefühlen aus vergangenem Karma in Beziehung steht, andererseits aber auch mit deinem züngelnden Verstand verbunden ist. Dabei ist es ihr eine besondere Freude, alle deine Wertvorstellungen, Pläne und Konzepte lahmzulegen und deine Argumente wegzufegen und ihnen durch verstandesmäßiges Taktieren den Wind aus den Segeln zu nehmen. In der geistigen Auseinandersetzung mit ihr ziehst du regelmäßig den kürzeren, weil jeder Einwand, der dir zu einer Sache einfällt, bereits ein Teil ihrer Gegenargumente ist. Nicht weil er nicht treffend, sondern weil er immer nur die Hälfte eines unerkannten Ganzen in dir selbst ist. Wenn du erkennst, daß ihr Widerstand gerade das ist, woran du wachsen kannst, weil er dir die Argumente spiegelt, die unbewußt in den Schuldkammern deiner Seele dämmern, kannst du die Heilkraft dieser Verbindung erkennen: nämlich die Notwendigkeit, nicht nur den oberflächlichen Einfällen, sondern auch deinen tieferen Argumenten eine angemessene Plattform zur Verfügung zu stellen, auf der sie sich ins Licht des Bewußtseins heben können. Erst, wenn du die Argumente deiner Partnerin als dein schlummerndes Potential erkennst, das sich stellvertretend durch ihren Mund in dein Bewußtsein katapultiert, damit du die Bedingungen der inneren Widerstände deiner abgespaltenen Gedanken kennenlernst und damit die Voraussetzung zu deren Beseitigung, bist du befreit: in der Anpassung an die eigenen Gespenster in den Gedanken der anderen. Damit erkennst du die Muster deiner Vergangenheit als die Schöpfer einer Zukunft, die für dich in dieser Beziehung zur Gegenwart werden.

☿ ♅

Merkur / Uranus

Merkur des Mannes in Aspekt zum Uranus der Frau

Konjunktion ☌

Diese Kombination sprengt die Grenzen des Intellekts und des dualen Denkens und zeigt dir auf der Beziehungsebene neue Räume und das damit verbundene Unterfangen, alten Betrachtungsweisen durch neue Sichtweisen zu begegnen. Das bedeutet aber auch, daß du deine bekannten Erfahrungsbereiche verläßt und deinen kategorisierenden und analysierenden Verstand in die Wahrnehmungsräume der uranischen Wirklichkeit deiner Partnerin hineinstellst, um dir neue Bewußtseinshorizonte zu öffnen. Die damit verbundene Lebensbeziehung kann destruktiv oder kreativ sein oder beides zusammen. Sie weist aber immer auf erfrischende Erfahrungen hin, die zwar chaotische Züge tragen können, aber keine wirkliche Gefahr bedeuten, selbst wenn du dich durch die Gedankensprünge der Frau in den Widersprüchen deines dualistischen Weltbilds verstrickst. Du wirst vom Uranus der Gefährtin in Realitäten hinaufgetragen, wo du die Verflechtungen der Gedanken im Netzwerk des Großen Geistes erahnst, und kannst dein Haupt in ihrem (Bewußtseins-)Schoß über die Beschränkung verstandesmäßiger Dualitäten hinausheben und einen Blick ins Zentrum der Schöpfung werfen, wo alle Unterschiede «zusammenfallen». Alles steht in Wechselbeziehung zueinander, die Realitäten sind ineinander verflochten und in diesem Sinne verkörpern auch deine Wunschbilder und Träume eine eigene Wirklichkeit, die alltäglich aus dem großen Fond des Schöpfergeistes inszeniert wird.

Quadrat, Opposition ⚻ □ ∟

Das Problem in der Beziehung ist, daß dir die Frau mit ihrem Feuerwerk von Einsichten ständig widerspricht, denn dieser Aspekt zeigt an, daß sie die uranische Veranlagung, die Werte auf den Kopf zu stellen, in deinen Gedanken auf die Spitze treibt. Sie zwingt dich zu einem verstandesmäßigen Schnellfeuer, an dem rationale Überlegungen nur geringen Anteil haben. Oft wirst du von ihren schrägen Gedankenblitzen derart mitgerissen, daß du vergißt, ihren Wortsalven ein Ende zu setzen und statt dessen bereit bist, lieber alles in Frage zu stellen, als dich ihr zu widersetzen. Dein Realitätsdefizit gipfelt darin, daß sich dein Verstand von ihren «ver-rückten» Sichtweisen derart betören läßt, daß du lieber die Verbindung zu deinem Weltbild verlierst, als daß du ihre Gedankensprünge unterbrichst.

Trigon, Sextil ⊻

Der ruhelose Geist deiner Partnerin, Uranus, sprengt die Grenzen deines Intellekts und des dualen Denkens. Da dieser Planet für alles steht, was exzentrisch ist und aus dem Rahmen fällt, kannst du dir vorstellen, wie eruptiv sich seine Einflüsse auf deine irdische Beziehung auswirken. Er verkörpert die kreative Kraft des fragenden Geistes, der alle Grenzen aufbricht und eine Brücke zwischen den Welten baut, wo alle Gegensätze verschwinden und in einem Geistesblitz alle getrennten Formen als Teile eines übergeordneten Ganzen erahnt werden können. Deshalb kannst du unter diesem Aspekt zu Erkenntnissen kommen, die weitreichende Neuerungen zur Folge haben, denn Merkur/Uranus führt zu einer spontanen und unberechenbaren Übereinstimmung zwischen deinem Verstand und den schöpferischen Einfällen der Frau. Die gemeinsamen Aufgaben erfordern geistige Lösungen, und die Energie, die dabei umgesetzt wird, verweist auf die Kreativität einer unkonventionellen Beziehung jenseits aller Polarisierung.

☿ ♆

Merkur / Neptun

Merkur des Mannes in Aspekt zum Neptun der Frau

Konjunktion ☌

Deine Fähigkeit zum klaren Denken verbindet sich hier gut mit den irisierenden Nebeldämpfen aus den Urquellen der Frau. Dabei hilfst du ihr, die Träume zu «erden» und ihre numinosen Gefühle zu verstehen. Dafür stellt sie dich in den Mittelpunkt ihrer kosmischen Ziele. Doch die Beziehung hat ihren Preis: Dein denkerisches Selbst wird von ihren fließenden Energien zwar liebevoll durchdrungen, doch andererseits wird deine rationale Basis mit ihren funktionalen Handlungsabläufen durch ihren Einfluß oft auch «aufgeweicht». Deshalb solltest du darauf achten, daß deine Partnerin ihre Identität nicht (ganz) verliert, wenn sie sich aufschwingt, um die Gefühle der Tiefe mit den Höhen der Erkenntnis zu verbinden und sie in deinem Kopf zum Ausdruck zu bringen. Denn in ihrem Streben, deinen Geist auf eine höhere Bewußtseinsebene zu tragen und deine Seele ins Elysium ihres Inneren zu ziehen, riskiert sie den Verlust ihrer rationalen Form. Es ist das Vertrauen der kindlichen Seele, die sich noch in den Sphären des Kosmos wähnt und das bewußte Erleben in ihre Träume und Traumwelten impliziert.

Quadrat, Opposition ⚻ ☍ ∟

Der Austausch mit der bezaubernden «Wassernymphe» ist unter dieser Verbindung von sehr feinstofflicher Natur, so daß es leicht zu Unklarheiten und Irritationen kommen kann. Oft scheinst du unter ihrem Einfluß unfähig zu klaren Gedanken, denn dein Denken wird leicht von ihren Gespenstern durchdrungen und dein bezugnehmender Verstand durch ihre mystischen Störfelder sehr stark behindert. Vielleicht fühlt sie sich durch deine intellektuelle Ausrichtung in die Enge getrieben, weshalb sie versucht, deine Vernunft zu irritieren. Das wiederum mag dich verwirren, denn sie zaubert aus deinen Gedanken stets irrationale Gesichter und hysterische Verstrickungen hervor. Andererseits könnte dieses Verhalten aber auch zur Entwicklung deiner höheren Intuition beitragen, falls es dir gelingt, in der «Gedankensuppe» ihrer nebelhaften Sehnsüchte deinen Verdrängungen mystischer und okkult-utopischer Fiktionen zu begegnen, in denen weniger das Detail, sondern mehr der Sinn fürs Ganze herausgehoben werden will.

Trigon, Sextil ⊻

Auf der Beziehungsebene wird dein Selbst von den kosmischen Erfahrungen deiner Partnerin durchdrungen, denn ihre Reflexionen, die sich in deinem Denken spiegeln, erweitern deine intellektuelle Realität. Dagegen erscheint die rationale Schärfe deines Verstandes mit seinen Handlungszielen oft wie «weichgespült». Du bist bereit, dich der geheimnisvollen Quellnymphe zu öffnen und dir das Formlose anzusehen, nach deren magnetischen Ausrichtungen sich überhaupt erst das gestaltet, was du in der Welt als Bild wahrnimmst. Die Verbindung mit der neptunischen Seelenfee repräsentiert die Kraft, wo der Geist sich aufschwingt, um die Gefühle der Tiefe mit den Höhen der Erkenntnis zu verbinden. Ihre Visionen unterstützen deinen sensibilisierten Verstand, die Geheimnisse des Unaussprechbaren wahrzunehmen, denn hier geht es darum, deine fließenden Energien zu erkennen und durch Worte und Gefühle zum Ausdruck zu bringen. Dein bewußtes Erleben ist von ihren Träumen infiziert, denn die Bindung an das Unfaßbare dominiert. Dabei folgst du der Sehnsucht ihrer Seele, die das Unfaßbare als Ausgangspunkt und zugleich als Zielrichtung auf eine höhere Bewußtseinsebene trägt. Auf der unbewußten Ebene verkörpert diese Verbindung das Staunen, mit dem nach Adam alle Erkenntnis beginnt.

☿ ♇

Merkur / Pluto

Merkur des Mannes in Aspekt zum Pluto der Frau

Konjunktion ☌

Das fundamentale Wesen deines kommunizierenden Verstandes wird von deiner karmischen Begleiterin ständig aufgefordert, tiefer in die Materie einzudringen, denn das Motto dieses Aspektes lautet: «Vom Akt des Erbsenzählens zu den Urgründen des Erkennens!» Unter ihrem Einfluß wirst du zu tiefschürfenden Auseinandersetzungen gezwungen, die nicht länger nur der Lust an der Erkenntnis frönen, sondern sich auch mit den Hintergründen der Dinge auseinandersetzen. Der Wunsch nach Erkenntnis ist der Wunsch nach Individualität, und die Ausweitung deiner Gehirnkapazität, zu der dich deine Partnerin antreibt, während dein Interesse an neuen Perspektiven ansteigt, ist der Wunsch nach globaler Erkenntnis. Sie könnte einen wichtigen Prozeß der Selbsterkenntnis in deinem Umfeld anzeigen; andererseits ist sie nur da zu finden, wo du selbst im Erkennen die Einwirkung deiner ablenkenden Denkmuster erkennst.

Quadrat, Opposition ⚻ □ ∟

Dieser Aspekt verursacht einen Konflikt zwischen deinem Verstand und der unergründlichen Gefühlsnatur der Frau. Dabei spielst du gern den klugen Lehrer, der sie mit Argumenten überzeugen will. Doch aus ihr spricht die tiefe Stimme des Erkennens, die die dualisierenden Kräfte deines Intellekts beeinflussen kann. Dein Gefühl ist richtig, daß sie dein rationalisierendes Argumentieren zum Verstummen bringen könnte, doch es nützt dir nichts, vor ihrem Zugriff auf der Hut zu sein, denn letztlich bist du der Vasall Merkurs, der über sie tiefer in die Geheimnisse der Seele eindringen will. In der Beziehung mit ihr wirst du von deinen inneren Gespenstern gequält, die eine Personifizierung eines drohenden Verderbens sind, das nicht unbedingt als konkretes Ereignis eintreten muß, sondern sich auch in Schuldgefühlen und Ohnmachtserinnerungen ausdrücken kann. Die Partnerin korrigiert die Sünden im kurzfristigen Denken, die der Verstand im blinden Vorwärtsstürmen auf nichtige Ziele begangen hat, und obgleich letztlich eine Befreiung und Wiederbelebung damit verbunden ist, mußt du erst einmal durch die Finsternis hindurch, denn nur dieser Weg verspricht am Ende auch Licht.

Trigon, Sextil ⊻

In dieser Partnerschaft ruft die Begleiterin das Verlangen in dir wach, dich mit ihrer erkennenden Seite zu verbinden, denn innerhalb eurer Berührung bist du der stotternde Held, der dem mächtigen Drachen begegnet, aber, bevor er wegrennt, plötzlich erkennt, daß dieser ihm zu großer Tiefe und Weisheit verhelfen kann. Bei genauerem Hinsehen baut die Frau keine intellektuellen Monumente auf, sondern zerstört sie systematisch, indem sie dir zunächst eine gewisse Macht in Form suggestiver Wortgewalt zur Verfügung stellt, um sie dann mit der Wucht der Widersprüche und dem systematischen Verfall deiner Argumente wieder wegzufegen. Durch dieses katalysatorische Fegefeuer der Entwicklung führt sie dich auf geheimnisvollen Wegen zu den Mysterien des ewigen Lebens. Dort trinkst du vom Quell der kollektiven Erkenntnis und läßt die Einsicht in dir aufdämmern, daß der Schlüssel der Evolution dem Ausgangspunkt deines Denkens entspricht, aber nur, wenn du dein rationales Wissen hinterfrägst und dein Bemühen, die Partnerin durch die Merkurisierung der Schatten- und Tabu-Bereiche zu verdrängen, aufgibst.

☿ ⚸

Merkur / Lilith

Merkur des Mannes in Aspekt zur Lilith der Frau

Konjunktion ☌

Du mußt deine Überlegungen in Frage stellen, wenn du diese Frau verstehen und nicht in deinen Befürchtungen steckenbleiben willst, die sie dir reflektiert, damit du in deinem äußeren Erleben nicht immer nur deine inneren Ängste inszenierst. Es geht hier darum, daß du das Schweigen der Partnerin aufbrichst, denn du spürst ihre offensichtliche Verweigerung, sich dir zu öffnen, und damit verbunden ein starkes Verletzbarkeitsgefühl. Es handelt sich um ihre Angst, sich jemandem in ihrer ganzen Blöße zu zeigen, ein Umstand, der sie zwingt, deine Aufmerksamkeit ununterbrochen auf sich zu ziehen, damit sie dich ständig im Auge behalten kann. Andererseits wünscht sie sich von dir, daß du die Bilder in ihrem Kopf «befriedigst», d.h. dich in deinem Verständnis auf ihre Schattenseiten einstellst (auf alten Ikonen wird die Lilith oftmals mit einer Vagina auf der Stirne dargestellt!). Weil sie dich oftmals für deine Ablehnung, ihre Probleme zu lösen, bestrafen will, zwingt sie dich zur endlosen Wiederholung fixer Ideen in deinem Hirn, was oftmals zu Zwangsneurosen wie das Zählen der Mosaikplättchen in der Küche führt. Du mußt dich mit unsinnigen Fragen solange auseinandersetzen, bis du nicht mehr an der äußeren Form der Fragen hängenbleibst, sondern zum Kernpunkt deiner inneren Angst vordringst, wo du die geforderten Antworten finden wirst.

Quadrat, Opposition ⚻ ☍ ∟

Lilith ist die Göttin der Zauberei und des Spukwesens; sie wird schon in den sumerischen, babylonischen und assyrischen Überlieferungen Geflügelte und Würgerin, Hure und Vampirin, Teufelin, Hexe und Schlange genannt. Wenn sie aus den kollektiven Tiefen in Gestalt deiner Partnerin auftaucht, dann sind alte karmische Ängste zu bearbeiten. In ihrer Rolle ist sie aber keineswegs nur das böse Gespenst, auch wenn es aus deiner Perspektive so ausschaut; sie ist eher der Abszeß, der aufplatzt und alle Dämonen und Spukgestalten in dir freiläßt, die unbemerkt in dir wohnen. Sie ist die analytische Anima vom Typ «Schwarzer Engel», die ihre Liebhaber mit Verdrängung, Projektion, Aggression und Regression einschüchtert. Sie ist aber auch die Vermittlerin, die dich in die Tiefen des absoluten Wissens hinabführt, wenn du ihr Inneres «beseelst». Es ist daher notwendig, die Lippenbekenntnisse mit Inhalt zu füllen, sonst wirst du von ihr in das Inferno der Ängste, Befürchtungen und Ohnmachtserlebnisse gezogen, wo dich deine Schulddämonen zu Sklavenarbeit und erniedrigender Anbetung zwingen.

Trigon, Sextil ⊻

Hier kannst du tiefer in die Dinge eindringen, als deinem Bewußtsein, das die vorüberhuschenden Bilder des Lebens zu einem Netzwerk verknüpft, lieb ist. Denn Lilith lädt dich ein, dich der Welt so zu zeigen, wie du wirklich bist, statt so, wie du glaubst, die Umwelt beeindrucken zu können. Du sollst also nicht die Rolle spielen, in der du die Umgebung beeinflussen kannst, sondern dich mit dem Inhalt auseinandersetzen, den die sexuelle Verdrängung der Lilith in deinem Denken auslöst. In dieser Beziehung erlebst du deine Begleiterin aus der Perspektive des kleinen Jungen, der bereit ist, mit ihr aufzubrechen und sich mit den Abgründen in ihrer Psyche auseinandersetzen, die sich als interessante Perspektiven in seinem Denken spiegeln. Selbst wenn die Erkenntnis schmerzlich sein sollte – für dich bedeutet sie individuelle Weiterentwicklung!

☿ ☊

Merkur / Mondknoten

Merkur des Mannes in Aspekt zum Mondknoten der Frau

Konjunktion ☌

Mit Hilfe deines analytischen Verstandes kannst du das Karma deiner Begleiterin auf eurem gemeinsamen Weg ergründen, das sie unbewußt in deinen Gedanken spiegelt, und ihr die Gesetze von Ursache und Wirkung näherbringen. Zwar erwartet sie von dir, daß du ihr das Gesehene erklärst, aber gleichzeitig wünscht sie von dir auch, daß du ihren Horizont erweiterst, denn irgendwo in der Ferne befindet sich der Sinn des Lebens, den sie in deinen Erklärungen zu finden wünscht. Ob du nun an die Wiedergeburt der Seele glaubst, an die Seelenschuld, die in früheren Inkarnationen durch eigenes Handeln gebildet wurde, oder nicht – unter diesem Aspekt solltest du dir in jedem Fall Gedanken über die Gesamtzusammenhänge im Seelenbild deiner Gefährtin machen, um dich mit ihren Fragen auseinandersetzen zu können.

Quadrat, Opposition ⊼ ☍ ∟

Meist wirst du von der seelischen Ausrichtung der Frau verwirrt. Sie ist ständig auf der Suche nach einem Ziel, obwohl sie gar nicht weiß, was sie sucht. Wie ein Filmprojektor ein Bild auf die Leinwand wirft, projiziert sie ihre unausgesprochenen Fragen auf das «innere Bild deiner Vorstellung» und zwingt dich zum ständigen Erfinden von Geschichten, die ihr das vermitteln, was sie hören will. Wenn sie ihren Suchpunkt (Mondknoten) in deinem Bewußtseinsfokus (Merkur) bewegt, wird die Oberfläche deines Geistes erregt, gerade so, wie ein ins Wasser geworfener Stein Wellen verursacht, die sich in alle Richtungen bewegen. Erst wenn du erkennst, daß all ihre Suche und Wünsche nur die Reflexionen der unendlichen Sehnsucht ihres Mondknotens sind, der sich in dir spiegelt, um das Spiel mit sich selbst in der «Suche nach Sinn» in deinem Hirn voranzutreiben, kannst du in den «Schilderungen ihrer Bilder» auch dein Bemühen erkennen, das den Sinn des Lebens in der Auseinandersetzung mit ihr sucht. Es sind die höheren Sinne, durch die du die Wahrnehmung «wahrnimmst», und wenn du erkennst, daß du dir deine Bilder selbst erschaffst, lernst du auch, sie zu verändern, und indem du das tust, kannst du erfahren, wie sich die Ergebnisse dieser veränderten inneren Wirklichkeit an dem äußern, was du zum Verständnis deiner Partnerin über ihr Karma beitragen kannst.

Trigon, Sextil ⊻

Du mußt die Bilder deiner karmischen Gefährtin ganz genau anschauen, die sie in deinen Gedanken kreiert, denn manchmal läßt du ihrer Imagination viel zu viel Spielraum in deinem Kopf. Denn mit jedem Gedanken, der in dein Hirn eindringt, übernimmst du die Verantwortung, ihn auch wieder reflektieren zu müssen und damit einer Absenderin zu spiegeln, die nicht merkt, daß das von dir Reflektierte immer auch das unmittelbare Produkt ihrer eigenen inneren Erwartung ist. Sie trifft nicht gerne Entscheidungen, weil jede Entscheidung den Gesichtswinkel färbt, aus dem sie das Beurteilte später sieht. Denn sie spürt: Nur solange sie keine Verantwortung für ihre Sichtweisen übernimmt, kann sie dich zwingen, ihr immer nur das zu spiegeln, was sie sehen will. Weil sie dazu aber deinen Verstand benutzen muß, da sie die Verantwortung ihrer Sinnsuche durch dich lebt, ist es gut zu wissen, daß sie dich immer an den richtigen Platz dirigiert, wo sich das, was sie über sich erfahren möchte, in deinen Gedanken wunschgemäß reflektiert.

☿ (AC)

Merkur / Aszendent

Merkur des Mannes in Aspekt zum Aszendenten der Frau

Konjunktion ☌
Diese Konstellation verweist auf eine Phase starker Faszination und hoher Anziehungskraft, denn sie repräsentiert aktive Erkenntnis, Klarheit und geistige Veränderung, also die Fähigkeit des Geistes, Ideen und Überzeugungen formen und gut ausdrücken zu können. Vor diesem Hintergrund entsteht eine starke Beziehung; die Frau akzeptiert sich, so wie sie ist, und zieht durch ihre Ehrlichkeit und Offenheit deine Liebe auf dich. Du kümmerst dich um sie und versuchst ihre Interessen zu formulieren. Sie dankt es dir durch das Öffnen der Maske, hinter der sie sich in ihrer nackten Ganzheit offenbart.

Quadrat, Opposition ⊼ ☐ ∟
Im gemeinsamen Erleben befindest du dich in einem Konflikt, den du der Partnerin zuschiebst, weil du ihr Verhalten als Provokation gegenüber deinen persönlichen Erwartungen empfindest. Doch zu oft läßt auch du den Takt im Umgang mit ihr vermissen und zwingst ihr deine Vorstellungen auf. In dir festigt sich eine fixe Idee, wie sie sich dir zu präsentieren hat; doch ist sie nicht wie eine in Zement gegossene Mulde, in die du deine Erwartungen hineinschütten kannst, sondern sie besitzt selbst genügend Energie, um deine Gedanken zu formen und eine eigene Kreation in deinem Kopf zu entwerfen, so wie sie von dir gesehen werden will. Solange du sie nicht so siehst, wie sie ihrer Meinung nach ist, sondern nur so, wie du sie unter dem Diktat deiner Vorstellung empfindest, befindet ihr euch in einem zermürbenden Streit, der zu keinen gemeinsamen Standpunkten oder Erkenntnissen führt.

Trigon, Sextil ⊻
Im Bereich der Beziehung ist es dein Ziel, dich mit der Maske deiner Partnerin auseinanderzusetzen, die für ihre individuelle Persönlichkeit steht. Das deutet auf einen Zustand optimaler Ausgewogenheit zwischen ihrem äußeren Erscheinungsbild und deinen persönlichen Erwartungen hin. Da sie spürt, daß alles, was du aus ihr an Erkenntnis herausfilterst, sich auf die eine oder andere Weise in der Verbindung niederschlägt, zeigt sie sich dir immer von jener harmonischen Seite, die deine positive Erwartung unterstreicht. Daher führt deine Sichtweise zu einer umfassenden und ganzheitlichen Analyse, die ihr ganzes Wesen umschließt, wodurch auch vermeintlich unvereinbare Gegensätze und Widersprüche miteinander verbunden werden können (Merkur ist schließlich Ausdruck der Fähigkeit, die Maske der anderen zu analysieren und sie gleichzeitig in die eigenen Erkenntnisse miteinzubeziehen).

☿ MC

Merkur / Medium Coeli

Merkur des Mannes in Aspekt zum Medium Coeli der Frau

Konjunktion ☌
Dein unbewußter Intellekt paßt gut zu den Karriereplänen der Frau. Ihr ergänzt einander wie Lehrer und Musterschülerin oder wie der Boß vor der Pensionierung, der der Hochschulabsolventin, die sich neu in der Firma die Erfolgssprossen auf der Karriereleiter emporkämpfen will, seine Erfahrung und sein Wissen zur Verfügung stellt. Es ist weniger die stürmische Begeisterung für eine Sache, die euch zusammenschweißt, als viel mehr nüchternes Kalkül, jede Situation analysieren zu wollen. Auf der Beziehungsebene zeigt diese Verbindung, daß sie weniger die feurige Liebe als die unterstützende Kraft karrierefördernder Möglichkeiten sowie den wohltuenden Schwung deines Verstandes sucht, um neue Perspektiven zu sichten, aus denen sich interessante Wege entwickeln lassen. Wenn du ein gewisses Maß an rationalisierten Überlegungen und knallharten Strategien seitens der Partnerin moralisch akzeptieren kannst, dann schenkt dir diese Konstellation die Freude zusammen ausgeheckter Strategien und gemeinsamer Überlegenheit durch schnelle Reaktionen und effektvoll inszenierte Überraschungsmomente.

Quadrat, Opposition ⚻ ⚼ ∠
Im fanatischen Kampf um intellektuellen Selbstausdruck bringt dieser Aspekt eine Atmosphäre von Unehrlichkeit und Durchtriebenheit in die Beziehung, die die niederen Instinkte, einander ständig «über den Tisch ziehen zu wollen», anspricht. Die Frau befürchtet, du könntest in ihre materielle Ordnung einbrechen. Eiskalt darauf bedacht, beruflich vorwärtszukommen, signalisiert sie dir, daß sie deine Ratschläge ablehnt. Du hingegen versuchst, ihren Ehrgeiz umzukrempeln, und das kann zu einer völligen Umwertung aller bisherigen Vorstellungen von gesellschaftlicher Anerkennung führen, weil viele ihrer Ideen und Pläne für deinen Verstand realitätsfremd und übertrieben sind. Meistens ist es aber die Unaufrichtigkeit dir selbst gegenüber, die tiefe Einsichten verhindert oder sich zur krassen Lebenslüge ausformt. Die fragwürdigen Künste der Heuchelei, Verschlagenheit und Gerissenheit sind dabei tonangebend oder anders herum formuliert: Hier zeigt sich der Einsatz von Schläue, Abgebrühtheit und Mogeleien, die dir zum Erreichen bestimmter Ziele bisweilen notwendig erscheinen, aber gleichzeitig auch die Gefahr beinhalten, selbst betrogen zu werden.

Trigon, Sextil ⚺
Diese Verbindung weist eine beschwingte Leichtigkeit auf, in der du dich für theoretische Lösungen begeisterst und dabei eine Menge Gedanken verbrauchst. Du versuchst, die Frau zu verstehen, und da sie dich liebt, faßt sie Vertrauen in deine Ideen. Sie sieht ihren Sinn für logisches Kalkül in dir verwirklicht und fügt deinem Denken Cleverneß und einen schelmischen Tupfer geistreicher Schläue bei, die bei dir einen gewissen intellektuellen Kitzel hervorrufen oder dich – falls du ihrem Urteilsvermögen nicht traust – kaufmännisch fordern, indem du dich zur besseren Übersicht noch einmal auf die Geschäftsbücher stürzt. Wenn nämlich Ironie und geistiger Schalk die Vernunft bespötteln, kann ein Mißklang die Harmonie nicht unempfindlich stören.

☿ ✕

Merkur aspektlos

Merkur des Mannes ohne Aspekt zu einem Planeten der Frau

Wird die Frau von deinem Merkur nicht berührt, bist du in der Beziehung dem Zwang enthoben, alles, was du außen vorfindest, strukturieren zu müssen, damit du die Emanationen deiner Gefährtin verstehen kannst. Wenn du aber gleichzeitig verstehst, daß der Merkur meist dafür steht, die Emotionen der anderen zu filtern, um Unkontrollierbares für das eigene Erkennen zu entschärfen, kannst du weiter folgern, daß der fehlende Aspekt so umfassend ist, daß du nicht einmal erfährst, warum die Partnerin deine Ideen nicht versteht. Damit schützt dich der aspektlose Merkur nicht nur vor dem Verhalten, dich ständig erklären zu müssen, weil deine Erläuterungen sowieso nichts fruchten, sondern versetzt dich auch in die Lage, Eva ohne das stützende Korsett der Ratio begegnen zu dürfen, die meist die Gefühle hinter «verkopften» Vorstellungen verbannt. So triffst du in der Begegnung mit ihr immer auf deine eigene innere Leere, die dir die Wahrheit enthüllt, was Menschen füreinander sind, wenn sie nicht mehr denken würden, was sie füreinander bedeuten könnten.

♀

Venus

Das weibliche Suchbild aus der Sicht des Mannes

Als Göttin der Liebe, des Friedens und des Glücks, die zudem als Ideal weiblicher Schönheit gepriesen wird, verkörpert Venus die Flammen der Sehnsucht nach der sexuellen Vereinigung zwischen Mann und Frau und symbolisiert den paradiesischen Vorhof des körperlichen Verlangens: die verschlingende Hingabe, die das verlorene Paradies durch das Empfinden der Vereinigung wieder zu erreichen verspricht. In ihrer Waage-Zuordnung als «Venus-Urania» steht sie für die reine, himmlische und idealisierende Liebe; in ihrer Stier-Manifestation als «Venus-Pandemos» hingegen beherrscht sie die irdischen Triebe. Sie repräsentiert die Stärke, den Mut und die Tatkraft, die du als Mann für die Frau deiner Herzenswahl aufzubringen bereit bist, und in ihrer Ganzheit verkörpert sie zudem den Frauentyp, der dir das Bild, das du in der Außenwelt suchst, reflektiert: die auf Eva projizierte Neigung, sich der Umgebung innerlich öffnen zu wollen. Damit steht Venus für deine Anziehungskraft auf Menschen und Objekte, auf die du zugehen und mit denen du kommunizieren möchtest (Venus-Urania) oder die du besitzen und dir einverleiben willst (Venus-Pandemos). Wenn der Mond für die Befruchtung steht, dann ist sie der Kuß: die erste, vorsichtige Öffnung dem anderen gegenüber, die «seelische Eintrittskarte in das Körperinnere», aber auch die höllischen Zungenküsse, jene Elixiere des Teufels, die in den uterinen Höhlen und tiefen Wassertümpeln gründeln und ihre Opfer einsaugen.

In der **Konjunktion** drückt sich die Anziehung der Gegensätze aus oder das (Such-)Bild deiner Sehnsucht nach einer Frau, die dir die verlorene Einheit wiederbringen und dich zum gespiegelten andersgeschlechtlichen Teil in deiner unbewußten Anlage – die sich dir nur über die Identifikation mit Eva reflektiert – zurückführen soll. Das bedeutet aber auch, daß du – wenn du erkennst, daß die innere Unvollständigkeit immer dazu neigt, sich mit den übertragenen Bildern aufzufüllen – zu tiefen, dich selbst überwältigenden Erfahrungen gelangen kannst. Wenn du deine innere Leere nicht durch die Bindung an eine «ergänzende» Partnerin verdrängst, dann zeigt dir dieser Aspekt, wie du als Mann fühlen und deine innere Weiblichkeit in der Spiegelung über die äußere Frau akzeptieren kannst.

Unter **disharmonischen Einflüssen** glaubst du, dich deinen inneren Sehnsüchten hingeben zu können, ohne durch die Höhen und Tiefen menschlicher Leidenschaft gehen zu müssen. Die dunkle Venus-Qualität entspricht nicht nur dem mondhaften Drang einfältiger Hingabe, sondern dem urinstinktiven Verlangen nach dem Spiel von Zu- und Abneigung, dem Reiz von Ablehnung und Gewährung. Das kann bei dir zu einer Abhängigkeit von deinen inneren Projektionen führen, wenn die jahrtausendealten Suchbilder in den Tiefen des kollektiven Unterbewußten aufbrechen: Ist es die göttliche Urmutter oder die teuflische Urhexe, die vor deinem inneren Auge erscheint? Denn oft stürzt du dich Hals über Kopf in die libidinösen Gewässer der Sehnsucht nach der sexuellen Vereinigung und demonstrierst dabei die verschlingende Hingabe, die zum Höllenfeuer wird, indem sie das verlorene Gefühl der Ganzheit durch Verschmelzung wieder zu erreichen verspricht. Es ist das überspannte Venusprinzip, das meist zu exaltiert ist, um in der täglichen Wirklichkeit zu funktionieren, und das du in die abgehobenen Sphären deiner Vorstellungsrealitäten abschiebst, um es dort in großartigen Gebärden auf den gespenstischen Maskenbällen deiner Selbstdarstellungs-Suche in den Bildern deiner projizierten Anima zu leben.

Venussextile und -trigone geben dir Hinweise auf den Sinn deiner Suche nach Berührung, Sinnlichkeit, Schönheit und Erfüllung, zumindest so, wie sie durch die Augen des Mannes gesehen werden (wollen), und zwar als ein Aspekt männlicher Erfahrung mit dem ewig Weiblichen dargestellt, und weniger als Sinnbild der unerschöpflichen Kraft, durch die die Natur immer neues Leben erschafft. Die reine, himmlische und idealisierende Liebe (Venus-Urania) enthält zudem Elemente der «reinen Jungfrau», also des idealisierten Mutterbildes des Mannes. Eigentlich aber ist sie ein Symbol der schöpferischen Formgebung, die der noch formlosen Idee als Materie zur Mutter wird.

♀ ☉

Venus / Sonne

Venus des Mannes in Aspekt zur Sonne der Frau

Konjunktion ☌

In dieser Beziehung hat deine Partnerin die «Hosen» an. Sie lebt ihre Gefühle aus dem Bauch heraus und bietet dir eine Landefläche, auf der du deine Phantasien durch sie ausleben kannst, um dich vom täglichen Streß zu erholen. Da du dich im Bann ihrer Ausstrahlung mit dem Bild deiner Anima konfrontiert siehst, ist sie für dich der Inbegriff der Erfüllung. Gleichzeitig bist du der leibliche Genießer, der dem breiten Strom seiner Begierden ewig hinterhertaumelt, denn für dich sind die Lustgefühle, die dich angesichts materieller Formen befallen, der Inbegriff tiefster innerer Verbundenheit mit dem Leben, und es ist dir ein Anliegen, dich in liebkosendem Gleichklang mit dem Ganzen zu spüren. Nicht nur, weil für dich alle schöpferischen Formen Glück und Freude bedeuten, sondern weil jede Art von sichtbarer Entfaltung deinem seelischen Bedürfnis entspringt, dich von der Umarmung mit dem körperlich Greifbaren verführen zu lassen. In der Beziehungsrealität bedeutet dies oft nichts anderes, als daß du die Frau benutzt, um dein inneres Feuer zu entzünden. Wenn du dich ihr lustvoll unterwirfst und deine Lust offen zeigst, hast du gute Chancen, daß sie dich in allen Bereichen gewähren läßt.

Quadrat, Opposition ⚻ ⚼ ∟

Dieser Aspekt symbolisiert zwar Erlösung durch Liebe, doch nüchtern hinterfragt versteckt sich dahinter nichts anderes als der in den Adern heftig pulsierende Ruf der Triebe. Du wirfst dich entweder der Liebesgöttin, die der vereinnahmenden inneren Weiblichkeit entspricht, in die Arme, oder setzt diese Lüsternheit gegen dich selbst, indem du dich in deiner Liebesvorstellung feminierst und dich wie ein Kind zur weiblichen Sonne hin ausrichtest. Da du aber meistens nicht erkennst, daß du nur die eigene Maske vor ihrem Gesicht anschaust, in die du alles projizierst, was du an dir vermißt, liebst du möglicherweise nicht so sehr die Frau, sondern mehr das auf sie projizierte «solare Feuer» deiner selbst. Hier zeigt sich der paradiesische Vorhof des leiblichen Verlangens: die verschlingende Hingabe als Flucht vor sich selbst, die das verlorene Gefühl der inneren Mitte in der Berührung mit Eva wieder zu erreichen sucht. Du benutzt sie für dein egoistisches Streben, dich in ihrer Umarmung spüren zu können, denn du erwartest, daß sie alle Wünsche und Sehnsüchte spiegelt, die du unerkannt vor dir selbst in die Welt projizierst. Doch weil du lustvoll liebst und deine Lust offen zeigst, hast du gute Chancen, daß sich die Objekte deiner Begierde trotzdem in dir verlieren.

Trigon, Sextil ⚺

Unter dieser Konstellation verbirgt sich neben dem Streben nach äußerem Glanz auch eine Annäherung an die innere Harmonie deiner Partnerin, weil du ahnst, daß du die Schönheitsideale, denen du in der äußeren Welt nachjagst, in der Tiefe deines Herzens nicht finden kannst. Die positive Verbindung deiner Venus mit der Sonne der Frau symbolisiert nämlich nicht nur Friede, Freude, Eierkuchen, sondern sie steht auch für die nicht zu erfüllende Vereinigungssehnsucht mit dem Ewig-Göttlichen oder dem Wunsch nach Wiedervereinigung der Polaritäten. Dein ganzes Bestreben ist darauf ausgerichtet, Harmonie herzustellen, um von der inneren Sinnfrage abzulenken, und es ist keine Frage, daß dies mit diesem Aspekt hervorragend gelingt. Du bist der geborene Vermittler. Manchmal bist du sogar bereit, gegenteilige Ansichten zu übernehmen und, um von einer problematischen Situation abzulenken, die Harmonie einer glücklichen Verbindung in einem positiven Umfeld nach außen durchschimmern zu lassen.

♀ ☽

Venus / Mond

Venus des Mannes in Aspekt zum Mond der Frau

Konjunktion ☌

Diese «weibliche» Verbindung gründelt in den körperwarmen Gewässern sinnlicher Hingabe und physischer Lust, denn unter diesem Aspekt spürst du ein großes Verlangen nach Liebe und Zärtlichkeit. Dabei spiegelt sich die Sehnsucht nach Nähe in deiner Seele als Bild der Großen Göttin, aus deren Schoß sich das Lebenswasser sprudelnd ergießt. In ihrer Umarmung fühlst du dich von einer zauberhaften Fee umfangen, und wenn du richtig hinschaust, erkennst du darin deine Partnerin als (reale Verkleinerung der symbolischen) Urmutter. Sie offenbart dir die zyklische Erneuerung der Erde, die Kraft des Wachstums oder Werdens, die kommt. Deshalb erscheint dir das Leben in Beziehung zu Eva wie eine fließende Ausdehnung, die unablässig aus sich selbst wächst: das Bild der sich aus sich selbst schöpfenden Urmutter, die das Leben aus sich selbst gebärt und damit die Grundlagen für das Wachstum sichert. Die dich in deinem Innersten befruchtende Mondin ist deine beziehungsmäßige Gefährtin, in deren Augen dir die himmlische Harmonie entgegenblitzt und in deren Sphären dir Hingabe und Lust zur «Mutter» wird.

Quadrat, Opposition ⚻ □ ∟

Innerhalb der Beziehung erschließt sich dir jener Bereich, in dem du dich nicht mehr als vernünftiges, zielorientiertes Wesen, sondern als eine die Gefühle durch Eifersucht zerstörende Instinktnatur ergründen kannst, die alles in der Partnerschaft angreifen muß, was sie so dringend für ihre innere Vollständigkeit braucht. Hier erscheinst du als Mann, dessen Beziehungsinhalt sich in panischer Verlustangst um die Frau seiner Liebe dreht und dessen Streben gerade darauf zielt, das Objekt seiner Anziehung durch übertriebenes Klammern wieder zu verlieren. Im krampfhaften Bestreben, nicht verlassen zu werden, verlagerst du den Schwerpunkt deiner Aufmerksamkeit auf die Frau, die du als Zielpunkt deiner Gefühle gefangenhältst (damit sie dir nicht mit deinen übertragenen Emotionen davonlaufen kann). Vielleicht zeigt sich in deinem Verhalten eine problematische Eltern- bzw. Mutter-Beziehung. Möglicherweise brachte dich deine Mutter mit ihrer unerfüllten Partnerbeziehung in Verbindung, was bei dir die Angst auslöste, von der Mutter verlassen zu werden. Diese schlummernde Angst kompensiert sich unter diesem Aspekt mit dem unbewußten Verhalten, die Partnerin an Stelle der Mutter um jeden Preis besitzen zu müssen. Diese Angst wiederum entspricht dem «Urbronnen der Mütter», in den schon Faust hinabgestiegen ist, um den Monstern zu begegnen. Diesen Ungeheuern kannst du niemals entrinnen, weil sie die innere Verlustangst repräsentieren und dich zwingen, gerade das zu zerstören, was du so sehr zu halten suchst.

Trigon, Sextil ⊻

Dieser Aspekt ist ein Symbol der Lebenskraft, denn er charakterisiert die tiefe gegenseitige Zuneigung, auf deren Schwingungen du dich weit in die Sphäre der Mondin hineintragen lassen kannst. Sie fühlt sich in deiner warmen, sich hingebenden Sinnlichkeit gut aufgehoben, und du schätzt ihre großzügige emotionale Nähe, die sich aus dem Überfluß seelischer Freude nährt. Damit kannst du in ihr deinen inneren Idealen begegnen, die die innere mit der äußeren Welt verbinden und dich immer wieder liebevoll daran erinnern, was für ein unergründliches Wesen du doch bist. Während die Libido auf den Wellen dieser überschäumenden Harmonien tanzt, meldet sich dein inneres Mutterbild, das sich im Charisma deiner Partnerin reflektiert, und steigert deine Hingabe, die sich in der Liebe ausdrückt, die du als Kind von deiner Mutter empfingst und die als unbewußtes Gefühlsmuster immer noch in deiner Seele existiert. Dadurch, daß sich dein auf sie übertragenes Liebesbild positiv in ihr auswirkt, erfährst du Verständnis und Erfüllung durch sie, was eine ausgezeichnete Grundlage für dauerhafte Nähe ist.

♀ ☿

Venus / Merkur

Venus des Mannes in Aspekt zum Merkur der Frau

Konjunktion ☌

Dein ständiges Bemühen, die Gedanken der Gefährtin auf deine Sinnlichkeit zu lenken, entspricht in der Beziehung dem verdeckten Streben, dein latentes Liebesbedürfnis durch ihre gedankliche Zuwendung zu «nähren». Und was als Aufopferung an die Begleiterin erscheint, ist im Grunde nur das stetige Bemühen, dein sinnliches Empfinden in ihren gedanklichen Mittelpunkt zu stellen. In dieser Beziehung kannst du dich deshalb an die Vorstellungen der Frau verlieren, die du zu deinem emotionalen Zentrum machst. Weil dein Selbstwert somit von dem Bild abhängig wird, wie sie über dich denkt, liegt hier eine vollständige Auslieferung an die eigene Vorstellung vor, die sich aus dem Denken, was sie denkt, zusammensetzt. Oft wirst du deshalb zum Gefangenen einer eigenen Anpassung, gerade weil es dir gelingt, mit den Vorstellungen der Partnerin übereinzustimmen.

Quadrat, Opposition ⚻ □ ∟

Auf der Beziehungsebene willst du deine der Männlichkeit geopferte sexuelle Hingabe mit Hilfe deiner merkurischen Weggefährtin ergründen. Dabei versuchst du sie als eine «Projektionsleinwand» für deine bohrenden Fragen zu benutzen, ohne dich mit deiner (venusischen) Sexualität direkt auseinandersetzen zu wollen. Sie wiederum ist unter deinem Einfluß bereit, die androgyne Rolle zu übernehmen, die deine «Weiblichkeit» ihr aufzwingt. Indem du ihr deine Venus durch ihre merkurische Brille spiegelst, stellst du ihre Weiblichkeit in Frage und zwingst ihr die «Beobachterrolle» auf. Das entspricht dem Spiegel raffiniertester Selbsttäuschung: Die Sexualität, die du vor dir selbst versteckst, überzeugt dich erst in der Reflexion der Projektion, also in ihrem Bild, von ihr selbst (in dir), und sie, die ihre Sexualität auf dich projiziert, reflektiert dir die ihre Weiblichkeit in Frage stellende Frau, die ihrer weiblichen Seite in dir dadurch begegnen kann, indem sie sie bei sich selbst unterdrückt.

Trigon, Sextil ⚺

Zwar fließen durch die «Kommunikationskanäle» dieser Verbindung ständig die Gefühle der Harmonie, doch die Sehnsucht nach Verschmelzung mit der merkurischen Gefährtin bedingt, daß du dich dabei nach ihren Vorstellungen ausrichtest. Du entwickelst deine Ziele meist nach den Vorgaben der Frau, ohne daß dir immer bewußt ist, daß der Verzicht deiner Wünsche zugunsten derer Evas gerade dem Verhalten entspricht, deine Triebstruktur dem kontrollierenden Vernunftsystem deiner Begleiterin unterzuordnen. Damit hängt dieser Aspekt auch mit deiner emotionalen Anpassung an ihre Vorstellungen zusammen, denn manchmal umschreibst du, was du zu leben nicht gewillt bist, und dazu benutzt du das Denken deiner Partnerin, das vor allem deine unterdrückten Empfindungen (das eigene Ungesehene) in dich zurückspiegelt. Umgekehrt drängt auch sie zu dir in der verbalen seelischen Öffnung, weil sie nur über die Verschmelzung mit dir die tiefere Bedeutung ihrer sexuellen Prägung erfahren kann. Das bedeutet, daß du dich manchmal selbst überlistest, indem du sie zu überlisten versuchst, weil dein harmonisches Empfinden ja nach dem Denken der Gefährtin ausgerichtet ist. In der Selbsttäuschung verhangen, die Frau zu harmonisieren, sind deine Vermittlungs- und Schlichtungsabsichten oft bloße Versuche, die Sexualität aus falscher Anpassung aus der Entfernung von dir selbst über ihre Vorstellung zu leben.

♀ ♀

Venus / Venus

Venus des Mannes in Aspekt zur Venus der Frau

Konjunktion ☌
Mit diesem Aspekt begegnest du deiner Begleiterin, die deiner harrt und die all deine Liebeserwartungen erfüllt, und sei es, indem sie dir die unerlöste Prinzessin vorgaukelt, die sich nach Befreiung sehnt. Sie ist die Erfüllung deiner kreativsten und erotischsten Phantasien und signalisiert dir ein «Schlaraffenland der Gefühle», wie es sonst im grauen Alltag kaum zu finden ist. Dazu bedient sie sich starker sexueller Bilder, die sie dir als Blitze der Liebeslust bis zur Selbstaufgabe reflektiert, und strahlt gleichzeitig einen magnetisierenden Eros aus, der von dir zum Fließen gebracht werden möchte. Du spürst, wie sie dich mit ihrem wunderbaren Einfühlungsvermögen berührt und schenkst ihr dafür dein Herz und gibst dich ihr ganz hin.

Quadrat, Opposition ⚻ □ ∟
Vielleicht liebst du unter dieser Konstellation die Liebe um der Liebe willen um einen «Tick» zuviel. Möglicherweise überlistest du dich selbst, weil dieses Quentchen zuviel, das du von Eva erwartest, wenn du in den Tempel der Lust eintrittst, dich (genau um diese Spaltbreite) an der Erfüllung vorbeischießen und dich frustriert im Vorhof der Hölle zurückbleiben läßt. In der Selbsttäuschung verhangen, mit der Geliebten zu neuen Ufern aufzubrechen, schießen diese Gefühle oft über das Ziel hinaus, weil die Sexualität, die du mit der Partnerin leben möchtest, auf der Grundlage basiert, ihre emotionale Hingabe zu benutzen, um deine unerfüllten Wünsche gemeinsam mit ihr auszukosten. Gerne münzt du die körperliche Nähe in einen physischen Besitzanspruch um, der nicht nur der wonnigen Leiblichkeit dient, sondern die Befriedigung gleichermaßen auch aus dem Suhlen in den einverleibenden, dunklen inneren Lustbildern zieht. Es ist nicht immer leicht zu begreifen, daß der Fokus harmonischer Erfüllung weniger auf Liebe als auf die symbolische Darstellung der Sexualität zielt.

Trigon, Sextil ⚺
Die Liebesgöttin symbolisiert die Verbindung der Herzen und zeigt, daß ihr euch in Gedanken mit der Empfänglichkeit, Zuneigung und Harmonie befaßt. Unter ihrem Einfluß kommt vor allem der Leidenschaftsaspekt zum Ausdruck, denn Venus steht für Liebe, Gefühl und Harmonie. Als Verkörperung der Erotik bedeutet sie auch Hingabe, Sehnsucht und Wunsch nach Vereinigung. Das bedeutet, du bist zur großen Liebe bereit. Es ist die Sehnsucht nach gegenseitiger Vereinigung, die dich erfüllt, die flammende Hingabe, die das Geheimnis des Lebens in sich birgt, die dich in Evas Armen berührt, jenes Fließen der Gefühle, das der Quelle allen Lebens entströmt und sich nach Einswerden mit dem anderen sehnt. Dabei steht dieser Aspekt für weit mehr als nur für erotische Erfüllung: Er steht für die Begegnung mit der Anima.

♀ ♂

Venus / Mars

Venus des Mannes in Aspekt zum Mars der Frau

Konjunktion ☌

Die offene, spontane Art dieser Verbindung, die Gunst deiner Partnerin durch Hingabe zu gewinnen, macht deutlich, daß es nicht dein Ziel sein kann, deine innere Weiblichkeit (Venus) zu verdrängen, sondern ihr in der Männlichkeit (Mars) der Frau offen zu begegnen und sie damit zu integrieren. Es ist nicht Sinn und Zweck dieser Beziehung, deine eigene Geschlechtlichkeit im anderen Geschlecht zu befriedigen, sondern vielmehr deine eigene Gegengeschlechtlichkeit zu erkennen: als Mann erfährst du dich in der Frau in deinem weiblichen Aspekt, denn du ziehst das weibliche Empfinden, das sich in ihr normalerweise gegenüber dem männlichen Partner auslöst, nicht an, sondern stößt es in sie zurück, indem du von ihr nicht in deiner Männlichkeit, sondern in deiner weiblichen Hingabe empfunden werden möchtest (worüber du dich gleichzeitig wieder ärgerst, ohne es aber ändern zu können). Dafür lockst du ihr männliches Verhalten aus ihr heraus, in dessen Spannungsfeld du deine weiblichen Empfindungen lebst und gebannt über den verschiedenen Spiegelungen der Egoprojektionen deines weiblichen Narzißmus meditierst.

Quadrat, Opposition ⚻ □ ∟

Hier wirst du in deiner sensiblen Männlichkeit von der Aggressivität deiner Begleiterin bedroht. Wenn du deiner Mutter glaubst, daß gute Jungen keine Aggression zu haben brauchen, dann kannst du dich mit deiner Passivität auseinandersetzen und Befriedigung in der «Unterwerfung unter deine übertragenen Aggressionen» finden. Du kannst deine ausgelagerte Aggressivität gegen dich selbst leben, indem du dich deiner Geliebten zu Füßen legst und dich ihr mit jeder Pore deines Körpers hingibst bis zur schmerzlichen Vereinigung, die für dich Vollständigkeit bedeuten kann. Wenn du aber spürst, wie sie sich zu dir hingezogen fühlt, könntest du sie dafür bestrafen wollen, daß sie versucht, ihre Weiblichkeit durch dich zu finden, denn plötzlich wird dir bewußt, daß deine Partnerin gerade das in der Außenwelt lebt, was du gerne selbst tun würdest, wenn du den Mut dazu aufbrächtest. Du könntest plötzlich merken, daß dich deine Mutter damals belogen hat, um deine Männlichkeit unter ihrer Kontrolle zu behalten, und spürst jetzt umgekehrt eine unbändige Freude beim Gedanken, die Frau anstelle des Weiblichen zu quälen. Doch weil du dich nicht traust, lebst du das Ganze meist in Sexualphantasien aus.

Trigon, Sextil ⚺

Im gemeinsamen Erleben fällt es dir nicht schwer, mit deinem passiven und hingebenden inneren Teil Frieden zu schließen. Du erlebst eine harmonische Verschmelzung mit deinem weiblichen Anteil, während sich die Weiblichkeit deiner männlichen Partnerin mit deiner «inneren Frau» identifiziert (auch wenn ihr dadurch die eigene Vorstellung von Erfüllung liebt und weniger den anderen, weil ihr nicht erkennt, daß ihr nur die eigene Maske vor dem Gesicht des anderen anschaut, in die ihr alles hineinprojiziert, was ihr an euch vermißt). Dein in der Begleiterin gespiegelter männlicher Anteil ist ein Aspekt, der nicht nur einlädt, die vitalen Triebbedürfnisse zu leben, sondern auch der Tiefensehnsucht nachspürt, ist es doch der Eiertanz der Geschlechter, der in dieser Konstellation aufscheint. Das Verschmelzen mit der Liebe zieht den Triebinstinkt an. Auch wenn deine Partnerin dir nur ein Lächeln schenkt, dankst du es ihr mit unermüdlicher Hingabe. Mit aller venusischen Hingabe versuchst du dich in die Seele deiner Geliebten zu vertiefen und in den Strom der Gefühle einzutauchen, denn dieser Aspekt verspricht knisternde Erotik und Zärtlichkeit. Hier formt sich das Mysterium der Triebe, das ein Teil einer tiefen inneren Verbindung ist und nicht nur die Befriedigung eines von außen zu erfüllenden Bedürfnisses.

♀ ♃

Venus / Jupiter

Venus des Mannes in Aspekt zum Jupiter der Frau

Konjunktion ☌

Im emotionalen Bereich durchströmt dich jene Kraft, die sich nicht nur nach «dümpelnder» Befriedigung sehnt, sondern auch nach echter seelischer Erfüllung. Du strebst eine harmonische Verbindung an, was sich in Toleranz und Güte ausdrückt. Doch zeugt dieser Aspekt nicht nur von der Absicht, Widersprüchliches auszugleichen und im Erkenntnis-Dom zum Wissen zu vereinen, daß alles irgendwo im Leben seinen tiefen Sinn besitzt, sondern er bringt auch einen Hauch von Harmonie und Glanz in deine Partnerschaft. Dabei wird deine Libido durch das unbegrenzte Vertrauen deiner Begleiterin in den Mittelpunkt des Universums gebracht. Gleichzeitig zieht es dich in den liebkosenden Gleichklang ewiger Liebesgesänge hinab, da es dir ein großes Anliegen ist, in den Fluten ihrer jupiterhaften Libido zu versinken. Diese Art des «Schöpferwillens» entspringt einem tiefen sexuellen Bedürfnis, dich in den Armen der Liebesgöttin verwirklichen zu wollen.

Quadrat, Opposition ⚻ ☐ ∟

Mit dieser Konstellation wirst du mit dem grenzenlosen Anspruch der Frau konfrontiert, deine Ziele im Sinne ihres Selbstbildes so zu manipulieren, daß nur das Große sie erreicht. Ihr Sinn für jupiterhafte Ausweitung steht deinem Sehnen nach der Intimität einer engen Liebesbeziehung im Wege, denn deine andersgeschlechtliche Seite ist mit ihren philosophischen Entgrenzungen nicht dekkungsgleich. Dabei bleibt sie häufig in schwärmerischen Übertreibungen hängen. Scheinheiligkeit breitet sich aus, grenzenloser Anspruch anstelle Grenzenlosigkeit. Ihre Ideale kosmischer Sinnfindung kollidieren oft mit deiner weltlichen Trieberfüllung. Gleichzeitig verstärkt ihr Bedürfnis nach spiritueller Entgrenzung deine Angst, in ihrer Liebe zu zerfließen und deine körperlichen Ansprüche aus den Augen zu verlieren. Zwingst du sie zur Liebe, wird sie ihre auf dich projizierte weibliche Identifikation möglicherweise zurückbekommen, dafür aber das Vertrauen in ihre Empfindungen verlieren. Deshalb wird sie deine Nähe wahrscheinlich meiden. Wenn sie deinem Liebeswerben nachgibt – also gewissermaßen der Sinnlichkeit, die sie selber nicht auszustrahlen vermag, erliegt und sich dir in die Arme wirft –, zerstört sie die Verbindung zu ihren große Träumen, denn ihr Weg führt zu mehr oder weniger starken Identifikationen mit überpersönlichen Modellen, die sich über das Menschliche erheben und ihr die Illusion der Unabhängigkeit gestatten, auch wenn es letztlich nur die egoaufblähende Auswirkung einer grandiosen Selbstbespiegelung ist, deren Sinn alles andere als die Selbstverwirklichung ist.

Trigon, Sextil ⚺

Unter diesem Aspekt ist der Wunsch nach innerer Entfaltung das Tor zur Erfüllung. Im Bestreben, dir die Liebe zu zeigen, wo auch materielle Ziele ihre geistige Erfüllung finden, führt die unbewußte Absicht der Frau dein «libidogesteuertes Verlangen» an ihre «Illusion der Realität» heran. Der tiefere Sinn dieser Konstellation liegt wohl darin, den inneren Frieden und die kosmische Übereinstimmung trotz dieses Glücks, das deine Partnerin auf dich abstrahlt, zu empfinden. Zwar mag vielleicht erst die Erkenntnis, daß das wahre Glück kaum innerhalb dualer Grenzen zu finden ist, die wirkliche Erlösung bringen, und die Aufforderung, das Glück nicht nur einseitig in Wohlstand und Harmonie zu suchen, ein kleiner Schatten auf dem Weg ins Glück bedeuten, doch sind Venus und Jupiter so günstig aspektiert, daß selbst Illusionen materiell wie spirituell gestillt werden können.

♀ ♄

Venus / Saturn

Venus des Mannes in Aspekt zum Saturn der Frau

Konjunktion ☌

Beziehungen mit diesem Aspekt sind meist Zweckbindungen, deshalb gibt sich die Liebe ängstlich und zugeknöpft, denn hier zeigt sich ein Streben nach Sicherheit, das die Gefühle oft «stranguliert». Wenigstens ist es dir erlaubt, die unbewußten Erwartungen der Frau an ihren Vater als Eigenverantwortung zu akzeptieren, die du dir selbst aufbürdest, sofern du deine Anima (was sehr wahrscheinlich ist) auf sie überträgst. Deine Partnerin handelt ihrem inneren Vaterbild gemäß: Alles, was Liebe und Gefühle betrifft, wird tiefgekühlt und eingefroren. Doch was versteckt sich hinter der strengen Vaterseele, die dich in der Maske der «Tochter» immer wieder belehren will, und was bedeutet eine Frau für dich, die dir zwar Sicherheit gibt, dich aber gefühlsmäßige Ablehnung erfahren läßt? Deine eigene Ängstlichkeit, wenn du, statt die Zuneigung von anderen zu akzeptieren, lieber Beziehungen eingehst, die dir deine emotionale Ablehnung spiegeln! Heute ist Moral keine Frage der Anpassung an äußere Gesetze; vielmehr geht es darum, daß du zu dir selbst findest. Deshalb lädt dich dieser Aspekt auch ein, dich deiner Verhinderungen bewußt zu werden und Schritt für Schritt vor dir selbst die Maske abzulegen.

Quadrat, Opposition ⚻ □ ∟

Unter dieser Konstellation wirst du viele Lektionen im Hinblick auf Gefühle und ihre Verhinderung in Beziehungen erfahren können. Du wirst lernen müssen, dich zurückzunehmen und dich in Partnerschaften zu binden, die deine Gefühle blockieren. Es ist für dich nicht immer leicht zu verstehen, daß du in der Frau möglicherweise die Gefühle des dominanten Vaterbilds ansprichst. Du erwartest unbewußt von ihr, daß sie dich zwingt, Verantwortung zu übernehmen, aber auch, daß sie deine Gefühle unterdrückt, die sich mit den venusischen Schönheiten des Lebens beschäftigen. Dadurch kannst du ermessen, wie hier die Emotionen zu den Eltern wiedererweckt werden wollen, die in deiner Kindheit nicht gelebt werden konnten. Arbeiten, Ziele erreichen, sich für deine Partnerin bis zur totalen Erschöpfung aufzuopfern, das ist eine Bestimmung. Leiden, um über die Verhinderung der Gefühle (unterdrückte) Lustgefühle in dir selbst auszulösen, eine andere. Unter diesem Aspekt möchtest du immer wieder daran erinnert werden, daß es die weibliche Dominanz ist, der du deine venusische Weiblichkeit unterzuordnen hast. Wenn du nicht deine Männlichkeit, sondern deine gegengeschlechtliche Weiblichkeit in der Frau unterdrücken läßt, kann das bedeuten, daß du die schwache Weiblichkeit (Mutter/Schwester/Frauenbild) dem tyrannischen Vater zynischerweise opferst und deiner Gefährtin die Männlichkeit verweigerst, um sie als Frau stellvertretend für den abwesenden Vater dahin zu bringen, die Mutterprojektion in dir als Mann zu Führungsaufgaben und Verantwortung zu zwingen.

Trigon, Sextil ⚺

Dieser Aspekt bedeutet für dich, daß du dich aufgrund deiner Unfähigkeit, deine innere Mitte mit Sinn zu füllen, auf der Suche nach Harmonie vom strukturierenden Saturn deiner Begleiterin führen läßt. Vielleicht kannst du deine (strenge) Mutter durch sie spüren, oder dein saturnisches Vaterbild meldet sich; auf jeden Fall wird dir eine Frau begegnen, die einerseits ihre Gefühle leugnet, andererseits aber – da sie ihre Venus durch dich lebt – auf deine Gefühle nicht verzichten kann und die verleugneten Gefühle so in den Stand der wirklichen Gefühle hebt, wodurch Assoziationen wie «Liebe als Pflicht» und «Treue zur Strafe» in den Raum gestellt werden. Dieser Abwehrmechanismus stellt sich bei der von Saturn verkörperten Liebe ein, die die von Venus vertretenen Gefühle ihrer emotionalen Darstellung entkleidet und bis auf die Strukturen reduziert, umgekehrt von ihm aber auch Schutz und Rückhalt erhält, genauso wie es deine Partnerin in deiner eigenen Übertragung von ihrem Vater empfing: Das entspricht deinem ausgelagerten, übertragenen und in der andersgeschlechtlichen Umdrehung gegen dich selbst in Konfrontation gesetzten Vateranteil. Der unbewußte Mechanismus, den eigenen Vater in ihr zu sehen und gegen «ihre» Weiblichkeit in dir zu setzen, ist allerdings erstaunlich und verhilft dem bösen Saturn als dem notwendigen Strukturierer deiner ausgelagerten, sich immer wieder entziehenden Weiblichkeit zu einer gewissen Sympathie.

♀ ⚷

Venus / Chiron

Venus des Mannes in Aspekt zum Chiron der Frau

Konjunktion ☌
Diese Verbindung wirkt sehr anstrengend, weil dein venusischer Optimismus durch die Moral deiner Begleiterin ständig in Schach gehalten wird, da sie dir ständig einflößt, daß du deine aufflammenden Gefühle zuerst zu klären und auf Karma «abzuklopfen» hast, bevor du dich ausufernden Sehnsüchten überlassen darfst. In dir ist viel libidinöses Potential vorhanden, und ihre Aufgabe ist es, dich davon abzuhalten, diese Energie zu verschwenden, während sie dir gleichzeitig den tieferen Sinn und Zweck deines Lebens erklären will. Sie wird versuchen, sich in den Dienst deines Karmas zu stellen und dir helfen, deine inneren Bilder genauer anzuschauen, denn sie sieht sich als Geburtshelferin, die allem Ungelösten in dir zur Bewußtwerdung ins Licht der Welt verhelfen will.

Quadrat, Opposition ⚻ □ ∟
Unter diesem Einfluß kann deine Partnerin ihre Gefühle nur hinter den Motiven selbstloser Aufopferung spüren, hinter denen sie ihr wahres Gesicht versteckt. Deine Perspektive widerspricht ihrem Empfinden für Sitte und Struktur. Sie richtet sich zunächst nicht nach ihrer Sichtweise, sondern nach den Forderungen deiner «libidinösen» Venus aus, die sie aber in Wahrheit bekämpft. Während du ihr deine Hingabe signalisierst und versuchst, sie in deine Emotionen einzuweihen und gemeinsam mit ihr über eure Empfindungen hinauszuwachsen, wird sie wahrscheinlich deine Ziele hinterfragen und deine Gefühle für ihre eigene Sichtweise zurechtrücken. Sie gibt vor, sich von der Fassade deiner Venus nicht täuschen zu lassen und wird versuchen, die Verbindung zu deiner Sinnenfreude zu kappen und dein Bedürfnis nach echter Nähe zu verdrängen, indem sie vor den negativen Auswirkungen sexueller Bindung warnt. Gelingt es ihr, deine Libido stellvertretend für ihre eigene Blockade zu verhindern, dann sieht sie großzügig über ihre eigene Behinderung hinweg und versucht das eigene Unvermögen, sich nicht öffnen zu können, zu kompensieren, indem sie dich unterwirft. Gelingt ihr das nicht, dann versucht sie von dir zu bekommen, was ihr zu geben nicht möglich ist: die Lust an der Verhinderung. Im Extremfall wünscht sie gar erniedrigt zu werden, um sich dir in der totalen Unterwerfung hinzugeben und damit wenigstens eine Scheinbefriedigung ihrer geopferten Identität zu erlangen.

Trigon, Sextil ⊻
In dieser Beziehung fällt es dir besonders schwer, in Konfliktsituationen zu leben, denn du möchtest eine andauernde Harmonie erzwingen, die unmöglich zu erreichen ist. Deshalb traust du dich nicht, auf den Tisch zu hauen, weil du hoffst, schließlich doch noch Harmonie und Versöhnung herstellen zu können. In deinem Verhalten läßt sich das unbewußte Streben erkennen, den Widersprüchen der Gefühle entgehen zu wollen, ohne sich der Widersprüchlichkeit überhaupt bewußt zu sein. Bei deiner Partnerin findet sich das unterschwellige Bemühen, durch Therapieversuche deine Psyche zu stabilisieren. Sie will alles, was sie außen vorfindet, strukturieren und in den Griff bekommen. Und da sie immer Möglichkeiten findet, die unterdrückten Spannungen in dir loszuwerden, indem sie ihre Aufmerksamkeit deinen Problemen schenkt, werdet ihr euch immer tiefer in diesem Versteckspiel verstricken. Das muß aber nicht zum Zusammenbruch führen, denn die harmonische Verbindung versinnbildlicht den weitverbreiteten psychischen Virus der Selbsttäuschung, den wir seit vielen Generationen ganz tief in uns vergraben haben, damit wir unsere Unvernunft, die wir Vernunft nennen, überhaupt ertragen können.

♀ ♅

Venus / Uranus

Venus des Mannes in Aspekt zum Uranus der Frau

Konjunktion ☌

Die emotionale Energie dieser Beziehung ähnelt der Nervosität einer Fieberkurve, denn hier wirst du mit der unbefangenen, sprunghaften Sinnlichkeit deiner Partnerin konfrontiert. Zwar ist deine Libido nicht schwach, doch sie wird vom rebellischen Geist der Frau nach Unabhängigkeit berührt, den du – damit du sie anziehen kannst – irgendwo auch in dir selbst tragen mußt. Dem Drang, dich in der Anima-Projektion zu verlieren, wirkt ihre uranische Absicht entgegen, dich vom Leiblichen abzulenken und dich in der Sehnsucht nach dem Unerreichbaren jeder tiefergehenden zwischenmenschlichen Berührung zu entziehen. Dies wiederum entspricht der unwiderstehlichen Dämonin der Nacht, die sich im Zentrum ihres weiblichen Lust- und Opfertempels der Verzückung hingibt. Die uranische Venus ist die Priesterin des Feuers, die von der Wechselwirkung zwischen sexueller Lust, unterwerfender Kraft und aufreizender Hingabe an die betörende Sinnlichkeit lebt, und die auf dem goldenen Altar die Libido schürt und mit ihrem Flammenstab die Liebesenergien ihrer Geschöpfe in den Blutbahnen immer wieder kochen und aufbrodeln läßt. Solange du keine tiefere emotionale Beziehung wünschst und dich mehr an den inneren Bildern berauschst, lebst du das Extreme meist nur «kopfmäßig» aus.

Quadrat, Opposition ⊼ ☍ ∟

Dieser Aspekt weist über das Unvermögen, Liebe und Zuneigung annehmen zu können, auf frühkindliche Strukturen zurück. Vielleicht spiegelt sich in dieser Verbindung, daß man von den Eltern nicht mit genügend Achtung behandelt worden ist und deshalb persönliche Zuneigung nicht auf sich bezieht. Deine Partnerin ist deshalb möglicherweise gezwungen, das früh erfahrene Muster, keine Liebe zu bekommen, immer zu wiederholen, indem sie deine Liebe entweder nicht annimmt oder nur dort sucht, wo du sie ihr nicht geben kannst. Umgekehrt benutzt du sie, um deinem inneren Muster, nicht geliebt werden zu wollen, ein Ziel zu geben. Im Alltag bedeutet dies oft nichts anderes, als daß du die Frau nur benutzt, um deine innere Leere zu füllen, ohne sie wirklich annehmen zu können. Das Ziel dieser Konstellation läge dann darin, nichts erreichen zu wollen, was du dir sowieso nicht zutraust: dieses Nicht-Erreichen jedoch zu zementieren! Oder was für einen Sinn sollte es geben, der dich zwingt, dich einer Hexe auszuliefern, die mit deinen Gefühlen spielt, zumal dein Motto heißt: Lieber eine kontrollierte Nicht-Erfüllung als eine lustvolle Auslieferung an die Gefühle des anderen. Du benötigst mehr das Bild der Gefährtin als diese selbst.

Trigon, Sextil ⊻

Die uranische Partnerin befriedigt dein Bedürfnis nach einer aufregenden Gespielin, die dich weniger seelisch «auspolstert» als emotional verwirrt und durch ihren kühlen Sex-Appeal aufs Äußerste fasziniert. Ihre unberechenbare Art empfindest du zwar als tückisch, aber auch als höchst anziehend, was nicht unbedingt zur Stabilität der Beziehung beiträgt. Sie kann dir jedoch zu einer interessanten Perspektive des Lebens verhelfen, aus der sich die Banalität der Liebesgefühle ein bißchen länger verdrängen läßt. Möglicherweise kannst du deine unerreichbare Anima-Figur jedoch auf sie projizieren und ihr unbewußt den Weg weisen, wie sie es erreichen kann, dich im Zustand deiner inneren Schwäche gegenüber deiner Anima zappeln zu lassen, ohne daß du ihr wegläufst: nicht, indem sie sich von dir nicht erreichen läßt, sondern indem sie dir signalisiert, daß dir nur eine Frau, die du emotional nicht erreichen kannst, genügend wert ist, dich an sie binden zu wollen. Andererseits gibst du dich durchaus mit der «dramatisierten Stilisierung der Gefühlsverhinderungs-Befriedigung» dieses Beziehungsdramas zufrieden, weil diese Verbindung auf der Triebebene gar nicht unbedingt gelebt werden will.

♀ ♆

Venus / Neptun

Venus des Mannes in Aspekt zum Neptun der Frau

Konjunktion ☌

In eurer Liebe verbindet sich deine hingebende Seite mit den Illusionen, die deine Seelengefährtin über dich ausbreitet: Die unerfüllbare Sehnsucht stilisiert sich zum Gebet. Alles dehnt und weitet sich, und du spürst in dir jene göttliche Libido aufsteigen, die sich von der triebgesteuerten Sexualität unterscheidet. Dieser Teil, der durch euch dringt und euch zu einem Ganzen verbindet, ist der persönliche Traum, der nach Seelennahrung verlangt und den du unter Mithilfe deiner Gefährtin aus dir hervorzubringen vermagst. Du brauchst dich deshalb nicht zu sorgen, wenn er sich in seiner Unerreichbarkeit in dir und deiner Partnerin verwirklichen will. Liebe ist die Quelle steter Inspiration, aber auch Hinweis dafür, sich in unerfüllbaren Wunschbildern zu verlieren, denn im Fluidum dieser Verbindung fühlst du dich stark zu allem Mystischen hingezogen und spürst eine unstillbare Sehnsucht nach Verschmelzung und Einswerden mit allem, was im Leben nicht materialisiert werden kann.

Quadrat, Opposition ⚻ ☍ ∟

Unter diesem Aspekt scheint der Akt der Liebe so stark sensibilisiert und mit einem göttlichen Fluidum numinoser Sehnsucht angereichert zu sein, daß es für dich unmöglich geworden ist, deine Gefühle in der Beziehung mit einer Frau zu leben, weil du sie durch den «überhöhten projizierten weiblichen Teil» in dir finden willst. Deshalb begegnest du hier der lieblichen Verführerin, die aus den Katakomben in der Meerestiefe an die Wasseroberfläche aufgestiegen ist, um deine Seele im Willenlosen zu ertränken. Es ist eine Schimäre der Verdrängung, die dir hier begegnet, denn dieses unerfüllbare Verlangen nach Liebe, das sich in deiner Partnerin spiegelt, zeigt, daß du dich in dieser Beziehung oft von der äußeren Hektik in die versunkenen Räume innerer Traumbilder zurückziehst, wo du dich in der scheinbaren Geborgenheit der Wassergeister verlierst. Die Neptun-Nymphe steht für das infantile Ringen mit kollektiven Erinnerungen, die dich in der Tiefe unbewußter Sehnsüchte ersticken. Daher ist es auch leicht verständlich, daß alle Bemühungen um intime Beziehungen zuerst in den Fängen deiner Ansprüche hängenbleiben und meistens nur mit idealisierenden Projektionen und irrationalen Überdrehungen gegen den Widerstand deiner inneren Abwehr zu verwirklichen sind. Solange du nicht ahnst, daß diese Wahrnehmung von der äußeren Welt durch die Rationalität des Verstandes getrennt ist, mußt du dich notwendigerweise im Bild dieser inneren Sehnsucht verlieren, weil dieses Bild deine realen Gefühle überlagert und dein reales Verständnis in der Welt verwirrt.

Trigon, Sextil ⚺

In dieser Beziehung kann es dir vortrefflich gelingen, deinen unbewußten Sehnsüchten kreativ zu begegnen, denn hier umzingelt dich das Streben nach Vereinigung mit dem Kosmos, die Erschließung der inneren Welten, das furchtlose Eintauchen in die Urgründe der Seele, die geheimnisvolle Tiefe und die beflügelnde Sehnsucht deiner Gefühls- und Traumwelt. Die Sehnsucht nach der Frau magst du hier als Sehnsucht nach dem Weiblichen erfahren, als Projektion, die nicht von der Partnerin ausgeht, sondern von deinem Verlangen, das sich von ihrem Bild wie von einer Reflexion in einem Spiegel anziehen läßt. Deshalb solltest du, bevor du in ihren warmen Wassern badest, ihr Bild immer wieder zurechtrücken, damit du dich nicht in deinen Projektionen verlierst, sondern mehr über die kreativen Möglichkeiten deiner weiblichen Seite erfahren kannst, die sich in ihr nur reflektiert. Denn die Frau verkörpert nicht das verführende Kind, das dich betört, weil es dir schaden will, sondern das im Nest deiner Hingabe die «Eier der eigenen emotionalen Rätsel» ausbrüten will und dabei aufgrund seiner inneren Arglosigkeit oft nicht sieht, was es gefühlsmäßig in dir auslöst.

♀ ♇

Venus / Pluto

Venus des Mannes in Aspekt zum Pluto der Frau

Konjunktion ☌

Unter dieser Verbindung ist die Liebe aufgrund ihres unbewußten Vampirismus nur schwer von der bedingungslosen Hingabe zu unterscheiden. Hier kannst du dich in alle Variationen der Lust vertiefen, denn dieser Aspekt verkörpert das Verhalten, Sexualität als Unterwerfung zu betrachten, um dich von deiner Partnerin besitzen zu lassen. Das kann heißen, daß du in der Beziehung auf «negative» Liebe angewiesen bist, da deine Eltern für ihre Fürsorge beispielsweise übertriebene Hingabe verlangten, was dich zu einer Begleiterin hinzieht, wo die Liebe immer wieder zu einer Einengung deiner persönlichen Entwicklung führt. Das würde darüber hinaus bedeuten, daß du dich mit dem Schatten projizierst und dich von deinem ausgelagerten «Raubtier-Instinkt» wiederum anziehen läßt, was dich mit der Aggression deiner plutonischen Gefährtin in diesem «Lustverhinderungs-Orgasmus» konfrontiert. Da sie vermutlich nicht weiß, daß der Schatten, den sie in deinem Leben spielt, ihr von deinen Verhinderungsmechanismen aufoktroyiert worden ist, löst das die Wut und das aggressive Unverständnis in ihr aus, die ihr überhaupt erst ermöglichen, die negativen Gefühle, die du unbewußt von ihr erwartest, gegen dich zum Ausdruck zu bringen. Die Gründe für ihre aggressiven Reaktionen liegen also in deinen unbewußten Erwartungen, und die Schwierigkeit, dich in der Beziehung entfalten zu können, entspricht der «verhindernden» Befriedigung deiner Bedürfnisse unter der Regie deiner Schuldgefühle.

Quadrat, Opposition ⚻ □ ∟

Im gemeinsamen Erleben brauchst du einen Spiegel, um deiner Weiblichkeit begegnen und sie integrieren zu können. Die durch deine Hingabe erweckte Partnerin ist ein Ursymbol der wilden Hexe, die auf dem Phallus des Teufels zum Basischakra der plutonischen Urmutter reitet, denn dieser Aspekt steht für jenes aggressive weibliche Feuer, das die unbearbeiteten inneren Zwänge in dir aufbrechen läßt. Dabei kann die Frau dein Sicherheitsgefühl bedrohen, da sie deine emotionalen Blockaden aufhebt – eben diejenigen inneren Abwehrhaltungen, von denen du irrtümlich glaubst, daß sie dich vor deinen Übertragungen schützen könnten. Doch in Wahrheit ist es gerade umgekehrt: Je mehr sie dir deine Anima-Figur spiegelt, desto mehr fühlst du dich mißbraucht. Die Reibung, die hier entsteht, resultiert aus deinen unbearbeiteten Schuldgefühlen, die an die Oberfläche kommen, und die von dir gleichermaßen bekämpft wie angezogen werden. Diese Schuldgefühle werden durch das Gefühl der Lust überlagert und schließlich als ein Schmerz-Muster in deinen Libido-Mechanismus integriert. Ganz allmählich kannst du Lust nur noch über dein schlechtes Gewissen empfinden und Fleischeslust über die Zweifel an dir selbst. Doch das in dir pulsierende Bild deiner Begierde, Liebe durch Selbstauflösung zu erfahren, kann dich deinem wirklichen Ziel, nämlich den verlorenen Teil deiner selbst wiederzufinden, trotzdem näherbringen, dann nämlich, wenn du diesen dir fehlenden Teil durch die Bindung an die dich vernichtende Partnerin zuläßt. Durch die Akzeptanz der Buße wird sich mit der Zeit ein neues Gefühl von Freiheit einstellen, die Freude an der Überwindung der Schuldgefühle durch die Annahme von Schmerz. In deiner Beziehung trägt die Seelengefährtin die Verantwortung für das Geschehen und befreit dich gleichzeitig von dem Druck, ständig bestraft werden zu wollen.

Trigon, Sextil ⚺

Hier sehnst du dich nach mächtigen Frauen, die sich deinem inneren Auge aussetzen, nach nackten knieenden Männern, die unterwürfig die Stiefel ihrer Herrinnen lecken oder nach deinem wehrlosen Männerkörper, der nur für seine Herrin lebt. Du träumst vom Glück des Schmerzes, von der Freiheit in Ketten, vom Recht der Dominanz und vom Unterwerfen in Demut. Deshalb ist es nicht leicht, im Zusammenspiel mit deiner instinktgetriebenen Gefährtin das Gleichgewicht zu finden, dich dem Strom der Gefühle hinzugeben, ohne dich rettungslos an die Triebzwänge zu verlieren. Darum solltest du lernen, die Leidenschaft als Bestandteil deiner allumfassenden Liebe zu betrachten, die nirgends anfängt und nirgends aufhört. Dieser Aspekt steht für die Zähmung der animalischen Instinkte und die Stärke, die dir in deinem Innersten erwächst, wenn du diese Energien beherrschst. Der Schlüssel zum Verständnis ist die Absicht, bis an die Schwelle vorzustoßen und die Grenze zu erkennen, die die lasterhaften Zwänge höllischer Begierden von den erotischen Bedürfnissen sexueller Leidenschaften trennt. Deshalb ist es dein oberstes Gebot, die als niedere Instinkte gebrandmarkten Kräfte so zu integrieren, daß sich erotische Triebkraft und animalische Übergriffe nicht bekämpfen, sondern sich zu einer leidenschaftlichen und starken Lebenskraft verbünden.

♀ ⚸

Venus / Lilith

Venus des Mannes in Aspekt zur Lilith der Frau

Konjunktion ☌

Dies ist ein äußerst komplizierter Aspekt, der häufig psychische Probleme in einer Beziehung herbeiführt, denn hier provozierst du die Frau durch die Überbetonung deiner weiblichen Seite. Dabei spürst du in deiner Seele ein extremes und widersprüchliches Verhalten, weil die Venus mit ihrer Ästhetik und ihrem Schönheitsempfinden die Abgründigkeit der Lilith nicht unbedingt liebt, sich von der Brillanz ihrer zerstörerischen Macht (in der Rolle deiner verdrängten Männlichkeit) aber tief beeindrucken läßt. Deshalb versuchst du auf der einen Seite verzweifelt, ihrem psychischen Einfluß zu entkommen, den sie wie ein schwarzer Schleier über dich auswirft, doch auf der anderen Seite zieht es dich auf der Suche nach Geborgenheit in ihre Arme. Wenn sie dich dann in ihren Fängen hat, saugt sie deine Seele bis aufs Mark aus und schreckt auch vor bizarren Ritualen nicht zurück. Möglicherweise sind es jahrtausendealte Konfliktherde aus den Tiefen des kollektiven Unbewußten, die als leibhaftiger Beweis für deine Schwäche unter diesem Aspekt unbarmherzig wieder ins Tageslicht gezerrt werden. Du empfindest unbewußt deine männliche Seite in ihr und versuchst, alles, was du als Schwäche empfindest, zu zerstören. So siehst du sie in dir und wirst daher (unbewußt) ihre Destruktivität unterstützen, mit der sie deine Weiblichkeit bekämpft. Es ist für Außenstehende nicht immer leicht zu begreifen, daß deine Sexualität auf die Macht ausgerichtet ist. Es ist das «Sich-selber-Aufgeben», das «Sich-Ausliefern», der Verzicht auf eigene Rechte, das dich hier negativ erfüllt, während es der Lilith-Partnerin auf die absolute «Herrschaft» über Adam ankommt. Dabei spielt Schmerz eine geringere Rolle als Scham. Zwar versuchst du notdürftig den Riß zu kitten und die seelische Hypothek abzutragen, wenn du dich ihr unterwirfst, ohne sie jedoch besänftigen zu können. Auch sie wird ihre Destruktivität nicht verstehen, mit der sie dein hingebendes Wesen bekämpft. Als Opfer ihrer Aggression regt es sie einfach an, ihre Kralle schmerzhaft in dein Fleisch zu schlagen und ihre unakzeptierte Weiblichkeit stellvertretend in dir zu zerstören. Ihre Libido ist nicht nur von schmerzvoller Wut durchdrungen, sondern auch von der Unfähigkeit besetzt, Liebe zu empfinden, weil sie das verschmelzend Weibliche in sich abgetötet hat.

Quadrat, Opposition ⚻ □ ∟

Unter dieser Konstellation versuchst du die Frau als Landeplatz für deinen Schatten zu mißbrauchen. Der Trieb, dem eigenen Schatten im anderen zu begegnen, entspricht dem Wunsch, dem Potential aus Liebe und Hingabe auf eine verlogene Weise näher zu kommen, so daß das eigene Selbstbild nicht verletzt wird. Doch solange du den Schatten deiner Venus in der Lilith deiner Partnerin nicht akzeptierst, riskierst du, daß diese dunklen Gefühle in unangebrachten Situationen ausbrechen werden. Da du unter dem Diktat der Venus deine Haßgefühle kaum akzeptierst, muß dir die Lilith der Gefährtin alles spiegeln, was sich als störender Faktor in deinem emotionalen «Make-up» manifestiert: Neid, Manipulation, Gewalt. Kommst du mit dieser dunklen Seite nicht zurecht, da du den Haß nicht bewußt annehmen willst und sich deine Liebesfähigkeit auch nicht voll entwickeln kann, versuchst du dich deiner Peinigerin zu unterwerfen. Du suchst deine emotionale Sicherheit dann dadurch zu finden, indem du dich bemühst, ihren Anforderungen genügen zu können, was schließlich aber nur eine Ersatzbefriedigung ist. Das erklärt, warum du nach ihrer Zuneigung strebst; denn du leidest unter großen Minderwertigkeitskomplexen. Deshalb reizt es dich auch, ihr zu zeigen, wie «gut» du bist. Du möchtest deine verhinderte Seite ausleben, um in Kontakt mit deinen Bedürfnissen zu kommen, damit du einen Ausgleich finden kannst zwischen deinem inneren Empfinden und deinem nach außen gerichteten Persönlichkeitsbild. Du hast aber die Wahl, diese Schattenseite, die du unbewußt gegen dich selbst richtest, zu erlösen, indem du auch für den in der Frau gespiegelten Anteil die Verantwortung übernimmst. Denn es sind nicht zuletzt deine eigenen Gefühle, die du in dieser Beziehung nicht wahrnimmst, und indem du sie verdrängst, erhöhst du das Risiko, daß sie sich plötzlich auf eine zerstörerische Weise zeigen und im privaten und beruflichen Bereich auf den Partner projiziert werden.

Trigon, Sextil ⚺

Hier kämpfst du darum, die Dämonin zu integrieren, die dich im Wesen deiner Partnerin so sehr anzieht. Dahinter steckt der unbewußte Wunsch, daß sie dir helfen soll, über die Integration des Schattens zu deiner Selbstliebe zurückzufinden. Denn überall dort, wo reife Liebe sich nicht entwickeln kann, wird sich irgendwann Selbsthaß und auf die Umwelt projizierte Ablehnung bilden und die Partnerschaft in eine Hölle verwandeln. Die Einbindung der Lilith ist nicht leicht und beinhaltet oft die Auseinandersetzung mit dem Schmerz in der eigenen Kindheit. Das bedeutet, daß du in dieser Beziehung zu den Wurzeln des Selbsthasses zurückgehen mußt, um die Emotionen deiner Begleiterin zu verstehen. Nimmst du deine eigene Ablehnung nicht ernst, wirst du die Frau als negative Projektionsfläche mißbrauchen, denn solange du stellvertretend für die dir fehlende Eigenliebe deinen ausgelagerten Schatten bekämpfst, lenkst du von dir und deinen Problemen ab. Möglicherweise wiederholt sich hier das Kindheitstrauma, als eigenständiges Wesen unterdrückt zu werden. Dadurch entstand die schmerzhafte Selbstablehnung, die dich mit all deinen unbearbeiteten Teilen der Psyche konfrontierte. Andererseits trägt dieser Umstand auch der Möglichkeit Rechnung, deinem Potential der Liebe und Selbstliebe näher zu kommen, denn Enttäuschungen können sich nur so lange halten, wie du versuchst, deine dunklen Gefühle zu umgehen und sie nicht bewußt ins Licht rückst. Je vertrauter dir aber die Frau mit der Zeit wird, desto mehr traust du dich, dir deine verdrängten Gefühle bewußt zu machen und auch dunklere Bereiche behutsam in dein Liebesleben zu integrieren, denn du spürst genau, daß du zur Selbstliebe zurückfinden wirst, wenn du den eigenen Schatten akzeptierend integrierst.

♀

♀ ☊

Venus / Mondknoten

Venus des Mannes in Aspekt zum Mondknoten der Frau

Konjunktion ☌

Du fühlst dich so sehr in Harmonie mit der Frau, daß du die Welt um dich herum vergißt, weil du glaubst, Teil einer höheren Beziehung zu sein, die in sich vollkommen ist und keines weiteren Austausches mit anderen Menschen bedarf. Aufgrund des scheinbar tiefen gemeinsamen Erlebens hast du nur selten die Motivation, aus deiner harmonischen Mitte herauszutreten, um über deinen Tellerrand zu blicken und dich weiterzuentwickeln. Doch die Einsicht in die Zeitabläufe mit ihren ewigen Veränderungen hängt wie ein Damoklesschwert über dem wonnevollen Betäubtsein deiner geopferten Realität. Oft befindest du dich hier in den Fängen eines alten, karmischen Musters, das sich allmählich in deine Seele einschleicht und dich dazu treibt, dich für die Belange der Partnerin aufzureiben, damit sie im Licht deiner Hingabe leuchten kann. Es ist nicht die «Harmonie zu zweit», die du dort suchst, sondern der Zusammenklang eurer Körper, der dir ein höchstmögliches Lustgefühl gewährt. Bleibt das Feuer im Inneren jedoch eingeschlossen, macht sich eine innere Sinnlosigkeit breit, die sich nur dann überwinden läßt, wenn du den Initiationsritus dieser Konstellation erkennst: Du mußt aus der ambivalenten Liebesumarmung deiner Partnerin ausbrechen, hinter der sich (möglicherweise) der übermächtige Schatten deiner Mutter verbirgt.

Quadrat, Opposition ⚻ ☐ ∟

Meist spürst du unter diesem Einfluß ein übermäßiges Verlangen, deine Partnerin zufriedenzustellen, eine Frau, deren Ansprüche ständig wachsen und die darauf besteht, daß du dich permanent um sie kümmerst und dich in jeder Situation zur Verfügung hältst. Zwar bezaubert sie dich mit ihrer unwiderstehlichen Anziehungskraft, von der du dich in die Vereinigung reißen läßt, doch fehlt ihr die seelische Tiefe, denn sie ist keine Liebende, sondern jemand, der sich an deine Gefühle heftet, um alte karmische Vorstellungen, die sie durchdringen, an die sexuelle Ebene zu binden und über deine Libido nach Lust und Laune verfügen zu können. Hinter deinem «schmerzlichen Sehnen» könnte man auch das «übermäßige Verlangen» eines Vaters nach seiner Tochter sehen. Dich durchströmt ein starker innerer Trieb, die Sirene – die sich dir immer wieder entzieht – seelisch zu stärken, was sich zu einer unerfüllbaren Sehnsucht auswächst. Dies mag ein Bild dafür sein, daß das, was die Seele quält, gleichzeitig auch reinigt und zu einem höheren Bewußtsein führt, denn die unerwiderte Libido zwingt dich, bewußter zu werden, um den Sinn dieses Aspektes zu enthüllen. Es ist jedoch nicht das Ziel, durch das Aufopfern für deine Gefährtin partnerschaftliche Harmonie und beziehungsmäßigen Seelenfrieden zu finden, sondern es geht hier einzig darum, das karmische Ziel deiner Partnerin in den Mittelpunkt deiner Bemühungen zu stellen, die wie ein «Faß ohne Boden» ständig neuer Liebesbeweise bedarf. Dies zu durchschauen hieße, dem Wirken der Göttin Paroli zu bieten und den Höhepunkt der Beziehung nicht nur darin zu sehen, daß sie deine Liebe huldvoll annimmt, sondern auch den Individuationsprozeß hinter dieser Entwicklung zu erfahren, der dich durch Verhinderung zur Erkenntnis bringen will.

Trigon, Sextil ⊻

Im Mondknoten der Frau begegnest du der Gefährtin aus uralter Zeit, die als verführerisches Weib in deinem Leben auftaucht und dich betört. Du läßt dich von ihr becircen und verliebst dich damit in einen längst vergessenen Aspekt deines inneren Selbst, bis eines Tages die Illusion wegfällt und die nüchterne Wahrheit in Form der «alten Verführerin» über dich hereinbricht. Außerdem begegnet dir die Frau als alte Zauberin oder Hexe und als ein Aspekt deines unbewußten Selbst, den du auf die Partnerin projizierst. Deine schlaue und berechnende Hingabe treibt dich dazu, dich, wenn du dich schon ausliefern mußt, wenigstens nicht einer Person, sondern nur der Projektion anzuvertrauen, die Teil deiner eigenen Psyche ist. Es ist der Versuch, deine komplexe innere Verstrickung auf ein äußeres Bild zu übertragen, dem du letztlich vertraust, weil dich ein alter magischer Pakt mit ihm verbindet. Fällt die Projektion weg, dann hast du das Gefühl, aus einer Trance zu erwachen, denn du wurdest von der karmischen Vergangenheit der Frau berührt, die irgendwie mit deiner eigenen korrespondiert. Dadurch bist du von den verschiedenen Gesichtern deiner Partnerin besessen, die aber möglicherweise Teil deiner eigenen Maske sind.

♀ (AC)

Venus / Aszendent

Venus des Mannes in Aspekt zum Aszendenten der Frau

Konjunktion

Hier besitzt du die Chance, deiner Anima hinter einer venezianischen Maske zu begegnen, denn dieser Aspekt zeigt, daß du mit den tarnenden Schleiern deiner Partnerin in Berührung kommst. Ob sie dir als Frau oder als Spiegelung deiner Sehnsüchte erscheint, ist dabei egal. Sie erscheint dir als ein liebenswürdiges, einladendes Wesen, das dir ermöglicht, dich als charmanter Verführer zu erleben. Damit wirst du dir deiner betörenden Seite in ihr bewußt, wenn sie dir deine Gefühle erwidert. Im Dunkel der Nacht oder im unbewußten Bereich der Seele meinst du oft ein Bild von ihr zu erhaschen. Und einen Wimpernschlag später spürst du ein inneres Glücksgefühl, das nur in ganz seltenen Momenten erwacht. Allerdings warnt diese Verbindung auch vor der Gefahr, dich in ihrem Selbstbild zu verstricken, ist es in Wahrheit doch nur die Maske deiner Partnerin, die sich dir im Spiegel deiner Erwartungen offenbart. Indem sie dir gestattet, an ihr vorbeizugehen, lädt sie dich ein, dich mit der Wahrheit hinter ihrer Maske auseinanderzusetzen. Doch Vorsicht: Die meisten Blicke, die sie dir zuwirft, sind häufig nur die Wiedererweckung ungelebter Sehnsüchte in dir selbst!

Quadrat, Opposition

Mit diesem Aspekt wirst du zuweilen mit dem schwachen Selbstwertgefühl deiner Partnerin konfrontiert. Die Ursache ist möglicherweise eine distanzierte, seelische Animosität, die sie durchdringt und sie dazu treibt, ihre Schwäche zu verstecken, um im matten Schein ihrer falschen Selbstdarstellung zu glänzen. Da diese Konstellation die Verbindung deiner Libido zur Gefühlswelt der Frau ausdrückt, kannst du ermessen, wie negativ es sich auswirken kann, wenn dein emotionales Empfinden sich an ihrem Selbstbild «festsaugt», das langsam abfault, solange es nicht in ihrer Persönlichkeit verwurzelt ist. Das Problem erkennst du daran, daß sie sich nur dann glücklich fühlt, wenn du bereit bist, sie in der von ihr vorgeschobenen Maske zu betrachten. Vielleicht kann sie sich ändern, wenn du ihr ermöglichst, sich im Spiegel deiner Venus als wahrhaft schönes und starkes Wesen zu empfinden. Dann wird sie sich möglicherweise ihrer weiblichen Sexualität bewußt, die du in ihr suchst, und vermag sich ihrer Sinnlichkeit anzunähern.

Trigon, Sextil

Im emotionalen Bereich dieser Beziehung verbindet sich die Glut der Venus mit der Maske deiner Partnerin und stellt dir damit eine komplizierte, wenn auch harmonische Erfahrung in Aussicht, denn eure Verbindung wird von der schöpferischen Kraft eurer positiven Energie bestimmt. Der Aszendent ist dabei wie eine Hydra mit vielen Köpfen, von denen du nicht weißt, welcher dieser Köpfe der richtige ist. Er zeigt dir zwar an, was die Frau zu sein scheint, aber sie ist auch mehr: Sie ist die Summe der Kraft, die durch ihren Aszendenten in einem Brennpunkt gebündelt wird, der wie ein Feuerball auf deine Libido einstrahlt. Dadurch begehrst du sie, oder, anders ausgedrückt, es ist deine Anima in Gestalt der Venus, die in die verschiedenen «Gesichter» der Gefährtin einfließt, um sich darin selbst zu bespiegeln, denn die Maske der Frau wird nicht zuletzt auch von deiner libidinösen Erwartung geformt. Während du sie bewußt nicht erkennst, kennst du die Maske unbewußt sehr gut. Unbewußt spürst du in ihr das Bild deiner gespiegelten Neigung, und dieses Bild bewirkt, daß du sie liebst.

♀ (MC)

Venus / Medium Coeli

Venus des Mannes in Aspekt zum Medium Coeli der Frau

Konjunktion ☌

In der Verbindung mit deiner Begleiterin treten zwei Seiten deiner Psyche besonders klar hervor: zum einen dein wahres emotionales Wesen, das sich entwickeln will, und zum anderen deine gesellschaftliche Ausrichtung, hinter der sich dein anerzogenes Weltbild verbirgt. Immer wieder verfängst du dich in Situationen, die das reflektieren, was du in deiner Kindheit erfahren mußtest. Unbewußt löst die «Mittagsspitze» der Frau die alten Kindheitserinnerungen in dir aus. Das wiederum ist genau das, was dir aus ihrer Sichtweise entgegenspiegelt, denn jetzt siehst du durch die «Brille» der Partnerin die Welt. So erlebst du dich durch sie und nimmst deine Umwelt durch ihren Blickwinkel wahr. Ob deine «echte Persönlichkeit» gerne etwas anderes leben und zeigen würde, ist natürlich eine ganz andere Frage, doch so, wie sich dieser Beziehungsaspekt darstellt, scheint es, daß deine Venus sich mit der gesellschaftlichen Ausrichtung der Frau «versteht». Für dich ist es wichtig, sie innerlich fühlen zu können. Die starke Hingabe hingegen, von der sie sich anziehen läßt, rührt daher, daß sie in dir ein emotionales Gegenüber für ihre materiellen Ziele spürt und nicht länger auf eine verkopfte Weise Situationen im täglichen Leben suchen will, um mit ihren unterdrückten Emotionen wieder in Kontakt zu kommen.

Quadrat, Opposition ⚻ □ ∟

In dieser Beziehung brauchst du viel Energie, um die Wünsche deiner Gefährtin erfüllen zu können. Objektiv betrachtet scheint es dein Streben, tiefer in die Beziehung eindringen zu wollen, um die Bedürfnisse der Begleiterin besser kennenzulernen. Hat sie aber erst einmal deine Witterung aufgenommen, wird sie alle ihre unerfüllten Lebensziele und Wünsche auf dich projizieren, was dich mitunter so einengen kann, daß du deine eigenen Gefühle nicht mehr zu spüren vermagst. Durch ihren Zugriff gerätst du allmählich in eine dir unliebsame «Gönnerrolle», saugt sie dich doch hilflos in ihrem Netz zappelnd rücksichtslos aus. Sie wird dich zwingen, deine Bedürfnisse zu verleugnen, um ihre «Liebe» nicht zu verlieren. Das kann dahin führen, daß sie dir Schuldgefühle einredet, falls du es wagen solltest, die dir zugestandenen Freiheiten nicht ausschließlich für das Befriedigen ihrer Bedürfnisse zu nutzen. Aufgrund ihres Zugriffs wirst du von deinem venusischen Urzustand der Selbstliebe abgeschnitten, und an die Stelle der Selbstliebe treten Gefühle von Schmerz, Wut und Frustration.

Trigon, Sextil ⊻

Durch die rationale Ausrichtung deiner Partnerin bringt dieser Aspekt die «Suche nach einem Bild allumfassender Liebe» in die Beziehung. Gleichzeitig spürst du den Wunsch, dich in ihrem verkopften Wesen mit deinen verdrängten gesellschaftlichen Zielen wieder zu versöhnen. Möglicherweise wurdest du als Kind dazu erzogen, die Wünsche anderer zu erfüllen, und durch ihre emotionalen Erwartungen durchlebst du in der Frau noch einmal die psychischen Abläufe deiner Vergangenheit. Das subtile Annähern an den Dämon deiner Gefährtin und das kontrollierte Zulassen ihrer (unbewußten) Übergriffe läßt dich genau an der Stelle mit deinen Blockaden in Kontakt kommen, an der du ihre ehrgeizigen materiellen Lebensziele wieder zulassen kannst. Ganz allmählich vermagst du ihre Liebe dann im Zusammenspiel mit gesellschaftlichen Zielen auszuleben, was zu einer ungemeinen Bereicherung der Beziehung führt. Ist das Ganze auf diese Weise im Gleichgewicht, wird sich ein Gefühl der Befreiung einstellen. Dort wo viel materieller Müll ist, befindet sich auch ein genauso großes Potential an Gefühlen und bietet dir die Chance, die stärkste Energie, die du besitzt, die Liebe, bewußter zu erleben.

♀ ⨯

Venus aspektlos

Venus des Mannes ohne Aspekt zu einem Planeten der Frau

Wenn deine Venus keine Verbindung zu einem Planeten der Frau eingeht, dann bedeutet das, daß du in der Beziehung keinen Landeplatz für deine innere «bella donna» vorfindest und die Projektion deiner Anima ins Leere geht. Auch sexuell funkt es nicht und der körperliche «Kick» fehlt, da du ständig auf der Suche nach der großen Liebe bist und deshalb immer an deiner Partnerin «vorbeischaust». Da du sie ohne Venusaspekt nicht «fangen» kannst, mußt du dich mit der Erkenntnis trösten, daß sexuelle Erfüllung in der Beziehung nicht zu finden ist. Ohne es zu bemerken, wirfst du das Netz deiner Libido ständig nach außen und schaust, welche «Nixe» sich in dem von dir aufgespannten Netz verfängt. Was in den Maschen hängenbleibt, ist die Manifestation dessen, was du in der Liebe zu finden wünschst, weil du es in der Partnerschaft nicht bekommst. Das einzig Negative dabei ist, daß du dir das Wissen erlangst, ohne eine einzige schlechte Erfahrung gemacht zu haben.

♂

Mars

Die aggressive Durchsetzung aus der Sicht des Mannes

Mars, von den Griechen Ares und von den Germanen Tyr genannt, ist ein Symbol der blinden Durchsetzung. Er ist der Herr des Krieges, der Zerstörung und der ewigen Zwietracht. Als junger, kriegerischer Mann charakterisiert, behelmt und von Kopf bis Fuß bewaffnet, liebt er jegliche Form von Aufruhr, Sturm und Angriff, denn als Gott des Kampfes freut er sich am Getümmel und Geschrei der Schlacht. Deshalb deuten Mars-Verbindungen auf die Tendenz hin, daß du aktiv wirst und dich in allen Bereichen behauptest. In der Beziehung repräsentiert Mars deine Fähigkeit, dich durchzusetzen, und läßt erkennen, wie konstruktiv oder destruktiv sich diese Kraft beim Erreichen gemeinsamer Ziele mit dem Partner auswirken kann. In negativen Verbindungen neigst du dazu, kopflos und voreilig zu handeln, ohne dir über die Folgen deines Tuns im klaren zu sein. Mars symbolisiert nicht nur den Aufbruch des Sonnenhelden oder die sich fauchend entzündende Flamme als Sinnbild des triumphierenden Willens, sondern auch den Absturz, das Scheitern an Hindernissen. Vom Wunsch nach Freiheit und Erlösung motiviert, versucht er stets, alles Einschränkende aus dem Weg zu räumen. Jede Auseinandersetzung bietet ihm die Chance, Dinge durcheinanderzubringen und Gewohnheitsmuster zu zerstören, wodurch immer wieder neue Perspektiven der Entwicklung und der Erkenntnis auftauchen. Mars hat viel mit der inneren Triebnatur zu tun. Nur bei sehr hochentwickelten Seelen ist eine auf das Ganze ausgerichtete Sichtweise die Grundlage der marsischen Aggression. Dort allerdings wird sie zu einem Teil jener Schöpferkraft, die den «Ursache-Wirkungs»-Kreislauf entfacht und damit den Weg für Neuentwicklung und Erkenntnis freimacht.

Die **Konjunktion** steht für das Streben nach Macht, und sie zeigt außerordentliche Lebenskraft. Du weißt, was du willst, denn ein stark gestellter Mars zeigt das dynamische Prinzip oder deinen persönlichen Willen, der sich die Kräfte zu eigen macht. Er steht aber nicht nur für den Aufbruch der Kräfte und die Flucht nach vorn, sondern auch für die Geschicklichkeit des Egos im Halten des inneren und äußeren Gleichgewichts. Da Mars immer die Stärke des anderen herausfordert, funktioniert diese Verbindung besonders gut, wenn sich das Zentrum deines Wollens im Einklang mit dem Höheren Selbst der Seelengefährtin und Wegbegleiterin befindet. Hier kommt es darauf an, eine Art Achse herzustellen, die es beiden Partnern erlaubt, zugleich in echter Beziehung zum anderen und in Einklang mit dem eigenen Höheren Selbst zu stehen.

Unter einer **negativen Verbindung** ist die jungfräuliche Reinheit jenes urwüchsigen Schöpfungswillens, den Mars verkörpert, verlorengegangen, und führt oft zu Mißgunst und Zwietracht in der Beziehung. Behinderndes will mit Gewalt verändert werden. Die durch äußere Widerstände angestaute Kraft läßt eine zwanghafte Hartnäckigkeit erkennen, gegen alle Mauern anzurennen. Für dich ist die Lust am Widerstand zu groß, als daß du ohne äußere Widersprüche zur letzten Erfüllung kommen kannst. Vehement trittst du den Situationen entgegen, die dir von den aspektierten Planeten «verstellt» werden – jedenfalls solange, bis du verloren bist oder die Situation wieder nach deinem Willen zurechtgebogen hast. Verlierst du, dann erreicht dich oft die innere Erkenntnis der Unausweichlichkeit deines eigenen Endes. Dann knallst du mit dem Schädel gegen die Wand und verharrst in seelischer Betäubung, weil es nichts mehr zu erobern gibt.

In der Synastrie verweist der **harmonische Aspekt** auf starke Faszination und hohe Anziehungskraft. Du erreichst, was du willst, weil du deine Energien zu bündeln und auf klare Ziele auszurichten weißt. Gleichzeitig verfügst du über eine feurige Hitze und strahlst eine immense Sinnlichkeit aus, denn du befindest dich im Einklang mit deinen Gefühlen. Deshalb gelingt es dir meist, Widersprüche, wie die Kluft zwischen Fühlen und Denken, Wille und Trieb, Wunsch und Wirklichkeit zu überwinden. Dabei ist es nicht das krampfhafte Wollen, sondern der selbstverständliche Glaube an die eigene Kraft und Fähigkeit, der dich die meisten Ziele (die Wünsche in der Partnerschaft) erreichen läßt. Vor diesem Hintergrund entsteht eine enorme Suggestivkraft; du zeigst dich so, wie du bist, und ziehst durch deine Offenheit die Libido der Frauen auf dich.

♂ ☉

Mars / Sonne

Mars des Mannes in Aspekt zur Sonne der Frau

Konjunktion ☌

Durch einen gesteigerten Drang nach Aktivität bist du laufend damit beschäftigt, Initiativen zu ergreifen und Möglichkeiten zu errichten. Unter diesem Aspekt bist du hingerissen von der Kraft deiner inneren Energie und glaubst, daß du sie deinem Genie verdankst. Das zeigt sich in einem ständigen Feuerwerk von Plänen und Absichten, das du abfeuerst und mit dem du deine Partnerin zu beeindrucken versuchst, weil dich ihre Macht und ihr Stolz, die sie ausstrahlt, manchmal stören. Dabei mißt du deinen Handlungen und Gefühlen meist zu viel Gewicht bei, weil du nicht merkst, daß du nicht die Gefühle, sondern die Übertreibung lebst, hinter der sich wiederum das vage Gefühl versteckt, daß du dich gegen die sonnenhafte Dominanz der Frau mit unbewußten Übertreibungen zu wehren versuchst. Der Grund für dieses Verhalten kann sein, daß du dich von ihrem Glanz möglicherweise in den Schatten gestellt glaubst. Deswegen meinst du, sie mit deinen «Geschichten» ständig beeindrucken zu müssen. Einem unbeteiligten Zuhörer fiele es ausgesprochen schwer, überhaupt noch Hindernisse und Gegner auszumachen, die deiner unwiderstehlichen Stärke würdig sind.

Quadrat, Opposition ⚻ ☍ ∟

Unter dieser Konstellation besteht die akute Gefahr, daß du dich in Querelen mit dem Sonnenprinzip einer übermächtigen Gefährtin verstrickst – eine Auseinandersetzung, die viel Anstrengung erfordert –, denn das Bedürfnis nach Durchsetzung in der Beziehung wächst in dem Maße, wie Minderwertigkeitsgefühle und persönliche Schwäche zunehmen, die du zu kompensieren versuchst. Dabei variieren deine Gefühle von leisem Unmut bis zu heftigen Wutausbrüchen, so daß dir die Frau oft in der aufgeblasenen Rüstung deiner eigenen, projizierten Männlichkeit entgegentreten muß, um den Scheinangriff deiner kompensierenden Schwäche, die sich die «Eroberung der Partnerin» zum Ziel setzt, abzuwehren (besonders wenn du in überhöhter Selbstbezogenheit vor ihr den Helden spielst!). Dabei muß sie, um dir «eins auf den Deckel zu geben», oft ihre natürliche Weiblichkeit betäuben, während du, vom Verlangen angezogen, «eins auf den Deckel zu bekommen», nur ihrer männlichen Seite nachgibst, die du wiederum auf sie projizierst, was natürlich in eurem Rollenverhalten schwerwiegende Probleme nach sich zieht.

Trigon, Sextil ⚺

Auf der Beziehungsebene besitzt du nicht nur einen aggressiven Willen, der ständig neue Ziele sucht, sondern auch ein flammendes Herz, das du deiner Herrin zu Füßen legst, nachdem du es dir aus der Brust herausgerissen hast (da du dich unbewußt mit deiner Anima identifizierst!). Für dich ist die alles überstrahlende Sonne der Frau nicht nur ein Symbol der universalen Lebensenergie, sondern auch dein Ziel, denn sie ist die Kraft, die dich durchdringt und dich wieder zurück zu deinen ausgelagerten Instinkten bringt. Solange deine Motive und Handlungen sich im Einklang mit den Wünschen deiner Partnerin befinden, darfst du alle ihre Feinde besiegen.

♂ ☽

Mars / Mond

Mars des Mannes in Aspekt zum Mond der Frau

Konjunktion ☌
Mit diesem Aspekt versuchst du ständig, den Gefühlsbereich der Frau mit deiner Libido zu entzünden und damit pubertäre Ahnungslosigkeit und naive Unschuld zu verschmelzen. Gleichzeitig fühlst du dich durch ihre Erwartungen emotional stark herausgefordert, denn das Ziel dieser Verbindung ist kein «dümpelnder» Frieden, sondern sexuelle Angriffslust und Kampfbereitschaft. Du spürst ihre ungestüme Hingabe, wenn sich ihre Poren öffnen und ihr Leib zur offenen Flamme wird, denn ihre Hirndrüse reagiert auf dein Verlangen, den Stromstoß der Begierde in ein aphrodisierendes Feuerwerk oder einen unkontrollierten «Samenerguß» einzubinden, was dir enorme Plus- oder Minuspunkte auf der Richterskala der seelischen Erdbeben beschert.

Quadrat, Opposition ⚻ □ ∟
Unter diesem Einfluß kommst du unbewußt wieder mit deinem (negativen) inneren Mutterbild in Berührung. Weil der spannungsgeladene Mond der Frau irgendwo auch für die Gefühle zu deiner Mutter steht, versuchst du, aus der Position des verstoßenen Sohnes (Mars) deine Gefühle zu verdrängen oder durch ein aggressives Verhalten zu verdecken und das dadurch entstehende Gefühl inneren Unbefriedigtseins wiederum hinter einem aggressiven Geschlechtsverhalten zu verstecken, was sich in körperlicher Aggression niederschlägt. Umgekehrt versucht die Partnerin ihren aggressiv bestrahlten Mond zu verwirklichen, indem sie dich zu gewalttätigen Handlungen ihr gegenüber auffordert, weil sie sich unbewußt nach ihren ausgelagerten Aggressionen sehnt, die sie durch dich wieder zurückerhalten möchte. Unter dem Vorwand, wenigstens zu erfahren, was sie nicht will, macht sie sich unbewußt zum Täter «in der Rolle des Opfers», der seine Aggressionen gegen sich auslebt, und dich zum Opfer «in der Täterrolle», um ihre inneren Konflikte zu spüren und stellvertretend in deinen Taten gegen sich selbst zu bewältigen.

Trigon, Sextil ⚺
Hier verbindet sich dein natürlicher Kämpferinstinkt mit den emotionalen Erwartungen der Frau. Der Aspekt ist einfach und instinktiv. Du versuchst, aus deinen Gefühlen heraus zu handeln und ihr Herz zu erreichen, damit sie dich zu deiner neu zu entdeckenden Weiblichkeit zurückführt, zu jenem Teil seelischer Harmonie, der sich in dir als Teil seiner selbst bewußt wird und durch dein Geschlecht auf sie wie auf einen Brennpunkt eingestellt ist. Das ist zwar nichts Außergewöhnliches aus der Sichtweise der Göttin, trotzdem bist du dir als Mann darüber nur selten bewußt. Deshalb lernst du allmählich, deine Gefühle zu zeigen. Deine Gefährtin hingegen strahlt eine starke emotionale Weiblichkeit aus, die jene Liebe und Hingabe in sich birgt, die du weder seelisch empfinden noch richtig ausdrücken kannst. Sie erkennt mit der Zeit, daß der Held, den sie außen sucht, ihr innerer männlicher Teil ist, der Animus in all seiner göttlichen Majestät, dem sie ihr Präsent der Hingabe, solange du es noch nicht restlos genießen kannst, stellvertretend überläßt, damit die Libido weiter fließen kann.

♂ ☿

Mars / Merkur

Mars des Mannes in Aspekt zum Merkur der Frau

Konjunktion

Dieser Aspekt steht wie kaum ein anderer für die Überzeugung, die widersprüchlichen Gedanken der Partnerin mit deinem marsischen Feuer auf dem Amboß deines Willens zu einem Ganzen zu schmieden. Während du dazu neigst, Probleme nicht durch abwägendes oder bedächtiges Analysieren, sondern durch einen mutigen Akt der Entscheidung zu beenden, findet sie es viel amüsanter, immer neue Argumente zu finden, um deine Ziele auf den Kopf zu stellen. Dabei reicht die Spanne ihres Wirkens von verführerischer List bis zur passiven Schadenfreude. Denn hinter allen ihren Versuchen, dich emotional herauszufordern, steckt das Verlangen, mit deinem aggressiven Ego Bekanntschaft zu schließen, denn das aus den Fäden deiner Aktivitäten sich unablässig knüpfende Lebensmuster ist die Perspektive, durch die sie deine Person wahrnimmt. Diese Verbindung zeigt auch, daß unterschiedliche und strittige Standpunkte vereint werden können, indem die Mitte zwischen beiden Extremen aufgesucht wird.

Quadrat, Opposition

Zwischen dir und deiner Partnerin herrscht in der Beziehung ein rüder Ton. Während du für das direkte Durchschneiden des «Gordischen Knotens» plädierst, ist das Bedürfnis, alles verstehen zu wollen, die treibende Kraft bei der Frau. Deshalb fühlt sie sich bemüßigt, immer wieder die «kluge Else» zu spielen, die in deinen Augen im Ping-Pong-Saal der Argumente ständig nur heiße Luft produziert. Weil sie glaubt, verstehen zu müssen, was in deinem Inneren passiert, um den richtigen Standpunkt zu finden, versucht sie dich pausenlos in Gespräche zu verwickeln, bis dir der Geduldsfaden reißt und du das Geplänkel durch einen Kraftakt beendest (indem du ihr beispielsweise den Mund verbietest!). Dabei möchte sie nur, daß du zu der Einsicht kommst, daß zur Harmonie des Ganzen das Wissen des einzelnen beispielsweise um seine Rolle in der Partnerschaft gehört. Aber du spürst genau, daß sie sich nur vor der Verbindlichkeit einer tieferen Beziehung drücken will.

Trigon, Sextil

Im Instinktbereich wird deine männliche Ausdruckskraft durch den Intellekt der Frau intensiviert. Du forderst sie unbewußt heraus, mit ihrer Verstandeskraft deine Triebe zu wecken, denn durch ihre erotisch formulierten Geschichten wird dein Geschlechtstrieb motiviert. Dabei «pumpt» sie deine Libido mit triebverstärkenden Erwartungen auf, bis die marsische Energie an den sinnlichen Vorstellungen festklebt, die sie dir auf der intellektuellen Ebene vorspiegelt, ohne aber auf deine sexuellen Bedürfnisse direkt eingehen zu wollen. Diese Bilder wiederum wecken in dir sexuelle Kräfte, von denen du dich mitreißen läßt, während sie ihre Hingabe auf Zonen beschränkt, die sie verstandesmäßig kontrolliert. Aber auch wenn die Gefährtin nicht alles hält, was sie intellektuell verspricht, ist die Beziehung trotzdem interessant, gegenseitig anspornend und geistig aktiv. Sie steht für die züngelnde Libido in der wohlbedachten «Warteschlaufe», wenn die Frau ihre Zuneigung erst nach dem Überspringen gewisser intellektueller Hürden gewährt.

♂ ♀

Mars / Venus

Mars des Mannes in Aspekt zur Venus der Frau

Konjunktion ☌

Deine leidenschaftliche Art, das Herz der Liebesgöttin zu gewinnen, bewirkt eine harmonische Verbindung, die aus spontaner Lust heraus gelebt und empfunden werden will. Das zeigt auch, daß du der Instinktnatur der Venus respektvoll begegnest, um ihr dein stolzes Ritterherz vor die Füße zu legen. Deine Libido ist dabei sehr stark. Sie ermöglicht dir die vielleicht einmalige Chance, den Bereich der Triebe mit der Erfahrung tiefster Erfüllung in harmonischen Einklang zu bringen und in der Partnerschaft die intime Nähe zu finden, die Vorbild für die sinnlich-erotische Liebe ist. Wenn du nicht nur instinktiv begehrst, sondern dich auch öffnest und die Hingabe deiner Partnerin mit der Seele «trinkst», findest du die Lust, die nicht nur durch den Körper geht, sondern auch das Herz der Aphrodite einbezieht. Denn hier geht es um die Sexualität als Ausdruck der Freude, wenn Gefühl und Trieb miteinander verbunden sind.

Quadrat, Opposition ⚻ □ ☍

Diese Beziehung löst oft schmerzvolle innere Prozesse aus, denn die unbewußten Opferinstinkte der Frau bringen deine aggressive Seite zum Ausdruck und lösen oft unkontrollierte männliche Triebkräfte in dir aus. Zwar knistert es in dieser Verbindung vor angestauter Erotik, die immer wieder Entladung sucht. Doch dein «Speer», der darauf zielt, aus den gegensätzlichen Reibungen harmonische Spannungen aufzubauen, ist nicht dazu angetan, das Vertrauen der Partnerin zu gewinnen. Ganz im Gegenteil: Du genießt ihr Unbehagen, wenn du sie in ihrer Lüsternheit provozierst, und weil dich jeder Widerstand noch mehr antreibt, forderst du sie bis zur Erschöpfung heraus und stößt ihr den Stachel «tief ins Fleisch» hinein. Hier zeigt sich der karmische Seelenanteil der Opferrolle der Frau, die unbewußt den Täter sucht, um durch die Wiederholung der Muster ihre inneren Dämonen zu beruhigen. Das muß zu inneren Verkrampfungen führen, weil sie die angestauten Kräfte nicht loswerden kann, und auch zu möglichen Machtkonflikten, weil sich die Unfähigkeit zu echter Begegnung hinter der Aggression versteckt, die sie sich von dir wünscht, die sie aber gleichzeitig zerstört und an der Selbstentfaltung hindert.

Trigon, Sextil ⚹

Wenn Venus und Mars harmonisch miteinander kommunizieren, geht es um Sexualität als Ausdruck des Lebens, denn dieser Aspekt steht für vitale Lust und ist damit wesentlicher Bestandteil echter Leidenschaft. Dabei läßt du dir die Initiative nur selten entreißen, weil es nichts Unangenehmeres für dich gibt, als wenn du nicht selbst über dich verfügen kannst. Manchmal bittest du Gott Amor, dir unter die Arme zu greifen, denn es ist sein Pfeil, der darauf zielt, aus den gegensätzlichen Reibungen harmonische Spannungen aufzubauen, damit du dein Lustobjekt leichter aus- und anmachen kannst. Sind die Energien erst einmal entbrannt, führt das zur magischen Verstrickung, denn im Zusammenspiel von Triebhaftigkeit und Erotik, Hingabe und Aggressivität ist der Drang nach Eroberung mit dem gleichzeitigen Verlangen gepaart, vom anderen auch begehrt zu werden. Deshalb signalisiert dieser Aspekt triebhafte Hingabe, gepaart mit libidinöser Gewalt, denn die Erotik greift auch an, indem sie sich ergibt.

♂ ♂
Mars / Mars

Mars des Mannes in Aspekt zum Mars der Frau

Konjunktion ☌

Unter dieser Aspektierung bist du meistens in der Lage, Aggressionen in der Beziehung offen zu begegnen. Die Situation erlaubt es dir, mit diesen normalerweise verdrängten Seiten in Kontakt zu kommen und all deine Gefühle zu leben, weil ihr euch gegenseitig respektiert und offen aufeinander zugehen könnt. Die Verbindung ist davon geprägt, daß die Auseinandersetzung mit der eigenen Aggressivität Lernmotiv des emotionalen Austausches ist. Die Freude, die du im Umgang mit den Aggressionen deiner Gefährtin spürst, kann natürlich auch zu Streitereien führen. Die Frau identifiziert sich mit ihrer «Projektionsfläche» in dir, um ihre Aggression aufnehmen zu können. Dadurch verliert sie als Geschlechtspartnerin zwar etwas von ihrer Anziehung, doch erhält sie im Gegenzug von dir einen Teil ihrer Triebkraft zurück. Damit hat sie die Möglichkeit, zu ihrem Wesen zurückzufinden. Dadurch erlebt ihr ein Gefühl von tiefem Glück, besonders wenn ein gemeinsamer Feind eure Aggressionen auf sich zieht. Dann könnt ihr euch wie «Bonnie and Clyde» auf ihn stürzen und euch so zeigen, wie ihr im Innersten seid.

Quadrat, Opposition ⚻ □ ∟

Auf der Gefühlsebene bist du dir deiner instinktiven, irrationalen Triebkräfte nicht immer bewußt, die dann ausbrechen können, wenn unterschiedliche Meinungen aufeinanderprallen. Da deine Begleiterin dir ständig Widerstände entgegensetzt, ist der «rote Hahn» schon auf dem Dach: Du provozierst sie ständig, um deine innere Spannung nach außen zu bringen, denn um die Aggressionen, die sie in dir entfacht, zu entspannen, mußt du ein Objekt für deine Aggression finden – und das ist die Aggression der Frau! Du findest dich plötzlich in einem Sturm roher Gewalt, gewalttätiger Aggressivität und unmäßiger Wut wieder und mußt dich übermäßig dagegen auflehnen, um nicht fortgespült zu werden. Dahinter verbirgt sich das gewaltige Problem des sich verdunkelnden Ichbewußtseins und die zunehmende Unbewußtheit über die Mechanismen des Selbst. Dieser Aspekt ist deshalb auch eine Warnung: Da ihr beide um euer Gesicht kämpft, das ihr dem anderen aufdrängen wollt, und dadurch das Nachgeben für jeden von euch ein Imageverlust bedeutet, führt das Nichteinbeziehen der Ego-Bedürfnisse des anderen im Zusammenprall mit den eigenen Durchsetzungskräften nur das Scheitern an unüberwindlichen Hindernissen herbei. Das führt dazu, daß du dich, wenn du dich in der Beziehung nicht durchzusetzen vermagst, aggressiv gegen die Partnerin wendest und damit gegen dich selbst.

Trigon, Sextil ⚺

Im gemeinsamen Handeln wirst du vom aggressiven Kampfeswillen deiner Gefährtin unterstützt, denn ihr seid in der Lage, mit vereinten Kräften alle Hindernisse, die euren Wünschen entgegenstehen, aus dem Weg zu fegen. Dabei steuerst du alle Widerstände auf direktem Wege an, wobei du die Probleme nicht durch vergleichendes, reflektierendes Denken löst, sondern indem du ihnen einfach mit dem Schwert begegnest. Risikofreude, Kampfbereitschaft, Unternehmungslust und sexuelle Triebhaftigkeit zeichnen Mars aus, und in eurer Verbindung verkörpert er die instinktive Kraft, die immer dann zum Leben erwacht, wenn es gilt, die Welt zu erobern und sich ohne Rücksicht durchzusetzen.

♂ ♃

Mars / Jupiter

Mars des Mannes in Aspekt zum Jupiter der Frau

Konjunktion ☌

Unter diesem Einfluß versuchst du, deine Aggressionen mit dem jupiterhaften Bild von Größe deiner Gefährtin zu verbinden. Damit aktivierst du das höhere Bewußtsein der Frau und lädst sie ein, in deinem Beziehungsrollenspiel die Figur der «Zeusin» zu spielen, deren Einladungen und Wünschen du dich unterziehst. Dieses Bild, das sich mit dem archetypischen Vaterbild in Verbindung bringen läßt, beschreibt in der Verkörperung durch eine Frau eine patriarchalische Modifikation des chaotischen, den Sinn in sich selbst findenden Natur-Matriarchats. Du willst die Identifikation mit ihr, also erschaffst du dir ein Bild von ihr und nimmst es in Besitz, indem du dich selbst mit einem Teil deiner Vorstellung identifizierst. In dieser Rolle verstehst du dich als Ritter einer edlen Königin, der für ihre Ideale mutig eintritt. So suchst du die Antwort nach dem Sinn dort, wo sie dich hinschickt, und nicht dort, wo du sie suchen würdest, weil du so von deinem eigenen «Nicht-Finden-Wollen» ablenken kannst. Erst wenn du dich in der Rolle des Edlen erkennst, der nicht für die anderen, sondern immer nur für seine eigenen Überzeugungen «im Bild der anderen» kämpft, weil du genau weißt, daß du in ihren Gesichtern immer nur das eigene Ungesehene reflektierst, bist du für die wahren inneren Ziele dieser geistigen Verbindung bereit.

Quadrat, Opposition ⚻ ☍ ∟

Im Bereich dieser Beziehung öffnen sich dir Wege, die zu neuen Gipfeln führen, denn die aktiven, nach Entwicklung drängenden Aggressionen des Mars verlangen nach «höheren» Zielen, die sich hinter der Jupiter-Maske deiner Partnerin verbergen. Deshalb verlegst du das Ziel deines Egos in das Bild der Frau, die du erobern und deren ganzheitliches Bewußtsein du dir einverleiben willst. Weil deine Aggressionen jedoch nicht auf derselben Wellenlänge liegen, auf der sie Botschaften empfängt, zielen deine Bemühungen, sie zu erobern, ins Leere, und dein «Raubtier» bleibt im Instinktbereich eingesperrt. Da du deinen Triebinstinkt also nicht entwickeln kannst, der dir sagt, daß du nur im Sieg über die anderen ganz du selbst bleiben kannst, mußt du dich den Einsichten deiner Begleiterin öffnen, die in dich dringt und dir ihre eigenen Ziele suggeriert, für deren Durchsetzung in der Welt du künftig dein Schwert hinhalten darfst.

Trigon, Sextil ⊻

Die marsische Triebkraft, die hier scheinbar nach Ausdruck sucht, hat in Wirklichkeit ein inneres Ziel. Darin kommt die Suche nach dem Sinn zum Ausdruck. Das Ziel, das du mit deinem leidenschaftlichen Verlangen anstrebst, ist nicht (nur) der Beischlaf, sondern der schöpferische Drang, den Rahmen zu sprengen und über deine Libido hinauszuwachsen, die dir in dieser Konstellation viel zu wenig Entwicklungsraum bietet. Daher ist diese Verbindung häufig Hinweis auf ein großes Thema, das die Chance höchster Triebbefriedigung beinhaltet. Mit diesem Aspekt kannst du deine Ziele nicht auf längere Zeit befriedigen, und die unbefriedigte Sehnsucht wird zum «Meister». Dieser ist die «väterliche» Anima, die dich über deine normalen Begrenzungen hinausträgt. Dein pausenloses Streben, diese Welt durch die kämpferische Brille deiner Aggressionen zu sehen, liefert dich nicht dieser Welt, wohl aber deiner «Wahrnehmung im Betrachten dieser Welt» aus. Deshalb führt dich die Jupiter-Gefährtin über deine Grenzen hinaus, ohne aber die Grundlagen zu verdrängen, die dich zwingen, dein Ego zu leben; umgekehrt macht sie durch deine «Ausbrüche» neue Erfahrungen, und die Stürme deiner überschäumenden Durchsetzungskraft wirken sich sehr förderlich auf ihren Energiehaushalt aus. Durch dieses Zusammenspiel gelingt euch vieles.

♂ ♄

Mars / Saturn

Mars des Mannes in Aspekt zum Saturn der Frau

Konjunktion ☌

Hier liegst du dauernd mit dir selbst im Streit, weil sich deine Willenskraft (Durchsetzung um jeden Preis) und Angst (Wissen um das eigene Unvermögen) aneinander reiben. Dabei fehlt es der Frau oft an der Gabe, sich auf dich einzustellen und dich als eigenständige Person zu ertragen. Dieser Aspekt kann aber auch dazu führen, daß du dich der Partnerin unterwirfst. Es kommt zur Vergewaltigung deiner Psyche, und oft schürt sie durch die brutale Unterwerfung unter ihren Willen deine Aggressionen, denn es ist ihr Ziel, dich im Zustand der Regression (Zurückfallen auf eine kindliche Stufe der Triebe) festzuhalten. Andererseits suchst du auch die dominante Mutter, um dich von ihr am «Gängelband» führen zu lassen. Damit hast du einerseits die Sicherheit, dein kindliches Rollenverhalten fortsetzen zu können, andererseits hast du gleichzeitig den Sündenbock, dem du die Schuld zuschieben kannst, um deine eigenen Aggressionen nicht ausleben zu müssen. So wird dein Ehrgeiz angestachelt, dich um jeden Preis durchzusetzen und deine Peinigerin zu übertreffen, um dich durch dein paranoides Gipfelstürmen einer allgemeinen Anerkennung zu versichern. Hier stehen keine moralischen Postulate zur Debatte, weil diese Konstellation gerade die Überwindung der Blockade bedeutet, was nur in Übertreibung enden kann. Du könntest dich gegen niemanden durchsetzen, würdest du nicht gleichzeitig in der Entfaltung deines Willens gehindert. Entscheidend ist allein die Tatsache, daß du dich der Partnerin in jener aggressionsblockierten Rolle zeigst, in der du nicht zurückschlägst, wenn du angegriffen wirst. Saturn und Mars schaukeln sich gegenseitig hoch. Man gibt mit «durchgedrückter» Bremse Vollgas.

Quadrat, Opposition ⚻ ☍ ∟

Da Mars die körperliche Durchsetzung und die Sexualität für dich verkörpert, Saturn aber für die Hemmung und Verkrampfung steht, ist in dieser Beziehung als Kompensation deiner aggressiven Männlichkeit ein blockierendes Verhalten deiner Begleiterin (fast) zu erwarten. Es ist nicht ihr Ziel, dich in deiner Männlichkeit zu bestätigen. Die Frau gibt dir vielmehr zu verstehen, daß deine persönlichen Ziele nicht sinnvoll sind. Du bist also gezwungen, deine dir von der Partnerin signalisierte fehlende Strategie zu kompensieren. Auf einer anderen Ebene will dir Saturn/Mars vermitteln, daß du erst durch Widerstand zu deiner wahren Kampfkraft findest. Du möchtest für den Umstand, sie zu begehren, bestraft werden, um dich von ihr für die Buße, die du trotz ihrer Ungerechtfertigtheit als lustvoll empfindest, noch mehr anziehen lassen zu können. Es handelt sich um das Inzest-Verlangen des Sohnes gegenüber der Mutter, der dafür seine Bestrafung durch den (väterlichen) Schatten fordert, um ihn dann aus Rache umbringen zu können: Vater und Mutter sind in diesem Fall identisch und beide zusammen in der Seelengefährtin präsent. Aufgrund deiner Schuldgefühle willst du dich ihr selbst opfern. Dein innerer Zerstörer ist auf der aggressiven Stufe der Pubertät steckengeblieben, weil er sich von seinem inneren Vaterbild nicht befreien kann und in der verhindernden Sexualität seiner Partnerin festsitzt.

Trigon, Sextil ⚺

Mit dieser Konstellation wird dir klar, daß du dich auf der gemeinsamen Ebene um eine neue Sicht der Dinge bemühen mußt, wenn du deine verhinderten Aggressionen nicht gegen dich selbst leben willst. Es geht um das behutsame Abtasten des psychischen Spannungsfeldes zwischen Aggression und Blockade, indem du dich den Energien deiner Gefährtin respektvoll näherst und dann vorsichtig nicht nur die innere Aggression losläßt, sondern auch ihren begrenzenden Strukturen und ihrer zielgerichteten Konsequenz, die am Widerstand noch wächst, ein offenes Ohr schenkst, damit sich eure Beziehung nicht verkeilt. Die Lösung liegt in der Erkenntnis, daß nur derjenige zum Opfer werden kann, der die verhinderte Aggression gegen sich selbst auslebt. Es geht um das behutsame Aufarbeiten des psychischen Spannungsfeldes zwischen Täter und Opfer, indem du dich in beiden Rollen erkennst und dann vorsichtig nicht nur das «innere Gaspedal» losläßt, sondern auch den «Fuß von der Bremse» nimmst, damit die Psyche weder blockiert noch überdreht ist.

♂ ⚷

Mars / Chiron

Mars des Mannes in Aspekt zum Chiron der Frau

Konjunktion ☌

Manchmal mußt du begreifen, daß die Ursachen, aus denen sich die Wirkungen ergeben, selbst nur Wirkungen früherer Ursachen sind, und daß du deine Aggressionen nicht durch exzessive Sexualität, sondern durch das Erkennen ihrer Grundlagen zu einem karmischen Ende bringen kannst. Denn bevor du nach faustischer Erkenntnis strebst, solltest du dich mit deinen ungelösten Ängsten auseinandersetzen. Die Quelle dieser Ängste sind die verdrängten Aggressionen, die du ablehnst und ins Vergessen absinken läßt und die dich dann zwingen, gegen deine Wünsche zu rebellieren. Wenn es dir gelingt, daß deine Gefährtin dir hilft, daß du deine aggressiven Seiten nicht länger verdrängst, dann kannst du versuchen, deine kühnen Ziele zu verwirklichen. Wenn sie ihre heilenden Chiron-Kräfte auf deine Libido fokussiert, werden sich deine Aggressionen in ein reinigendes Feuer verwandeln. Dynamische, aber unkanalisierte überschüssige Energie wird in ein konzentriertes Selbstwertgefühl umgewandelt; damit baut sich eine Art Filter auf, der alle destruktiven Energien abhält, die dich unbewußt zwingen, entgegen deinen Zielen zu handeln.

Quadrat, Opposition ⚻ ⚼ ∟

Diese Beziehung ist ein Krieg. Darin wirst du mit der Destruktivität deiner unbearbeiteten Mars-Energien konfrontiert. Ob du deine Aggressionen übertreibst und andere zu Unrecht angreifst, weil du Wut mit dir herumschleppst, oder ob du unbewußt den Aggressionen der anderen zum Opfer fällst, ist hier einerlei: Die Partnerin versucht, dir ihren Stempel aufzudrücken. Doch du rebellierst gegen ihren Versuch, dich zu brandmarken, denn das entspricht dem Besiegten, der die feurige Kraft, die er nicht entwickeln konnte, vom Stärkeren ins eigene Fleisch eingebrannt erhält. Vielleicht ist es auch deine Angst vor der Frau als Projektion der Mutter, die nicht zuließ, daß dir deine Wut ins Bewußtsein drang; und vielleicht versuchst du, dich deshalb gegen die Gefährtin aufzulehnen und die Botschaften zu verdrängen, die sie dir übermitteln will. Und möglicherweise ahnst du auch nichts von deinem unbewußten Streben, dich gegen das archaische Bild des Mutterarchetyps in seiner negativen Form endlich behaupten zu wollen, um den Widersprüchen des Lebens nicht ständig aus dem Weg gehen zu müssen. Es ist das unterschwellige Bemühen, durch aggressives Handeln die eigene Psyche zu stabilisieren. Letztlich entzweist du dich nicht mit deiner seelischen Begleiterin, sondern mit deiner Vorstellung von Freiheit. Die Wandlung, die wirklich notwendig ist, ist eine andere. Der unterdrückte Zorn muß anerkannt, akzeptiert und integriert werden, indem du zu deinem männlichen Selbst stehst, ohne in ihr das zu erwecken, was du an dir selbst haßt. Du bist gezwungen, das auszuagieren, was das Unbewußte spürt. Es geht nicht darum, den anderen zu bekämpfen, sondern für deine Seele Freiheit zu finden.

Trigon, Sextil ⚺

Im Bereich der Partnerschaft zeigt dir dieser Aspekt, wie wichtig es ist, deine aggressive Energie in eine andere Richtung zu lenken, denn unter seinem Einfluß läßt sich oft eine zwanghafte Hartnäckigkeit erkennen, gegen alle Mauern anzurennen und sich dabei den Schädel einzuschlagen. Doch harmonisch mit deiner Gefährtin verbunden, ist es dir möglich, das Fehlerhafte, leblos Gewordene in dir zu verändern, ohne gleich die ganze Seelenstruktur austauschen zu müssen. Deine marsischen Ziele gewinnen in der Ausrichtung auf die Frau eine andere Bedeutung für dich, denn es ist das überkommene männliche Weltbild, das transformiert werden wird, wenn du den Einfluß deiner Begleiterin akzeptierst. Je mehr du dein Bewußtsein erweiterst und deine marsischen Triebkräfte kontrollierst, desto näher kommst du der Möglichkeit, ihre Erwartungen erfüllen zu können. Gleichzeitig zeigst du ihr die Perspektiven, die sich ihr bieten, wenn sie sich – statt dich immer nur zu therapieren und Situationen zu vermeiden, in denen deine Negativität eskalieren kann – dir hingeben und sich ins Wunderland der Liebe tragen lassen kann. Sie versucht, deine zerstörerische Seite zu neutralisieren. Man könnte auch sagen, ihr Bemühen wäre ein Versprechen an den Mars-Gott oder Geist des Feuers, und deine Hingabe ein Inititationsritus, eine Feuerprobe, die es dir ermöglicht, die zerstörende Aggression zu überwinden. Aus der Rückschau mag sich die Beziehung möglicherweise als eine entscheidende Wende darstellen. Sie illustriert die Integration unbewußter Wut.

♂ ♅

Mars / Uranus

Mars des Mannes in Aspekt zum Uranus der Frau

Konjunktion ☌

In einer Beziehung mit diesem Aspekt gibt es einen aufregenden «Kick». Im uranischen Blick deiner Partnerin kannst du ihr launisches Verlangen spüren, unabhängig von konventionellen Normen und bürgerlichen Einschränkungen deinen ungestümen, potenzierten und kreativen Willen für ihre Ziele einzusetzen. Weil du genau spürst, daß es ihr nicht genügt, wenn du einen Drachen erschlägst, läßt du deinen Mars auf den Wogen deiner überkompensierten Männlichkeit zu den höchsten Wellenkämmen menschlicher Leistungsfähigkeit steigen, wo er durch originelle Ideen ihr Interesse zu wecken hofft. Sie verunsichert dich mit immer neuen Einfällen und Zielen, um ihren auf dich projizierten Animus zu stürzen, damit sie sich nicht mit ihrer verdrängten und auf dich projizierten Animalität auseinandersetzen muß, und zwingt dich, ihr immer wieder das Fell des «goldenen Widders» oder eines anderen Ungeheuers zu Füßen zu legen, wenn du ihr Herz erobern willst. Du kannst ihr aber zuvorkommen, indem du dich von den maskulinen Gipfeln der heldischen Aggressivität fallen läßt, um in der Tiefe des Scheiterns ihr Mitgefühl zu erwirken und damit eine Antwort auf die unbewußte Frage, ob dein Zusammenbruch ihre Sinnlosigkeit sinnvoll genug ausfüllt? Wenn dein Weltbild zusammenbricht, löst das in ihr den Wunsch aus, dich zu retten, denn das hält sie davon ab, sich mit ihren eigenen Problemen zu befassen, die stellvertretend für ihr eigenes Scheitern immer nur deinen Sturz im Auge haben.

Quadrat, Opposition ⚻ □ ∟

Diese Konstellation steht für eine äußerst unberechenbare Beziehung. Da der Uranus der Partnerin die persönliche Zielrichtung des Mars umdreht, versuchst du, statt deinem Impuls nachzugeben und zu explodieren, die Situation zu entschärfen. Dadurch bleibt deine marsische Aggression in der Hinterfragung des eigenen Verhaltens hängen. Die Wut bleibt unerlöst und unterschwellig im Vorsatz kleben, es der Welt irgendwann zu zeigen. Da du aber diesem frommen Wunsch selbst nicht traust, steigert sich die Angst vor dem Versagen. Die Folge ist eine Überpeitschung der Durchsetzungsschwäche mittels gewalttätiger und aggressiver Ziele, weil nur im Bild des Männlichen das schwache Selbst Vertrauen findet: ein Selbstvertrauen, das die Krise als Ausdruck der Angst im Handgepäck mit sich führt. Gleichzeitig bist du von der berechnenden Sexualität der Frau enttäuscht, die dich zwar anzieht, sich dir aber nicht hingeben will und nicht erfüllt, was sie dir vorgaukelt. Doch eine Hoffnung bleibt, daß du dich von deinen übersteigerten Zielen, die Welt mit der Wucht deiner kompensierenden Versagensangst aus «den Angeln zu heben», verabschieden und der Beziehung durch Niederreißen innerer und äußerer Mauern ein wenig die verklemmte Distanz nehmen kannst.

Trigon, Sextil ⚺

Mit diesem Aspekt ist die Aufgabe verbunden, blockierte Aggressionen zu lösen, so daß sie aktiv für schöpferische Ziele genutzt werden können. Der Wille, die Welt zu verblüffen, ist gleichsam die Peitsche, um das martialische Handeln vorwärtszutreiben. Die Aggression ist der Hebel, um im Zusammenspiel mit der uranischen Partnerin aus alten Verhaltensweisen auszubrechen. Du läßt dich von den Wogen deines überschäumenden Verlangens in die höchsten Wipfel katapultieren, von wo aus du neue Wege oft vergeblich suchst, weil es sich bei deinen Absichten meistens um kurzfristige Strohfeuer oder um indiskutable Schnellschüsse ohne Realitätswert handelt. Du hast den Wunsch, dich dauernd zu bestätigen, und andererseits den Druck, deine Ziele noch zu übertrumpfen. Wenn Mars auf den uranischen Funken trifft, regredieren die angestauten Kräfte zu ganzen Kaskaden unterdrückter Konflikte. Je nach Zielrichtung dieser Energie kannst du damit die Frau überzeugen. Der unbewußte Abwehrmechanismus, den eigenen Schatten zu erkennen, läßt deinen durchsetzungsbetonten Willen in den gedanklichen Einsprüchen deiner Gefährtin hängen: Du schließt vor deinen eigenen Unzulänglichkeiten die Augen und schiebst ihr mit kindlichem Trotz die Verantwortung zu. Doch glücklicherweise ist es oft gerade die Behinderung deiner Entfaltungsmöglichkeiten, die das Aggressionspotential zu steigern vermag, wenn du es auf deine Begleiterin projizieren kannst. Willst du dich mit ihr versöhnen, mußt du die Kriegserklärung annehmen bzw. den Mut aufbringen, den Krieg selbst anzuzetteln, d.h. deinen Verdrängungen begegnen und dein aggressives Potential annehmen und dort ausleben, wo die Partnerin steht.

♂ ♆

Mars / Neptun

Mars des Mannes in Aspekt zum Neptun der Frau

Konjunktion ☌

Dies ist ein äußerst besänftigender Anblick, da du in der Seelenbegleiterin eine Projektionsfläche für deine heldischen Phantasien suchst, während sie als gefangene Prinzessin (der Mutterimago des Mannes) in den Armen ihres Retters Zuflucht findet. Wenn das unbewußte Träumen zum Fluidum deiner Partnerin gehört, dann verleihst du ihren Träumen Gestalt, denn du bist in dieser Beziehung der erwartete Held in ihrem Traum. Du projizierst deine Ideen in ein Objekt, das sich dir häufig entzieht, wenn du seiner bedarfst, sich aber immer dann an dich anschmiegt, wenn du dich von ihm abwendest. Es scheint dir, als ob sich deine Vorstellungen, die du auf die Träumerin überträgst, von selbst umstellten, um dir die Enttäuschung zu ersparen, daß du ihre Träume falsch einschätzt. Indem du verdrängst, daß du vieles in der Beziehung durch ihre neptunische Brille wahrnimmst, schützt du dich selbst vor dem Erwachen. Damit befindest du dich auf jener Entdeckungsreise, auf der du deine (geträumte) Libido im Spiegel ihrer spirituellen Phantasie auslebst.

Quadrat, Opposition ⚻ □ ∟

Diese Verbindung erinnert an einen geharnischten Rittersmann, der versucht, mit seiner schweren Rüstung ein Luftschloß zu erstürmen, denn deine unverblümte Absicht, Ziele schnell und ohne Umweg anzusteuern, wird durch den Neptun deiner Partnerin irritiert. Mars wird in Neptuns Spiegelmeeren seiner direkten Männlichkeit beraubt und «weichgespült», weil die Phantasien der Frau deine Triebkraft auflösen. Sicher wirst du von deiner Partnerin nicht eben freundlich empfangen, konfrontiert sie dich doch mit deinen Versagensängsten, die dir aus dem Schatten deiner verdrängten Libido entgegenschimmern. Als Mann mußt du den negativen Attributen deines Mutterbildes entgegentreten und dir die Libido zurückerobern, damit du deine negativen Bilder (Kastrationsängste) nicht auf die Frauen projizierst und in der Machorolle deine eigenen Wurzeln zerstörst. Du mußt den Drachen überwinden, der ein Teil deiner Psyche ist, und den Helden in dir selbst finden, statt in supermännlichem Verhalten zu schwelgen, das die Probleme nur verdeckt. Wenn du genauer hinsehen würdest, würde sich das Ungeheuer in den neptunischen Nebeln auflösen, und du müßtest nicht länger Illusionen nachlaufen oder in gefährlichem Maße in den Sumpf schwärmerischer Täuschung und unkritischer Verführbarkeiten geraten, die nichts anderes als das wirklichkeitsfeindliche Ausweichen in eine trügerische Scheinwelt sind. Trittst du nicht aus dem Morast heraus, wirst du deiner Lebensfreude beraubt und kannst deine kreative Energie und dein Kraftpotential nicht voll ausschöpfen. Auf seine schillernd-unbegreifliche Art ist Neptun nämlich die Achillesferse jeder Beziehung, weil alle von ihm verkörperten Bereiche nicht von der Vernunft regiert werden. In ihrer negativen Auswirkung kann sich diese Konstellation so ausdrücken, daß du vor deinen eigenen Verdrängungen so erschrickst, daß du den Ausgang nicht mehr findest und zwischen den Welten durch deine Ängste gefangen bleibst.

Trigon, Sextil ⊻

Wenn sich dieser Aspekt in seinem negativen Ausdruck als Selbsttäuschung darüber manifestieren kann, was du real erreichen willst oder als Bestreben, jede Auseinandersetzung zu umgehen, dann kann er in seinen positiven Erscheinungsmöglichkeiten die Kraft anzeigen, nach Dingen zu streben, die jenseits der Grenzen des Erfaßbaren liegen. Deine Aggressionen werden durch die vernebelnden Mysterien der Frau entspannt. Sie umschwirrt dich wie eine Motte das Licht, ohne sich in deinen Flammen zu verbrennen. Ihre weise Seele ahnt, daß das Leben ein Traum ist, aber sie vermengt die Realität dieses Wissens nicht mit der Realität des täglichen Geschehens, damit aus dem Traum kein Alptraum wird. Auf einer bewußteren Ebene führt diese Konstellation dazu, daß sie dir durch das Erleben von tiefen, versteckten Gefühlen näher kommt und du dich allmählich von einengenden Zwängen befreien kannst. Du bist auch in der Lage, dich von kollektiven Strukturen unabhängiger zu machen und willst tiefer in dich hineinschauen, um deine eigenen Wünsche stärker wahrzunehmen. Du hast das Bedürfnis, eine offenere und ehrlichere Beziehung zu dir selbst sowie zu deiner Partnerin zu führen. In seinem positivsten Ausdruck kann dieser Aspekt anzeigen, daß du deinen Aggressionen bewußt entgegentrittst und sie dadurch besiegst, daß du sie als das erkennst, was sie sind: die in der Märchenprinzessin gespiegelten (Helden-)Träume.

♂ ♇
Mars / Pluto
Mars des Mannes in Aspekt zum Pluto der Frau

Konjunktion ☌
Dies ist eine äußerst intensive Begegnung. Es sind mächtige, aus tiefen seelischen Energien entsprungene Kräfte, in die dich die plutonische Gefährtin einhüllt, während dich das marsische Gefühl von Feuer und Leidenschaft durchströmt. Die Frau bringt laufend die alten, zur Elimination vorgesehenen Strukturen zum Vorschein, die du nur noch durchbrechen mußt, um neue Perspektiven zu erkennen und die alten, unbequemen Wahrheiten aus den Urgründen der dunklen Instinktnatur gegen neue, flammende Ziele und Erwartungen einzutauschen. Unter ihrem Einfluß kannst du dich auch mit dem Licht des Schattens auseinandersetzen, denn irgendwie ist dir innerlich bewußt, daß du in deinen Wünschen immer auch die Grenzen deiner Handlungsmöglichkeiten zu erkennen suchst. In der marsplutonischen Sexualität, die die karmischen Muster der Vergangenheit an die Oberfläche spült, wo sie im Feuer der Leidenschaft verbrannt werden, findet sich die Summe menschlicher Erkenntnis. Diese erkennt sich am Ende ihrer Leidenschaft in jener Liebe, die sich im Tod mit der Triebnatur versöhnt – wahrscheinlich die ekstatischste Form von Lebensfreude.

Quadrat, Opposition ⚻ ☍ ∟
Auf der männlichen Instinktebene bedeutet dieser Aspekt, daß du die plutonische Frau benutzen willst, um deine sexuelle Erfahrung zu vergrößern, so wie das Saatkorn seine eigene Hülle zerbricht, wenn der plutonische Wachstumszyklus beginnt. Du hängst an heroischen Vorstellungen, die dich zwingen, dich dem Drachen in den Schlund zu werfen. Du willst mit der Partnerin kämpfen, auch um Liebe und Anerkennung, denn sie symbolisiert für dich die Quelle, aus deren Tiefe du deine Erkenntnisse schöpfen kannst. Meist wirst du in ihr aber den Schatten erkennen, den du bei dir selbst nicht wahrhaben willst. Sie wiederum kann dich motivieren und dich in einen übersteigerten Akt von Befreiung hineinziehen, um dich auf einer Woge von Aggressionen durch die Bedrohungen, vor denen du normalerweise zurückschreckst, hindurchzustoßen und damit von deinen Wahnbildern zu befreien. Kurzfristig ereilt dich in der Begegnung mit der «Teufelin» ein Gefühl von Erleichterung. Jede überwundene Krise und jedes erkannte Problem mündet in einen Zustand der Erlösung, wobei du deine engen, aggressiven Emotionen durch immer komplexere Vorstellungsbilder ersetzen kannst. Das Gefährliche dieses Aspekts liegt in der Möglichkeit, die instinktiven Kräfte für eigenmächtige Zwecke einzusetzen, die außerhalb deiner Kontrolle skrupellose und diabolische Züge annehmen können. Die plutonische Hexe verkörpert ein Stück der unbequemen Wahrheit, die in der Tiefe deiner finstersten Instinktnatur verwurzelt ist.

Trigon, Sextil ⊻
Erst wenn du die spirituelle Absicht dieser Konstellation erkennst, dich durch die kreative Überwindung persönlicher Hindernisse zu transformieren, kannst du auch den Sinn deines Verhaltens ergründen, in der Partnerin deine Aggressionen zu entzünden. Zwar verbindest du dich mit ihr, erkennst sie aber nicht, weil du möglicherweise dein eigenes Spiegelbild in ihr erblickst. Du blickst in die Tiefen deiner Seelengefährtin, da du aber vom Weiblichen kein Bild hast, wirst du deine marsische Aggression in sie hineinprojizieren. Weil deine Aufgabe darin besteht, die matriarchalische Weiblichkeit, die dich gleichermaßen erschreckt wie fasziniert, wieder in dich zurückzunehmen, um dich mit dir selbst zu versöhnen, erstichst du das weibliche Ungeheuer mit dem Schwert des Bewußtseins und badest dich anschließend im Drachenblut. Damit tauchst du ins Unbewußte ein. Sinngemäß mußt du dich im Blut der Hexe wälzen, um dich mit deiner verdrängten Weiblichkeit wieder zu verbinden und dadurch Ganzheit zu erlangen. Man könnte das so deuten, daß die dir begegnende Frau die menschliche Form verkörpert, die mit dem Schwert des Willens überwunden werden kann. Das Baden in ihrem Blut steht dafür, daß du dich mit ihr und damit stellvertretend mit dem kollektiven plutonischen Mutterbild wieder verbindest, wenn du genug entwickelt bist. So, wie die Raupe ihren Kokon aufbricht, um zum Schmetterling zu werden, wirst du das martialische Ego überwinden, wenn das geistige «Stirb-und-Werde» das äußere Weltbild zerbricht. Erst dann kann deine Seele aus den Trümmern ihres Egos kriechen und wie ein Adler in die Sonne fliegen, um dort im Feuer zu verglühen.

♂ ⚸

Mars / Lilith

Mars des Mannes in Aspekt zur Lilith der Frau

Konjunktion ☌

Mit dem Schwert des Kriegers tauchst du in die Abgründe der Hexe ein, um neue Erkenntnisse über das Leben hervorzubringen. Unter diesem Aspekt kombiniert sich die Durchsetzungkraft des Mannes mit dem Schatten des leidenden, sich opfernden Weibes, das erst durch Selbstvernichtung Erlösung findet. Es ist das ewige Thema der Erlösung: Erlösung durch eine Frau, die dazu fähig ist, das Ewigweibliche und das Ewigmännliche durch ihre Selbstaufopferung miteinander zu verbinden. Dieser Bewußtseinsprozeß bringt Probleme mit sich, da sie mit der Gewalt ihres Schattens gegen das Licht ankämpft, das sie sucht und für das sie nicht nur jeden angreift, der ihr bei der Suche hilft, sondern auch jeden, der sie von der Suche abhält. Es ist das alte Karma, das vernichten zu wollen, was man zur Weiterentwicklung braucht; und weil sie dazu deines marsischen Schwertes bedarf, um die abgestorbenen, sie umzingelnden Hüllen der Vergangenheit zu zerschneiden – eine Operation, die sie gleichzeitig bekämpft, weil der dunkle Lilith-Teil in ihr ahnt, daß die freiwillige Aufopferung verbrauchter Werte, die zur Erlösung führt, ihren eigenen Untergang fordert –, wird sie für dich zur treuesten Freundin, die dir in den Rücken fällt, damit du die Widersprüche der Psyche erkennst. Die Erfüllung, die diese Beziehung bietet, erscheint im unmittelbaren Sinne seltsam, doch ist es so, daß es sich um die wahre Erfüllung handelt. Nur dadurch, daß du sowohl Himmel als auch Hölle in dir selbst und in ihr akzeptieren kannst, ohne dir selbst oder ihr zu schmeicheln oder dich oder sie zu verachten, kannst du zum heldischen Erlöser werden, der den Schatten seiner Partnerin naiv und unwissend zerstört. Du hilfst ihr nicht, indem du sie bekämpfst, sondern indem du ihre Lügengebilde und Ränkespiele aufdeckst und sie in ihrer Entblößtheit annimmst.

Quadrat, Opposition ⚻ □ ∟

Unter diesem Aspekt bist du nicht imstande, die wirkliche Frau hinter ihrem undurchdringlichen Äußeren zu erkennen. Sie lädt dich ein, herauszufinden, was sie vor dir versteckt. Hier bist du ihrem Schatten ausgeliefert, wodurch sie nicht nur die Möglichkeit erhält, sich hinter ihren Absichten zu verbergen, sondern auch dein ausgelagertes Ich, das sich aus dir hervorwagt, um sich ihr anzunähern, in Besitz zu nehmen. Sie läßt dir nur sehr wenig Raum, in dem du dich selbst entfalten kannst, und wenn du glaubst, über diesen Raum verfügen zu können, dann hängst du im feinen Gespinst ihrer Absichten, die du als deine eigenen in der Welt zu verwirklichen glaubst. In Wirklichkeit ist es aber so, daß du ihre unbewußten Suggestionen auf der Beziehungsebene blind gegen deinen eigenen Willen durchsetzt. Bei diesem Spiel, dir immer wieder neue Facetten ihrer Psyche zu zeigen, reißt sie dich in die infernalen Abgründe deiner Ängste hinab. Da sie genau weiß, daß du dich im tiefsten Inneren vor ihr fürchtest, weil sie dich «verzaubern» könnte, fordert sie dich auf, sie zu verführen oder sonstwie zu überwinden. Darin zeigt sich der verborgene verschlingende Aspekt der Großen Mutter, den du auf deine Lilith-Partnerin überträgst. Erst durch das Unvermögen, ihre wahre Absicht hinter ihrer Maske zu erkennen, räumst du ihr die Möglichkeit ein, dich auch verhexen zu können.

Trigon, Sextil ⊻

Hier zeigt dein Mars einen großen Überschuß an sexueller Kraft, und damit steht er für das Feuer als Symbol für die Libido, die brennende Lebensenergie. Andererseits treffen deine Feuerpfeile nur schwer ihr Herz, ist doch Lilith keine leibhaftige Frau, sondern der Archetyp der in deinem Inneren konzentrierten Weiblichkeit. Als Gegenspielerin Evas ist sie unauflösbar mit dem Schatten verknüpft. Deshalb trägt der Lilith-Anteil, dem du in deiner Partnerin begegnest, hauptsächlich deine Projektionen der Femme fatale. Was euch verbindet, ist möglicherweise eine von dir unbewußt bekämpfte Mutterbindung, die sich im Lilith-Schatten der Frau reflektiert, und die den psychologischen Hintergrund dieses Aspektes bildet. Vielleicht ist sie aber auch ein Teil deiner weiblichen Ausrichtung, die ihre psychische Aufgabe als Vermittlerin zwischen Bewußtem und Unbewußtem durch das Aussöhnen von Konflikten und das Vereinigen von Gegensätzen erfüllt. Deshalb ist die Beziehung zu ihr und zu dir selbst häufig sehr kompliziert. Der Fortschritt und Erfolg in der Beziehung unter dieser Verbindung hängt davon ab, ob du in der Lage bist, deinen ihr innewohnenden Schatten als solchen zu erkennen und auf angemessene Weise zu behandeln (ebenso wie das Verständnis der Gefährtin von ihrer Fähigkeit abhängt, deine Projektion zu akzeptieren).

♂ ☊

Mars / Mondknoten

Mars des Mannes in Aspekt zum Mondknoten der Frau

Konjunktion ☌

Bei dir stellt sich oft das Gefühl ein, mit der scharfen Schneide deines marsischen Schwertes unbewußt die Hoffnungen und Ängste deiner Weggefährtin zu treffen, die diese auf dich projiziert. Dadurch wirst du mit ihren Sehnsüchten und Hoffnungen insoweit konfrontiert, als aus dem Loch, das du in ihren Wust gerissen hast, ihre Kümmernisse und Ängste herausschießen und sich um dein kämpferisches Ich (Schwert) versammeln. Dadurch verbindet sich deine optimistische, männliche Haltung harmonisch mit dem unbewußten Verstehen der Frau. Du hast die marsische Absicht, für deine Ziele zu kämpfen; sie hingegen spürt, daß man am Resultat des Handelns doch nichts ändern kann. Sie nimmt durch die Brille ihres Mondknotens die Schmerzen und Gefahren, die sich der Mensch selbst bereitet, immer als Strafe für ein früheres Vergehen wahr. Während du sie Zielgerichtetheit lehrst, die sie nur verschwommen ahnt, reflektieren sich ihre Ziele in der polierten Klinge deines Schwerts, was klarmacht, daß sich die unbewußten Erinnerungen aus dem Fundus ihrer karmischen Vergangenheit um die «Schwertspitze» deines Egos legen. Das bedeutet, daß sie in die Ziele, für die du kämpfst, immer auch ihre Hoffnungen und Erlösungswünsche hineinlegt.

Quadrat, Opposition ⚻ □ ☍

Unter dieser Konstellation bekommst du die negativen Gefühle, die ihr euch gegenseitig reflektiert, nicht in den Griff, obwohl es beinahe den Anschein hat, als blicktest du durch alte karmische Erfahrungen hindurch und würdest recht gut erkennen, was zu ändern wäre. Deine Absicht ist, dich durchzusetzen und deine Ziele zu erreichen. Deine Partnerin bemüht sich, dich auf die Wahrheit deiner Aggressionen aufmerksam zu machen, was zu Reibereien, Auseinandersetzungen und Krisen führt. Du kämpfst für deine Mannesehre und sie für das Ziel, dich auf deine Aggressionen zurückzuwerfen, wobei es zu den unangenehmen Begleiterscheinungen dieser Verbindung gehört, daß die Frau auf raffinierte Art und Weise versucht, sich mit deinem Schatten zu verbünden, der ja (durch dich auf sie projiziert) gerade das Problem schafft, das du bekämpfst. Damit tötest du dich bzw. die Verbindung zu dem verdrängten aggressiven Teil in dir selbst, wenn du sie besiegst. Das ist das Komplizierte an diesem Aspekt, der altes Karma auswirft: Würdest du wissen, was das Ganze bedeutet, so würdest du die Konfrontation vereiteln. Doch da diese Verbindung auch das anzeigt, was passieren muß, damit das Schicksal seinen Lauf nehmen kann, darfst du nicht wissen, welchen Kräften du dienst, wenn du das Schwert benutzt, um den «Partnerschaftsknoten» in einem spontanen Akt zu durchschneiden. Die Frage kann auch nicht sein, ob diese Handlung richtig oder falsch ist, denn das gleiche würde auch für die Möglichkeit gelten, es nicht zu tun. Man kann nur sagen: So kann sich das Beziehungsspiel entwickeln.

Trigon, Sextil ⚺

Im Gefühlsbereich versuchst du deine Männlichkeit dadurch zu unterstreichen, daß du mit dem Schwert der Erkenntnis die verwunschene Prinzessin aus ihren regressiven Verstrickungen und infantilen Rückschritten befreist. Der Mondknoten der Partnerin zeigt die karmischen Erinnerungen, auf die sie intuitiv reagiert. Teils aufgrund ihrer Blindheit und teils aufgrund ihrer Ängste ist sie genötigt, sich ihrer Entwicklung sowohl zu widersetzen als sie auch zu forcieren. Der durch den Mondknoten symbolisierte Rückschritt kann zu infantilen Fluchtphantasien führen. Er kann mit Hilfe der ihn durchdringenden Spitze deines Schwertes aber auch zum erneuten Durchleben kindlicher Situationen führen, so daß ein weit progressiveres Ergebnis als in der Kindheit erzielt werden kann. Das marsische Schwert symbolisiert die brennende Kraft des Lebens: die Libido. Die Schneide steht für die männliche Vernunft, die dazu neigt, die Widersprüche zu trennen und Dualitäten zu schaffen, wo die Frau dazu neigt, Unterschiedliches zu verbinden und in sich aufzunehmen. Somit reißt du die Gefährtin mit dem durchdringenden Schwert des Erkennens aus ihren ganzheitlichen Träumen und zwingst sie, das Licht zu sehen, das wiederum ein Symbol der Libido ist und ungenutzt im Unbewußten liegt, bis es durch das Hinzutreten des Willens erkannt und durch das Schwert in die Realität gehoben wird.

♂ (AC)

Mars / Aszendent

Mars des Mannes in Aspekt zum Aszendenten der Frau

Konjunktion ☌

Unter diesem Aspekt kannst du die Begleiterin hinter ihrem Selbstbild spüren. Du kannst ahnen, was sich hinter der Maske verbirgt, die sie dir zeigt, wenn auch nur aus dem Grund, weil das, was du siehst, von dem, was du sehen möchtest, beeinflußt wird. Es ist der Versuch, deine innere Vorstellung von der Frau mit Inhalt zu füllen und diese Beschreibung auf die Wirklichkeit zu übertragen. Dein Mars wird von ihr zwar nicht unmittelbar erfahren, doch er beeinflußt sie indirekt in erheblichem Maße, da er den Rahmen bildet, aus dem dir ihre Maske entgegenblickt. Diese Maske erscheint dir gerade an der Stelle, wo deine Sichtweise es ihr befiehlt. Diese Stelle wird nicht zuletzt auch durch die Perspektive deiner auf sie projizierten Aggressionen bestimmt. Dein Befehl richtet sich an die Maske, sich dir genau an der Stelle zu zeigen, wo das von dir Erblickte mit der Realität übereinstimmt. Wenn das feine Wechselspiel in seiner Gesamtheit gut gelingt, dann macht die Partnerin die Erfahrung, daß etwas Großes auf sie einwirkt und sie durchdringt. Aber wie immer es sich auch nach außen darstellen mag, es ist die Erfahrung deiner Übertragung, die die Frau (in deinem Sinne) von innen erfüllt.

Quadrat, Opposition ⚻ □ ∟

Aufgrund deines Mars weigerst du dich, nur Statist zu sein und zuzuschauen, was passiert. Deshalb projizierst du deine Vorstellungen auf die Frau, die dir von außen entgegentritt, und reagierst dann auf deine innere Vorstellung anstatt auf das äußere Erscheinungsbild. Unbewußt führst du viele verwirrende Situationen herbei, indem du deinen übertragenen Schatten in ihr wirken läßt und dann durch deine Reaktion auf die Projektion zu Schlußfolgerungen kommst, die mehr mit deinen ungelebten Aggressionen zu tun haben als mit dem, was sie dir angetan hat oder antun wollte. Du projizierst das, was du als falsch oder schwächlich oder als unannehmbar empfindest, auf sie, so daß du sie als Schlange oder Giftpilz empfindest. Weil du also deinen Schatten auf ihre Maske projizierst, und die Maske das darstellt, was du mit ihrer Person verbindest, fühlst du dich von ihr stärker als von anderen herausgefordert. Deshalb bist du auch viel schneller als sonst bereit, dich auf eine Auseinandersetzung mit ihr einzulassen. Das bedeutet Streit, weil du nicht erkennst, daß du die Welt nur durch die Bilder erfährst, die du dir selbst geschaffen hast. Du bist nicht in der Lage, zu erkennen, daß du dich in den streitbaren Mittelpunkt deiner eigenen Aggression gesetzt hast, die dir den Konflikt an deinen äußeren Fenstern vorbeitreibt, während du aber nicht innen, sondern außen sitzt, dir also selbst zusiehst und nicht erkennst, daß du die «Schlange» bist, die dir entgegenzüngelt.

Trigon, Sextil ⚺

Auf der Beziehungsebene triffst du auf eine deine Männlichkeit unterstützende Partnerin, zu der du nach deinen Heldentaten immer wieder zurückkehren kannst. Durch die Kraft des Mars füllst du ihr Selbstbild mit Sinn, Energie und Leben auf. Dabei hat es für dich etwas sehr Erotisches, der Mittelpunkt ihrer auf dich projizierten Heldentaten zu sein. «Du bist» ist hier keine Floskel, sondern der Ausdruck einer sich selbst zentrierenden, universalen Gesetzmäßigkeit des Werdens, und indem du diese auf deine Seelengefährtin projizierst, akzeptierst und achtest du sie. Du nimmst sie mit auf eine lange Reise zum Mittelpunkt des menschlichen Egos, wo sie die Wahrheit und damit sich selbst erkennen wird. Im partnerschaftlichen Bereich wird mit diesem Aspekt die Ich-Verkörperung und Selbst-Durchsetzung angesprochen, die die Initialzündung für das gemeinsame Erreichen von Zielen bedeutet.

♂ (MC)

Mars / Medium Coeli

Mars des Mannes in Aspekt zum Medium Coeli der Frau

Konjunktion ☌

Diese Verbindung repräsentiert das erfolgreiche Gelingen gemeinsamer Projekte, die nach Zeiten der Überlegung nun reif sind, um realisiert zu werden. Primär ist es der Wunsch nach einer Macht- oder Ehrenposition, die hohes Ansehen bringt. Dazu gehört der Wille, gemeinsam mit der Partnerin Ziele zu erreichen, die sie entweder als besonders hoch oder besonders schwierig ansieht. Auch wenn sie sich die Hindernisse, die sie dir vorgibt, selbst einbildet, gelingt es dir immer wieder, sie zu «überspringen». Vielleicht kann man sagen, daß ihr die Ziele gerade aus dem Grund erreicht, weil ihr das Realitätsprinzip, gegen das ihr anrennt, selbst aufstellt. Es ist keine Dummheit, gegen diese selbst «beabsichtigten» Hindernisse anzurennen, denn es ist ein kluger Schachzug, die Ziele an jenen Stellen zu errichten, die nicht leicht zu erreichen sind, damit ihr die Motivation entwickeln könnt, sie auch zu überwinden.

Quadrat, Opposition ⚻ □ ∟

Unter diesem Einfluß verstrickst du dich mit deiner Begleiterin sehr schnell in unfruchtbarem Gezänk. Dein aggressives Ich kämpft unter diesem Aspekt manchmal darum, etwas mit Gewalt durchzusetzen, wo nur langsame Wachstums- und Überzeugungsprozesse wirklich etwas erreichen können. Je aggressiver du vorgehst, wenn du die Ziele der Frau bekämpfst, desto unfruchtbarer wird dein Sieg. Deine Schuldgefühle und konventionellen Hemmungen gegenüber der Partnerin hindern dich daran, das zu zerstören, was sie als Leistungsziele in die Welt projiziert, und hängen mit deinem inneren Bild zusammen, hinter ihrem Schutzwall gleichzeitig Wärme und Sicherheit zu vermuten. Dieses unentschlossene Verhalten führt oftmals zu Überreaktionen, die dann zu weiteren Aggressionen führen, weil du psychischen Reaktionen nicht ausweichen kannst. Denn es sind nicht nur die gesellschaftlichen Strukturen, an denen dein aggressiv-dynamisches Verhalten zerschellt, sondern es sind auch die Kanten und Ecken deiner inneren Blockaden, an denen dein Ego wie eine Seifenblase zerplatzt.

Trigon, Sextil ⚺

Diese Kombination versinnbildlicht deine männlich-aktive, treibende Kraft. Diese Kraft ergänzt die Ziele deiner Gefährtin, indem du im gemeinsamen Alltag manifestierst, was sie als Absicht in sich trägt. Du hilfst ihr beim Erreichen ihrer Ziele durch die Bündelung ihrer Vorstellungen, wobei du ihre Handlungsabsichten auf den Brennpunkt deiner Tatkraft legst. Dein Mars steht auch für den starken Willen, deine widersprüchlichen Gedanken, Überzeugungen und Gefühle mit denen deiner Begleiterin in Übereinstimmung zu bringen. Er weckt in dir den Wunsch, den inneren Helden in deiner Partnerin zu wecken, der dir dabei hilft, ihre Probleme zu lösen. Du realisierst ihre Wünsche in der Realität, indem du sie als ein gemeinsames Beziehungsziel in der Welt anstrebst. Von innerer Kampfkraft durchströmt und vom Wunsch nach äußerer Durchsetzung beseelt, bist du bestrebt, alle Widerstände zu beseitigen, die sich euch entgegenstellen.

♂ X

Mars aspektlos

Mars des Mannes ohne Aspekt zu einem Planeten der Frau

Die Aspektlosigkeit bedeutet, daß deine Libido die Frau nicht genügend zu fesseln vermag (vorausgesetzt, daß auch ihr Mars nicht mit dir oder deine Venus nicht mit ihr sexuell korrespondiert!). Somit bist du in fleischlicher Hinsicht von ihr getrennt. Das zeigt, daß du mit der Partnerin eine geistige oder seelische Beziehung aufbauen kannst, aber nur, wenn du diese Verbindung nicht mit einer normalen leiblichen gleichsetzt. Das heißt, wenn du akzeptierst, daß auf der sexuellen Ebene nur sehr wenig passiert (möglicherweise kannst du das Bild einer schwesterlichen Beziehung auf die Frau projizieren, um die Sexualität in den Hintergrund zu rücken). Das Schlimmste, was bei dieser Nicht-Aspektierung passieren kann, ist, daß sich die verzweifelte Anima in der Person deiner Partnerin mit dem Schatten verbündet, da sie dich, obwohl du vorgibst, sie zu lieben, sexuell nicht empfinden kann. Sie kann deine Triebkräfte nicht spüren. Damit kannst du ihr deine Männlichkeit nicht beweisen. Dies ist ein verzweifelter Versuch, Klarheit zu schaffen, weil du ihr in einem psychischen Sinn Gewalt antust (passive Gewalt durch sexuelle «Nicht-Anziehung»). Und was noch schlimmer ist: Es ist für sie unmöglich, sich unmittelbar mit dir zu identifizieren, da du nicht die nötige Ausstrahlung besitzt, um ihren Animus anzuziehen. Deshalb zeigt sich dir meist nur die dunkle Seite ihres Wesens, der ihre Furcht, ihre Niedrigkeit und die unheroische Seite ihrer weiblichen Männlichkeit in sich enthält. Wenn sie diesen Teil in sich ablehnt, wird sie dich dafür hassen müssen. Wenn nicht, ist sie dir gegenüber nur gleichgültig.

♃

Jupiter

Die globale Entfaltung aus der Sicht des Mannes

Als milder Regent und rücksichtsloser Tyrann ist Jupiter der göttliche Triumphator schlechthin. Als allumfassender und universaler Gott nennt man ihn «höchste Macht», und als Beherrscher des Erdkreises ist er der oberste Gott, Regent und Erhalter des Weltalls. Als Guru und Wohltäter, der selbst aus den profansten Alltäglichkeiten kraftspendende und lebensbejahende Affirmationen zu ziehen vermag, steht er für den unstillbaren Drang nach geistiger Horizonterweiterung, und mit seinem unerschöpflichen Trieb nach Ausdehnung repräsentiert er eine guruhafte Omnipotenz in der Außenwelt, die das Wesentliche übertrieben durchscheinen läßt. Das Bestreben, die Dinge in einem größeren Zusammenhang zu sehen, hat seinen Höhepunkt in der Auseinandersetzung mit grundsätzlichen Daseinsfragen, und die Möglichkeit zur geistigen Hinterfragung und individuellen Selbstinfragestellung, wie sie durch Jupiter repräsentiert wird, verleiht dir die Fähigkeit, einen tiefen und unerschütterlichen Glauben an die Weisheit und den Sinn des Lebens zu entwickeln, der dich mit dem Höchsten in Verbindung bringt: «Ich und der Vater, wir sind eins». Doch erst, wenn du merkst, daß du dein eigenes Ziel bist, das sich in seiner Ausdehnung immer weiter von seinem Zentrum entfernt, das gleichzeitig wachsen muß, um sich seiner Beweggründe bewußt werden zu können, wirst du das Geheimnis lösen. Denn hier verbirgt sich die Wahrheit, die dir nur deshalb als Geheimnis erscheint, weil du dich selbst in ihr nicht siehst: Nicht nur das emotionale «Ich und der Vater», sondern auch das strukturiertere «Sehnsucht und Ziel» sind eins.

Durch eine **Konjunktion** verbunden bedeutet Jupiter einen tiefen und unerschütterlichen Glauben an die allwissende Vorsehung und damit an alles, was du in seinem Bannstrahl als Bild vom Weiblichen empfängst. Auch wenn du in dem, was du für die Welt hältst, nicht die Welt, sondern nur deine eigene Wahrnehmung erkennst, so ist das, was du unter dieser Verbindung siehst, das beste, was du in der Partnerin erkennen kannst. Gleichzeitig ist die Gefährtin, die sich dir als Welt darstellt, das Zentrum selbst, das du in dich hereinnimmst, um es mit deiner inneren Stärke zu umfangen. Die Frau ist das Produkt deiner Sehnsucht, und du der Empfänger, der seine Gefühle nach der Reflexion seiner Projektionen im anderen wahrnimmt. Deshalb erkennst du sie als «Partnerin», und weil sie dir unter diesem Aspekt in der Partnerschaft als sehr glücklich erscheint, befindest du dich hier im Zentrum deiner eigenen Erfüllung.

Unter einem **disharmonischen Aspekt** symbolisiert Jupiter die Abtrennung des inneren Empfindens von der Ganzheit der fließenden Natur. Er ist auch eine Projektion deines inneren Bildes elterlicher Autorität nach außen und damit das Symbol der kontrollierenden Instanz (Patriarchat). Im Gegensatz zur harmonischen Verbindung, durch die die kosmischen Energien in die natürlichen Formen des Lebens fließen, schafft er sich eine überzüchtete Kultur. Als handelndes Bewußtsein repräsentiert er den vom Selbst abgespaltenen, egozentrischen Teil deiner aufgeblähten inneren Vaterfigur. Diese entwickelt sich in scheinbarer Unabhängigkeit von den natürlich und ungezwungen fließenden Strömen des Lebens und schafft sich eine der natürlichen Aussteuerungsmechanismen beraubten Natur. Er unterdrückt seine Gefühle, nur um sie auf dem Umweg der Unterdrückung der Gefühle anderer in Form von Allmachtsphantasien auszuleben. Er befriedigt sich also selbst, indem er das Gesetz zur Unterdrückung anderer instrumentalisiert, um das in sich selbst Unterdrückte loszuwerden. Doch zur Bestrafung bietet sich nur an, was selbst zur Opferrolle bereit ist, und falls du die gewalttätigen Anteile deiner eigenen seelischen Struktur (den Herrscher in dir selbst) verdrängst und demzufolge auf Gegenwehr verzichtest, lieferst du dich oft auch den übersteigerten Höhenflügen der anderen aus.

Harmonisch aspektiert beschäftigst du dich mit den Zusammenhängen und Gesetzmäßigkeiten im Wesen der anderen, die du in dir selbst entdecken willst. Erkenntnis wird als geistige Individualität empfunden; du strebst nach einem autonomen Denken, das sich selbst Gesetz ist. Um diese Erfahrungen aber in deine Realität zu übertragen, mußt du die inneren Ahnungen, die sich dem unmittelbaren Erfahren durch die Sinne entziehen, in verständliche Bilder übertragen, ohne aber zu vergessen, daß die Bilder, derer du dich bedienst, nur die persönlichen Projektionen deiner überpersönlichen Suche sind. Es ist der Ruf Jupiters, aufzubrechen und das innere Wesen deiner Gefährtin zu entdecken, doch ist diese Reise gleichzeitig der Weg zu dir selbst. In seiner harmonischen Prägung zeugt er von einer Haltung, die von Güte, Optimismus und lebenszugewandter Expansivität nur so strotzt. Man glaubt ihm – und damit dem jupiterhaften Teil in dir – den offenen und großzügigen Menschen, der «leben und leben lassen» zum Credo seines persönlichen Verhaltens kürt. Als Hüter väterlich-milder Autorität dient dir Freiheit und Selbstverwirklichung zur höchsten Prämisse, aber nur solange die anderen die ihnen gnädigst zugewiesenen Freiräume nicht überschreiten. Solange man deinen Führungsanspruch nicht in Frage stellt, bist du für deine Umwelt der gütigste, gerechteste und wohlwollendste Partner.

♃ ☉

Jupiter / Sonne

Jupiter des Mannes in Aspekt zur Sonne der Frau

Konjunktion ☌

Aufgrund deiner positiven Einstellung kannst du die Gefühle deiner Partnerin bis in die tiefsten Seelenspitzen spüren. Im Feuer der Anziehung, wenn sich ihre Seele in deiner Umarmung verstanden fühlt, hebst du ihre Liebe einen Augenblick zu den Sternen empor. Manchmal übersiehst du, daß die von dir als Göttin wahrgenommene Gefährtin ein getreues Abbild deiner Erwartungen ist, die dir alle visionären Sehnsüchte spiegelt, die du in deinem Unbewußten trägst. Einerseits ist in all dem, was du ihr reflektierst, etwas Halluzinatorisches im Spiel, andererseits ist es deine manifestierte Realität, die sich um die «göttliche» Begleiterin dreht, innerhalb der du dich zum Beziehungsolymp erhebst.

Quadrat, Opposition ⚻ □ ∟

Unter einem disharmonischen Aspekt erschaffst du dir die Beziehungsrealität aufgrund deiner inneren Überzeugungen – nur sind diese nicht in Übereinstimmung mit den Erwartungen der Frau. Da für dich die Welt ein getreues Abbild deiner Ideen, deiner inneren Überzeugung ist und alles, was du denkst oder glaubst, sich auf die eine oder andere Art im Physisch-Psychischen manifestiert, verheddern sich die überhöhten Ziele in den Niederungen deiner Erwartungen, weil das Ego statt nach den Zielen der Partnerin viel lieber nach der Zementierung seiner eigenen, ihr aufoktroyierten Vorstellungen strebt. Solange du nicht ahnst, daß du nur das Spiegelbild deiner überhöhten Erwartungen von der Wegbegleiterin einforderst, die diese niemals einbringen kann, wirst du dich mit einer unerfüllbaren Sehnsucht abfinden müssen. Selbst wenn du es wüßtest, könntest du dieses Problem im Zeichen des Zwiespalts «Realität oder Wahn» nicht ergründen, weil das Selbst, das diesen Zwiespalt erfährt, sich selbst als Realität erfährt.

Trigon, Sextil ⊻

Du möchtest die Frau mit deinem Schöpfergeist entzünden und sie im gemeinsamen Erleben so weit über die kollektiven Gefühle hinausheben, daß sie in der menschlichen Liebe den Hauch des Ewigen spürt. Dabei darfst du durchaus offen sein für die reflektierten Gefühle, die du von deiner Seelengefährtin empfängst, solange du nicht vergißt, daß sie nur die Kinder der von dir entfachten Sehnsucht sind, die wieder ihren ursprünglichen Heimathafen im kollektiven Unbewußten suchen, aus denen du sie vertrieben hast. Deshalb solltest du in dem auf die Frau projizierten Glanz zuerst deinen eigenen Teil erkennen, der sich seiner selbst auch als etwas bewußt ist, das über das hinausgeht, was du bist, und der das Leuchtende aus der Tiefe der Seele, das er in die Welt hinauswirft und das ein Mensch niemals alleine tragen kann, an seine Umgebung weiterreicht. Er, der sich als dich erkennt und zugleich mehr ist, als du bist, ist der persönliche Gott oder das Urvertrauen in die eigenen Fähigkeiten, das du in der Beziehung mit deiner Partnerin teilst.

♃ ☽

Jupiter / Mond

Jupiter des Mannes in Aspekt zum Mond der Frau

Konjunktion ☌

Auf der Suche nach dem Glück expandieren deine Gefühle, wobei die Partnerin feststellt, wie empfänglich sie für deine Ziele ist. Daraus erwächst ihr die tiefe Gewißheit, der Brennpunkt deiner feurigen Männlichkeit zu sein. Ihre Zuneigung ist so stark, daß sie aus der Kraft tiefster Hingabe einen libidinösen Schleier entwirft, um sich mit dir darin wie in einem Liebeskokon einzuspinnen. Gleichzeitig kommt ihr der vitale Antrieb deines kosmischen Strebens entgegen, zu leben, zu wachsen und sich immer weiter zu entwickeln. Auch wenn es sich dabei um eine höchst subjektive persönliche Erfahrung handelt, die sich einer allgemeinen Nachprüfbarkeit entzieht, handelt es sich hier möglicherweise um jenes spirituelle Feuer, in dem die unbewußte Erinnerung des Menschen an den schöpferischen Urzustand verborgen ist.

Quadrat, Opposition ⚻ □ ∟

Jupiter ist der Wegweiser auf dem Pfad der Gemeinsamkeit, der nicht nur auf die unergründlichen Gewässer der Mondin weist, sondern gleichzeitig auch auf die Illusionen einer sich selbst überschätzenden Selbstlüge zeigt, die auf der Partnerschaftsebene den Beziehungsaustausch stört. Da dieser Aspekt das unmittelbare Ergebnis negativer Erwartungen ist, die sich gegenseitig bekämpfen, wird jede nach außen projizierte Haltung vom Partner falsch interpretiert und schließlich als ein äußerer Sachverhalt akzeptiert, der den anderen zum möglichen Widersacher erklärt. Diese unterschwellige Einsicht wird wiederum nach außen projiziert und schlägt sich in der Erwartung einer gerechten Strafe des Betreffenden als materielle Hoffnung nieder gemäß dem kosmischen Gesetz: Negative Einstellungen arbeiten gegen den Übertragenden selbst.

Trigon, Sextil ⚺

Dieser Aspekt verspricht Glück, Freude und Harmonie und deutet auf einen weitgesteckten Gefühlsbereich hin, der die Urgewässer der Urmütter sowie die höchsten Erkenntnisse der Väter einschließt. Damit ist diese Beziehung ein Hinweis auf die Kraft, die Wunderbares entstehen läßt, wenn Selbstvertrauen und Wohlwollen harmonisch miteinander verbunden sind. Die Frau ist für deine Ziele empfänglich und bringt dir großes Vertrauen entgegen; im Gegenzug kannst du sie durch deine Nähe und deinen zuversichtlichen Expansionsdrang zu höheren Bewußtseinsebenen führen. Auf der Grundlage dieser Liebe fühlst du dich aufgerufen, ein großartiges emotionales Fundament mit ihr aufzubauen und eine tiefe seelische Beziehung einzugehen, die die Lebendigkeit und die Fähigkeit zur Wandlung in jeder Lebenslage in sich trägt.

♃ ☿

Jupiter / Merkur

Jupiter des Mannes in Aspekt zum Merkur der Frau

Konjunktion

In der Partnerschaft bist du ständig bestrebt, das gemeinsame Bewußtsein durch den Austausch von Informationen zu erweitern. Dabei offerieren dir die Sichtweisen deiner Partnerin wertvolle Informationen, die du zu einem beeindruckenden Ganzen zusammenfassen kannst. Die Antriebskraft der merkurischen Vitalität strebt nach immer neuen Einsichten, und auch dein jupiterhaftes Erkennen kann ohne Veränderungen nur sehr schwer existieren, weil es aus der Verschmelzung verschiedener Perspektiven Identität gewinnt. Euer gemeinsames Ziel ist die Ausweitung von Geist und Verstand, denn die Widersprüche im Leben und in der Partnerschaft wollen durch die ständige Erweiterung alter Standpunkte gelöst werden. Es ist das Innewerden der laufenden Veränderungen, die im Energieaustausch zwischen zwei Menschen das Ideal einer ungeheuren Vision von Zukunft laufend aus sich heraus gebären.

Quadrat, Opposition

Unter dieser Konstellation bist du ständig bemüht, ein harmonisches Gleichgewicht auf der Beziehungsebene aufrechtzuerhalten. Das ist jedoch nicht immer möglich, da Harmonie kein fest verankerter Zustand ist, sondern ein Aussteuern gegenseitiger Empfindungen, die sich immer wieder auszugleichen versuchen. Deshalb zieht dich die Partnerin immer wieder in intellektuelle Streitereien hinein, deren Folgen zwar das Ungleichgewicht der von dir angestrebten Harmonie anzeigen, aber auch auf eine mögliche Beendigung des Ungleichgewichts hinweisen. Weil Harmonie durch den fließenden Austausch zweier oder mehrerer sich verbindender Kräfte immer wieder geschaffen werden muß, greift die Frau wissentlich nicht die von dir fixierte Übereinstimmung eines von dir erzwungenen, gemeinsamen Erfahrungshintergrundes in der Partnerschaft an, sondern es ist einfach der Widerstand der alltäglichen Erfahrung, mit dem sie dich immer wieder konfrontiert, damit du daraus die richtigen Schlüsse ziehen kannst.

Trigon, Sextil

Auf dem Weg der gemeinsamen Sinnfindung kannst du deinen schöpferischen Geist mit der intellektuellen Vitalität deiner Gefährtin in ein harmonisches Gleichgewicht bringen, denn es ist ihr großer Wissensdrang, der sich mit deinem Streben nach höherer Erkenntnis positiv verbindet. Dabei zeigt sich in deinem Verhalten nicht nur der ständige Drang nach Ausweitung an, sondern auch das Streben nach einem Standpunkt des globalen Überblicks, der es dir erlaubt, die merkurischen Gedankenansätze deiner Partnerin in die Architektur einer ganzheitlichen Sichtweise einzubinden. Es gelingt dir, das Wissen der Frau zu integrieren, ohne den Blick fürs Ganze zu verlieren. Punktuelle Ziele sind nichts für dich; für dich ist es wichtig, daß du über das Ganze reflektieren kannst.

♃

♃ ♀

Jupiter / Venus

Jupiter des Mannes in Aspekt zur Venus der Frau

Konjunktion ☌

Es ist der Aspekt der Gnade, die Flamme der Lust, die dich unter diesem Einfluß kraftvoll umfängt und auch in der Partnerin ekstatisch entbrennt, ist es doch die sinnliche Anima bzw. die Liebesgöttin, die du aus dir herausprojizierend in ihr findest, was wiederum zeigt, daß sie all das bedeutet, was du suchst. Gleichzeitig besitzt auch sie die Erinnerung an diesen schöpferischen Urzustand, den sie in dir spürt, und das weckt in ihr den vitalen Antrieb, sich gemeinsam mit dir schöpferisch zu entfalten. In ihr weitet sich das Verlangen aus, sich nicht nur mit dir, sondern sich durch dich im gegenseitigen Vertrauen auf die vorhandenen Kräfte auch mit den Göttern zu verbinden, was sich zunächst in ekstatischer Erwartung, oft aber auch in einer melancholischen Haltung durch unerfüllte Sehnsucht niederschlägt. Denn genauso wie du sehnt sie sich nach der Heimat zurück, und dieser Aspekt nährt das gegenseitige Verlangen, zur Urquelle kosmischen Bewußtseins zurückzufinden, was sich natürlich im Alltag nur schwer erreichen läßt. Ihr könnt aber wenigstens durch die angenehmen Wachstumsphasen, in denen alle eure Wünsche in Erfüllung gehen, mit dem Paradies korrespondieren, was euch eurem materialisierten Bild von Heimat ein kleines Stückchen näherbringt.

Quadrat, Opposition ⊼ □ ∟

Auf der Beziehungsebene stehst du an der Schwelle zum Paradies, denn dein ganzes Sehnen manifestiert sich in der Hingabe an alles Schöne. Meist bleibst du dabei jedoch in einer Art aufgeblähter und eigennütziger Selbstbespiegelung aus überspannten Ansprüchen im Liebesleben und der daraus folgenden Unerreichbarkeit deiner Ziele kleben, statt etwas für dein wirkliches inneres Wachstum zu tun. Deine einzige Verantwortung scheint darin zu liegen, deine Partnerin für das verantwortlich zu machen, was dir an Glück zu deinem inneren Bild von Vollkommenheit fehlt. Doch die Verantwortung für die Unvereinbarkeit deiner Ziele liegt bei dir. Übertriebenes Geltungsbedürfnis, Maßlosigkeit, Unzufriedenheit und zu hoch gesteckte Ziele werden dir nicht von außen aufgezwungen. Was die Frau letztlich davor bewahrt, in ihrer venusischen Hingabe unter dem Druck deiner jovialen Höhenflüge in den Dreck gedrückt zu werden, ist dein jupiterhaftes Gerechtigkeitsgefühl. Es läßt dich deinen überspannten Verwöhnungsanspruch im Liebesleben wieder zurücknehmen, auch wenn du dich oftmals in deinen falschen Wahrnehmungen verstrickst, ihr die Schuld für eure gemeinsamen spirituellen «Fürze» in die Schuhe zu schieben, wenn die Ideale kosmischer Sinnfindung mit der weltlichen Trieberfüllung kollidieren.

Trigon, Sextil ⊻

Diese Verbindung verkörpert das große Glück aus der Übereinstimmung mit den sexuellen und spirituellen Zielen der Frau, was dir erlaubt, im Beziehungsrahmen großzügig zu handeln, weil alles, was du begehrst, immer auch von ihren Wünschen unterstützt und getragen wird. Dabei bist du nicht nur der Schöpfer, du bist auch einer der beiden Akteure in diesem Beziehungsstück, denn hier versuchst du dein inneres Partnerbild in einem Ideal von Frieden und Harmonie zu verwirklichen, in dem beide Protagonisten miteinander verbunden sind und ihre gegenseitige Liebe Ausdruck spiritueller Schöpfung und göttlicher Einstrahlung ist. Zwar sind deine Wünsche nur ein Traum in einem Traum; doch gibt es kein Ende für all das, was innerhalb deiner Ziele nicht immer weiterführen soll, ist dein inneres Selbst doch sowohl Beobachter als auch Handelnder in diesem Traum. Es gibt auch keinen Anlaß, daß diese Illusion plötzlich zu Ende geht. Denn deine Gefährtin huldigt dem gleichen Ideal.

♃ ♂

Jupiter / Mars

Jupiter des Mannes in Aspekt zum Mars der Frau

Konjunktion ☌

In der Beziehung zu deiner Gefährtin zeigt dieser Aspekt eine starke Identifikation mit dem inneren Helden der Frau, wenn auch manchmal zum Preis, daß in diesem Akt nicht nur großartiges Wohlwollen, sondern meist auch der überhebliche Schatten einer unumstößlichen Richtigkeit der eigenen Entscheidungen und der verdeckte Stolz einer grandiosen Selbstbespiegelung schlummert. Das beschreibt eine Strategie, dich gönnerhaft mit dem inneren Held der Partnerin zu verbinden, denn im Licht deiner manchmal gottähnlich operierenden Gestaltungskraft wirkt sich dieser (Held) oft auch mäßigend auf deinen Energiehaushalt aus. Andererseits bedürfen die aktiven, nach Entwicklung drängenden Aggressionsflammen der Kämpferin auch einer allumfassenden Struktur, um Festungen zu erobern, was Mut und Risikofreude voraussetzt. Dabei gerätst du häufig in die defensive Rolle des Verteidigers, der sich der Aggressionen seiner Gefährtin zu erwehren hat. Doch mit Hilfe deiner väterlichen Güte ebnest du ihr immer wieder den Weg, auf dem sie die Hindernisse leichter überspringen kann. Wiederstände werden aus dem Weg geräumt und der Feind durch «positive Gedanken» besiegt: Die innere Absicht versetzt Berge und jetzt gelingt ihr alles, weil du weißt, daß sie es kann!

Quadrat, Opposition ⚻ ☍ ∟

Im Gefühlsbereich bist du vom Bedürfnis erfüllt, Macht über die Instinkte der Frau zu erringen, weil du genau spürst, daß du dir nur im Sieg über ihre Aggressionen deine Wünsche erfüllen kannst. Andererseits bist du dir aber auch sicher, daß dich deine eigenen Vorstellungen zu langweilen beginnen, sobald du sie dir erfüllen kannst. Durch dein unbewußtes Verhalten lädst du die kriegerische Amazone ein, dich in deiner königlichen Rolle anzugreifen, denn auf der Beziehungsebene versuchst du diesen Aspekt dadurch zu leben, indem du dir wünschst, daß sie dich bekämpft (ob du dich aber wirklich von ihr besiegen läßt, ist wieder ein anderes Problem). Dabei mutest du dir oft mehr zu, als dir guttut und wirst letztlich zu einem Opfer deines kontrollierenden Zwanges, dem du auf die Dauer nur schwerlich gewachsen bist. Denn das Ringen um die absolute Kontrolle über die unbewußten Instinkte der Partnerin bedingt eine andauernde Überforderung. Im aggressiven Kompensieren der verdrängten Suche, die eigene Dominanz in den Aggressionen der Frau kontrolliert gegen dich zu leben, verbirgt sich nicht zuletzt die Gefahr, dich von der Realität zu entfernen. Denn das Bedürfnis nach aggressiver Kontrolle wächst in dem Maße, wie du deine Aggressionen in ihr nicht mehr zu manipulieren vermagst.

Trigon, Sextil ⚺

Diese Konstellation impliziert erfolgreiche, fast unmögliche Gipfelstürme, die Mut und Übersicht verlangen, und entspricht dem Drang, den Beziehungsrahmen immer wieder zu erweitern, der dir für die gemeinsamen Ziele oft als zu eng erscheint. Einerseits sind es die eigenen Ziele, die du anstrebst, andererseits sind es auch die Möglichkeiten, die du dir in Erwartung der feurigen Kraft deiner Partnerin erhoffst. Du bedienst dich ihrer kämpferischen Flammen und lebst gleichzeitig dein jupiterhaftes Entgrenzungsverlangen aus, alles Beschränkende zu erweitern. Dabei steigert ihr Mars deine Vitalität und läßt den Zielpunkt deiner Erwartungen ins schier Uferlose wachsen. Man könnte auch sagen, daß du als Regisseur dieser Verbindung ihr Feuer auf eure gemeinsamen Ziele hinsteuerst. Doch wenn die Vorstellungen aus Übertreibungen nicht erreicht werden können, führen sie oft auch zu triumphalen, übermütigen Abstürzen wie der des Ikarus, der die Sonne mit seinen Wachsflügeln berührte.

♃ ♃

Jupiter / Jupiter

Jupiter des Mannes in Aspekt zum Jupiter der Frau

Konjunktion ☌

Wer tritt dir in der Beziehung entgegen und reflektiert dir die Sinnzusammenhänge, die du bei dir nicht sehen kannst? Es ist das Bild der Anima, das sich hinter deiner Partnerin versteckt und deine ganzheitlichen Ziele ergänzt. Sie ist es, die dich durchdringt und auf der Beziehungsebene zur inneren Mitte führt, denn in einem spirituellen Sinn symbolisiert sie auch das Ziel deiner Sehnsucht nach sich selbst. Sie hat keinen Namen. Denn sie ist das personifizierte Glück, das sich in deiner Liebe selbst erfährt. Und sie ist es auch, die den Teil verkörpert, der dir fehlt und der sich in dir nach dem Ganzen sehnt, denn für Partnerschaft gibt es kaum eine bessere Grundlage als diesen Aspekt, der dich mit deiner Seelengefährtin aufs tiefste vereint. Die Frau ist das Spiegelbild, in dem du alles findest, was du bei dir selbst vermißt. Deshalb entspricht sie der bildhaften Manifestation deiner Sehnsucht, die sich in deiner eigenen Liebe gewissermaßen selbst erfährt.

Quadrat, Opposition ⚼ □ ☍

Welcher innere Quälgeist ermöglicht es dir, aus einer Handvoll von Übertragungen alles Negative herauszufiltern, das du in deiner Partnerin zu spüren glaubst? Ist es die züngelnde Angst, im Treibsand ihrer inneren Fülle zu ersticken, oder ist es die gewaltige Überschätzung ihrer Macht? Die Vorstellung, unter diesem Aspekt die Große Mutter zu finden, die dich unter ihrem gewaltigen Busen erstickt, dient nur der Verdrängung deines tiefliegenden Unvermögens, diese Beziehung zu billigen. Natürlich ist die Wahrheit, die Frau ihrer Mächtigkeit und Pracht wegen nicht lieben zu können, für dich nicht leicht zu akzeptieren, und es liegt auf der Hand, daß dich dein innerer Geist davon ablenken will. Deshalb möchtest du, daß sie sich dir in der Weise darbietet, wie sie nicht ist und in ihrem inneren Wesen auch niemals sein kann (damit du sie weiter ablehnen kannst). Erst wenn du merkst, daß du nie mehr als das Bild erfährst, das den faßbaren Teil deines Partnerbildes ausmacht, kannst du sehen, daß du in ihr nur die verzerrte Übertragung deiner verdrängten inneren Machtentfaltung erfährst.

Trigon, Sextil △ ⚹

Mit diesem Aspekt übernimmst du die Hauptrolle in einem grandiosen Beziehungsstück, an dessen Schluß du die befreite Prinzessin in dein Königreich heimführst. Und weil es nie ein Ende für Großzügigkeit, Verantwortung, Güte und Barmherzigkeit gibt, verkörpert die gemeinsame Ebene das Paradies, das dich anzieht, denn die Frau steht für alle Wachstumskräfte, die dem Leben Auftrieb und deiner Suche Sinn verleihen. Ein starker innerer Glaube an sich selbst und großes Vertrauen zu dir zeichnen sie aus. Kraft deines emotionalen Feuers erschaffst du in der Gefährtin Realitäten, derer du dir unter diesem Gestirneinfluß nicht immer voll bewußt sein kannst. Deshalb ist sie nicht zuletzt auch ein Symbol des göttlichen Lichts und das letzte Ziel deiner Reise zu dir selbst. Der Liebende liebt, die Liebende liebt, der Liebende liebt die Liebende und beide lieben einander, denn diese Harmonie ist sowohl beobachtende als auch beteiligte.

♃ ♄

Jupiter / Saturn

Jupiter des Mannes in Aspekt zum Saturn der Frau

Konjunktion ☌

Es ist nicht immer leicht, den Sinn im Leben zu begreifen, wenn der strenge Saturn deine Höhenflüge bremst oder gar auf den Boden der Tatsachen zwingt, denn hier stellt sich die pragmatische und verantwortungsvolle Partnerin deinem oft übertriebenen Optimismus entgegen. Sie steht für die klare, objektive Erkenntnis, für das bewußt gefällte Urteil, für Unbestechlichkeit, Ausgewogenheit und Fairneß und zeigt, daß du deine Ziele viel schneller erreichst, wenn du deine Wünsche durch ihr realistisches Auge überprüfst und dich dabei auf das Mögliche beschränkst. Solange du nicht siehst, daß es oft deine Vermessenheit ist, die deine Ziele beeinflußt, die sich verändern je nach dem Standpunkt, von dem aus du sie betrachtest, solange kannst du keine Verantwortung für dein Schicksal übernehmen und auch kein Verständnis haben für das, was sich als karmischer Ausgleich hinter dem strukturierenden Standpunkt der Frau verbirgt. Wenn du hingegen bereit bist, ihre begrenzenden Einwände gleichermaßen zuzulassen, auch jene, die du gar nicht gerne hörst, dann bist du in der Lage, eine objektive Beurteilung deiner oft übertriebenen Pläne zuzulassen und damit deinen Standpunkt (den Sinn und Zweck deiner Ziele) einer kritischen Prüfung zu unterziehen.

Quadrat, Opposition ⚻ □ ∟

Meist versuchst du hier vergeblich, dich von der strengen Kerkermeisterin zu befreien, denn die Saturnierin steht für erhebliche Verzögerungen, wenn nicht gar für die Verhinderung vieler deiner großartigen Vorhaben. Weil sie nicht glaubt, daß du dich von deinen überhöhten Ansprüchen lösen kannst, nimmt sie sich das Recht, dich von ihnen gewaltsam zu befreien. Deshalb ist sie stets darauf bedacht, dir die alten, patriarchalen Zöpfe abzuschneiden, und zwingt dich, abgehobene Hirngespinste zu opfern und über konkrete Realitätswerte nachzudenken. In jedem Fall verlangt diese Beziehung von dir schmerzhafte Kompromisse, außer es gelingt dir, deine Ziele zu verteidigen, was aber nur durch zähe Geduldsproben und langwierige Grabenkämpfe erreicht werden kann. Erst allmählich stellen sich dann Erkenntnisse ein, die dir zeigen, worüber du dir ohne diese schmerzhaften Einschränkungen niemals bewußt geworden wärst: das Unvermögen, deine Aufmerksamkeit in die Tiefe zu richten und die Antwort auf die Frage nach dem Sinn des Lebens dort zu finden, wo du über Altes und Erreichtes nicht krampfhaft hinauszuwachsen brauchst.

Trigon, Sextil ⊻

Unter diesem Einfluß werden deine Erwartungen durch die niedergedrückte Stimmung deiner Partnerin gebremst und damit deine spekulierenden «Himmelsanleihen» durch verläßliche, festgarantierte Zinssätze ergänzt. Du fühlst dich zwischen der Realitätsnähe deiner Gefährtin und deinen Zukunftsperspektiven hin- und hergerissen, denn du trägst ihren Saturn-Teil, den sie auf dich projiziert, oft als schmerzhaften Verzicht in dir. Wirst du von der Frau gehemmt, so wird dein Glaube, die schöpferische Phantasie und intuitive Wahrnehmung gebremst, und du setzt statt dessen auf die Tugend saturnaler Realitätsfindung. Das Manöver, ihre Lebensängste zu analysieren und ihren Taten die Realitätskontrolle zu entziehen, brächte sie in die Lage, statt ihren Anpassungszwängen deine Visionen unterstützen zu müssen. Ist Zukunft in deinen Träumen realistisch vorhanden, und werden die Träume in euren Zielen erkannt, kann dieser Zustand zwischen Illusion und Realität in jenen höheren Zustand überführt werden, in dem sich jeder von euch als der sich ergänzende Teil im anderen erfährt. Der Bewußtseinsgewinn ist dabei enorm: Du gewinnst durch ihre Bodennähe, und sie partizipiert an deinen jupiterhaften Höhenflügen.

♃ ⚷

Jupiter / Chiron

Jupiter des Mannes in Aspekt zum Chiron der Frau

Konjunktion ☌

Meist ist die Partnerin der chironische Engel und wird von den Göttern zu Männern gesandt, die eine große kreative Vorstellungskraft haben, aber nicht wissen, wie sie ihre Träume in der Gegenwart verankern können. Bevor du also nach der Spitze menschlicher Errungenschaften strebst und den Sinn der Schöpfung zu erkennen suchst, um an der kollektiven Entwicklung mitzuwirken, solltest du an das geistige Entwicklungspotential der Frau appellieren und sie bitten, deine Ziele zu disziplinieren. Mit ihrer Hilfe kann es dir gelingen, deine Eindrücke, Wahrnehmungen und Intuitionen in konstruktiver Weise zu kristallisieren. Versuch ihr also nicht zu entkommen, auch wenn du die Beziehung für ein Gefängnis hältst, aus dem du eines Tages fliehen wirst. Die Erkenntnis der Wahrheit über dich selbst besteht im wesentlichen darin, daß du entdecken wirst, was du unbewußt einem Mann empfehlen würdest, der seine Träume in der Welt nicht leben kann: daß er zur Verwirklichung seiner kreativen Vorstellungskraft in der Realität der Hilfe einer konstruktiven Krisenmanagerin bedarf.

Quadrat, Opposition ⚻ □ ☍

Unter diesem Aspekt geraten das deinen Einflußbereich erweiternde Verlangen und die karmische Sichtweise deiner Partnerin in Clinch, was zu gewaltigen Reibereien führt. Täuschungen, Lügen und Betrügereien sind zu befürchten, Verwirrung und Irrationalität sind mit im Spiel, denn hier wirst du mit Seelenanteilen konfrontiert, durch die du dir nicht nur deiner Sehnsucht nach Wahrheit und höherer Erkenntnis, sondern auch der Unfreiheit und Abhängigkeit von deinem überbordenden Wachstumsstreben bewußt werden kannst. Dabei erlaubt dir die Frau einen Blick ins Unbewußte, wo dir dein ungezügeltes Wachstumsverlangen, stets alles übertrumpfen zu wollen, entgegenblickt. Hier ist nicht nur die weise Beschützerin angesprochen, sondern auch das dunkle Spiegelbild der Nacht, das dir wie ein Schatten anhaftet. Die von deinem Expansionsdrang fälschlicherweise oft verteufelte Retterin heftet sich in heilsamer Absicht an die inneren Mechanismen deines Wahns und projiziert ihn in die nüchterne Atmosphäre der Realität zurück, was ein schmerzhaftes, aber heilsames Erwachen bedeuten kann. Wie kurzsichtig du dich auch gegen ihre schmerzhaften Berührungen auflehnen magst, so wirst du sie trotzdem niemals überwinden, verkörpert sie doch etwas, was du in dir selbst überwinden mußt (den Wahn nämlich, selbst die Grundlagen übertrumpfen zu müssen, auf denen du dein eigenes Wachstum aufbaust), wenn du weiter Vertrauen in deine Überzeugungen haben willst.

Trigon, Sextil ⚺

Im Beziehungsbereich zeigt sich vermehrt die Tendenz, dich mit deinem Karma beschäftigen zu wollen, denn Jupiter läßt das Interesse für das Ewige aus dir hervorsprudeln, während sich die zurückhaltendere Chiron-Partnerin als Gefäß zur Aufnahme und Begrenzung dieses Ewigen zur Verfügung stellt. Weil der Zuwachs an Wahrnehmung ohne ordnende Beschränkung dein Hirn überfluten könnte, bedarf es der differenzierenden Einflußnahme der Frau, wenn sich deine Vorstellungskraft konstruktiv manifestieren soll. Dabei übernimmt die Gefährtin die Lehrerrolle und führt dich an deine eigenen Grenzen heran, nicht ohne dich empfinden zu lassen, wie bedeutsam deine schöpferischen Einfälle auch für sie sind. Da all dein äußeres Streben im Prinzip nur dem Versuch dient, das Innere zu begreifen und es in seinen unerklärlichen Übertreibungen den Vorstellungsinhalten des analysierenden Erkennens anzugleichen, ist sie für dich oft der rettende Anker, der dich an eine stabile Grundlage kettet, auf der du deine stolzen Türme errichten kannst. Immer mehr wird ihr Einfluß zur unumschränkten Kraft, der du dich vertrauensvoll unterwirfst, da du akzeptierst, daß dein Leben unter ihrem Einfluß die von dir gewünschte Stabilisierung erfährt.

♃ ♅

Jupiter / Uranus

Jupiter des Mannes in Aspekt zum Uranus der Frau

Konjunktion ☌

Wenn du auf deinen schwindelerregenden Höhenflügen die Realität nicht aus den Augen verlierst, dann verbindet sich dein Expansionsdrang unter dieser Konstellation mit den spontanen Einsichten der Frau zu einem optimistischen Weitblick, der neue Perspektiven öffnet und sich dabei aufs beste mit deinem guten Gespür für zukünftige Entwicklungen verbindet. Da du in den meisten ihrer Einfälle deine eigene Handschrift erkennst, merkst du auch, daß sie sich nicht mit deinen Wünschen bekriegen. Viele deiner Ziele können sich dadurch erfüllen, weil du sie nicht dem Schicksal abtrotzt, sondern sie (unbemerkt) in die Absichten deiner uranischen Begleiterin einstreust, um dir die Voraussetzungen zur Erfüllung deiner Wünsche unterschwellig in ihren Zielsetzungen zu schaffen.

Quadrat, Opposition ⚻ □ ∟

Im emotionalen Bereich steht die Einstellung der Partnerin im Widerspruch zum Glauben an dich selbst, denn dieser disharmonische Aspekt zeigt auch, daß ihr nur schwer zu übereinstimmenden Lösungen gelangt. Das Bemühen der Frau, in deine Gedanken und Pläne einzudringen und dort die Werte zu verändern, auf die du dich berufst, nimmt dir die Kraft, deine Widersprüche zu akzeptieren. Sie sucht nach neuen Werten im Leben und attakkiert dich an dem Punkt, wo sie psalmodierenden Sermon hinter deinen jupiterhaften Äußerungen vermutet. Sie strebt nach freier Entfaltung ihrer Individualität und merkt oft ihre eigene Verwirrung nicht, die sie befällt, wenn es ihr nicht gelingt, ihre Ziele vor deine «Flinte» zu spannen. Da kann es schon mal passieren, daß sie dich zum überheblichen, an seiner eigenen Selbstgefälligkeit marode gewordenen Schwachkopf erklärt. Deshalb steht diese zänkische Verbindung nicht zuletzt auch für das Unvermögen, die Enge eurer gegenseitigen Erwartungen (bei gleichzeitiger unkontrollierter Erweiterung der eigenen Bilder) zu überwinden und zu neuen geistigen Horizonten jenseits eurer selbstgefälligen Vorstellungen zu finden. Dabei ist es gar nicht die Willkür des selbstherrlichen Geistes, die euch verletzt, sondern die gegenseitige Begrenzung, die sich hinter dem Anspruch grenzenloser Freiheit verbirgt, der ihr euch gegenseitig aussetzt.

Trigon, Sextil ⊻

Zu deiner jupiterhaften Fähigkeit, Visionen zu entwickeln, kommt hier die Begabung deiner Gefährtin, die Relativität der Visionen zu begreifen – das heißt die Wirklichkeit der Welt, die hinter den Dingen dualer Bilder liegt, in den Dingen selbst zu sehen. Du animierst den Intellekt der Frau, während sie dir Gedanken reflektiert, die dich erweitern. Und während du ihr hilfst, ihre kreativen Ideen in die Tat umzusetzen, läßt du dich von ihren spontanen Gedanken inspirieren. Da Jupiter die Ansichten erweitert, Uranus aber neue Dimensionen anzeigt, erschafft ihr euch kraft eurer Inspiration Einsichten, die eure Umgebung anstecken und die in den Köpfen vieler Menschen fortleben können. Das ist mehr als intellektuelles Verstehen. Es ist das Geläute des Wissens, die Vitalität des schöpferischen Erkennens, die euch durchströmt und auf der Beziehungsebene für alle Fragen religiöser, philosophischer und spiritueller Art öffnet.

♃ ♆

Jupiter / Neptun

Jupiter des Mannes in Aspekt zum Neptun der Frau

Konjunktion ☌

Die mystischen Erfahrungen deiner Partnerin verbinden sich mit deinen göttlichen Erwartungen zu einem tiefen Gefühl spirituellen Verstehens. Sie fühlt sich durch dich zu ihrer inneren Mitte geführt, und während dein Optimismus durch die Kraft ihres Glaubens an dich wächst, erlebst du, wie sich ihre Zuneigung über dich ergießt, ist sie doch das Ideal der Selbstlosigkeit und das innere Bekenntnis zur Liebe als reinster Ausdrucksform, die dich hier umfließt. Die Beziehung zeigt ein transzendentes Streben nach dem Höchsten an, das sich – falls ihr nur zur gegenseitigen Verdrängung der Gegenwart neigt und beide versucht, nach Phantasiebildern jenseits der ungeliebten Realität zu greifen – jedoch nicht nur in Harmonie mit Gott zu verwirklichen braucht, sondern genauso eine Menge «Astral-Müll» aus sich gebären kann, wenn ihr euch der gefährlichen Projektionen sirenenhafter Verführungskünste nicht bewußt werden könnt.

Quadrat, Opposition ⚻ □ ∟

Diese Verbindung ist ein Hinweis dafür, daß du die Grundlagen deiner Träume oft aus den Visionen der Seelengefährtin beziehst. Obwohl du ihr oft als viel zu dominant erscheinst, um ihre luzide Sensibilität zu erahnen, möchte sie dich trotzdem für ihre inneren Sphären gewinnen und beschäftigt sich oft mit nichts anderem, als dir ihre virtuosen Traumgespinste näherzubringen. Damit binden sich Realität und Wahn in deinem Hirn zur Vorstellung, mit ihr in einen mythischen Schicksalsgrund eingewoben zu sein, aus dem es kein Entrinnen gibt. Dies verwirrt dich sehr, weil ihre Träume einerseits eine Bedrohung für deine Realität darstellen und andererseits ein Anziehungspunkt für deine Neugierde sind. Sie will das Göttliche aus dir entlocken, die geheimnisvolle Vereinigung der Seele mit ihrem Seelenpartner, und merkt nicht, daß sie damit gleichzeitig auch deine ablehnenden Reaktionen auf ihre Verwirrungen erntet, wenn sich dein bedrohtes Selbst gegen den alles einhüllenden Kokon ihrer verschlingenden Visionen wehrt. Das wird immer wieder zu schweren Enttäuschungen führen, besonders, wenn sie sich in ihrer Abgehobenheit von dir abgelehnt und unverstanden fühlt.

Trigon, Sextil ⊻

Im gemeinsamen Erleben unterstützt du die visionäre Sentimentalität deiner Partnerin durch deinen unerschütterlichen Optimismus und die hohen Ideale deiner Ansprüche, die sich nicht nur mit der Realität, sondern auch mit der schwärmerischen Ekstase ihrer mystischen Versenkung beschäftigen. Sie läßt dich an ihren inneren Gesichtern großen Anteil nehmen, denn sie liebt das gemeinsame Versinken in den Wogen trunkener Gefühle. Aus psychologischer Sicht kannst du dir darunter auch die Suche nach Hoffnungen und Träumen vor Augen führen, das Streben nach einem sinnvollen Ganzen, um dem farblosen Beziehungsalltag zu entkommen. Mit etwas Übung werdet ihr entdecken, daß ihr das Leben selbst als Pfad zu euren inneren Wurzeln zu entdecken beginnt und die Realität als zufällige Aneinanderreihungen sich laufend verändernder Momente, deren Sinn lediglich darin besteht, immer wieder zu verschwinden, um neuen Einflüssen Platz zu machen. Damit seid ihr in der Lage, euch selbst als Auserkorene zu erfahren und euch über die Wirklichkeit anderer Paare hinauszuheben, die noch nicht zu den höheren Weihen zugelassen sind.

♃ ♇

Jupiter / Pluto

Jupiter des Mannes in Aspekt zum Pluto der Frau

Konjunktion ☌
Im Beziehungsbereich ist die plutonische Gefährtin die dunkle Kraft, die dir zeigt, wie du Ziele erreichen und (Unternehmens-)Gewinne optimieren kannst. Mit diesem Aspekt vermagst du ihre unterschwellige Dominanz als bewußten Kraftzufluß in dir zu nutzen, wenn du dich auf ihre inneren Abgründe einlassen kannst. Akzeptierst du, daß sie alle menschlichen Geheimnisse kennt, dafür die gesellschaftlichen Mechanismen nur sehr unklar wahrnimmt, dann erwachsen dir aus diesem kreativen Zusammenspiel ungeahnte Möglichkeiten. Sie verfügt über die Kräfte, Kämpfe zu gewinnen und sich in der Umwelt durchzusetzen, und du besitzt den großräumigen Überblick, Ziele zu sehen und Wachstumschancen sofort wahrzunehmen. Damit stellen Hindernisse keine unsicheren Risiken mehr dar. Wenn ihr harmonisch miteinander korrespondiert, kann dir die Partnerin unter Aufbietung ihrer Kräfte zum Sieg verhelfen (während du ihr die Grundlagen expandierender Unternehmungsführung näherbringst). Das ist der Weg, euch gleichzeitig lebendig zu fühlen und euren Lebenssinn in Überstimmung mit Himmel und Hölle zu bringen.

Quadrat, Opposition ⚻ □ ∟
Diese Konstellation steht für das innere Bild oberster Autorität und deshalb erscheint dir die plutonische Frau oft als Archetyp der strengen oder bösen Mutter. In dieser Eigenschaft ruft sie in dir die Assoziationen wach, die dich in irgendeiner Weise mit deinem inneren (negativen) Mutterbild verbinden. Möglicherweise ist dir die Versöhnung mit deinem inneren Machtanspruch noch nicht gelungen, deshalb neigst du (unbewußt) dazu, schmerzhafte Übergriffe von ihr zu erwarten, damit sie sich (weiterhin) in Übereinstimmung mit deinem inneren Bild befindet. Weil das aber auch bedeutet, daß du die dich verletzende Partnerin brauchst, ist es einsichtig, wenn du dich ihrem stetigen Bemühen, mehr Tiefe in deine aus ihrer Sicht seichten Weltbilder zu bringen, widersetzt. Du forderst sie heraus, und indem du dich ihren Angriffen beständig entziehst, zwingst du sie zu schmerzhaften Übergriffen, um dich festzuhalten, und damit sitzt sie in der von dir gestellten Falle, nämlich in Kongruenz mit deinem negativen inneren Mutterbild zu sein. Solange du dein Bewußtsein so zu manipulieren verstehst, daß du in der Tiefe siehst, was dir nur auf den Spiegelungen der Wasseroberfläche begegnet, solange bleibt dir gar nichts anderes übrig, als durch die innere Verdrängung der Wahrheit den Weg zu gehen, wo du die «Hexe» besiegt zu haben glaubst. Doch im Grunde sind alle deine Bilder nur eine Art Wiederbelebung ungelöster Sehnsüchte, ein innerer Spaziergang durch die Seele, zurück in die Vergangenheit, durch kindliche Träume und unerlöste Phantasien.

Trigon, Sextil ⊻
Wenn du für deine Begleiterin in erster Linie die positive, äußere Autorität darstellst, dann verkörpert sie für dich die ewige Quelle, aus der das Mysterium des Unfaßbaren strömt. Damit ergänzt ihr euch auf der Suche nach den Geheimnissen, von denen der Alltagsmensch nichts zu wissen wünscht. Während die Frau die Lösung in der (senkrechten) Aufarbeitung des aufgeschnittenen Seelenkernes sieht und dich daher unterstützt, in die (ungeliebte) Tiefe zu gehen, plädierst du für das äußere Wachstum und hilfst ihr, größere Zusammenhänge im Leben zu sehen. Das heißt, daß du in ihr den tiefen Sinn deiner geistigen Entwicklung erfährst, die dich zum tiefgründigen Erkennen seelischer Beziehungen führt, auch wenn sie dafür immer wieder Teile eurer gemeinsamen Gegenwart zerstören muß, um Platz für eine Neuorientierung zu schaffen. Das bedeutet aber auch, daß ihr euch mit Hintergründen auseinandersetzen könnt, die weit über die üblichen Sinnfragen hinausgehen. Es geht um das Suchen und Finden des Höheren Selbst als höchste Instanz, mit der du in Harmonie und Einklang als letztes Ziel zu leben strebst.

♃ ⚸
Jupiter / Lilith
Jupiter des Mannes in Aspekt zur Lilith der Frau

Konjunktion ☌
Auf der Beziehungsebene bringt dich die Konjunktion mit der dunklen, verführerischen Gestalt des Weiblichen in Berührung, die dich genauso erschreckt wie fasziniert. In ihr begegnest du dem abgespaltenen weiblichen Teil in dir, nach dem du dich sehnst, auch wenn du es dir nicht eingestehst. In deinem sich ausweitenden Streben dringst du in die Zonen der Lilith ein, um zu tieferen Erkenntnissen über die Abläufe des Lebens und der Liebe zu gelangen. Die expandierende, alles miteinbeziehende Bewußtwerdung zwingt dich, ständig in den alten Wunden der geschundenen Göttin zu stochern, um die Grundlagen für die immer wieder aufflammenden Aggressionen im kollektiven Weiblichen zu finden und damit die Antwort auf die Frage, weshalb ihr euch so sehr bekämpft. Dabei überträgst du die schmerzlich entdeckten Ursachen karmischer Verletzungen auf deine Seelengefährtin, was dich nicht nur als Urheber, sondern auch als Gefangenen deiner verdrängten Tabu-Themen zeigt (ein Umstand, den dir die Partnerin immer wieder schmerzhaft vor Augen führt). Die unbewußte Macht ihrer «den Mann kastrierenden» Lilith-Sexualität, die dich irritiert, kann Probleme verursachen, da die Frau in ihrer verhindernden Art oft auch dein helles, aber durch deine Verdrängungen geschwächtes Licht immer wieder verfinstert, das du zur Erkenntnis so notwendig brauchst.

Quadrat, Opposition ⚻ □ ∟
Mit diesem Aspekt versuchst du das Verhalten deiner Gefährtin zu ergründen, die sich deiner Berührung konsequent entzieht. Sie wünscht sich weder gleichberechtigte Partnerschaft noch Verschmelzung, sondern sie sucht einfach die Möglichkeit, sich dafür zu rächen, daß du das Weibliche in dir verdrängt und in die finstersten Abgründe gestoßen hast. Als Strafe hält sie mit züngelnder Peitsche das Büßerhemd aus nägelgespicktem Leder für dich bereit. Aus der Dunkelheit der Nacht versucht sie, dein Tagesbewußtsein aufzubrechen und dein Potential ihrem Willen unterzuordnen, denn in der Wildnis des seelischen Dschungels regieren die befreiten Triebe über das männliche Bewußtsein. Nur wenn du ein komplexes emotionales Netzwerk zu spannen vermagst, in dem ihre abgespaltenen Gefühle ein Teil dieser absoluten, ständig expandierenden und überall gegenwärtigen Energie werden können, die sich Liebe nennt und die Jupiter in reichem Maß aus sich zu schöpfen vermag, ist die Beziehung unversehrt. Selbstvernichtung stellt sich als die andere Seite der Selbsterkenntnis dar, die sich nicht, ohne die Selbstverwirklichung gleichzeitig aus sich entstehen lassen zu müssen, vernichten kann.

Trigon, Sextil ⚺
Aus tiefenpsychologischer Sicht ist die Frau die Begleiterin auf dem Pfad der Wahrheit, der zu den Quellen der verdrängten Weiblichkeit führt. Um besser zu verstehen, warum du die dunkle Göttin einst von dir abgespalten und aus dir verstoßen hast, brichst du immer wieder in ihre Seele ein. All deine Bemühungen, zu wachsen, dienen letztlich dem Versuch, die Angst vor deiner eigenen unergründlichen Weiblichkeit zu überwinden und dein Selbst mit diesem abgespaltenen, problematischen Teil wieder zu verbinden. Indem du dich der Furcht widersetzt, die dir deine kompensierende Impotenz diktiert, und dich statt dessen den inneren Werten deiner Partnerin zuwendest, kannst du deine überwundene Angst (Adams Angst vor dem Verlust der Rippe) wieder zurück ins Licht des Bewußtseins bringen. Unter diesem Aspekt ist die Lilith-Gefährtin der Wegweiser auf dem Pfad der Erkenntnis, der nicht nur auf die dunklen Abgründe, sondern gleichzeitig auch auf die patriarchalischen Gottesbilder, die diese Abgründe erst erzeugen, zeigt.

♃ ☊

Jupiter / Mondknoten

Jupiter des Mannes in Aspekt zum Mondknoten der Frau

Konjunktion ☌

Im beziehungsmäßigen Erleben strebst du nach dem Geheimnis der deine Gefühle inspirierenden Partnerin, die in ihrem Schürfen nach Sinn tief in die Urgründe des Lebens eindringt. Ihr bezauberndes Wesen und ihr vehementes Ringen um die menschlichen Sinnfragen lösen in dir die Erinnerung an das kollektive geistige Erbe der Menschen aus, das in seinen metaphorischen, symbolischen und allegorischen Ummäntelungen ebenso unerschöpflich wie unvorstellbar ist. Spirituell erfaßt dieser Aspekt nichts weniger als Anfang und Ende, untersuchst du ihn aber konkret, dann spürst du, wie du dich auf der gemeinsamen Ebene einer weitgesteckteren Beziehungsrealität bewußt werden kannst. Telepathische Fähigkeiten können euch zum unmittelbaren Erleben der normalerweise über verbalen Austausch sich vernetzenden Kommunikationsebenen verhelfen. Sie sind die Tür, durch die ihr Übersinnliches erfahren könnt.

Quadrat, Opposition ⚻ ☍ ∟

Auf der seelischen Ebene erinnert die Mondknoten-Prinzessin an ein unschuldiges Kind, das mit seinen Blicken sehnsuchtsvoll über die Oberfläche ihrer unbewußten Wünsche streift und plötzlich ihr goldenes Ringlein (der Ring der Erinnerung) hineinfallen läßt, in der Erwartung, daß du hinabtauchst und ihn ihr wiederbringst. Da sie sich aber andererseits auch wünscht, daß du in den Fluten der Sehnsucht ertrinkst (an der Erfüllung ihrer Erwartungen scheiterst), weil sie sich vor den Auswirkungen ihres enthüllten Karmas und damit vor dem Erkennen der Wahrheit fürchtet, verdichtet sich hier die Vermutung zur Gewißheit, daß die Traumwelt, die sie dir vorgaukelt, weniger die Liebeserfüllung darstellt, sondern die eigene Angst nach der Zukunft impliziert, im unerreichbaren Bild ihrer unerlösten Sehnsucht zu verharren. Was aber zwingt dich, dich mit den Träumen deiner Seelengefährtin zu beschäftigen, da diese sich tendentiell sowieso nicht erfüllen. Etwa die Tatsache, daß du deinen eigenen Zielen mißtraust?

Trigon, Sextil ⚺

Im emotionalen Bereich überträgst du deine Sehnsucht auf die Mondknoten-Partnerin, die deinen Wunschbildern entsprungen zu sein scheint. Dabei erweckt sie in dir alte karmische Erinnerungen im Sinne kindlicher Geborgenheit. Diese kollektive Sehnsucht, die aus dem Verlangen des vertriebenen Menschen herrührt, wieder ins Paradies zurückzukehren (was psychologisch dem Verlangen des Säuglings entspricht, mit der Mutter eins zu bleiben), löst in euch beiden tiefe Freude und inneres Verständnis aus. Da die Frau in dir den idealisierten Mann ihrer Träume verwirklicht sieht, stimuliert sie mit ihrer Hingabe und ihrer Lust nach Verschmelzung deine Phantasie. So wie der Regen die Erde nährt, so tränkt sie deine Seele, und je mehr sie deine Visionen durchdringt, desto mehr Geheimnisse entdeckst du in ihr. Gegenseitiges seelisches Vertrauen läßt die Energien fließen und trägt euch zu höheren Bewußtseinsebenen empor, sofern ihr euch nicht allzutief in die eigene Wunschwelt imaginiert und sie dort als Ideal verfestigt.

♃ (AC)

Jupiter / Aszendent

Jupiter des Mannes in Aspekt zum Aszendenten der Frau

Konjunktion ☌

Dieser Aspekt steht für magische Wachstumsphasen, in denen manche Wünsche in Erfüllung gehen. Wie ein Filmprojektor, der ein Bild auf die Leinwand wirft, projiziert die Konjunktion das joviale Bild deiner Großzügigkeit in die Seele deiner Weggefährtin. Du vermittelst ihr Lebensweisheit im Überfluß, während ihre Spontaneität deine stets ausufernden Erklärungen mit ein paar Worten auf gemeinsame Ziele richten kann. Dabei ist sie darauf bedacht, die zweckmäßigen Möglichkeiten ihres Selbstausdrucks durch die Weisheit deiner Lebenserfahrungen «hindurchzufiltern». Sie ist nicht nur eine Meisterin darin, Gedanken «auf den Punkt» zu bringen, sie ist auch deine private Trainerin und hilft dir, deine unrealistischen Höhenflüge auf ein konkretes Ziel zu reduzieren. Diese Voraussetzung bietet dir und deiner Begleiterin ein goldenes Füllhorn an, unter das ihr euch nur zu stellen braucht, damit es sich über euch ausschütten kann.

Quadrat, Opposition ⊼ □ ∟

Der Wille, der dich unter diesem Einfluß leitet, die Partnerschaft nach deinen Wünschen zu gestalten, indem du die Absichten deiner «Tochter» in deine Ziele einbindest, bringt dich mit deinem patriarchalischen Vaterbild in Berührung, das aus vergangener «Gutsherrenzeit» in der kollektiven Erinnerung hochsteigt und dir hilft, deine Ziele zu verfolgen. Da du davon überzeugt bist, mehr Lebenserfahrung als deine Gefährtin zu besitzen, spielst du dich zum Herrscher auf und verlangst von ihr, nach «deiner Pfeife zu tanzen». Das entspricht dem bornierten Schöpfergott, der nur sich selbst wahrnimmt und für das Erreichen seiner Ziele selbst die Göttin «vor seinen Karren spannt». Vielleicht ist diese beziehungsmäßige Einöde aber auch nur das Zeichen für eine fehlende gemeinsame Sinnsuche. Was die Seelengefährtin von dir erwartet, wenn sie sich dir unterwirft, ist nicht nur die dumpfe Lust an spiritueller Erweiterung, sondern auch die Beantwortung der Frage, inwieweit Selbstherrlichkeit und Größenwahn letztlich auch das Scheitern übertriebener Ziele bewirken könnten.

Trigon, Sextil ⊻

Im Beziehungsleben kreisen deine Gedanken ständig um das Selbstbild der Partnerin. Indem du deine Empfindungen mit ihrem Ego vernetzt und jedes deiner Komplimente eine gutes Gefühl bei ihr auslöst, erschaffen die Grundlagen dieser Zuneigung innerhalb eurer Beziehung eine tiefe Verbundenheit. Du forderst sie zu kribbelnden Abenteuern heraus, die sich zu herrlichen Erlebnissen auf allen Beziehungsebenen entwickeln können, wenn du den Willen der Frau, sich mit dir zusammen immer auf die erfolgreiche Seite zu stellen, genügend unterstützt. Dieser Aspekt ist ein echter Prüfstein für deine Managerrolle: Er verschafft dir die Kontrolle über die Antriebskraft der inneren Vitalität deiner Begleiterin, wenn du die Stärke besitzt, euer Beziehungsschiffchen immer heil an den Einflüssen einer oft neidischen Umwelt vorbeizusteuern.

♃ MC

Jupiter / Medium Coeli

Jupiter des Mannes in Aspekt zum Medium Coeli der Frau

Konjunktion ☌

Mit dieser Verbindung gelingt es dir, die Vorstellungen der Frau an deine Absichten zu binden. Sie vermag dir tatsächlich die Erfüllung all ihrer Träume zu glauben, denn hier verschmilzt das Ziel ihrer Wünsche mit deiner Person. Bist du stark genug, ihre Erwartungen unter deinen Hut zu bringen, kannst du sie auf den Flügeln deiner Imaginationen zum Olymp hinaufschicken. Deine Nähe zu ihr ist von einem Gefühl großen Vertrauens erfüllt, das ihr im Leben zu einem expandierenden Wachstum und zum Erreichen ihrer gesellschaftlichen Ziele verhilft. Man könnte auch sagen, daß diese Konstellation sie einlädt, die Sehnsucht zum Gipfel am Himmel hinaufzusenden, wo sie sich in den Spiegeln deiner abgehobenen Visionen reflektiert oder sich im goldenen Glanz deiner Wolkenschlösser spiegelt.

Quadrat, Opposition ⚻ ☍ ∟

Im Bereich der Beziehung siehst du den Unterschied nicht immer klar zwischen dem, was du in (den Zielen) deiner Gefährtin anstrebst und zwischen dem, was du glaubst, daß sie von dir erwartet. Genau wie ein Lehrer oder Vater mißt du ihren Absichten zuviel Aufmerksamkeit bei. Deshalb befindest du dich auch in der ständigen Gefahr, von ihrem Tun und Lassen – wenn sie sich gegen deine Ziele wehrt – verletzt zu werden. Du benutzt sie auch, um dir deine Verletzungen «abzuholen», die aus dem Verhalten herrühren, gerne die Verantwortung für sie zu übernehmen. Indem du die Rolle der Partnerin «aufblähst» und ihr Wirken auf die eine oder andere Art in den Mittelpunkt deiner Beobachtung rückst, lenkst du dich davon ab, dich mit deinen eigenen Zielen auseinanderzusetzen. Diese Aspektierung konstelliert dein Führernaturell, das den Menschen den Weg zeigen will, weil es sich nicht mehr durch die Erfüllung der eigenen Wünsche, sondern nur noch durch das Erreichen der ausgelagerten Ziele in den Projektionen der anderen verwirklichen kann. Dein Selbstvertrauen hängt davon ab, ob es dir gelingt, die Ausrichtung deiner Gefährtin manipulieren zu können. Und weil dein verdrängtes Ego nicht will, daß dies gelingt, ist es kein Wunder, daß deine Manipulationsversuche meist scheitern und du dich ständig mit ihr über die Verwirklichung ihrer Absichten streiten darfst. Das ist die Wirkung des verdrängten Ich, das beim Versuch, sich vor sich selbst zu tarnen, große Schatten auf die Zielvorstellungen seiner Wegbegleiterin wirft.

Trigon, Sextil ⚺

Im emotionalen Erleben unterstützt dieser Aspekt dein Bemühen, die gesellschaftlichen Ziele deiner Partnerin auf dich zu ziehen und aus dem so gewonnenen Vertrauen wiederum Einfluß auf sie zu nehmen. Die Verlockung ist groß, Kontrolle dadurch auszuüben, indem du ihr suggerierst, daß sie die kleine Prinzessin ist und du der König, der ihr alle Wünsche erfüllt. Der offene Zugang zu ihrem Selbstbild ermöglicht es dir, sie an dich zu fesseln, indem du nicht nur ihrer Sehnsucht nach vertrauensvoller Nähe genügst, sondern auch ihre gesellschaftlichen Vorstellungen mit weltmännischem Auftreten und unternehmerischem Erfolg erfüllst. Umgekehrt erhält sie die Chance, Bedeutung zu erreichen, indem sie die vergrößerte Identität für sich selbst aus dem Fundus deiner persönlichen Vorstellung von Größe abzieht. Dafür läßt sie ihre Gefühle strömen, zumindest solange sie zu den gefüllten Tresoren in den Katakomben deiner Bank Zutritt hat.

♃ ×

Jupiter aspektlos

Jupiter des Mannes ohne Aspekt zu einem Planeten der Frau

Du bist der Schöpfer, der erkennen muß, daß er alles, was er anstrebt, in sich selbst suchen und finden muß. Suchen ist deine unerlöste Form von Finden, und solange du deinen eigenen Gott in dir nicht erkennst, wird deine weise Begleiterin dir ein Rätsel bleiben, weil keiner ihrer Planeten deinen Jupiter aspektiert. In diesem Sinn strebst du nach einem inneren Erkennen, das sich selbst höchstes Gesetz ist, denn Jupiter verkörpert das Verlangen, der Sehnsucht nach dem Höheren inneren Selbst ein Bild zu widmen und dieses in die Welt zu schicken, damit er es in der Göttin «draußen» finden und sich wieder in die Seele zurückspiegeln kann. Da du aber außen nicht finden kannst, was du innen suchst, versinkt dieses unentdeckte Bild langsam wieder in deinem Inneren, weil die Gefährtin, die dich außen nicht berührt, sich im besten Fall in deiner Sehnsucht erkennt. Was du aus dieser Not heraus «Erkenntnis» nennst, ist in Wahrheit dein von dir allein geschaffenes Ebenbild, weil dir das Bild fehlt, auf das du deine Sehnsucht richten kannst. Erst wenn du merkst, daß du nicht nur das erhoffte Ziel, sondern auch den verfehlten Sinn verkörperst, wirst du das Rätsel lösen, das dir nur solange als Rätsel erscheint, solange du das Ziel, innen zu finden, was du außen suchst, nicht erkennst. Damit wird die psychologische Funktion Jupiters offenbar: Er steht für die Wünsche, an denen du deine Lebensziele wie an einem inneren Kompaß ausrichten kannst.

ZORRO

AC

Aszendent

Der Spiegel des Egos aus der Sicht des Mannes

Der Aszendent verkörpert die Maske, mit der du gerne gesehen werden möchtest, die aber dein wahres Gesicht verdeckt und deshalb neben ihrer Funktion als Schleier gleichzeitig auch zu einem Teil des (ungesehenen) Schattens werden kann. Dabei verbindet er sich so sehr mit dir, daß er nicht nur als abgespaltene Hülle dient, sondern zu einem Teil deiner Persönlichkeit wird. Erst in deiner Reflexion über diesen «Persönlichkeitspunkt» kannst du das Vorhandensein einer Maske spüren, die gleichzeitig auch deinen eigenen Blickwinkel beeinflußt, und dir damit über das innere Bild bewußtwerden, wie du willst, daß die Umwelt deine Persönlichkeit wahrnimmt. Der Aszendent ist der Punkt, der in deiner Partnerin das Bild erzeugt, über das sie deine Wesensart wahrnimmt. Deshalb wird sie sich auf diesen Punkt ausrichten und dich in deinem äußeren Erscheinungsbild erfassen, und zwar in dem Spiegelbild, das du ihr zeigst. Das Ganze ist der «Spiegelrahmen», und was sie darauf erkennt, ist das, was sie als äußeres Bild von dir wahrnimmt (denn der Teil, der durch ihre Wahrnehmung gerade zu dem wird, was sie an eigenem Erkennen aus dir unter der Voraussetzung herausschöpft, daß es mit dem korrespondiert, wie du gerne gesehen werden möchtest, ist der Aszendent).

Die **Konjunktion** zeigt, wie leicht es dir fällt, der Begleiterin ein positives Bild zu vermitteln. Du umtanzt ihr Erleben wie der Teufel die Seele eines anziehenden jungen Mädchens, wobei es dir gelingt, ihre Aufmerksamkeit immer auf das Zentrum der von dir auf sie projizierten «Anziehung» zu richten, also auf die Energie, wie du möchtest, daß sie sich von dir anziehen läßt. Deshalb nimmt sie in dir je nach Planetenaspekt den archetypischen Anteil des bei sich selbst Unentdeckten wahr.

Unter **negativen Aspekten** versucht dich die Gefährtin negativ zu «behaften», weil das, was du für sie verkörperst, für sie nur schwer zu integrieren ist. Sie lehnt deine Maske ab, aber weil es im Grunde keine Maske ist, sondern deine Persönlichkeitsstruktur, die sich in der Maske fokussiert, lehnt sie das, was sie in die Maske projiziert, unbewußt bei sich selbst ab. Zwar bist du bestrebt, sie in deine Sichtweise zu integrieren, doch der Wunsch, daß die Spiegelbilder, die sich aneinander reiben, irgendwann übereinstimmen, bleibt meist unerfüllt, weil das, was ihr gegenseitig beim anderen zu erkennen glaubt, genau das ist, was außerhalb dessen liegt, was ihr aus der Projektion «herauslesen» könnt.

Eine **harmonische Verbindung** hingegen bedeutet, den gemeinsamen Kern der Übereinstimmung miteinander freizulegen. Das zeigt, daß du hinter den Spiegel der gegenseitigen Reflexionen schaust und einen flüchtigen Blick auf das Bild wirfst, das die Maske auf dich projiziert. Da dieser Blick aber nicht darauf zielt, festzustellen, ob dich die Weggefährtin wirklich erkennt, sondern nur darauf, mit ihr zu kommunizieren, zeigt der fließende Aspekt nicht den Wunsch nach Verbindung der Seelen, sondern das Verlangen nach Akzeptanz des Bildes, das du der Partnerin spiegelst in der Erwartung, daß sie dich in dieser Rolle annimmt. Der Trick der Bewußtheit besteht nun nicht darin, dich als Mann hinter ihrem Bild zu erkennen, sondern die von ihr wahrgenommene Person harmonisch mit dem zu verschmelzen, was sie selbst von sich in dieses Bild einbringt. Wenn du dies geschehen läßt, erweitert sie das Bild, das sie von dir hat, indem sie es in das Gesichtsfeld ihrer Wahrnehmung einfließen läßt.

AC ☉

Aszendent / Sonne

Aszendent des Mannes in Aspekt zur Sonne der Frau

Konjunktion ☌

Mit diesem Aspekt dient dein «persönliches Eingangstor» (Aszendent) der Gefährtin als Rahmen, durch den sie ihre Sonnenkräfte projizieren kann. Weil sie durch dich hindurch ihre eigene Wärme spüren kann, wirst du zu einem Teil ihrer Sonne, die durch das Bild deiner Persönlichkeit strahlt. Du dagegen nimmst dein inneres Bild im Spiegel ihres flammenden Wesens wahr, das auf der einen Seite zwar nur ein Bild in einem Spiegel darstellt, doch andererseits auch einen Teil von dir selbst reflektiert. Solange du dich bereit erklärst, als Hülle für das Licht und die Kraft deiner Seelengefährtin zu stehen, ist das, was du über sie in dir fühlst, dazu bereit, auf den Flügeln ihrer Flammen in dein eigenes Zentrum getragen zu werden (das als gespiegelter Teil in ihr gleichzeitig auf dich zurückreflektiert). Sie trägt dich zu deinem inneren Wesenskern, und sie ist bestrebt, ihre Sonnenkraft «durch deine äußere Maske hindurch» zu verwirklichen und dadurch gleichzeitig deine innere Person zu stärken, denn es gibt nichts, was außerhalb ihrer weiblichen Schöpferkraft liegt. Ihr könnt einander akzeptieren, so wie ihr seid, weil jeder als ein Teil des Ganzen ein Teil des anderen ist, den jener für seine Selbstverwirklichung braucht.

Quadrat, Opposition ⚻ □ ∟

Wie ein kleiner Dompteur versuchst du den Willen der Frau auf deine Person zu lenken, und sie versteht die unbewußten Signale, die du ihr zukommen läßt, regelmäßig falsch. Du bist bemüht, sie in die falsche Richtung zu locken, weil du ihr vorspiegelst, sie könne in deinem Wesen finden, was sie in der Außenwelt sucht. Umgekehrt versucht auch sie in dir vergeblich zu finden, was an innerem Feuer aus der Tiefe ihrer Sonnennatur in die Beziehung drängt. Hier reflektiert die Sonne deiner Gefährtin nicht nur deine aktiven, in klarer Bewußtheit angestrebten Lebensziele, sondern symbolisiert auch die Instabilität deiner Wünsche, denn sie klopft an die Tür deiner Persönlichkeitsanteile, die du bei dir selbst ausgeblendet hast (weshalb du sie auch nicht hereinbitten kannst!). Da ihr nicht merkt, daß die in eurer Beziehung auflodernde Rivalität nur die Unvereinbarkeit eurer gegensätzlichen Empfindungen spiegelt, die sich mit der Sichtweise ändert, wie ihr einander seht, benehmt ihr euch oft wie kleine Kinder und meßt euren Handlungen und Gefühlen zuviel Gewicht bei.

Trigon, Sextil ⚺

Im gemeinsamen Erleben kannst du dich mit der Partnerin leicht arrangieren, und weil du intuitiv spürst, wie sie fühlt, bewahrst du dir im Umgang mit ihr das Gefühl der Übereinstimmung mit dir selbst. Sie ist hingerissen von dem, was sie in dir sieht, denn sie klebt an der Vision ihrer Selbstwahrnehmung, die ihr all das Positive bestätigt, das sie an dir wahrzunehmen sucht. Weil dir gefällt, wie sie dich wahrnimmt, unterstützt du in ihr das Bild ihrer Sichtweise, was wiederum mit dem korrespondiert, wie du dich selbst gerne nach aussen darstellst. Du mußt wissen, daß es nur ihre eigene Begeisterungsfähigkeit ist, die sich an deinem Persönlichkeitsprofil entzündet, ohne daß sich wirklich ein tieferer seelischer Zugang dahinter verbergen muß. Wenn du der Versuchung widerstehst, das Positive, das sie auf dich projiziert, als bare Münze zu nehmen, dann kannst du die Flammen ihrer Projektion zu jedem Bild von dir dirigieren, von dem du glaubst, daß es durch die Art, wie sie es wahrnimmt, die Beziehung stärkt.

AC ☽

Aszendent / Mond

Aszendent des Mannes in Aspekt zum Mond der Frau

Konjunktion

Nie sieht dich die Partnerin so, wie du bist, sondern sie nimmt nur ihre eigenen Gefühle wahr, die das Bild deiner Person nach ihrem Empfinden zurechtrücken. Dabei erschafft sie aus ihren Gefühlen heraus die notwendig gewordenen Bilder, die ihr die Möglichkeit geben, den gesuchten Märchenprinzen in dir zu sehen, wobei dein Aszendent aber nur ihre unbewußte Sehnsucht nach einem Partner reflektiert. Da es hier weniger um deine Person geht, sondern mehr um das Bild, das sie sich von dir macht, ist es natürlich schwer, wirkliche Probleme und Herausforderungen zu bewältigen, weil alles, was du in die Beziehung einbringst, nur innerhalb der Vorstellung verstanden werden kann, die sie von dir hat. Andererseits wirst du von ihren warmen Gefühlswassern umspült, und durch die Übertragung positiver Bilder werden deine seelischen Kräfte gestärkt, um jene Zuneigung zu gewinnen, aus deren Tiefe sich eine gefühlvolle Bindung zeugt.

Quadrat, Opposition

Das Bild, das sich unter dieser Konstellation in ihrer Seele auslöst, ist von einem seltsamen Unbehagen erfüllt, denn irgendwie unterstützt das, was sie in dir wahrnimmt, die abgespaltenen Teile ihres Selbst, die sie durch dich plötzlich wieder in sich zu entdecken glaubt. Du förderst aber auch ihre Abwehr, weil du die Ängste, die in ihr aufsteigen, nicht mit ihr teilst, sondern ihr vorwirfst, ihre eigenen unerlösten Teile in der Beziehung beständig auf dich zu projizieren, wodurch sie sich wiederum von dir zurückgestoßen fühlt. Weil du in ihr möglicherweise das Bild einer emotionalen Frau bekämpfst, die ihre Umgebung nur nach ihrer eigenen Vorstellung wahrnimmt, begegnet ihr euch hier im Korridor der Schuldzuweisungen, wo die Negativprojektionen eures Bewußtseins ihr Domizil gefunden haben. Es ist der gespiegelte Schatten eurer gegenseitig zugewiesenen Erlebnisse der Enttäuschung und Zurücksetzung durch erzwungenen Verzicht von Befriedigung, wenn sich euer Unbehagen in den Schächten des Abgründigen selbst begegnet und die negativen Gefühlsmuster erkennt, die ihr aufeinander übertragt.

Trigon, Sextil

Dieser Aspekt ist wie ein Fenster, durch das die Partnerin in deine Seele blickt. Dabei spürst du, wie sie die Liebe zu dir in ihrem Herzen kreiert, indem sie dich zum Mittelpunkt ihrer Gefühle kürt und in der Rolle des Helden im weichen Mondlicht verführt. Es ist der kollektive Auffangtopf individueller Sehnsüchte, der sich dir plötzlich enthüllt. Indem ganze Gefühlswelten am Bild deiner Person festgeknüpft werden, kannst du etwas von den ewigen Mechanismen ausgelagerter Sehnsüchte erfahren, die Menschen bei ihrer Suche in die Welt projizieren, wo sie in der Tiefe der Seele jeden erreichen können, der ein Suchbild auf der betreffenden Frequenz aussendet. Und da du ihre Gefühlsübertragung akzeptierst, die dich tief in deiner Seele berührt, erlebst du in dieser Verbindung ein Gefühl von Hingabe, das alles ausschöpft, was sich auf einen geliebten Menschen nur übertragen läßt.

AC

Ⓐ ☿

Aszendent / Merkur

Aszendent des Mannes in Aspekt zum Merkur der Frau

Konjunktion ☌
Unter dieser Konstellation rückst du dein Selbstbild in den intellektuellen Mittelpunkt der Frau. Darin erschließt sich dir ein Sinn: Du fühlst dich in der Beziehung wohl, weil sie dein Selbstbild, daß du der Außenwelt präsentierst, akzeptiert. Das ergibt einen interessanten Ansatz: Die Frau sieht in dir den wachen, kommunizierenden Geist, weil sie auf den Rahmen deines Bildes ihre merkurische Sichtweise projiziert. Das Resultat dieser Montage spiegelt dir wiederum dein Ich, das durch die Einschätzung deiner Partnerin enorm vergrößert wird. Du löst das merkurische Denken in ihr aus, das aber nicht unbedingt in dein tieferes Wesen eindringt, sondern durch das Spiegelbild ihrer Übertragungen meist auf sich selbst zeigt. (Es ist das denkerische Bewußtsein, das du in ihr auslöst und das sich als Teil seiner selbst in dieser Beziehung bewußt werden kann, wenn du akzeptierst, daß es dein «ausgelagerter Finger» ist, der durch ihr denkerisches Erkennen immer nur auf sich selbst zeigt.) Das bedeutet: Du läßt ihren Verstand alle Bilder «ausdenken», die du ihr ohne tiefere Absicht reflektierst.

Quadrat, Opposition ⚻ □ ☍
In dieser Verbindung versucht die Frau ständig, hinter deine Maske zu schauen, um dein wahres Wesen zu ergründen. Da sie hinter dieser Maske aber nur ihre eigenen Vorurteile erkennt, die sie in dich projiziert, wird das Vertrauen in eure Beziehung zunehmend gestört. Mit Hilfe ihres Verstandes – der Suche nach der Logik in der äußeren Welt – hält sie dich von sich fern; und du wiederum versuchst mit aller Macht, ihre persönliche Identität hinter ihren Worten hervorzuzwingen. Sie erschafft sich dein Bild aufgrund ihrer intellektuellen Kritik, und du benutzt ihren überspannten Erklärungsbedarf, um ihr das negative Bild, das sie sich von dir macht, ständig zu zertrümmern. Dadurch wird eure Kommunikation in einem aggressiven Brennpunkt fokussiert. Das bedeutet oft einen zugespitzten Konflikt, Auseinandersetzungen, Niedertracht, eine aggressive Phase oder unerklärliche Dinge, die der Verstand nicht zu entziffern vermag.

Trigon, Sextil ⚺
Auf der Beziehungsebene wird der Intellekt der Partnerin durch dein Selbstbild magisch angezogen. Es gelingt dir, ihre Gedanken wie einen Mantel um dein Ego herumzulegen und ihnen durch dein Wesen Richtung und Struktur zu geben. Damit stellst du dich nicht als erreichbares Ziel des Erkennens, sondern als Ausgangspunkt ihres Denkens dar, indem du alles aus ihr herausziehst, was du mit deinem Aszendenten, dem Bild deiner Selbstdarstellung, in Übereinstimmung bringen kannst. So handelt dieser Aspekt von der Sehnsucht der Frau, deinen Wesenskern zu erfassen, und deinem stetigen Bemühen, dich ihr immer wieder zu entziehen. Mit diesem Zurückzug willst du jedoch nicht ihr ständiges Scheitern negativ quittieren, sondern sie freundlich auffordern, immer wieder einen neuen Versuch zur Erkundung deiner Maske zu unternehmen.

Aszendent / Venus

Aszendent des Mannes in Aspekt zur Venus der Frau

Konjunktion
Hier verbindet euch der magnetische Eros in einer extremen sexuellen Anziehung, denn dieser Aspekt offenbart dir die Frau im Spiegel deiner Erwartungen. Dabei versuchst du die weibliche Venus in deine Wünsche einzubinden, damit sie dir alle deine sexuellen Vorstellungen erfüllt. In der Ausrichtung auf Liebe und Harmonie macht sie dir auch die Maske bewußt, die du trägst, wenn du ihr begegnest. Dabei läßt sie sich vom Feuer ihrer Libido im Spiegel deines Selbstbildes beleuchten, was in ihr den Wunsch auslöst, sich von einem zärtlichen Kuß durchdringen und von den inneren Flammen entzünden zu lassen, in deren Berührungen ihre Sehnsüchte nach Frieden, Schönheit und allumfassender Liebe lebendig werden. Damit drückt sich hier die Anziehung der Gegensätze auf einer harmonischen, von dir kontrollierten Ebene aus; und im Akt der Hingabe hilft dein Narzißmus kräftig nach, Aphrodites Priesterin an dein Bild zu binden. Denn deine Partnerin fühlt sich zu der von dir inszenierten männlichen Egoprojektion hingezogen, durch die du sie zwingst, dir alle deine Wünsche zu erfüllen, ohne sie aussprechen zu müssen.

Quadrat, Opposition
Durch eine zu starke sexuelle Übertragung kann dieser Aspekt große Mißverständnisse auslösen, denn die venusische Liebe, die die Frau unter diesem Einfluß auf dich überträgt, erzeugt in dir einen äußerst ambivalenten Widerhall. Psychologisch betrachtet verkörpert diese Verbindung einen irrationalen Zustand, nämlich die sehnsuchtsvolle Hingabe an das Bild der Liebe selbst. Diese numinose Erfahrungsebene ist aber nicht gleichbedeutend mit Liebe, sondern ist durch und durch erfüllt von einer unbefriedigenden, widersprüchlichen Anziehung, die ihr gegenseitig aufeinander projiziert. Deshalb fühlst du dich auch bemüßigt, dem Teil der Anziehung, den du ebenfalls wie deine Partnerin in dir spürst, einen Teil deiner Ablehnung entgegenzuhalten, damit das Gleichgewicht für dich stimmt. Diese Liebesabwehr wiederum schlägt allzusehr auf ihre Gefühle zurück und kann Rachegefühle ihres verletzten Stolzes auslösen. Zwar überfällt sie dich mit dem Begriff der Liebe, das du in dieser Konsequenz nicht annehmen kannst, weil du genau spürst, daß sie ihr eigenes Liebeserleben mit deinem Bild ausfüllt, ohne sich mit den tieferen Teilen deines Wesens überhaupt auseinanderzusetzen. Trotzdem ist sie nicht der verführende Liebesdämon, der sich dir im Bild einer männermordenden Gespielin suggeriert, die dich in ihren Netzen verstrickt. Deshalb schießt du auch ein wenig über das Ziel hinaus, wenn du ihr spiegelst, daß du nicht bereit bist, dich ihr auszuliefern und in die unbewußten dunkeln Gewässer der Seele hinabzutauchen, um ihr das verlorene Ringlein als Liebespfand zurückzubringen.

Trigon, Sextil
In der Partnerschaft verkörpert die geliebte Frau den emotionalen Bazillus venusischer Leidenschaft, denn ihr Feuer ist imstande, die Besessenheit der Anziehung überhaupt erst zu schaffen, die sich unter diesem Aspekt als Liebe tarnt. Es ist ihre Sehnsucht nach Liebe, die sich bis zur totalen Hingabe an deine nach außen reflektierte Person klammert. Und da du gleichzeitig spürst, daß das Bild, das sie auf dich projiziert, etwas in dir auslöst, was dir ebenfalls fehlt, findest du in der Tiefe ihrer Übertragung plötzlich den gesuchten Spiegel, in dem du deine Weiblichkeit erfährst. Zwar kannst du die (wahre) Liebe nicht erreichen, indem du den fehlenden Teil durch die Bindung an eine dich äußerlich vervollständigende Partnerin auszugleichen versuchst. Aber wenigstens kannst du dich im Mittelpunkt der Gefühle deiner Begleiterin wähnen und die Liebe genießen, dir aus der liebevollen und harmonischen Umarmung entgegenschlägt.

Ⓐⓒ ♂

Aszendent / Mars

Aszendent des Mannes in Aspekt zum Mars der Frau

Konjunktion ☌
Im Spiegel deines Egos begegnest du der Aggressivität der Frau, denn dein Aszendent dient ihr als männliches Suchbild (Anima-Projektion), in dem sie ihren kämpferischen Willen spiegeln und durch die Verschmelzung mit dir gleichzeitig wieder zurücknehmen kann. Du wiederum profitierst von ihrem Willen, indem du dich in ihrem Geist als Held verkörpert siehst, der alle Feinde für sie erschlägt und dadurch das auf dich projizierte Ego ohne Rücksicht auf Verluste durch dein aggressiv-dynamisches Verhalten in ihrer Vorstellung zur Geltung bringen kann. «Wir sind» ist hier keine Floskel, sondern das Credo einer in sich harmonisch und sich erfolgreich nach außen behauptenden Verbindung.

Quadrat, Opposition ⚻ □ ∟
Der Aspekt zeigt die disharmonischen Spannungen, die durch die unterschiedlichen Ich-Ausrichtungen, die ihr euch gegenseitig projiziert, aufeinanderprallen. Sie genießt dein Unbehagen, wenn sie dich in deiner Männlichkeit provoziert, denn der Mars repräsentiert ihren Willen, ihr inneres Heldenbild in dir wiederfinden zu wollen. Deshalb versucht sie, dich immer wieder herauszufordern, um herauszufinden, ob du ihrer inneren Kraft auch gewachsen bist. Weil du dich weigerst, nur Statist zu sein und in irgendeiner Parkettreihe zuzuschauen, was passiert, wenn sie ihre eigenen Aggressionen auf dich projiziert und dann statt auf das wirkliche Geschehen auf ihre eigene Vorstellung reagiert, führt das zu einer andauernden Mißstimmung. Oft bedeutet das auch Streit, wenn du ihr deine Maske entziehst und sie damit mit der Wahrheit konfrontierst, daß sie sich nur auf ihre eigenen Reflexionen ausrichtet. Um mit ihr einigermaßen kommunizieren zu können, mußt du versuchen, die Aggressionen abzumildern, die du ihr zurückspiegelst, weil sie sonst direkt auf ihr Spiegelbild (in dir) losgeht. Die Beziehung ist bissig und als eine Entwicklungsphase in eurem emotionalen Wachstum zu verstehen, die nicht Liebe und Harmonie, sondern Konflikte zum Ausdruck bringt.

Trigon, Sextil ⚺
Im gegenseitigen Erleben erscheint dir der Animus der Anima (die innere Männlichkeit der Frau) von seiner besten Seite, da sie das Männliche in seiner direktesten Form auf dich projiziert. Sie möchte ihre innere Männlichkeit nicht dadurch ausleben, daß sie sie gegen dich durchsetzt, sondern sie projiziert ihren von Harmonie und Lebensfreude geprägten Animus auf dich (d. h. in der Identifikation mit ihrem Animus lebst du ihre auf dich projizierten Bedürfnisse aus). Deine Libido ist sehr stark, und weil du dich ihrer «aggressiven» Hingabe in vollen Zügen deiner Triebkraft «hingibst», erfüllst du ihr Verlangen, mit männlicher Kraft hautnah konfrontiert zu werden.

Ⓐ♃ Aszendent / Jupiter

Aszendent des Mannes in Aspekt zum Jupiter der Frau

Konjunktion

Es ist die übertragene Sehnsucht nach dem gütigen Vater, die die Beziehungsgefährtin auf dich projiziert, die inspirative Expansion, die dir zeigt, daß sie vieles von dem, was sie sucht, in dir zu sehen oder zu finden glaubt. Ihr Jupiter-Selbst, das sich im Spiegel deiner Persönlichkeit reflektiert, strebt stets nach dem Höchsten und fliegt mit dir auf den Flügeln ihrer Begeisterungsfähigkeit geradewegs zu den Göttern in den Olymp hinein. Indem sie ihr inneres Vaterbild auf dich überträgt, glaubt sie, ihr Selbst, das ihr alle Wünsche erfüllt, in dir entdecken zu können. Ihre Projektion wiederum verschafft dir die Antriebskraft der inneren Vitalität und der geistigen Erkenntnis und macht dir auch die Verantwortung bewußt, daß du für sie ein Teil des Ganzen bist, der mit ihr zusammen – das kleine Mädchen an der Hand – zu den unbekannten Tempeln ihrer Hoffnungen und Sehnsüchte aufbricht.

Quadrat, Opposition

Mit diesem Aspekt siehst du dich in heftige Widersprüche mit deiner Partnerin verstrickt, die enorme geistige Aufarbeitung erfordern. Du agierst durch dein Ego, das du auf sie überträgst; sie hingegen nimmt dich durch ihr ganzheitliches Bewußtsein wahr, das sie aus dem, was du auf sie abstrahlst, herausfiltert. In ihrer Vorstellung bläst sie dich zu einem monströsen Erlöser auf und sieht nicht, daß das, was sie spürt, die Reflexion ihrer eigenen Übertragungen ist. Und weil sie sich ihrer selbst als etwas bewußt ist, das mehr ist, als sie ist, und sie diesen Teil gleichzeitig auf dich projiziert, ist es möglich, daß ein abgespaltener Teil ihres Selbst beginnt, eigene Erfahrungen an deiner Stelle zu durchleben und diese Erlebnisse allmählich als deine Vorstellungen zu interpretieren, die du ihr unterschwellig zuschiebst. Da die Frau versucht, deine Motivationen zu beurteilen, die sie durch ihre eigenen Projektionen sieht, kann sie sich letztlich nur getäuscht vorkommen, wenn sie plötzlich erkennt, wie wenig ihre Übertragungen mit deinen Absichten kongruent sind und letztlich auch für das Scheitern der Beziehung verantwortlich sein können. Dann nämlich, wenn sie dein gegen ihre Türme der Weisheit ankämpfendes Ego plötzlich unter den Trümmern ihres philosophischen Überbaus entdeckt.

Trigon, Sextil

Auf der Beziehungsebene scheint dein Ego plötzlich transparent geworden zu sein. Das höhere Bewußtsein deiner Partnerin strahlt durch dein «Persönlichkeitsfenster» herein, um dein Ego zu erweitern. In ihren Armen kannst du deine Sichtweise um ihre Vorstellungen erweitern und damit ihren in dich projizierten Teil zu deinem eigenen Anliegen machen, was dir wiederum ermöglicht, die Welt in einem größeren Zusammenhang zu sehen und das Gesehene gleichzeitig als Verschleierungssystem wahrzunehmen, daß alles zu Erkennende nur Erscheinungsform ist, die sich je nach der Perspektive, aus der du sie betrachtest, ändert. Sie reicht dir ihre Hand durch den Rahmen deines Aszendenten wie durch ein Loch in Raum und Zeit und lädt dich ein, mit ihr zu den größeren Zusammenhängen des Erkennens zu fliegen. Bist du bereit, die Hand zu ergreifen und dich aus der Enge deines Egos hinausführen zu lassen, dann fliegt sie mit dir auf den Schwingen des Bewußtseins in die Höhe des Erkennens, wo dein Geist plötzlich verstehen kann, was dein Ego ausstrahlt.

Ⓐⓒ ♄

Aszendent / Saturn

Aszendent des Mannes in Aspekt zum Saturn der Frau

Konjunktion ☌

Für dich verkörpert die Frau den unentdeckten Teil deiner Weiblichkeit, in den sie ihren Animus (ihre seelische Anlage für das Männliche) projiziert und deiner Persönlichkeit durch ihre rationalen methodischen Fähigkeiten und persönlichen Ambitionen Halt und Sicherheit verleiht. Doch diese Sicherheit hat ihren Preis. In ihrem spröden Verlangen, dich von den angenehmen Selbsttäuschungen und den betörenden Illusionen der Gefühle zu befreien und dich statt dessen mit der verstandesmäßigen Verarbeitung der Realität und der kristallisierenden Vertiefung der Wirklichkeit zu konfrontieren, übernimmt sie gerne die Rolle des Vaters. Das entspricht dem ordnenden, kontrollierenden und dominierenden Aspekt der strengen Königin, die sich mit dem Patriarchat arrangiert und damit die strukturierende, Sinn spendende und Ziele setzende Welt mit ihrem eigenen, von der Umwelt bestätigten Selbstbild in Übereinstimmung bringt. Sie benutzt ihre Kraft, um aus sich heraus in dir einen kontrollierbaren Raum zu erschaffen, in dem sie ihren eigenen Saturn ausagiert. Das bedeutet, du spielst die Hauptrolle in dem von ihrem inneren Vater eigens für dich komponierten Stück. Folgerichtig stellst du das dankbare Rockzipfel-Kind dar, das sich in dem von ihr geschaffenen Umfeld zielgerichtet bewegt, um ihre strengen Anforderungen zu erfüllen. Denn trotz aller Auflagen respektierst du ihre Weitsicht und ihren Realitätssinn.

Quadrat, Opposition ⚻ □ ∟

In dieser Beziehung hältst du dich emotional bedeckt. Du kämpfst vergeblich gegen den gefühlsfeindlichen Kokon an, in den dich deine Partnerin eingesponnen hat. Sie ist bestrebt, alles, was sie in dir vorfindet, strukturieren zu wollen, um damit Kontrolle über dich ausüben zu können. Dabei bist du von der Umwelt abgeschnitten, denn du hast dich in ihren persönlichkeits- und entwicklungsverhindernden Kerker einschließen lassen. Der kritische Punkt ist der, daß du oft an die Grenzen stößt, die der saturnische Geist deiner karmischen Gefährtin dir setzt, und die du aus innerer Ohnmacht akzeptierst. Allerdings sind diese Grenzen kaum einzuhalten. Um ihren Erwartungen gerecht zu werden, müßtest du alles, was mit Liebe, Zuneigung oder spontaner Freude zu tun hat, mit Verantwortung und Pflichtbewußtsein überdecken. Deshalb mußt du dir die Vorstellungen genau anschauen, die du auf sie überträgst. Versuche dir darüber klarzuwerden, welche größeren Ängste du vor der strengen Über-Mutter verbirgst? Ist es die Angst vor dir selbst, die dich zwingt – vor die Wahl gestellt, deine Persönlichkeit zum Ausdruck zu bringen oder dich ihren Gesetzen unterzuordnen –, das Leben mit seinen Leistungsnormen und gesellschaftlichen Wertvorstellungen zu strukturieren, weil du glaubst, ohne stützende Ordnung deine Identität zu verlieren? Und entspricht deine Begleiterin nicht der Saturnierin als Symbol des Über-Ich mit seinen hartnäckigen Schuldgefühlen, seiner alle lustvollen Empfindungen verätzenden Moral und seinem unerbittlichen Widerstand gegen Freiheit, Wandel und Veränderung, um dich unter ihr Joch zu spannen und all das zu verhindern, was dich in deinem Inneren ausmacht? Oder ist es das karmische Manöver, dich so lange einschüchtern zu lassen, bis die Gegenkräfte in dir erwacht sind und du in einem vernichtenden Schlag endlich bereit bist, den Kokon zu durchbrechen und die Fesseln deiner Hemmungen zu sprengen, um du selbst zu sein?

Trigon, Sextil ⊻

Denke über die Sexualität deiner Mutter nach; denn unter diesem Aspekt suchst du in der Partnerin nach der strengen Erzieherin, die anstelle gelebter Lebendigkeit Sicherheit vorspiegelnde Verhaltensweisen in den Vordergrund schiebt und auf der Suche nach illusionären Zielen lebendige Gefühle in starre, karmische Gemütsfriedhöfe verwandelt. Sie ist die Frau, die dir hilft, dich von deinen Selbsttäuschungen zu verabschieden, denn sie fordert dich auf, dich mit den Möglichkeiten auseinanderzusetzen, die mehr Realitätssinn beinhalten. Weist dein Mutterbild dominante Züge auf, mußt du dich, wenn du dich mit deiner Partnerin verbinden willst, von deiner weichen, geöffneten Seite zeigen, um ihr die (von dir gesuchte) devote Grundhaltung zu bieten, so daß sie ihre erzieherische Strenge manifestieren kann. Auch wenn du sie verzerrt wahrnimmst, so versuchst sie die Struktur, von der sie glaubt, daß sie dein Ego konsolidiert, vorteilhaft in dein Leben einzubringen.

Aszendent / Chiron

Aszendent des Mannes in Aspekt zum Chiron der Frau

Konjunktion ☌

Du kannst die Partnerin als weise Medizinfrau sehen, die in dir die alten karmischen Wunden aufbricht, die gleichzeitig ein Teil deiner inneren Probleme sind. Oder du kannst die Begegnung mit ihr als den notwendigen Umweg ansehen, der dich mit deinen inneren Ängsten konfrontiert und dich mit deinen unerlösten Tiefendimensionen wieder versöhnt, damit du den Heilsweg schneller beschreiten kannst. Durch sie wirst du mit der Tragweite deiner eigenen, oft undurchschaubaren Entwicklung konfrontiert, bis du die Kreativität des Lebensplanes auch in Situationen der Zweifel und der Selbsthinterfragung zu erkennen vermagst. Denn sie ist die Person, die altes Karma in dir aufspürt, bis ihr die schöpferischen Möglichkeiten des Heilens in eurer Beziehung entdeckt.

Quadrat, Opposition ⚻ □ ∟

Auf der Beziehungsebene erlebst du ständig deine eigene Vernichtung, denn hier wirst du von der Begleiterin mit deinen ungeliebten Seiten konfrontiert. Sie versucht, deine Persönlichkeit in die finstere Ecke zu treiben, wo sie dir den «Teufel» austreibt, denn die Sündenbock-Rolle scheint ihr das einzige, was du ihr zu bieten hast. In ihrem abgespaltenen Heiler-Syndrom stürzt sie sich mit ganzer Kraft auf deine dunklen Seiten und versucht in dir zu bekämpfen, was sie bei sich selbst nicht wahrhaben will. Denn würde sie bei sich selbst sehen, was wirklich in ihr ist, dann müßte sie sich selbst hinterfragen, und nicht das, was sie bei dir sieht. Damit fällt dir die Aufgabe zu, ihr ihre Probleme bewußtzumachen und ihre Fortschritte daran zu messen, in welchem Maße sich die übertragenen Symptome, die sie bei dir entdeckt, abschwächen.

Trigon, Sextil ⊻

In deiner Seelengefährtin manifestiert sich das Verlangen, dich von ihren Sünden, die sie auf dich übertragen hat, reinzuwaschen. Und da sie selbst nicht ganz durchschaut, was da an Darstellung eigener Erlebnisse auf dem Schirm ihrer Wahrnehmung von dir abläuft, identifiziert sie sich mit dem, was sie auf dich überträgt. Ihre Zuneigung zu dir entspricht der Sehnsucht, sich in den auf dich projizierten Bildern von den Übeln befreien zu können, vor denen sie ihre Augen verschließt. Karmisch bist du die Beziehung eingegangen, um dein schwaches Persönlichkeitsbild zu stärken und endlich zu lernen, wie du unbewußt über dich selbst denkst (indem du das bei dir verdrängte Selbstbild über die Frau zurückgespiegelt erhältst). Sie wird dagegen in dir den gesuchten Brennpunkt finden und alle Heilkräfte auf dich konzentrieren, was sich wie ein kraftvoller Jungbrunnen auf dich auswirken kann. Was sie aus diesem Wirken heraus «Ziel» nennt, ist die Befreiung von ihrer ausgelagerten, auf dich übertragenen Schuld. Und was sie als «Erlösung» sieht, ist letztlich Befreiung von ihren Sünden, aber in der Gestalt des von sich selbst abgespaltenen und wiedergefundenen Partner-Selbst.

Aszendent / Uranus

Aszendent des Mannes in Aspekt zum Uranus der Frau

Konjunktion

Hier üben die «Bocksprünge» deiner Partnerin eine starke Faszination auf dich aus. Dabei ist es so, daß du dich schnell in den originellen Ansätzen ihres Weltbildes verlierst. Das kann die Beziehung aufregend machen, aber nur, wenn dich das «unerwartet Erwartete», das du (ängstlich) suchst, nicht erschrickt. Dann springst du mit ihr von einer Idee zur anderen und vergißt, was du dir gefühlsmäßig von ihr wünschst. Meist bist du unfähig, deine Wünsche zu formulieren, denn es ist die ungefestigte Kraft deines Selbstbildes, das dich ständig zwischen ihren Zielen hin und her schleudert, ohne daß du zu einem endgültigen Standpunkt kommst. Doch weil es nie ein Ende für das gibt, wohin ihr miteinander «springt», symbolisiert diese Ebene den Aufbruch der Gedanken, die laufend neue Standpunkte entwickeln und auf dem Weg zur scheinbaren Erkenntnis sich mit ständig neuen Ideen vor ihren eigenen Einfällen «davonstehlen».

Quadrat, Opposition

Dieser Aspekt bringt eine äußerst nervöse und unberechenbare Beziehung hervor, denn hier wirst du mit einer Querdenkerin oder einem «schrägen Vogel» konfrontiert, der dir in der Gestalt deiner Partnerin begegnet. Manchmal ruft das einen emotionalen «Kurzschluß» hervor, wenn sie dich aus deinem «Ego-Käfig» befreien will. Man könnte auch sagen, daß sich die Uranierin in dein Selbstbild einschleicht und dich über die Grenzen deiner Selbstdarstellung hinauszutreiben versucht. Um sie nicht zu verlieren, bist du ständig gezwungen, den Rahmen deines Egos immer weiter in ihre Richtung auszudehnen, bis du plötzlich erkennst, daß jede Erweiterung auch deine inneren Selbstzweifel und deine Unruhe vermehrt. Deshalb ist der Aspekt nicht nur ein Symbol dafür, wie hilflos du den Attacken deiner Begleiterin ausgeliefert bist, sondern er ist auch ein Symbol der Sehnsucht selbst, dem Unkontrollierbaren begegnen zu wollen und einen mutigen Schritt auf das Unberechenbare zu zu machen.

Trigon, Sextil

Die Qualität dieser Konstellation zeigt sich in der spontanen Unbekümmertheit, die nicht nur die Räume deines inneren Erlebens erweitert, sondern auch eine Partnerschaft voller Überraschungen mit sich bringt. Und so wie deine uranische Gefährtin frei ist, sich gegen jede Form und jegliche Einschränkung zu wehren, so bist auch du wenigstens frei, sie auf ihrer Suche nach Freiheit zu begleiten, für ihre Ideale zu kämpfen und die Welt im Spiegel ihrer Vorstellungen zu sehen. Wenn du anerkennst, daß eure Liebe wie jede Illusion nur eine Auswirkung eurer vortrefflichen Illusion ist, dann hast du die uranische Sichtweise verstanden und vermagst den richtigen Augenblick zu nutzen, der immer wieder für interessante Erlebnisse sorgt.

AC ♆

Aszendent / Neptun

Aszendent des Mannes in Aspekt zum Neptun der Frau

Konjunktion ☌
Mit diesem Aspekt begegnest du dem natürlichen Einklang im Wesen der Partnerin mit der kosmischen Energie und der Einstrahlung ewiger Wahrheiten in deine erahnende Seele. Es ist das Gefühl der Hingabe an die Quellen des Unbewußten, das sie auf dich überträgt, die «Erinnerung an die Zukunft», die sie in dir auslöst – eine neue Seite in den Schriften des Lebens, deren Inhalt die Visionen des Vergangenen transportiert. So handelt diese Verbindung eigentlich von der Sehnsucht des Egos nach einem Einblick in sich selbst. Deine Seelengefährtin ist bestrebt, dein Wesen hinter deiner Maske träumend zu ergründen. In die positive Erfüllung deiner Wünsche darfst du auch berechtigte Hoffnungen setzen, solange du ihre Träume, die du nicht greifen kannst, nicht festzuhalten suchst und dich damit in die infantilen Trugbilder verstrickst, die groteske Aufblähungen deiner ungestillten inneren Sehnsüchte sind.

Quadrat, Opposition ⚻ ☍ ∟
Auf der Beziehungsebene läßt du dich von den illusionären Erwartungen deiner Partnerin verwirren, weil du verdrängst, daß du sie ihr zur Verfügung stellst, um deine Enttäuschung aus dem «Fond deiner Versagensängste» abrufen zu können. Die aus dieser Angst geformte Energie ist natürlich selbst auch ängstlich und auf ihren Schöpfer wütend, weshalb du auch gar nichts anderes erwarten kannst, als daß sie deine Seele angreift. Meist sind es deine eigenen Erwartungen, die du im Umweg über sie auf dich ableitest (d. h. im Umweg über ihre Träume an deinen Aszendenten bindest). Obwohl sie ihre Träume für ihre eigenen Zwecke erschafft und sich die eingelagerten Ängste nach ihren Erwartungen richten, verändern sie sich durch deine Haltung. Deshalb kannst du deinen negativen Sehnsüchten in ihr begegnen, denn die Projektionen deiner Gefährtin spiegeln jetzt genau das, was passiert: Deine negative Energie entlädt sich über ihr in einer dunklen Wolke des Selbstmitleids, die dich als Urheber der Gefühle mit dem im physisch manifestierten Ausdruck deiner Enttäuschung wieder in Berührung bringt.

Trigon, Sextil ⊻
Im Bereich der Liebe identifiziert dich deine Begleiterin mit ihrem Animus-Bild. Dieses Bild steht aber nicht für die Realität, sondern für die Sichtweise, die sie sich «erträumt». Sie versucht auf intuitive und mystische Weise in dich einzudringen, um in dir das Bild zu schaffen, daß sie äußerlich anzieht. Es sind Visionen einer möglichen Wirklichkeit, fixiert auf die Perspektive, aus der sie die Welt sieht. Auch du schaffst dir deinen Raum durch die Art, wie du spürst, daß sie dich sieht. Doch die Verbindung lehrt, daß «überirdische» Liebe eine Kraft ist, die über sich selbst hinausweist, und die reale Partnerin notwendigerweise ein Versprechen verkörpert, das sich (so) nicht erfüllen kann, die aber, wenn sie dich zu transzendentem Streben animiert, dort ihre Erfüllung finden kann.

Ⓐⓒ ♇

Aszendent / Pluto

Aszendent des Mannes in Aspekt zum Pluto der Frau

Konjunktion

Dieser Aspekt verbindet dich direkt mit der Unterwelt. Die Partnerin reißt dich aus den Fesseln deines kleinen Egos und befreit dich von den Gaukelbildern deiner bisherigen Selbst- und Welterfahrung, denn sie ist Eva und Lilith, Göttin und Hexe und spiegelt dir deine unbewußten, tief in dir lauernden Ängste, die du mit dir selbst kaum mehr in Verbindung bringst. Sie gibt dir einen Einblick in deine eigene Furcht, die dich zwingt, alles, was du nicht mit dir in Beziehung bringen willst, zu verdrängen. Weil sie nicht nur Schlange ist, die die Menschheit verführt, sondern auch der fruchtbare Teil des Weiblichen, wenn er sich mit persönlicher Liebe vereint, zeigt sie dir auch, wie du die alten Muster der Vergangenheit in den Flammen sexueller Inbrunst überwinden kannst.

Quadrat, Opposition

Im emotionalen Erleben zelebriert die Begleiterin die Flammen der Liebe auf dem Opferaltar deiner persönlichen Anziehung. Wenn du ihren Schatten aushalten kannst, ohne dabei deinen Halt zu verlieren, kannst du durch ihre Übertragungen in Abgründe schauen, die sich dank ihrer Mithilfe in deiner Seele auftun. Du mußt dir vor allem klar darüber werden, daß die Hölle, die du in dir spürst, eine Folge ist, wie sie ihre eigenen Zwänge durch dich wahrnimmt. Indem sie nur das von dir wahrnimmt, was mit ihren auf dich projizierten negativen Schmerzerfahrungen übereinstimmt, die sie zwingen, dich mit allen Mitteln an sich zu binden (um dich gerade dann zu verlieren, wenn sie sich am heftigsten an dir festklammert), erscheint ihr das, was sie an Persönlichkeitswerten aus dir «herauszieht», als real, weil sie verdrängt, daß sie in dir das Bild ihrer eigenen Ausrichtung sieht. Sobald du begriffen hast, daß sich die Welt verschiebt, wenn sich die Sichtweise ändert, kannst du sie für immer loslassen. Aber gleichzeitig spürst du aus deinem Innersten eine gewaltige archaische Kraft aufsteigen, die ihr persönliches Leid absorbiert. Und du fühlst dich plötzlich in der Lage, auf die Fragmente dieser schwierigen Beziehung ein festeres, emotionales Fundament zu legen. Darauf läßt sich eine seelische Gemeinschaft errichten, die Regeneration und Wandlung schon in sich trägt.

Trigon, Sextil

Im persönlichen Umfeld ist die Frau die Retterin, die du gerufen hast, damit sie dich aus dem Keller deines Egos befreit. Dein Ich, das sich im plutonischen Fluidum dieser Beziehung spiegelt, ist im unteren, verborgenen Teil deines Hauses gefangen. Dabei ist die Priesterin die Auslöserin wuchernder Ängste und sublimer Hoffnungen der Seele, mit denen deine Vorstellung schwanger geht. Du hast die dunklen Kammern in deiner eigenen Tiefe errichtet, um den Aszendenten in der äußeren Welt zu stützen, der in den Himmel wachsen will. In einem allegorischen Sinne versuchst du eine Flaschenpost aus dem Kellerfenster zu werfen, damit die Empfängerin der Sendung durch die Haustür (Aszendent) hereinkommen möge, um deine Seele aus ihrem Gefängnis zu befreien. Man könnte auch sagen, daß du dich mit deiner noch unbekannten Retterin verbindest, indem du die Botschaft an den Wächtern des Unbewußten vorbei in die Welt projizierst und dich selbst als Preis für deine Errettung aussetzt.

Aszendent / Lilith

Aszendent des Mannes in Aspekt zur Lilith der Frau

Konjunktion ☌

Diese Konstellation läßt in dir manchmal eine Angst vor dem Verlust der Männlichkeit aufsteigen (Kastrationsangst), besonders wenn alte karmische Muster in dein Bewußtsein dringen. Denn Lilith ist ein Aspekt des weiblichen Dämons, ausgestoßen und kinderlos, der sich im kollektiven Unbewußten entwickelt hat (deshalb ist sich das Unbewußte als Quelle der Teufelin notwendigerweise bewußter als die Frau selbst). Auf ihr dunkles Erscheinungsbild reagierst du mit dem salomonischen Erkennen, dich ihr als Spiegelrahmen zur Verfügung zu stellen, in dem sie beide Seiten erkennen kann. Dieser Vorgang entspricht einer magischen Übertragung, bei der du das, was sie auf dich projiziert, reflektierst, nicht ohne ihr gleichzeitig zu signalisieren, daß sie dich gerade ihrer dunklen Teile wegen anzieht. Denn wenn in der Psyche der Frau Lilith von Eva abgespalten ist, dann ist sie sexuell kalt. Nur die Rückeroberung und Einbringung ihrer ganzen Weiblichkeit kann ihr helfen, die Spaltung zwischen Eva und Lilith zu heilen, und nicht ein Mann, der ihr hilft, die Spaltung fortzusetzen, indem er ihren hellen Teil liebt und den dunklen meidet. Darum kommt dir die Aufgabe zu, ihr beide Seiten zu reflektieren, weil ihr der Schatten nur bewußt werden kann, wenn sie ihn als notwendigen Teil des Ganzen akzeptiert.

Quadrat, Opposition ⚻ □ ∟

Hier manifestiert sich Lilith in all ihrem Schrekken, um dir einen erbarmungslosen Spiegel vorzuhalten, durch den dir all das bewußt werden kann, was du verdrängst: dein anmaßendes, männliches Gehabe und deine unersättliche Gier nach Macht. Und indem du beginnst, dich zu opfern, kannst du dich von deinen eigenen Zerrbildern befreien, die, lustversklavt, glücksgierig und gewohnt, Probleme durch körperliche Kraft und Gewalt zu lösen, erst jetzt langsam begreifen, daß auf der jetzigen Stufe der Beziehung der Kampf um die Vorherrschaft nicht von der phallischen Naturkraft, sondern von der «zurückschlagenden» Frau gewonnen wird. Dabei zerbricht sie deine Persönlichkeit in zwei Teile: in den Lüstling, den sie kastriert, und in den Sensiblen, der sich schamvoll nach ihr sehnt. Denn um keinen Preis ist sie bereit, ihre Sexualität mit dir zu teilen. Die Energie, die sie für diese Abwehrleistung aufwenden muß, wird ihrer Liebesfähigkeit entzogen und als angestauter Haß auf dich projiziert. Deshalb fehlt dir oft die Sicherheit in bezug auf deine männliche Identität. Hier wirst du nicht einfach von der äußeren Form deiner Partnerin angesprochen, sondern vom archaischen, verletzten, feministischen Geist, der sich vorwurfsvoll in deine Seele frißt und dich für die kollektive Unterdrückung des Weiblichen in der menschlichen Entwicklung zur Verantwortung ziehen will.

Trigon, Sextil ⊻

Mit diesem Aspekt verkörpert Lilith die aggressive Amazone, die deine Triebe besiegt und zähmt. Was sie dabei antreibt und motiviert, ist weniger der körperliche Kontakt (der ist unter dieser Verbindung entweder fetisch-fixiert oder unbefriedigend). Es ist vielmehr ihr Gespür für Energien, die dein Persönlichkeitsbild (Aszendent) derart intensivieren, daß du der Wucht dieser nach Verwirklichung strebenden inneren Bilder, die sie auf dich projiziert, nur dadurch entgehen kannst, indem du ihre aggressiven und destruktiven Energien verinnerlichst. Du saugst ihre Kräfte ein und spiegelst ihr als «Lilith» ihre weibliche, instinkthafte Seite. Dadurch kann sie sich mit ihrem Schatten wieder vereinen, denn der Kontakt mit deiner «männlichen» Weiblichkeit bringt sie dem ursprünglich kollektiven orgiastischen Aspekt ihrer inneren Göttin näher.

AC ☊

Aszendent / Mondknoten

Aszendent des Mannes in Aspekt zum Mondknoten der Frau

Konjunktion ☌

Die Konjunktion zeigt, daß deine Seelengefährtin das Ziel, das sie anstrebt, mit deinem Selbstbild in Verbindung bringt. Das bedeutet, daß der Aszendent, den sie bei dir wahrnimmt, sie zu der Annahme verleitet, du entsprächest genau dem, was sie in dir sieht. Der Punkt, in den sie ihre Hoffnungen setzt, ist aber nur ein «Hampelmann», von der Seele dazu benutzt, um aus sich selbst heraus eine Person zu kreieren, damit sich die Illusion, die du «Ich» nennst, auch austoben kann. Damit verbindet die Frau ihre karmischen Ziele mit deinem äußeren Ich zu einem gemeinsamen Weg, den ihr Mondknoten kreiert. Auf ihn kannst weder du noch sie einen Einfluß nehmen, obwohl sie immer wieder versucht, hinter die Maske zu greifen, um den Mann zu erreichen, der sich dahinter versteckt.

Quadrat, Opposition ⚻ □ ∟

Diese Beziehung ist für beide sehr anstrengend. Die Projektionen der Mondknoten-Frau haben die Tendenz, deinem Selbstbild ihr eigenes Karma aufzudrücken. Versuche deshalb nicht, auf ihre Wünsche einzugehen, weil sie im Bestreben, sich jeglicher Festlegung zu entziehen, sich im Durcheinander ihrer eigenen Projektionen verfängt. Je mehr du versuchst, sie zu verstehen, desto komplizierter wird es für dich. Denn der Mondknoten ist niemals da, wo du meinst, ihn zu erkennen (dort ist der Aszendent), sondern er ist dort, wo die Partnerin versucht, durch dich einen eigenen Weg zu finden. Manchmal ist er auch da, wo sich ihr Weg mit deinem Selbstbild verbindet, in dessen Spiegelungen du die Richtung der Gefährtin an der Größe deines inneren Unbehagens erahnst. Dieses Ziel, das sie auf dich projiziert, ist aber nur die Manifestierung ihres eigenen Sehens. Sie blickt in ihren eigenen Spiegel. Was zwingt dich also, immer wieder verstehen zu wollen, was sie sich zur «Problem-Lösung» in dir erschaffen will?

Trigon, Sextil ⚺

Unter diesem Aspekt erlebst du dich als Reisender, der mit Hilfe seiner Begleiterin alte Verstrickungen und Bilder analysiert. Je mehr du sie inspirierst, desto mehr karmische Gesichtspunkte entdeckt sie in dir, denen sie durch ihre seelische Nähe Farbe und Leben einhaucht. Dabei dient dir der Mondknoten als Geländer, an dem du dich festhaltend in dein eigenes Wesen hineinbewegen kannst. Diese positive Übertragung bewirkt, daß das Bild, das sich in deinem Persönlichkeitspunkt (Aszendent) reflektiert, eine tiefe Vorstellung in ihr erweckt, was dir wiederum einen ungeahnten inneren Reichtum beschert. Sie gibt dir die inneren Koordinaten zur Navigation, in Bild und Wort. So entstehen in dir die harmonischen Bilder von eurer gemeinsamen karmischen Welt.

AC AC

Aszendent / Aszendent

Aszendent des Mannes in Aspekt zum Aszendenten der Frau

Konjunktion

Dies ist eine ausgezeichnete Konstellation, die das, was du sein möchtest, in den Augen der Frau gut zum Ausdruck bringt. Das, was sich als «Maske des Ich» umschreibt, verbindet sich harmonisch mit der Maske der Begleiterin. Da die Maske bestimmt, was du in die Außenwelt als Selbstbild abstrahlst, ist eine harmonische Verbindung der beiden Masken die Bestätigung, daß ihr euch gegenseitig akzeptiert. Das zeigt, daß ihr den Teil, den der Partner von sich sieht, in euch selbst aufnehmt und mit dem Bild verknüpft, das ihr vom anderen habt. Das Resultat ist das sich «im anderen spiegelnde Erkennen», das mit der eigenen Ausrichtung, wie man selbst gesehen werden möchte, aufs beste korrespondiert. Es ist die aus der eigenen Mitte heraus handelnde Maske, die sich im Bild des anderen konstituiert.

Quadrat, Opposition

In der Beziehung gelingt es dir nur schwer, deine Energien direkt und natürlich zum Ausdruck zu bringen, da du im Selbstbild deiner Begleiterin meist nur das sich dir Widersetzende spürst. Dabei ist es nicht nur die Partnerin, die dich bekämpft, sondern du selbst bringst deine inneren Abwehrkräfte in das Bild deiner Gefährtin ein. Wenn du in ihr nur das Widerstrebende siehst, so zeigt das, daß dich der Widerstand erfüllt, der sich nach außen projiziert und sich dann in der Frau reflektiert. Du kannst deiner inneren Selbsterwartung nicht entfliehen, da sie den Inhalt dessen färbt, was du wahrnimmst. Vermagst du dich der Wahrheit zu stellen, was du selbst von dir hältst, dann findest du in dem, wie du über sie denkst, die passende Antwort. Das bedeutet aber auch, daß du die Zusammenhänge in deinem Inneren nicht erkennst, denn das, was dir außen widerfährt, ist das Ergebnis deiner seelischen Haltung. Du mußt dir bewußt sein, daß sich dahinter keine unabänderliche Meinung verbirgt, sondern daß dieses Bild nur deiner inneren Haltung entspricht, wie du über das urteilst, was du bei dir selbst nicht sehen willst. Solange du nicht erkennst, daß du in deiner Projektion nur dein eigenes schiefes Selbstbild bekämpfst, solange gibt es für dich keine Lösung.

Trigon, Sextil

Psychologisch gesehen verkörpert der Aszendent das Bild, das der Betreffende in der Welt darstellt. Paradoxerweise schließt dieser Blickwinkel das eigene Erkennen nicht mit ein, so daß der Sehende in seiner Selbstbetrachtung sein tieferes inneres Wesen meist ausschließt. Er ist meist nicht in der Lage, zu erkennen, daß er sein scheinbares Selbst nur durch das Bild, wie er gesehen werden möchte, erfährt. Doch unter dieser Aspektierung bist du mehr als nur der Ich-Punkt, der mit dem Selbstbild seiner Partnerin Verbindung hat, und diese ist wiederum mehr als nur der Teil, der sich in dir reflektiert. Hier seid ihr jeweils eine Seite derselben Tür, durch die ihr hindurchgehen könnt, um im seelischen Gefährten das Ego zu erkennen, das so vorzüglich mit dem eigenen Ich-Muster korrespondiert. Du erhöhst deine Schwingung und läßt deine Begleiterin die Schwelle ahnen, über die du in sie eindringen kannst. Im Gegenzug lädt sie dich ein, in ihrem Wesen eine Heimat zu finden und zu wissen, daß du mit deinem Ego nicht allein auf der Welt bist. Somit befindet ihr euch auf jener Entdeckungsreise, auf der man den anderen als das Spiegelbild des Willens, den Spiegel selbst als Weg und den Partner als Begleiter eines gemeinsamen Ziels erkennen kann.

AC

(AC) (MC)

Aszendent / Medium Coeli

Aszendent des Mannes in Aspekt zum Medium Coeli der Frau

Konjunktion

Hier stellt sich dein Selbstbild in den Brennpunkt der gesellschaftlichen Ausrichtung deiner Partnerin. Daher ist sie gezwungen, ihre Ziele in dir zu entdecken und dadurch näher an dich zu rücken: sich mit dem gesellschaftlichen Teil ihrer selbst zu verbinden, den sie auf dich projiziert. Dabei dienst du ihr als Katalysator zur Entfaltung ihres noch schlummernden Potentials. Sie dagegen schenkt dir die Möglichkeit, dich erfolgreich in Szene zu setzen und deine persönlichen Wünsche und Vorstellungen vor dem Hintergrund ihrer auf dich projizierten Ziele zu realisieren. Eure gegenseitigen Übertragungen lassen eure Wünsche schnell wachsen, doch solltet ihr eure Ziele genauer betrachten, von denen ihr euch aufgrund eurer Imaginationen anziehen laßt. Denn die Frau projiziert ihr Bild nicht auf deine Sonne, sondern nur auf das Bild, das du nach außen zeigst (Aszendent); deshalb ist auch nie deine Person gemeint, sondern nur das Bild, das sie von dir wahrnimmt. Weil sich dahinter aber auch wieder das Bild ihrer Ziele (Medium Coeli) verbirgt, könnte man sagen, daß hier das «Bild der Ziele» mit dem «Bild ihrer Vorstellung» korrespondiert.

Quadrat, Opposition

Im Beziehungsbereich solltest du die Vorstellungen genau unter die Lupe nehmen, die deine Gefährtin auf dich projiziert, denn im Umgang mit ihr spürst du einen inneren Widerstand, der dich hindert, ihre Wünsche zu empfinden. Solange du dich gezwungen fühlst, dich mit Zielen zu verbinden, mit denen du dich nicht identifizieren kannst, wirst du ihre Gedanken sabotieren, indem du sie durch deine Wahrnehmung verzerrst und damit in Informationen übersetzt, die niemals Zielpunkt ihrer Vorstellung sein können. Denn alles, was du zu sein glaubst, bist du nur von einem bestimmten Gesichtspunkt aus. Ebenso ist alles, was sie sieht, nur von ihrer Position aus vorhanden in dem von ihr beanspruchten Weltbild. Und da keiner von euch die Wirklichkeit so sieht, wie sie der andere sieht, verstellt jeder dem anderen den Weg. Solange deine Begleiterin nicht versteht, daß sie deine Person nur in bezug auf ihre eigene Wirklichkeit mit einbringen kann, ohne aber deinen persönlichen Willen zu beeinflussen, wird sie nur schwer verstehen können, warum ihre mit dir verbundenen Ziele sie immer wieder in eine Sackgasse führen.

Trigon, Sextil

Im partnerschaftlichen Erleben ist es wichtig, die Kräfte zielgerichtet einzusetzen, Herausforderungen anzunehmen und Durchsetzungskraft und Konfliktbereitschaft gemeinsam unter Beweis zu stellen. Dazu ist es nötig, daß du dich mit den Ideen der Gefährtin verbindest. Das wird dadurch erreicht, indem du ihre Ziele «bei den Hörnern» packst. Wenn du ihre Vorstellungen erfüllst, wirst du in der Beziehung mehr erreichen, als du dir in deinen kühnsten Träumen vorstellen kannst. Dabei ist es nicht einfach ihre Berufung (Medium Coeli), die unter diesem Aspekt Ziele an dich delegiert, sondern du bist es selbst, der sich «vor ihren Wagen spannen läßt» und als Kutscher ihre «Gäule» zum Zielort treibt. Das bedeutet, daß du dein Ego freudig in den Dienst ihrer äußeren Ziele stellst und mit ihr gemeinsam entwickelst, was auch dir inhaltlich vorschwebt.

AC X

Aszendent aspektlos

Aszendent des Mannes ohne Aspekt zu einem Planeten der Frau

Ohne Verbindung zu deinem Aszendenten fehlt deiner Begleiterin das astrologische Bindemittel, das deine Maske in ihrer Seele festhalten könnte. Deshalb kann sie dein Selbstbild nicht erfassen, durch das du dich deiner Außenwelt präsentierst. Ihr fehlt der Persönlichkeitsrahmen, durch den sie ihre Empfindungen in dir fixieren kann. Sie ist so offen für dich, daß sie dich in dem, was du für sie darstellen willst, gar nicht spürt. Da der Aszendent der Punkt ist, über den du dein Persönlichkeitsbild nach außen reflektierst, könnte man sagen, daß die Partnerin keinen Zugang zu deinem Selbstbild findet, das du an ihr vorbei hinaus in die Welt projizierst und auf dessen Reflexionen sie dann im Strudel eurer Beziehung nicht individuell reagieren kann. Es ist klar: Ihr seid nicht nur das Bild eurer Bilder. Doch ohne Rahmen fliegt sie durch dich hindurch. Deshalb bekommst du in deinem persönlichen Erkennen durch sie auch keine Identität. Ohne die Annahme selbst schmerzvoller Reize kann sich deine Persönlichkeitsstruktur nicht in ihrem Gespür verankern; und ohne äußere Bezugspunkte erleidet dein Selbstbild in ihr ständig seine eigene Vernichtung. Der Aszendent mag zwar nur der sichtbare Däumling an der Brust des Höheren Selbst darstellen, damit die persönliche Ich-Identität keine Ausfälle erleidet, aber ohne den Rahmen, in dessen Spiegelungen ihr das entgegenstrahlt, was sie aus ihrem seelischen Inventar dann zu dem zusammenschustern kann, was sie als das Ich des anderen zu entdecken glaubt, kann sie die erhaltenen Signale nicht in Informationen übersetzen, aus denen sie ein ausreichendes Persönlichkeitsporträt zusammenstellen kann.

MC

Medium Coeli

Das öffentliche Wirken aus der Sicht des Mannes

Das Medium Coeli ist der höchste Punkt im Horoskop (der Ort, wo die Sonne am Mittag steht, deshalb auch der Name «Himmelsmitte» oder «Mittagsspitze») und damit die Stelle, an der du dich am intensivsten in die Gesellschaft einbindest. Traditionell wird dieser Ort mit dem Vater-, Mutter- oder Lehrerbild in Verbindung gebracht. Deshalb verkörpert das Medium Coeli das Weltbild, das du anstrebst, oder die gesellschaftliche Ausrichtung, die dich anzieht. Doch da du nur das wahrnimmst, was du an Informationen durch die dir anerzogenen kollektiven Bilder erfahren hast, merkst du, daß du in deinen Zielen immer nur deine eigenen Erfahrungsmuster wiederholst. Das zeigt, daß deine Ziele relativ und die Stabilität dieser Ziele im Grunde ein Trugbild sind. Das setzt wiederum voraus, daß die Brille, durch die du die äußeren Bilder erkennst, stabil sein muß, damit deine Illusion nicht zusammenfällt. In diesem Sinn entspricht das Medium Coeli der Fixierung deiner Ziele an der (Horoskop-)Stelle, wo du dich der Irrealität gesellschaftlicher Werte mit einer klaren Vorstellung nähern kannst.

Die **Konjunktion** zeigt, wie gut es dir gelingt, deine Begleiterin für deine gesellschaftlichen Pläne zu motivieren. Das bedeutet, daß es dir gelingt, der Partnerin deine persönlichen Ziele einzureden, bis sie sie als ihre eigenen zu erkennen glaubt. In diesem Augenblick wird deine Botschaft zum allgemeinen Befehl, alle Ziele zu erreichen, die Inhalt des dir selbsterteilten Auftrags sind.

Disharmonisch aspektiert werden dir von der Gefährtin oft Steine in den Weg gelegt. Sie hindern dich, Ziele zu erreichen. Und da dir deine Ziele wichtig sind, bist du die meiste Zeit gekränkt. Bis du nicht nur spürst, daß du deine gesellschaftlichen Pflichten viel zu wichtig nimmst, sondern gleichzeitig auch ahnst, daß du auf der Beziehungsebene deine gesellschaftlichen Erwartungen nicht durchsetzen kannst, braucht es eine gewisse Reife. Erst die Einsicht, daß das Medium Coeli letztlich ein unbedeutender Punkt ist, der dich weder seelisch noch karmisch fixiert, sondern rein äußerlich mit den scheinbaren Anforderungen der Gesellschaft verbindet, verhindert die Verletzung durch gescheiterte Ziele und stärkt dir das Rückgrat, dich durch deine Begleiterin nicht länger kränken zu lassen.

Ein **positiver Aspekt** deutet darauf hin, daß ihr eure Pläne gegenseitig akzeptiert. Die Frau versteht, daß du deine Ziele leichter erreichen kannst, wenn sie ihnen ihre Anerkennung nicht versagt, und du beginnst zu spüren, daß die Kraft, mit der du deine Ziele beabsichtigst, auf ihre Unterstützung reagiert. Deshalb gibt dir die Harmonie in der Beziehung den nötigen Antrieb, alles anzustreben, was du dir ersehnst.

(MC) ☉

Medium Coeli / Sonne

Medium Coeli des Mannes in Aspekt zur Sonne der Frau

Konjunktion ☌
Durch ihre optimistische Lebenseinstellung bringt die Gefährtin Licht in dein gesellschaftliches Streben nach Fülle, Freude und Überfluß. Es gibt nichts an deinen Zielen, was sich durch ihre Sonne nicht verbessern ließe. Sie repräsentiert die geistige Kraft, die jede von dir verfolgte Absicht verstärkt, und deine Entscheidung, das auf deine «Himmelsmitte» projizierte Wachstum zu akzeptieren, kann die Chancen in der Erfüllung deiner Pläne erheblich vergrößern. Das verheißt gute Aussichten für zukünftige Wünsche, weil dir mit ihrer Hilfe vieles gelingt, was normalerweise Illusion bleiben muß. Damit kann sich in deinem Leben vieles verändern, einschließlich der Menschen, die du in dein Herz einschließt. Deine Absicht, zu wachsen, kann deine Wünsche expandieren lassen und damit neue Ziele in die Welt setzen, die mit dem korrespondieren, was dem gemeinsamen inneren Spektrum angemessen ist.

Quadrat, Opposition ⚻ □ ∟
In der Partnerschaft wird die Frau unbewußt versuchen, deine äußeren Ziele zu verhindern, und damit deine gesellschaftlichen Perspektiven in Frage stellen. Sie kann dich als lächerlichen, materiellen Streber empfinden, den sie, um ihre innere Mitte zu finden, bekämpfen muß. Da sie meist nicht realisiert, daß sie immer noch von den Minderwertigkeitskomplexen aufgrund ungelöster Autoritätskonflikte abhängig ist, beschwört sie oft Streitigkeiten und Frustration herauf, weil sie sich in ihrer weiblichen Sonnenenergie von dir unterschätzt und abgelehnt fühlt. Du erliegst dem Irrglauben, deine Ziele zu kontrollieren, weil dir die Verplanung der materiellen Realität dies suggeriert. Anstatt die Relativität eurer jeweiligen Sichtweise zu akzeptieren, identifiziert ihr euch mit negativen Bildern und Gedanken und projiziert auf den Partner Gefühle von Enttäuschung und Wut, die Ausdruck gegenseitiger Verunsicherung sind. Dadurch geratet ihr in unnötige Ich-Krisen. Hier gilt es, sich mit Fragen des Umbruchs des gesellschaftlichen Lebens zu befassen, und nicht mit den Einschränkungen, die daraus resultieren, weil ihr die negative Kraft gegenseitiger Fehl-Übertragungen nicht durchschaut. Es geht darum, den Sinn der Vergänglichkeit zu erkennen, die allen Dingen innewohnt, denn allein dadurch, daß ein auflösendes, destruktives Prinzip das Erreichte zerstörend überwindet, kann eine Neu- und Weiterentwicklung stattfinden, die zu größerem Wachstum führt.

Trigon, Sextil ⚺
Im gemeinsamen Erleben werden deine Pläne durch die Aufmerksamkeit deiner Partnerin unterstützt. Deine Ziele reflektieren sich in ihrem sonnenhaften Wesen, das sich großzügig auf dich überträgt, denn es gibt nichts, was sie mehr für dich tun könnte als dich zu lieben für das, was du in der äußeren Welt anstrebst. Sobald du die Wärme, die sie dir angedeihen läßt, spürst, kommt auch dein Herz in Harmonie mit deinen Zielen, und du kannst ihre Liebe zum Erreichen deiner Wünsche genießen. Je mehr dies geschieht, um so näher kommst du dir selbst.

(MC) ☽

Medium Coeli / Mond

Medium Coeli des Mannes in Aspekt zum Mond der Frau

Konjunktion

Mit diesem Aspekt verfügt die Partnerin über eine innere Wahrnehmung, die dich scheinbar in ihre Seele miteinbezieht, obwohl sie dir in Wirklichkeit nur ihre unbewußte Sehnsucht reflektiert. Doch da sie die Gegensätze zwischen innen und außen nicht bekämpft, sondern in der Hoffnung, sie miteinander verbinden zu können, einander annähert, kannst du ihren Mond als Spiegel benutzen, um ihre unbewußten Empfindungen in bezug auf deine Ziele besser verstehen zu können. Da die Grundlage ihrer Gefühle aus instinktmäßig verhafteten Urbildern besteht, reagiert sie auf Eindrücke deiner äußeren Realität in Korrelation zu ihren emotional besetzten Erinnerungen. Sobald deine gesellschaftlichen Ziele mit den Träumen der Frau harmonieren, wird sie dir, mit deinen Wünschen verschmelzend, wie der strahlende Vollmond zu neuen Ufern leuchten.

Quadrat, Opposition

Wahrscheinlich hast du schon immer gefühlt, daß es noch viel Harmonischeres in der Liebe geben müßte als das, was dir die Mondfee reflektiert, aber da du dich in einem gewissen Widerspruch zu deinen Gefühlen befindest, spiegelt sich dir das Ungeliebte folgerichtig auf der Beziehungsebene. Der Aspekt möchte dir klarmachen, daß dort, wo du die Gefühlsnatur deiner Seelenfrau unterdrückst und durch öffentliche Meinungen zu ersetzen suchst, die fließenden Wasser deiner inneren Freude zum Stillstand kommen. Unter diesem Einfluß ist es deine Aufgabe, die Partnerin in einem gewissen Widerspruch zu deinen eigenen Zielen durch die vielfältigen Lektionen im gesellschaftlichen Leben zu führen, bis es dir möglicherweise gelingt, die Stimme ihres verdrängten emotionalen Empfindens eines Tages wieder zum Klingen zu bringen. Das Ziel der Reise ist dann erreicht, wenn du deine äußeren Ziele durch die innere Kraft der Liebe erreicht und dadurch deinen inneren Frieden gefunden hast.

Trigon, Sextil

Hier bist du erfahren genug, die Gefühle der Partnerin als das zu verstehen, was sie sind: Spiegelbilder, die das übertragen, was die Gefährtin an eigenem Unentdeckten in den Handlungen ihres Begleiters zu finden sucht. Du entdeckst, daß das, was sie auf dich überträgt, ihre Gefühle sind, die sie durch deine gesellschaftliche Ausrichtung hindurch sucht. Das wiederum, was sie in dir reflektiert, ist der fehlende Teil, den sie in der Liebe zu deinen Zielen finden will (da du ihr das Gefühl vermittelst, Teil von etwas zu sein, das größer ist als sie selbst), und nicht das, was du ihr emotional aufoktroyieren versuchst: das Bild eines erfolgreichen Mannes. Das Resultat dieser Beziehung ist eine intensive Begegnung zwischen zwei Menschen, die alles Erdenkliche zur Förderung eines harmonischen Miteinanders tun – ohne aber die Ziele zu verändern, die sie durch den anderen für sich selbst beanspruchen.

Ⓜ☿

Medium Coeli / Merkur

Medium Coeli des Mannes in Aspekt zum Merkur der Frau

Konjunktion
Auf der materiell-rationalen Ebene erschaffst du dir in den Gedanken der Partnerin Erlebnisbilder, die du mit deinen gesellschaftlichen Zielen verknüpfst, und verschaffst ihren Ansichten in der von dir angestrebten Welt Ausdruck. Ihre Gedanken stehen in Wechselwirkung zu deinen Zielen, die Realitäten sind ineinander verflochten und damit die Voraussetzungen eines übereinstimmenden Netzwerks gesichert. Gleichzeitig entwickelst du in ihr eine Grundlage, auf die du dich beziehen kannst. Deshalb sind ihre Gedanken immer mit deiner Realität verbunden, die du entwirfst, weil diese wiederum ein Ausdruck deiner intellektuellen Anpassung ist, auch wenn sie dies nicht merkt. Dieser übereinstimmenden Zielrichtung kommt die Aufgabe zu, euren Blickwinkel immer so zu verändern, daß er die Aufgabe, eine geistig-materielle Übereinstimmung zu erwirken, ständig erfüllen kann.

Quadrat, Opposition
Meist glaubst du das Potential zu erkennen, das in der Gefährtin schlummert, und deshalb versuchst du ihre Gedanken auf deine Ziele zu richten, damit sie ihr Weltbild in deiner Sichtweise realisieren kann. Doch weil sie deine Ideen immer aus einem anderen Blickwinkel sieht, verläuft die Übereinstimmung meistens schief. Weil ihr beide kraft eurer Vorstellung Realitäten schafft, die ihr aufeinander projiziert, ohne euch der unterschiedlichen Hintergründe bewußt zu sein, schleichen sich oft Mißverständnisse auf der Ebene der Beziehung ein, die sich irgendwann in den Gedanken des anderen auswirken können. Die negativen Bilder leben in den Erinnerungen des Partners fort, bis sie sich dort eines Tages wieder zu erkennen geben, und zwar in der Form, daß ihr euch gegenseitig Vorwürfe und Schuldzuweisungen macht, deren Ausgangspunkt die unscharfen Übertragungen falsch verstandener Standpunkte sind.

Trigon, Sextil
Im Beziehungsbereich wirst du entdecken, daß deine Ziele in den Gedanken deiner Partnerin auf positive Resonanz stoßen. Im gemeinsamen Handeln verbinden sich deine Ziele mit den Ideen der Frau, weil das, was du an sie heranträgst, immer genau dem entspricht, was sie selbst anstrebt. Deshalb beginnen deine Erkenntnisse in ihren Gedanken zu leben, auf die du wiederum positiv einwirken und damit ihre Vorstellungen in gegenseitigem Einvernehmen organisieren kannst. Es ist dein gesellschaftliches Streben, das auch deine Begleiterin zu ihren Zielen trägt. Denn in dir findet sie den gesuchten Rahmen, in dem sich ihre materiellen Wünsche erfüllen können.

Medium Coeli / Venus

Medium Coeli des Mannes in Aspekt zur Venus der Frau

Konjunktion

Es ist der Archetyp venusischer Anziehung, der dich auf der Ebene der Beziehung durchdringt (da er die Partnerin gleichzeitig zwingt, sich als «Objekt deiner Anziehung» zu fühlen), denn aufgrund der Schönheit und Hingabe der Frau können sich alle deine emotionalen und gesellschaftlichen Erwartungen erfüllen. Dabei spürst du das Aufwallen von Liebe, wenn sie die schlummernden Gefühle in dir wachküßt, denn du bist sofort entflammt, wenn sie dir begegnet. Das bedeutet, daß zwischen den inneren Wünschen der Gefährtin und deinem äusseren Erleben eine gewisse Übereinstimmung besteht, nicht zuletzt, da sie ständig ihren Eros unter der «Türschwelle» deines Bemühens, ihr die Welt zu zeigen, hindurchfließen läßt.

Quadrat, Opposition

In dieser Verbindung drehst du dich im Kreise. Die Frau versucht, dich auf die Stufe der mit ihrem Vater ungelösten Krisen hinunterzuziehen und stellvertretend mit dir all die unfruchtbaren Rollenspiele, die zwischen ihr und ihrem Vater abliefen, zu wiederholen, wodurch sie unbewußt Erlösung erhofft. Dadurch brechen alte Wunden auf und alte Leidensmuster werden wach, die sie längst überwunden glaubte. Denn diese Ebene steht für die Enttäuschung der Tochter durch das soziale Vaterbild und dadurch natürlich für Ernüchterung und Zurückweisung durch dich selbst. Da du nicht erkennst, daß sie ihre Tochterrolle nicht wegen deiner Persönlichkeit annimmt, sondern wegen ihres inneren Traumas, die (falschen) Erwartungen ihres Vaters in der Beziehung mit dir erfüllen zu müssen, kannst du natürlich auch nicht sehen, daß du ihr als Erfüllungsgehilfe dienst, ihre negativen Gefühle gegen sich selbst loszuwerden. Solange sie nicht merkt, was in ihr selbst unerlöst ist, und du nicht einsiehst, daß sie ihre ungelösten Probleme in Auseinandersetzungen mit dir versteckt, seid ihr zu keiner wirklichen Beziehung fähig. Daher präsentiert diese Konstellation weniger dich als Mann als vielmehr den verlorenen Teil in der Frau selbst, den sie aus dir zurückzuholen versucht, und dem sie solange hinterherrennen muß, bis sie erkennt, daß sie sich selbst (in ihren auf dich projizierten negativen Autoritätsrollenbildern) sucht.

Trigon, Sextil

Da deine «Himmelsmitte» harmonisch mit der Venus der Gefährtin korrespondiert, zeigt sich, daß sie sich dir mit ihrer libidinösen Seite nähert, die dich ohne Wenn und Aber zwingt, sie in deine Ziele zu integrieren. Das bedeutet, daß du gar nicht anders kannst, als das, was sie dir reflektiert, freudig zu akzeptieren. Da die Verbindung aber nicht nur ihre venusischen Gefühle auslöst, sondern auch deine Bereitschaft verstärkt, ihre Hingabe zu empfangen und in deine gesellschaftlichen Überlegungen einzubauen, ließe sich dahinter auch das karmische, tieferliegende Konzept vermuten, das Leben als Ganzes anzunehmen. Dieser Aspekt läßt dir alles zuströmen, was du dir von der Liebesgöttin erhoffst, aber nicht indem du es ihr abverlangst, sondern indem du das Bild zur Erfüllung der Wünsche in dir selbst erschaffst, das sie in dir dann nur noch abzurufen braucht.

MC ♂

Medium Coeli / Mars

Medium Coeli des Mannes in Aspekt zum Mars der Frau

Konjunktion

In der Begegnung erlebst du die Frau als Verkörperung deines männlichen Egos, die dir, wenn sie den funkelnden Speer ihrer Energie aufblitzen läßt und die Hingabe der Männer genießt, das spiegelt, was du stellvertretend in ihr zu leben versuchst: Durchsetzungskraft, Risikofreude, Kampfbereitschaft und sexuelle Triebhaftigkeit. Dabei mangelt es ihr nicht an enthusiastischen Idealen und hochfliegenden Plänen, sondern höchstens an Konstanz und Verfestigung ihrer Ziele. Da du genau spürst, daß sie die spontanen Aggressionskräfte in dir auslöst, die du in ihr zu kontrollieren versuchst, damit sie dich nicht als ein Opfer ihrer verdrängten Ziele sinnlos im Kreis herumjagen kann, wirst du ihre Aggressionen mit deinen Vorstellungen verbinden, bis du die Ergebnisse deiner ihr vermittelten Lektionen an dem erkennen kannst, was du schließlich statt chaotischer Streitkultur an objektiver Zielgerichtetheit in ihr verwirklicht findest: eine gesellschaftliche Einbindung ihrer inneren Aggressionskräfte.

Quadrat, Opposition

Dieser streitbare Aspekt will nicht nur als ein Zeichen dafür gewertet werden, daß du dich fortwährend in Zänkereien und Widersprüche mit deiner Partnerin verstrickst. Statt dessen will er dir klarmachen, daß du dich um eine weitere Perspektive, die Dinge zu sehen, bemühen solltest, um die durch deine Kontrolle angestauten, unterschwelligen Aggressionen der Frau nicht ständig gegen dich selbst leben zu müssen. Durch deine Übergriffe, ihr ständig dein Weltbild überstülpen zu wollen, in dem sie ihre Aggressionen ausagieren kann, fühlt sie sich stark herausgefordert. Und um ihre angestaute Wut loszuwerden, ist sie viel schneller als sonst bereit, deinen Rahmen zu sprengen. Gefühlsmäßiges Vertrauen wird dadurch unmöglich gemacht, und an die Stelle der Kommunikation tritt meist ihre Aggression, deren Grundlage die Angst ist, die zum Motor der unterdrückten Verteidigungs- und Triebreaktionen wird. Deine Aufgabe ist dann erfüllt, wenn es dir gelingt, die gemeinsamen Blockaden dadurch aufzulösen, indem du die Aggressionen deiner Gefährtin in spielerischer Weise um deine gesellschaftlichen Ziele herumlenkst. Denn das Dilemma ergibt sich erst aus dem Streben deiner Vernunft, die Triebkräfte der Frau mit Gewalt zu überwinden, und aus der Unfähigkeit, dies zu realisieren.

Trigon, Sextil

Unter dieser Konstellation begegnest du der Instinktnatur deiner Partnerin aus der Sicht deiner komplexen sozialen Realität. Sie kann deine Beweggründe nachvollziehen, oder anders gesagt, sie glaubt zu spüren, wie du fühlst (und du denkst darüber nach, wo und wie du sie berührst), doch ist sich ihr kämpferischer Wille der Vielschichtigkeit deiner Sichtweisen nicht bewußt. Die Art, ihren Mut und ihre Tatkraft in der Beziehung als einen Teil zu unterstützen, in dem du dich selbst erfahren kannst, zieht sie an, denn sie sehnt sich nach Kontrolle und Sicherheit und nach jemandem, der ihr den psychologischen Überbau erklärt. Durch den aufs Ganze gerichteten (Über-)Blick entsteht in ihren Aggressionen ein «Loch», durch das sie deiner Weitsicht hinterherspringen kann. Aber nur, wenn du ihren inneren Aggressionen nachspürst und diese zu finden hoffst, indem du sie, um sie ihr näherzubringen, in ihren eigenen Heldenbildern suchst.

Medium Coeli / Jupiter

Medium Coeli des Mannes in Aspekt zum Jupiter der Frau

Konjunktion
Hier wirst du vom schöpferischen Willen deiner Partnerin verführt, alle ihre Wünsche sofort in den Mittelpunkt deiner Ziele zu stellen. Und da dich die Flammen der Anziehung von innen her erfüllen, symbolisiert diese Konstellation das große Glück. In unablässigem Ringen kreist der lockende Jupiter der Frau um das gesellschaftliche Ziel, das du in der Welt anstrebst, und sucht dich dadurch zu ködern, indem er deine Ziele in seine Visionen einbaut. Das hat zur Folge, daß du dich in ihren Wünschen verfängst, durch deren Brille du deine Ziele den üppigen Vorstellungen deiner Partnerin angleichst, um dich in ihrem Ruhm zu sonnen und ihr alle Schätze der Welt zu Füßen zu legen, statt dich mit deinen eigenen Wünschen auseinanderzusetzen. Oft löst sich die jupiterhafte Ideologie in einen schwärmerischen Idealismus auf, der nicht mehr der Erkenntnis und Durchforschung der Gesellschaft dient, sondern die Befriedigung nur noch aus dem «Sichtweise-wechsle-dich-Spiel» der verschiedenen Sichtweisen in der eigenen Mehrdimensionalität zieht.

Quadrat, Opposition
Auf der Suche nach größeren Erlebnisräumen magst du dich oft von den Höhenflügen deiner Schicksalsgefährtin anstecken lassen. Auf der Beziehungsebene kollidiert dein nüchterner, auf allgemeingültigen Bildern beruhender Erkenntnisdrang mit den genialen, intuitiven Einsichten deiner Partnerin. Normalerweise wäre es deine Aufgabe, die Hintergründe ihrer Projektionen zu durchforsten, deren gedankliche Widersprüche dir überhaupt erst den Anreiz zur Auseinandersetzung bieten. Meist fängt sie die halbleeren Gefäße deiner sozialen Suche mit Pseudowahrheiten auf, bis du in den Tiefen ihrer Übertragungen deine eigene Leere erkennst. Da der Sinn dieser Konfrontation darin liegt, dich in deiner öffentlichen Selbstbehauptung zu hinterfragen, verhilft dir diese Beziehung zur Einsicht, daß der «verhinderte Olymp» oft gerade auch der «verdrängte Hades» ist. Dadurch kannst du Grenzerfahrungen in bewußte Formen kneten, denen du dich alleine nicht nähern kannst. Du hast als Beobachter die Chance, die Schranken deines Weltbildes nicht nur weiter hinauszuschieben, sondern gleichzeitig auch nach innen zu verlagern und dadurch zu merken, daß jede Erweiterung nach aussen gleichzeitig auch nach einer inneren Vertiefung verlangt.

Trigon, Sextil
Der Grund, warum dich die Ziele deiner Gefährtin so sehr anziehen, liegt darin, daß sie ihre unterschwelligen Wünsche ständig in deine Beobachtungen einfließen läßt. Unter diesem Aspekt ist sie nicht nur der (Partnerschafts-)Teil, der dich zur Kreativität anhält, sondern auch das Ziel, das sich ständig in den Mittelpunkt deiner Sehnsucht stellt. Sie verfügt nicht nur über die Phantasie, dich in ihre Wünsche einzubinden, sondern besitzt auch das Charisma, dich ständig becircen zu können. Doch aufgepaßt: Nur die Erkenntnis, daß die wahren Ziele kaum innerhalb der dir aufoktroyierten Wünsche zu finden sind, macht hier Sinn!

MC ♄

Medium Coeli / Saturn

Medium Coeli des Mannes in Aspekt zum Saturn der Frau

Konjunktion ☌

Die Konstellation steht für einen Lebensabschnitt der Selbstbesinnung, in dem ihr euch ständig darüber Klarheit zu verschaffen versucht, was ihr gemeinsam erreichen wollt. In der Beziehung unterziehst du dich der scheinbaren Objektivität der Frau, die sich dort Raum schaffen kann, wo du den gefühlsmäßigen Eigenwert im Leben nicht entwickelt hast. Kannst du deinen inneren Freiraum nicht entfalten, bist du auf der Suche nach Selbstfindung auf den Raum des anderen angewiesen. Das bedeutet, daß du dir den moralischen Inhalt von der Partnerin diktieren läßt. Weil du dich aber gleichzeitig nicht manipulieren lassen willst, signalisierst du ihr, daß das, was sie dir sagt, keine entgegengesetzte Meinung darstellt, die du für dich übernimmst, sondern genau mit dem korrespondiert, wie du es siehst. Überspitzt formuliert verhilft dir erst die Meinung der Frau zu einem eigenen Standpunkt. Dann erkennst du, daß du in deinem Fühlen auf sie angewiesen bist, weil dir erst ihre Reaktion zu einer persönlichen Wahrnehmung verhilft, wer du wirklich bist.

Quadrat, Opposition ⚻ □ ∟

Dieser Aspekt macht sich in deinem gesellschaftlichen Leben in Form einer lähmenden Passivität bemerkbar. Die Mutlosigkeit, die sich als erdrückende Sinnlosigkeit um die Frage nach dem Sinn gesellschaftlicher Ziele dreht, hält dich im Würgegriff deiner Gefährtin gefangen, die dich in deiner eigenen Angst festhält, um positive Zielsetzungen zu verhindern. Die Frau glaubt, dich besser anleiten zu können, wenn sie zum Kern deiner materiellen Sichtweise vordringt und deine Gedanken «kontrolliert». Dabei wird aus dem Ganzen ein unlösbares Durcheinander, denn eure Beziehung ist nicht zuletzt auch Sinnbild eines untauglichen Versuchs, das kommunizierende Element unter Kontrolle zu bekommen und den Austausch mit der Außenwelt durch Strukturen abzusichern und zu verteidigen. Anstatt also dem unerreichbaren Ziel objektiver Urteilsfähigkeit nachzueifern, solltest du dich lieber mit deinem eigenen, von Subjektivität und Irrtümern gezeichneten Bereich identifizieren und ihn in den Mittelpunkt deiner gesellschaftlichen Ziele stellen, den du in ihr bekämpfst.

Trigon, Sextil ⚺

Es ist keine Liebe, die euch in dieser Beziehung erfüllt, sondern nur das Bild einer gemeinsamen Basis, die Liebe erfolgreicher Menschen zu ihren materiellen Zielen. Denn in euch nistet eine unbewußte Angst vor Gefühlen und damit eine Abwehr des Lebens selbst. Ihr liebt oder mögt die Präsentation eurer Selbstinszenierung, das Spiegelbild eurer gemeinsamen Selbstreflektion. Doch trotz immenser Erfolge und äußerer Anerkennung fühlst du dich innerlich allein. Einerseits scheust du jedes gefühlsmäßige Engagement, und andererseits erschrickst du beim Gedanken, die Gefühle zu deiner Begleiterin nur über gemeinsame Leistungsziele spüren zu können. Was deinen emotionalen Austausch blokkiert, weil du das Leben ohne Zielrichtung nicht um seiner selbst willen akzeptierst, reflektiert sich dir mit Hilfe der Frau als eine großartige Kompensation in der Außenwelt. Dies zeigt dir eure emotionalen Schwächen spiegelverkehrt als überhöhtes Leistungsmonument (das Mißtrauen, wenn du das gemeinsame Ziel als Notausgang benutzt, um vor ihr davonlaufen zu können). Damit fällst du erfolgreich auf ihr leistungsstarkes Selbstbild herein, das ihre Schwächen, ohne daß du dir dessen bewußt bist, auf andere projiziert. Dieses Bild kann erst zusammenfallen, wenn es ein Liebender mit seinen Gefühlen berührt. Erst wenn du deine eigenen Projektionen von der Partnerin abgezogen hast, kannst du sie so sehen, wie sie wirklich ist.

Medium Coeli / Chiron

Medium Coeli des Mannes in Aspekt zum Chiron der Frau

Konjunktion

Unter diesem Aspekt ist deine Partnerin moralisch bestrebt, dich mit den abgespaltenen Schattenkräften deiner Psyche wieder zu vereinen. Dabei ist sie die «Kanalreinigerin», die dich durch die Abgründe und unterirdischen Kanäle führt, in denen du dem eigenen Unaussprechlichen begegnen kannst, damit du die Grundlagen der Ziele erkennst, die du in der Außenwelt anstrebst, und nicht länger von dem abzulenken versuchst, was dich zwingt, Ziele überhaupt anpeilen zu müssen. Sie hilft dir beim Erfassen deiner abgespaltenen Seelenbilder und konfrontiert dich auf der Ebene deiner gesellschaftlichen Ausrichtung mit dir selbst, was zu verschachtelten inneren Gesichtern führt, deren interessante Verknüpfungen aber erst den Anreiz zur Konfrontation bieten, dich mit den inneren Tiefen der äußeren Ziele überhaupt auseinandersetzen zu wollen. Erst, wenn du die Anpassung an ihre Gedanken als deine eigene Strategie erkennst, die Bedingungen der Widerstände kennenzulernen und damit die Voraussetzungen zu deren Beseitigung, ist die Beziehung entspannt.

Quadrat, Opposition

Oft spaltest du das Unfreundliche von dir ab und lagerst es aus, damit du es unbemerkt dort draußen bekämpfen kannst, und merkst nicht, daß du dich in deiner eigenen Falle gefangen hast. Meist hast du das Unangenehme gar nicht ausgelagert, sondern nur sein Bild, das du auf der Ebene deiner Partnerin bekämpfst. Durch sie wirst du mit all jenen zahllosen äußeren Sündenböcken konfrontiert, die dir normalerweise helfen, dein inneres Unakzeptiertes unentdeckt zu leben. Deshalb stellt sich die Frage, ob es nicht dein abgespaltenes moralisches Selbst ist, das dich im Wesen deiner Begleiterin bedroht, und das dich zwingt, stellvertretend für sie dich selbst zu quälen, weil du dich gegen ihre ständigen Schuldvorwürfe nicht wehren kannst. Da du dich nicht traust, deine Aggressionen zu leben, bleiben deine Ängste im Raum der Gefühlsverdrängung hängen, weshalb du ihr die Schuld zuzuschieben versuchst, damit du in deiner eigenen «Selbstumarmung» versunken die Wahrheit nicht zu erfahren brauchst, daß du deine inneren Ängste (in ihr) nicht loslassen kannst.

Trigon, Sextil

In dieser Beziehung bist du laufend damit beschäftigt, Ziele zu formulieren, die deine Gefährtin akzeptiert. Du bist ständig versucht, dich ihr auf eine Weise zu präsentieren, die dir ihren Applaus garantiert. Durch ihre moralisierende Nähe fühlst du dich genötigt, dich im Spiegel ihrer raffinierten Selbstverstrickung ständig reflektieren zu müssen, und das bedeutet, dich den Wünschen einer ebenso faszinierenden wie raffinierten Verdrängung zur Verfügung zu stellen, die neben Aufopferung und Verzichtserklärungen auch Harmonie und Spiritualität gutheißt und einfordert. Das Problem, dich mit dir gar nicht richtig auseinandersetzen zu wollen, sondern dir das Leben in den Bahnen zu erschließen, die dir deine Partnerin vorgibt, läßt sich nur lösen, wenn du aufhörst, die Antwort auf die Frage nach dem Sinn des Lebens ausschließlich in ihrer Sichtweise zu suchen, also in dem, wie du glaubst, daß sie das Leben durch deine Ziele hindurch wahrnimmt, und statt dessen merkst, daß die Welt ganz und gar in dir enthalten ist.

(MC) ♅

Medium Coeli / Uranus

Medium Coeli des Mannes in Aspekt zum Uranus der Frau

Konjunktion ☌

Bis du den Sinn dieser Verbindung in der Antwort gefunden hast, welche Ziele du in der Partnerin zu spiegeln suchst, wirst du von der Unberechenbarkeit ihres Geistes fortgerissen, weil du nicht merkst, daß das in ihr Gespiegelte mit dem Spiegel identisch ist. Meist identifizierst du dich so heftig mit den uranischen Bildern der Frau, daß du selbst in den Brennpunkt ihres sich ewig um sich selbst drehenden Gedankenchaos gerätst. So richtest du deine Ziele ausschließlich auf ihre sich ständig wechselnden Einfälle aus, bis du deine eigene Ausrichtung, also das Ziel, das du anvisierst, plötzlich auf dich selbst gerichtet siehst. Und plötzlich merkst du, daß alles, was du denkst, durch das ständige Verschieben äußerer Standpunkte ausschließlich auf ihr inneres Unvermögen zeigt, feste Ziele überhaupt erreichen zu wollen. Da sich dieses Unvermögen aber gleichzeitig auch aus deinen inneren Zielen zusammensetzt, ist es hier leicht nachvollziehbar, daß dein gesellschaftliches Bestreben nicht darauf zielt, die Welt kennenzulernen, sondern dich mit den originellen Ansätzen deiner Partnerin auseinanderzusetzen.

Quadrat, Opposition ⚻ □ ∟

Unter diesem Einfluß wirst du vom «bewaffneten» Widerspruchsgeist deiner Gefährtin angegriffen, die den fehlenden Kontakt mit ihren inneren Werten über dich auslebt. Wenn Uranus deine «Himmelsmitte» bedrängt, fühlst du dich von ihrem inneren Aggressionspotential bedroht. Deshalb traust du dich nicht, deine Vorstellungen zu leben, sondern versuchst sie in die Zielrichtungen einzugliedern, die mit den Wünschen der Frau korrespondieren. Dahinter versteckt sich der Konflikt, dich mit deinen eigenen Wünschen gar nicht auseinandersetzen zu wollen, sondern dir das Leben durch die sprunghaften Vorstellungen deiner Partnerin zu erschließen, an die du dich körperlich und geistig anpaßt. Damit ist auch schon klar, warum das Ganze oft nicht funktioniert. Statt die eigenen Ziele umzusetzen, setzt du dich mit den Idealen der Uranierin auseinander und suchst durch ausgelagerte Übertragungen zu erreichen, was du dir an eigenen Zielen nicht zutraust. Deshalb bist du gezwungen, anstelle deiner Träume ihre Wünsche zu leben. Als mögliche Flucht bieten sich dir viele Aktivitäten oder der Rückzug in persönliche Unverbindlichkeiten an. Emotionale Inhalte werden nicht gelebt, sondern der Begleiterin vorgespiegelt. Du lebst in ihrem Bild, das dir deine Ziele umschreibt, und befindest dich damit auf dem Gipfel unbewußter Selbsttäuschung: Du formulierst deine Ziele und zwingst dich gleichzeitig dazu, sie abzulehnen und statt dessen deine persönliche Erfüllung in den auf sie übertragenen Wünschen zu finden.

Trigon, Sextil ⚺

Dieser Aspekt unterstützt wie kaum ein anderer die Möglichkeit, Gegensätzliches zu meistern und unkonventionelle Gedanken, Überzeugungen und Gefühle miteinander zu verbinden. Das Empfinden der Partnerin, in der nervösen Vielfalt ihrer Gedanken keine Ruhe zu finden, wird durch dich aufgefangen. Sie fühlt sich gezwungen, ihren eigenen Zielen ständig hinterherrennen zu müssen, und da sie sie auf dich projiziert, bist du für sie der psychische Halt, an dem sie sich festklammern kann. (Bildlich gesprochen verkörperst du das «Fernrohr», durch das die Frau in die Welt hinausblickt, die sie normalerweise nur aus der Ferne anschaut, weil sie sich physisch nicht einzubringen traut.) Andererseits ist sie für dich der Brennpunkt, interessante Vorstellungen und «schräge» Perspektiven kennenzulernen, mit denen du sonst nicht in Berührung kommst. Das Ziel eurer Bemühungen führt dir das aussichtslose Unterfangen vor Augen, die Kerze gleichzeitig an beiden Enden anzünden zu wollen. Denn das aus allen Handlungsfäden sich unablässig knüpfende Strickmuster ist ihr persönlicher Weg, der das Ziel bereitet, und das, was es für dich zu erkennen gilt, ist nichts anderes als der Weg selbst.

MC ♆

Medium Coeli / Neptun

Medium Coeli des Mannes in Aspekt zum Neptun der Frau

Konjunktion ☌
Diese Konstellation kann das Scheitern an überhöhten Zielen ausdrücken, solange du deine angestrebten Ziele in den Träumen deiner Partnerin zu entdecken hoffst. Besser ist es, ihrer unstillbaren Sehnsucht eine «bodenständige» Plattform zur Verfügung zu stellen, in der sich ihre Erwartungen erfüllen können und sich nicht jede Vorstellung in den Gralsweihen höchster Erkenntnisse aufzulösen braucht. Die beste Botschaft, die du ihr hier übermitteln kannst, ist die, in dir niemals finden zu können, was sie in sich selbst anstrebt, weil sie in dir nur ihre unerreichbaren Ziele «sucht». Wenn sie das erkennt, kann sie in dir den Geist der Realität entdecken, der ihr Leben erfüllt, und braucht nicht länger den imaginären Illusionstempeln nachzutrauern, in denen sich die Realität zugunsten transzendenter Erfahrungen auflöst. Nur spirituelles Streben ohne Realitätsnähe befriedigt auf die Dauer nicht, denn dieses Licht ist zwar mehr als die Summe allen Strebens, aber alles Bewußtsein ist auch, was es ist: Nichts!

Quadrat, Opposition ⚻ □ ∟
Diese trügerische Kombination steht in der Beziehung für unerreichbare Wünsche, deren Scheitern ein schmerzvoller, ernüchternder Prozeß sein kann. Denn die bewußtseinserweiternde Erleuchtung ist oft nicht mehr als eine ängstliche, lebensverneinende Weltflucht und die Suche nach transzendenter Erfahrung nur ein wirklichkeitsfeindliches Ausweichen in eine Scheinwelt. Im gesellschaftlichen Umgang verkörpert sie eine Warnung vor trügerischen Hoffnungen und falschen Versprechungen, denn sie zeigt, wie du auf eine negative Art mit den unerfüllbaren Sehnsüchten deiner Gefährtin verschmilzt, die ihren großen Mangel an Realitätssinn ausdrücken. Versuchst du ihre Motive zu hinterfragen, werden deine Ziele sinnlos, denn wenn du die Illusion als Illusion erfahren willst, läufst du deiner Wahrnehmung davon. Deshalb fühlt sie sich durch dich ständig von ihrem Schatten angegriffen, der ihr durch deine Reaktionen unterschwellig signalisiert, daß sie Luftschlösser baut, Illusionen nachläuft und in eine gefährliche Phase schwärmerischer Täuschung und unkritischer Verführbarkeit gerät, wenn sie nicht beginnt, die Dinge zu sehen, wie sie sind. Statt sich mit ihren Illusionen auseinanderzusetzen, entzieht sie sich der Beziehung und versucht, die eigene Verhinderung ihrer materiellen Selbstverwirklichung durch deine Ziele zu leben, was ein Widerspruch in sich ist, nämlich das «Ziel der Sehnsucht» durch ein «Bild der Realität» darstellen zu wollen.

Trigon, Sextil ⚹
Im Gefühlsbereich wirst du mit der latenten Bereitschaft konfrontiert, dich der sirenenhaften Verführungskunst deiner Gefährtin opfern zu wollen, denn in ihr begegnest du deiner «Erlöserin», die die Spiritualität in ihrem persönlichen Erleben inszeniert und auf dich projiziert. Das versinnbildlicht die Erschließung der inneren Bilder und das tiefe Eintauchen in die unbewußten Bereiche des Selbst, wo dich deine Anima gefangenhält. Dabei hält sie dich an der Wurzel deiner unbewußten Begierden fest, denn durch ihre Berührung werden deine embryonalen Bedürfnisse nach Verschmelzung wiedererweckt. Solange das Ziel deines Opfers die eigene Sehnsucht ist, die sich in der Partnerin niemals erreichen läßt, ist es so, als ob du dich selbst nach deinem Spiegelbild sehnst, in dessen Reflektierung du die erstrebte Erlösung empfängst. Da du aber gleichzeitig auch klare und realitätsnahe Ziele anstrebst, vermagst du, die Hintergründe dieser Beziehungsabläufe zu erkennen und die Grundlage deiner von Verdrängungsmechanismen angetriebenen Sehnsüchte auch dort zu sehen, wo sie nicht nur verschleiernd von der Wirklichkeit ablenken.

Ⓜ♇

Medium Coeli / Pluto

Medium Coeli des Mannes in Aspekt zum Pluto der Frau

Konjunktion

Dieser Aspekt ist eine Einladung, deine sozialen Ziele in Übereinstimmung mit deinen verdrängten inneren Ängsten zu bringen und zeigt die verborgene Tiefe, die die Partnerin in dein Bewußtsein hebt. Für dich heißt das, die alten Verkrustungen anzuschauen, die sie in dir auslöst. Es ist der Ruf der Gefährtin, aufzubrechen und alle menschlichen Räume zu entdecken, nicht nur die gesellschaftlichen, die du normalerweise siehst. Die Frau spiegelt dir Teile deines Wesens, die du verdrängst, wenn sie dich mit den Ängsten in deinem gesellschaftlichen Rahmen konfrontiert. Solche Vergegenständlichungen erlauben dir, zwischen dem Bewußtsein, das denkt, und dem Unbewußten, das die verdrängten Gedanken beherbergt, zu unterscheiden. Ihre Präsenz beeinflußt dein Leben, und dein Leben verändert sich in dem Maße, wie dein Gesichtswinkel sich erweitert. Du lernst also, wer du bist und was du suchst, indem du deine eigenen Ängste nicht verdrängst, sondern ihnen einen verdienten Platz in deinen gesellschaftlichen Überlegungen einräumst, denn sie sind der Vater der Ziele, die dich über deine Begleiterin erreichen.

Quadrat, Opposition

Du solltest nicht die Partnerin bekämpfen, wenn du mit deinen eigenen Zielen unzufrieden bist, denn sie ist dein Spiegel: Sie zieht dir die schönen Bilder aus der Seele und zeigt dir die Schlangennester in der menschlichen Instinktnatur. Oft fordert sie dich auf, von deinen alten Sichtweisen Abschied zu nehmen und dich für neue Aufgaben freizumachen. Deshalb mußt du lernen, deine persönlichen Ziele in einen Zusammenhang mit den zyklischen Umbrüchen zu bringen, die notwendig sind, um aus alten Rollen herauszusteigen. Projekte, Geschäfte und Hoffnungen sterben, und es liegt an der Bereitschaft deines Geistes, den Sinn der Wandlungen zu begreifen und das Ende des einen als einen Anfang für etwas anderes anzunehmen. Dabei kann die Beziehung deine Ziele regelrecht zum Einsturz bringen, wenn es keine andere Möglichkeit mehr gibt, die starre, lebensfeindliche Haltung aufzubrechen. Solange du entschlossen bist, die notwendigen Veränderungen und damit den Zusammenbruch der morschen Situation zu vermeiden, schiebst du das Verhängnis auf die lange Bank.

Trigon, Sextil

Da deine «Himmelsmitte» für den Rahmen der sozialen Struktur und Kontrolle steht und Pluto für die Leidenschaft des Verschlingens, spiegelt dir die Begleiterin die inneren Machtzwänge, die ein wesentlicher Teil eurer Beziehung sind. Dabei symbolisiert die Frau die Freiheit zur Rückeroberung der verdrängten Schattenbezirke; du repräsentierst dagegen den Rahmen, in dem sich ihr Schatten ausdrücken kann. Da dieser aber nur ein Bild vermitteln kann, das sich innerhalb der Grenzen deines Bewußtseins befindet, ist das, was er in dir auslöst, jener Teil des Lichts, das in deiner eigenen Dunkelheit aufleuchtet. Alles, was du an Wahrheit erkennst, ist immer nur die ins Erkennen emporgehobene Selbstbetrachtung: das durch sie Gespiegelte im Bilderrahmen von dir selbst. Darum nützt es dir auch nichts, den Schatten der Gefährtin zu vernichten, wenn dieser dich verschlingen will, denn damit wirst du selbst zum Schatten, der die eigene Dunkelheit auf die Umwelt projiziert. Du solltest dich bemühen, die Besessenheit und die Begierden der Frau zu integrieren. Dazu mußt du alles, was sie in dir auslöst, zuerst in deine gesellschaftliche Perspektive eingliedern. Wenn es dir gelingt, diese archaische und ungezügelte Kraft deiner Partnerin zu überwinden, erlangst du die Freiheit und nichts und niemand kann dich mehr beherrschen. Wenn du dich aus der unbewußten Angst deiner Vorstellung befreit hast, siehst du schon das Ziel. Es ist ganz erreicht, wenn die Seelengefährtin völlig nackt dasteht, ohne die Maske des Dämons, die du ihr immer wieder überzustreifen versuchst, solange du die gespiegelten Gespenster deiner Projektionen noch nicht als Teil deiner Ängste erkannt und zurückgenommen hast.

Ⓜ ⚸

Medium Coeli / Lilith

Medium Coeli des Mannes in Aspekt zur Lilith der Frau

Konjunktion ☌

Im Bereich dieser Kraft bist du fasziniert von der Macht, die die Frau über dich hat, berückt von der dunklen Sinnesfreude, die sie versprüht. Sie intensiviert deine Lust, ohne dich befriedigen zu wollen. Es ist nicht dein Phallus, den sie begehrt, sondern die gesellschaftliche Macht des Mannes, die sie für sich beansprucht. Erst wenn sie diese Macht mit dir teilt, fühlt sie sich in ihrer Weiblichkeit bestätigt. Die Lilith der Frau ist ein Teil deines inneren Suchmusters, das dich anzieht und in das du voller Kraft eindringst, und aus dem du dich nur dann nicht geschwächt zurückziehen mußt, wenn du ihre Hölle akzeptierst (auch wenn du ahnst, daß du einst wegen dieses dunklen Bildes aus dem Paradies vertrieben worden bist).

Quadrat, Opposition ⚻ ☍ ∟

Auf der Gefühlsebene magst du erahnen, in welche Finsternis dich deine unerlöste innere Anima zwingt, die dir in der Lilith deiner Partnerin begegnet. Das Problem dabei ist, daß das, was dir hier von außen entgegentritt, deine ungeliebten Gefühle sind, die du in die Frau hineinprojizierst. Wenn du wesentliche Teile deines Selbst nicht leben kannst, wirst du die abgespaltenen Teile auf das Lilith-Erscheinungsbild deiner Begleiterin übertragen, die dich dann exakt um den verdrängten Teil anziehen wird, die das Primär-Ego verabscheut und verleugnet. Deshalb erwartest du von ihr, daß sie dich zwingt, dich ihr in ihrer rätselhaften und faszinierenden Natur vorbehaltlos hinzugeben, und allmählich beginnt dein Widerstand zu bröckeln. Mehr und mehr erliegst du der bizarren Ausstrahlung dieser dominanten Frau. Täglich verlierst du ein Stück deiner Persönlichkeit und verstrickst dich immer tiefer im Netz der unerbittlichen Dominanz, das die Lilith-Gefährtin über dich ausspannt. Beherrscht und erniedrigt durch deine unterwürfigen Vorstellungen, die dich zwingen, alles das zu erfüllen, was du dir insgeheim ersehnst, verläßt dich allmählich der Wille, dich aufzulehnen. Dies bedeutet, daß sich dein übertragenes Bild so in ihr spiegelt, daß sie dich mit dem im Körperlichen erkennbaren Ausdruck der Ängste als Urheber der Bitte um Bestrafung erkennt.

Trigon, Sextil ⚺

Die geheimnisvolle Sphinx, die dir auf der Beziehungsebene begegnet, ist deine auf die Begleiterin projizierte Weiblichkeit, die dir die Möglichkeit einräumt, deine abgespaltenen andersgeschlechtlichen Teile zu integrieren. Wenn es dir gelingt, dich der geheimnisvollen Energie in der Seelengefährtin zu nähern, bedeutet das nicht nur, das Rätsel der Sphinx in deinem Unbewußten zu lösen, sondern zeigt auch, daß es dir gelungen ist, dich mit deinem verdrängten weiblichen Teil wieder zu versöhnen. Diese erlöste Kraft wirkt sich im gemeinsamen Erleben dann so aus, daß du alles, was dir die Partnerin zeigt, in deine gesellschaftlichen Ziele miteinbeziehst. Sie lenkt dich, genau wie Vergil, der Dante auf seinem Weg durch die Unterwelt begleitet, durch die Tiefen der Seele und führt dich allmählich zurück ins Licht. Außerdem zeigt sie dir, wie du über die Realität hinauswachsen und die Schätze des Unbewußten in deine Ziele miteinbeziehen kannst, die deine Zukunft positiv beeinflussen können.

MC ☊

Medium Coeli / Mondknoten

Medium Coeli des Mannes in Aspekt zum Mondknoten der Frau

Konjunktion

Wenn sich Mondknoten und Medium Coeli berühren, läßt das vermuten, daß sich alte Verhaltensmuster harmonisch in neue Zukunftsperspektiven einfügen und alte karmische Verkrustungen auf der Beziehungsebene bearbeitet und gelöst werden können. Das bedeutet, daß auf deiner gesellschaftlichen Ebene Ereignisse liegen, die sich harmonisch mit der Vergangenheit deiner Partnerin verbinden. Mit anderen Worten, die materiellen Bedingungen, die du dir erschaffst, um in der dreidimensionalen Realität deiner Welt handeln zu können, schließen die Lebensinhalte deiner Seelengefährtin mit ein. Ihre karmischen Ziele manifestieren einen dir freundlich gesinnten Beziehungshintergrund, in den du deine gesellschaftlichen Vorstellungen leicht hineinprojizieren kannst. Denn viele der Themen, die sich mit dem auseinandersetzen, was du in der Welt anstrebst, sind in dem vorhanden, was sie an «Karma-Nachschuß» in eurer Beziehung aufarbeiten muß.

Quadrat, Opposition

Im emotionalen Erleben ist es nicht leicht, das Dilemma der spirituellen Unverbundenheit zu überwinden und zu entdecken, daß die Lösung der Probleme nicht darin besteht, sich mit einem anderen Menschen zu verbinden, sondern darin, die physische und psychische Ausrichtung auf einen gemeinsamen Nenner zu bringen. Die negative Voraussetzung ist die, daß du in deinem gesellschaftlichen Rahmen die seelischen Bedürfnisse deiner Begleiterin nicht erkennst, da ihr Mondknoten für deine materiellen Ziele eine viel zu hohe Schwingungsfrequenz besitzt. Der harmonische Austausch ist blockiert, da du ihre Bedürfnisse nicht spürst: Deine Gedanken fließen durch sie hindurch, ohne in ihrer Seele haften zu bleiben, so daß sie von deiner auf sie projizierten Welt keine Resonanz verspürt. Umgekehrt empfindest du zwar gewisse Ideen und Vorstellungen in ihr, doch da diese innerhalb deines Frequenzbereiches in keiner harmonischen Wechselbeziehung schwingen, baut sich auf der Beziehungsebene auch kein positives Miteinander auf. Du findest es schwierig, ihr zu vertrauen, da sie mit ihren unreflektierten, karmischen Zielen häufig störend auf deine materielle Ausrichtung einwirkt.

Trigon, Sextil

Das Medium Coeli, aus dessen Perspektive du normalerweise die Relativität deiner Sichtweise nicht wahrnehmen kannst, die dir nur deshalb als «real» erscheint, weil du dir selbst vorschreibst, das Gesehene als real zu bezeichnen, ist mit diesem Aspekt in der Lage, das karmische Ziel deiner Weggefährtin in deine gesellschaftlichen Überlegungen miteinzubeziehen. Sie ist ohne weiteres bereit, sich dort hinzustellen, wo du sie spürst, um dir dein Bild von ihrem Mondknoten als positive Reflexion wieder zurückspiegeln zu können. Wenn du deine «Himmelsmitte» über den karmischen Hintergrund ihres Mondknotens schiebst und die mit ihrer Erinnerung angereicherte Erfolgsspitze dann mit deinen gesellschaftlichen Zielen konfrontierst, kannst du entdecken, daß du ihre spirituelle Energie unterstützend in eine gemeinsame Zielrichtung miteinbinden kannst.

MC AC

Medium Coeli / Aszendent

Medium Coeli des Mannes in Aspekt zum Aszendenten der Frau

Konjunktion

Mit Hilfe deiner Zielvorstellungen baust du der Partnerin einen Raum, in dem sie ihr Selbstbild gut plazieren kann. Du verleihst ihr die gesellschaftliche Identität, wenn sie dir dafür die Maske präsentiert, die du in ihr suchst (es ist immer das Gesuchte im einem selbst, daß man stellvertretend in die Ziele des anderen einbindet!). Dieser Raum, in den du ihre Persönlichkeit hineinstellst, um dem begrenzten Bild Platz in der Öffentlichkeit zu verschaffen, ist dein Beitrag, das Selbstbild der Frau dadurch zu manipulieren, indem du ihr einen kontrollierbaren Rahmen überstreifst, den sie als verbindlich akzeptiert. Denn durch dich werden ihre persönlichen Ziele oft gekrönt, d.h. durch gesellschaftliche Akzeptanz legitimiert.

Quadrat, Opposition

Im Beziehungsbereich hast du die Möglichkeit noch nicht entdeckt, die Gefährtin in deine Ziele einzubinden. Das Aufeinanderprallen verschiedener Vorstellungen schafft eine disharmonische Grundlage, noch unangenehmer aber ist das persönliche Unvermögen, die Voraussetzungen zu dieser Situation überhaupt erkennen zu können. Solange du nicht merkst, daß deine Ziele gegen das Ego der Partnerin gerichtet sind, darfst du dich nicht wundern, wenn dieser Aspekt in eine Sackgasse führt. Doch aus einem anderem Sichtwinkel betrachtet hat diese Richtung auch ihr Ziel. Bist du geistig genug entwickelt, wird dir bewußt, daß du auf der Stufe dieser egoistisch-materiellen Verbindung ausschließlich auf die Wahrnehmungen deiner Negativprägung reagierst (also auf die Illusionen, wie du emotional auf das ansprichst, von dem du glaubst, in deinen eigenen Zielen von ihr abgelehnt zu werden). Deshalb mag es auch immer wieder vorkommen, daß deine «kontrollierten Verhinderung» in dem Maße, wie du dein negatives Empfinden erkennst, «unfreiwilliges Gelingen» in sich tragen kann.

Trigon, Sextil

Unter dieser Konstellation vermagst du das Selbstbild deiner Begleiterin leicht zu akzeptieren und auf gemeinsame Ziele auszurichten. Denn hier begegnet dir die Frau als ein überaus willkommener Teil deiner selbst, die längst erwartete Verkörperung deiner positiven und harmonischen Gefühle, nicht zuletzt deshalb, weil alles, was du von ihr wahrnimmst, von der dynamischen und in ihr gespiegelten Kraft deiner eigenen Zielrichtung bestimmt wird. Da sie in sich die Voraussetzungen besitzt, alle deine Erwartungen zu erfüllen, stellt sie in ihrem Selbstbild einen Ausschnitt deiner gesellschaftlichen Ziele dar. Du bist ein Stück von ihr, und sie ist ein Stück von dir, denn sie symbolisiert den Höhepunkt deiner materiellen Erwartungen. Jeder von euch ist ein Teil der gemeinsamen Entwicklung, die sich in dieser Verbindung manifestiert. Unbewußt spürt sie in dir die Möglichkeit eines gemeinsamen Weges, weshalb sie dich mit ganzer Kraft unterstützt.

MC MC

Medium Coeli / Medium Coeli

Medium Coeli des Mannes in Aspekt zum Medium Coeli der Frau

Konjunktion ☌
Spiegeln sich die Ziele der Partnerin harmonisch in deiner materiellen Ausrichtung, sind dies gute Voraussetzungen dafür, daß sich eure angestrebten Wünsche erfolgreich in den Maschen der Gesellschaft verankern können. Die gegenseitig aufeinander projizierten Absichten erschaffen mit diesem Aspekt die materielle Realität, in die sich das nach außen orientierte Ich harmonisch einbringen kann. Dieser Zielrichtung kommt deshalb die Aufgabe zu, die Wirklichkeit eurer gemeinsamen Erscheinungswelt so zu «positionieren», damit sie die Pflicht, das Ichbewußtsein zu organisieren, ständig erfüllen kann (d. h. den Spiegel eurer Beziehung in der Realität so zu positionieren, daß ihr euch gegenseitig an das gegenseitige Bild «heranziehen» könnt). Da ihr diesen Mechanismus natürlich nicht immer im Auge behalten könnt, braucht ihr einen zuverlässigen Ausrichtungspunkt im Sucher, durch den ihr die gemeinsamen Ziele anpeilen könnt, und das ist der Zielpunkt des anderen. Dieser «Punkt im Punkt» richtet sich auf das Sehen selbst, auf die Sichtweise, wie du glaubst, daß der andere dich sieht, und der als Wegweiser dafür steht, wie du suchst, was du suchst, und daher in einem übertragenen Sinn auch als Implantat dienen kann, die unterschwelligen Ziele im äußeren Erleben anzuvisieren.

Quadrat, Opposition ⚻ □ ☍
Diese schwierige Verbindung zeigt, daß deine Vorstellungen konträr zu den Vorstellungen der Frau sind. Sichere Positionen geraten plötzlich ins Wanken, Risiken erweisen sich als problematisch, Hindernisse stehen im Weg, denn unter dieser Aspektierung ist es üblich, daß sich deine Ziele mit den Zielen deiner Partnerin bekämpfen, weil das, was sie zwingt, sich in der und der Weise auf die Welt auszurichten, mit deinen Zielen negativ verbunden ist. Wenn du akzeptierst, daß es eine innere Sichtweise gibt, die alles organisiert, was euch miteinander verbindet, so könnte man sagen, daß die verschiedenen Sichtweisen nicht miteinander kooperieren, weil die äußeren Ziele, auf die sie sich ausrichten, nicht in den gleichen gesellschaftlichen Hintergrund eingeflochten sind. Die Energie der Gefährtin wird von deiner gesellschaftlichen Ausrichtung (Medium Coeli) benutzt, um ihr aus deinen Vorstellungen heraus ein materielles Ziel zu suggerieren. Du versuchst ihr eine Rolle überzustülpen, in der sie sich unter deiner Regie verwirklichen kann. Du erwartest dagegen die Hauptrolle in ihrem Stück, in dem sie deine Ziele mit ihren Wünschen verknüpft und damit kraft ihrer Einbildung Realitäten erschafft, die sie dir dann als deine eigenen reflektiert. Da es hier nicht Sinn und Zweck ist, sich in den gegenseitig gespiegelten Zielen niederzumetzeln, sondern euch mit der Notwendigkeit auseinanderzusetzen, die verschiedenen Sichtweisen zu vereinen, solltet ihr euch lieber bemühen, die Unterschiede kennenzulernen und durch gegenseitige Akzeptanz in ein größeres, gemeinsames Weltbild einzuschmelzen. Auch wenn es sich letztlich nur um die Einsicht handelt, Bedingungen, Umstände und innere Tendenzen zu erfassen, die den Sinn der Probleme für dich erst erkennbar machen.

Trigon, Sextil ⚺
Auf der Beziehungsebene kannst du dich der Denkweise deiner Partnerin annähern, wenn du hinter ihre Gesichtsmaske schlüpfst. Dabei hast du das Gefühl, dich nicht allein in deinen Empfindungen zu bewegen, sondern dich auch gleichzeitig im Brennpunkt ihrer Sichtweise zu befinden und die beiden parallel fließenden Blickrichtungen durch das Verschieben der Perspektive wie mit einem Feldstecher zu einem einzigen Panoramabild zu verbinden. Es ist das Eingehen in das verstandesmäßige Weltbild der Frau, aus dem heraus sie ihre persönliche Sicht entwirft, und du erweiterst ihre Perspektive nicht dadurch, indem du ihr die zweidimensionale Brille zerbrichst, sondern indem du ihr die durch dein Erkennen gespiegelte Weltsicht zurückreflektierst. Denn erst, wenn du die Kraft deiner Ausrichtung an die Kraft ihrer Ausrichtung angleichst, werdet ihr euch nicht mehr abgeschnitten voneinander fühlen. Hier geht es um die Verschmelzung zweier Blickrichtungen in einem gemeinsamen Ziel, also um das, wozu ihr euch von zwei verschiedenen Seiten in einem Ganzen zu erfüllen berufen fühlt.

MC X

Medium Coeli aspektlos

Medium Coeli des Mannes ohne Aspekt zu einem Planeten der Frau

Ohne Verbindung gibt es keine Berührung mit den Zielen der Frau. Wenn du dir ein Ziel vorstellst und glaubst, daß sie es sich ebenso vorstellt, sieht sie es ganz anders. Denn ohne Aspekt ist das, was du für eine gemeinsame Zielrichtung hältst, ein Irrtum. Da du dieses Mißverständnis, das du nicht erkennst, aber wiederum für Kommunikation hältst, ist der gegenseitige Umgang ein harmonisches Nicht-Kommunizieren. Harmonisch aus dem Grund, weil ihr ohne eine gemeinsame Basis nicht einmal merken könnt, daß ihr euch auf dieser Ebene nichts zu sagen habt. Deshalb ist auch das Niederreißen von Grenzen, innerhalb derer du deine Welt als ihre Welt definierst, und zwar an der Stelle, wo diese Grenzdurchbrechung den Zugang zu ihrer von dir fälschlicherweise in dir gespiegelten Welt und damit zum Ende der Illusion in der Betrachtung der Betrachtung deiner Wegbegleiterin eröffnet, keine Lösung. Die Partnerin verbindet sich weder mit deinen Zielen, die du in der Gesellschaft verfolgst, noch mit den Inhalten, von denen du glaubst, daß sie die Welt dir schuldet; sie sieht weder, was du anstrebst noch den Hintergrund dessen, warum sie sich für deine Ziele nicht interessiert. Sie ist vollkommen von deinen Absichten getrennt und möchte sich auch nicht von den Wünschen abhängig machen, denen du in der Außenwelt nachrennst. Deshalb erhältst du von ihr keinen Rückhalt. Weil aber die Ziele, für die du kämpfst, gleichzeitig von der Unterstützung deiner Gefährtin getragen werden müssen, verliert die «Himmelsmitte», die die Ausrichtung all dessen bedeutet, was du in der Gesellschaft anstrebst, ohne die Berührung durch die Frau an Bedeutung.

Teil 2

Aus der Sicht der Frau

☉

Sonne

Der reflektierende Wille aus der Sicht der Frau

☉

Die Sonne symbolisiert die innere Mitte, die spirituelle Basis oder den direkten Zugang zur mehrdimensionalen inneren Persönlichkeit. Sie ist das erste und wichtigste Urprinzip, die Quelle allen Lebens, Mittlerin zwischen Himmel und Hölle, und repräsentiert dieses starke, aus sich heraus strömende Gefühl von Vollkommenheit. Ihr entspricht nicht nur das äußere, sichtbare Licht, sondern auch das innere, unsichtbare, das aber die ganze Sichtbarkeit in sich birgt (weil es alle sehend macht). Erst, wenn du alle solaren Energien im Herzzentrum der Sonne zur Entfaltung gebracht hast, kannst du deine innere Identität spüren, weil dann dein Herz mit allen inneren Schöpfungsformen in Berührung kommt. Dann brauchst du dich nicht mehr länger nur nach innen zu konzentrieren, um dich zu spüren, sondern kannst mit deinem Willensschwert auch in die Energien der anderen eindringen, weil du dann in jedem anderen immer auch den Teil deiner eigenen Schöpferkraft mitfühlen kannst.

Die **Konjunktion** deiner Sonne mit einem Planeten des Mannes sichert dir einen Logenplatz in der Beziehung. Du kannst dich leicht mit deinem Partner arrangieren. Und weil du intuitiv spürst, wie er fühlt, bewahrst du im Umgang mit ihm das Gefühl der Übereinstimmung mit dir selbst. Da dich im Bannkreis deiner verschmelzenden Sonne mit dem Objekt deiner Begierde die Flammen der Intuition von innen her erfüllen, bist du für ihn bisweilen der Inbegriff der Selbstüberschätzung, Angeberei und Arroganz. Doch das braucht dich nicht zu stören, denn du schwingst um deine innere Mitte. Eine gesunde spirituelle Basis ermöglicht dir den direkten Zugang zu seiner Seele, denn die Konjunktion der Sonne mit den Planeten des Mannes macht dich in seinen Augen zu einer unwiderstehlichen Persönlichkeit, der er zu Füßen liegen will.

Aus psychologischer Sicht bedeutet eine **negative Verbindung** die (unerlöste) Tochter, die ihre frühkindliche Sehnsucht nach Vereinigung mit dem Vater durch die Kastration des Mannes (Verschmelzung mit der weiblichen Sonne) erfüllen möchte. Dabei überträgst du dein kindliches Vaterbild auf einen Partner, der die Lösungen in den pränatalen Geburtshöhlen der Mutter suchen muß, wo ihm die Dämonen der Tiefe auflauern, denn unter einem schwierigen Aspekt projizierst du deine inneren Ziele, statt sie zu verwirklichen, in die äußere Erscheinung des Mannes hinein und erhältst sie von dort je nach Planetenstellung in der Verkörperung (meist) geeigneter Reflexionen zurück. Dadurch identifizierst du dich nicht mit der sonnenhaften Verkörperung des Willens, sondern mit der Verhinderung der äußeren Zielausrichtung, was immer dann zu Ich-Krisen führt, wenn die alten Sichtweisen durch neue Perspektiven ersetzt werden müssen. Das aber ist das Dilemma der unentwickelten Sonne: daß sich das Ich in seiner eigensten Entwicklungsabsicht nicht erkennt und Schmerz und Leid nicht als die Wirkungen erfährt, die es zur eigenen Transformierung sucht und findet. Denn der Sinn dieses Aspektes wäre, die äußere Sonne innerlich auf eine höhere Ebene zu heben und sich damit aus den Partnerschaftsübertragungen zu lösen, ohne aber das Streben nach der wahren sonnenhaften Vollkommenheit aufzugeben.

Unter **positiven Aspekten** kannst du die Sonne aber auch dazu benutzen, dich den höheren inneren Dimensionen zu stellen: den Beweggründen, die dich motivieren, deine Ziele in den seelischen Grundlagen des Mannes zu reflektieren. Der spirituelle Sinn ist natürlich, dein Partnerbild nicht von der Wahrheit abzugrenzen, indem du das Reflektierte zum Urbild und das Urbild zum Reflektierten machst, sondern dir in den seelischen Reaktionen des Mannes deiner eigenen seelischen Prägungen bewußt werden zu können, die du auf ihn übertragen hast. Anders ausgedrückt: Du kannst das Feuer deines Willens mit den Erwartungen deines Partners ohne weiteres in Verbindung bringen und auf den Strömen dieser Verschmelzung ins universale Bewußtsein eindringen, wenn du dich nicht als «Sonnengöttin» aufführst, sondern dich als das winzige Staubkorn des unendlichen Schöpfungswillens erkennst, das in der Seele deines Partners verankert ist.

☉ ☉

Sonne / Sonne

Sonne der Frau in Aspekt zur Sonne des Mannes

Konjunktion ☌

In der Beziehung mit dem Partner hast du einerseits das Gefühl, sehr stark im Mittelpunkt seiner Aufmerksamkeit zu stehen. Andererseits erzeugt seine Gegenwart eine gewisse Unruhe, da aus den verwandten gegenseitigen Schwingungen ein nicht unbedingt unfreundlicher, aber möglicherweise belastender Konkurrenzdruck entsteht. Da die beiden Geburtstage entweder am gleichen Tage sind oder nur wenige Tage auseinanderliegen, besteht hier die Wahrscheinlichkeit, aus dem inneren Selbstbild heraus persönliche Eigenart zu entwickeln und in den Mittelpunkt zu stellen, diese Kräfte in die Energie deines Gegenübers zu stellen und sich mit diesen eigenen Kräften im Bild des anderen wiederum zu konfrontieren, und zwar solange, bis deine kindlich-unschuldige Freude am Sich-Verstrahlen zum Kampf gegen die Sucht nach Bewunderung des eigenen Glanzes (im anderen) wird.

Quadrat, Opposition ⊼ ☍ ∟

Als «schwaches» Weib überträgst du dein kindliches Vaterbild auf einen Mann, der dir die bisher unerreichten Sterne vom Himmel herunterholen muß. Das entspricht einem energetischen Ringen um den eigenen Selbstwert und läuft auf den gegenseitigen Versuch heraus, sich im anderen zu verhindern, weil der Partner auf der unbewußten Ebene dazu auserkoren worden ist, die eigenen, bisher unerreichten Wünsche zu erfüllen. Für die meisten Menschen ist dieser Aspekt deshalb identisch mit der Macht rücksichtsloser Selbstverwirklichung, und zwar gegen die Bedürfnisse gemeinsamer Ziele. Vielleicht legst du deinem Begleiter deshalb in der Partnerschaft immer neue Steine in den Weg. Nur wenn sich einer von euch beiden von diesem Streit ums goldene Kalb zurückzuziehen vermag und sich von seinen unterschwelligen Autoritätskonflikten löst, indem er sich unbeirrt von den Einflüssen des anderen stur dem gemeinsamen Weg zuwendet, kann der Kampf auf der «Bühne» in einen reibungsloseren Weg umgewandelt werden, der zu Erkenntnis des Ganzen und dadurch zu einer höheren Bewußtheit führt.

Trigon, Sextil ⊻

Die positiv strahlende Sonne ist ein Symbol gemeinsamer Lebenskraft, denn sie ist der strahlende Weg, der nicht in abgespaltenem Schöpfertum und übertriebenem Egoismus endet, sondern neben dem Ausschöpfen deines individuellen Potentials auch für deinen Partner genügend kreatives Potential und komplementäre Möglichkeiten bietet. Als temperamentvolle Feuergöttin und Liebeszauberin verstehst du es, dich durchzusetzen, und wo es sein muß, auch mit sanfter Gewalt gegen den Widerstand des Recken, den du liebst. In diesem Bereich zeigt diese Konstellation ihre eigentlich großartige Natur: Sie ist die Kraft, die grenzenlos gibt, ohne sich selbst dabei aufzugeben.

☉ ☽

Sonne / Mond

Sonne der Frau in Aspekt zum Mond des Mannes

Konjunktion ☌

Energetisch zeigt diese Verbindung die Dominanz der Sonne an, für die das (männliche) Mondprinzip jetzt empfänglich ist. Deshalb wird die Beziehung auch nicht vom Mann dominiert, sondern es ist die Frau, die die bewahrende, beschützende Rolle spielt und die Durchsetzungskraft des Männlichen an sich heranzieht. In dir drückt dieser Aspekt das emotionale Verlangen nach Ganzheit aus, weil du dir sicher bist, daß nur das kreative Streben in Verbindung mit Gefühlen für eine Erfahrung von Vollständigkeit sorgt. Darum ist es für dich wichtig, einen Ausgleich zwischen dem ideellen Streben des Willens und dem unbewußten inneren Träumen zu finden. Zur Erreichung dieses Zieles bist du bereit, in die Bilderwelt des Partners hinabzutauchen, bis sich das Licht der Erkenntnis in seinen Träumen spiegelt. Als eine den Mann (durch ihre Sonnenstellung) dominierende Frau wirst du dein eigenes Mondprinzip auslagern und über den Partner zu leben versuchen, der umgekehrt gezwungen werden will, das männliche Sonnenprinzip durch dich zu verwirklichen und dir, obwohl ein durchaus guter Austausch zwischen euch besteht, letztlich als williger Gefühlsreflektor deiner kreativen Ziele zu dienen. Denn wenn die Sonne den Willen verkörpert, eigenständig zu sein und sich selbst zu verwirklichen, dann entspricht der Mond dem Rückzug zu den Ufern des Unbewußten. Daher ist es leicht einsichtig, daß das von der Sonne symbolisierte Ego einen intensiven Kampf gegen die Mondverkörperung der Großen Göttin führt. Eine solche Rollenverteilung kann im Mann natürlich Frust und Zwietracht provozieren, ausgelöst durch Erinnerungen, die ihn einst in den Brunnenstuben der allumfassenden Urmutter befielen. Nur wenn er bereit ist, seine bewußten Kräfte in seinem Inneren zu versenken, um seine unbewußten Mondkräfte in der Tiefe zu wecken und sie von dir ins Tageslicht hinauftragen zu lassen, kann dieser Aspekt zu einer harmonischen Verbindung führen.

Quadrat, Opposition ⚻ □ ∟

Als Frau kannst du dich auf der Beziehungsebene mit der (männlichen) Sonne nur schwer identifizieren. Daraus resultiert ein gestörtes Verhältnis zur Sexualität aus der Problematik zwischen männlichen und weiblichen Anteilen (Suche nach der Mutterbrust bzw. dem Vaterschoß) sowie Schwierigkeiten, deine emotionalen und sexuellen Wünsche miteinander in Einklang zu bringen. Treibender Faktor ist die Diskrepanz zwischen Fühlen und Wollen, denn dieser Aspekt verkörpert eine Stätte des seelischen Empfindens, deren libidinöses Feuer wohl intuitiv erahnt, aber nicht erfaßt werden kann, denn er zeigt die vehemente Wiederauslösung des kindlichen Dranges an, wenn nicht über Liebe, sich doch wenigstens über die inneren Konflikte negativer Elternbilder spüren zu können. Söhne wollen mit ihren Müttern verschmelzen, Frauen sind daran interessiert, sich mit ihren Vätern zu verbinden: Vielleicht versuchtest du als Kind, die Beziehung deiner Eltern zu zerstören, um dich selbst an die Stelle der Mutter zu plazieren, und diese Erinnerung taucht jetzt wieder in deiner Beziehung auf. Dadurch vertauschst du oft die Elternrolle: Vater übernimmt Mutterrolle, Mutter übernimmt Vaterrolle, oder übers Kreuz vertauschtes Elternrollen-Spiel: Sohn identifiziert sich im Umgang mit der Mutter mit der Vaterrolle, Tochter identifiziert sich im Umgang mit dem Vater mit der Mutterrolle. Vielleicht wolltest du dich mit dem Vater verbinden, um deine frühkindliche Sehnsucht (Mond) durch die Verschmelzung mit der Sonne zu krönen. Dazu hättest du aber zuerst die Mutter vernichten müssen. Daher versuchtest du dich wenigstens mit der Mutter zu identifizieren, um dadurch eine tiefere Bindung zum Vater herzustellen. Da dein inneres Mutterbild dunkle Züge aufweist (da es dir den Vater wegnimmt), du dich mit diesem Bild aber trotzdem identifizieren mußtest, um den Vater zu besitzen, versuchst du dein mondhaftes inneres Frauenbild jetzt durch die Hingabe deines Partners zu leben, indem du ihn deinem Willen unterwirfst. Gibst du dich aber hin, dann ist es nur die «Vorstellungsrolle des Hingebens», weil du dich mit deiner Weiblichkeit nicht identifizierst, sondern die Rolle nur spielst, um ihn anstelle des Vaters besitzen zu können. Oder du überträgst die Perspektive des Vaters auf den Mann, der das Dunkle im Weiblichen (Mutterbild) jetzt sucht, nur um dich diesem zu verweigern.

☉

Trigon, Sextil ⊻

Mit der Selbstbestimmung einer Frau, die genau weiß, was sie will, klammerst du dich in der Beziehung nicht an abgehobene Ideale, sondern verwirklichst deine Prinzipien, indem du in der Beziehung Feuer und Wasser zu ganzheitlicher Selbsterfahrung vereinst. In harmonischer Verbindung stimmt das Suchbild, das du auf den anderen überträgst, mit dem überein, was du im anderen finden möchtest. Das rührt daher, weil dir der andere ermöglicht, dich aufgrund deiner Gefühle zu entwickeln, und zwar in Übereinstimmung mit deinen inneren Zielen. Daraus ergibt sich im inneren Gefühlsbild das Bemühen, dich in Übereinstimmung mit deinem andersgeschlechtlichen Teil zu spüren. Da du deine Sonne auf deinen Partner überträgst, bist du für ihn manchmal auch ein Selbstbild der Selbstüberschätzung, Angeberei und Dominanz. Doch das ficht dich nicht an, denn du schwingst um deine innere Mitte: Die Energien von Mond und Sonne verbinden sich in dir zu einer unwiderstehlichen Persönlichkeit, die ihre Umwelt zu begeistern weiß und den Mond ihres Begleiters zu ihren Füßen reißt.

☉ ☿

Sonne / Merkur

Sonne der Frau in Aspekt zum Merkur des Mannes

Konjunktion ☌

Wenn du das sonnenhafte «Ich bin» mit dem merkurischen «Ich denke» deines Partners verbindest, dann erhältst du die kombinierte Aussage, die dem intellektuell-materiellen Weltbild eurer Beziehung entspricht: Du bist der Mittelpunkt der Gedanken des anderen. Mit anderen Worten, die Beziehung, so wie sie sich dir darstellt, entspricht der Summe der Erfahrung des Mannes im Umgang mit dir, wobei du unbewußt das Denken steuerst, wie er dich überhaupt wahrzunehmen vermag. Das führt meist an der großen Liebe vorbei entweder zu emotionaler Selbstbeschränkung zugunsten intellektuell erlebter Zweisamkeit oder aber zu einem allmählichen Rückzug aus einer Verbindung, deren Werte für beide trotz gedanklicher Übereinstimmung immer sachlicher und gefühlsleerer werden.

Quadrat, Opposition ⚻ □ ∟

Da Sonne/Merkur die persönliche Ausdrucksfähigkeit, die Kommunikation und die Umwelterschliessung repräsentiert und für die sprachliche Ausdrucksfähigkeit und die intellektuelle Verwirklichung durch die Suche nach gegenseitiger gedanklicher Übereinstimmung steht, liegt seine negative Bedeutung weniger in der Liebe oder der sexuellen Harmonie, sondern in der tiefen Erkenntnis und der Gewißheit, was dir im Beziehungsleben wirklich fehlt: das gemeinsame kommunikative Potential. Denn nicht selten findest du dich in der Situation wieder, wo sich der Mann berufen fühlt, dir in deine persönlichen Entscheidungen hineinzureden oder dich von einem wichtigen Vorhaben oder Erkenntnisschritt abzulenken. Dadurch bleibt manche Einsicht stecken. Es kann aber auch bedeuten, daß du ihn mundtot machst, weil du dich fortgesetzter Kritik ausgesetzt siehst. Das führt auf der intellektuellen Ebene zu Fehlurteilen, weil der andere immer zum Sündenbock der eigenen intellektuellen Feigheit wird.

Trigon, Sextil ⚺

Diese Kombination entspricht der Verstandesenergie, die hier als erkennende Kraft zu Klarheit, Eindeutigkeit und Entschlossenheit führt und damit zu einer umfassenden und ganzheitlichen gemeinsamen Denkweise, wodurch auch vermeintlich unvereinbare Gegensätze miteinander versöhnt werden können. Es ist für dich nicht schwer, deine Ziele mit der Logik deiner Umwelt in eine pragmatische Form zu bringen, die sich im Leben auch verwirklichen läßt. Auch wenn Merkur Gefühlsmuster ausklammert, ist er ein Erfolgsgarant auf der partnerschaftlichen Ebene, so daß auch schwierigste intellektuelle Aufgaben miteinander angepackt und zufriedenstellend gelöst werden können.

☉ ♀
Sonne / Venus
Sonne der Frau in Aspekt zur Venus des Mannes

Konjunktion ☌
In der Beziehung verkörperst du die lebendige, nährende Seite der Lust und bringst dich um nichts, was das Leben voll und stark werden läßt: intensive Genüsse, umfassende Erfahrungen, große Exzesse. Dabei hast du keine abgehobenen Ideale. Du weißt deine Ziele und Prinzipien mit durchaus irdischen Mitteln zu vertreten: Du besitzt jene weibliche Kraft, die sich nicht nur nach körperlicher Erfüllung sehnt, sondern die im Austausch mit der Umwelt gleichermaßen Würde bewahrt und Macht anstrebt. Denn unter der Maske sanfter Hingabe verbirgt sich eine starke, leidenschaftliche Weiblichkeit, die ihre Begleiter nicht nur beherrscht, sondern dafür auch noch Dankbarkeit erwartet.

Quadrat, Opposition ⚻ □ ∟
Dein Bedürfnis, mit dem Partner zu verschmelzen, kann unter diesem Aspektwinkel weder materiell noch spirituell gestillt werden, denn im Bestreben, deine innere Leere zu verdecken, hüllst du dich in Harmonie. Du liebst das Heitere und Unbeschwerte und versuchst, durch sexuelle Freuden dem Schönen in der Umwelt beizukommen. Gleichzeitig liegt in dieser emotionalen Leere auch die verführerische Gebärde, durch deine kindliche Spontaneität sogar noch die zu betören, die du schon belogen und betrogen hast. Statt deinen eigenen Solarplexus zu stärken, klammerst du dich an Werte, die du auf andere projizierst. In der Beziehungsrealität bedeutet dies aber oft nichts anderes, als daß du den anderen nur als Spiegel benutzt, oder als Publikum, vor dem du dein prunksüchtiges Selbstdarstellungsprinzip aphrodisierender Liebe inszenieren kannst. Somit wirst du von deiner übersteigerten sexuellen Gebärde abhängig, die du auf den Partner überträgst, und bist deinen inneren Bildern ausgeliefert, die du nicht steuern, sondern nur über deine Bezugspersonen erleiden kannst.

Trigon, Sextil ⊻
Die harmonische Verbindung versetzt dich in die beneidenswerte Lage, deine inneren Ideale mit der äußeren Realität unter einen Hut zu bringen und jenen alchemistischen Seelenzustand zu finden, der den Wunsch nach innerer Entfaltung unterstützt. Dies entspricht der Wahl, die sich der Liebe nicht verschließt und auch der Körperlichkeit gut zuspricht, was wiederum Kraft und Sinnlichkeit ausdrückt. Der Aspekt zeigt in der Beziehung die vielleicht einmalige Chance, den Bereich des Lebensnotwendigen mit der Erfahrung tiefster Erfüllung in harmonischem Einklang zu verbinden und so den Weg zu deiner wahren inneren Befriedigung zu finden. Auf diese Weise zeigt dieser Einfluß das Optimum dessen, was du an innerem Seelenfrieden erreichen kannst.

☉ ♂

Sonne / Mars

Sonne der Frau in Aspekt zum Mars des Mannes

Konjunktion ☌

Dies ist für dich als Frau wohl einer der besten Aspekte, um zu handeln und in der Verbindung mit dem Mars des Partners deine spontanen Ideen zu verwirklichen. In der Beziehung repräsentierst du das Feuer des instinktiven Willens in seinen spontanen, ungeduldigen Ursprüngen und hältst dich dabei für unbezwingbar wie Penthesilea, die Amazonenkönigin, die einst Achill, den unbesiegbaren Helden, überwand. Doch Achill, dein persönlicher Gefährte, möchte dich weiter beeindrucken und mit dir wetteifern, weil er Penthesileas Sieg als Schmach empfindet, die er rückgängig machen möchte. Vom Ziel nach Befreiung getrieben, ist er vom Gedanken besessen, alles Behindernde zu zerschmettern, denn er benötigt äußere Hindernisse, um sie mit der ganzen Lust seiner heldischen Impulsivität zu überwinden. Auf der Beziehungsebene bedingt das zwei Menschen, die alle ihre Wünsche, Hoffnungen und Ziele bedingungs- und rücksichtslos in den Mittelpunkt ihres eigenen Handelns stellen.

Quadrat, Opposition ⚻ ☍ ∟

Unter diesem stürmischen Einfluß bist du ständig mit dir selbst im Krieg. Vom Wunsch nach Überwindung irdischer Verstrickungen beseelt, bist du bestrebt, alles Behindernde zu vernichten, ohne zu bemerken, daß du gerade das, was du zu verhindern suchst, in seinen Wirkungen noch mehr verstärkst. Deshalb fühlst du dich getrieben, ständig um des Reagierens willen über deinen Partner herzufallen, und bleibst trotz aller Siege im Inneren ein Kind, ohne Geduld, langfristige Ziele gegen äußere Widerstände erfolgreich durchzuboxen. Deshalb steht diese Verbindung auch für Wut und Übermut, die als verdrängte Angst wiederum ein Teil der Aggressionen sind. Dieser Teil ist es, der immer wieder nachwächst, weil es der unerlöste Teil in dir selbst ist, den du auf deinen Partner überträgst, der ihn für dich auslebt, und den du weder besiegen noch durch Akzeptanz zurücknehmen kannst. Du läßt dich bewußt von ihm angreifen, aber nicht, um dich ihm hinzugeben, sondern um deine männliche Seite zu entwickeln, die es dir ermöglicht, vor ihn hinzutreten und seinen Angriff abzuschmettern. Entziehst du dich ihm aber durch Flucht, dann wirst du durch den Fleischwolf der Angstgefühle deiner verhinderten Aggressionen gedreht, was zeigt, daß du die ungelösten Probleme ungefiltert in dich hineinzuziehen versuchst, um dem Konflikt auf der inneren Ebene zu begegnen. Die Voraussetzung zur Verarbeitung eines solchen Konfliktes ist oftmals die Erkenntnis, daß die Schwierigkeiten in den verfehlten Zielansprüchen liegen.

Trigon, Sextil ⚺

Diese Konstellation in der Partnerschaft bedeutet für dich Antrieb, Impuls und Energie, Aktivität, Willensstärke und Lebenskraft, denn damit kannst du alle Hürden meistern und höchst wirksam den Ablauf von Ereignissen beeinflussen. Durch den Mars des Mannes, in dessen feurigem Drängen sich deine eigenen Wünsche zum Ausdruck bringen, füllst du das Vakuum deines Egos mit Sinn, Energie und Leben auf, denn es hat für dich jetzt etwas ungeheuer Aufregendes und Erotisches, deinen Sehnsüchten und Wünschen in den Zielen und Absichten deines Partners begegnen zu können.

☉ ♃

Sonne / Jupiter

Sonne der Frau in Aspekt zum Jupiter des Mannes

Konjunktion ☌

Dieser herrliche Aspekt erfüllt deine Beziehung mit Begeisterungsfähigkeit und Leidenschaft. Du bist beseelt, über die enge Welt hinauszuwachsen und deine Visionen zu verwirklichen, denn du wirst vom Optimismus deines Partners getragen, der dich zu großen Zielen drängt. Die Flammen des Mutes und der kreativen Unternehmungslust sind ein großer Wachstumsaspekt, denn sie befruchten die Materie und illustrieren die zyklische Erneuerung der Lebenskräfte, die Kraft des Wachstums oder Werdens, die zu Wohlstand und spirituellem Reichtum führt. Es ist deine Absicht, dich auf den Wogen der Begeisterung gemeinsamer Ziele emporzuschwingen, denn unter dieser Verbindung erlebst du eine Zeit von großem Selbstbewußtsein und ideellem Streben. Habe Vertrauen und handle in Übereinstimmung mit deinem schöpferischen Willen!

Quadrat, Opposition ⚻ □ ∟

Auf der Beziehungsebene solltest du deinen aufgeblasenen Idealen ins Auge blicken und sie als das erkennen, was sie sind: irreale Manifeste als Gegengewicht zum inneren Bestreben, nur überhöhte Ziele angehen zu wollen, geboren aus dem Unvermögen, das eigene Glück selbst anzupacken und nicht von den Übertragungen auf die Umwelt abhängig zu machen. Oft verlierst du in der Beziehung den Boden unter den Füßen, denn du neigst zu Selbstüberschätzung und falschem Stolz, weil du Wissen und Erkenntnis nur in den intuitiven Inspirationen spiritueller Auserwählter siehst. Umgekehrt reagiert der Partner mit einer gewissen Distanz, die dir wiederum das Gefühl gibt, in philosophischen Dingen außerhalb zu stehen. Dabei peilst du die Spitze der Spitze an und schießt oft über alle Ziele hinaus, denn unter diesem Aspekt unterstehst du einem starken Zwang, auffallen und mit hohen Zielvorstellungen glänzen zu wollen. Manchmal bricht auch der Gipfel zusammen, und die Psychologen haben dann alle Hände voll zu tun, deine erschöpften Ich-Inhalte mit neuen Identifikationsvarianten wieder zu stärken.

Trigon, Sextil ⊻

Jupiter als Licht des Geistes erscheint deiner Sonne als Inbegriff der Tageshelle, denn beide werden vom schöpferischen Willen umstrahlt und alles unter ihrem Einfluß stellt sich sofort in den Mittelpunkt des Lichts. Dieses Licht ist die Kraft des Lebens, eine Kraft, durch die der andere die aktiven, in klarer Bewußtheit angestreben Lebensziele repräsentiert und ein optimistisches Gefühl in allen Lebenslagen. Dieser Aspekt verströmt Harmonie und ein die Gegensätze verbindendes Empfinden; sein innerer Ausdruck wird durchströmt von einer tiefen Liebe für den anderen. Vor diesem Hintergrund verheißen dir die Schicksalsnornen Glück und Wohlstand, denn sie befruchten die Materie und illustrieren die zyklische Erneuerung der Lebenskräfte, die Kraft des Wachstums oder Werdens, die innerhalb der materiellen Sphäre zum Ausdruck kommt. Wenn du mit deinen Zielen in Übereinstimmung bist, brauchst du nichts zu tun, sondern dein Wille verwirklicht sich in den Absichten des Partners. Erfülle in Ruhe deine Aufgaben, denn du weißt: Alles wird gelingen!

☉ ♄

Sonne / Saturn

Sonne der Frau in Aspekt zum Saturn des Mannes

☉

Konjunktion ☌

Das Problem in dieser Beziehung ist, daß du deine Gefühle in der Gegenwart des Mannes weder leben noch deine inneren Flammen dir erschließen kannst, denn er ist mit nichts anderem beschäftigt, als dein Feuer zu zähmen und deinen überschäumenden Willen vor den Wagen seiner alles kontrollierenden Lebenserfahrung zu spannen. Saturn ist der Sachwalter der materiellen Verdichtung und mißtraut der Schwingung der Gefühle, die für ihn immer schon Unüberprüfbarkeit und Irrationalität verkörpern. So ist es auch eine unbewußte Angst vor emotionalem Versagen, die deinen Partner seelisch ausfüllt. Es ist im Prinzip das Mißtrauen gegen sich selbst, weil er eine gefühlsmäßige Übereinstimmung mit dem Sinn seines Lebens ohne äußere Leistung nicht akzeptieren kann. Dieses persönliche Unvermögen, mit seinen Gefühlen ins reine zu kommen, versucht er in der Beziehung «gegen dich durchzusetzen», indem er Pflicht und Verantwortung von dir erwartet. Umgekehrt läßt du dich zwingen, die Gefühle durch Leistungsnormen zu strukturieren, als Garantie für realen Sinn und gesellschaftliche Werte. Alles, was mit Liebe, Zuneigung oder spontaner Freude zu tun hat, wird überdeckt durch Begriffe wie Verantwortung, Pflichtbewußtsein, Beispielgeben oder Wohlverhalten. Trotz oder gerade wegen dieser «Verhinderung» ist dieser Aspekt oft eine ineinanderverhakte Verbindung, die eine Beziehung stärker als andere zusammenhält.

Quadrat, Opposition ⚻ ⚼ ∟

Unter diesem Aspekt verspürst du den tiefen Wunsch, Verantwortung von außen aufgebürdet zu bekommen, weil du dich unbewußt weigerst, dein kindliches Erleben zu akzeptieren. Du willst vom «Vater» die dir unbewußt ersehnte Erwachsenenrolle übertragen bekommen. Aus dieser Blockade im seelisch-körperlichen Erleben kommt es als Kompensation zur Identifikation mit dem, was dich am Erleben hindert. Da du dich im Leben verhindert fühlst, identifizierst du dich mit der Rolle der Verhinderten, lagerst deine innere Disposition aus, um aus dieser Position vom Partner unterdrückt zu werden, aber nur, um dich langsam wieder an ihn heranzutasten, ihn allmählich zu übertreffen und dich in diesem Wachstumsprozeß mit fortwährender Dauer immer stärker wahrnehmen zu können. Man könnte es auch so ausdrücken: Diese Verbindung ist der Kompromiß, der Lächerlichkeit des Egos als verdrängtem Schattenteil in der Seele nicht begegnen zu müssen. Damit wäre auch die Frage beantwortet, wie man die Problematik jetzt lösen könnte – indem man erkennt, daß die Unterwerfung unter das Joch des anderen der eigene Schutzschild ist, um sich nicht selbst zu spüren. Da du vielleicht deine eigene Verhinderung nicht erträgst, überträgst du das Gefühl, dir etwas versagen zu müssen, auf andere. Du zwingst dich in die Vorstellung des anderen Weltbildes, ohne den Mechanismus deines eigenen Manövers zu durchschauen.

Trigon, Sextil ⚺

Hier ist nicht der schnelle Gewinn, sondern der langfristige Erfolg das Ziel. Durch die Bereitschaft, deine Wünsche langsam und geduldig innerhalb der vom Mann zementierten Strukturen anzusteuern, schaffst du dir einen angemessenen Bewegungsspielraum, den du geschickt zu nutzen weißt. Die Beziehung funktioniert reibungslos innerhalb der Begrenzungen der Zielvorstellungen, die ihr euch auferlegt habt. Vielleicht kannst du erkennen, daß das von Saturn verkörperte Dunkel in seinem Inneren gleichzeitig das von der Sonne symbolisierte Licht ist, und der Unterschied nur die verschiedenen Perspektiven aufzeigt, aus denen man eine Sache betrachten kann. Doch ist die Verlockung auch groß, Bedeutung auf Kosten persönlicher Gefühle zu erreichen, indem du an deinen Bedürfnissen vorbeilebst und ein Opfer der Machtzwänge deiner inneren Leitbilder wirst.

☉ ⚷

Sonne / Chiron

Sonne der Frau in Aspekt zum Chiron des Mannes

Konjunktion ☌

In der Beziehung weist diese Verbindung auf Unterdrückung und Einschränkung durch allzu große Pflichten und Verantwortung im Ringen um Erfolg und Macht im Leben hin. Der Mann spürt die aggressive Energie des Feuers, das nach außen drängt, und legt deiner Sonne Zügel an, durch die er deine spontanen, übertriebenen Handlungen mit unerbittlicher Strenge im Zaume hält. Unbewußt zwingt er dich, das Bild des strengen, unerbittlichen Vaters auf ihn zu übertragen, denn dadurch erfüllt er die ihm (unbewußt von dir) zugeteilte Aufgabe, dich zu lehren, wie man unter einem flammenden, überschäumenden Verhalten trotzdem ein starkes Gefühl für die innere Struktur entwickeln kann. Zwar mutet er dir oft mehr zu, als dir guttut, und du wirst zu einem Opfer des (von dir übertragenen und in der Reflexion auch erwarteten) Zwanges, dem du auf die Dauer nur schwerlich gewachsen bist. Andererseits kann die Reibungswärme, die dabei entsteht, sich auch in das Bewußtsein deines Partners ausdehnen und euch gemeinsam enger mit der Botschaft des Geistes verschmelzen, die besagt: «Wenn dir deine Beziehung nicht gefällt, dann prüfe deine Erwartungen! Alles, was du denkst und glaubst, wird auf die eine oder andere Art im Körperlich-Materiellen seinen Niederschlag finden.»

Quadrat, Opposition ⚼ □ ⚻

Diese Konstellation zeigt die enorme Kraft deiner feurigen Energien, die ihre Lebensimpulse nicht entfalten können, weil sie von den scheinbaren Übergriffen des Partners blockiert werden. Doch wenn du tiefer schaust, kannst du sehen, daß sich dieses Problem nicht nur auf den Einfluß des anderen zurückführen läßt, sondern daß er gleichermaßen auch als Sündenbock dient, ein inneres Problem von dir unerkannt in der Außenwelt zu leben. Vielleicht empfindest du den Mann als Widersacher, den du, um dich selbst zu finden, überwinden mußt, oder du beschwörst bisweilen Streitigkeiten und Frustration herauf, weil du dich um die Erfahrung deiner sonnenhaften Weiblichkeit betrogen fühlst. Doch wäre es manchmal gut, Abstand zu gewinnen, um diese Verstrickungen zu erkennen und sie in positiver Weise lösen zu lernen, statt sie nur in den äußeren Spiegelbildern der Beziehung überwinden zu wollen. Denn alles, was auf der Ebene deines Erlebens stattfindet, ist nur die Materialisation von etwas, das tief unter der Bewußtseinsoberfläche in deiner Seele existiert und das sich auf der Beziehungsebene nur reflektiert.

Trigon, Sextil ⚺

Das Bild eines auf den Partner projizierten «karmischen Wächters» mag in Beziehungskrisen manchmal tröstlich und hilfreich sein, lenkt aber vom eigentlichen Thema ab, weil deine Sonne statt nach karmischen Prüfungen viel lieber nach ihrer eigenen Göttlichkeit strebt. Erst im spirituellen Erleben höherer Einsichten verbindet sich unter dieser Konstellation das «Ich will» mit der schöpferischen Einsicht «Es will in mir» oder «Ich werde gewollt». Es geht nicht nur darum, Idealvorstellungen und persönlichen Willen zum Ausdruck zu bringen, sondern auch der eigenen Nichtigkeit zu begegnen, denn es ist der Chiron des Mannes, der dich zwingt, dir auch jener Seiten in dir bewußt zu werden, die dir peinlich sind oder derer du dich schämst. Erst wenn du diese Widrigkeiten überwinden kannst, spielt der Zauber der Liebe in dir, mit dir und durch dich hindurch. Dann erlebst du, daß diese Beziehung zugleich Ausdruck von Wärme, Engagement und gegenseitigem Vertrauen ist.

☉ ♅

Sonne / Uranus

Sonne der Frau in Aspekt zum Uranus des Mannes

Konjunktion ☌

In der Partnerschaft ist der Mann der extrovertierte Unruhegeist, der dich zu immer neuen Aktivitäten antreibt. In jeder Tat sieht er ein Mittel zum Zweck, seine innere Dynamik in aktives Handeln umzuwandeln. Deshalb ist es immer wieder nötig, etwas Neues anzufangen, denn das Feuer deines Willens gibt dir die nötige Kraft, dich von seinen schöpferischen Umbrüchen mitziehen zu lassen. Da der kühle Hang zum ewigen Widerspruch die Sphäre eurer Beziehung nicht durchdringt, zeigt sich die Qualität der Verbindung im spontanen Umbruch aller Werte und im Erweitern der üblichen Verhaltensräume, was nicht nur die Ebenen des inneren Erlebens auf den Kopf stellt, sondern auch eine Zeit spontanen Umbruchs mit sich bringt. Zwar kann der Aspekt auch hier für Verantwortungslosigkeit und eine zur Unzuverlässigkeit tendierende Unbekümmertheit stehen; in aller Regel aber zeigt er eine prickelnde, wenn auch unberechenbare Entwicklung, in der wir uns vorbehaltlos begegnen, immer bereit, den anderen neu zu entdecken und ihn mit seinen vielen Gesichtern zu erleben und zu akzeptieren.

Quadrat, Opposition ⚻ □ ∟

Unter diesem Einfluß mußt du durch das Fegefeuer deiner Beziehung bewußt hindurch, denn du kannst die laufenden Widersprüche auf den Fundamenten deiner Erfahrungen nicht mehr unterbringen. Damit bist du gezwungen, diesen Aspekt durch das Beziehungs-Chaos so lange zu leben, bis du die Plattform jenes emotionalen Erkennens erklommen hast, daß Aufregung aus ständigem Richtungswechsel fehlende Wärme und Tiefgründigkeit nicht wettmachen kann. Denn Widersprüchlichkeit und Frustration bestimmen den emotionalen Hintergrund dieser Verbindung und wachsen sich zum unbewußten Verlangen aus, die Aussichten deines Partners «auf den Mond zu schießen», oder zumindest seine Widersprüchlichkeit zu brechen. Du empfindest ihn oft als kalt und widersprüchlich und spürst, daß er deine immer noch schwelende Liebesglut aus panischer Angst vor Nähe bekämpft und ablehnt, nachdem die Flamme seiner sexuellen Entzündung längst erloschen ist. Für ihn ist die Lust am Widerspruch zu groß, als daß er ohne ständig neue Widerstände zur letzten Erfüllung kommen kann. Seine ganze Ausrichtung wird zur Beengung: Du bist durch seine sprunghaften Forderungen ständig unter Leistungsdruck gestellt. Dort, wo ihr euch in sexueller Abhängigkeit befindet oder in anderen dynamischen Verstrickungen, mag das Ertragen emotionaler Unberechenbarkeit noch akzeptabel sein. Wo aber seine Ausrichtung zum Muster eines paranoiden Verhaltens wird, ständig vor sich selbst davonzulaufen, und dein Ertragen seines Benehmens seine Paranoia unterstützt, haben wir das Syndrom vorliegen, ständig über die eigene Hülle hinauszuwachsen und einen Blick in den Abgrund zu werfen, von dem man glaubt, daß er jenseits der eigenen Probleme liegt.

Trigon, Sextil ⚺

Es ist das sprunghaft Unberechenbare, daß dich an deinem Partner fasziniert, denn du siehst dich mit seinem Drang nach Unabhängigkeit konfrontiert, tun und lassen zu «dürfen», was er will. Dieses Verhalten, alles in Frage zu stellen und ohne Rücksicht auf Verluste zu neuen Ufern aufzubrechen, ist das, was dich interessiert: Der Wunsch, alle Werte zu zerbrechen, um das unabänderlich sich Verändernde nicht nur anzunehmen, sondern als Motor zur Einsicht zu benutzen, daß das persönliche Schicksal durch die Art der eigenen Wahrnehmung geschaffen wird und demnach die Verantwortung für alles bei dir selbst liegt. Wenn es dir gelingt, Vertrauen in seine Fähigkeit zu finden, Traditionelles zu überwinden und deine eindimensionale Wahrnehmung in die aufgebrochene Wirklichkeit einer mehrdimensionalen Kosmosophie zu tragen, läßt sich umgekehrt natürlich auch die Möglichkeit ableiten, durch Einsicht und bewußte Kenntnisse die Verhältnisse der sich stetig verändernden Veränderungen zu ändern. Soll diese Beziehung von Dauer sein, mußt du als Frau stark und sinnlich sein und die kühle Distanz ertragen, die aus der emotionalen Unsicherheit des Mannes resultiert, die er hinter dem spielerischen Zufall verbirgt, mit den Gefühlen der anderen zu jonglieren, ohne im Herzen von ihnen berührt worden zu sein.

☉ ♆

Sonne / Neptun

Sonne der Frau in Aspekt zum Neptun des Mannes

Konjunktion ☌

Hier zeigt sich dir die Liebe wie durch das Fenster eines Traums, denn Sonne und Neptun sind die ätherischen Schleier der Seelenbilder, die am Alltag vorbei zu den Quellen der Träume und den Schwellen des Unbewußten hinabführen. Doch die Angst vor dem Leben wird in dem Moment abgestreift, wo das bezaubernde Gesicht deines Partners, in dessen Bild Realität und Einbildung miteinander verwoben sind, dir als Märchenprinz am Fenster erscheint. Daraus entsteht oft eine Ziellosigkeit der inneren Sehnsüchte, ein sich Hinwegheben in den Himmel illuminärer Selbstbetäubung, weil der Mann versuchen könnte, durch kontrolliert-irrationales Verhalten und mystisches Entziehen ein Abhängigkeitsgefühl in dir zu erzeugen. Nur wenn ihr beide realistische Ziele ansteuert, kann euch der über den Wassern schwebende Geist zusammenbringen. Denn das kraftvolle, lebensbejahende und alles überstrahlende Prinzip der Sonne führt im Zusammenspiel mit dem auflösenden Neptun neben großer Empfänglichkeit und Medialität oft auch zu Verwirrung, Selbsttäuschung und exzessiven Abenteuern.

Quadrat, Opposition ⚻ □ ∟

Im Beziehungsumfeld führt dir dieser Aspekt vor Augen, daß du in einer gefährlichen Phase schwärmerischer Täuschung bist, wenn du nicht beginnst, die idealistischen Erwartungen zurückzunehmen und die Erwartungen herabzuschrauben, die du auf deinen Partner überträgst. Denn hier schwebst du in der Gefahr, Traum und Wirklichkeit so miteinander zu verweben, daß sich deine nebulöse Welterfahrung aus scheinbarer Wirklichkeit emporschwingt und das bewußte Ich im Morast des Unbewußten ertrinkt. Hinter dem Drang, dich in einem Gefühl körperlicher Anziehung zu verlieren, die sein Bild in deinem Unterbewußtsein auslöst, wirkt nämlich auch der Zwang, dich jeder materiellen Wirklichkeit zu entziehen. Du verlierst dich in der projizierten Sehnsucht des anderen, durch die dieser wiederum seine Wirklichkeit bei dir sucht: Darin liegt der unkontrollierte Wahnsinn, auf dem diese Beziehung fußt!

Trigon, Sextil ⚺

In den Träumen des anderen kannst du dich als Teil eines Größeren erfahren, und dieses Größere ist der Traum des Lebens selbst. Unter Sonne/Neptun bist du besser in der Lage, das Göttliche zu ertragen, weil du dich als Mysterium des anderen erfährst. Dadurch fällt es dir nicht schwer, der Numinosität in der Beziehung zu begegnen, da du deine Identität sowieso nicht rücksichtslos auslebst, sondern den unsichtbaren Schwingungen deines Seelenbruders nachstellst. Er befriedigt die unbewußten Sehnsüchte in dir, und du bist von der Qualität seiner Träume fasziniert. Damit ist hier eine Gemeinsamkeit im Verdrängen des Unerreichbaren erreicht, die schon wieder belebt und deinen Solarplexus anregt, dich in die Gefühle deines Partners einzuschwingen. Je mehr es dir glückt, in die Gedanken des anderen einzudringen, desto mehr kommst du in Berührung mit dir selbst. Wenn es dir gelingt, deine Aufmerksamkeit von der äußeren Erscheinung abzuziehen und im seelischen Erleben des Mannes zu bündeln, kannst du alle Ursachen des Lebens in seinen Träumen finden, die erst durch dich Gestalt annehmen, weil ihm durch die kosmische Berührung deiner Sonne Einsichten zufließen, die ihm und dir normalerweise nicht zugänglich sind.

☉ ♇

Sonne / Pluto

Sonne der Frau in Aspekt zum Pluto des Mannes

Konjunktion ☌
Die geheimnisvollen, suggestiven Triebkräfte des Mannes verkörpern die archaisch-unbewußten Urmuster, die wieder ins Licht gehoben werden wollen, denn die Berührung deiner Sonne mit dem abgründigen Sendboten der Hölle (Pluto) zeigt an, daß du in dieser Beziehung bereit bist, in die dunklen Schächte deiner Seele hinabzusteigen und das Medusenhaupt ins Tageslicht heraufzuholen. Doch ist der Weg nicht leicht. Da du spürst, daß er dich benutzt, um sein Wertgefühl, daß er bei sich nicht finden kann, in die Welt zu heben, versuchst du ihn zu transformieren. Du bist aber nur bereit, seine bohrende Tiefe anzunehmen, wenn er das Unergründliche vor dir öffnet und seine Dunkelheit durch deine Sonne erhellt. Dadurch ziehst du so viele negative Gefühle an, daß allein die Gewalt dieser Anziehung dein Ego zerstören kann. Gleichzeitig bist du am Ziel – das ist der Trick –, denn die Zerstörung der Maske öffnet dir das Tor, durch das du ins Paradies eintrittst. Jetzt kannst du Gut und Böse im Partner akzeptieren und ihn immer noch lieben, was dir nicht wirklich gelingen kann, wenn du die dunkle Seite seiner Persönlichkeit verdrängst. Denn aus der plutonischen Finsternis leuchtet die unteilbare Ganzheit des Seins in ewiger Folgerichtigkeit.

Quadrat, Opposition ⚻ □ ∟
Im Strom dieser umwälzenden Energie brauchst du einen gewissen äußeren Widerstand, um deine inneren Spannungen innerlich loszuwerden. Was liegt daher näher, als dich vom Beziehungspartner dominieren zu lassen, denn dadurch verwandelst du die unsichtbare innere Spannung in eine äußere, kampfbezogene Dualität, mit der du dich arrangieren oder die du wenigstens bekämpfen kannst. Der Drang, deinen Abgründen über den Mann zu begegnen, ist dabei stark ausgeprägt. Manchmal wird der Zwang, die eigene Kraft zu transformieren, auf den brutalen, rücksichtslosen Machtmenschen projiziert, denn das, wovor du Angst hast, ist die Angst in deinem Inneren, die Gewalt in dir selbst, der du zuvorkommen willst, indem du sie machtvoll nach außen projizierst. Da der Pluto des anderen in dir den inneren Trieb auslöst, bis zu den Quellen der Erkenntnis vorzudringen, möchtest du alle Geheimnisse verstehen, das Unbegreifliche erkennen, Wahrheit erzwingen und dich auf diesem Wege gleichsam überwinden, indem du in der Sexualität den Tod als höchste Lust erfährst. Unter dem Einfluß dieser Gestirnsverbindung stehst du mit zwanghafter Faszination und zugleich großer Angst vor dem Verlust deiner eigenen Identität – angesichts des Problems, daß du deine Persönlichkeit selbst opfern mußt, um deine ganze Schöpfungskraft zu erlangen.

Trigon, Sextil ⚺
Auf der Beziehungsebene wird die transformierende Kraft kollektiver Sexualität aus der Tiefe deiner Seele an die Oberfläche des Bewußtseins gebracht. Von deinem Partner kann man sagen, daß er dich mit den Instinkten und Schöpfungsmechanismen konfrontiert, die so komplex sind, daß der Abgrund der Hölle vor deinen Augen aufgeht, denn sein Geist überfällt dich erst einmal als Wissensdurst und Tiefenrausch. Es ist zu erwarten, daß du durch die unbewußte Energie des Mannes jetzt in die Moräste deiner verdrängten Triebe hinuntergestoßen wirst. Dieser Aspekt kann sich aber auch von jener Seite zeigen, daß alte Beziehungsformen, die überflüssig geworden sind, total transformiert werden, und du dich veränderst und die überholte Form zerbrichst. Daher ist es notwendig, daß du dir darüber klar wirst, was deine wirklichen Anliegen in dieser Verbindung sind, denn unter Mitwirkung des Partners hast du die Möglichkeit, deine innerste Sexualkraft zu entzünden, wenn du dich nicht in der Finsternis der auf ihn projizierten Abgründe verstrickst.

☉ ⚸
Sonne / Lilith
Sonne der Frau in Aspekt zur Lilith des Mannes

Konjunktion ☌
In der Reflexion mit den Schattenanteilen deines Partners zeigt es sich, welche inneren Wesensanteile du in dir unterdrückst und welche nicht. Dort wo dir die freie Entfaltung deiner Persönlichkeit gefehlt hat und du dich dem Diktat deiner Eltern unterordnen mußtest, kompensierst du den Schmerz, daß du nicht leben durftest, wie du gerne gewollt hättest. Und diese Aufrechnung verdrängter kindlicher Aggressionen, die sich vor der Übermacht des anderen in totaler Überanpassung ausdrücken, quetschen sich in der Konfrontation mit ihm als dunkle Liebesschwüre zwischen den Rändern magischer Opferrituale hervor. Unter diesem Aspekt empfindest du die Hingabe an den Mann als eine ungewöhnlich intensive und individuelle Zuwendung, die durch nichts anderes gleichwertig ersetzt werden kann. Ihre Intensität übertrifft alle anderen Formen der Zuneigung bei weitem, weil sie mit der völligen Aufopferung an die Forderungen des anderen korrespondiert. Die dunkle, fast unheimliche Atmosphäre dieser Verstrickung läßt zusammen mit deinem glühenden Lustschmerz ein Gefühl totaler Vollkommenheit durch deine entflammte Seele strömen, denn die Selbstaufgabe führt zu einer seelischen Verschmelzung und damit zu einer festen partnerschaftlichen Bindung.

Quadrat, Opposition ⚻ ⚼ ∟
Weil du Mühe mit den dunklen Trieben aus der inneren Angst heraus bekundest, daß sie unberechenbar aus dir hervortreten könnten, hast du nicht gelernt, sie bewußt zu kanalisieren, und das ist es, was sie gefährlich macht. Denn auf der Beziehungsebene zeigt dieser Aspekt, daß du in deinem Partner eine Projektionsfläche suchst, um deine angestauten Gefühle durch Streit und Mißverständnisse zu entladen. So erlebst du den Alltag oft als «Opfer», weil du eine «Sklavin» deiner alten Verhaltensmuster bist. Da du auf der einen Seite von Adam erwartest, daß er dir deine Verstrickung zeigt, um ihn gleichzeitig dafür zu bestrafen, falls ihm das gelingt (wenn sich die Angst in dir rührt!), besteht die Gefahr, daß das angestaute Spannungspotential unkontrolliert oder in unangebrachten Situationen ausbrechen kann. Oder du übernimmst in der Beziehung die Opferrolle und führst ein Leben, das dich nicht befriedigen kann, weil du es immer nur so gestalten kannst, wie es der Mann von dir erwartet. Dann hast du Schuldgefühle, dich zu leben, und wenn dich einer aus deiner unbewußten Verlogenheit herausziehen will, versuchst du ihn zu manipulieren oder auf eine selbstzerstörerische Weise herauszufordern, um mit den unterdrückten Emotionen in Kontakt zu kommen. Merke: Solange es dir nicht gelingt, über den Schatten zu springen, hinter dem dein wahres Wesen versteckt ist, kannst du keine Lorbeeren in dieser Beziehung ernten.

Trigon, Sextil ⚺
Indem du deine Gefühle in dieser Verbindung auf eine spielerische Art leben kannst, kannst du deine verloren geglaubte Freiheit auf eine weibliche Art wieder spüren und damit deiner wahren Identität näherkommen. Die Freude und Freiheit, die du bei deinem Partner spürst, entsteht, weil er dich mit seinen äußeren Fesseln von deinen inneren Stricken befreit. Diese Freiheit ist auch der Grund, warum du so tief in ihn hineinschlüpfen kannst. Wenn du als Frau begreifen lernst, die «männliche» Lilith als eine Möglichkeit zu verstehen, deine längst verloren geglaubten Selbstheilungskräfte wieder freizusetzen und für deine innere Ganzwerdung zu nutzen, dann erlebst du ein Gefühl von tiefem Glück, das in die Tiefe geht und Liebe nicht ausschließt. Denn nur, wenn Atmosphäre und Gefühle in einer Beziehung stimmen, kannst du dich vorbehaltlos so zeigen, wie du in deinem Innersten wirklich bist.

☉ ☊

Sonne / Mondknoten

Sonne der Frau in Aspekt zum Mondknoten des Mannes

Konjunktion ☌

In erster Linie steht dieser Aspekt für Werte, die in deiner Seele entwertet und unterdrückt wurden, und die in der Begegnung mit dem Partner wieder ans Tageslicht hervorgeholt werden möchten. Diese Projektion läßt den Mann zwar manchmal etwas unheimlich erscheinen, denn du möchtest, daß er die verborgenen Winkel deines Wesens zum Vorschein bringt und damit gezwungenermaßen oft auch ein erhellendes Licht auf unangenehme und womöglich lang geleugnete Sachverhalte und Gefühle legt. Da unsere Kultur zwar das Selbstvertrauen predigt, sich mit der eigenen Individualität zu identifizieren und die Aufmerksamkeit der Leute auf sich zu ziehen, das Ego aber gleichzeitig bekämpft, wenn es den spontanen Selbstausdruck, die mentale Schöpferkraft und emotionale Liebesfreude zu sehr aktiviert und in den Mittelpunkt seiner eigenen Zielrichtung stellt, versuchst du die Schmerzerfahrungen solcher Erlebnisse, die im Bewußtsein oft abgespalten werden und die dann im Unbewußten ihr Eigenleben führen, im Kontakt mit deinem Gefährten wieder ins Bewußtsein zurückzuführen. Damit weist er dir den entscheidenden Schritt zur Selbstwerdung, den fortwährenden Prozeß alchemistischer Wandlung, der aus dem Niederen das Höhere entstehen läßt.

Quadrat, Opposition ⚻ □ ∟

In der Auseinandersetzung zwischen Mann und Frau stellt dieser Aspekt eine Chance für beide Geschlechter dar. Zwischen Sonne und Mondknoten hat sich eine Pattstellung ergeben, so daß die alten Rollen neu verteilt werden müssen. Der Mondknoten symbolisiert die Vergangenheit, und der Partner steht für das Regredieren in vertraute Situationen und alte Erfahrungsmuster, die in deiner Seele ausgelöst werden; umgekehrt bist du für ihn das befruchtende Symbol der Lebenskraft, in dessen Fluidum sein Ego zu sich findet. Nun, da du den Begleiter gefunden hast, der dich einlädt, aus der gewohnten Sicherheit deiner alten Prägungen auszubrechen, kann er dich auf deinem Weg zu ihm ergänzen, auf dem du ebenfalls eine Lösung für dein Problem mit ihm finden mußt. Nicht nur er, sondern auch du bist verletzt, doch ihr könnt euch gegenseitig heilen, wenn ihr den nimmermüden Kampf gegeneinander aufgebt und euch gegenseitig anerkennt.

Trigon, Sextil ⊻

Diese Planetenstellung ist nicht nur ein Aspekt der Hoffnung, des unbewußten Lebenswillens und des Einblicks in die höheren Zusammenhänge. Sie steht auch für das unbewußte Sehnen, sich dem Strömen fließender Wonne und heiterer Verantwortungslosigkeit hinzugeben, denn sie repräsentiert das ahnende Verstehen kosmischer Zusammenhänge und das Vertrauen in die Gesetze des Absoluten. Doch ist es nicht das bewußte, verstandesbezogene Verstehen der Kräfte, das sich in deinem Partner reflektiert, sondern das seelische Verstehen, die innere Einsicht und das damit verbundene Vertrauen in die Gesetzmäßigkeiten der Schöpfung. Dabei geht es um tiefe Einsichten in größere Zusammenhänge, durch die du über die Enge deines unmittelbaren Gesichtskreises hinauswachsen kannst. Allerdings warnt dich dieser Aspekt auch vor der Gefahr, daß du dich in überdrehten «Höhenflügen» verlierst, da viele Ziele, die du in der Beziehung anstrebst, häufig nur die Wiederbelebung ungelöster Verstrickungen sind. Das mag dir zeigen, daß irdische Liebe eine Kraft ist, die über sich hinausweist, und der reale Gefährte notwendigerweise ein Versprechen verkörpert, das sich (so) nicht immer erfüllen läßt.

☉ AC

Sonne / Aszendent

Sonne der Frau in Aspekt zum Aszendenten des Mannes

Konjunktion ☌
In Verbindung mit dem anderen Geschlecht bedeutet dieser Aspekt, daß du dich voller Energie und mit wahrer Leidenschaft der sich selbst in den Mittelpunkt stellenden Person des anderen widmest: der Personifizierung dessen, was als inneres Potential ins äußere Bild drängt. Die Sonne symbolisiert deine Kraft, die du aufbringst, wenn du körperlich und seelisch auf der Höhe bist und dabei freudig spürst, wie ihn deine wärmenden Strahlen durchströmen. Du besitzt sein Herz, weil deine Gefühle die Maske berühren, die er nach außen zeigt. Er wiederum versucht, sich im Bild, das du von ihm hast, zur Geltung zu bringen und durch seine Maskerade persönlichen Einfluß auf dich zu gewinnen. Du kannst dich leicht mit ihm arrangieren, weil du intuitiv spürst, welches Spiel er spielt und wie er auf welcher Ebene von dir wahrgenommen werden will. Deshalb verhilfst du ihm im Umgang mit dir zu einem Gefühl der Übereinstimmung mit sich selbst.

Quadrat, Opposition ⚻ □ ∟
Leider repräsentiert die Sonne nicht nur deine aktiven, in klarer Bewußtheit auf den Partner angestrebten Erwartungen. Ebenso symbolisiert sie die Instabilität deiner Hoffnungen, denn in disharmonischer Berührung bekämpfst du das Bild des anderen, das dieser dir zeigt, nämlich die Art und Weise, wie er versucht, sich innerhalb seiner Umgebung zu behaupten. Oft mag er dir als ein Objekt für deine Aggressionen dienen, damit du deine inneren Spannungen nach außen bringen und danach die energetische Stauung durch eine gezielte Handlung entspannen kannst. Man könnte diesen Aspekt auch als Erfüllung unbewußt negativer Wünsche deuten, die du auf den Mann überträgst.

Trigon, Sextil ⊻
Diese Konstellation steht für die Verbindung zum eigenen (Spiegel-)Bild des anderen; sie steht auch für das unbewußte Sehnen, sich den Geschichten hinter den verschiedenen Masken hinzugeben: Wonach sehne ich mich? Wonach sehnt es sich in mir? Denn daß du zu wissen glaubst, wohin es dich zieht, macht dich nicht wissend, sondern du wirst zur Frau, die die Erwartungen ihres Begleiters kennt. Allerdings warnt dieser Aspekt auch vor der Gefahr, daß du dich in der Infantilität verstrickst, die der andere in dir auslöst, da das Bild, das du in der Beziehung anstrebst, häufig nur der Wiederbelebung ungestillter Sehnsüchte, die du mit dir herumschleppst, entspricht. Auf dieser Ebene magst du lernen, daß der reale Partner notwendigerweise ein Versprechen verkörpert, das sich so nicht erfüllen kann, was aber, wenn du diesen Übertragungsmechanismus durchschaust, gleichwohl seine Berechtigung finden kann.

☉ (MC)

Sonne / Medium Coeli

Sonne der Frau in Aspekt zum Medium Coeli des Mannes

Konjunktion ☌
Innerhalb der Beziehung verströmt dieser Aspekt Harmonie und ein die äußeren Gegensätze verbindendes Empfinden; sein innerer Ausdruck wird durchströmt von einem gemeinsamen Schulterschluß gegen die Anforderungen und Bedingungen der Welt. Deine Sonne unterstützt die gesellschaftliche Ausrichtung des Partners und zeigt die Berufung, das Entwicklungsziel und das Schicksal an und damit alle Themen, Eigenschaft und Neigungen, die es gilt aus der Latenz zu heben und im Sonnenlicht der Bewußtheit durch ihre Verwirklichung in der Welt zu krönen. Der Mann wiederum gibt dir die Hoffnung und die Kraft, die für einen erfolgreichen Weg in der Gesellschaft notwendige innere Harmonie im gemeinsamen Handeln zu finden.

Quadrat, Opposition ⚻ □ ∟
Energetisch bedeutet diese Partnerschaft das gemeinsame Scheitern an der Gesellschaft oder das gegenseitige Bekämpfen gesellschaftlicher Ziele, kurz: die Auseinandersetzung mit den gesellschaftlichen Zielen ohne gegenseitige innere Verbindung. Das Spektrum reicht von den schmerzvollen Erfahrungen des Unverstandenseins bis zu den raffiniertesten Formen von Beziehungsquälereien (Schüren der Versagensängste). Dieser Aspekt zwingt dich dazu, deine ungeliebten Schattenseiten im anderen wahrzunehmen, in denen du den Auswirkungen deines eigenen Handelns mitsamt den Versäumnissen begegnest – zum Beispiel in Form eines übergroßen Ehrgeizes, der trotzdem oder gerade deshalb sein Ziel verfehlt. Oft wirst du mit dem Gefühl bleierner Ohnmacht konfrontiert und mußt zusehen, wie Hoffnungen schwinden und vielversprechende Ansätze und Entwicklungen zunichte werden.

Trigon, Sextil ⚺
Diese Verbindung steht für die Bildung einer atmosphärischen Harmonie zwischen Seele und Leib und verheißt gute Chancen für materielle Ziele, weil dir jetzt alles gelingt, was du in die Hände nimmst. Da du genau weißt, daß nur ein ausgewogenes Verhältnis gegensätzlicher Prinzipien weiterführt, fließt deinem Begleiter durch dein optimistisches Wesen Licht ins Herzzentrum, und dadurch Erfüllung, Freude und äußeres Gelingen. Es ist eine günstige Konstellation, die ihr zusammen durchlebt, weil ein harmonisches Ineinandergreifen eurer Beziehungsmuster dafür Sorge trägt, daß eine erfolgreiche Zeit vor euch liegt, in der ihr die Kreativität eurer gegenseitigen Spiegelungen erfahren könnt.

☉ X

Sonne aspektlos

Sonne der Frau ohne Aspekt zu einem Planeten des Mannes

Die unaspektierte Sonne hat auf der Beziehungsebene eine besonders tiefreichende Bedeutung. Sie repräsentiert weder die Kraft sonnenhafter Natur noch die Versöhnung mit den Schattenseiten, denn die Empfindsamkeit und die tragische Eigentümlichkeit einer persönlichen Abspaltung bilden den Hauptgehalt dieser «Nicht-Verbindung». Auf der Erkenntnisebene steht sie für die numinose Leere, in der du nicht einmal deinem Feind begegnen kannst. Zwar ist es das Ziel der Sonne, nicht bloß virtuose Reproduktion der inneren Wunschbilder zu sein und an der Oberfläche zu bleiben, sondern tief in das Innere zu dringen und eine gemeinsame Frequenz mit dem Begleiter zu finden. Doch weil es dir unter dem aspektlosen Zentralgestirn nicht möglich ist, die planetaren Energien im Herzzentrum Adams zur Entfaltung zu bringen, kannst du deine Lebensströme mit ihm weder vereinigen noch zum Fließen bringen. Auch wenn du durch die sonnenhafte Energie immer wieder die Sehnsucht nach innerer Verbindung spürst, kannst du ihn weder innen noch außen erreichen, weil er nie dort ist, wo du bist bzw. sich immer gerade da aufhält, wo du ihn nicht suchst. Nicht die Enttäuschung deiner inneren Erwartungen ist es, die dich frustriert, sondern die heillose, unheilbare Unzufriedenheit des durch die Nicht-Verbindung evozierten «Nicht-Zugreifen-Könnens» auf die Seele des Mannes, bis dieses Durchstürmen seines Innenlebens im schmerzhaften Loslassen sein Ende findet und das schmerzlich Unerlöste in dir beruhigt wird durch das Streben nach dem unerreichbaren, überall existierenden Nichts. Nur das Loslassen der Hoffnung nach einer tiefen Beziehung ist für dich Ziel und Hoffnung, Aufgabe und Erlösung.

☽

Mond

Die seelische Öffnung aus der Sicht der Frau

Der Mond, dessen Bild sich im Fluidum deiner Umwelt spiegelt, verkörpert die unterirdischen Räume der Seele, die tiefen Brunnenstuben der Mütter und die unergründlichen Wasser weiblicher Geheimnisse. Er ist ein Symbol der Göttin, denn die Welt des Mondes ist nicht die Welt, die sich durch Rationalität erfahren läßt, sondern sie enthüllt sich dir in der Trunkenheit der Sinne und im Streben, sich mit dem Prinzip der Großen Mutter zu verbinden, um wieder einen Zugang zu den Urwurzeln zu finden. Der Mond hat also weniger mit Realität zu tun als mit den Formen der Materie, deren Erscheinungen er indirekt widerspiegelt. Er symbolisiert die «gespiegelten Erscheinungformen des Sichtbaren» in deiner Seele, die sich als Projektionen in die Welt auswerfen, die man dann im Alltag «Gefühle» nennt.

In der **Konjunktion** des Mondes mit den Himmelskörpern des Mannes spiegelt die Mondin dein «Urseiend-Weibliches», in deren Formen alles zerfließt. Es ist, als möchtest du den anderen hinunterziehen zu den Quellen des Unbewußten, und das entspricht auf der exoterischen Ebene dem Fötus im Mutterbauch. Unter dem Einfluß einer solchen Verbindung stellst du dem Partner dein unerschöpfliches seelisches Kraftpotential zur Verfügung, das ihm die inneren Urbilder und Archetypen reflektiert, in denen er seiner Sehnsucht begegnen kann. In dieser Sehnsucht verbrennen alle Grenzen: Realität und Träume verschmelzen zu jener unbewußten Absicht loszulassen und mit dem Ewigen wieder eins zu sein.

Quadrate und Oppositionen weisen dagegen auf emotionale Schwierigkeiten beim Austausch mit anderen Menschen hin. Das führt meist zu problematischen Projektionen: Du machst dem Mann alle unerkannten Schwierigkeiten und Fehler zum Vorwurf, die du bei dir selbst weder sehen noch ertragen kannst. Diese Übertragungen hemmen deine Fähigkeiten, dich im Emotionalen frei zu äußern, solange du ihre innere Beschaffenheit nicht erkennst. Vielleicht ist es eine generelle Abneigung deiner «inneren» Frau, die sich über Gefühlsauslösungen in der Partnerschaft auswirkt und ihre Wurzeln in einem Identitätsproblem mit der Mutter hat. Oder es handelt sich um einen ungelösten seelischen Konflikt, der sich in Verwirrungen und Gefühlsschwankungen ausdrückt und der – aus der Erinnerung plötzlich ins Bewußtsein katapultiert – zum Rahmen wird, in dem sich die Beziehungsproblematik darstellen kann. Möglicherweise durchschaut aber dein Geist den «kindlichen» Hintergrund, vor dem sich die ganze Auswirkung der Mond-Blockaden zeigt. Die Probleme stehen deshalb neben dem Symbol für Hemmung und Frustration ebenso für den Schock der Wahrheit, wenn sich deine Angst in den Schächten des Abgründigen selbst begegnet und die negativen seelischen Bilder erkennt, die sie in den Raum um sich herum aussendet.

Harmonisch verbunden deutet der Mond auf die Wahrscheinlichkeit einer emotional fruchtbaren Beziehung hin. Du besitzt die Fähigkeit, deine schöpferische Vorstellungskraft in der Gefühlswelt deines Partners zu verankern und die positiven Reflexionen, die dir aus seinen Reaktionen entgegenschlagen, kreativ zu nutzen. Das hat weniger mit Realität zu tun als mit den Formen der Materie, deren Erscheinungen er widerspiegelt: Schließlich magst du sein verständnisvolles Wesen und kannst mit ihm über deine Gefühle sprechen, ohne dich ständig verteidigen zu müssen. Du liebst das, was du in ihm spiegelst und was dir in seinen Reaktionen entgegenschimmert, denn er symbolisiert für dich die gespiegelten Gefühle deiner selbst, was nur innerhalb der Logik einen Widerspruch bedeutet. Jenseits polarer Inhalte versinnbildlicht er jene tiefen Empfindungen, die dir zum Inhalt werden, weil sich darin deine Gefühlswelt stabilisiert.

☽ ☉

Mond / Sonne

Mond der Frau in Aspekt zur Sonne des Mannes

Konjunktion ☌
Hier stimmt das Rollenbild, das dir vorschreibt, wie du zu sein hast, wenn du als Frau akzeptiert werden willst, mit dem Bild überein, wie du dich selbst wahrnimmst. Das ist natürlich eine ausgezeichnete Voraussetzung, um das Bewußtsein des Mannes zu animieren, tief in deine innersten Gefühle einzudringen, weil dein «Mutterschoß» für ihn empfänglich ist. Dabei gelingt es dir, alle Vorteile deiner Gefühlswelt in die Waagschale zu werfen. Dies rührt daher, weil die Sonne des Begehrten in harmonischer Berührung zu deinem Mond dir nun ausgiebig von jener seelischen Fülle schenkt, deren Warmherzigkeit auch andere berührt. Somit steht dieser Aspekt für die Sehnsucht nach Verschmelzung und zeigt, daß du furchtlos mit deinem Begleiter in die Abgründe der Seele hinuntersteigst, um dort das Mysterium zu finden als Symbol der Liebe zwischen Mann und Frau. Gebannt erschauderst du dann vor dem ungeheuren Mechanismus der Schöpfung, der das menschliche Geschlecht aus sich «hervormahlt», denn in der Beziehung begegnest du den beiden großen energetischen Schaltkreisen, die das aktive, bewußte und männliche Prinzip der Sonne mit deiner passiven, unbewußten und weiblichen Kraft verbindet, weil du in der Verschmelzung mit deinem Partner die tiefere Bedeutung des Lebens erfährst, das auf Wachstum und Vermehrung ausgerichtet ist.

Quadrat, Opposition ⊼ □ ∟
Der die dunklen Tiefen seelischer Dimensionen symbolisierende Mond, der das lebensspendende, aber auch dämonisch verschleiernde Urseiend-Weibliche versinnbildlicht, wird durch die strahlende, das Ego in den Mittelpunkt stellende Sonne deines Gefährten unterdrückt. Der Mann, dem es vor allem darauf ankommt, seine Bedürfnisse zu erfüllen, harmoniert mit deinem die inneren Gefühle zelebrierenden Mond nicht gut. Da seine Sonne den Drang hat, sich zu verwirklichen, befindet sie sich hier in einem Widerspruch mit deiner mondhaften Weiblichkeit, die die Umwelt reflektiert. Der Mann entsagt jeder persönlichen Verschmelzung, um seine Unabhängigkeit zu beweisen; du hingegen möchtest dich mit ihm verbinden, ohne persönliche Identität zu zeigen. Dies ist ein äußerst schwieriger Aspekt, um die verschiedenen Gefühlsausrichtungen unter einen Hut zu bringen, weil sich die innere Harmonie mit dem anderen erst dann findet, wenn du das auf ihn Projizierte in deinen Erwartungen selbst ausfüllst. Das, was dir fehlt, mußt du in dir selbst verwirklichen, denn das stete Verlangen, das verlorene Paradies durch das verzweifelte Verschmelzen mit dem anderen zurückzuerobern, kann sich nicht erfüllen, solange du deine innere Leere durch die Bindung an einen «ergänzenden» Partner verdrängst.

Trigon, Sextil ⊻
Da dich im Bannkreis deines Begleiters die Flammen seiner Intuition von innen erleuchten, bist du für ihn das Ziel seiner emotionalen Ausrichtung, die ihn zu begeistern weiß. Die unmittelbare Erkenntnis, daß die Liebe die Verbindung zum Göttlichen ist und die tiefen Gefühle Ausdruck des Schöpferwillens, läßt eure Beziehung im Licht der Entrückung erscheinen, die alle Schranken der Vorstellung sprengt. Sein Herz schlägt für deine Liebe, wenn ihr betäubender Hauch seine Seele berührt, deshalb ist es für dich auch ein Akt höchsten Genießens, wenn du ihn mit deiner lustvollen Sehnsucht umfängst. Dabei gilt dein Interesse aber nicht nur der sengenden Macht des libidinösen Feuers, sondern vor allem der von innen aufsteigenden Lebenskraft, die kraftvolle, lebensbejahende Energie, die alles durchdringt und dabei Lebenslust, Vitalität und jugendliche Frische in eurer Beziehung zum Ausdruck bringt. Der Impuls dieser wunderbaren Verbindung, Gefühl und Wollen zu vereinen und als Verkörperung des emotionalen Willens in die Welt hinauszustrahlen, überträgst du harmonisch auf den Partner.

☽ ☽

Mond / Mond

Mond der Frau in Aspekt zum Mond des Mannes

Konjunktion ☌

Was in deinem Schlaf die Träume bewirken, wenn sie die seelischen Schwingungen in Bilder umsetzen, das bewirken in deiner Beziehung die Gefühle des anderen, die alles in den Alltag übertragen, was deiner Seele an inneren Gefühlsmustern zur Verfügung steht. In dieser Verbindung wollt ihr die Gegensätze zwischen innen und außen nicht aufheben, sondern sie aneinander angleichen und euch mit ihnen verschmelzen. Da jeder die Emotionen des anderen nur so empfinden kann, wie er sie in sich wahrnimmt, beeinflußt diese tiefe Verbindung die «gespiegelte Emotionalität der Welt», so wie sie dir im Mann als Wahrnehmung deiner eigenen Gefühlswelt erscheint. Doch indem du dich in die Gefühle deines Partners versenkst, wird der Mond die starke seelische Übereinstimmung und Harmonie aus dem Verborgenen ins Licht des Bewußtseins bringen.

Quadrat, Opposition ⊼ ⊡ ∟

In allegorischer Nähe zur dunklen Göttin, die der geheimnisvolle Schatten der Zauberin aus der Tiefe ist, steht dieser Spannungsaspekt in der Partnerschaft für die dunkle Nacht der Seele. Die Angst vor den Gefühlen des anderen ist die Angst vor deinen eigenen Gefühlen, und in dieser Angst, die du vor dir selbst verbirgst, verfängst du dich in deinen psychischen Abgründen, im Fäulnisgeruch des Mannes als Ersatz für deinen eigenen verdrängten «Seelengestank». Eine echte Versöhnung mit deinen eigenen, auf den anderen projizierten Gefühlsabspaltungen ist letzten Endes die einzige Möglichkeit, deine Beziehungsunfähigkeit auf eine bessere Grundlage zu stellen, denn unbewußt spürst du in der emotionalen Sehnsucht, die alle Grenzen verbrennt, auch ungeklärte Spannungen aus alten Erfahrungen, die wieder in dir aufleben und sich angstvoll auf deine gegenwärtigen Erfahrungen legen. Es ist der Archetyp der dunklen Göttin, die in dir und deinem Partner unterschiedlich zum Ausdruck kommt und damit zum Nährboden wird, auf dem Konflikte entstehen können. Es ist aber auch der Archetyp der Sehnsucht nach den göttlichen Wassern des Lebens, die den Schöpfungsquellen des Ewigweiblichen entspringen. Diese Sehnsucht, die aus deinem unbewußten Verlangen rührt, mit dem Embryonalen zu verschmelzen, wird im Einflußbereich dieser Konstellation genährt.

Trigon, Sextil ⊻

In deiner Seele spürst du oft das urzuständliche Gefühl aufsteigen, aus Raum und Zeit hinauszutreiben und mit dem geliebten Mann in der Urmütter Brunnenkammern einzutauchen, denn im Fluidum des nebligen Mondes möchtest du hinter den Spiegel, ins Reich des Unbewußten, blicken. Unter guten Voraussetzungen verkörpert diese Konstellation das Optimum dessen, was du an innerem Seelenfrieden in der Partnerschaft erreichen kannst. Du richtest dich nicht mehr an äußeren Dingen, sondern an deinem inneren Empfinden aus und strebst nach einer gefühlsmäßigen Übereinstimmung mit dem anderen. Du hörst den Ruf seiner Seele, aufzubrechen und alle Räume des gegenseitigen Empfindens zu entdecken. Dabei begibst du dich auf den Weg, dich lebendig zu fühlen und das Leben in Übereinstimmung mit der Großen Mutter zu bringen, und zwar durch das Erkennen von Gesetzmäßigkeiten und inneren Zusammenhängen. Trotzdem bleibst du nicht selten in schwärmerischen Übertreibungen, zu hoch gegriffenen Idealisierungen und ablenkenden Wunschvorstellungen hängen, denn oftmals kollidieren die Ideale kosmischer Sinnfindung mit der weltlichen Familienbindung. Und es wird dir klar, daß hinter diesen überhöhten Gefühlen oft auch fehlende Geborgenheit und die Leere innerer Zugehörigkeit gegenüber dem Partner steht.

☽ ☿

Mond / Merkur

Mond der Frau in Aspekt zum Merkur des Mannes

Konjunktion ☌

Wenn Verstand und Psyche harmonisch miteinander in Verbindung treten, kann das Ergebnis, wenn nicht emotionale Erfüllung so doch intellektuelles Erspüren einer gemeinsamen Ebene auf der Gefühlsebene sein. In der Liebe könnte man an eine Flucht in die idealisierte Partnerschaftsbeziehung denken, wo deine Gefühle seitens des Mannes nicht nachvollzogen werden können, sondern durch die «Vorstellung des Erlebens» ersetzt werden. Eine gefühlsmäßige Öffnung ist unter diesem Aspekt daher nicht ohne weiteres möglich. Immerhin vermag dein Partner deine Gefühle rational nachzuvollziehen, und du bist ihm emotional nahe, weil du seine Gedanken «fühlst». Auch seid ihr bestrebt, zumindest nach außen eine gute Beziehung zu führen, um an die Verbindung oder an die eigene Vorstellung des Zusammenlebens glauben zu können.

Quadrat, Opposition ⊼ ☍ ∟

Dem Mann sind deine wahren inneren Gefühle fremd, da er sie hinter der Maske des Intellekts nur so erleben kann, wie er sie in seiner Vorstellung spürt; doch dagegen rebelliert dein Mutterinstinkt und dein Gespür, da du dich in deiner Weiblichkeit von ihm nicht angenommen fühlst. Andererseits bist du mit seelischen Übergriffen schnell zur Hand. Du versuchst ihn mit Gefühlen einzudecken, bis er sie zu fühlen «glaubt». Doch oft fühlt er sich von ihnen in die Enge getrieben: Die Ausweglosigkeit versetzt ihm einen Schock, und der atemlose Merkur hält diesem Chaos jene für ihn überlebenswichtige Verlogenheit entgegen, die deine emotionalen «Moräste» verstandesmäßig von sich fernzuhalten weiß. Der Fehler deines Partners besteht darin, daß er zuviel über deine Gefühle nachdenkt. Deine Kraft, ihn emotional zu bedrohen, indem du ihn in deine Gefühlssümpfe hineinzuziehen versuchst, verführt ihn immer wieder dazu, sich aus dieser seelischen Umklammerung zu lösen, indem er das Gefühlsbombardement durch Intellektualisieren und Zerreden zerstört.

Trigon, Sextil ⊻

Im gemeinsamen Erleben wirst du sehr viel Gefühl in die Kopflastigkeit deines Begleiters investieren. Das macht dich zu einer äußerst aufmerksamen Zuhörerin, denn du bist sehr einfühlsam und kannst mit ihm mitempfinden und dabei gleichzeitig deine Emotionen eindrucksvoll in den intellektuellen Brennpunkt deines Partners bringen, der dir meist auch ohne große gefühlsmäßige Bindung ein guter Freund sein kann. Er verfügt über die geistige Beweglichkeit, die es ihm erlaubt, sich mit den verborgeneren Dingen in deiner Psyche auseinanderzusetzen. Es wird ihm nach und nach gelingen, mit dem reinen Intellekt Annäherungen an deinen ungreifbaren Gefühlsbereich zu finden, denn er hat die Fähigkeit, seelische Tiefen zu ergrün-den und sie mit einer gleichnisreichen Sprache in symbolische Bilder zu hüllen, die das rationale Denken übersteigen und über begriffliche Erklärungen hinausreichen.

☽ ♀

Mond / Venus

Mond der Frau in Aspekt zur Venus des Mannes

Konjunktion ☌

Diese charismatische Kombination stellt nicht nur das Symbol einer gefühlsmäßigen Verschmelzung mit dem Partner dar, sondern steht auch für die Geheimnisse des Unbewußten, die du in deinen Träumen erahnst. Während die Seele an den unbewußten Quellen tanzt, kannst du deinem inneren Ideal begegnen, das deine Seele so lange berührt, bis du es auch im Alltag spürst und plötzlich erkennst: Es ist der Mann, auf dessen Schwingen du dich ins Leben hinauftragen lassen kannst, weil er dich immer wieder liebevoll daran erinnert, daß du ein unergründliches Wesen bist – unzulänglich und dennoch vollkommen.

Quadrat, Opposition ⚻ ☍ ∟

Auf der hellen Seite dieses Aspekts identifizierst du dich mit der Rolle der Mutter und spielst in der Partnerschaft den lebendigen, nährenden Pol des instinkthaften Selbst, die Urgestalt der Erde, ohne die Leben nicht entstehen kann. Auf der dunklen Seite verschlingst du aber rücksichtslos, was sich dir nicht fügt, denn unter der vermeintlichen Muttermaske verbirgt sich eine starke, leidenschaftliche Person, die ihre Partner rücksichtslos verspeist, nachdem sie sie sexuell ausgesaugt hat. Dein Symbol ist die Schlange, die Adam verführt, die alten Werte zerstört und den fruchtbaren Aspekt des Weiblichen mit der orgiastischen Lust vereint, die beide aus der Verbindung «Gott-Teufel» hervorgegangen und innig mit der menschlichen Triebnatur verwachsen sind. Auf dem Weg zur allumfassenden Liebe triffst du deine Triebe hinter den Masken schnöder Ersatzbefriedigungen. Deshalb steht diese Beziehung für die vielen Verdrängungen in den Sümpfen des Unbewußten, die du bisweilen in deinen Träumen durchquerst.

Trigon, Sextil ⚺

Auf der Beziehungsebene brauchst du einen Partner, der dich in deinen Gefühlen bestätigt und dir den Teil an Liebe zukommen läßt, den du dir selbst nicht zu geben vermagst. Das aber ist ein Trick, denn alles, was du inszenierst, ist das «Spiel des anderen». Dein unbewußtes Verhalten dient dem Ziel, deine Gefühlsmuster in den Mittelpunkt zu bringen und deinem innersten Persönlichkeitskern Geltung zu verschaffen. Aufgrund des mondgeprägten Hingabeverlangens willst du dich zwar in die Gefühle des anderen einbringen, aber durch die auf dich projizierte Venus-Komponente des Mannes wird dieses Verlangen durch eine Hingabe-Inszenierung entschärft und unschädlich gemacht, indem du dich nur einem gefühlsmäßig abhängigen Begleiter anschmiegst. Damit bricht hinter dem Bild von Liebe und Übereinstimmung jene besitzergreifende Seite auf, alles in die eigene Gefühlswelt einzubinden.

☽ ♂

Mond / Mars

Mond der Frau in Aspekt zum Mars des Mannes

Konjunktion ☌

Meist fühlst du dich sexuell stimuliert und findest Mittel und Wege, um emotional aus dir «herauszugehen» und das zu verwirklichen, was du tun mußt, um mit der Instinktnatur des Mannes in eine kreative Konfrontation treten zu können. Dieser repräsentiert den feurigen Bereich der Seele, der sich in der Hitze brodelnder Sinnlichkeit ausdrückt und die Glut seines Verlangens, überwältigt vom unbändigen Verlangen nach Liebe, in dein Herz ergießt. In ihm begegnest du den unbeherrschten, introvertierten Flammen des Feuers, die verzehrend und unkontrollierbar sind. Umgekehrt verkörperst du für ihn das Idealbild des romantischen, gefühlvollen Menschen, der sich selbstbewußt hingibt. Unter diesem Einfluß scheinst du von deinem Partner vermehrt das zu empfangen, was die «libidinöse Drüse» in deinem Hirn anregt, denn in deiner archaischen Erbmasse arbeitet noch genügend Trieb, um auf erotische Aggressionen aus der Umwelt sehr betont zu reagieren, das Feuer der Liebe zu entzünden und den Stromstoß der Begierde in ein aphrodisierendes Feuerwerk einzubinden.

Quadrat, Opposition ⚻ □ ∟

Die innere Angst, der unterschwelligen Kraft des Mannes in der Partnerschaft nicht (immer) gewachsen zu sein und von seiner mehr oder weniger latenten Gewaltproblematik beherrscht zu werden, hemmt deine triebhaften Gefühle, wodurch seelische Blockaden ausgelöst werden können. Die durch die unterbliebene Befriedigung gesteigerten Triebe inkarnieren bei dir die ausgelagerten Aggressionen einer blockierten Melancholikerin, die ihrer angestauten Libido nur noch über den Umweg eines aggressiven Partners Lust verschaffen kann. Auch die unterschwellige Angst, dich in der hingebenden Rolle ausgeliefert zu fühlen, kann zu großen sexuellen Spannungen führen, vor allem, weil hinter dem Mond (der Mutter) und dem Mars (des Sohnes) auch ein unbewußter Inzestwunsch verborgen sein kann. Auf der Beziehungsebene ziehst du den «Sohn-Helden» zwar an, doch wenn er kommt, bist du wie paralysiert und kannst dich gefühlsmäßig nicht einbringen, weil du dich für dein (Inzest-)Verlangen schämst. Möglicherweise ließest du dir in der Kindheit die Disharmonie im Gefühlsleben stellvertretend durch die Mutter vorleben und wehrtest sie gleichzeitig ab, weil du dich nicht mit ihr identifizieren wolltest; damit wehrtest du dich gegen deine eigene Weiblichkeit, ein Verhalten, daß du jetzt durch deinen Partner gegen dich auslebst.

Trigon, Sextil ⊻

Positive Verbindungen lassen auf ein lebhaftes und spontanes, wenn auch noch wenig differenziertes seelisches Empfinden schließen, denn sie symbolisieren das harmonische Eindringen der äußeren Aggressionskräfte in den intimsten Gefühlsbereich. Das drückt sich im Alltag dann als ein Zustand aus, der dich zugleich ängstigt und fasziniert: Angst, weil du den Mann als etwas spürst, vor dem du dich fürchtest, und Faszination, weil dich diese Angst vor dem anderen gleichzeitig durch die eigene Neugierde gefesselt hält. Zwar kann man nicht sagen, daß du gegen deine Gefühle agierst, denn du verfügst über eine gewisse Wärme und strahlst eine immense Herzlichkeit aus, aber in einem archetypischen Sinn entspricht dein Gefühlsleben dem naiven Rollenspiel der spontanen Kindfrau, die ihre Gefühle ständig gegen äußere Einwirkungen verteidigen muß. Diese Energie aber, die du dadurch verbrauchst, weil du die Aggressionen bei dir selbst nicht zuläßt, fehlt dir, um dich zu entfalten. Statt dich auf eine kreative und angemessene Weise durchzusetzen, bleibst du die gefangene Prinzessin deiner inneren Bilder, die sich von einem heldenhaften Prinzen erlösen lassen will.

☽ ♃

Mond / Jupiter

Mond der Frau in Aspekt zum Jupiter des Mannes

Konjunktion ☌

Die Konjunktion steht für das Schöpferische des Mannes, das triumphierend und beglückend in die Seelenkammern eindringt und sich dort, mit deiner inneren Instinktnatur verbindend, in den unermeßlichen Schichten deiner Weiblichkeit erfährt. Der Abstieg durch die Mondgewässer befähigt ihn, das Spektrum seiner inneren Wahrnehmung zu erweitern, und es ist der Schoß der reflektierenden Seele, aus dessen Urgründen sich das triumphierende Leben in die Bewußtseinshallen von Jupiter «emporwälzt». Unter diesem Einfluß ist dein Begleiter in der glücklichen Lage, zu einem matriarchalischen inneren Empfänger zu werden, auch wenn er manchmal nicht versteht, wie du körperliches Sehnen in spirituelles Streben verwandelst und vor dem Hintergrund seiner oft überzogenen Ansprüche deine überschäumende Sexualität inszenierst. Hier lebst du deine Gefühle für Einheit aus der Tiefe deines Bauches heraus und läßt sie durch die harmonische Unterstützung deines Partners bis zum olympischen Schöpfungsgipfel hinaufströmen, wo das ganze Universum in eurer Beziehung klingt.

Quadrat, Opposition ⚻ □ ∟

Sei auf der Hut, um dich nicht in die innere Infantilität deiner tief verwurzelten Anlehnungs- und Schutz-Bedürfnisse zu verstricken, da viele Ziele, die du in dieser Verbindung anstrebst, nicht der Gipfel-Erklimmung dienen, sondern der Rückbindung an das Embryonale, wo weniger die Antwort auf anstehende Lebensfragen gesucht, sondern eher ein Theater um innere Sinnfindungsprozesse aufgeführt wird. Diesmal ist es nicht die Mutterschlange, der vertraute Zug zurück in die «verantwortungslose Wonne», die hier auftaucht, sondern der alte «Weihnachtsmann», die unbewußte Vorstellung von der Rückkehr in die Arme des Vaters. Die egoistische, ichbezogene Hoffnung nach dem höheren Willen wirft dich auf die kindliche Ebene zurück und läßt dich in den Armen des Mannes dahinschmelzen, weil du dich dort der Allmacht Gottes näher wähnst.

Trigon, Sextil ⚺

Meist zeichnest du dich durch Großzügigkeit, Offenheit und Freimut aus, und zusammen mit dem Partner schaufelst du die harmonischen Gefühle aus den unbewußten Schichten der Seele auf die Bewußtseinsebene hinauf. Bis in die Tiefe deines Herzens berührt und fordert dich der Mann, denn Ganzheit entsteht nicht durch das Beherrschen äußerer Kräfte, sondern fließt aus der tiefen Verbindung mit dem innersten Schöpfungskern heraus: der Liebe. Lebensfreudig entwickelst du ein tiefes Vertrauen in die kosmischen Abläufe, und mit der Flamme der Begeisterung motivierst du deinen Gefährten, das goldene Zeitalter schon auf Erden zu schaffen. Mit der Triebkraft der Begeisterung vermögt ihr euch gegenseitig zu entzünden und auf Ziele einzustimmen, die auf schöpferisches Wachstum ausgerichtet sind. Dabei bist du von lichterfüllten Paradiesvorstellungen durchdrungen und siehst die Beziehung als ein Füllhorn unbegrenzter Möglichkeiten an, wo du entdecken kannst, daß alle Wesen Schwestern und Brüder, alle Erscheinungen Ausdruck einer einzigen kosmischen Schwingung sind.

☽ ♄

Mond / Saturn

Mond der Frau in Aspekt zum Saturn des Mannes

Konjunktion ☌

Unter diesem Aspekt offenbart sich das seelische Erscheinungsbild deiner sich in ihrem Selbstausdruck behindernden inneren Gefühlsnatur. Der Saturn des Mannes steht für das strukturgebende Element, für dein emotionales Verlangen nach Stabilität, Sicherheit und Kontinuität. Er symbolisiert den Widerstand, der sich deiner mondhaften Hingabe an die fließenden Abläufe der Schöpfung entgegenstellt, denn er verkörpert die formgebende, strukturierende und sichernde Realität, die dich hindert, deine Gefühlswelt zu leben. Es geht aber nicht nur darum, daß er deine Freiheit verhindert, sondern du benutzt ihn genauso, um dich vor der Angst machenden Unergründlichkeit deiner inneren Gefühle zu schützen. Im Bestreben, die Grenzen gegen äußere Angriffe zu festigen, ist es dir nicht bewußt, daß du dafür auf den fließenden Gefühlsreichtum verzichtest. Du kannst deinen eigenen Absturz in die innere Haltlosigkeit dadurch kompensieren, indem du dich von anderen strukturieren und maßregeln läßt, und das bedeutet nichts anderes als der Versuch, um deine Gefühle einen Bogen zu machen, ohne dir das selbst eingestehen zu müssen. Du unterwirfst dich dem Partner als einer Autoritätsperson, dessen Anordnungen du befolgst, wofür du aber eine Belohnung erwartest. Aus Angst vor dem Leben bestrafst du das Kindliche in dir, da du einen Schuldigen dafür brauchst, weil du nicht imstande bist, deine Gefühle zu leben. Deine Seele versteckt sich hinter dem schützenden Panzer des anderen, um sich vor den Angriffen zu schützen, weil sie nicht gelernt hat, ja zu sagen: zu sich selbst und zu ihrer Not als Auswirkung des Abgeschnittenseins von ihren Wurzeln.

Quadrat, Opposition ⚻ □ ∟

Durch die Gegenwart des Partners empfindest du ständig die schmerzliche Abgespaltenheit deiner Gefühlsnatur. Vielleicht taucht im Umgang mit ihm die Beziehung zur eigenen Mutter auf, die zuviel Gewicht auf Recht und Ordnung legte und dir die spontane, weibliche Seite zu unterdrücken half. Infolgedessen kannst du dich mit deiner Weiblichkeit nur schwer identifizieren, weil du dir durch das Vorbild der Mutter in dieser Rolle ungenügend vorkommst. Deshalb tendierst du dazu, dich seelisch einengen zu lassen, aus Angst davor, daß deine Gefühle unkontrolliert ins Leben einfließen könnten. Das macht sich in deinem Gemütsleben in Form lähmender Übergriffe seitens des Mannes bemerkbar, der dich in allen Lebensbereichen unterdrückt. Meist sind damit starke Gemütsschwankungen verbunden, und oft fühlst du dich bedroht, wenn er dich in der Projektion (folgerichtig) in deiner eigenen Angst einsperrt, um nötige Ablösungsprozesse zu verhindern. Das kann schwere Depressionen und innere Entfremdung zur Folge haben. Ist das Erkennen der inneren Mechanismen dieser Verbindung bereits Teil eines Bewußtseinsprozesses, dann solltest du nicht die Symptome für dein Leid verantwortlich machen, sondern dir das innere Problem, das dir der Partner aufzeigt, bewußtmachen und deine Entwicklung daran messen, in welchem Maße die Schwierigkeiten nachlassen.

Trigon, Sextil ⊻

Wie dein Begleiter sich auch immer anbietet, immer ist er ein Wegweiser, der dich über den Entzug seelischer Wärme dazu zwingt, die Ursachen in dir selbst zu suchen. Er symbolisiert die abgespaltenen Teile deines Selbst, die du nicht überwunden hast, sondern die in den Negativprojektionen deines Tagesbewußtseins ihre (heimliche) Heimat gefunden haben. So versuchst du anfänglich, dich der analytischen Struktur und Klarheit des Partners unterzuordnen und ihm die emotionalen Entscheidungen anzuvertrauen. Erst aus der aussichtslosen Situation seelischer Frustration heraus wächst deine Einsicht, den kontrollierenden Saturn des anderen zurückzudrängen und dich in der Heiterkeit des «Geschehenlassen-Könnens» neu zu finden. Denn der Wunsch nach seelischer Erfüllung ist geradezu der Heimweg und gipfelt in der Frage, welche Voraussetzungen in der eigenen Psyche solche Verhinderungen erst sinnvoll machen? Die Antwort liegt auf der Hand: Die Erkenntnis, dir die Ursache in der fehlenden Ablösung vom inneren Mutterbild bewußt zu machen, und dem Mann in der Beziehung damit eine Vaterprojektion zu ermöglichen, die dich seelisch nicht so bedingungslos einengt. Ablöseprozesse gelingen nur, wenn du dich von der eigenen inneren Autorität (Saturn), die du auf den Partner überträgst und die in der mütterlichen Gewalt zum ersten Mal gespiegelt wurde, löst und die dadurch entstehende Verlustangst als abgespaltenen Teil von dir selbst erkennst und dadurch bewußt zurücknimmst.

☽ ⚷

Mond / Chiron

Mond der Frau in Aspekt zum Chiron des Mannes

Konjunktion ☌

In der Partnerschaft richtest du deine Schuldgefühle auf den Begleiter und reservierst die damit verbundene Opferrolle für dich. Wahrscheinlich mißfällt dir der Gedanke, daß der Mann von dir emotional abhängig ist. Viel lieber zwingst du ihm die Rolle der «Übermutter» auf und wünschst dir von ihm (unbewußt) die Verletzungen zurück, die dir möglicherweise in deiner Kindheit zugefügt worden sind. Das bedeutet, du projizierst dein einbindendes Verhalten auf deinen Gefährten, und er reagiert darauf in der von dir vorhergesehenen Art und Weise. Vielleicht lehnst du deinen emotionalen Teil aber generell ab, weil du als Kind nicht genug Eigenwert entwickeln konntest, dich mit deiner Weiblichkeit zu identifizieren. Weil der unerbittliche Karma-Anteil (Chiron) des Mannes das Suchbild ist, das du anstrebst, selbst wenn es für dich das Fegefeuer bedeutet, kannst du hier sehen, wie du von deiner inneren Opferrolle abhängig bist, wenn du deinen «armen» Partner zwingst, dir die alten Verletzungen immer wieder zu reflektieren, die unerlöst in deiner Seele schlummern.

Quadrat, Opposition ⚻ □ ∟

Unter dem Einfluß dieser Verbindung stellen sich oft Enttäuschung, Niedergeschlagenheit und Verzweiflung ein; alte Wunden brechen auf, die oft bis in die Kindheit zurückreichen, und alte Leidensmuster werden wach, die du längst überwunden glaubtest. Energetisch ist dir der Kontakt mit der Mondin abhanden gekommen; du fühlst dich zurückgedrängt, verletzt und blockiert, weil der Mann deine Empfindungen nicht erwidert oder deine emotionalen Signale überhört. Doch das ist es genau, was du suchst und was sich dir unter diesem Aspekt reflektiert: Denn die negativen Gefühle sind nicht verlorengegangen, sondern haben sich nur ins Unbewußte verlagert, um sich durch den Partner zurückzumelden und in einer Trotzreaktion auf mangelnde Zuwendung der Mutter stellvertretend gegen dich zu wenden. In einem psychologischen Sinn mag man diese Verbindung als Erfüllung unbewußter negativer Wünsche deuten. Denn so schrecklich eine Verhinderung auch sein mag, sie ist nie sinnlos, da sie immer der Folgerichtigkeit eines Prozesses entspricht, der letztlich zu einem Aufarbeiten alter karmischer Muster führt.

Trigon, Sextil ⊻

Im Wirkungsbereich dieser Kombination zeigt sich die (erzwungene) Harmonie der Gefühle, die auf der Beziehungsebene zur Vollendung gelangt, aber gleichermaßen auch die Begrenzung, weil diese Stabilität die seelische Entwicklung hemmt. Du nimmst die überlieferte Rolle der Mutter gegenüber dem strengen und gerechten «Göttergatten» an und versuchst, dich dem Leben in korrekter Übereinstimmung mit den gesellschaftlichen Traditionen zu öffnen und dabei vielleicht die wahre Erfüllung zu erfahren. Doch ist die Seele schon im Aufbruch, da der Kreislauf hier seinen Endpunkt erreicht hat: Das Gleichgewicht ist durch die emotionale Kontrolle und Stabilität des Partners zwar noch hergestellt, doch nur deine Fähigkeit, dich seiner bohrenden Sichtweise zu unterwerfen («karmischer Tiefenblick»), macht die Verbindung (noch) harmonisch.

☽

☽ ♅

Mond / Uranus

Mond der Frau in Aspekt zum Uranus des Mannes

Konjunktion ☌
In der irisierenden Sphäre dieser unberechenbaren Beziehung vermählen sich die geheimnisvollen Rätsel der Sphingen mit den sprudelnden Orakeln der Sibyllen, die aus dem Schoß des Unbewußten ins Licht aufsteigen und in deren betäubender Umarmung das gefühlsmäßige persönliche Erleben zerstäubt. Das Ziel besteht darin, die Verspiegelungen psychischer Tiefen, die unberechenbaren, unkontrollierten Flammen des Mannes zu erkennen, deren komplexe Täuschungen dir allmählich zu dämmern beginnen. Er ist ein Sendbote der sexuellen Lust, der aus der Verspieltheit erotischer Anziehung handelt, ohne bindende Absicht und nur solange die züngelnde Flamme der Leidenschaft anhält. Die unmittelbare Erkenntnis jedoch, daß die Liebe die Verbindung zum Göttlichen und die Sexualität Ausdruck des Schöpferwillens in dir ist, läßt trotz persönlicher Unverbindlichkeit spirituelles Wachstum zu. Im Feuer der Erleuchtung, wenn sich die Seele selbst verliert, erfährst du dich im anderen als eins mit der einen und einzigen Urkraft.

Quadrat, Opposition ⚻ □ ∟
Das starke Bedürfnis deines Partners nach Freiheit bekommt dir unter diesem Aspekt nicht gut. Du hast es in dieser Verbindung besonders schwer, das kreative Feuer deiner Sexualität in eine spirituelle Dimension zu heben. Weil deine innere Gefühlsebene irgendwie verletzt ist und du das Selbstvertrauen für eine starke, sich hingebende Liebe gar nicht aufbringst, wäre es für dich besonders wichtig, dich selbst akzeptieren und lieben zu lernen, um innerhalb der Beziehung nicht ständig auf die Erwiderung deiner Empfindungen angewiesen zu sein. Sonst erlebst du eine ständige Enttäuschung deiner Erwartungen, da dein Begleiter in seinem inneren Zwiespalt trotz gefühlsmäßiger Nähe krampfhaft bestrebt ist, sich von jeder emotionalen Bindung freizuhalten. Er ist ständig auf der Hut vor der schrecklichen Gefahr, die von seiner Mutter, die er auf dich übertragen hat, ausgeht. Deshalb versucht er sich all deinen Gefühlen zu widersetzen und die Nabelschnur zu kappen, die ihn unbewußt immer noch an die Mutterimago bindet. Sein einziger «Gefühlsbeitrag» beruht auf den abgehobenen Einfällen, die ihn erfolgreich vor emotionalen Verstrickungen schützen und durch die alle deine Gefühle unerwidert ins Bodenlose versinken. Dabei legt er die Schlinge seiner Bindung so aus, das er sich dir trotz sexueller Nähe seelisch entzieht und dich an seiner Kälte ständig «abtropfen» läßt. Dies ist der der Ausdruck orgiastischer Lust, die sich an der Schwelle zur Qual befindet, denn sie trägt auch die Insignien dämonischer Instinkte, die das verhindern, was sie erlösen könnte, nämlich die seelische Wärme oder das emotionale Feuer. Damit wird die verhindernde Funktion dieser Konstellation offenbar, denn im Mann reflektiert sich der verschüttete und verdrängte Bereich der Seele, deine Gefühle nicht annehmen zu können, die Verhinderung aber gleichzeitig zu überdehnen, um das sich kompensierend Verhindernde in die Ekstase der Übertreibung hineinzuzwingen. Die unbeherrschten Feuerflammen und die innere Glut der Triebe brennen die aus einem oft zwanghaften Freiheitsstreben alle inneren Wünsche und emotionalen Bedürfnisse nieder.

Trigon, Sextil ⚺
Alle Berührungen mit dem Partner konfrontieren dich mit dem Symbol der Wende. Das Seelenleben fließt nicht mehr ruhig dahin, sondern zeigt sich äußerst sprunghaft und unbeständig. Unbewußt nimmst du hier die Rolle seiner Mutter an, die ihre Sehnsüchte auf das Kind übertrug, so daß dessen eigene Gefühle durch die Gefühle der Mutter überlagert wurden. Damit wurde die Voraussetzung geschaffen, daß das Kind sich in sich selbst verlor bzw. keine Grundlage mehr hatte, auf der es sich emotional entfalten konnte. So bleibt dem erwachsenen Mann nur die Möglichkeit, diese übertragenen Gefühle (in dir) abzuwehren und sich in die Beziehungslosigkeit zu retten, was ihn aber gleichzeitig von sich selbst entfernt. Was er nämlich nicht weiß, ist, daß er nur den Übergriff seiner Mutter abwehrt: die Zudringlichkeit der Mutter, sich über die Gefühle des Kindes selbst verwirklichen zu wollen. Indem du seine verlorenen Empfindungen, die er nie entwickeln konnte, als Kompensation seiner Beziehungslosigkeit akzeptierst, befreist du ihn aus dem unbewußten Zwang, deine Emotionen ständig abwehren zu müssen.

☽ ♆

Mond / Neptun

Mond der Frau in Aspekt zum Neptun des Mannes

Konjunktion ☌
Die sanfte Berührung unter diesem Gestirn ist wie ein letzter Blick auf den nächtlichen Himmel, bevor du einschläfst, ein Blick über den dunklen Ozean der Leere, an dessen Ende der Partner in einem gleißenden Licht erscheint. Hier begegnest du all deinen idealisierten Wünschen und Träumen in der Projektion auf den Mann. In ihm vermagst du im schemenhaften Glanz deiner Bilder die Gefühle zu erahnen, die sich aus deiner Seele in den Äther emporschwingen, um dort als Wegweiser zu leuchten, von deiner Sehnsucht ausgesandt, um dir den Heimweg ins verlorene Paradies zu weisen. So wie die Mondgewässer die Träume befruchten, so übergießt du den Geliebten mit deinen Vorstellungen, und im Lichte deiner Träume wächst er zu deinem Wunschbild heran. Empfänglichkeit und Sensitivität verbinden eure Herzen, und die Stimulierung der inneren Gesichter um das visionäre Erahnen versunkener Schätze läßt euch die gleichen Ziele avisieren, denn nur im Traum und in den unerreichbaren Wunschvorstellungen erlangt die Seele ihre Offenbarungen, und ihre schlummernden Kräfte erwachen.

Quadrat, Opposition ⊼ □ ∟
Unter diesem Aspekt bist du vom Partner, der dir im Kleid eines Märchenprinzen erscheint, zunächst in höchstem Maße beeindruckt. Du tendierst dazu, ihn so zu betrachten, daß das Bild deiner unmittelbaren Wahrnehmung deinem unerlösten Animus entspricht. Dadurch siehst du ihn nicht, wie er wirklich ist, sondern nimmst in ihm nur das von dir innerlich Ersehnte wahr. Somit versinnbildlicht er die Gefahr, daß du dich in unerfüllbaren Wunschbildern verlierst, denn das Bild, das du von ihm wahrnimmst, ist nur ein Traum, ein trügerisches Hirngespenst, um in die Sehnsucht einzutauchen: in die diffuse Versponnenheit einer irrationalen Vision. Verwirrung und die Neigung, dich von deinen Einbildungen überrollen zu lassen, sind ebenfalls angezeigt. In der Folge bist du nicht mehr in der Lage, die Realität zu sehen. Du neigst dazu, deine eigene emotionale Verwirrung auf den Mann zu projizieren und ihn für schuldig zu erklären, da er deine Erwartungen nicht erfüllen kann. Das entspricht einer Sucht nach Liebe und Geborgenheit, die kaum je zu erfüllen ist. Deshalb leidest du schwer am Unvermögen deines Begleiters, deiner Vorstellung von ihm Genüge tun zu können.

Trigon, Sextil ⊻
Das bleiche Mondlicht, das sich auf dem schäumenden Meer der Seele in den Empfindungen des Mannes spiegelt, versinnbildlicht die Erschließung deiner inneren Bilder durch das tiefe Eintauchen in die unbewußten Bereiche des Gefährten. In dem Moment, da sich die Sehnsucht nach dem Unergründlichen in seinem Herzen bildet, fühlst du dich dazu berufen, diesen Vorgang emotional zu erden und im Gefühlsbereich zu inszenieren, denn durch die Mütterlichkeit des Mondes fühlst du dich als seelische Befruchterin des spirituellen Sehnens deines Seelenpartners. Das macht dich zu einem medialen, beziehungsfähigen Wesen mit hohen Idealen und großem Einfühlungsvermögen, das die Seele des Mannes berührt und ihm hilft, seine inneren Herzensströme wieder zum Fließen zu bringen.

☽ ♇

Mond / Pluto

Mond der Frau in Aspekt zum Pluto des Mannes

Konjunktion ☌

Die alten karmischen Verstrickungsmuster, die tief in den Schächten des Unbewußten überwintert haben, kommen unter diesem Aspekt plötzlich ans Licht, so daß du deinen alten Erinnerungen in der Maske des Partners wieder begegnen kannst. Es ist, als ob du mit ihm durch das Feuer gehen mußt, um zu zeigen, daß du dich für ihn opfern willst. Dabei wirfst du die brennende Fackel deiner Lust in die lodernde Glut der Hölle, denn du bist deine eigene Opfergöttin, die sich und ihre Gefühle in dieser Beziehung läutern muß. Deine innere Priesterin zelebriert die Flammen der Triebe auf dem Altar der Schmerzen, denn diese Verbindung wird durch die Kraft der Liebe bestimmt, die du dir selbst zu geben vermagst. Für dich sind die instinktiven Lustgefühle der Inbegriff tiefster innerer Verbundenheit mit dem Leben, und es ist dir ein Anliegen, dich in verschlingendem Gleichklang mit dem Mann zu spüren. Nicht nur deshalb, weil für dich tiefe Gefühle Nahrung und Glück in einem sind, sondern weil diese Art der Selbstverwirklichung auch deinem tiefsten inneren Bedürfnis entspringt, mit dem Seelengefährten aufs Schmerzlichste vereint zu sein.

Quadrat, Opposition ⚻ □ ∟

Auf der Beziehungsebene steht dieser Aspekt für den verschlingenden Partner, der nicht von seinen Besitzzwängen, sondern im Ausleben seiner Triebe gleichzeitig von unbändiger Geschlechtslust beherrscht wird. Während sich dein Mond auf eine Gefühlsübereinstimmung mit ihm beschränkt, fördert sein Pluto die Tendenz, dich vollständig zu transformieren. Die Notwendigkeit, alte Lebensstrukturen zu eliminieren, um das Mysterium des Lebens zu ergründen, kann bis zur (un)freiwilligen Umwälzung all deiner Gefühlsmuster führen. Zwar wehrst du dich gegen ihn, um deine Identität nicht zu verlieren, doch gleichzeitig ziehst du ihn an, weil du das Objekt deiner Gefühle und Begierden in ihm nicht loslassen kannst: dich selbst. Damit machst du dir das Leben selbst zur Qual, weil du in der Auflehnung gegen ihn das «Anklammern an das Prinzip der Ablehnung» in dir selbst ablehnst. Nur wenn du dieses Spiel durchschaust, kannst du die Gefühle überspringen und das Wunder in dir selbst vollbringen, die Gegensätze zwischen Hingabe und Unterwerfung in dir zu verbinden.

Trigon, Sextil ⊻

Hier entdeckst du die Hexenkraft der Triebe und holst dir vom Partner deine Sinnlichkeit zurück, denn diese Verbindung symbolisiert Zeugungskraft oder Lebensenergie, die der Großen Muttergöttin entströmt. Sie zeigt das sich emotional ständig erneuernde Weib, das ihr Selbstbild im Bild des anderen schmerzvoll transformiert. Mit deinem Mond bist du der verschlingenden Mutterkraft in der Projektion auf einen Mann verbunden, denn in der Tiefe deiner Seele leuchtet in ihm das himmlische Bild der schwarzen Isis oder der geheimnisvolle Schatten der Zauberin für die dunkle Faszination der Seele auf, die rücksichtslos verschlingt, was sich ihr nicht hingibt. Er versucht dich in okkulte Machtspiele zu verstricken und damit als (sexuelles) Opfer den Forderungen seiner Seele zu verpflichten. Doch weil dich die Sümpfe und Moräste ebenso erregen, indem du dich lustvoll und mit dämonischer Kraft bewegst, bist du immer wieder in der Lage, neue Fundamente für eure Beziehung zu errichten. Der Mann fordert bedingungslose Hingabe an seine emotionalen Gelüste, doch ist dieses Zwanghafte auch das letztlich erlösende Scheitern, das die Aufforderung alchemistischer Wandlung schon in sich trägt. Dies zeigt auch, daß du bereit bist, das Stadium der Verwandlung zu akzeptieren, das das Karma in dieser Beziehung für dich bereithält.

☽ ⚸

Mond / Lilith

Mond der Frau in Aspekt zur Lilith des Mannes

Konjunktion ☌
Auf der Bewußtseinsebene zeigt diese Konstellation, daß du mit deiner dunklen Seite in Gestalt deines Partners in Berührung kommst. Das sind Erfahrungen, durch die dir deine Unfreiheit und Abhängigkeit sehr bewußt werden kann, denn im beziehungsmäßigen Erleben liegt der Schwerpunkt in der Erkenntnis, vom anderen beherrscht zu werden. Andererseits liegt in dieser Abhängigkeit auch der Gewinn, von der verdrängten weiblichen Form deines Begleiters an die verborgenen kosmischen Harmonien herangeführt zu werden, die in deinen emotionalen Reaktionen verborgen sind. Es ist die verführende, orgiastische und alptraumhafte Form der Frau, die dich durch den Geist des Mannes durchdringt, denn sie ist die Schlange, die Adam verführt, die alten Werte zerstört und den fruchtbaren Aspekt des Weiblichen ausschließt. Damit führt dir dieser Aspekt auch vor Augen, daß die Gefühlsnatur des Partners die verborgene Seite deines Empfindens ist, denn der Schatten des Mannes, der dir folgt, ist die andere Seite der gleichen Energiespirale, die dich ergänzt.

Quadrat, Opposition ⚻ ☐ ∟
Unbewußt hat sich der Partner in seiner dunklen inneren Weiblichkeit verfangen, weil er von dir erwartet, alles auf den Kopf zu stellen, was er sich von einer Frau erhofft. Es fällt dir dementsprechend schwer, seine Erwartungen an dich zu verstehen, denn unbewußt sucht er in dir die Mutter, von der er sich im gleichen Atemzug distanziert. Er will dich zwingen, ihm als Zielscheibe für seine selbstzerstörerischen dunklen Tendenzen zu dienen, von denen er sich befreien möchte, indem er seine Mutterimago bekämpft. Während er sich bemüht, sein Selbstgefühl an deiner unterwürfigen Hingabe zu schärfen, die es ihm erlaubt, Sex als Waffe zu benutzen, um dir seine dunkle verletzte Weiblichkeit zu injizieren, will er dich im Grunde stellvertretend für seine Mutter demütigen. Aber er tut dies weder als aggressiver Rächer noch aus der traditionellen patriarchalischen Sichtweise des Mannes, sondern – und das ist das Lilithsche dieser Konstellation – aus der Perspektive der weiblichen, mißbrauchten Schattengestalt. Das bedeutet, daß er dich bekämpft, weil du nicht das bist, was ihm seine innere Lilith an äußerer Weiblichkeit in seinem Suchbild aufzwingt: unberechenbar, frei und unabhängig.

Trigon, Sextil ⊻
In der Beziehung fühlst du dich von deinem Aggressionspotential, das du auf den Partner projizierst, bedroht, aber gleichzeitig auch von der Bedrohung, die er dir reflektiert, fasziniert. Dieses «Empfindungsgemisch» steigert deine triebhaften Gefühle, denn obwohl Lilith für Leute gefährlich werden kann, die sich ihrer Dunkelheit entziehen, kann sie im Mann auch neue Einsichten auslösen, die mit dem korrespondieren, was man die «Vision der inneren Läuterung» nennen mag. Mit dieser Vision werden die Schuldgefühle und Selbstbestrafungsgelüste in ihm entfacht, in deren Flammen er am Ende selbst den Pflock durch sein Herz getrieben haben möchte, und zwar durch deine Hand, die ihn auf dem Altar der Schuldgefühle festhält. Der Held, der durch deine Hingabe von seiner blutrünstigen Lilith befreit wird, fühlt sich in seiner Identifikation mit ihr auf dieselbe Weise gebunden, wie er durch die Übertragung seiner Gefühle auf dich von seinem dunklen, inneren weiblichen Teil befreit werden will. Denn Lilith symbolisiert in Verbindung mit dem Mond auch den durch das Weib kastrierten Mann. Dank des Verlustes seiner männlichen Überlegenheit gestattet sie ihm bzw. er sich, seiner weiblichen Seite in dir zu begegnen und dadurch die Vollständigkeit seines inneren Seins zu erlangen.

☽ ☊

Mond / Mondknoten

Mond der Frau in Aspekt zum Mondknoten des Mannes

Konjunktion

Im Mann begegnest du dem sich spiralförmig auf ein «neues Ende» hin bewegenden «alten Anfang», einer neuen Seite im Buch des Lebens, deren Inhalt aber immer noch die Vision des Vergangenen transportiert. Je stärker du mit deiner Erinnerung verbunden bist, desto freudiger muß die durch den Partner erfahrene Umwandlung sein, die durch diese Begegnung versinnbildlicht wird. Doch so, wie sich dieser Animus auf deine Gefühlsmitte zubewegt, mußt du versuchen, deine Projektionen von dem Mann zu lösen, damit du dieser Liebesaffäre eine wahre innere Bedeutung einräumst. Es kann aber auch dazu kommen, daß du die Wandlung gar nicht oder nur unvollkommen vollziehst. Womöglich schlägt sich deine Psyche voreilig auf die Ebene des anderen, ohne daß du wirklich seine Ebene mit deinem ganzen Gefühlsbereich erreicht hast. In diesem Fall – wenn die überkommenen Gefühlsmuster noch nicht gelöscht sind – wirken sich die trümmerhaften Überreste des Alten auf das Neue aus, das in dir entsteht, und hemmen sein Gedeihen.

Quadrat, Opposition

Die überwundenen Materialisationen deiner negativen und aggressiven Gefühle begegnen dir hier stellvertretend im Partner, denn er spiegelt dir die Teile deines abgespaltenen Gefühlswesens, die in deiner Psyche bisher unentdeckt und ungenutzt blieben. Während du dir die Abneigung gegen den Mann bewußt nicht erklären kannst, fühlst du sie unbewußt sehr gut. Unbewußt spürst du in ihm das Bild deiner destruktiven Neigungen, die sich in ihm reflektieren, und der Umstand, daß du sie bekämpfst, bedeutet, daß du sie erkennst und dich, indem du sie ihm aufzuzwingen versuchst, davon befreien möchtest. Immerhin zeigt die Auseinandersetzung in der Partnerschaft auch die Umwandlung dieser destruktiven Energien. Die Tatsache, daß die Bilder sichtbar werden, zeigt doch, wie nahe der Schatten des Karmas beim Transpersonalen liegt, denn die Assimilation bedarf der Sichtbarmachung, und das Erkennen der Grundlagen hat eine tiefgreifende Wirkung auf die Individuation.

Trigon, Sextil

Du bist ständig damit beschäftigt, dein Inneres, für das du im Leben keine Erklärung findest, im Partner zu ergründen. So handelt dieser Aspekt eigentlich von deiner Sehnsucht nach einem Einblick in dein Wesen, einem Einblick, der vom rational-logischen Gesichtspunkt natürlich nur in der Perspektive, die der andere dir reflektiert, also in der «Reflexion deiner eigenen Projektion», stattfinden kann. Diese Verbindung schafft eine harmonische Balance zwischen deinen Gefühlen und der karmischen Ausrichtung des Mannes, der dir einen Blick auf die Hintergründe deiner Gefühlswelt freigibt, denn er steht nicht für ein festes Ziel, auf das du dich zubewegst, sondern er repräsentiert den geistigen Raum deiner emotionalen Assoziationsfelder, innerhalb derer deine Gefühle hin- und herpendeln beim Versuch, auf intuitive Weise in ihn – und damit letztlich in dich selbst – einzudringen.

☽ (AC)

Mond / Aszendent

Mond der Frau in Aspekt zum Aszendenten des Mannes

Konjunktion ☌

Es sind die Sehnsüchte aus dem unerschöpflichen Born des Unbewußten, aus denen dir der Mond den Wunschpartner in der Gestalt deines Begleiters reflektiert. In deinem inneren Erleben zeigt dieser Aspekt, daß du zutiefst bereit bist, dich dem Mann in deinem ganzen Wesen zu öffnen und dabei vielleicht die Erfahrung sublimer Glückseligkeit und wahrer Erfüllung zu machen, solange du den Ersehnten nicht mit dem unerreichbaren Animus verwechselst, der sich durch ihn in deinem Leben zu inkarnieren sucht. Vergiß niemals: Du segelst in einem Meer aus inneren Empfindungen, die der Grenzüberschreitung und Selbstauflösung huldigen und keine Wirklichkeit ausdrücken. Die Welt zeigt sich dir hier durch das Gespinst der Wünsche, in dem Realität und Wahn miteinander verwoben sind.

Quadrat, Opposition ⚻ □ ∟

Dein Mond bedient sich der Maske des Mannes zunächst als Seelenspiegel, um seine Partnerschaftserwartungen darin projizierend festzuhalten. Und die Gefühle fühlen sich bemüßigt, darauf einzugehen, da sie aber durch die «Schieflage der Maske» (Spannungswinkel) das wahre Erscheinungsbild dahinter spüren, findest du im psychischen Magnetfeld dieser Konstellation den vielsagenden Widerspruch, daß der Partner seine Konturen um so mehr verliert, je tiefer du in seine Gefühle eindringst. Hier entlarvt sich das Erscheinungsbild des anderen als eine Illusion, hervorgerufen aus der Sehnsucht nach dem «Bild des Mannes», das du deinen eigenen Erwartungen nachgebildet hast. Die Angst vor Enttäuschung verdrängst du, indem du ihn in die Katakomben deiner Wünsche einbindest. Weil er sich dir aber immer wieder auf die eine oder andere Weise entzieht, hast du irgendwann das Gefühl, von der emotionalen Tiefe abgetrennt zu sein, weil das Streben nach Verbindung nicht in wirkliche Verschmelzung mündet, sondern im Erleben der Enttäuschung letztlich das Gefühl der eigenen Schwäche nährt.

Trigon, Sextil ⚺

Du schwebst auf einer Wolke aus inneren Empfindungen, und das Suchbild deines Geliebten zeigt sich dir durch die Wünsche in jenem grenzenlos weiten Teil deiner Gefühlswelt, wo Realität und Wahn miteinander verwoben sind. Doch lauert auf deinem Weg auch mancher Trug und Spuk, der alles andere als das Verlangen nach Beziehungsharmonie ist. Statt dessen versteckt sich dahinter oft die Maskerade übertragener Wünsche, solange du nicht die heilende Kraft deiner Gedanken, die hilfreiche Macht deines Willens und die räselhafte Sphinx entdeckst, die du bist, und damit letztlich die Unfaßbarkeit in dir. Einerseits wird der Mann von deiner inneren Gefühlswelt als höhere Fügung bewertet, der dir zum richtigen Zeitpunkt erscheint, andererseits wird er als persönliche Beute betrachtet, was die Richtigkeit der verinnerlichten Vorstellung zu bestätigen scheint. So verbinden sich Realität und Wahn in deinen seelischen Gewässern zur Vorstellung, an einem kosmischen Vorgang teilzuhaben, der als göttlich erscheint. In Wirklichkeit ist es aber nur der Stoff, aus dem die eigenen Sehnsüchte gemacht sind.

☽ (MC)

Mond / Medium Coeli

Mond der Frau in Aspekt zum Medium Coeli des Mannes

Konjunktion ☌
Diese harmonische Verbindung repräsentiert den Willen, deinen Gefühlen und deinen medialen Fähigkeiten mehr Raum zu geben, indem du den materiellen Schwingungen, die du von deinem Partner empfängst, in deinem Herzen Gestalt verleihst. Bei wacher Aufmerksamkeit kannst du erleben, wie sich über eure Beziehung eine Woge warmer Gefühle ergießt, denn hier werden die gesellschaftlichen Ziele des Mannes kraft deiner emotionalen Unterstützung meistens erreicht. In den reflektierenden Spiegelungen kann der Partner deine Liebe nicht nur «zart auf seine Lippen hingehaucht» erkennen, sondern er wird von ihr in der ganzen Tiefe seines Herzens berührt. Damit verspricht die Konjunktion Wohlbefinden und deutet auf das gegenseitige Gefühl tiefster emotionaler Zufriedenheit hin.

Quadrat, Opposition ⊼ □ ∟
Der disharmonische Aspekt weist auf Unterdrükkung und Einschränkung durch den anderen hin. Dieser möchte deiner Gefühlsnatur die öffentliche Meinung aufzwingen, wobei die sprudelnden Wasser deiner inneren Hingabe zum Stillstand kommen. Die Flammen des Feuers sind erloschen, da die «Mittagsspitze» des Partners einen schmerzhaften Schatten auf die sensiblen Erwartungen deines Mondes wirft. Die größte Gefahr ist die – insofern es ihm tatsächlich gelingt, deine Gefühle an der trügerischen Sicherheit gegenüber den bedrohlichen Aspekten des Lebens festzuhalten –, daß du als höchstes Vorbild und Verhaltensmodell sein Bild von Intoleranz und Gnadenlosigkeit übernimmst. Deine Gefühle sind dadurch nicht verschwunden, sondern werden unter dem Diktat des Mannes nur umgedreht, der zwischen den emotionalen Kräften deiner Seele und seinen gesellschaftlichen Zielen aufgerieben zu werden droht und nun die starre Sicherheit zum Prinzip erklärt, damit du deinen Entwicklungsprozeß blockierst.

Trigon, Sextil ⊻
Im gemeinsamen Erleben steht diese Konstellation für dein Verlangen nach Stabilität, Sicherheit und Kontinuität, das du auf den Mann überträgst. Damit zeigt sich hier eine Beziehung, in der du vermehrt deinen Animus (deine seelische Anlage für das Männliche) pflegst und über den Seelenpartner in dein Gefühlsleben einfließen läßt. Dabei besteht allerdings das Risiko der Entfremdung von der eigenen Gefühlsnatur durch die Sicherheit vermittelnde Einbindung in gesellschaftliche Strukturen. Dies entspricht dem ordnenden Gefühlsaspekt einer strengen Königin, die sich mit dem Patriarchat arrangiert und damit die strukturierende, Sinn spendende und Ziele setzende Welt mit ihrem Gefühlsbild in Übereinstimmung bringt.

☽ ⚹

Mond aspektlos

Mond der Frau ohne Aspekt zu einem Planeten des Mannes

Wenn dein Mond beim Mann ins «Leere» geht, dann bedeutet das, daß dieser deine Gefühle nicht berührt, was natürlich schmerzhafte Wunden in dir aufreißt. Da jedes emotionale Streben nur dem Versuch dient, in das Innere des Partners einzudringen und es den Bildern der eigenen Seele einzuverleiben, sind die Gefühle, die durch den anderen «hindurchfließen», statt sich in ihm festzusetzen, natürlich frustrierend. Denn letztlich sind es die emotionalen Sehnsüchte, die deiner Absicht die inneren Urbilder und Archetypen zur Verfügung stellen, nach denen du dich ausrichtest und die dir die erlebbare Wirklichkeit in den Gefühlen der Umwelt reflektieren. Wenn der Begleiter nun mit diesen Gefühlen nicht verbunden ist, sich sein Antlitz also nicht in der Tiefe deiner Seele spiegelt, dann gib nicht dir die Schuld dafür, sondern versuch einfach zu verstehen, daß dein Bemühen, den anderen in die eigene Frequenz einzubinden, nicht immer funktionieren kann, und besonders nicht, wenn der Mann mit deiner Gefühlslage nicht korrespondiert. Möglicherweise ersparst du dir aber auch Gefühlsschwankungen, Verwirrungen und Verstrickungen, da die Gefühlswelt neben dem himmlischen Elysium auch die dantischen Höllen beinhaltet, die keinerlei Klarheit und Orientierungen besitzen und sich nicht selten in Paradoxien, Dichotomien und Antinomien ausdrücken.

☽

☿

Merkur

Das bezugsetzende Denken aus der Sicht der Frau

Bei dir ist Merkur nicht nur ein Symbol dafür, wie du die Welt erfährst und wie du das Erfahrene in deine Bewußtseinsmuster einordnest, sondern er ist auch ein Symbol des bezugsetzenden Denkens selbst. Alles, was du erfaßt, mußt du einordnen und das so Strukturierte dann als Weltbild betrachten, an dem du dich festhalten kannst, damit du nicht in den numinosen Ozeanen der Urmütter ertrinkst, hinter deren Schleiern sich meist auch eine Desillusionierung (verdrängte Wahrheit) verbirgt. Der merkurische Geist entspricht der inhaltlichen Architektur, die unbildhaften, energetischen Ströme der Göttin in Symbole zu fassen und diese den Sinnen zugänglich zu machen. Damit entspricht er dem Prinzip der höheren Vernunft, die hier als erkennende Kraft zu Klarheit, Eindeutigkeit und Entschlossenheit führt. Er trennt die Dinge, teilt Himmel und Erde, männlich und weiblich, Geist und Natur, denn es geht hier darum, mit aller gebotenen Schärfe ein Problem zu durchdringen, zu analysieren und Konsequenzen zu ziehen, ohne dabei den Blick für das Ganze zu verlieren.

Merkur-Konjunktionen zeigen im Umgang mit dem Partner ein gutes Urteils- und Kommunikationsverhalten an (auch wenn du ihn mit den aus den tieferen Schichten des kollektiven Verständnisses heraufdringenden Einsichten kaum überzeugen kannst). Du kannst rasch und logisch denken und auf seine Bedürfnisse und Erwartungen eingehen, weshalb deine Ideen auch meistens seine Anerkennung und seinen Respekt finden. In jedem Fall zeigt diese Kombination das gegenseitige Verständnis in einer in höchstem Maße erhellenden, klärenden und befreienden Art.

Spannungsreiche Aspekte errichten hohe Mauern um die Argumente des anderen und grenzen alles aus, was nicht der eigenen Meinung entspricht. Sie sind wie ein Rechen deines emotional eingefärbten Verstandes, der alles aussondert, was ihm nicht paßt. Im Altertum ging man davon aus, daß der Mensch in den Argumenten stets nur das erkennt, was er an Informationen oder Vorstellungen über das betreffende Objekt in sich trägt. Doch hier gehst du noch einen Schritt weiter und filterst aus den Argumenten deines Partners immer die Aussagen heraus, die du für dich verwenden kannst, um seine Einwände nicht ernst nehmen zu müssen. Damit erschaffst du dir eine begriffliche Welt, die dich auf Kosten deiner Umgebung positiv ausfüllt, weil sie deine Zweifel über das Unverständnis der Männer bestätigt und dich in deinem Vorhaben unterstützt, ihre Gedanken verachten zu können, denn wie sagt doch der Trickster des dualen Erlebens, der die Menschen in ihre Weltbilder einbindet und damit aber auch gleichzeitig vom Erkennen der Relativität des Erkennens abhält: «Ich bin, weil ich erkenne – deshalb erkenne ich mich als der, der ich bin!»

Auch unter **harmonischen Voraussetzungen** kannst du dich nicht über die Relativität des gegenseitigen Erfahrens erheben, um zu merken, daß alles, was du erkennst, nur eine Vorstellung vom anderen ist. Aber immerhin verheißen Trigone und Sextile im Gegensatz zu Oppositionen und Quadraten einen ausgeglicheneren Geist im menschlichen Kommunikationsbereich. Sie bringen durch das Entschärfen der Polarisierung des Denkens eine gewisse Ausgeglichenheit in die Beziehung, denn unter ihrem Einfluß wirst du begünstigt von der Harmonie, dem Gesehenen aus einer vorteilhaften Perspektive zu begegnen, und das bedeutet für deinen Partner eine fairere Bewertung. Damit steht eine solche Verbindung für ein wohlbedachtes Beziehungsmodell, das eine gute Chance hat, auch größere Stürme zu überdauern.

☿ ⊙

Merkur / Sonne

Merkur der Frau in Aspekt zur Sonne des Mannes

Konjunktion ☌

Innerhalb der Beziehung verfügst du über einen scharfen, allgegenwärtigen Verstand, der leicht in die Vorstellungen des Partners eindringt, und überall dort, wo du, statt die Kommunikation zu dominieren, locker und freundlich mit ihm «parlierst», ist diese Neigung sehr willkommen. Dein Wissensdurst ist groß und du sammelst beständig Informationen an, die du zu einer Synthese verarbeiten kannst. Für den Mann bist du das Maß der Dinge, an dem er sich intellektuell orientiert, denn er liebt dich für deine Fähigkeit, seine Ideen besser auszudrücken und in eine geistige Form zu bringen, als er dies selbst je zu tun vermag. Damit symbolisierst du die intellektuelle Verwirklichung seines Selbstdarstellungs-Anspruches durch deine Vermittlung von Wissen. Die Verbindung zeigt auch an, daß es für dein Selbstwertgefühl enorm wichtig ist, wie du zusammen mit dem Partner in der Beziehung Wissen aufnehmen, weitervermitteln und dabei immer wieder Neues erforschen und erlernen kannst.

Quadrat, Opposition ⊼ □ ∟

Meist gelingt es dir nicht, Denkweisen und Beziehungsmechanismen zu ergründen, denn unter dieser Konstellation werden die Kommunikationskanäle mit Sonnenenergie überladen, und es kommt in eurer Beziehung immer wieder zu großen Mißverständnissen und Problemen. Der Mann verspürt den Wunsch, die Entwicklung deiner emotionalen Weiblichkeit zu unterstützen. Du hingegen willst mehr auf der intellektuellen Seite auf ihn eingehen und fällst deshalb immer wieder in ein die Emotionen abwehrendes Verhalten zurück. Um die sexuelle Nähe zu entschärfen, identifizierst du den Partner unbewußt mit dem Bild des Vaters, wobei du gleichzeitig deine weibliche Ausstrahlung in Zweifel ziehst. Statt zu den eigenen Projektionen Abstand zu gewinnen, verschmilzt du so sehr mit deinen inneren Bildern, daß du in ihm nur noch deine eigene Selbsterfüllungserwartung in Form sexueller Erkaltung wahrnimmst. Das kann zum Zusammenbruch der Kommunikation in der Partner 21blockiert. Dabei wäre es für dich ganz wichtig, die verfehlten Ziele in einen Zusammenhang mit den inneren Absichten zu bringen und daraus Einsicht zu gewinnen, denn im erkannten Kommunikationszusammenbruch liegt Erkenntnis und darin Lebensweisheit oder Wissen.

Trigon, Sextil ⊻

Im gemeinsamen Erleben verkörpert diese Verbindung das Prinzip der höheren Vernunft, die hier als erkennende Kraft zu Klarheit, Eindeutigkeit und Entschlossenheit führt. Sie zeigt eine umfassende intellektuelle Ausrichtung, wobei der Schwerpunkt auf einer ganzheitlichen, den Partner einbeziehenden Denkweise liegt. Im Beziehungsbereich deutet sie auf einen Zustand optimaler Ausgewogenheit zwischen emotionalen Bedürfnissen und intellektuellen Vorstellungen hin. Es gelingt dir leicht, dich in die Gedanken des Mannes zu versetzen: Du kannst seine Absichten förmlich «riechen», ohne daß dir auch nur die kleinsten Teile seiner Sichtweisen verborgenbleiben. Dadurch bist du in der Lage, dich in seine Entwicklung miteinzubeziehen und somit Perspektiven zu entwickeln, die dich mit deinem eigenen Wirken (in ihm) in Berührung bringen.

☿ ☽

Merkur / Mond

Merkur der Frau in Aspekt zum Mond des Mannes

Konjunktion ☌

Dein zielgerichtetes Denken dringt harmonisch in die mondhaften Gefühlsfluten des anderen ein und reiht die unstrukturierten inneren Ströme des Partners in die vielfältigen Schubladen des verstandesmäßigen Erfassens ein. Auf der psychologischen Ebene kann man diese Konstellation deshalb auch als Öffnung bezeichnen, wo sich das Unzusammenhängende in den Gefühlen des Mannes in deinem Kopf strukturiert. Seine unterschwelligen Gefühle werden in die Begriffswelt hochgespült, um dort von deinen Denkmechanismen sortiert zu werden. Bisweilen mag es ihm zwar etwas befremdlich erscheinen, wenn sich seine warmen Gefühlsäußerungen in den kühlen Fluten deines Verstandes widerspiegeln, andererseits sind ihm die Erkenntnisse durch deine Reflexionen wie ein visionärer Strahl des Lichts, auf dem ihm seine Sehnsüchte entgegenblicken. Es ist der heilsame Schock, wenn seine Gefühlswelt in deinen Worten plötzlich Gestalt annimmt und sich aus den Gefühlsverstrikkungen im Unbewußten langsam ein Zusammenhang herauskristallisiert.

Quadrat, Opposition ⚻ □ ∟

Dieser planetarische Konflikt führt dir vor Augen, daß dich dein Wunsch nach stabilen Gefühlen und Sicherheit dazu verleitet, anstelle intensiver Gefühle emotionale «Vorstellungsbilder» zu leben. Doch weil dein weiblicher Verstand den Mond des anderen nicht in den Griff bekommt, nisten sich oft hartnäckige Fehlerquellen bei dir ein, deren Ursache einerseits in der Fehleinschätzung der Gefühle des Mannes, andererseits in der Vernebelung deiner eigenen Ratio durch sein emotionales Verhalten liegt. Die Neigung Merkurs, die Gefühlswelt deines Partners zu kontrollieren, wird durch dessen «verfließenden» Charakter gestört, was umgekehrt deine Kontrollmechanismen irritiert, die an den wirklichen Gefühlen vorbeizielen und nur das (verkopfte) Bild übertriebener Gefühlsvorstellungen analysieren. Zwar überfällt dich immer wieder der Wunsch, mit deinem Gefährten über seine Vorstellungen zu reden. Doch irgendwie gelingt es dir nicht, auf seine Botschaften einzugehen und die Inhalte seiner Seele zu reflektieren, was im Verlauf der Beziehung dazu führt, daß du die Bilder deiner unterdrückten Gefühlswelt auf ihn projizierst und anstelle seiner Gefühle zum Ausdruck bringst. Es ist der Mißbrauch des merkurischen Verstandes, der mit Gewalt in die Gefühle eindringen will, um sich die Ratio zu erzwingen, und doch meist nur die eigene, gespiegelte Enttäuschung daraus zieht.

Sextil, Trigon ⊻

Intellektuell betrachtet zeigt diese Konstellation eine hervorragende Ausgangslage mit dem Partner an. Er fühlt sich in der Beziehung mit dir wohl, weil er in dir alle Antworten findet, die er sucht, denn du bist mit Argumenten immer schnell zur Hand, wenn es darum geht, psychologische Erklärungen in die Welt zu setzen. Bisweilen versuchst du zwar auch, ihm die Gefühle, die du bei dir selbst nicht findest, einzureden, damit du sie (über ihn) wenigstens in der Reflexion deiner Projektion bearbeiten kannst. Meistens geht es aber darum, den seelischen Bedrohungen des Mannes durch die Übersetzung in Sprache sozusagen den «Zahn zu ziehen», damit das mondhafte Ungeheuer der Urmütter in den Gefühlen des Helden erschlagen werden kann.

☿ ☿

Merkur / Merkur

Merkur der Frau in Aspekt zum Merkur des Mannes

Konjunktion ☌
Dieser Aspekt steht für den Schwung der klaren Erkenntnis in der Partnerschaft. Kraft deines Verstandes hast du dich aus den Bevormundungs- und Unterdrückungsmechanismen männlicher Kultur befreit und kannst es dir daher leisten, dich für die Interessengebiete deines Liebsten zu erwärmen. Du kannst mit ihm über alles debattieren, was dir am Herzen liegt, auch über Dinge, die gefühlsmäßig so stark aufgeladen sind, daß man sie nur im objektiven Geist des Denkens ohne falsche Schamgefühle über die Lippen bringt. Die Verbindung stärkt die geistige Objektivität und Unvoreingenommenheit und läßt erkennen, daß du mit wachen Augen alles um dich herum wahrnimmst, klug und geschickt reagierst und dich auch in Auseinandersetzungen schlau und wendig verhältst. Auf der inneren Ebene symbolisiert der Aspekt die Absicht, sich mit denjenigen Bereichen des anderen auseinanderzusetzen, die Unabhängigkeit, Ideenreichtum und ein schnelles Auffassungsvermögen verkörpern. Gleichzeitig drückt sich in der Beziehung deine Fähigkeit aus, auf den Partner zuzugehen und mit ihm zu immer wieder neuen Einsichten und Erkenntnissen zu gelangen, ohne daß du dich dabei in der Fülle der Ideen verzettelst oder hängenbleibst.

Quadrat, Opposition ⚻ □ ∟
Ist es nicht so, daß du einfach im depressiven Morast deiner Vorstellungen gründelst und dabei über die Denkmuster deines Partners nachsinnst, um zu erfahren, warum er dich nicht versteht? Doch wenn du erkennst, was du an eigenen inneren Bildern in eine Situation hineinträgst, dann spürst du durch seine Reaktionen und sein Verhalten verwandte Denkansätze. Das Problem sind nicht unterschiedliche Standpunkte, sondern das Verlangen nach Einzigartigkeit deiner Ideen. Selten ruhst du dich im ständigen Umschichten deiner Gedanken aus, denn du denkst, um dem anderen dein Denken aufzuzwingen und weniger, um konkrete Ziele zu verfolgen. Im triumphalen gegenseitigen Aufoktroyieren individueller Denkmuster krönt sich euer Bemühen, und weil sich jeder von euch ausschließlich auf seinen eigenen Gesichtswinkel konzentriert, darfst du dich nicht wundern, wenn sich dir dein Standpunkt in der Vielzahl der Entgegnungen aus dem Mund des Mannes ständig in einer gegensätzlichen Sichtweise reflektiert. Solange du deine alles in Frage stellenden und sich im ewigen Clinch mit dem Partner verstrickenden Denkansätze nicht erkennst, bleibt du immer auf dich und deine ewig wechselnde Wahrnehmung fixiert, ohne dein intellektuelles Potential wirklich auszuschöpfen.

Trigon, Sextil ⊻
Wenn Merkur das bewußte Symbol ist, wie objektiv du in der Beziehung deinen Begleiter erlebst, dann kann man sagen, daß du die gemeinsamen Erfahrungen in der Partnerschaft positiv gestaltest und dich harmonisch in den Vorstellungen des anderen erfährst. Der bewußte Intellekt des Mannes paßt gut zu deinen Gedanken als Frau. Der Aspekt bezieht sich auf das subtile Zusammenspiel deiner Gedankengänge mit denen des Partners, also weniger auf penetrantes Eindringen, sondern mehr auf kommunikatives Schwingen, wie es durch echten Austausch und tiefe Gespräche miteinander erreicht werden kann. Dieser Zustand umschreibt das harmonische Fließen der Denkströme und symbolisiert die wohltuende Kraft des Verstandes, der aus der gemeinsamen Verschmelzung heraus beständig neue Standpunkte entwickelt und Ideen und Lösungsvorschläge kreiert, die zünden. Metaphysisch ist hier der Quantensprung zu einem Bewußtseinsprozeß angesprochen, der sich in den Gedanken des anderen selbst erkennt, denn du beginnst dir ein Bild von den Gedanken des Mannes zu machen, bis du die Erkenntnis als das Bild der Gedanken deines Partners entdeckst.

Merkur / Venus

Merkur der Frau in Aspekt zur Venus des Mannes

Konjunktion ☌

Unter diesem Einfluß drängt dich Merkur zur scheinbaren Öffnung in die Arme deines Animus, weil du nur über den verbalen Austausch mit ihm die tiefere Bedeutung deiner sexuellen Prägung erfahren kannst. Durch die Kommunikationskanäle strömt ständig ein Gefühl des Gleichklangs, denn das Streben nach Harmonie bedingt, daß du beständig nach dem Partner Ausschau hältst. Vielleicht versteckt sich hinter dieser devoten Ausrichtung aber auch der innere Konflikt, dich mit deiner Subjektivität noch zuwenig auseinandergesetzt zu haben, denn Merkur verkörpert das kommunikative, aber sexualverhindernde Vermittlungsprinzip. Trotz des großen gegenseitigen Verständnisses und den geteilten Erfahrungen erinnert dieser Aspekt an den Versuch, dich in die Gefühlsenergien des anderen einzuschleusen, ohne dich selbst wirklich emotional einzubringen, denn im Umgang mit deinem Begleiter lenkst du geschickt von allem ab, was dich emotional in den Mittelpunkt seines Interesses stellen könnte.

Quadrat, Opposition ⚻ ☍ ∟

Hier bist du laufend damit beschäftigt, kontrollierende Sichtweisen vor dir aufzubauen, hinter denen du die Gefühle der Umwelt verdrängen kannst. Das entspricht einem Akt der Vernunft, wie er für dein partnerschaftliches Verhalten typisch ist. Denn du bist eine Gefangene deiner eigenen Kontrolle, gerade weil es dir gelingt, deine fehlende innere Sicherheit mit deinen Projektionsvorstellungen in Übereinstimmung zu bringen. Im Mann suchst du deine unterdrückten Spannungen in der Auseinandersetzung mit den Gefühlen deiner Mitmenschen loszuwerden, wobei du aber insgeheim auf die schicksalhafte Einsicht hoffst, durch die Objektivität des Partners Klarheit in deine Verstrickungen zu bringen. Dies ist der legitime Versuch, den anderen als Projektionsfläche für die eigenen verdeckten Ängste zu benutzen. Indem du dein Augenmerk auf Styling, Ausgewogenheit und äußere Schönheit richtest, formalisierst du die Gefühle und machst sie hinter ästhetisierenden Ideen ungreifbar. Doch das Problem, das du vor dir selbst versteckst, indem du es auf den Mann projizierst und ihn in dieser Projektion dann von deiner eigenen Lösung zu überzeugen versuchst, überzeugt dich nicht einmal in der «Reflexion der Projektion» vom Problem selbst.

Trigon, Sextil ⚺

Dein ständiges Bemühen um den anderen beinhaltet neben einem ausgewogenen, auf Harmonie ausgerichteten Denken ebenso die Falle unbewußter Selbstverstrickung. Die Option nämlich, durch Harmonisierung des Partners deine Psyche zu festigen, zeigt doch auch, daß du deine eigene Unerfülltheit in der Auseinandersetzung mit dem Mann versteckst, was wiederum die Frage aufwirft, ob die äußere Harmonie mit dem anderen deine innere Leere wirklich kompensieren kann. Die harmonische Verbindung zeigt aber auch die Chance, möglichen Konflikten auszuweichen, weil dir die Auseinandersetzung mit den Gefühlen der Mitmenschen hilft, Klarheit in deine Bemühungen um die «unmögliche Verhinderung möglicher Verstrickungen anderer» zu bringen. Damit bist du der fehlenden Gefühlstiefe in der Beziehung zwar nicht entronnen, aber indem du sie zu akzeptieren beginnst, kannst du zur Erkenntnis gelangen, daß die Bewußtheit der ewigen Gegensätze den Schmerz emotionaler Widersprüche zwar mildert, aber nicht verhindert.

☿ ♂

Merkur / Mars

Merkur der Frau in Aspekt zum Mars des Mannes

Konjunktion ☌
Wenn sich die kämpferische Durchsetzung und die Sexualkraft des Mannes mit deinem Merkur verbinden, dann begegnen wir in dir der alles in Verbindung bringenden Frau, die ihre Motivation zum Handeln aus der Triebkraft ihres Partners zieht. Die Verständigung ist nicht immer leicht, weil Merkur die marsischen Instinkte in eine rationale Form eingießt, die der Held oft nicht begreift, weil seine sexuellen Wünsche nicht erfüllt werden. Andererseits hat er die Chance, seine Bedürfnisse mit dir auf der Verstandesebene, die ihm sonst ungeöffnet bleibt, diskutieren zu können. Jeder Aggression des Mannes wohnt unkontrollierte Egomanie inne, die sich bestätigen will, weil sie sich in der Überhöhung durch ihre Gebärden zu finden glaubt, obwohl sie sich gerade deshalb selbst verliert. Doch indem du dich mit seinen Triebkräften auseinandersetzt, fängst du ihn auf, und aus dem aggressiven Antrieb, der ihn normalerweise für jede Einsicht unzugänglich macht, quillt kreative, expressive Einsicht, weil er plötzlich spürt, daß du ihn verstehst und ihn deshalb vor den Auswirkungen seiner Taten bewahrst.

Quadrat, Opposition ⊼ ☍ ∟
Trotzdem sich die Aggressionen des Mannes in der Beziehung nicht richtig austoben können, weil du ihnen keine emotionale Grundlage als «Landefläche» zur Verfügung stellst, bleiben immer ein paar negative Energiefelder als unterschwellige Aggressionsherde in deinen Gedanken hängen, mit denen du dich in der Folge auseinanderzusetzen hast. Die verstandesmäßige Analyse seiner Aggressionen ist jedoch nur eine ablenkende Ersatzhandlung, weil du deine Gefühle in der Beziehung nicht zeigen kannst. Aufgrund deines Unvermögens, ihn in seinen Emotionen spüren zu können, versuchst du das Ganze zu definieren und die aggressive Ausrichtung deines Partners zu verstehen. Dieses Verständnis ist aber meist nicht tiefgründig genug, um die Sinnlosigkeit dieses ganzen Unterfangens wirklich zu erkennen. Denn diese «scheinbare Erkenntnis» ist zu einem Teil deiner Aggressionsabwehr geworden; durchschautest du es, zerfiele dir dein Beziehungssystem.

Trigon, Sextil ⊻
Gerissen und gewitzt in der Art, dich verbal durchzusetzen und in Situationen einzubringen, wo intellektuelle Strategien verlangt werden, treibst du deinen Partner mit flammenden Worten zu den von dir angestrebten Bestimmungsorten. Dabei möchtest du nichts als die Einsicht herbeireden, daß zum Glück des anderen dein kontrollierender Verstand gehört. Auf dem Grat zwischen Triebinstinkten und Gefühlskontrolle bewegst du dich in neugieriger Unbefangenheit, denn für dich ist jede Sekunde ein Abenteuer, das es vollkommen auszuschöpfen gilt. Doch weil du lieber auf den Höhen verbaler Abgehobenheit thronst, als in den Niederungen sexueller Aktivitäten zu gründeln, läßt du den Mann (an deiner Kette) handeln. Wenn er vorprescht, werden die Instinkte nur scheinbar von der Kette gelassen. Da die Triebe über die Merkurkanäle mit Vernunftbildern beliefert werden, die in die Instinktrealität nur schwer zu integrieren sind, wird die Inszenierung aggressiver Bilder verstandesmäßig kontrolliert.

☿ ♃

Merkur / Jupiter

Merkur der Frau in Aspekt zum Jupiter des Mannes

Konjunktion ☌

Deine Aufgabe ist es, die inneren Sehnsüchte des anderen auszumessen und in die Ratio zu integrieren. Unter diesem Aspekt findest du durch den Partner zu deiner höheren Bestimmung. Er ist der Herr, der sein eigenes Gottesbild im Alltag sucht, und du bist die Kammerzofe, die sein jupiterhaftes Sehnen in den alltäglichen Dingen des Lebens finden muß. Er erklärt dir den höheren Sinn des Lebens und du glaubst ihm, weil sich die Fülle seiner Weisheit in deinem Durst nach Wissen spiegelt. Deshalb richtest du dich nicht mehr nach äußeren Dingen, sondern am inneren Empfinden des Mannes aus. Du strebst nach einem inneren Erkennen, das sich selbst höchstes Gesetz ist, und hörst den Ruf seiner Seele aufzubrechen, um alle Räume zu entdecken. Oft bist du aber auch nur die Biographin im Akt des Erfassens seines «Königreiches», das er in den Möglichkeiten seiner Sichtweisen selbst untersucht.

Quadrat, Opposition ⚻ ☍ ∟

Wegen der Überfülle von Eindrücken, die es in der Beziehung zu verarbeiten gilt, besteht die Gefahr, daß du dich im Kommunikationsaustausch mit dem Partner in deinen Vorstellungen verstrickst. Unentwegt damit beschäftigt, neue Eindrücke zu sichten, fließen seine Gedanken an allen Ecken und Enden über und die Begabung, sich auf verschiedenen Ebenen gleichzeitig auszudehnen, macht deinen koordinierenden Merkur verrückt. Weil du dich bemühst, dem universalen Weltbild des Jupiter-Mannes gerecht zu werden, sammelst du alle Informationen aus seinem so weitgesteckten Umfeld, was häufig dazu führt, daß du die vielen verschiedenen Perspektiven nicht unter einen Hut kriegst. Die äußere Überfülle spiegelt sich im inneren Erleben wider, und der Wunsch, «Wanderer» und «Weg» auf den Wegen der Erkenntnis deines Partners sein zu wollen, schlägt sich im verwirrenden Verhalten nieder, gleichzeitig in (zu) vielen Sätteln unterwegs zu sein.

Trigon, Sextil ⚺

Wie ein Seefahrer des Mittelalters, der nach jedem überquerten Ozean auf ein neues Weltmeer stieß, wirst du von den Visionen deines Partners getragen, die Schranken deines Weltbildes immer weiter hinauszuschieben. Du bist für den Mann so etwas wie eine Datenbank, die die Informationen heranschafft, die er verwaltet. Der schnelle Austausch von Informationen verläuft zwischen euch über das, was man im energetischen Austausch körperlicher Triebe die Libido nennt. Solange du die Datenbank im Kopf hast, hast du alles im Griff. Er kommentiert die Ereignisse, die du ihm zur Verfügung stellst, wobei er sie zu Weltanschauungen umfunktioniert und propagiert. Dabei beeindruckt es dich sehr, wenn er deinen «erbsenzählenden» Verstand in globalere Denkweisen einführt und dir einen sphinxhaften Spiegel vorhält: «Bist du jetzt die, die du bist, oder bist du die, die sich durch seine Visionen denkt. Wenn du aber die bist, die sich denkt, wer ist dann er, der dich sieht?»

☿

☿ ♄

Merkur / Saturn

Merkur der Frau in Aspekt zum Saturn des Mannes

Konjunktion ☌

Die Konjunktion zeigt eine optimale Ausgewogenheit zwischen deinen rationalen Bildern und den die Lebensumstände sichernden strukturierenden Sichtweisen des Mannes an. Dabei dient er dir als Verstärkung der Absicht, alles zu formulieren, was du in der Welt vorfindest, um es inhaltlich zu diskutieren. Gleichzeitig reflektiert er dir das ordnende, harmonische Vaterprinzip, das die strukturierende, Sinn spendende und Ziele setzende Welt mit deinen rationalen Zielen in Übereinstimmung bringt. Im gemeinsamen Erleben entspricht er dem von einem Streben nach besseren Lösungen beseelten Über-Partner, der die Gedankensprünge deiner Wahrnehmung zementiert und dir die Chance einräumt, dich mit deinem eigenen Denken auseinanderzusetzen, in das du wenig Vertrauen hast.

Quadrat, Opposition ⚻ □ ∟

Beziehungsmäßig erlebst du den Begleiter als Inbegriff eines übermächtigen Vatergottes, der dich in deinem intellektuellen Selbstfindungsprozeß einschränkt, weil er nicht die sprudelnde Fülle anstrebt, sondern die Sicherheit versprechende Materie, in der alle höherstrebenden Ideale, Hoffnungen und Wünsche auf ihre strukturelle Handhabung reduziert werden. Er blockiert dich in deinem Selbstausdruck, oder anders ausgedrückt, verstrickst du dich in seinem Würgegriff wie in einem Kokon, aus dem es keinen Fluchtweg gibt. Diese Konstellation ist auch ein Sinnbild dafür, das fehlende Vertrauen in die eigene Handlung durch ein strenges äußeres Weltbild zu stärken. Psychologisch könnte man das so umschreiben, daß Merkur von Saturn strukturiert werden will, um sich nicht in der überbordenden Fülle seiner Ideen zu verlieren. Deine unsicheren, unformatierten Gedanken werden durch die Struktur des Herrschers gefestigt, das Zerstäubende deiner Ideen durch das Gefühl des Eingesperrtseins in den Kammern Saturns entschärft. Der Austauschprozeß wird blockiert, um deinen Kerker, in dem du die Welt nach seinem Bild verkleinert hast, nicht mit der Freiheit der anderen vergleichen zu müssen. So bleibt dir nur die Freiheit, die eigene Vorstellungsschwäche durch Kontrolle zu kompensieren und als eigene Zielrichtung anzunehmen ohne dies dem Partner vorzuwerfen.

Trigon, Sextil ⚺

Innerhalb der Beziehung erlebst du einen Mann, der dir alles, was du in der Welt siehst, so strukturiert, damit du dich in der Folge damit identifizieren kannst. Zwar hilft er dir auf der einen Seite, deine Perspektive zu erweitern, so daß es dir gelingt, zu einem tieferen Denken zu finden, doch auf der anderen Seite bezahlst du den Preis, daß das von dir Erlebte immer nur den Mustern seiner inneren Strukturen nachempfunden ist und jede Erfahrung somit der Wiederentdeckung deiner verdrängten Vorstellungen entspricht, die du dir ohne seinen Beistand nicht wahrzunehmen erlaubst. Indem du dich für die Schwingungen deines ganz persönlichen Empfindens unempfindlich machst, verdrängst du die fließende, von Unsicherheiten begleitete Wirklichkeit und befindest dich damit in einem geschützten Raum, in dem du dich zwar einigermaßen bewegen kannst, der dich aber andererseits zu Wachstum und selbständigen Einsichten zwingt, willst du die Beengung dieses Rahmens durch die (sanfte) Einschränkung deines Partners wenigstens erkennen. Denn als brave Dienerin des Mannes nimmst du das von dir Erkannte gemäß den Mustern seiner strukturierten Vorgaben wahr und wirst deshalb zur Geburtshelferin des bei dir selbst Unentdeckten, des eigenen Erkennens nämlich, das selbst unerkannt bleibt, solange du es nicht bei dir selbst entdeckst.

☿ ⚷

Merkur / Chiron

Merkur der Frau in Aspekt zum Chiron des Mannes

Konjunktion ☌
Durch die «Verstandesbrille» kannst du deinen Seelenpartner als Boten der Vergangenheit betrachten oder als Ahnen der Psyche, der dich mit den Auswirkungen vergangener Taten konfrontiert. Dein Denken ist meist kurzsichtig und falsch, weil es sich in Reaktionen auf die Gegebenheiten des Lebens erschöpft, ohne karmischen Überblick vollzogen wird und sich in die Architektur des großen Ganzen nicht sinnvoll genug einfügt. Deshalb ist die Beziehung nicht immer schmerzlos, und obgleich letztlich eine Wiederbelebung damit verbunden ist, mußt du erst einmal durch diesen Zustand hindurch. Frage dich jetzt nicht: Was ist der Sinn dieser Beziehung? Was will ich von dem Mann? Denn wenn es dir gelingt, zu einer gelassenen Haltung zu gelangen, ohne dich, von Lebensangst gequält, gegen den Partner aufzulehnen, wirst du merken, daß dein Glück in dir selbst liegt und nicht von den kopflastigen Erklärungen unbeantwortbarer Fragen abhängt. Dabei profitierst du von der Fähigkeit deines Verstandes, die eigene Angst hinterfragen zu können, die die unheilvollen Antworten des Mannes oft in dir auslöst. Sich mit der Relativität der Hintergründe in der Seele auseinanderzusetzen ist eben Chiron, und dieser ist gleichzeitig das Ziel, das in der Ausrichtung deines Merkurs liegt. Du brauchst den Widerstand als notwendige Erfahrung, um daraus die notwendigen Schlüsse und Erkenntnisse zu ziehen.

Quadrat, Opposition ⚻ □ ∟
Nimm deinen Partner als Spiegel, in dem du den Auswirkungen deiner Taten begegnen kannst, für die du selbst blind bist! Oder sieh die Beziehung als notwendigen Umweg an, um dich mit deinem unerlösten Karma wieder zu versöhnen, denn energetisch löst sie die klassischen «Abwehrmechanismen», nämlich Verdrängung, Regression (das Zurückfallen auf frühere, kindliche Stufen) oder Wiedergutmachung (Streben nach Bestrafung) durch Hingabe in dir aus, was man auch als Weg des passiven Widerstands bezeichnen könnte. Denn letztlich ist der Stillstand auch ein Verbündeter des allwissenden Unterbewußtseins, das die Fehler korrigieren will, die das Bewußtsein im blinden Voranstürmen auf nichtige Ziele begangen hat. Aus diesem Grund fühlst du dich vom Seelenmann oft bedroht, sofern du nicht einsiehst, daß er eine sinnvolle Korrektur deiner Fehlhandlung bewirkt und durch sein Walten dein Manko der Schicksalsblindheit ausgleicht. Dein Ich wird so lange mit den Auswirkungen seiner undurchschauten Entwicklung konfrontiert werden, bis es seine Lage akzeptiert und damit auch im Scheitern seiner Pläne die Kreativität des Lebensplanes erkennt. Dann entdeckt das Ego endlich die schöpferische Möglichkeit des Leidens und identifiziert sich durch Hingabe an seine Aufgabe mit seinem Höheren Selbst. Der Weg führt durch den Schmerz direkt in das Zentrum der Angst. Jede Vermeidung macht den Zustand nur noch schlimmer.

Trigon, Sextil ⊻
Wenn du mit deinem inneren Erkennen in harmonischer Übereinstimmung bist, brauchst du nichts zu tun, als das zuzulassen, was du in deinem Inneren spürst. Doch solange dieses Unterfangen nicht gelingt, leidest du immer wieder an den Ängsten, die der Mann stellvertretend in dir auslöst. Sobald du die äußeren Erscheinungsbilder zu relativieren beginnst, indem du dich den inneren Gesetzmäßigkeiten öffnest, veränderst du deine Sichtweise, und die Beziehung verändert sich. So liegt eine der vielen Lernerfahrungen, die dieser Aspekt ermöglicht, darin, Verantwortung auch für vergangenes Handeln zu übernehmen: nicht nur, weil es dich immer noch irgendwie betrifft, sondern weil du jetzt erkennst, daß alles (auch der Partner) ein Teil von dir selbst und du selbst ein Teil von allem (also auch von ihm) bist. So wird das, was du tust, von der Absicht deines inneren Geistes beseelt, nicht nur immer neue äußere Bilder zu erzeugen, sondern dein Tun in innere Wahrheit münden zu lassen. Erkenntnis – und damit innere Erfüllung – ist nur da zu finden, wo du dich selbst einbeziehst, du also die Gesetzmäßigkeit deines eigenen Erkennens siehst. Die Einsicht in die Notwendigkeit der Abläufe von Werden und Vergehen und das Erkennen deiner Aufgabe in diesem ewigen Prozeß ist die Sinnessenz dieser Verbindung.

☿ ♅

Merkur / Uranus

Merkur der Frau in Aspekt zum Uranus des Mannes

Konjunktion

Dein merkurischer Verstand, der alles verdrängt, was er nicht erfassen kann, wird durch den Uranus des Mannes eingeladen, deine denkerische Sichtweise zu hinterfragen, denn sein Einfluß in der Beziehung verkörpert die Ausweitung deines Urteilsvermögens über den Bereich des gesicherten Wissens hinaus. Wenn du zuläßt, daß dein Intellekt durch die Einfälle des Partners befruchtet wird, kann er dir als Sprungbrett dienen, durch spontane Bewußtseinssprünge intuitiv-denkerisch gewissermaßen in die eigenen Muster einzudringen, also in die «Perspektive der Wirklichkeit hinter dem Bild deiner Wahrnehmung», und von dort beobachten, wie du die Außenwelt normalerweise nach den von der Gesellschaft vorgegebenen Sichtweisen wahrnimmst. Das bedeutet auch, daß du einen neuen Erfahrungsbereich betrittst, wenn du dich den Inspirationen des Mannes öffnest und die Veränderungen zuläßt, die dich über deine Denkmuster hinaus ins Unbekannte führen.

Quadrat, Opposition

Dein Held, der zu sehr verschrobenen Schlußfolgerungen neigt, nimmt gern extreme Standpunkte ein – das ist es, was für ihn wahre Freiheit bedeutet: in die Höhe getragen zu werden und in Gedanken über die Stränge zu schlagen, indem er sich weigert, sich in die strukturellen Abläufe der Denkmuster einzubinden, denn er fühlt sich als Teil einer Welt, in der Realität ein Irrtum ist und wahre Freiheit sowieso keine Bindung kennt. Dabei zeigt sich das geistige Erkennen, durch das sich der menschliche Geist über sich selbst erhebt, indem er sich gleichermaßen innerhalb und außerhalb von sich selbst erkennt. Seine uranische Veranlagung, die Werte auf den Kopf zu stellen, zwingt dich bisweilen, seine verstiegenen Sichtweisen anzunehmen, die weniger die Absicht haben, hinter die Kulissen zu schauen, als mehr das Bedürfnis, aufzufallen, denn vieles, was in eurer Verbindung umstürzlerisch erscheint, ist nichts anderes als das Suchen nach neuen Wegen, was meist zu exzentrischen Umwegen führt.

Trigon, Sextil

Der uranische Partner verkörpert die Erkenntnisflammen der Relativität menschlicher Vorstellungen, deren Elektrizität das bezugsetzende Denken überhitzen und das duale Kommunikationssystem «lahmlegen» könnte. Im Verbund mit deinem Merkur ist er aber auch der Geist, der die Visionen der Zukunft vor dir entstehen lassen kann, weil diese nicht meßbaren Schwingungen durch die Hirnströme in dein geistiges Zentrum übertragen werden können. Dabei gerät dein Realitätsdefizit, das sich über Uranus einen Ausweg aus seiner inneren Beschränkung sucht, ins Labyrinth seiner kosmischen Ideen: Er spricht zu Merkur aus dem Dornbusch und macht ihn zum Verbündeten seines eigenen Dämons. Der dich dabei überflutende Genius kann fruchtbar oder furchtbar werden, je nach den Zielen, zu denen deine Gedankenströme fließen.

☿ ♆

Merkur / Neptun

Merkur der Frau in Aspekt zum Neptun des Mannes

Konjunktion ☌

Im Umgang mit dem Partner fällt es dir nicht schwer, den unbewußten Urgrund zu akzeptieren, den er in deinem Unbewußten auslöst. Du fühlst, wie sich in seinem Brennpunkt eine Vorstellung bildet, die sich in deinen Gedanken formt, denn der Mann verfügt über einen sehr starken inneren Spürsinn, so daß er die Inhalte verschiedenster Ebenen in deinem Kopf miteinander verbinden kann. Damit zeigt er dir, wie du in die geheimen Gefilde unter dem kontrollierenden Verstand eindringen kannst, wenn du seinen Schritten folgst. Dabei ist dir sein Wissen nie ganz zugänglich, denn es offenbart sich meist nur in dunklen Rätseln, die zu verstehen deinen Verstand vor enorme Probleme stellt, und wenn du mehr über konkrete Einzelheiten erfahren möchtest, löst er die Kommunikation in den Verschwebungen des Irrationalen auf. Manchmal scheinst du die innere Stimme, die er in dir weckt, zurückzuweisen, während du sie gleichzeitig um Rat fragst. Der Grund mag der sein, deinen anerzogenen Denkmustern eine klare Chance zu geben, sich gegen die inneren Gesichter zu behaupten, um dir restlos darüber klar zu werden, ob du der Ratio weiterhin vertrauen kannst oder nicht. Denn der Mann ist keineswegs nur in chaotische Gedankenmuster verstrickt, wie es von außen bisweilen den Anschein hat, sondern er ist die Tür, die dir das Innere öffnet, damit du die Wahrheit in dir selbst finden kannst, die die äußere Welt nicht akzeptiert.

Quadrat, Opposition ⚼ □ ∟

Diese Verbindung schafft eine starke Anziehung auf geistiger Ebene, weil sie in der Reflexion durch den Partner die illuminären Sehnsüchte in der Tiefe deines Unbewußten berührt. Sie ermöglicht es dir, aus der Zeit herauszutreten und einen Blick in die Abgründe hinter den Bewußtseinstüren deines alles in Verbindung bringenden Verstandes zu werfen, wo der Einfluß des Mannes eine auflösende, von außen nach innen fließende Täuschung bewirkt. Hüte dich vor trügerischen Hoffnungen und falschen Versprechungen, wenn er dir manchmal wie der Held deiner Träume erscheint. Du erkennst nicht, daß es nur die Projektionen deiner Sehnsüchte sind, die du auf ihn projizierst. Wie eine Traumgestalt mit vielen Gesichtern kann er dir jede Illusion spiegeln, die du dir herbeisehnst, mit Ausnahme einer einzigen: der Maske «Realität». Deshalb ist es in dieser Beziehung sehr wichtig, im Umgang mit übertriebenen Erwartungen auf dem Boden der Tatsachen zu bleiben. Auf der anderen Seite steht der Neptunier für eine Vision der unbeschreiblichen Kraft, in der du dich selbst als Teil eines Größeren erkennst, wenn du nicht in deinen Illusionen «ersäufst», denn Vorstellung und Phantasie passen nicht mit materiellen Zielsetzungen zusammen.

Trigon, Sextil ⊻

Hier kommt das Alltägliche mit dem Träumerischen, das Begriffliche mit dem Numinosen, das Rationale mit dem Irrationalen zusammen und führt deine Vernunft durch das Charisma des Mannes tief in den Brennpunkt der menschlichen Sehnsüchte hinein. Du besitzt die Fähigkeit, die Welt analytisch zu erfassen und damit der Vernunft zugänglich zu machen; er hingegen besitzt die Inspiration und das innere Vertrauen, dir die Austauschbarkeit deiner Gedanken zu reflektieren und damit die Voraussetzung zu schaffen, volles Vertrauen in das Beständige des Vergänglichen jeden Gedankens zu entwickeln. Denn dieser verwandelt sich in den Tiefen des urbildhaften Erfassens zu jener kosmischen Erkenntnis, nur Rahmen eines Bildes zu sein, das wiederum Rahmen eines Bildes ist, dessen letztes Bild zwar deine Vernunft darstellt, in Wahrheit aber nur der Stoff deiner verdrängten Sehnsucht ist, mit dem dich dein Partner konfrontieren will. Diese Botschaft aus den Gewässern des Unfaßbaren ist das Geschenk dieser Verbindung, wenn Merkur erfassen kann, was Neptun zu geben hat.

☿ ♇

Merkur / Pluto

Merkur der Frau in Aspekt zum Pluto des Mannes

Konjunktion ☌

Diese Konstellation ist eine ausgezeichnete Voraussetzung für geistiges Wachstum, das dich unterstützt, in der Beziehung mit dem Partner über deine eigenen Gedanken hinauswachsen zu können: zum einen, weil sie dir hilft, nicht nur eine Sache, sondern auch deine innere Verbindung dazu zu betrachten, und zum anderen, weil du dadurch erkennst, daß du nicht nur Betrachterin bist, sondern gleichermaßen auch Sache selbst, die von ihrer ausgelagerten Vernunft beobachtet wird. So lockt dich der Mann auf der Suche nach dem Lebenssinn durch die Lust des Wissens direkt ins «Auge des Erkennens», wo du dich selbst erfahren kannst, weil er durch das Verschieben deiner Sichtweise die Voraussetzung schafft, deine Selbstwahrnehmung zu verändern. Dadurch gelingt es dir oft, dich mit seiner Hilfe an den unter der Verstandeswelt liegenden Instinktbereich heranzutasten, in dem du hockst und dir beim Näherkommen selbst zusiehst. So kann dein Begleiter einen wichtigen Prozeß des Erwachens und der Selbsterkenntnis anzeigen, denn in deinen Verstandessphären verkörpert er die Kraft des alles durchdringenden Erkennens, das dich einlädt, alle deine ablenkenden Selbstbespiegelungen in den Reflexionen der Umwelt zu erfassen.

Quadrat, Opposition ⊼ □ ∟

Meist kommst du deinem Schatten in der Beziehung auf die Spur, denn er liebt es, dir in der Maske des Partners ins Gesicht zu blicken. Gleichzeitig zieht er dir deine Maske vom Gesicht und plötzlich erkennst du, wer du bist, denn im Innersten ist er der ungeliebte Spiegel deiner selbst. Dennoch bist du hingerissen von dem, was er weiß, und gleichzeitig erstaunt, wie gut er dich versteht, obwohl er dich bekämpft, denn er liebt es, deine Geheimnisse zu durchdringen und neugierig in die Abgründe deiner Seele zu blicken, wo sich nicht nur das Unergründliche verbirgt, sondern auch das Staunen, wie harmonisch sich der ungeliebte Schatten in der Maske des Mannes in dein Seelenleben einfügt. Er zwingt dich zur Veränderung und lädt dich ein, deine Wahrnehmungspforten so weit zu öffnen, daß du das Mysterium, das du nur unter der Voraussetzung eines denkerischen «Offenbarungseides» betreten kannst, durch die Erschütterung des Verstandes als einen Gipfelpunkt menschlichen Erlebens erfährst, das in der Tiefe des gewonnenen Geistes als höchste Selbst- und Welterfahrung aufdämmert.

Trigon, Sextil ⊻

Auf dem «Weg des Wissens» ist dein Begleiter nicht nur das Abbild deiner Angst, selbst Verantwortung für dein Denken übernehmen zu müssen, sondern er ist auch dein weiser Führer, der dich auf geheimnisvolle Weise zu den dynamischen Wirkungskräften deines Geistes führt. Es ist also nicht nur wichtig, daß sich dein denkendes Ich an die Gedanken des Mannes anpaßt, sondern es ist noch viel wichtiger, daß du die Voraussetzungen dazu im Wunsch erkennst, mit seiner Hilfe die dualen Sichtweisen zu überwinden. Damit lernst du deine Welt als ein Wechselspiel von Bildern und Ideen zu verstehen, deren ständige Umschichtung die Grundlage deines Weges sind. Der Partner hilft dir, dein Auge dabei auf die Gesetzmäßigkeiten zu richten, die für deine Maskeraden und Verhaltensweisen verantwortlich sind und findet mir dir zusammen zwischen den Verstandesmustern und dem unbewußten Geist (in der Reflexion von ihm selbst) einen strahlenden Weg ins Licht der Harmonie.

☿ ⚸

Merkur / Lilith

Merkur der Frau in Aspekt zur Lilith des Mannes

Konjunktion ☌

Das vordergründige Thema dieser Verbindung ist die Konfrontation mit deinen Ängsten und die Bearbeitung von Karma, denn im Partner begegnest du deiner alten Schuld, die sich unter der verborgenen Gestalt der Göttin zurückmeldet. Damit taucht unterschwellig sofort wieder die Frage auf: Ist es nicht Lilith, die alte Schlange, die dir aus einer Handvoll von Vorstellungsmustern eine Realitätskonstruktion ins Hirn projiziert, das Ganze mit einem allumfassenden Wahrheitsanspruch umhüllt und dir verspricht, wie Gott zu werden, wenn du ihre Vorgabe akzeptierst? Doch in allem, was du siehst, kannst du immer nur dich selbst erkennen, und gegenseitige Harmonie kann sich nur entwickeln, wenn du einsiehst, daß die Vorstellungswelt der Seelen aus lauter Gegensätzen besteht. Diese Verbindung führt dann zum Ziel, wenn du begreifst, daß die Disharmonie dieser Beziehung nur im Kopf existiert. Der Moment, in dem du nicht nur deine eigenen, sondern auch die Ängste des Mannes erkennst, ist gleichzeitig der Moment, in dem du die eigene Hölle spürst, die dich in seinem Schatten umzingelt. Nur, wenn du die Verantwortung für diese Widersprüche in deinem Denken übernimmst, kannst du schließlich erkennen, was an dieser Haltung falsch ist.

Quadrat, Opposition ⚻ □ ∟

Im gemeinsamen Erleben will dich der Partner zum Reden zwingen, und zwar zur Durchbrechung der eigenen Blockaden und zur Wiedergabe des «Unsagbaren», das er selbst nicht auszusprechen vermag. Erschreckend an seinem Verhalten ist die starke Tendenz zur unterschwelligen Gewalt, was dich dazu bringt, in seinem Beisein «stumm» zu werden. Möglicherweise kannst du an den Wirkungen der zugrundeliegenden Ursachen alte karmische Ängste erkennen und gleichzeitig merken, daß du an der Ursache der Sprachlosigkeit auch nicht ganz unschuldig bist. Gelingt es dir, mit dem Mann darüber zu reden, dann kannst du spüren, wie die gegenseitigen Blöcke durch den gemeinsamen Gedankenaustausch langsam «auftauen». Gelingt die Verständigung jedoch nicht, so hast du das Gefühl, daß der Partner deinen Verstand zerstören und dich in den Wahnsinn treiben will, und forderst ihn zum zermürbenden Kampf, in dem ihr beide um (gnadenlose) Erlösung ringt.

Trigon, Sextil ⚺

Auf der Beziehungsebene ist es höchste Zeit, neue Fundamente für eure Gefühle zu legen. Damit sich der Mann, «Bräutigam der Lilith», nicht in der persönlichen Geschichte des Begehrens verliert, sondern die Gedanken derer transformiert, die er liebt, und sich – gemeinsam mit dir – auf den Wogen des Erkennens durch die Unterwelt schwingt und dort die Flammen der Triebe auf dem Altar der Liebe zelebriert, steht er unter ihrem direkten Einfluß. Deshalb spürst du eine starke Kraft in dir aufsteigen, die dein emotionales Verlangen auf die Verstandesebene «projiziert». Dadurch bist du in der Lage, auf den Grundlagen alter karmischer Verletzungen ein rationales Fundament zu legen, das die Aufforderung zur Aufarbeitung und Wandlung in sich trägt. Denn meist ist es die Besessenheit des männlichen Begehrens, das ohne den filternden Verstand auf der Reise des Verlangens zu den Wurzeln des Erkennens gegenseitiger Verhinderung niemals an die Oberfläche des Bewußtseins zurückkehren würde.

☿ ☊

Merkur / Mondknoten

Merkur der Frau in Aspekt zum Mondknoten des Mannes

Konjunktion ☌

Die Klarheit deines Denkens wird hier durch die mystische Qualität des Partners sabotiert. Das entspricht seiner irrationalen Reaktion auf deine Denkinhalte: sind diese aus seiner Sicht doch gerade die Waffe, ihm das Spirituelle «auszutreiben», um die Welt schließlich nach dem Prinzip von Ursache und Wirkung zu betrachten. Wenn du seinen Karmabegriff aber durchschaust, erkennst du auch, daß seine Antwort auf dein Verhalten wiederum seinem geistigen Anspruch entspricht, daß das persönliche Erleben mehr ist als der Verstand sich vorstellen kann, weil es immer auch Ursache eines in uns angelegten Verhaltens ist, das gleichzeitig in die Vergangenheit zurück- und in die Zukunft vorwärtsschwingt. So wird er versuchen, deinen Verstand geistig auszuweiten und dir bei der Entwicklung deiner Intuition zu helfen, so daß er das, was du ihm intellektuell übermitteln willst, als das Ringen des über das Duale hinausreichenden Empfindens spürt, wo der Verstand zunehmend an Wirksamkeit verliert. Deshalb lernst du durch ihn jetzt das Göttliche in dir selbst kennen, das erneuerte Selbst, das sich aus dem Kokon untauglicher Lebensmuster befreien möchte und sich deshalb in der Verbindung mit ihm zur Sprengung der eigenen Hülle aufmacht.

Quadrat, Opposition ⚻ □ ∟

Dieser planetarische Winkel verursacht einen Konflikt zwischen deiner rationalen Verstandessuche und der unbewußten seelischen Selbstfindung des Mannes. Innerhalb der Verbindung mußt du das Gefühl überwinden, daß du die Kontrolle über die Gedanken deines Partners hast, denn hier projizierst du deine rationale Weltsicht auf den Mann und reagierst dann stellvertretend auf das Bild. Dieses ist zwar nicht gestohlen, weil er es – da er seine innere Sinnfindung nicht tief genug auszudrücken glaubt – an dich delegiert hat, doch ist das, was du wahrnimmst, nicht «dein Bild seiner Suche nach sich selbst», sondern «die Suche deines Bildes nach ihm». Du erteilst dir selbst die Lektion, die ihm die Möglichkeit verschafft, in dich einzudringen, und benutzt ihn dort gleichzeitig als Filter, durch den du die von ihm empfangenen Inhalte wiederum der Sichtweise anpaßt, wie du ihn wahrnehmen willst. Damit stellt sich die Frage, wohin du das von ihm Wahrgenommene projizierst? Ins Bild von dir?

Trigon, Sextil ⊻

Möglicherweise kannst du hier entdecken, daß du weder das bist, was dein Partner ist, noch das, was sich der Partner von dir verspricht. Du bist nicht, was er fühlt, und er ist nicht, was du denkst. Er hat Bilder, wie er zum Sehen beispielsweise eine Brille hat, und du hast Gedanken, wie du zum Schreiben möglicherweise einen Computer benutzt, aber du bist weder seine «Brille» noch ist er dein «Bildschirm». Du bedienst dich der Tastatur, um ihn in seinen Intuitionen intellektuell zu unterstützen, und er benutzt die Brille, um deinen Gedanken eine größere Brennschärfe zu verleihen. Im Grunde dient dieser Aspekt nichts anderem als einem zweidimensionalen Akt der Selbsterfahrung, der über die Rekognoszierung des anderen führt: Die Erkenntnis der Wahrheit über dich selbst fängt damit an, daß du entdeckst, was du unbewußt von dir selbst hältst, und das erfährst du, indem du dir klar wirst, was du über die Hirngespinste seiner Sinnsuche denkst.

☿ (AC)

Merkur / Aszendent

Merkur der Frau in Aspekt zum Aszendenten des Mannes

Konjunktion ☌

Logisch-intuitives Erfassen ist hier angesagt: Meist denkst du dich locker in die Beziehungssituationen ein, während der Mann seine Verstandessensoren schon stärker beanspruchen muß, wenn er wissen will, was du ihm intellektuell zu bieten hast. Du setzt dich mit ihm auf eine Weise auseinander, die dich alle Bereiche von Sein und Werden durchstreifen läßt, denn eure Verbindung ist nicht zuletzt ein Symbol für den Anstoß, zu den Grundlagen des Persönlichkeitskernes vorzustoßen. Da diese Grundlage aber auch nur wieder eine von vielen weiteren Grundlagen ist, aus denen sich die Persönlichkeit zusammensetzt, drückt diese Konstellation das gespaltene Bewußtsein aus, das sich in der «Reflexion durch den anderen» oft selbst betrügt und im gegenseitigen Austausch dabei unwissend «auf den eigenen Finger» zeigt.

Quadrat, Opposition ⚹ □ ∟

Solange du nicht erkennst, daß die intellektuellen Widerstände von innen kommen und die äußeren Umstände oft nur Auslöser sind, negative Gefühle zu projizieren, neigst du zu Voreiligkeit und Unruhe, Provokation und nervöser Aggression. Du igelst dich ein, um einen Rückschlag zu verhindern, oder greifst grundlos an, um den Mann mit deinen Argumenten zu überrennen. Du erahnst, was er dir antun könnte, weil du genau zu wissen glaubst, was er gegen dich im Schilde führt. Damit glaubst du seine negativen Absichten schon im Vorfeld erraten zu können, oft bevor sie ihm selbst «eingefallen» sind, denn auf dieser Stufe kann dir nur mißfallen, was dich an dir selbst stört. Erst wenn du merkst, daß dir nichts von außerhalb entgegentreten kann, was nicht schon in dir selbst liegt, dann kannst du endlich erfahren, daß jede Begegnung nur einem einzigen Ziel dient: der Konfrontation deiner unerlösten Bilder mit dir selbst!

Trigon, Sextil ⊻

Im Beziehungsbereich ist der Partner oft der Suche nach einem sicheren Standpunkt verhaftet, die weniger das ausgereifte, sich in den Mittelpunkt stellende Ego zeigt, sondern mehr den unbewußten Wunsch ausdrückt, sich deinem Denken anzupassen. Dabei möchte er sein, wie du ihn dir vorstellst, auch wenn dieses Bild seinen inneren Wünschen entspringt. Er versucht durch seine Identifikation mit deinem verdrängten «inneren Kind» in dein abgespaltenes Empfinden einzudringen, durch das du die Welt über die rechte (unbewußte) Gehirnhälfte wahrnimmst. Dieser Impuls setzt wiederum deinen Verstand in Kraft, das «Kind im Mann» dementsprechend dirigieren zu wollen. Das entspricht deinem inneren Wunsch, sein Ego zu kontrollieren und dem Partner dadurch zu ermöglichen, sein Wesen innerhalb deiner Ziele wunschgemäß zur Entfaltung zu bringen.

☿ Ⓜ︎C

Merkur / Medium Coeli

Merkur der Frau in Aspekt zum Medium Coeli des Mannes

Konjunktion ☌
Du zwingst deinen Partner ständig, seinen Verstand im gedanklichen Austausch mit dir zu schärfen, um seine eigenen Ziele überhaupt zu verstehen, die ihm meist erst in der Beziehung mit dir verständlich werden. Dabei regst du seine hohe Lernbereitschaft an, mit wacher Aufmerksamkeit alles um sich herum wahrzunehmen, klug und geschickt auf Außenweltreize zu reagieren und in den Reaktionen der anderen seine eigenen Möglichkeiten zu erkennen. So kommt es, daß ihm viele seiner Wünsche erst im ständigen Umgang mit dir bewußt werden, weil du sie zuerst aussprichst und damit in den Brennpunkt seines Bewußtseins stellst. Denn psychologisch gesehen entspricht alles, was du ihm sagst, genau dem, was er sucht: der Markierung klarer Wegpunkte, die ihn zu den höheren gesellschaftlichen Ebenen führen.

Quadrat, Opposition □ ☍
Der Mann empfindet dich unbewußt als übermächtige Lehrerin, die ihn in seinem Bedürfnis nach Selbstausdruck einschränkt. Und du fühlst dich frustriert, weil die meisten deiner Ideen bei ihm auf Widerstand stoßen. Er sieht dich als unverbesserliche «Klugscheißerin» an, und du ihn als eiskalten Karrieretyp. Die Frage, wer sich in dieser Verbindung schließlich durchsetzt, kann zu Machtkämpfen führen, die zeigen, wie wild ihr im Bestreben, einander zu bekämpfen, entschlossen seid. Doch damit sind auch die Signale für jenen Erkenntnisprozeß gesetzt, der im Moment des Scheiterns einsetzt: eine Rückschau, in der Pleite die Ursachen zu erkennen und damit die Auswirkungen der eigenen Taten als Teil jenes intelligenten Musters zu begreifen, das sich in der Verhinderung der gegenseitigen Absichten ausdrückt.

Trigon, Sextil △ ⚹
Meist erreichst du, was du willst, weil du deine Energien auf einen Brennpunkt zu richten weißt. Da dein kalkulierender und berechnender Verstand das Mittelpunktstreben deines Partners durchdringt, kitzelst du den Sinn für zielgerichtete Taten aus ihm heraus, den er als zweckorientiertes Handeln zu eurem beiderseitigen Gewinn jetzt in die Beziehung einbringt. Wenn der Mann noch «blind» ist und nicht ahnt, daß es etwas zu entdecken gilt, machst du den ersten, entscheidenden Schritt. Dieser Schritt, der dich aus Neugierde oder aus klarem Willen heraus in unbekannte Gebiete führt, bringt innerhalb der Partnerschaft einen gewissen Erfolg, weil ihr beide unter deiner Führung agiert, statt nur zu reagieren, und nicht einfach von einer Erfahrung in die andere stolpert. Wo dieser Neigung spielerisch nachgegangen wird, kann sie sehr bereichernd sein. Wer allerdings alle Ideen und Sichtweisen dieser doch eher seichten Verbindung für genial hält, wird diese Naivität irgendwann bereuen.

☿ ⨯

Merkur aspektlos

Merkur der Frau ohne Aspekt zu einem Planeten des Mannes

Ohne Aspekt zu einem Planeten des Mannes führst du dich auf der Verstandesebene meist allein. Zwar scheust du keine Gefühle und erschrickst auch nicht bei dem Gedanken, dich nicht preisgeben zu können, denn das ist es nicht, was sich hier ausdrückt. Du erschrickst vielmehr vor deiner eigenen Leere, die du beim anderen nicht mit Worten auszufüllen vermagst, d.h. vor der Leere in der Partnerschaft, die keine «Fassaden verstandesmäßiger Übertragungen» zuläßt. Dafür brauchst du dich aber auch weder mit seinen Argumenten auseinanderzusetzen noch seine Projektionen zurückzuweisen, um zu sehen, wie der Mann wirklich ist, denn hier kannst du erahnen, wie der Mensch in allem, was er in der Beziehung fühlt, immer nur seine eigene Vorstellung auslebt. Der verbale «Non-Austausch» ist nicht immer schlechter als der hinter der vermeintlichen Kommunikation lauernde Wille zum Übergriff, dessen Credo lautet: «Weil ich keinen Kontakt mit jemandem will, der nicht mit dem übereinstimmt, was ich denke, versuche ich ihn zu überzeugen, so zu denken, wie ich denke, damit er mit meiner Weltanschauung korrespondiert.»

♀

Venus

Das harmonische Empfinden aus der Sicht der Frau

Venus ist in der römischen Mythologie die Göttin der Liebe, des Friedens und des Glücks. Sie wird als das höchste Ideal weiblicher Schönheit gepriesen. Als der Waage zugeordnete «Venus-Urania» verkörpert sie die reine, himmlische und idealisierende Liebe. In ihrer Stier-Manifestation als «Venus-Pandemos» hingegen beherrscht sie die irdischen Triebe, denn sie ist genauso die Fürstin der Schönheit und der Kultur wie die Dämonin der Genußsüchtigkeit und des Verfalls. Damit verkörpert sie das Ausmaß deiner Anziehungskraft auf Menschen und Objekte, die du besitzen und dir einverleiben möchtest, und zeigt weiter an, in welchen Bereichen du bereit bist, dich innerlich zu öffnen und eine tiefere innere Bindung einzugehen. Gleichzeitig steht sie auch für das sinnliche Vergnügen, deine sexuellen Bedürfnisse zum Ausdruck zu bringen, ohne den Partner gleich zur Verantwortung zu ziehen. Damit ist u.a. auch die Erkenntnis gemeint, daß diese «niederen Triebe», die archaischen Instinkte und Urkräfte in deiner Psyche und nicht etwa nur im Partner liegen, auch wenn sie dir durch die Planeten deiner Umgebung, die von der Venus aspektiert werden, reflektiert werden.

Venuskonjunktionen deuten auf eine starke Romantisierung seelischer Anziehungs- und Einbindungskräfte hin. Hier vermählen sich die Lust der Hingabe und die weibliche Sexualität mit dem Suchbild des Seelenmannes, das aus dem Schoß des Unbewußten ins Tageslicht aufsteigt und in dessen bewußtseinserhellender Umarmung deine beziehungsmäßige Ausrichtung ihre Offenbarung findet. Der Grazie und der Charme, mit denen du deine Gefühle aussendest, zieht andere Menschen an und verbindet sich in dir zur inneren Gewißheit, der geformte Teil einer universal formenden Kraft zu sein, die dir als Liebe erscheint. Dabei verfügst du über ein großes Einfühlungsvermögen, und deine Sensibilität erstreckt sich auf alle Belange, die mit den Planeten des anderen korrespondieren, denn das Suchbild im anderen, also das, was du im anderen suchst, erschließt sich dir als ein «Bild von dir».

Bei **schwierigen Aspekten** löst sich in dir der Venus-Dämon aus. Was beim Mann zu einer Abhängigkeit von seinen inneren Projektionen führt, wenn die jahrtausendealten Konfliktherde in den Tiefen des kollektiven Unterbewußtseins aufbrechen, und er sich fragen muß, welche inneren Ängste ihn an dich binden, läßt in dir die Frage aufkommen, welcher Partner es überhaupt wert ist, um von dir geliebt zu werden. In der alltäglichen Beziehungsrealität bedeutet dies oft nichts anderes, als daß du den anderen dazu benutzt, deine Leere mit einer intensiven Erfahrung zu füllen, ohne ihn jedoch in seinem Wesen wirklich annehmen zu wollen. Im Grunde willst du deine Sehnsucht nach Liebe erfüllt bekommen. Diese Vorstellung lebst du in deinem Inneren aus, und dazu benötigst du oft mehr das Bild des Partners als ihn selbst. In solchen Momenten scheint dir das gespiegelte Bild all das zu suggerieren, was du bei dir selbst vermißt, und so kannst du in dir diese Empfindungen von Vollständigkeit erfahren und dich gerade dadurch in deinen eigenen Fängen verstricken.

♀

Wenn die **harmonische Venus** das ganze Spektrum der Sinnlichkeit verkörpert, magst du dich fragen, welche Thematik zu erwarten ist, wenn das Bedürfnis nach Freude und Ergänzung durch die planetarische Kraft eines harmonischen Partners gefördert wird. Sextile und Trigone reflektieren in deiner Seele einen Strom sanfter Verschmelzung, zärtlicher Aufmerksamkeit und großer Verklärung. Durch sie empfindest du deine Weiblichkeit als Stärke, die sich lustvoll an die Erde bindet. Hier befindest du dich im Reich der Leiblichkeit. Die harmonische Venus-Energie verkörpert die lebendige, nährende Seite des instinkthaften Selbst. Auch auf der Beziehungsebene sind große Projekte möglich, denn eine zufriedene Venus unterstützt die Fähigkeit, Dinge hervorzubringen und neues zu realisieren. Ob im materiellen, emotionalen oder kreativen Bereich, diese Verbindung verstärkt dein Bedürfnis, dich schöpferischen Außeneinflüssen zu öffnen, dich von ihrer Kraft durchdringen und daraus etwas Neues entstehen zu lassen.

♀ ☉

Venus / Sonne

Venus der Frau in Aspekt zur Sonne des Mannes

Konjunktion ☌

Da dich im Bannkreis dieser Konstellation die entfesselten Gelüste erfüllen, deren Ziele eine triumphale Rückkehr in die Tempelhallen der Sonne geradezu herausfordern, bist du für den Mann der Inbegriff der Liebesgöttin. Oft bist du für ihn die körperliche Manifestation der göttlichen Aphrodite, die aus einer Mischung von kosmischer Verschmelzung und sexueller Selbstdarstellung handelt, denn deine Venus wirft sich mit Lust und Leidenschaft auf seine Sonne. Genauso wichtig ist aber die mit der Konjunktion verbundene Erfahrung, zu den tiefen Gefühlen von wahrer innerer Freude zu kommen. Der Glaube an die innere Beziehung schürt dein seelisches Empfinden, dich mit dem Partner wie mit einem Vater harmonisch zu verbinden, was sich bei dir in Liebe und bei ihm in körperlichem Begehren und großzügigem Verständnis niederschlägt.

Quadrat, Opposition ⚻ ☍ ∟

Venus und Sonne verkörpern zwar die Flammen der Anziehung zwischen Mann und Frau, doch zeigen sie auch die verschlingende Hingabe, die das verlorene Paradies durch übertriebene Liebeszwänge verfehlt. Indem du dich dem Liebesgott, der der unterwerfenden solaren Männlichkeit entspricht, in die Arme wirfst, um deine sexuellen Bedürfnisse auszuleben, machst du dich vom Partner abhängig. Statt also deinen geschwächten inneren Selbstwert zu stärken, damit die Abhängigkeit von Außenwerten abnimmt, klammerst du dich an die Werte, die du auf andere projizierst. Weil diese sexuelle Kompensation aber kaum frei von Zwängen ist, mußt du dich vorsehen, daß der Austausch körperlicher Berührungen nicht zu lustdurchtränkten Wunschvorstellungen mutiert, indem du lediglich deine Wünsche projizierst und die Projektionen dann als Spiegelbilder zurückbekommst, denen du in der Folge dann hinterherrennen mußt, und damit auf dem Umweg über die Umwelt von deinen eigenen Ansprüchen abhängig wirst, die du niemals ausleben, sondern nur über die Begegnungen mit anderen erfahren kannst. Doch weil du in der Liebe offen bist und die Verstrickungen weder inszenierst noch kontrollierst, hast du trotzdem gute Chancen, daß der Mann deiner Wahl in deinen venusischen Anziehungsmustern hängenbleibt.

Trigon, Sextil ⚺

Mit diesem Aspekt fällt es dir leicht, alle Kanten in der Beziehung abzuschleifen und Adam das Gefühl zu geben, der Mittelpunkt zu sein, um den sich das Geschehen dreht. So wirst du mögliche Probleme oft hinter einer freundlichen Gebärde verbergen und in deiner eigenen Inszenierung auftreten, in der du alles Widersprüchliche bereinigt hast. Um dir deine Illusionen zu erhalten, vollführst du wahre Zauberkunststücke, um die Wirklichkeit darin verschwinden zu lassen. Dadurch fällt es dir nicht schwer, dem Mann in seinem solaren Machtwahn das Gefühl zu vermitteln, daß er die Erfüllung deines Strebens ist. Da die Sonne deines Partners im Zentrum stehen will und deine Venus ihr diesen Wunsch durch ein hübsches Arrangement von Harmonie erfüllt, zeigt sich in dieser Beziehung der Wunsch, Liebe, Frieden und Schönheit auf eine Ebene zu heben, auf der die Realität nicht greifen kann.

♀ ☽

Venus / Mond

Venus der Frau in Aspekt zum Mond des Mannes

Konjunktion ☌

In dieser Beziehung befindest du dich im Reich der sich ausformenden Weiblichkeit, der Blüte des Lebens, denn dieser Aspekt symbolisiert das Sehnen der Mutter (im Mann), ihre Geschöpfe zu sich zurückzuholen. Der Mann strebt danach, sich in deinen Sirenengesängen zu verlieren, und du bist gewillt, ihn zu den Urquellen zurückzuführen, bis er die tiefe innere Erfüllung in dir und durch dich spürt, weil die Verbindung nicht nur das Symbol einer gefühlsmäßigen Verschmelzung darstellt, sondern auch für die Ziele des Unbewußten steht, die deine Seele in ihren Träumen erahnt. Durch seine Liebe wirst du über dich hinausgetragen, denn du bist seine Anima, mit der er sich für emotionale Ideale vereinen will. Für ihn verbinden sich in dir die schmerzhaften Brunftschreie der Lust, die nicht nur für die Liebe, sondern auch für die unerlösten Sehnsüchte in seiner Seele stehen, zu denen er wieder zurückkehren möchte. Auf diesem Weg verkörperst du für ihn die wegweisende Venus, die den Sohn der Großen Mutter wieder an den Busen legen will.

Quadrat, Opposition ⊼ ☍ ∟

Kummer und Unerfülltheit stellt sich überall da ein, wo Liebe und Hingabe normalerweise die höchste Befriedigung finden: in der (fehlenden) seelischen Nähe. Der sexuelle Konflikt zwischen dir und deinem Partner kann sich in einer unterschwelligen Körperabwehr ausdrücken. Du neigst dazu, deine physischen Bedürfnisse zu bekämpfen, weil der Mond des Mannes, der dich als Störfeld zwischen sich und seinem inneren Mutterbild empfindet, dich an deine unbewußte Rivalität zu deiner eigenen Mutter erinnert, von der du dich zu distanzieren wünschst. Deine ausgeprägte Weiblichkeit als eine Flamme venusischer Kraft, die für die sexuelle Libido steht und auf dem Phallus des Mannes ins Feuer reitet, wird in ihrer ganzen Widersprüchlichkeit erhellt, da du dich nicht als das opferbereite Weibchen, das sich den Gelüsten des Mannes unterwirft, oder die unerlöste Prinzessin, die auf den Kuß ihres Prinzen wartet, siehst. Auf der Suche nach dem verlorenen Gleichgewicht regredierst du in der Beziehung entweder selbst in das innere Kind, das du durch Schlemm- und Abführmittelphasen oder andere Verhinderungsmechanismen zu zerstören suchst, oder du bist die Mutter, die ihr inneres Kind (verdrängtes Alter ego) oder stellvertretend den Partner (projiziertes Alter ego) vernichten will.

Trigon, Sextil ⊻

Hier begegnest du deinem Beziehungsgefährten mit einem großen Bedürfnis nach Nähe und Verständnis. Deshalb richtest du dich in vielen Dingen nach ihm aus. Du machst dich aber nicht nur passiv zu einem Bestandteil des Mannes, sondern du kannst ihn auch umgekehrt zu einem Teil von dir machen, wobei die Grenzen zwischen Aufgabe (des Ich) und Einbeziehung (des anderen) manchmal fließend sind. Da Venus und Mond die Lockrufe der Lust symbolisieren, die dich zwingen, immer tiefer in sie einzutauchen, versuchst du mit deiner sexuellen Energie in die Seele Adams einzudringen, um seine Libido (von der Schlange ablösend) an dich zu binden, was dich zu jenem abgelösten Mutterbild des Mannes führt, aufgrund dessen er jetzt auf seine sexuelle Erfüllung (durch dich) wartet.

♀ ☿

Venus / Merkur

Venus der Frau in Aspekt zum Merkur des Mannes

Konjunktion ☌

Unter diesem Aspekt, der das schelmisch verkopfte Lust- und Verhinderungsprinzip ausdrückt, wird ein emotionaler Zustand angestrebt, bei dem die ständige Hoffnung auf Gefühlserwiderung irgendwie in einem emotionalen Anfangsstadium verharrt, damit die zarte venusische «Morgenröte» nicht zu einem «sexuellen Flächenbrand» ausartet. Zwar begehrst du deinen Partner, doch durch die Liebe zu seinem die Liebe kontrollierenden Verstand oder durch seine intellektuelle Unterbindung deiner Gefühlsansprüche spaltest du dein Begehren von deinem venusischen Empfinden ab und versuchst es oft in der psychologischen Auseinandersetzung über die gegenseitigen Anziehungskräfte zu befriedigen. Bisweilen vermagst du deine Triebe nur noch über die verbalen Kanäle des Mannes zu leben. Das kann bedeuten, daß du entweder deine geschlechtsspezifische Identität in der Partnerschaft aufgibst oder sie in den komplizierten Verdrängungsmustern einer auf die frühkindlichen Formen zurückgestuften Sexualität auslebst. Aufgrund deiner Umgangsformen und deines diplomatischen Gespürs bringst du dich vielfach gerade dadurch in den Mittelpunkt, indem du von dir selbst ablenkst.

Quadrat, Opposition ⚻ ☍ ∟

Ist es das Taktieren mit Gefühlen, das dich hier negativ berührt? Oder ist es dein Unbehagen, wenn der Mann auf der Verstandesebene versucht, dich zu lehren, wie du deine Gefühle ausdrücken sollst? Möglicherweise ist es das spontane, kindliche Empfinden, den venusischen Trieben bei einem Partner nachzugeben, der sich mit seinen Gefühlen gar nicht auseinandersetzen will, sondern sich das Leben in den «Bildern» erschließt, an die er sich in der Außenwelt anpaßt. Je mehr er sich nämlich in seinen Vorstellungen an deine Gefühle anzupassen sucht, desto mehr wird sein Leben in den Wirkungsbereich der beiseite geschobenen inneren Wirklichkeit gezogen. Dieser Umstand reizt dich, weil er es dir ermöglicht, mit den Gedanken des Partners («Vorstellungsgefühlen») zu spielen, ohne dich seelisch einzubringen und ohne daß er das Spiel überhaupt bemerkt. Du begehrst ihn nicht, sondern genießt die Verstricktheit seiner verstandesmäßigen Ausrichtung im Netz deiner Gefühle. Durch deine erotische Ausstrahlung verführst du ihn, seine Befriedigung in der Unterwerfung unter deine übertragenen Lustbilder zu finden, aus denen er sich rational nicht mehr befreien kann. Deshalb kann er seine verkopfte Sexualität nur noch in den Vorstellungen finden, die du ihm reflektierst, und dadurch seine Gefühle nur noch in den eigenen Verhinderungen leben, die du ihm mit immer neuen Bildern auffüllst, was auch zeigt, daß du seine neutralisierte Sexualität in immer komplizierteren Verdrängungsmechanismen inszenierst. Er kann dir nicht entfliehen, da du die Inhalte, die ihn anziehen, mitbestimmst.

Trigon, Sextil ⚺

Dein freundliches Bemühen, Kontakte zu knüpfen und die Menschen miteinander in Beziehung zu bringen, beinhaltet neben einem ausgewogenen Denken aber auch die Falle «harmonischer» Selbstverstrickung. Oft versuchst du nämlich, die anderen miteinander zu verbinden, damit du deiner Leere nicht begegnen mußt. Gleichzeitig ist es dein erklärtes Ziel, in vollkommener Hingabe an die Liebe innerlich zu schmelzen und Einheit und Vereinigung in den Gedanken deines Partners zu finden, denn Venus symbolisiert deine innere Kraft, die sich krampfhaft bemüht, Reibereien und Zwistigkeiten zu verhindern, während sich sein Merkur in den Dienst des prüfenden Erkennens stellt, obwohl er immer nur die Voraussetzungen seiner inneren Modelle ausmißt (die Unstimmigkeiten sucht er meistens bei anderen!). Trotzdem beinhaltet diese Verbindung die große Chance, mögliche Konflikte zu umschiffen, weil dir die analytische Subjektivität des Mannes im Zusammenspiel mit deiner die Wellen glättenden Venus hilft, Klarheit in die zwischenmenschlichen Beziehungen zu bringen. Damit sind Probleme zwar nicht ausgeschlossen, aber du kannst wenigstens durch sie zur Erkenntnis gelangen, daß die ewigen Gegensätze zwischen den Geschlechtern nicht nur den Keim ständiger Frustration, sondern auch die Grundlage der menschlichen Entwicklung bilden.

♀ ♀

Venus / Venus

Venus der Frau in Aspekt zur Venus des Mannes

Konjunktion ☌

Mit diesem Aspekt wirst du von deinem neckischen Lustdämon beherrscht, der dir einflüstert, dich von einem zärtlichen Kuß berühren und vom Züngeln der inneren Flammen durchdringen zu lassen, durch deren Feuer deine Sehnsüchte nach Frieden, Schönheit und allumfassender Liebe lebendig werden. Hier schnell ein bißchen Harmonie, Ausgleich, verständnisvolles Einfühlen und Streben nach lebendiger Beziehung gespielt, dort ein Schuß Sinnlichkeit und ästhetischer Lebensgenuß evoziert, vermittelst du Adam das Gefühl von Wärme und Geborgenheit, so daß er sich wieder im alten Paradiesgarten wähnt. Dabei ziehst du sämtliche Register weiblicher Verführungskunst, um ihn zu halten oder seiner habhaft zu werden. Es fällt dir unter dem venusischen Einfluß nicht schwer, dem Mann das Gefühl zu geben, er sei der einzige, der wahre und auch der wertvollste Liebhaber. Du liebst die Liebe um der Liebe willen, wobei die Libido des Partners deine eigene Liebesfreude durchströmt und du deine Gefühle durch ihn reflektieren kannst.

Quadrat, Opposition ⚻ □ ∟

Du beherrschst das raffinierte Rollenspiel der Venus, die Liebe und Hingabe, die sie weder empfinden noch schenken will, übertrieben darstellt. Dahinter verbirgt sich oft die Unfähigkeit zur Liebe und das Abwehren tieferer Gefühle in der Beziehung. Und weil die Venus-Qualität dabei dem urinstinktiv-weiblichen Verlangen nach Zu- und Abneigung entspricht, dem Reiz von Ablehnen und Gewähren, spielst du manchmal die arme Gefangene in Ketten, die sich vom edlen Helden befreien läßt (um ihn daraufhin in die Wüste zu schicken!). Das läßt auf eine Verbindung schließen, in der du dich der irrationalen Liebe, die du auf den Beziehungsgefährten überträgst, entweder in die Arme wirfst oder diesen Gefühlszustand selbst verkörperst, indem du den Mann immer wieder anlockst und dann zurückweist. Was zwingt dich, mit den Gefühlen des Partners zu spielen: Ist es die innere Venus-Schlange, die Adam in die Tiefe des Herzens schickt, um das Ringlein der Liebe zu suchen, obgleich er doch immer nur das Gefühl der Frustration in deinen Gefühlssümpfen finden kann.

Trigon, Sextil ⚺

Diese Konstellation trägt dazu bei, den emotionalen Hintergrund jener sexuellen Kraft zu schaffen, durch die du die Gefühle deines Seelenbegleiters anziehst, dessen Libido kaum je versiegt. Du erlebst deine Sexualität als belebend, hungrig und naturhaft, und möchtest vom Traummann geliebt, begehrt und geschmeichelt werden. Gleichzeitig kannst du sehr viel über dich und die Bedürfnisse deines Partners lernen. Es ist die instinktive, hingebungsvolle Betrachtungsweise des Venusischen, ein pulsierender, ursprünglicher Zustand des Weiblichen, der in dir pocht und zugleich die belebende Verkörperung von Adams sexueller Lust bedeutet, dessen Hormone auf dem Höhepunkt sind. Die Verbindung macht Spaß, und auf der emotionalen Ebene bedeutet dieser Aspekt, daß in der flammenden Verbindung der Weg zu deiner inneren Erfüllung liegt. Du kannst an deine Grenzen stoßen und deinen Horizont erweitern.

♀ ♂

Venus / Mars

Venus der Frau in Aspekt zum Mars des Mannes

Konjunktion ☌
Im emotionalen Bereich verbinden sich die Polaritäten der Geschlechter zu einer einzigen sexuellen Flamme, und das entspricht der feurigen Sexualität und nicht dem Transzendieren der Gegensätze auf der geistigen Ebene der Erscheinungswelt. Hier geht es um die Sexualität als Freude, um Liebe auf den ersten Blick, denn deine emotionale Leidenschaft ähnelt einem Hitzebrand und die entflammten Lustgefühle verlangen nach entsprechender Reflektierung. Du ergreifst aber nicht direkt die Initiative, um dein inneres Bedürfnis nach außen zu manifestieren, sondern lockst den inneren «Don Juan» aus deinem Partner heraus, bis diesem die urwüchsig-archaische, wilde und unverfeinerte Triebenergie aus allen Poren strömt. Seine Fieberkurve steigt in deiner Nähe steil an. Dein Favorit ist nicht der Kavalier alter Schule, der dir alle Wünsche von den Augen abliest, sondern der männliche Lover, der dir deinen körperlichen Hunger stillt.

Quadrat, Opposition ⚻ □ ☍
Diese Verbindung führt oft zur Verwirrung der Instinkte, denn Venus/Mars bedeutet sexuelles Streben, das unter einem schwierigen Winkel einen sehr aufgepeitschten und negativ ineinander verschlungenen Eros anstrahlt, der kaum entpolarisiert werden kann. Die Gleichzeitigkeit von Triebhaftigkeit und Erotik, Hingabe und Aggressivität führt dabei zu allerlei Problemen. Nicht, daß du den Bezug zum inneren Lustprinzip verloren hast, aber du bindest die Lust an die Gewalt und möchtest in Beziehungssituationen verwickelt werden, in denen du deine unbewußte Aggressivität an den äußeren Umständen erleiden kannst. Auf psychologischer Ebene suchst du die Aggression des Mannes. Weil du aber nicht weißt, wie du diese aus ihm herauskitzeln kannst, ohne die Verantwortung für die Folgen übernehmen zu müssen, suchst du bei jeder Gelegenheit den Streit, um diesen durch Hingabe dann wieder schlichten zu können, weil die sexuelle Anziehung nur dann anhält, wenn sie im Spannungsstadium verharrt. Das muß zu inneren Verkrampfungen führen, weil du die angestauten Kräfte nicht loswerden kannst, und auch zu möglichen Machtkonflikten, weil sich die Unfähigkeit zu echter Begegnung hinter einem aggressiven Partnerwunsch versteckt.

Trigon, Sextil ⚺
Hier plädiert deine Venus für die züngelnde, verzehrende Glut und steht für jene amazonenhafte Kraft, die von der Wechselspannung zwischen sexueller Energie, unterwerfender Macht und aufreizender Hingabe an die reine Lust lebt. Deine sinnliche Magie läßt sich nicht in Verhaltensnormen einbinden. Du spürst, daß dich der Mann unter diesem Gestirn befriedigen kann, weil er das hingebende Verlangen deiner aggressiven Triebnatur spürt. Seine Aggressionen ergänzen dein inneres Bedürfnis nach Aktivität, und deine flammende Begeisterung über manche Auswirkungen seiner Taten und dein stets ungebrochenes Vertrauen in sein Heldentum bescheren seinen sexuellen Wünschen die entsprechende Präsenz in deinen sinnlichen Erwartungen. Du wünschst mit der Realität der Gewalt hautnah konfrontiert zu werden (wenigstens solange, bis die Kraft der Projektion nachläßt!).

♀ ♃

Venus / Jupiter

Venus der Frau in Aspekt zum Jupiter des Mannes

Konjunktion ☌

Die Konjunktion repräsentiert die optimale Harmonie zwischen dir und dem Mann, denn du verkörperst die sinnliche Frau, die sich der Liebe nicht verschließt, und dein Partner möchte mit den höheren Kräften der Liebe in Berührung kommen, um Ambrosia und Nektar vom Göttertisch zu bekommen. Das Vertrauen in deine eigene Kraft und dein Glaube an die Liebesfähigkeit des Mannes schüren dein seelisches Empfinden, so daß du dich deiner Ich-Ummäntelungen entledigen willst, um dich durch die partnerschaftliche Verschmelzung den Göttern zu nähern, was sich in Glück und Fülle niederschlägt. Gleichzeitig kann dein Begleiter dir helfen, dein Bewußtsein zu erweitern und durch dich auf eine unbewußte Weise mit seinen inneren Liebesflammen in Verbindung kommen, weil diese Art der Selbstverwirklichung auch einer tiefen inneren Sehnsucht entspricht, sich in der Umarmung der Venus finden zu können, auch wenn sie zugunsten einer ganzheitlicheren Erfahrung oft in ihren sexuellen Ansprüchen etwas zurücktritt.

Quadrat, Opposition ⊼ □ ∟

Dein ganzes Sehnen manifestiert sich in der Hingabe an die Gefühle und in der Verschmelzung mit dem Partner, während dieser vom Bewußtsein des Außergewöhnlichen beseelt in unablässigem Ringen um das lockende Unbekannte kreist und das unerreichbare Bild seiner Sehnsucht in phantastischen Lustvorstellungen sucht, in die er seine Visionen projizieren kann. Dieses Ringen, seine innere Sehnsucht in Idealen von Frieden und Harmonie und in der Einsicht zu finden, daß alles Liebe ist und alle Erscheinungen Ausdruck einer einzigen kosmischen Schwingung sind, grenzen ihn in Wirklichkeit von deiner persönlichen Hingabe ab und stürzen dich in die Kluft zwischen der Liebe, die du für ihn empfindest, und der Sehnsucht, die er dir vorspiegelt. Wenn es dir gelingt, ihn vom Thron der Weisheit herunter in deine Arme zu ziehen, kann er langsam lernen, all das zu verstehen, was er nicht fühlen kann. Wenn du dich dem inneren Fließen der Liebe öffnen kannst, ohne auf persönliche Befriedigung zu drängen, dann beginnst du (durch ihn), in die Geheimnisse einzudringen, die zum Einklang mit deinem Höheren Selbst führen. Dieser Einklang verwehrt dir allerdings ein Verschmelzen mit dem Partner.

Trigon, Sextil ⊻

Dieser Aspekt steht als Sinnbild für die Erfahrung von Ganzheit, denn hier verkörpern männlich und weiblich viel mehr als nur sexuelles, geschlechtsbezogenes Verhalten. Dein venusisches Bedürfnis nach Liebe wächst in dieser Beziehung zum Verlangen, Gefühle nicht nur durch deine Sehnsüchte und emotionalen Bedürfnisse, sondern auch durch das Licht und die Weisheit des jupiterhaften Mannes zu entwickeln. Du und dein Partner sind die beiden Brückenköpfe, die durch sympathische Ausstrahlung und gute Kontaktfähigkeit eine Verbindung schaffen, durch die Optimismus, Freude und ein Gefühl des Vertrauens in die Beziehung fließt.

♀ ♄

Venus / Saturn

Venus der Frau in Aspekt zum Saturn des Mannes

Konjunktion ☌

Hier kannst du dir darüber klarwerden, was sich hinter deiner rationalen Einstellung zu Partnerschaft und Sexualität versteckt: Ist es die Angst vor dir selbst, vor der unergründlichen Triebnatur und damit die Angst vor dem Leben, dessen Sinn und Ziele nicht zu kontrollieren sind? Oder ist es die Angst vor den Gefühlen, die dich zwingt, das Leben zu strukturieren, als scheinbare Garantie für echte Liebe, echten Sinn? In dieser Beziehung übernimmt der Partner die Rolle deines (strengen) Vaters. Deshalb ist es möglich, daß er dich in dieser Verbindung als Projektion deines Animus auffordert, jede Gefühlsregung als weibisch zu bekämpfen. Trotzdem – oder gerade deshalb – kann er dir das starke Gefühl von Zugehörigkeit und Sicherheit vermitteln. Auch wenn er sich nicht an den Liebesflammen der libidinösen Venus ausrichtet, so bindet er sich doch an den moralisierenden Geist sozialer Verantwortung, der dich energisch auffordert, dich an festen Idealen auszurichten, und der dir gleichzeitig seinen mächtigen Schutz zur Seite stellt. Die Konjunktion zeigt sich von einer kühlen und wenig einschmeichelnden Seite, die aber – obwohl die Gefühle leugnend – durch gegenseitigen Respekt eine solide Grundlage schaffen kann, auf der sich eine dauerhafte Beziehung entfalten kann, erscheint doch die saturnische Perspektive nur so lange als zynisch oder deprimierend, wie du das Projizieren von Gefühlen verdrängst.

Quadrat, Opposition ⊼ ☐ ∟

Für dich bedeutet dieser Aspekt, daß du – weil du vom Vater möglicherweise nur akzeptiert wurdest, solange du dich von ihm hast führen lassen – von der inneren Anmut deiner weiblichen Venus getrennt bist. Das heißt, daß deine Unfähigkeit, deine eigene Existenz mit Inhalt zu füllen, dich in Sachen Liebesverlangen zu einem Faß ohne Boden werden läßt. Dein in der Kindheit ausgelöstes Syndrom, nicht um deiner selbst willen geliebt zu werden, wächst sich zur Vorstellung aus, unterdrückt und bestraft werden zu wollen, wenn du den Anforderungen deines Partners nicht genügst. Gelingt es ihm deiner Meinung nach nicht, seine dominante Rolle zu erfüllen, versuchst du ihn zu zwingen, dich zu formen, indem du ihn mit den unentwickelten Schattenanteilen deiner inneren Anima konfrontierst. Du tust es, indem du in die kindliche Tochterrolle regredierst und ihm die unterentwickelsten venusischen Anteile deiner Psyche spiegelst, bis er es nicht mehr aushält und in deine Verhaltensmechanismen eingreift. Damit hast du ihn in der Falle und machst ihn zum Sklaven deiner unbewußten Verhinderung (denn du kannst dich nur empfinden, wenn du deine Gefühle an die Verhinderung deiner Empfindungen bindest). Somit zieht dieser Aspekt eine kontrollierte Blockade nach sich, indem du deinen Begleiter in seiner Lehrerrolle kontrollierst und in seinen Dominanzansprüchen steuerst, weil die Macht über den Kontrollierer dir ein Gefühl von Sicherheit vermittelt.

Trigon, Sextil ⊻

Im gemeinsamen Erleben bewunderst du die beschützenden Eigenschaften deines Partners, obwohl er dir manchmal das kindliche Verlangen, Gefühle zu zeigen, blockiert. Doch auf der Suche nach Selbstfindung bist du auf ihn angewiesen, weil er dich vor der Umwelt schützt, wenigstens solange du deinen Selbstwert noch nicht gefunden hast. Weil du meistens (noch) nicht akzeptieren kannst, daß die Grundlage dieser Beziehung die «Gefühlsverhinderungs»-Gefühle sind, paßt du ständig die Wirklichkeit an deine Gefühle an und mußt viele Regeln in bezug auf die Gefühle und ihre Vertiefung in Beziehungen lernen. Erst wenn du hinnehmen kannst, daß du deine eigene Verhinderung hier positiv lebst, weil sich dahinter oft der Vater im Bild des Partners versteckt, ist das Problem umschifft, denn dieser steht nicht im Widerspruch zum Mann, sondern ist eine Seite von ihm selbst, die du auf den Partner projizierst, damit du die mächtige Seite des Vaters weiter in der Partnerschaft leben kannst. Hast du ferner akzeptiert, daß du vom «Vater» nicht nur das kriegst, was du auf ihn projizierst, so erkennst du auch, wann du nicht den anderen, sondern nur deine eigene Vorstellung vom anderen liebst. Die Erkenntnis aber, daß der andere nicht so ist, wie du ihn dir vorstellst, weil diese Vorstellung dein Problem anzeigt, das sich dann ins Gute wendet, wenn du deinen ausgelagerten Vater wieder zurücknehmen und integrieren kannst, kann dir die größtmögliche Stabilität dieser letztlich guten und langwährenden Verbindung sichern.

♀ ⚷

Venus / Chiron

Venus der Frau in Aspekt zum Chiron des Mannes

Konjunktion ☌

Unter diesem Aspekt fühlst du dich unbewußt dafür verantwortlich, für Liebe und Harmonie zu sorgen, was dem Partner aber als Ablenken von den wesentlichen Dingen mißfällt (nach seiner Meinung spürst du nicht ihn, sondern immer nur dich selbst, und alles, was du wahrnimmst, ist das, was du empfinden willst). Er öffnet sich deinem libidinösen Werben erst nach langem Zaudern. Dadurch fühlst du dich in der sexuellen Beziehung zurückgesetzt. Du reagierst sehr empfindlich auf sein Bemühen, dir in jeder Lebenslage beibringen zu wollen, daß deine Lebensumstände das unmittelbare Ergebnis deiner Erwartung sind. Weil du nicht die Geduld besitzt, ihn zu verstehen, und er auch nicht den Mut aufbringt, deine innere Hingabe anzunehmen und in die Glut deiner Gefühle einzutauchen, ist es für euch sehr schwer, einander seelisch zu berühren und die Flammen einer tiefen Liebe zwischen euch entstehen zu lassen.

Quadrat, Opposition ⚻ □ ∟

Ein beharrliches Ignorieren der grundlegenden Gefühle und eine kritiklose Identifikation mit gesellschaftlich vorgegebenen Werten und Normen führen unter diesem Aspekt oft zu einer mehr oder weniger vollständigen Deckungsgleichheit zwischen dem Ich und dem Über-Ich deines Partners. Durch die Übertragung der Anima seines Vaters verwandelt sich der Mann unter dem Deckmantel deiner Projektion in das erkennende Über-Ich, das deine Gefühle analysiert: erstens, um die eigene Verdrängung in der Maske der Analyse vor sich selbst unentdeckt auszuleben; und zweitens, um zu verhindern, daß sich deine Projektion in der Maske des Partners erkennt. Was versteckt sich hinter der Fassade deiner braven Venus, die sich – anstatt ihre Bedürfnisse zu leben – an die Bedürfnisse ihres Peinigers anpaßt? Wahrscheinlich eine frühe Prägung, die dich am Leben hindert und die du nicht loslassen kannst! Oder war es der Vater, der dir suggerierte, was du zu tun hast, und der jetzt in der Maske des Partners wieder in deinem Leben auftaucht, um dir zu sagen, daß du nicht liebenswert bist, solange du nicht so bist, wie er dich sieht, und wo dir erst die Reaktion des Partners eine Vorstellung davon vermittelt, wer du jetzt wirklich sein könntest? Der Mann sieht durch die Macht deiner Venus seine Kontrolle untergraben, und, von seiner verdrängten Anima erschreckt, bekämpft er jede Gefühlsregung und erstickt auch deine Libido. Zuverlässig, angepaßt und hilfsbereit bleibst du innerlich kalt und unbeteiligt und bist dazu verurteilt, dich dem Chiron-Mann zur Verfügung zu stellen, der neben Aufopferung auch Selbstbestrafung gutheißt und einfordert.

Trigon, Sextil ⚺

In dieser Verbindung ist Harmonie meist ein Ideal, das mehr mit deinen Wünschen als mit der Wirklichkeit zu tun hat. Weil du dir nicht eingestehen kannst, daß die Grundlage zwischenmenschlicher Beziehungen die «Konfliktverhinderungs»-Strategien sind, paßt du deine Beziehung ständig an deine Wunschvorstellung an. So kannst du der Wahrheit über deine Gefühlsbilder zwar entrinnen, aber nur um den Preis, daß du dich an einen Partner bindest, der dir widerspiegelt, was du bei dir versteckst: Es sind immer nur deine eigenen verdrängten Seeleninhalte, die du beim anderen entdeckst! Doch gerade die Einsicht, daß sich in den Bildern und Vorstellungen stets die eigenen Hoffnungen und Wünsche ausdrücken, gibt dir die Kraft, die eigenen Widersprüche zu akzeptieren. Denn selbst wenn du keine Befriedigung erreichst, spürst du, daß all diese Widersprüche zu deiner Beziehung gehören. Damit bist du zwar nicht des Problems der partnerschaftlichen Widerstände enthoben und fühlst dich in der Beziehung auch innerlich allein. Aber indem du erkennst, daß die sozialen und individuellen Widersprüche nicht nur ein Problem in der Partnerschaft, sondern auch generell im Leben sind, beginnst du den Widerspruch an sich zu akzeptieren. Du kannst Widersprüchlichkeiten erleben, ohne zu dir selbst in Widerspruch zu geraten. Und es bringt dich der Wahrheit näher, daß alles, was dir in der Partnerschaft begegnet, ein getreues Abbild deiner Erwartungen ist.

♀ ♅

Venus / Uranus

Venus der Frau in Aspekt zum Uranus des Mannes

Konjunktion ☌
Im emotionalen Erleben begegnest du dem Mann in der Rolle der Aphrodite, die jene Liebe und Hingabe, die er nicht annehmen kann, nach außen übertrieben darstellt, um ihn über sein eigenes Unvermögen wieder anzuziehen. Unter diesem Aspekt bist du die verwunschene Fee, die auf der Klaviatur der komplexen Abwehr-Neurosen ihres Partners meisterhaft zu spielen versteht. Es ist der innere Zwang, den Mann zu reizen, der sonst immer davonläuft. Nur in der Rolle als unerreichbare Liebesgöttin wirkst du erotisch auf den uranischen Begleiter, denn dieser liebt nicht nur jede Verführung durch trügerische Schimären, sondern auch jene Hoffnung orgiastischer Lust, die sich so verführerisch an der Schwelle zur Befriedigung befindet und sich doch nie erfüllen läßt. Denn der Tendenz, mit dem Feuer spielen zu wollen, steht das Karma eurer unbewußten inneren Verhinderung entgegen, immer nur das zu wollen, was ihr nie erreicht. Deshalb lebt er in dir dein «Nicht-finden-Wollen» aus, indem er sich dir ständig entzieht, bis du sein Spiel kopierst. Irgendwann würdest du ihn gar nicht mehr wollen, würde er sich dir nicht entziehen. Du bist also nur solange an ihm interessiert, solange er sich nicht von dir einfangen läßt. Sobald sich das Unerreichbare nämlich erreichbar zeigt, kommt in dir das Gefühl auf, daß du den anderen gar nicht brauchst.

Quadrat, Opposition ⚻ □ ∟
Meist scheinen deine Gefühle hier sehr ambivalent; du wühlst in den Gefühlen des Partners herum und provozierst leidenschaftliche Affären, ohne daß es dir aber gelingt, ihn emotional zu halten. Dein venusischer Wunsch, den Mann an dich zu binden, wird durch sein Freiheitsstreben solange durchkreuzt, bis du auf Distanz gehst und ihm die kalte Schulter zeigst. Doch da das auch nichts nützt, weil er dich nur dazu benutzt, um seine Leere mit intensiven Empfindungen zu füllen (was er erfahren will, ist nicht die gemeinsame Erfüllung, sondern die Erfüllung der Sehnsucht nach sich selbst), neigst du manchmal zu Phantasien, die brutal sein können, weil du fühlst, daß der andere nicht bereit ist, sich mit dir und deinen Triebinstinkten auseinanderzusetzen. Er liebt nur sich selbst, indem er dein Bild in sich selbst anbetet: deine aufregende Figur beispielsweise oder deine verführerische Stimme. Auf der anderen Seite macht dir dieser Aspekt auch die Grenzen bewußt, so daß du deine Gefühle in deiner absoluten Verschmelzungsabsicht nicht zu überfordern versuchst. Dem Wunsch deiner Venus, in das Meer der numinosen Sehnsucht blindlings einzutauchen, kommt der Uranus deines Gefährten oft auf eine natürliche Art zu Hilfe. Denn ohne genügend emotionale Zurückhaltung riskierst du immer wieder eine Gefühlsüberschwemmung. Trotz aller Distanziertheit kann der Uranier nur das spiegeln, was du bei dir selbst vermißt. Spürst du also die Zurückhaltung deines Begleiters, der dich hindert, «voll reinzuspringen», ist wahrscheinlich dein unbewußter, auf den Mann projizierter Schutzmechanismus aktiv.

Trigon, Sextil ⚺
In dieser Beziehung wird Leidenschaft zur emotionalen Stichflamme, die den Mann als Objekt deiner Begierde in eine Liebesglut einhüllt, aber nur solange dein Wunsch nach Hingabe anhält. Es ist das irisierende Spiel mit dem Feuer, das dich über die konventionellen Schranken hinauswachsen läßt, denn du bist vom Rebellentum und der Unkonventionalität des Partners fasziniert und siehst in ihm den Befreier und Erlöser, der die alten «Zöpfe» abschneidet, die längst überholt sind. Deshalb glaubst du, daß er dich über deine alten sexuellen Vorstellungen hinaustragen kann. Weil seine Gedanken und sein Handeln dich gleichzeitig verunsichern, solltest du das Gleichgewicht finden, ihn zu bewundern, ohne dich aber an ihn zu verlieren. Unter diesem Aspekt mußt du eine Sachlichkeit entwickeln, aus der du die Beziehung ohne Leidenschaft und objektiv begutachten kannst, denn du allein bist imstande, das Strohfeuer der Anziehung zu entlarven, die sich als Liebe tarnt. Psychologisch verkörpert dieser Aspekt das «verkopfte» sexuelle Lustprinzip: den spontanen, kindlichen Impuls, den instinkthaften Trieben nachzugeben, ohne sich um deren Einbindung in die Gefühle zu kümmern. Deshalb kann die ziellose innere Begierde nie befriedigt werden.

♀ ♆

Venus / Neptun

Venus der Frau in Aspekt zum Neptun des Mannes

Konjunktion ☌

Diese Verbindung stellt das Versinken in den trügerischen Projektionen deiner Sehnsüchte dar, denn sie entspricht dem unstillbaren, grenzenlosen Wahn, die Libido bis zur völligen Auflösung im Numinosen aufzuweichen. Obwohl sich deine Erwartungen aus den abgehobenen Projektionen des Partners erschaffen, erwartest du, von seiner durch tiefe Seelenverwandtschaft an Vollkommenheit grenzende Wunschbilder getragen zu werden. Doch weil dieser die romantische, idealisierte Liebe, die zu überpersönlichen Erfahrungen führt, auf die verschwommene Realität kosmischer Sehnsüchte abstimmt, ist es dir nicht immer möglich, dich selbst zu empfinden und deine Füße auf den Boden zu bringen. Du bleibst in den kindlichen Vorstellungen abgehobener Hingabe- und Opferbereitschaft hängen, wo du die Illusionen träumst bzw. in seinen Träumen inszenierst, die zur totalen Verschmelzung mit dem Partner führen. Dieser Aspekt ist Ausdruck spirituellen Empfindens und zeigt, daß du dich dem Irrationalen deines Seelengefährten öffnen kannst.

Quadrat, Opposition ⚻ □ ∟

Die Begegnung steht für jene numinose Liebessehnsucht, die dein Herz mit plötzlicher Wehmut durchdringt, ohne jemals Realität werden zu können, weil der Wunsch nach Transzendenz weniger zur geistigen Erlösung beiträgt, sondern mehr das Gefühl von emotionaler Schwäche nährt. Die Gefahr, die dieser Aspekt für deine Psyche darstellt, besteht darin, daß dich das Bild deines Begleiters gefangennimmt. Dieses Bild hält dich an der Wurzel deiner unbewußten Sehnsucht fest, denn es spricht dein inneres, unerfülltes Verlangen an, das die eigenen Wunschvorstellungen auf den Partner projiziert und dich dazu bringt, daß du dich nach ihm sehnst. Der Versuch, die Bilder zu beleben, die dein seelischer Gefährte aus dem Ärmel zaubert, ist erfolglos, denn sie sind nur die Projektion dessen, was du im Mann idealisierst. Er konstruiert dir Geschichten mit Hilfe eines geheimnisvollen Zaubers, in dem du dich verlierst, und baut dir aus dem Stoff der Märchen, die selbst Projektionen deiner unbewußten Sehnsüchte sind, Träume, durch die du zwar hindurchschweben, die du aber auf der realen Ebene nicht betreten kannst. Diese sind ebensowenig vorhanden wie die Illusionen, die dir dein Begleiter suggeriert und die dich in die Tiefe unbewußter Sehnsüchte locken. Denn die mystische Vision geht mit einem fatalen Realitätsverlust einher (obwohl sie auf der egolosen Ebene in die Sphären des Elysiums zeigt), weil sie die gefährliche Wonne ihrer sirenenhaften Sehnsucht als das einzig Wirkliche erscheinen läßt. Der Wunsch, von der Liebe des Mannes verschlungen zu werden, bedeutet die infantile Versenkung in sich selbst.

Trigon, Sextil ⊻

Diese Berührung kann Quelle gegenseitiger Inspiration sein, aber auch Hinweis dafür, daß du dich in unerfüllbaren Wunschbildern verlierst, denn im Fluidum dieses Aspekts fühlst du dich stark zu allem Mystischen hingezogen und spürst eine nahezu unstillbare Sehnsucht nach Verschmelzung und Einswerden mit dem Partner. Deshalb ist er in der von dir wahrgenommen Gestalt auch besonders gut ansprechbar auf dich. Er kann gar nicht anders als dich lieben, denn du nimmst ihn nicht als eigenes Wesen, sondern nur durch den ausgelagerten Teil deiner Liebessehnsucht wahr. In allem, was er tut, vernimmt er den Ruf seiner eigenen Triebe, die ihn durch den Nebel schemenhafter Erwartungen zu dir hinziehen. Während du mit deiner Sehnsucht verschmilzt, die du auf ihn projizierst, spiegelt er dir alles, was deine Gefühle reflektiert, und wenn du akzeptierst, daß diese Bilder nicht die Wirklichkeit spiegeln, sondern die Illusionen all deiner traumhaften Erscheinungsbilder, dann bist du in harmonischem Einklang mit ihnen. Unter diesem Einfluß wird es dir vortrefflich gelingen, deinen unbewußten Sehnsüchten im anderen kreativ zu begegnen.

♀ ♇

Venus / Pluto

Venus der Frau in Aspekt zum Pluto des Mannes

Konjunktion ☌

Im Beziehungsleben bringt dich dieser Aspekt mit deinen unbewußten inneren Zwängen in Kontakt. Im emotionalen Austausch mit dem Partner spürst du, wie er aus sich selbst heraus eine bedrohliche Identität zu formen sucht, die dich gleichermaßen bedroht und sexuell anzieht. Deshalb ist es dein Bestreben, die eigenen Gefühle zurückzustellen, um die Erwartungen des Mannes erfüllen zu können. Jeder Akt des Handelns belastet dich mit Schuldgefühlen, sobald du eine Entscheidung zu deinem Wohle triffst, und jede Entscheidung, dir von ihm etwas zu holen, ohne emotional etwas zurückgeben zu müssen, löst Unbehagen in dir aus. Du traust dich nicht, deine Bedürfnisse auszuleben, denn die schon früh übernommene Verantwortung für die Gefühle der anderen belastet dich. Vielleicht ist es aber auch die Angst vor Hingabe, die dich hindert, wirklich zu lieben, und die du nur über die Auseinandersetzung mit dem Schatten, der dich magisch anzieht, gewissermaßen gegen deinen Willen ausleben kannst (was dich aber auf eine sexuelle Weise erfüllt!). Du willst in die brodelnde Suppe deiner verhinderten Gefühle eindringen, um vom anderen in Besitz genommen zu werden. Doch es ist keine Unterwerfung unter die Bedürfnisse des anderen, sondern die Annahme der Hauptrolle in den emotionalen Vernichtungsszenarien deines eigenen Dämons. Denn hier lebst du deine masochistischen Neigungen in der Unterwerfung an ein «Objekt», das ebenfalls von seinen Triebinstinkten beherrscht wird. Es ist nicht Hingabe, die du signalisierst, sondern Unterwerfung an deine unerlösten und raubtierhaften inneren Triebe. Würdest du dein Leben danach ausrichten, dich selbst zu verwirklichen, könntest du deine Verhinderung nicht leben, die sich im Pluto des Gefährten, der deine Venus aspektiert, auslöst. Deshalb bleibst du in dieser Verbindung oft ein Opfer deiner Schuldgefühle und übernimmst keine Verantwortung für dich selbst.

Quadrat, Opposition ⚻ □ ∟

Auf der Gefühlsebene begegnest du dem beziehungsfeindlichen Prinzip in dir, nämlich deiner verdrängten Lust, die Liebe zu unterdrücken und statt ihrer dein geschwächtes Selbstbild oder deine verstümmelte Vorstellung von Hingabe ausleben zu wollen. Es handelt sich hier um den unbewußten Versuch, die Verbindung zu deinen Gefühlen zu zerstören, die dich zwingen, deine innere Entwicklung über die äußeren Enttäuschungen zu leben, wenn du die dunkle Seite der Liebe suchst. Grundlage für diese Entwicklung könnte möglicherweise die unbewußte erotische Liebe zu deinem Vater sein. Da jede Kindheit mit Erfahrungen von Macht und Ohnmacht verbunden ist, kann eine Frau, deren Venus vom Pluto des Partners überschattet wird, der naturgemäß die mächtige Rolle des Vaters übernimmt, unbewußt das Gefühl haben, den eigenen Vater zu betrügen. Deshalb hast du Schuldgefühle, wenn du deine Bedürfnisse zu befriedigen suchst. Der einzige Weg, mit einem anderen Mann eine Beziehung einzugehen, ist oft der, daß du dich von ihm gegen deinen «Willen» vergewaltigen läßt. Doch mit jedem Schritt, den du auf den anderen zugehst, zerstörst du einen Teil deiner eigenen Identität, bis du in der Verschmelzung mit ihm das Bild des Vaters und damit deine eigene Vergangenheit auslöschst und somit aufhörst, als eigenständige Person zu existieren. Es ist der Versuch, ohne Rücksicht auf Schmerzen bis an die Schwelle vorzustoßen und die Grenze zu erkennen, an der jede Identität zusammenbricht. Auf der anderen Seite kann diese Vernichtungsstrategie auch als ein intuitiver Weg zur Ganzwerdung verstanden werden und die anstehende Abnabelung vom Vater unterstützen. Wenn du diesen Akt der Selbstzerstörung als einen unbewußten Weg der Selbstheilung verstehst, an deren Ende auch die symbolische Vernichtung des Begleiters steht, dann bist du am Ziel und kannst durch das Zurückgewinnen der eigenen Autonomie schließlich mit deiner eigenen Identität wieder in Kontakt kommen. Auf diesem Weg kannst du dich allmählich mit den Schuldgefühlen aussöhnen und sie abbauen, denn dieser Aspekt schließt jene Ebene von Macht und Unterwerfung mit ein. Die Überwindung des Partners gehört zum Transformationsprozeß und die bewußte Sinnfindung durch körperliche Unterwerfung zum erotischen Erlebnis.

Trigon, Sextil ⊻

Allein die Liebe ist imstande, die Besessenheit der Triebkräfte zu dämpfen, die sich in dieser Beziehung offenbaren. Denn aus den Flammen der Kraft tief im Unterleib konstelliert sich der emotionale Virus sexueller Leidenschaft. Dabei setzt du alle deine Verführungskräfte ein, um Macht und Einfluß über den Beziehungspartner zu bekommen. Im Grunde möchtest du gar nicht vorbehaltlos lieben, du möchtest im Kreislauf des «Stirb-und-Werde» mit dem Ende konfrontiert werden und über die sexuellen Triebe die tötende, regenerierende und wiederauferstehende Liebe erfahren, die auf den geistigen Ursprung allen Lebens zurückweist. Da du dich aufgrund deiner venusischen Hingabe nicht traust, den plutonischen Teil im Mann offen zu domestizieren, verneinst du die Liebe, indem du das «Lust-Unlust-Prinzip» umkehrst. Bei der Umkehrung des aktiven Quälens wird das passive Gequältwerden erreicht. Dabei bist du nur zum Schein devot, denn du forderst, daß dich der Mann unterwerfen soll. Da dieser nur deinen unausgesprochenen Befehl ausführt, auch wenn ihn der Akt in der Tiefe seines Lustverlangens erfüllt, spürst du das harmonische Streben, die Spannungen in dir und um dich herum zu lösen, und zwar durch das unterschwellige Bemühen, dich mit dem Seelengefährten zu versöhnen. Auf der spirituellen Ebene empfindest du dich als Priesterin der Nacht, die den lebensspendenden göttlichen Phallus ihres Partners umfaßt. Dieser geht in der Nacht auf die Pirsch, um den empfangenden Schoß seiner Herrin zu finden, und wenn ihn am Ende des dunklen Korridors die große Glut erfaßt, spürt er die ekstatische Verzückung der Göttin, die sein erigiertes Glied umspannt und ihm mit einem Stöhnen der Wollust in zuckenden Strömen die Lebensglut entreißt.

♀ ⚸

Venus / Lilith

Venus der Frau in Aspekt zur Lilith des Mannes

Konjunktion ☌
Die Lilith des Mannes zwingt dich, in den Spiegel zu schauen. Dadurch kommst du mit deiner verhinderten Aggression in Berührung und kannst alles sehen, was du verdrängst. Der Spiegel, der dein Höheres Selbst und deinen ausgelagerten Schatten widerspiegelt, zeigt dir, daß dich deine oberflächliche Haltung gegenüber deiner eigenen Sexualität versklavt, und daß es nötig ist, daß du dich ihr mit der ganzen Kraft deines weiblichen Urfeuers zuwendest. Nur über die Verhinderung der Aggressionen anderer ist dir der Zugang zu deiner eigenen Aggression erlaubt. Es ist dein eigener Dämon, der dir hier in der Lilith des Partners erscheint und dich stark irritiert, weil du spürst, daß du statt der auf ihn projizierten dunklen weiblichen Energie irrtümlicherweise den Mann dahinter bekämpfst. Zwar gibst du ihm Liebe (oder scheinst es zumindest zu glauben), weil er dich unbewußt anzieht, doch es ist nur deine venusische Triebnatur, die sich nach Verschmelzung sehnt und sich das Männliche einbindet, während das, was er aus deinem Inneren eliminiert, genau das unterschwellige Verstricken in diesen unkontrollierten Triebabläufen ist, das verschwinden muß, bevor du dich weiterentwickeln kannst. Natürlich fühlt sich deine Venus von seiner Lilith bedroht, zumindest solange sie nicht verstehen kann, daß gerade der Lilith-Schatten die Voraussetzung der venusischen Hingabe ist und daß nur die Reflexion über den Lilith-Dämon im eigenen Inneren die Voraussetzung schafft, über die eigenen Instinkte hinauszuwachsen und eine bewußte Verantwortung für die unbewußten Abläufe übernehmen zu können. Wenn du aber die Zusammenhänge erkennen möchtest, ist es nötig, daß du deine ganze Aufmerksamkeit der Lilith zuwendest, denn ihre Integrierung könnte dir helfen, die Spaltung zwischen Eva und ihrem Schatten zu heilen.

Quadrat, Opposition ⚻ □ ∟
Dieser Aspekt verursacht starke Spannungen in einer Beziehung, denn hier hast du meist das Gefühl, die Wünsche des Partners erfüllen zu müssen, obwohl du genau spürst, daß er dich im Innersten seines Wesens ablehnt. Sadismus und Grausamkeit breiten sich aus, denn wenn in einer Partnerschaft Lilith von Eva abgespalten ist, gibt es keine befriedigende Sexualität. Es ist die Lilith im Mann, die deine Eva-Gelüste nicht nur verhöhnt, sondern dich für den Umstand, Lust empfinden zu können, so sehr einengen möchte, daß du deine Bedürfnisse nicht mehr wahrnehmen kannst. Durch diese Fremdbestimmung gerätst du in eine «Opfersituation». Du bist dann von deinem natürlichen Urzustand der Selbstliebe abgeschnitten und kannst den Angriffen des Partners keinen Widerstand entgegensetzen. An die Stelle der Selbstliebe treten jetzt Gefühle von Schmerz, Wut, Trauer und Frust gegen dich selbst, und du glaubst, daß es deine primäre Aufgabe ist, dem anderen zu dienen. Du existierst nur noch für die Ziele des Mannes, opferst deine Identität und hast zunehmend Mühe, dich als eigenständige Person zu akzeptieren. Die Hingabe der Venus zwingt dich in die Opferrolle, um dir den Schatten zu erhalten, denn die Angst, dem Unbekannten und Dunklen zu begegnen, läßt dich an deinen «sicheren» Fesseln festhalten. Doch damit eine «Verbindung» in eurer Beziehung stattfinden kann, wäre es neben der Reflexion über den Lilith-Schatten auch notwendig, die gespiegelten Teile im Seelenbegleiter wieder zu dir zurückzuholen. Weil sich diese aber deiner venusischen Hingabe widersetzen, und du dich weigerst, in der Arena der Gefühle mit dem Lilith-Schatten zu kämpfen, um vielleicht dein unterdrücktes Bedürfnis nach Aggressionen dahinter zu erkennen, benutzt du deine Angst, um die Spaltung voranzutreiben, indem du nur ihre dunkle Seite siehst. Deshalb kann eine Versöhnung nicht stattfinden, denn dazu wäre nicht nur die Rücknahme des Lilith-Schattens notwendig, sondern es wäre wichtig, die eigenen narzißtischen Bedürfnisse zu sehen und nicht nur auf dem Umweg über den Schatten zu bekämpfen, was dich schließlich zur unbefriedigenden Einsicht kommen läßt, daß Strafe das einzige ist, was diese Beziehung dir zu bieten hat.

Trigon, Sextil ⊻

Unter diesem Einfluß suchst du im anderen nach deinem dunklen Teil. Ihn findest du in den Abgründen deiner Seele, wo er nur darauf wartet, daß du ihn akzeptierst. Dadurch vermeidest du, daß deine dunklen Gefühle in unangebrachten Situationen ausbrechen werden. Gleichzeitig erschließt sich hier die Möglichkeit, zu deinem eigentlichen Wesen zurückzufinden, denn die Öffnung gegenüber deinem Schatten (im anderen) erlaubt dir, zu deinem wahren Wesenskern zurückzukehren. Indem du deine Gefühle auf eine spielerische Art lebst, kannst du deiner inneren Freiheit näherrücken. Das bewußte Zulassen der inneren Selbstablehnung läßt dich durch die Tiefe des Erkennens zu dir selbst und zum Partner in Kontakt kommen. So kann in dir durch diese Verbindung eine starke Liebe und tiefe Verbundenheit zum Mann heranwachsen, weil du dir die Möglichkeit offenläßt, deinen angeborenen und natürlichen Zustand der Selbstliebe wiederzufinden. Die Gefahr liegt dabei nicht im Haß, denn dieser ist mehr oder weniger ein Teil jedes Menschen. Wichtig ist, die Wurzel dieser projizierten Selbstablehnung zu erkennen, anstatt sie gegen andere zu richten. Wenn der Selbsthaß erkannt wird, stellt sich ein Gefühl der Befreiung ein, denn an der Stelle, wo sich der Haß befindet, befindet sich auch ein großes Potential an Liebe und bietet dir die Chance, deine starken Gefühle bewußter zu erfahren.

♀ ☊

Venus / Mondknoten

Venus der Frau in Aspekt zum Mondknoten des Mannes

Konjunktion

Die optimale Vernetzung der schaumgeborenen Venus mit den Schicksalsfäden des Mondknotens verlangt die gegenseitige Aufarbeitung karmischer Hintergründe, was nur mit Hilfe des schöpferischen Genius möglich ist. Deshalb hat diese Beziehung etwas Schicksalhaftes an sich. Durch die spirituelle Sichtweise kann dir der Partner oft Einsicht in das gewähren, was du auf der zwischenmenschlichen Ebene nicht siehst. Die Projektion der ausgelagerten männlichen Begierde, die du über ihn anziehst und der eigenen Tendenz zur lustvollen Selbstauflösung in ihm opferst, verstärkt den für ihn bedrohlichen Aspekt des Weiblichen. So gehören Wollust und Lust ebenfalls in den (unbewußten) Bereich dieser Beziehung, denn Liebe und Tod sind zwei Aspekte der einen Großen Göttin, die den Mann über seinen Mondknoten karmisch an dich bindet. Hier spiegelst du ihm das umfassende Bewußtsein des wahren Wesens der sinnlich-sexuellen Liebe und ihrer innewohnenden Bezüge, vor der er lustvoll (aber letztlich vergebens) zurückschreckt.

Quadrat, Opposition

Möglicherweise leidest du unter dieser Verbindung an einem Vaterkomplex. In deinem Innersten bist du statt der Frau deines Partners möglicherweise die Geliebte deines Vaters, der gegenüber deiner Mutter impotent war. Es ist das unerlöste innere Mutterbild, daß unter dieser Konstellation auf einer verborgenen Ebene in deine Beziehung hineinspielt. Deshalb möchtest du den Gefährten an Stelle deines Vaters, der dir nie allein gehörte, besitzen. Unter dem Einfluß der Venus bist du häufig von deiner Schönheit und von deiner verführerischen Kraft besessen und möchtest jeden Mann für dich gewinnen. Doch du bist von deinem negativen inneren Mutterbild gefangen und kannst deshalb den Partner nicht für dich, sondern nur für sie einnehmen. Wenn du erkennst, daß der Vater, den du erlösen willst, dein negatives Suchbild ist, und die Mutter, die du zerstören möchtest, du selbst bist, weil du nicht akzeptieren kannst, daß sie (in der Gestalt deiner ausgelagerten inneren Weiblichkeit) verführerischer ist als du, dann spürst du, wie dich der Mondknoten deines Begleiters daran erinnert, daß der Mann, den du im Leben suchst, der eigene Animus in all seiner Unerreichbarkeit ist, und die Weiblichkeit, die dich innen bedroht, der eifersüchtige Teil deiner komplexen Libido.

Trigon, Sextil

Oft ist deine Hingabe so stark, daß du dich selbst in den Schatten des anderen stellst. Dieser Aspekt zeigt, daß du möglicherweise den Lebenssinn aus der Perspektive deines Partners siehst, der umgekehrt seine Libido durch deine Venus lebt. Vielleicht möchtest du den Mann verführen. Aber weil du dich mit deiner Sexualität nicht identifizierst, hast du mit ihm einen unbewußten Pakt geschlossen, daß er für dich da ist, solange du das, was er für dich bedeutet, nicht wirklich anstrebst. Dabei wird dir allmählich bewußt, daß dir dafür ein höherer und angemessenerer Preis zusteht. Die spirituelle Harmonie, die du gegen deine Libido eintauschst, ist irgendwann erschöpft, so daß es sich nicht lohnt, dich länger in seinem Schatten zu bewegen. Hast du dem Mann die Maske ausgezogen und gesehen, wie er wirklich ist, erkennst du plötzlich, daß das, was ihn zum Zentrum deines Lebens macht, gerade die Identität ist, die sich ihm in der Berührung mit deinem herrlichen Wesen offenbart. Zwar ist es nicht leicht, im Mittelpunkt zu stehen, doch um in dieser Beziehung glücklich zu werden, mußt du lernen, deine eigenen Bedürfnisse zu formulieren.

♀ (AC)

Venus / Aszendent

Venus der Frau in Aspekt zum Aszendenten des Mannes

Konjunktion ☌

Dieser Aspekt bringt dich mit einem attraktiven Beziehungsgefährten in Berührung. Doch mußt du der Tatsache ins Auge sehen, daß das, was du siehst, meist die übertriebene Maske deiner Erwartung ist, und du gar nicht immer imstande bist, das wahre Wesen des Mannes hinter der dir gespiegelten Realität zu sehen. Dazu müßtest du dir auch über die Dunkelheit deiner Erwartungen im klaren sein. Oft fehlt es dir an Einsicht in die Beweggründe hinter der Selbstdarstellung des Begleiters, und du erkennst (glücklicherweise) selten sein wahres Gesicht. Das lehrt dich, daß gegenseitige Anziehung eine Kraft ist, die über sich selbst hinausweist und – auch wenn der reale Partner notwendigerweise ein Versprechen verkörpert, das sich so nicht immer zu erfüllen braucht – trotzdem Befriedigung schenken kann. Vor diesem Hintergrund entsteht eine enorme Suggestivkraft: Du akzeptierst seine Maske, so wie sie ist, und ziehst durch deine Offenheit sein Selbstbild auf dich.

Quadrat, Opposition ⚻ □ ∟

Unter diesem Einfluß liebst du die Maske, hinter der sich der Mann versteckt. Du weidest dich an seinem unmäßigen Begehren, weil du weißt, daß er seine wahren Gefühle nicht zeigen kann. Zwar ist es sein sehnlichster Wunsch, sich mit dir zu verbinden, doch in Wahrheit ist es ein Ausdruck seiner Auflehnung gegen seine eigenen Gefühle bzw. gegen sich selbst, weil es nur die Maske ist, die er in die Liebe einbringt. Im gleichen Atemzug läßt du deinen entfesselten Animus auf ihn los, um ihn zu quälen, weil er dich nicht wirklich besitzen will. Weil du spürst, daß er sich für seine Hingabe schämt, quälst du ihn für den Sachverhalt, sich dir nicht entziehen zu können, denn in dieser Beziehung ist er rettungslos in seinen Masken gefangen, aus denen er sich nicht befreien kann. Eigentlich müßtest du deinem Begleiter klarmachen, wie zwecklos es ist, immer jemand anderen darzustellen. Weil du ihn antreibst, dich ohne Rücksicht auf seine Empfindungen zu befriedigen, schürst du, statt sein geschwächtes Selbstwertgefühl durch wahre Hingabe zu stärken, die pure Versuchung, die ihm zeigt, daß er vor sich selbst davonrennt. Dabei ist es seine ausgelagerte Anima, die ihm hier begegnet. Wie sollst du ihn also lieben, wenn er es selbst nicht kann?

Trigon, Sextil ⊻

Diese Konstellation weist auf eine Beziehung hin, in der du dich tief in das Spiegelbild deines Partners hineinbegeben kannst. Darin liegt unbewußt auch der «belebende» Reiz, die Harmonie zu überdehnen, um die Maske zu zerreißen, die dir der Mann ständig zeigt. Zwar bist du einerseits durch die Gefühle gefesselt, die er in dir auslöst. Du erkennst einen Teil seiner Seele, in die du dich tief einfühlst, und erkennst langsam, daß das «Erkannte» ein Teil deiner eigenen Psyche ist, in die du eingetaucht bist. Andererseits spürst du, wenn deine Libido in das Bild des anderen eindringt, dahinter die Ausrichtung deiner eigenen Gefühle, die du auf ihn projizierst, und erkennst, daß die Liebe nur der Ausrichtung entspricht, die du auf ihn projizierst bzw. die er aus dir herauszulocken versucht. Wenn du stark genug bist, um dich anziehen zu lassen, dann kannst du bis ans Ende deiner libidinösen Träume reisen – oder darüber hinaus, wie es die Liebenden zu allen Zeiten getan haben. Du kehrst aber spätestens dann wieder in die Realität zurück, wenn du hinter dem Spiegel des Partners erwachst und erkennst, daß dieser lediglich ein gespiegeltes Bild in deiner Vorstellung ist. Wenn dir klar geworden ist, daß der Rahmen, durch den du hindurchgehst, du selbst bist.

♀ (MC)

Venus / Medium Coeli

Venus der Frau in Aspekt zum Medium Coeli des Mannes

Konjunktion

Hier verbindet sich die Flamme der Venus mit der Struktur des Mannes als Symbol der Verschmelzung von Hingabe und Ziel. Seine materiellen Ideen fließen in dein emotionales Empfinden, was ihnen letztlich ihre schöpferische Gestalt verleiht. Er sieht seine Anima in dir, die er in sich selbst erreichen möchte und die er als Venus auf dich projiziert. Anders formuliert entsprichst du dem Suchbild des Mannes, das er als Anima in sich trägt und das er in sich selbst festhalten möchte, indem er dem Bild von dir in sich alle (seine) Wünsche erfüllt. Obwohl du seine Ziele oft als übertrieben empfindest, kannst du ihm deine liebende Bewunderung kaum versagen. Oft scheint es unter diesem Aspekt, daß alles gelingt, wenn sein Wille und deine schöpferischen Gaben wie Silberströme zusammenfliessen: Alle seine guten Vorsätze strömen in deinen Schoß, wo du ihnen pulsierendes Leben einhauchst.

Quadrat, Opposition

Mit diesem Mann durchlebst du oft nochmals alle ungelösten Probleme, die du mit deinem Vater hattest, da sie durch das Beziehungsgeflecht dieses Aspektes hindurchschimmern. Manchmal hat es den Anschein, als gingst du vor ihm auf die Knie, so als ob du das Kaninchen bist, das von der Schlange hypnotisiert worden ist. Doch bei näherer Betrachtung steckt das Problem in dir selbst. Zwar teilst du das materielle Weltbild deines Partners und seine gesellschaftlichen Ziele nicht, doch grenzt du dich auch nicht genügend von ihm ab. Im Grunde müßte man dich einen elenden Feigling nennen, denn du traust dich nicht, der Situation ins Gesicht zu sehen, die dir zeigt, wie destruktiv sich die ständige Anpassung auf dich auswirkt. Versuche dir also darüber klar zu werden, daß die negativen Gedanken, die dich tyrannisieren, Teil deiner eigenen Selbstverhinderung sind. Sie zwingen dich, dich stets auf eine tiefere Stufe als den Mann zu stellen, damit du den tyrannischen Animus in der Partnerschaft wenigstens erfolgreich gegen dich leben kannst.

Trigon, Sextil

Im Gefühlsbereich bist du von der sozialen Verantwortung des Partners überrascht. Du siehst in ihm den «Befreier», der dich aus dem Dornröschenschlaf erweckt, denn für dich ist er tatsächlich ein Held, der die Vergangenheitsmuster durchbricht, in denen du die Tochter des Vaters bist. Er empfindet dich als Spiegelbild seiner inneren Heldin und tritt dir je nach Situation in der Rolle entgegen, die er auf der Bühne seiner Inszenierung für sinnvoll hält: Entweder als kluger Erzieher, der dem kleinen Schulmädchen die Welt zu Füßen legt, als pubertierender Held, der den Drachen für seine Herzensprinzessin erschlägt, oder gar als mächtiger König, der die Wünsche der Venus im aphrodisierenden Rausch lüsterner Ekstase erfüllt. Obwohl er nicht wirklich glauben kann, geliebt zu werden, und ständig nach Liebesbetörungen verlangt, kannst du ihm deine Hingabe nicht verwehren, die er sich durch seine aufopfernden Bemühungen um dein Wohlergehen verdient.

♀ X

Venus aspektlos

Venus der Frau ohne Aspekt zu einem Planeten des Mannes

In der (fehlenden) Verbindung mit dem Mann mußt du dir der Gefahr bewußt sein, daß du deine Seele und den Kontakt mit dem Selbst, dem weiblichen Bild in dir, verlieren kannst. Wenn sich deine Venus nicht im Herzen des Partners verankern kann, bedeutet das, daß du keinen (sexuellen) Zugriff auf ihn hast. Der Mann erkennt deine Gaben nicht an. Dadurch wertet er deine Weiblichkeit ab, was bei dir ein Gefühl der Wertlosigkeit hervorrufen kann. Der unerwiderte Animus einer Frau ist sehr geschickt, wenn es um Selbsterniedrigung geht. In dieser Beziehung bist du von deiner weiblichen Kultur abgeschnitten: Der verdrängte Zorn und die mit Wut vermischte Traurigkeit, die sich durch Gleichgültigkeit und Apathie äußern, sind oft ein äußeres Zeichen dafür. Manchmal konstruierst du dir auf diese Weise mit Hilfe deiner Sehnsucht auch Situationen, in denen du deine Venus ins «Spiel bringen kannst». Diese Situationen sind so real, daß du sie mit allen deinen Partnervorstellungen und -wünschen ausschmücken kannst, und doch sind sie nicht da. Was aber da ist, sind deine Wünsche, und aus praktischen Gründen verhältst du dich so, als ob die Bilder die Realität wären: als ob der Mann, den du nicht erreichst, identisch ist mit der Vorstellung eines verwunschenen Prinzen, der sich zwar nach dir sehnt, aber eben, weil er ein verzauberter Frosch ist, deine Liebe nicht erwidern kann. Denn wie solltest du einem Partner ins Gesicht sehen können, der keine Gefühle für dich hat; andererseits wäre es töricht, etwas zu erzwingen, was nicht vorhanden ist. Deshalb ist der Versuch, all das zu sehen, was du dir im Mann wünschst, kein sinnloses Unterfangen, wenn du nicht vergißt, daß sich auch deine Gefühle ständig verändern und auch insoweit lebendig sind, als sie nicht nur den Himmel deiner Wünsche tragen, sondern selbst Projektionen desselben sind.

♂

Mars

Die feurige Leidenschaft aus der Sicht der Frau

Während die Venus für Vereinigung und Verschmelzung steht, versinnbildlicht der Mars die männlich-aktive, treibende Kraft, die das Machtprinzip des Egos ohne Rücksicht auf Verluste durch ihr aggressiv-dynamisches Verhalten zur Geltung bringt. Mars verkörpert den Animus, nach dem du dich sehnst. Deshalb steht er wie kein anderer für aggressive Ausdruckskraft, Aktivität, Mut und den starken Willen, deine widersprüchlichen Gedanken und Gefühle in den Griff zu gekommen. Durch deine weibliche Sichtweise spürst du aber auch sein Unvermögen, die Abgespaltenheit des Egos von der Ur-Einheit zu realisieren. Seine Angst vor dem Verlust der Harmonie kompensiert er durch die Durchsetzung seines Egos. Er kämpft gegen vermeintliche Widersacher, um wenigstens sein Ich zu spüren, da die Idee des Sieges das einzige ist, was ihm von der Verbundenheit mit dem All-Einen geblieben ist. In dieser Rolle treibt er die Seele nicht nur aus den Bezirken seligster Verklärtheit, sondern läßt auch durchblicken, daß diese aggressive Energie gerade der Treibstoff für die geistige und seelische Entwicklung des Menschen ist. Dabei will er sich kraft seines Willens über diese instinktiven Mechanismen erheben: Ohne daß er sich dessen bewußt ist, versetzt er den karmischen Kreislauf von Ursache und Wirkung durch seinen großen Aktionsradius in noch schnellere Bewegung. Mars hat die karmische Aufgabe, voranzutreiben, was die Harmonie oft zu hemmen bestrebt ist, damit sich das Schicksal auch im Scheitern seiner erstrebten Ziele erfüllen kann.

Die **Konjunktion** zeigt, daß es dir leicht fällt, deinen Begleiter zu führen, weil du in der Lage bist, ihn zu motivieren. Hier lebst du nach dem Motto: «Selbst ist die Frau!» Damit kannst du höchst wirksam den Verlauf von Ereignissen in der Beziehung beeinflussen. Auch genießt du das Unbehagen deines Partners, wenn du ihn in seiner Männlichkeit provozierst. Mars deutet einen direkten Zugriff auf den betreffenden Planeten des Mannes an, wobei du dein inneres Heldenbild nicht nur in dem Teil suchst, den der Aspekt dir zeigt, sondern den «aggressiven Mann» vermehrt auch in dir selbst findest. Dein Spiel heißt «Leben und durchsetzen» und ist ein echtes Konditionstraining für deinen Willen; es verschafft dir den Nervenkitzel des Lebenskampfes, und gleichzeitig wird deine Durchsetzungskraft gestärkt.

Mit einem **negativen Aspekt** versuchst du, deine aggressive Gehemmtheit dadurch zu überwinden, indem du den Partner (unbewußt) zu aggressiven Handlungen gegen deine eigene Person einlädst. Unter dem Vorwand, wenigstens zu erfahren, was du nicht willst, setzt du dich von Zeit zu Zeit seinen Aggressionen aus, um deine inneren Konflikte in seinen «Reaktionen» zu spüren und deine Ausgangslage zu prüfen. Wirst du am Ausleben deiner Aggression gehindert, führt dies zu unterdrücktem Zorn. Dann provozierst du einen Streit, um deine innere Spannung nach außen zu bringen. Dieser Prozeß, der unweigerlich auf einer immer engeren Fahrbahn, auf ein immer eingegrenzteres Ziel zuläuft, führt oft in die Krise, aus der meist nur ein Akt der Zerstörung herausführen kann: Wenn du dich nicht gegen den äußeren Widersacher durchsetzen kannst, wendest du dich manchmal gegen dich selbst und zerschlägst deinen eigenen Rahmen. Deshalb bist du manchmal das aggressive Opfer, das seine Aggressionen gegen sich selbst lebt und deshalb den Täter (miß)braucht!

Trigone und Sextile sind ein Zeichen dafür, daß die marsischen Energieströme in leidenschaftlicher Verbindung miteinander fließen. Im Kontakt mit dem Mann bist du das, was man mit dem Klischee eines Vollblutweibes verbindet: begeisterungsfähig, kurzentschlossen, draufgängerisch und leidenschaftlich. Für Abenteuer bist du leicht entflammbar. Auch brauchst du keine «Kontaktlinsen», um mit der Umgebung in Beziehung zu treten. Allerdings willst du deine Vorsätze immer sofort verwirklichen, sonst klingt die Begeisterung schnell wieder ab. Wenn jede andere Frau noch darauf wartet, daß eine neue Situation auf sie zukommt, machst du bereits den ersten Schritt. Du weißt, was du willst, und das läßt dich deine Ziele erreichen. Nicht zuletzt, weil du deine Energien auf einen Brennpunkt zu richten weißt.

♂ ☉

Mars / Sonne

Mars der Frau in Aspekt zur Sonne des Mannes

Konjunktion ☌

Hier versuchst du, in der Energie des Mannes zu «wachsen» und dir die Kraft abzuzapfen, die du für das Erreichen deiner Ziele benötigst. Weil du aber auch Energie brauchst, um ihn zu bekämpfen, entspringt dieser Konstellation nicht nur der konkurrierende Geist, der physisch und emotional gerne mit dem Partner wetteifert, sondern auch der unbewußte Schmarotzer in dir, der die Kraft, die er gegen den «Feind» richtet, gerade aus dessen Energien zieht. Weil du noch nicht gelernt hast, dich deinen eigenen Aggressionen zu öffnen und dich vom Potential deines inneren Feuers berühren zu lassen, benötigst du einen Gefährten, dem es gelingt, deine aggressiven Schöpferflammen oder das «dir Unbekannte in ihm» besser zum Ausdruck zu bringen, also das, was du erst in der aufgearbeiteten Projektion als Teil deiner selbst erkennst und von dem du die Energien abschöpfen kannst. Durch die Integration der zurückfließenden Kräfte wirst du im Laufe der Partnerschaft mit deinem eigenen Aggressionspotential konfrontiert, und indem du dieses allmählich verstehst und behutsam zurückzunehmen beginnst, lernst du, deine Wünsche und Ziele mit deinem Begleiter zu realisieren.

Quadrat, Opposition ⚻ □ ☍

Unter diesem Aspekt verwirklichst du deine Aggressionen aus dem Bauch heraus und benutzt dabei deinen Gefährten als «Streitobjekt». Er versucht sich der Auseinandersetzung zwar halbherzig zu entziehen, weil er intuitiv spürt, daß du die Kraft deiner Aggression aus seinen Energien ziehst und diese wiederum gleichzeitig auf ihn projizierst, was eine doppelt negative Wirkung auslöst. Solange du die Kraft aufbringst, ihn in «deinen» Energien (in seiner männlichen Aggression, die du auf ihn projizierst) festzuhalten, um ihn in dieser Rolle zu bekämpfen, gibt es hier kaum eine Lösungsmöglichkeit. Denn wie kannst du Frieden wollen, solange du den Verlust deiner Weiblichkeit im Verhalten kompensierst, ihn in deinen auf ihn projizierten Aggressionen als Sündenbock zu benutzen, und jede Waffenruhe eurer Streitkultur den Boden entzieht?

Trigon, Sextil ⚺

In dieser Beziehung bist auf den Mann fixiert, weil du dich unbewußt mit deiner Animus-Figur identifizierst: Du bist der Pfeil, der in die (Herz-)Mitte des Partners trifft, aus der sich ein Strom von Liebe ergießt und dich in eine Welle sexueller Glut einhüllt. Dadurch wirst du von einem Gefühl innerer Stärke erfüllt, die dich auf einer Woge der Aktivität zu deinen Zielen hinspült. Da Mars die sichtbaren Dinge anpeilt, die Sonne aber die dahinter liegende Motivation darstellt, ist es klar, wie gut die Beziehung funktioniert, wenn sich eure Flammen verbinden und du die Kraft deines Weggefährten hinter dir spürst. Sind diese Ziele nicht nur auf die Durchsetzung des persönlichen Egos ausgerichtet, sondern auch auf Inhalte, die in den Verwirklichungsabsichten gemeinsamen Handelns liegen, dann kann dein Mars hervorragend als verlängerter Arm seines Sonnen-Prinzips wirksam sein. Du rennst zwar oft gegen Widerstände an, und sei es nur um der Aufregung willen, aber da sich dahinter die kindlich-naive Erwartungshaltung verbirgt, daß dir im Leben alles gelingt, kann das deine Anziehungskraft nicht mindern.

♂ ☽

Mars / Mond

Mars der Frau in Aspekt zum Mond des Mannes

Konjunktion ☌

Auf der Partnerschaftsebene ist dies ein sehr schwieriger Aspekt, weil er das Rollenverhalten der Geschlechter umdreht. Der weibliche Gefühlskern des Gefährten kann eine starke sexuelle Anziehung hervorrufen und deine aggressive männliche Seite auslösen. Im Geist seiner «weiblichen» Erwartungen fühlt sich dein Mars stark herausgefordert, denn die Grundlage dieser libidinösen Kraft ist ein aktiver Ausdruck der Lust mit dem unbändigen Verlangen nach sexueller Durchdringung. Dabei fühlst du dich, als ob du der «Krieger» wärst, wenn du «libidinös» in ihn eindringst; und dieser verhält sich so, als wärst du der Sohn der «Mutter», mit dem er ein (ödipales) Inzest-Ritual vollzieht. Möglicherweise versteckst du dich hinter einem unbewußten Rollenspiel, indem du darauf bestehst, daß du die «Kriegerin der Großen Mutter» bist, und der Begleiter nur deshalb weiblich ist, weil du das Bild der Großen Mutter auf ihn projizierst. Wenn du den Mut aufbringst, deine aggressive Seite anzunehmen, dann erlebst du dich als Amazone, die den sensiblen Mond-Mann erlöst.

Quadrat, Opposition ⚼ □ ∟

In dieser Verbindung wirst du mit der männlichen Rolle konfrontiert, also mit der Projektion, wie der Mann seine Heldin sieht und die überwundene Geliebte «spielt», die sich der Siegerin unterwirft. Er ist von dir hypnotisiert wie die Maus von der Schlange und geht emotional vor dir auf die Knie, denn er muß leiden, um sich mit seinen Aggressionen auseinandersetzen zu können. Eine bildliche Variante dieser Energie ist oft die Empfindung, von einem gräßlichen Ungeheuer verschlungen zu werden, und dieses Ungeheuer ist das «Große Muttertier», das er auf dich projiziert. Umgekehrt nimmst du nur sehr schwer wahr, wie destruktiv und schrecklich sich dein von ihm geschürter Zorn auf ihn auswirken kann. Um das Bild zu akzeptieren, das er auf dich überträgt, und die damit verbundene Aggression, die er von dir erwartet, mußt du dir möglicherweise eine verborgene Inzestsituation vorstellen, durch die er sich von einer streitsüchtigen Partnerin «Absolution» erhofft. Indem du eine mögliche Schuld des Mannes akzeptierst, der von dir vergewaltigt werden möchte bzw. die «Vergewaltigung» seiner weiblichen Mond-Seite durch die Männlichkeit des auf dich projizierten Mars ersehnt, kannst du dich der Tyrannei des Animus unterwerfen, ohne gegen deine weibliche Natur zu handeln, und den Partner so herabsetzend und grob behandeln, wie er es sich von dir wünscht. Sexualität unter diesem Aspekt braucht aber nicht nur zu einem Ventil für unterdrückte Aggression zu werden, sondern bringt auf der Bewußtseinsebene oft auch den inneren Dämon ans Licht, in dessen Spiegel du die Ursachen des unersättlichen Lustgewinns entdeckst. Die Aggressivität wird zwar gelebt, aber nur scheinbar überwunden, bildet sie doch den Kern eines «Aggressionskomplexes», der zum immerwährenden libidinösen Ansporn in der Beziehung wird. Erst wenn du merkst, wie die negativen Gedanken, die dich tyrannisieren, durch die offene Tür deiner Emotionen aus dem Unbewußten ins Licht des Erlebens drängen und dich gerade im Ausagieren deiner Sexualität an solche unbefriedigenden Beziehungsmuster wie die hier vorliegenden binden, bist du am Ziel. Denn in dir versteckt sich die verschmähte Frau, und was sie fühlt, ist ihr gerechtfertiger Zorn. Deshalb peinigst du ihn durch das «Bild des Weiblichen» in seiner Vorstellung von dir.

Trigon, Sextil ⊻

Man kann nicht sagen, daß du im Beziehungsbereich nicht im Einklang mit deinen Triebinstinkten handelst, denn deine aggressive Energie wirkt als «dämpfende» Maßnahme für alle Bedürfnisse, die der Mann gegen deine Interessen anstrebt. In ihm findest du das geeignete Ziel für deine Wünsche, die es im Partner «durchzusetzen» gilt. Du machst ihm deine Sichtweise klar und beeinflußt damit die Gestaltung und Ausformung seines Willens. In einem psychologischen Sinn korrespondiert dein marsischer Instinkt mit der Naivität der wilden Amazone, die – in unbewußter Nähe zur pubertären Sexualität – gern die rotzfreche Schlampe spielt, die den devoten «Gefühlssoftie» aus dem Kerker seiner unbefriedigten Lust erlöst. Das zeigt, daß ein gesundes Maß an Sinnlichkeit und Aggression durchaus vorteilhaft für dich ist und deiner weiblichen Sexualität in dieser Beziehung den letzten «Kick» verpaßt.

♂ ☿

Mars / Merkur

Mars der Frau in Aspekt zum Merkur des Mannes

Konjunktion

Dieser Aspekt stellt für alle einen interessanten Aufbruch zu neuen Einsichten und Erkenntnissen dar. Du projizierst deine Sexualkraft auf den Partner, der dieses Verhalten wiederum zum Anlass nimmt, dir die menschlichen Grundlagen der Libido zu erklären. Deshalb steht diese Verbindung für die Suche nach dem Sinn der Sexualität und zeigt, daß der Weg dorthin nicht über blindes Handeln geht, sondern über die «hermetische» Absicht führt, die verstandesmäßigen Erfahrungen Merkurs in die Beziehung einzubringen. Die Frage ist nur: Wo ist der Sinn? Wenn du die Antwort auf die Frage als den kreativen Beitrag deines Begleiters spürst, die nicht seinem schulmeisterlichen Ego-Anspruch entspringt, sondern einsichtig und klärend, ohne sich dem freien Willen aufzudrängen, in dir aufsteigt, dann spürst du den Sinn im intellektuellen Verständnis des Mannes. Zwar bist du manchmal ein bißchen enttäuscht, weil die Befriedigung deiner sexuellen Bedürfnisse nicht ganz oben auf seiner persönlichen Liste steht, andererseits besteht hier die Möglichkeit, daß du du alle deine Gefühle mit ihm diskutieren und verstandesmäßig durchleuchten kannst. Dadurch fühlst du dich in der Beziehung geborgen.

Quadrat, Opposition

Diese Konstellation verursacht große Probleme. Du möchtest dich mit deinem inneren Helden identifizieren, der handelt, anstatt zu reden, und die Aggressionen lebt, während der Partner die Gefühle zerredet, indem er sie verstandesmäßig zu analysieren versucht. Er interessiert sich zwar brennend dafür, was dich emotional entfacht, ohne sich aber selbst damit auseinandersetzen zu wollen. Er möchte die Instinkte über kontrollierte Vernunftbilder erfahren. Weil er deine Empfindungen nicht wahrnehmen will, fühlst du dich in der Beziehung nicht ernstgenommen. Dadurch fühlst du dich oft unbehaglich, weil du denkst, falsch gehandelt oder versagt zu haben, eine Mischung von Angst und Schuld. Kommt dazu die Wut, mit der du gegen seinen Verstand ankämpfst, weil er weder deine Wollust noch deinen Schweiß wahrnimmt und lieber auf den Höhen verbaler Abgehobenheit thront, als sich dir zu öffnen, dann kannst du zum Sklaven deines Zornes werden und ihn zwingen wollen, sich einzubringen. Möge er am eigenen Leib erfahren, was es heißt, wenn die Bedürfnisse nicht wahrgenommen werden, und schmerzhaft erkennen, wovor er sich fürchtet und was sein Denken unterdrückt: die Angst vor seinen eigenen Gefühlen!

Trigon, Sextil

Im emotionalen Erleben genießt du die Kraft, die aus der Verbindung deines weiblichen Feuers mit der analysierenden Sichtweise deines Gefährten entsteht. Du kannst dich auch gut mit deiner marsischen Animus-Figur identifizieren, ohne aus dem verbalen Austausch mit dem Mann jedesmal siegreich hervorgehen zu müssen. Er unterstützt dich in allem und hilft dir, Vertrauen in deinen Willen zu entwickeln. Dieser Aspekt gibt dir das Gefühl zu wissen, was zu tun ist, sofern es etwas zu tun gibt. Dabei geht es häufig darum, innere Widersprüche zu überwinden, denn hier bist du tief im instinktiven Handeln verhaftet, und das Ziel ist die Überwindung der inneren Kluft zwischen Strategie und Trieb, Intuition und Denken. Dann wird dir bewußt, daß die Annäherung deiner Triebe an die Vorstellungen des Partners oft notwendig sind, um die Beziehung zu stabilisieren.

♂ ♀

Mars / Venus

Mars der Frau in Aspekt zur Venus des Mannes

Konjunktion ☌
Im Einflußbereich von Venus und Mars entsteht eine Partnerschaft, in der du ganz aus der urwüchsig-archaischen, wild und unverfeinert ans Tageslicht drängenden Triebenergie agierst. Als Mars-Frau willst du deine Männlichkeit beweisen, denn du reihst dich in die Zunft der heldischen Verführerinnen ein, auf einer Stufe mit Messalina, Dalila oder der Königin von Saba, die Salomo betörte. Vor diesem Hintergrund entsteht eine enorme Suggestivkraft: Du ergreifst sexuell die Initiative, um dein inneres Bedürfnis nach Aktion außen zu manifestieren und gleichzeitig deinem Partner das zu reflektieren, was er durch seine «weibliche» Brille an «heldischem Willen» von dir erwartet. Unbewußt fühlt er sich zu deinen männlichen Egoprojektionen hingezogen. Die Fieberkurve seiner Emotionen explodiert förmlich nach oben, wenn er dir deine Wünsche erfüllen darf.

Quadrat, Opposition ⚼ □ ∟
Auf der Beziehungsebene zeigt sich dir der sich opfernde Mann, der sich mit seiner eigenen Weiblichkeit überworfen hat. Er kann seine Männlichkeit nicht ausleben, weil er sie aus der Sicht des Weiblichen ablehnt. Deshalb möchte er in der weiblichen Rolle seine übertragene Männlichkeit von dir zurückholen. Solange du dich ebenfalls weigerst, deine weibliche Seite anzunehmen, befindest du dich mit seiner ausgelagerten, auf dich projizierten Aggression in einem disharmonischen Verhältnis. Er sucht nicht das sinnliche Potential, das sich zur kosmischen Erfahrung, zur allumfassenden Liebe oder zu einer orgiastischen Supernova hochstilisiert, sondern die Aggression der Hexe, die ihn schon einmal verwundet hat. Unbewußt ist er immer noch in seine innere, dunkle Weiblichkeit verstrickt, die er auf dich projiziert. Gleichzeitig aber weiß er, daß er sich nie mit deinem Mars harmonisch verbinden können wird. Indem er dich bittet, sein Opfer anzunehmen, hofft er, deine enttäuschte, hinter der Maske des Männlichen gegen ihn gerichtete Triebnatur zu besänftigen.

Trigon, Sextil ⚺
Diese Verbindung repräsentiert Begeisterungsfähigkeit, Leidenschaft und sinnliche Kraft, die sich nach körperlicher Erfüllung sehnt. Es sind die Flammen des libidinösen Feuers, die aus dem Augenblick spontaner Lust heraus gelebt und empfunden werden. Im Gefühlsbereich ist es die unbewußte Identifikation deines Begleiters mit seinem weiblichen Teil, die von der Reflexion deiner unbewußten Identifikation mit seiner Männlichkeit befruchtet wird. (Das bedeutet, du akzeptierst das, was er auf dich projiziert, indem du ihm das bei dir Gesuchte reflektierst!) Damit überträgt sich seine triebhafte Hingabe auf dich, eine Art Wahnsinn, die gleichzeitig verzückte Ekstase ist, weil der Rollentausch harmonisch ist und ihr einander durch die gegenseitige Reflektierung der abgespaltenen Teile unterstützt.

♂ ♂

Mars / Mars

Mars der Frau in Aspekt zum Mars des Mannes

Konjunktion ☌

Hier versinnbildlicht Mars die rücksichtslose, treibende Kraft, die sich, weil du sie gerne verdrängst, oft erst durch die Projektion deines Partners ins Leben überträgt. Die Realität, das Bild, das du vor dir siehst, ist ein Spiegelbild deiner Überzeugung. Diese Spiegelungen sind, was du über dich und deinen Gefährten denkst. Ist diese Spiegelung marsisch gefärbt, dann lernst du, die Aggression in den Mittelpunkt des Bildes zu stellen, das du auf den Mann überträgst. Du siehst ihn als Aggressor, weil du deinen Mars auf ihn projizierst, und identifizierst dich im gleichen Atemzug mit dem Mann, um ihn – weil er gleichzeitig deinen Animus darstellt – im Kampf für deine persönlichen Ziele zu unterstützen. Du hast in dieser Beziehung die Aufgabe, voranzutreiben, was dich hemmen könnte, ohne dich aber mit den Ursachen möglicher Hindernisse auseinandersetzen zu müssen, nicht zuletzt aus dem Grund, damit sich die Beziehung im gemeinsamen Erreichen deiner auf den Gefährten projizierten Wünsche erfüllt.

Quadrat, Opposition ⌅ ⧠ ∟

Im Partnerschaftsbereich begegnest du dem Feind, der ein Aspekt deines eigenen unbekannten Selbst ist, im Mann. Dies ist das unlösbare Problem, dem du in dieser Beziehung gegenüberstehst, weil die Heilung nicht in der äußeren Welt gefunden werden kann, sondern nur in der inneren, wo du als Frau von deinem Partner oft an der Entfaltung deiner Aggressionen gehindert wirst. Andererseits ist es aber gerade die Behinderung deiner Entwicklungsmöglichkeiten, die die Aggressivität in dir antreibt, indem du die Aggression des Begleiters unbewußt auf dich selbst ziehst oder sie übermäßig gegen ihn auslebst (beispielsweise in Form einer Ohrfeige) und dich damit plötzlich in die Energie des Mannes eingebunden siehst, die dir die Aggressionen, die er gegen dich aufbringt, abverlangt, um ihr scheinbar (im Bekämpfen seiner eigenen Übertragungen) entfliehen zu können. Doch in der Aggression gegen die Aggressionen zerschlägt sich jeder Beziehungsrahmen.

Trigon, Sextil ⊻

Die Energie unter dieser Aspektierung ist normalerweise männlich geprägt, weil die aggressive Durchsetzung, die sich in den Mittelpunkt stellt und in Abwesenheit geeigneter Ziele die Eroberung selbst zum Ziel erklärt, das unbewußte Motiv des gemeinsamen Handelns ist. Du entzündest im Partner ein Feuerwerk von Handlungen, denn Mars versinnbildlicht die rücksichtslose, treibende Kraft, die alles in der Außenwelt zu manifestieren sucht, was sie an heroischer Willenskraft durchströmt, und die du in den Bedürfnissen deines (Kampf-) Gefährten ausagieren kannst. Im alltäglichen Leben setzt du manche Ideen des Mannes in die Tat um. Genauso unterstützt du viele seiner Pläne mit deiner Kraft, denn je mehr «Wille» du auf ein Ziel ausrichtest, desto leichter läßt es sich erreichen.

♂ ♃

Mars / Jupiter

Mars der Frau in Aspekt zum Jupiter des Mannes

Konjunktion ☌

Im gemeinsamen Erleben symbolisiert dein Mars die Kraft, in deinem Partner den Schöpfergeist zu wecken. Dabei suchst du nicht nur die materielle Fülle, sondern vor allem deine innere Beziehung zu deinem Vater oder eine Verbindung zu deinem Bild von Gott. Das entspricht dem Wunsch, die eigenen Ziele in einen sinnvollen Mantel zu hüllen. Deshalb wirst du versuchen, dich mit deinem kriegerischen Selbst (Mars) zu identifizieren und in dieser Rolle das jupiterhafte Bewußtsein deines Gefährten aus der Reserve zu locken. Du identifizierst dich mit Handlungen, die mit Bewußtseinsausdehnung zu tun haben, und bist darauf erpicht, ihm ein auf Horizonterweiterung ausgerichtetes Bild zu entlocken, das mit deinen eigenen Plänen korrespondiert. Denn Jupiter spiegelt sich in dem, was du in der Suche nach dem Sinn anstrebst. Seine Fähigkeit, selbst in den profansten Angelegenheiten noch einen tieferen Sinn zu erkennen, gibt deinen Aggressionen Sinn. Diesen Sinn versuchst du im anderen zu erobern. Du versteckst die Absicht vor dir selbst, indem du deine Aggressionen auslagerst und dich dadurch zwingst, sie durch die Identifizierung mit dem Partner, auf den sie sich überträgt, wieder zurückzuholen. Dein Bestreben, deine Aggression mit Hilfe des Begleiters in einem größeren Zusammenhang zu sehen, zeigt die Absicht, die Grenzen des Egos zu überschreiten und vermehrt deinen Selbstwert.

Quadrat, Opposition ⚻ □ ∟

Das Ringen um Durchsetzung in der Beziehung bedingt einen Zustand größter Überforderung durch allzu hochgesteckte Ziele. Da es dir nicht gelingt, den Mann zu beeindrucken, weil sein Lebensverständnis deine Alltagserfahrungen übersteigt – du siehst die Dinge persönlich, während er das Ganze aus der Vogelperspektive überblickt –, identifizierst du dich allmählich mit seinen Idealen und machst seine überhöhten Ansprüche zu deinen eigenen. Deshalb besteht die Gefahr, dich im Kampf um persönliche Durchsetzung von deinen persönlichen Ansichten zu entfernen, weil du in den fälligen Auseinandersetzungen mit seinen statt mit deinen Argumenten brillierst. Gleichzeitig wächst das Bedürfnis nach Freiheit in dem Maße, wie du dich gegenüber dem Gefährten nicht durchzusetzen vermagst. Im Kompensieren der vergeblichen Versuche, die die «Eroberung des Thrones» (die Eroberung der Ziele deines Partners) zum Inhalt haben, versuchst du, dieses Defizit durch überhöhte Aggressionen zu korrigieren. In überhöhter Selbstbezogenheit spielst du vor dem Mann die Heldin, die verdrängt, daß sie sich zu einem Inventarstück der inneren Bildwelt ihres Begleiters gemacht hat.

Trigon, Sextil ⊻

Mars ist bei dir häufig ein unbewußter, abgespaltener Teil, weil der Zwang zur Durchsetzung nicht immer mit den Zielen übereinstimmt, die dir dein Animus vermitteln will. Die unbekannte und unbewußte Aggression ist nur scheinbar auf ein Objekt der äußeren Welt gerichtet. Dieses ist nur der Projektionsträger für das tiefe, unbewußte Bedürfnis der Seele, erkannt zu werden. Dieses Unbewußte tritt dir unter diesem Aspekt in der Gestalt eines Mannes entgegen, der vorgibt, dir die Symbole zu vermitteln, um die weite und unbekannte innere Welt zu verstehen. Wenn du siehst, daß der Partner dir hier nur begegnen kann, weil du ihn in deine Vorstellung hineinziehst, dann erkennst du auch, daß dir im Jupiter-Bild immer der Vater entgegentritt, den du deiner Aggression entgegenstellst, damit du deine angriffslustig angestrebten Ziele als verdrängte Sehnsucht nach Heimat oder als Heimweh nach dir selbst erfährst. Die psychologische Erfüllung des sich selbst erkennenden Willens ist Jupiter in der Erscheinung des anderen, ein Bild, das niemals etwas anderes als dich zeigen kann: und zwar in der Erwartung der Sehnsuchtserfüllungen im Vaterbild. Möglicherweise bist du in dieser Beziehung der Brennpunkt, auf den der Jupiter-Gefährte sein Wissen richtet, um einen genügend starken Fokus zu erreichen, durch den seine Ideen sich zu durchschlagskräftiger Energie verdichten. Wenn du das erkennst, brauchst du ihn nicht mehr, um die Wirklichkeit deiner Ängste an dem zu messen, was du äußerlich verändern kannst. Statt dessen kannst du gemeinsam mit ihm verwirklichen, was du als Ergebnis deiner inneren Entwicklung in der Welt verändern möchtest.

♂ ♄

Mars / Saturn

Mars der Frau in Aspekt zum Saturn des Mannes

Konjunktion ☌

Die Saturn/Mars-Blockade wird von dir in den meisten Fällen auf den Partner übertragen, da dieser Aspekt mehr für die Aufarbeitung alter Ängste als für die Ziele der Heldin steht. Das heißt, der Mann deiner Wahl kommt in die Gnade, den äußeren Widerstand für dich zu reflektieren. Dadurch wird deine Strategie verständlich, ihn für die Selbstdisziplin, die du dir wünschst, aber selbst nicht zutraust, verantwortlich zu machen. Sie wird als jene Überkompensation deutlich, die dich in deinem Animus-Verständnis aus der eigenen Kindrolle schleudert, damit du dem Rollenverständnis deiner (elterlichen) Unterdrücker nacheifern und deine karmische Aggression gegen dich selbst leben kannst. Daher wirst du dich entweder einem blockierten oder überkompensierenden Mann je nach Art des Vaters hingeben, der sich entweder total beherrschen ließ oder sich mit ungewöhnlicher Härte durchsetzte. Dabei kann auch das Bett zum Schlachtfeld dieser Kämpfe werden, wobei die Siegestrophäe demjenigen winkt, der den anderen zu unterwerfen imstande ist, aber nicht um der physischen Sinnlichkeit wegen, sondern aus dem tiefsitzenden, frustrierenden Gefühl heraus, ohne die totale Unterwerfung vom anderen nicht angenommen zu werden.

Quadrat, Opposition ⚻ □ ∟

Unter dieser Konstellation opferst du dich dem Mann, denn du erkennst nur eine männliche Kraft an, die dich einschränkt, damit du sie im gleichen Atemzug bekämpfen kannst. Du willst von ihm angegriffen werden, damit du dich in der Identifikation mit deinem Animus über diesen hinwegheben und dich dadurch von ihm ablösen kannst. Gleichzeitig möchtest du ihn besiegen, weil du dich hier in der Lage fühlst, mit äußerster Willenskraft und Konzentration deine Ziele zu erreichen. Du liegst mit dir selbst im Streit, weil dich die eigene Willenskraft (Durchsetzung um jeden Preis) und die Angst vor dem Verhinderer aufreiben. In der Krise kannst du das Bedürfnis haben, diesen alten Zwist wieder zu entzünden und den Feind besiegen zu wollen, was aber nicht gelingen kann. Man könnte auch vermuten, daß du die Aufgabe hast, voranzutreiben, was dein Partner zu hemmen bestrebt ist, damit sich der Aspekt im Scheitern der Beziehung erfüllen kann. Sigmund Freud hat diesen psychischen Vorgang als Konsequenz des Inzest-Verlangens des Sohnes gegenüber der Mutter gedeutet, der dafür Bestrafung durch den Vater fordert, um ihn aus Rache umbringen zu können. Doch weil dieser innere «Sohn» ein Teil deines Aggressionsmusters darstellt und du das Ziel dieser Auseinandersetzung selbst bist, wird hier klar, daß diese Absicht nicht aufgehen kann. Denn alle Arten von Kraftmeiereien, die zur «Krönung» ihrer Verdrängung die Unterwerfung des Gegners verlangen, lassen plötzlich Frustration aufkommen, wenn du spürst, daß die Aufwendungen in keinem Verhältnis zum Ertrag (Lustgewinn) stehen und du vor lauter Anstrengungen das eigentliche Ziel, dich selbst, aus den Augen verloren hast.

Trigon, Sextil ⊻

Der saturnische Partner möchte deinem martialischen Teil signalisieren, daß das eigentliche Ziel in der Beziehung nicht das ständige Anrennen und Überwinden äußerer Widerstände ist, sondern das Erreichen einer inneren Stärke, um die Dinge ganz bewußt geschehen zu lassen. Denn das Gewalttätige, Explosionsartige dieser Verbindung ist offenkundig und kann zu ständigen Affekthandlungen führen, wenn das Ganze nicht durch Einsicht und entsprechende Reife aufgefangen wird. Deine Aufgabe im gemeinsamen Handeln ist, dich als Person nicht so wichtig zu nehmen. Die Forderung ist dann erfüllt, wenn du durch Hinterfragung und Aufarbeitung deiner Erlebnisse die Spannungsknoten löst und dich damit einem positiveren Lebensgefühl öffnest, wenn es dir gelingt, Abstand zu dir selbst zu gewinnen – Abstand zu deinem Durchsetzungswillen, der gleichzeitig gefördert und verhindert werden will: gefördert, wo er sich mit den Interessen anderer zu gemeinsamen Zielen verbindet, und verhindert, wo sich nur das eigene Ego zur Demonstration seines Willens in den Mittelpunkt bringt.

♂ ⚷

Mars / Chiron

Mars der Frau in Aspekt zum Chiron des Mannes

Konjunktion ☌

Auf der Partnerschaftsebene bist du eingeladen, dich neu zu orientieren. Dabei stellst du dir selbst die Frage: «Wer bin ich?» Energetisch wird dieser psychische Vorgang durch das Bild des karmischen Begleiters ausgedrückt, der dich mit den Grundlagen deiner Aggressionen konfrontiert, denn diese Konstellation symbolisiert einen karmischen Wendepunkt. Die Lehre, die du daraus ziehen kannst, ist in der Regel mit schmerzlichen Erkenntnissen verbunden. Es ist nicht einfach, den Widerstand des anderen zu überwinden und eine seelische Entwicklung einzuleiten. Mit diesem Aspekt in einer Beziehung klopfen alte, bisher ungelöste karmische Probleme an die Tür des Bewußtseins. Das Schicksal tritt in Gestalt des seelischen Gefährten in dein Leben, um dich zu lehren, den Feuergeist zu kontrollieren, der dich zwingt, zu handeln um des Handelns willen, ohne konkrete Ziele zu verfolgen. Dadurch wirst du in deiner aggressiven Absicht gestoppt und bist gezwungen, dich neu zu orientieren. Anstatt deine Aggressionsmuster zu leben, die dich kopflos vorwärtstreiben, kannst du jetzt deine Situation überprüfen. Denn erst mit befreitem Geist, der aus der Asche aufsteigt, kannst du das sinnlose Tun um des Tuns willen überwinden. Auch wenn du den Partner meist als Bedrohung empfindest, da er dich gegen deinen Willen anleitet, ist er der Heiler, der dir deine Verstrickungen zeigt. Er erscheint als Vernichter, der dich blokkiert, aber er ist auch der Blockierer deiner aggressiven Muster, der die falsche Ziele verhindert.

Quadrat, Opposition ⚻ □ ∟

Mit diesem Aspekt mußt du der karmischen Destruktivität deiner inneren «männlichen» Natur bewußt werden, die dir in Form deines Begleiters erscheint. Du mußt die Angst vor dem Mann ablegen, der dir seine Pranke auf die schmerzende Wunde legt, denn der eigentliche Angstgegner steckt in dir selbst. Dein dualer Verstand erlaubt es dir nicht, wahrzunehmen, wie schrecklich sich der unversöhnte, abgespaltene Animus durch die Flammen des unbewältigten Zornes auf dich auswirkt. Indem du dich der Tyrannei des Partners unterwirfst, verletzt du deine marsische Instinktnatur, die dich dafür in deinem Inneren ebenso herabsetzend und grob behandelt, wie es der Mann in der äußeren Realität tut. Doch die Verantwortung dafür liegt in dir. Deshalb begegnet dir der Seelengefährte als Sklaventreiber, der dich im Käfig deiner Aggressionen gefangenhält. Zwar bist du eine Gefangene, aber eine Gefangene deiner eigenen Situation, und wenn es dir nicht gelingt, das Wesen deiner unbewußten männlichen Seite, den Animus, in dir selbst wahrzunehmen und gleichzeitig zu erfahren, daß der Partner nur als Spiegel fungiert, in dem du dein eigenes schlechtes Gewissen wahrnimst (das du im gleichen Atemzug verdrängst), dann wirst du den «Stock» statt den «Esel» schlagen. Du wirst dich mit dem Mann über deine Ziele streiten, weil du glaubst, damit die Situation zu klären. Letztlich wirst du sogar den Bruch vollziehen, weil du glaubst, durch das Zerschlagen des Spiegels das Problem zu lösen, das in dir selbst sitzt.

Trigon, Sextil ⚺

Der Wunsch unter dieser Konstellation, einen Therapeuten zu finden, der dir hilft, die Impulse und unbewußten Aggressionen, die in deinem Leben keinen Sinn ergeben, zu beseitigen, dient der Tarnung deiner tieferliegenden Weigerung, die Männlichkeit des Partners anzunehmen. Dabei kannst du deiner aggressiven Haltung nicht entfliehen, denn sie färbt den Inhalt dessen, was du anziehst. In dem von dir karmisch «beabsichtigten» Begleiter siehst du dich plötzlich mit dem Inhalt deiner unbewußten Wünsche konfrontiert, die Voraussetzung, um die Grundlagen deiner eigenen Aggressionen im Verhalten eines anderen Menschen auf dich zu ziehen, um dein unbewußtes destruktives Handeln – Zerstörungswut und der Wunsch, Konflikte zu provozieren – gemeinsam mit ihm an die Oberfläche zu bringen und zu analysieren. Damit steht der Mann für einen Teil deines Heilungsprozesses. Ihm fällt die Aufgabe zu, deine aggressive Einstellung zu ändern, um das innere Problem, für das die Aggression steht, bewußtzumachen und die Harmonie in eurer Beziehung daran zu messen, in welchem Maße die Symptome deiner angespannten inneren Unzufriedenheit nachlassen.

♂ ⛢

Mars / Uranus

Mars der Frau in Aspekt zum Uranus des Mannes

Konjunktion ☌

Diese Verbindung ist wie ein Flaschenhals, durch den eure Aggressionen explosionsartig ins Leben geschleudert werden. Wenn du dir Mars als den äußeren Antrieb vorstellst, der das explosive Energiefeld des Uranus auslöst, dann kannst du dich in der Beziehung auf einen immer wiederkehrenden Impuls zum Ausbruch aus der Realität einstellen, der dich zu anderen Sichtweisen führt. Hier bist du an einen Mann geraten, der mit Normvorstellungen nichts am Hut hat. Du wirst auf den Wogen seines individuellen Selbstausdrucks in Gefilde getragen, wo du dich (durch die Projektion deines Animus) mit seinem verdrängten, überkompensierenden Ego zu identifizieren suchst. Das entspricht dem unbewußten Wunsch, dich mit dem Partner anzulegen, in der Absicht, ihn zu zähmen, ohne aber das Risiko gänzlich auszuschließen, ihm möglicherweise auch lustvoll unterliegen zu wollen. Da du dich scheinbar gegen ihn wehrst, ihn aber gleichzeitig anfeuerst, deine Abwehrhaltung aufzubrechen, hast du den Wunsch nach passiver Kontrolle, indem du den Mann durch Hingabe dirigierst. Weil du aber nur einen interessanten Weggefährten akzeptierst, sehen wir hier deutlich, wie sich in diesem vermeintlichen Wunsch nach Kontrolle in Wirklichkeit die Hoffnung auf eine kontrollierte Aggression gegen dich selbst verbirgt, weil du deine Sexualität ohne das Ankämpfen des Mannes gegen deine gespielte «Hingabeverweigerung» in dieser Beziehung nicht einbringen kannst.

Quadrat, Opposition ⚻ □ ∟

Im Gefühlsbereich verkörpert der Partner nicht nur den Widerspruchsgeist, er ist auch ein Symbol für die archaische Urgewalt, die deine Psyche regelrecht zum Einsturz bringen kann, wenn es keine andere Möglichkeit mehr gibt, um den Panzer deines aggressiven Ich zu durchdringen. Dann kannst du nur noch versuchen, dich in dein Schicksal zu fügen, um in der Vernichtung den Geist deiner Freiheit wiederzufinden. Das Thema ist aber nicht nur die gegen dich gerichtete Aggression, sondern auch der uranische Widerspruch, der deine Aggression ermüdet, bis nicht mehr die persönliche Kraft und der Willen herrscht, sondern das Mißlingen und die Depression des Scheiterns. Um den Mann zu erreichen, opferst du deine Weiblichkeit. Er dagegen behält seine Unabhängigkeit, während du mit der widersprüchlichen Situation konfrontiert wirst, diese ständig erobern zu müssen, um überhaupt eine Beziehung eingehen zu können. Du bist also das Ziel seines von sich selbst abgespaltenen Unvermögens, sich in eine Partnerschaft einzubringen, obwohl er die Nähe der Eva sucht. Das ganze Beziehungsgefüge funktioniert nur aus dem Grund, weil er den Glauben an seine Freiheit behält (auch wenn die Beziehung mit dir ein gelebter Widerspruch in sich selbst ist). So kann er weiter in dir suchen, was er bei sich selbst nicht sehen will. Weil er die Aggressionen sucht, die er gleichzeitig bei sich ablehnt, sitzt er zwischen den Stühlen, woraus er sich nur befreien kann, indem er das bei sich Fehlende bei dir nicht einfach abwehrt, sondern sich gleichzeitig von der Abwehr auch anziehen läßt. Eine Lösung wäre, wenn es dir gelänge, das «sich selbst mißtrauende Selbstvertrauen» zu hinterschauen, um die Wurzeln der Aggressionen in deinen eigenen Blockaden zu erfahren und dir die Frage zu stellen, wo solche übertriebenen Reaktionen überhaupt hinführen.

Trigon, Sextil ⚹

Mars/Uranus verkörpert den plötzlichen, überraschenden Energie- und Aggressionsaustausch, die blitzartige Entladung von Energie, die ein Vakuum schafft, das neue Energie ansaugt. Deshalb steht dieser Aspekt für den Zusammenbruch des Alten auf dem Weg zum Neuen oder das Scheitern als notwendige Voraussetzung, um zu einer umfassenderen Wahrheit zu gelangen. Das entspricht deiner inneren Kraft, die sich selbst erneuert, wenn sich ihre vitale Kreativität an den Widerständen des Alltags abgeschliffen hat, und bedeutet oft eine Art von Gefühlen zwischen Freude und Schmerz, eine Form der Befreiung, die sich nicht scheut, dich an die Schmerzgrenze heranzuführen. Wenn der Blitz der Erleuchtung deine Partnerschaft durchdringt, werden die unbewußten Motive deiner Handlungen im täglichen Leben sichtbar. Oft nimmt der Mann seine Männlichkeit, die er bei sich abwehrt, in dir wahr, weshalb er dich minderwertig ansieht. Diese minderwertige Funktion, die er auf dich überträgt, ist der Schlüssel zu seinem Verhalten, weshalb du mit ihm darüber diskutieren solltest. Die Konstellation zeigt auch die Möglichkeit, durch die Integration von Erkenntnissen, die euch die Notwendigkeit gegenseitiger Maskierungen aufschlüsseln, zu wachsen. Somit kannst du zusammen mit dem Partner das Ziel erblicken, unabhängig von allen konventionellen Normen und bürgerlichen Einschränkungen einen ungestümen, potenzierten und kreativen Geist zu entwickeln.

♂

♂ ♆

Mars / Neptun

Mars der Frau in Aspekt zum Neptun des Mannes

Konjunktion ☌
Unter diesem Aspekt aktivierst du die Sehnsucht nach Verschmelzung mit deinem Partner und lädst ihn ein, die Vergeistigung sexueller Energien dadurch zu leben, daß er die marsischen Kräfte in dir entdeckt. Dies ist ein konstruktiver Ansatz, bei dem sich die schöpferische Potenz des absoluten Nichts in dir zu manifestieren sucht. Der Mann hat genug Phantasie, um sich vorstellen zu können, daß es auch eine ungeheure Verlockung sein könnte, sich von dir abhängig zu machen. Er spürt, daß du dich unbewußt mit deinem Animus identifizierst und die männliche Rolle, der er durch das Eintauchen in die neptunische Tiefe beraubt ist, lebst. Deshalb hofft er, daß dein Mars ihm sagt, was er zu tun hat. Er wünscht sich insgeheim, daß du die Initiative ergreifst. Er braucht das Gefühl, dir dienen zu dürfen und dir damit einen Gefallen zu erweisen. Gleichzeitig wirkt sich seine durch die Versagensangst in die Beziehung reflektierte Aggressions- und Willenslähmung oft in einer Weise aus, in der es dir nur schwer gelingt, deine Vorstellungen klar zu definieren, weil er – obwohl er glaubt, er wolle dir deinen Willen erfüllen – im Grunde nur die eigenen Wünsche versteht, weil er dich unbewußt als Spiegel sieht, der ihm seine eigenen Bedürfnisse reflektiert. Willst du mehr als seine Projektionsfläche sein, dann mußt du ihn zur Selbstaufgabe zwingen. Der in der Beziehung durch Neptun seiner Aggressivität enthobene Mann empfindet diesen Akt als eine ungewöhnlich intensive und individuelle Zuwendung, die durch nichts ersetzt werden kann. Es ist die vollkommene Liebeserklärung schlechthin. Ihre Intensität übertrifft alle anderen Formen des Liebesspiels. Nur die Selbstaufgabe führt zu einer seelischen Verschmelzung und damit zu einer festen Bindung.

Quadrat, Opposition ⚻ ☍ ∟
Hier wirst du mit einem Mann konfrontiert, der sich jeglicher Autorität entzieht, weil er seine eigene Männlichkeit ablehnt. Indem du ihn in seiner Schwäche provozierst und ihn in ein unterwürfiges Verhalten treibst, das jede Möglichkeit einer funktionierenden Beziehung ausschließt, lebst du seinen Mangel an Stärke gegen ihn. Deshalb wird er sich wahrscheinlich erschreckt zurückziehen, wenn du ihn attackierst. Doch dieser Rückzug ist nicht ungefährlich. Wenn Mars die Aggressionen symbolisiert, die der Partner verdrängt, dann löst Neptun die Aggressionen auf. Das bedeutet, daß du deine Aggressionen genauso wenig abbauen kannst wie die verdrängte Angst, die du stellvertretend im Mann für dich auslebst. Weil die negativen Gefühle dadurch nicht verschwinden, sondern nur nicht herauskommen können, wenden sie sich gegen dich selbst, indem du dich psychisch mit der Verhinderung seiner Angst identifizierst. Du ziehst also die Negativprojektionen auf dich, und damit – weil der Mann seine Aggressionen verdrängt – auch die Verdrängungen des Partners. Doch mit der Aufweichung des Ich verlierst du alle schützenden materiellen Hüllen: Du versinkst im bodenlosen Raum des Selbst und läßt dein Ego als Opfergabe auf dem Altar Neptuns zurück.

Trigon, Sextil ⊻
Diese Beziehung erfordert eine solide weltliche Grundlage. Erst dann wird es dir möglich sein, deine persönlichen Eingebungen in die Wirklichkeit zu integrieren, Inhalte aus dem Unbewußten ans Tageslicht zu heben und dich in die Emotionen deines Seelenmannes einzufühlen. Du identifizierst dich unter diesem Aspekt mit deinem Animus-Bild. Über die Sexualität kannst du deine Phantasien auf eine spielerische Art ausleben und nicht nur deine Triebe, sondern auch die tiefen Gefühle im Mann wachrufen. Denn dein Weggefährte hat ein äußerst sensibles Gefühlsleben. Spirituell gesehen befindet er sich auf der Schwelle: Noch ist er von den sexuellen Lockrufen seiner inneren Sirenen besessen, die für die unerlösten Sehnsüchte stehen und ihn wieder zu den Urquellen ziehen wollen, gleichzeitig wird er aber mit deiner sexuellen Aggression konfrontiert. Er läßt sich deshalb von seiner auf dich projizierten Anima führen (die ihm seine unterdrückten Aggressionen lustvoll spiegelt!). Er hat sich an seine innere Schwäche gewöhnt. Nun kann er sich seine Lust verdienen, indem er sich seinen Träumen überläßt, statt die Aggressionen zu unterdrücken. Als Symbol der Unterwerfung trägt er (anstelle der Nabelschnur) jetzt ein Nietenband um den Hals, zum Zeichen, daß er die Gefühle der Hilflosigkeit und Schwäche jetzt annehmen und sich dir hingeben kann.

♂ ♇

Mars / Pluto

Mars der Frau in Aspekt zum Pluto des Mannes

Konjunktion ☌

In der Liebe enthüllt sich der göttliche Wille als ein Sinnbild der Selbstdurchsetzung und der persönlichen Ichfindung. Deshalb enthüllst du dich im Spiegel dieser Verbindung als beherzte Kriegerin, die das Machtprinzip ihres Selbst durch aggressives Verhalten zum Einsatz bringen kann. Vom Wunsch nach Entfaltung dieser Energien beseelt, bist du bestrebt, den Partner anzugreifen, sobald er dein Handeln beeinträchtigt, um den karmischen Kreislauf von Ursache und Wirkung durch deine aggressive Präsenz in noch schnellere Bewegung zu versetzen. Du greifst ihn nicht an, um dich mit ihm zu streiten, sondern um seine Ecken «abzuschleifen» und seinen strahlenden inneren Kern aus der oft groben Hülle zu befreien. Dank deiner intensiven Sexualität findest du auch im Bett Möglichkeiten zur Aktivierung seiner unbewußten Tiefen. Du motivierst ihn, durch den Raster der Vergangenheit ständig seine Vision von der Zukunft in die Gegenwart zu übertragen. Das bedeutet, daß er ständig veraltete Muster zum Vorschein bringt, die von dir dann eliminiert werden müssen, um für das Neue aufnahmebereit zu sein. Tief in der Seele bleibst du dem Mann in seinem Wesen verbunden, weil du ihm die zur Durchsetzung seiner persönlichen Ziele bewußte Kraft zur Verfügung stellst, während er den dunklen Urgrund symbolisiert, aus dem sich deine bewußten Handlungen speisen.

Quadrat, Opposition ⚻ □ ∟

Da Mars die Energie symbolisiert, die du für die Durchsetzung deiner persönlichen Ziele zur Verfügung hast, und Pluto für die Urmuster steht, die diese Energien dirigieren und die inneren Bedingungen für die äußeren Zwänge anzeigen, ist zu vermuten, daß die dunklen Kräfte, die in der Beziehung durch den Partner zum Ausbruch kommen, trotz all der Krisen der Transformation deiner eigenen Persönlichkeit dienen. Hier kannst du den Widersacher an dem erkennen, was er an negativen Gefühlen in dir auslöst. Er zieht dir die Maske vom Gesicht und zeigt dir, warum du dich um jeden Preis immer durchzusetzen versuchst und deine Ziele ohne Rücksicht auf Verluste anpeilen mußt. Er ist der ungeliebte Spiegel deines Selbst, in dem du dein triebhaftes Verlangen erkennst, wenn du ihn zu erobern versuchst, und nicht merkst, daß der andere das gleiche Ziel im Auge hat. Weil du bewußt tust, was jener unbewußt im Schilde führt, ahnst du die unermeßlichen Abgründe hinter dem Verhalten des Mannes und wirst ihn vielleicht als «Teufel» bekämpfen. Du versuchst möglicherweise, die aggressiven männlichen Energieströme, die zu groben Verletzungen moralischer und sozialer Werte führen können, loszuwerden, indem du deine Aggressionen auf den Partner überträgst und dessen asoziales oder gar kriminelles Verhalten bekämpfst. Du wirst den Kampf gegen die Brutalität als deine ureigenste Aufgabe empfinden und dich mit einer fanatischen Hingabe dem Kampf gegen das Böse zuwenden, was der Bekämpfung deines eigenen «Sündenbocks» in der Gestalt des anderen entspricht. So versuchst du dich in ihm zu erlösen, indem du ihn zum Ausleben seiner zerstörerischen Kräfte gegen dich zwingst (und dadurch zur Annahme von Schuldgefühlen), ihn aber gleichzeitig als strahlende Siegerin unter Lebensgefahr oder Aufbietung all deiner heldischen Kräfte aus den Klauen der Harpyien befreist, sobald er sich dir sexuell unterwirft. Dahinter wirkt sich die verborgene, geleugnete, tabuisierte seelische Schwerkraft des Todestriebes aus, die deshalb etwas so ungemein Fesselndes für dich hat, weil die Schwester der «Lust am Untergang» die «Lust an der sexuellen Ekstase» ist. Es ist der zwanghafte Wunsch, dich gegen alle Schwierigkeiten zu behaupten, der Gefahr ohne Zögern ins Auge zu schauen und den Teufel geradezu herauszufordern.

Trigon, Sextil ⊻

Unter dieser Konstellation wirst du von Eigenschaften wie Heldenhaftigkeit oder übertriebenem Mut berührt. Dein Verhalten wurzelt nicht nur in der Gestaltung sexueller Wonne, sondern vor allem in den Aggressions- und Durchsetzungsmechanismen deiner Instinkte. Hier liebst du deinen Partner ebenso leidenschaftlich, wie du ihn haßt, weil du ihn nicht besiegen kannst. Du gestehst ihm deine Liebe und lieferst dich ihm aus, damit sich die im Licht erstrahlende Liebe mit der Instinktnatur im Unbewußten verbinden kann, bist aber gleichzeitig über den Verlust deines Egos von Haß und Scham erfüllt. Die negative Seite dieser Verbindung ist daran zu erkennen, daß du den Instinkttrieb des Mannes provozierst und zum Kampf herausforderst, da du nicht siehst, daß sich im anderen ein Vampir verbirgt, der sich an den Innereien seines Opfers weidet. Dieser Aspekt versinnbildlicht also die verzehrenden Neigungen des Unbewußten, dich in den Rachen des plutonischen Gefährten zu stürzen, aber nicht, um vom Unbewußten verschlungen zu werden, sondern, wie Jonas vom Wal, vom Unbewußten transformiert und wieder ausgespuckt zu werden. Indem du dein kämpferisches Ego (Mars) dem Mann überläßt, der sich mit der Großen Mutter identifiziert und dich an deren Schatten verrät (Pluto), mußt du deine Erlösung der «schrecklichen Mutter» überlassen, die dich sowohl verschlingen wie auch verwandeln kann, so daß du symbolisch wiedergeboren wirst. In diesem Sinn stellt diese Beziehung die Charakterveränderung dar, die der Lohn für die mutige Begegnung mit dem Mutterprinzip des Animus sein kann.

♂ ⚸

Mars / Lilith

Mars der Frau in Aspekt zur Lilith des Mannes

Konjunktion
Im Einflußbereich dieser Verbindung wirfst du eine brennende Fackel in die Seele deines Begleiters, um ihm Licht und Inspiration zu bringen und eine Zukunftsvision zu entzünden. Es ist dein Verlangen, seine Dunkelheit zu vertreiben und durch die Flammen hindurch zu der gefangenen Göttin auf der unbewußten Seite zu gelangen. Die Flammen, die du durchschreitest, sind ein Symbol für den Umbruch und die schöpferischen Wehen der Wiedergeburt, die die Verschmelzung mit dem weiblichen Schatten im Mann ausdrücken. Die Sexualität unter diesem Aspekt schafft eine turbulente Veränderung nach der anderen, und während sich die Suche nach Ganzheit (die Rückeroberung der durch das Männliche besetzten Göttin) spiralförmig in den Bewußtseinshimmel windet, entdeckst du den Hintergrund der verdrängten matriarchalischen Gewalt, die sich hinter diesen heilsamen, aber schmerzhaften Transformationen abspielt. Es geht hier darum, daß du dich mit dem Partner vereinigst, jedoch nicht in der unbewußten Natur, sondern in der differenzierten Einheit des Erkennens, zu der die beiden Hälften nach langer und schwieriger Suche gelangen. Du findest deinen Gefährten aber nicht, indem du das opferbereite Weibchen spielst, daß sich ihm schutzbedürftig in die Arme wirft, sondern indem du deinen ausgelagerten Schatten im Mann erkennst und diesen in einem entschlossenen Akt der Befreiung zurückzuholen versuchst. Du schreitest mutig in die Flammen, die sich überall ausbreiten, und es ist bemerkenswert, wie hier dein «weiblicher» Mars die Initiative ergreift. Er verschmilzt mit dem Animus, der die dunkle Lilith als Anima mit der reifen Ganzheit als Ziel anstrebt.

Quadrat, Opposition
Auf der gemeinsamen Ebene ist es ziemlich schwierig, dich unmittelbar mit deinem Partner zu identifizieren, weil das Finstere in seinen tückischen Absichten und das Strahlende deiner Ich-Ideale offensichtlich unvereinbar sind. Du entwickelst kein Vertrauen zu ihm, weil er dir bei deinem Versuch, in ihn einzudringen, einen gehörigen Widerstand entgegensetzt, und das wiederum schafft Widerstand in dir. In weiblicher Manier übt er Rache und Vergeltung auf hinterlistige Weise aus, was dich mit deinem abgespaltenen weiblichen Teil auf Konfrontationskurs bringt. Du bekämpft in ihm die dunkle Göttin, die stets zur Stelle ist, um dich an sich zu binden. Denn das Teuflische ist die Kehrseite des Göttlichen, solange du für die Untrennbarkeit von Gut und Böse nicht eintreten kannst. Es fällt dir dagegen leicht, dich mit deinem «männlichen» Teil zu identifizieren, denn Mars scheint diese Idealvorstellungen nicht nur zu teilen, sondern stellt sie tatsächlich dar. In dieser Verbindung kann deine Weiblichkeit gespalten sein. Auf der einen Seite bist du Teil der Aggression, die dem männlichen Wesensanteil entspricht, mit dem du dich identifizierst; auf der anderen bist du Teil des weiblichen Schattens, den du aufs heftigste ablehnst. Wenn du die Gegensätze unvereinbar ansiehst, gerätst du mit dem Mann in Konflikt, weil deine Aggression (das Ziel, das du anstrebst) einen Schatten (die Wahrheit, die du nicht gern in dir selbst erkennst) auf deine «gute» Absicht wirft, die sich immer wieder auf ihn stürzt.

Trigon, Sextil
Im Bereich der Gefühle begegnest du deinem Animus im Lilith-Mann, auf den du den inneren Helden projizierst. Gleichzeitig kann dein weiblicher Instinkt deutlich spüren, daß etwas Widersprüchliches in ihm vorhanden ist, daß dich gleichermaßen bekämpft wie anzieht. Damit trennt sich das Bild des Partners in zwei Teile. Der eine Teil ist der aggressive Mann, den du auf ihn projizierst (Animus-Projektion), der andere der Schatten deiner abgespaltenen Weiblichkeit, der sich in seiner Lilith spiegelt, die dich bekämpft. Aus diesem Grund erkennst du in der Psyche deines Begleiters ganz deutlich den «Animus seiner Anima», den er durch dich auf sich zieht und durch den er gleichzeitig vor dir flieht. Er meidet dich in dem Sinne, daß er dich zwar als Frau verschmäht, nicht aber als Mars-Projektion seiner Anima – mit der er eine Beziehung eingeht. Deshalb läßt er dich auch nicht an sich heran, sondern nur an sein Bild, das du aber nicht berühren darfst. Eure Beziehung läßt sich mit einem Spiegel vergleichen, in dem du deinen dunklen Prinzen erblicken kannst, der dich allerdings bittet, nicht in den Spiegel einzudringen, da du sonst sein Bild zerstören würdest.

♂ ☊

Mars / Mondknoten

Mars der Frau in Aspekt zum Mondknoten des Mannes

Konjunktion ☌
Es ist der alte Zauber, der vertraute Zug zurück in die embryonale Wonne, in die Arme der Urmutter, den du in deinem Partner begrüßt. All die Freude und all die Posie, die er für dich fühlt, wenn er dich als Erlöserin begrüßt, sind von der Euphorie indirekter Gefühle durchströmt, die er bereits auf andere Art für dich glaubt empfunden zu haben, als ihr in karmischer Vergangenheit in der einen oder anderen Form miteinander verbunden wart. Ihm in der Gegenwart als marsische Kämpferin entgegenzutreten bedeutet für dich, daß du nicht mehr so leicht überwunden und in den seelischen Katakomben der Sehnsucht von ihm verschlungen werden kannst. Hier kannst du wie eine spanische Konquistadorin in seine Heiligtümer eindringen und die gemeinsamen Schätze an die Oberfläche bringen, ohne in seinen Gemächern gefangen zu werden. Vor der Gefahr, daß du dich in der Vertrautheit gemeinsamer Erinnerungen verlierst, schützt dich das Schwert. Mit der zweischneidigen Klinge des Verstehens kannst du dein eigenes Verlangen nach ihm ergründen, und gleichzeitig das Bild von dir fernhalten, das ihn als gefährlichen Verführer aus deiner Vergangenheit personifiziert und dich deshalb vor dem Eintauchen in die Infantilität gemeinsamen Verdrängens der Alltagsrealität beschirmt. Du nimmst dir nur soviel Licht aus der Tiefe seiner karmischen Erinnerung, wie du brauchst, um deine Seele zu transformieren.

Quadrat, Opposition ⊼ ☐ ∟
Im emotionalen Erleben versuchst du dem Partner das klare Licht der instinktiven Willenskraft und des zielgerichteten Energieeinsatzes zu vermitteln. Da das Licht ein uraltes Symbol für den männlichen Willen ist, der das weibliche Unbewußte der Natur befruchtet, mußt du, damit er in seinem Rollenverständnis als Mann das Licht von dir überhaupt annehmen kann, das Bild deines Animus auf ihn projizieren, damit er es nicht von dir empfangen muß, sondern aus dir «herausziehen» kann. Hast du eine Beziehung zu deinem inneren Selbst, kannst du das Bild deines Animus auf ihn projizieren, ohne aber selbst die Verbindung zu diesem zu verlieren. Ist diese Verbindung jedoch durch den Mangel an richtiger Vaterliebe gestört, verlierst du die Kontrolle über das Bild, das du auf ihn projizierst, und versuchst, ihn stellvertretend für deine ausgelagerte Aggression mit dem Schwert zu durchbohren. Deine stillschweigende Voraussetzung, daß Gewalt von Übel ist, außer wenn du sie gegen den anderen benutzt, ist symptomatisch für ein schizoides Element unter diesem Aspekt. Zu den schlimmsten Gefahren dieser Situation gehört, daß der arme Mann von dir unbewußt dazu getrieben werden kann, sich mit deinem Schatten gegen sich selbst zu verbünden, wenn du ihm das «Schwert des Willens» reichst. Hat er keine Beziehung zu seiner Weiblichkeit, dann wird er sich notgedrungen selbst in das gezückte Schwert stürzen. Es ist ein verzweifelter Versuch, Abhilfe dadurch zu schaffen, daß er sich dir überall ausliefert, wenn du ihn angreifst.

Trigon, Sextil ⊻
In der Partnerschaft bist du gleichzeitig Kriegerin und Samariterin, Täterin und erlösende Kraft, die die Aggressionen überwinden und transformieren kann. Die Stärke der Entschlossenheit, mit der du auf den Mondknoten-Mann zugehst, hat mit der Entwicklung des Bewußtseins zu tun, und in dieser Hinsicht bringst du ihm mit der marsischen Schwertspitze die «erlösende» Wunde bei, durch die er sich mit den Aggressionen auseinandersetzen muß. Wenn du seine Werte zerstörst, bedeutet das für ihn die Chance, aus seiner trunkenen Versenkung zu erwachen und über seine selbstvergessenen Ziele hinauszuwachsen. Die notwendige Zerstörung seiner Vergangenheit ist das Geschenk, das du für ihn bereithältst, denn der kurzfristige Zusammenbruch des alten Weltbildes symbolisiert den Aufbruch zu neuen Erkenntnissen. Es ist das Alte in eurer karmischen Verbindung, das überwunden werden will. Du zerstörst Teile der Bilder, die der Partner aus seiner Vergangenheit aufsteigen läßt. Dadurch kannst du in seinem Bewußtsein Raum für neue Ziele schaffen.

♂ (AC)

Mars / Aszendent

Mars der Frau in Aspekt zum Aszendenten des Mannes

Konjunktion ☌

Unter diesem Einfluß fällt vor allem die spiegelbildliche Entsprechung zwischen deinen Zielen und den Charakterzügen deines Begleiters auf, denn es hat den Anschein, als stimme sein Wesen in allen Bereichen mit deinen Absichten überein. Dies ist ein ausgezeichnetes Beispiel für die Fähigkeit der (Aszendenten-)Maske, sich an die Ziele des anderen anzupassen, wenn diese mit den inneren Wünschen in Einklang stehen. Wenn die Maske des Partners seiner wahren Persönlichkeit entspricht, trägt er sie ohne Schwierigkeit, ist sie aber eine Fälschung, hat er Mühe, sie aufzubehalten, und fürchtet, er könne sie verlieren. Versuchst du, ihn an die Maske zu binden, dann spürst du, wie er sich entzieht. Schließlich merkst du: Er ist nicht der, den er dir spiegelt, sondern der, als der er gesehen werden möchte, und das bedeutet, daß er in deinen Augen ein Held sein will. Deshalb solltest du seine Selbstdarstellungs-Maskeraden nicht länger stimulieren, sondern seine Ausflüchte auf deine Forderungen, die er nicht erfüllen kann, akzeptieren, ohne sie als Realität anzusehen, wenn du den Held deiner Träume auf seine Maske überträgst.

Quadrat, Opposition ⚻ □ ∟

In dieser Beziehung bekämpfst du mit deinem Mars die Maske, hinter der dein Gegenüber seine Verletzlichkeit verbirgt. Zwar ahnt er wie jeder, daß er eine Maske trägt, die er nach Belieben auf- und absetzen kann, zum Teil ist diese aber unbewußt. Niemand ist sich seiner Maske immer bewußt und hat sie ganz in seiner Gewalt. Stimmt die Maske mit der wahren inneren Person überein, macht sie keine Schwierigkeiten, ist sie aber eine bewußte oder unbewußte Fälschung, bekommst du (und er) Probleme. Anstatt daß ihm die Maske Schutz verleiht, muß er sie jetzt vor dir verteidigen, und das ruft notgedrungen seinen Abwehrmechanismus auf den Plan. Dieser klemmt sich zwischen die Maske und die Ich-Person und tritt in jenem Augenblick in Aktion, wenn du die Maske des Partners angreifst. Das Fatale ist: Deine unbewußte Absicht, ihm die Maske herunterzureißen, wird ebenfalls von deinem Schatten genährt. Hier ist dein eigenes Handeln Teil des Schattens, den du aufs heftigste ablehnen würdest, wenn du ihn erkennen könntest. Da sich der Dämon hinter der Absicht verbirgt, richtig zu handeln, wenn er den Mann von seinen Selbstdarstellungsbildern befreit, kann er sich offen auswirken, ohne bei deinem Ich Verdacht zu erwecken. Deshalb gibt es nichts Leichteres für dich, als dich mit dem Ego deines Begleiters zu verbünden, da sein Schatten deiner marsischen Schwertspitze als Projektionsziel dient.

Trigon, Sextil ⊻

Da der Mann unter diesem Aspekt sein wahres Ich hinter der Maske seines Aszendenten versteckt, entspricht das, was er von dir wahrnimmt, dem beobachtenden Anteil des in ihm wirkenden Ganzen, der ihm hilft, seine verdrängten Aggressionen im Rahmen der Gefühle zu erfahren, die du auf ihn überträgst. Deshalb zieht er deinen Mars an, damit er die Willensstärke, die ihm oft fehlt, zusammen mit dir entwickeln und ausleben kann. Meist erkennt er nicht, daß er die Welt nur durch die Maske erfährt, die er sich selbst aufgesetzt hat. Er projiziert seine Sichtweise auf alles, was ihm von außen entgegentritt und reagiert dann auf das, was er zu sehen glaubt, anstatt auf das, was sich wirklich abspielt. Psychologisch gesehen hilfst du ihm, einen Schritt aus sich herauszutreten, um sich den Aggressionen, deren harmonische Seite die Kreativität der persönlichen Durchsetzung bedeutet, in dir anzunähern.

♂ (MC)

Mars / Medium Coeli

Mars der Frau in Aspekt zum Medium Coeli des Mannes

Konjunktion ☌

Es ist notwendig, daß du dich unter dieser Aspektierung auf deine innere Stärke besinnst, wenn du die Himmelsmitte deines Partners mit der «Marsspitze» berührst. Die Konjunktion zeigt an, daß in der spontan sich entzündenden und sich entladenden Gewalt ein durchaus segensreicher Aspekt liegen kann, wenn du deine Libido nicht an den alltäglichen Dingen aufreibst. Mit deinem Schwert versuchst du dich für die Ziele des Mannes einzusetzen. Dabei steckst du einen großen Vorrat an Libido in die Absicht hinein, deine Durchsetzungskraft und die Energie, mit der du deine Widersacher besiegst, mit seinen Wünschen zu verbinden. Im gleichen Atemzug wirst du mit seinen Feindbildern in der Außenwelt konfrontiert, fehlt ihm doch das männliche Unterscheidungsvermögen, daß er im gemeinsamen Handeln meist auf dich projiziert. Zwar ist es für den Mann durchaus wünschenswert, nicht nur gemäß trockener Berechnung äußere Ziele zu leben und sich von einer Partnerin leiten zu lassen, mit deren Durchsetzungskraft und Energie er sich identifiziert. Andererseits ist es nicht ratsam, von deiner Risikofreude und Konfliktbereitschaft besessen zu sein, da es ihm meistens mißlingt, diese beiden Zustände in der Beziehung immer auseinanderzuhalten.

Quadrat, Opposition ⊼ □ ∟

Im Medium Coeli begegnest du der weltlichen Ausrichtung des Mannes, hinter der er sich gegen den blinden Ansturm deiner Mars-Kräfte verschanzt. Eine solche Stellung steht nicht nur für eine abgrenzende Verteidigungsposition gegenüber der Umwelt, sondern auch als Bollwerk gegen die eigenen Aggressionen. Weil das Leben keine Garantie bietet außer der Erkenntnis, daß nichts sicher ist, packt er den «Stier bei den Hörnern», stellt das Ganze auf den Kopf und versucht seinen Verdrängungen in dir zu begegnen, um sie durch Einsicht und Erkenntnis unschädlich zu machen. Dadurch fühlst du dich von ihm sehr stark herausgefordert, denn du spürst, daß er seine verdrängten Aggressionen auf dich projiziert: Dort schöpft er sie ab, um sich an deiner Stelle selbst zu bedrohen, denn hier kämpft er mit einer Entschlossenheit gegen seinen inneren Feind, der dem Angstpotential vor deinen Aggressionen entspricht. Die Kraft, die er dir zuschreibt, ist eine Projektion der Energie, die er gegen dich ausspielt; der Heldenmut ist ganz und gar sein eigener. Unter diesem Aspekt hast du große Probleme mit seinen unterdrückten Gefühlen, wenn er sie jedoch in schöpferische Kanäle leiten kann, sind sie für dich von unermeßlichem Wert.

Trigon, Sextil ⊻

Diese Konstellation zeigt, daß du mit deinem marsischen Feuer den Partner aufwecken und aktivieren kannst. Du bahnst ihm die Schritte in den konkreten Raum, und durch die Kraft deines Willens füllen sich seine Vorstellungen mit Lebenssinn. Das, was du in ihm weckst, sind die Ziele, die der Mann mit deiner Unterstützung in der Gesellschaft erreichen kann. Dabei bindest du seine Absichten an konkrete Ziele, um diese wie ein Angler aus dem Lebensteich in euer Beziehungsschiffchen (Marke: Leistungsabteilung) zu ziehen. Auch wenn er nicht erkennt, daß er seine Wünsche oft nur durch die Vorgaben erfährt, die du auf ihn überträgst, und er dadurch im Alltag mehr auf deine projizierten Ziele eingeht als auf das, was vor seinen Augen geschieht, fühlt er sich in der von dir vermittelten Welt akzeptiert und geborgen. Er ist stets bestrebt, dich mit allen Kräften zu unterstützen und seine Lebensziele sofort in den Mittelpunkt deiner aktiven Ausrichtung zu stellen.

♂ ✕

Mars aspektlos

Mars der Frau ohne Aspekt zu einem Planeten des Mannes

Auf der sexuellen Ebene kannst du das Bild von der schönen Heldin und dem mutigen Prinzen, die miteinander die Welt erobern, in die Schubladen der Märchen und Phantasievorstellungen zurücklegen, denn ein aspektloser Mars zeigt, daß der Partner dein Bild von Männlichkeit nicht berührt. Der Drang nach sexueller Vereinigung kann nicht befriedigt werden und glimmt als unerfüllte Sehnsucht in deinem Inneren weiter. Möglicherweise handelt es sich hier um ein unbewußtes Opfer, das das «männliche» Element in dir freiwillig auf sich nimmt, um sich mit seinen abgespaltenen inneren Teilen selbst auseinanderzusetzen und sich nicht von der projizierten Männlichkeit des Begleiters anziehen zu lassen. Vielleicht hat deine Seele aber auch die Stufe erreicht, auf der sie den Animus von den Projektionen des Schattens befreit, indem sie sich die Wirklichkeit anschaut und sich der eigenen aggressiven Erwartungen immer bewußter werden kann. Mit einem «brüderlichen» Gefährten, der die Projektion deines Animus nicht zu erfüllen vermag, lernst du deine eigene, unreife innere Männlichkeit etwas besser zu verstehen. Wenn die Amazone die negative Projektion zurücknimmt und durch sich selbst lebt und dadurch ihren eigenen Schatten erkennt, indem sie den Helden, der sie nicht zu fesseln vermag, durch Interesselosigkeit bestraft, ist sie ihre eigene Opferpriesterin, die ihre Libido auf dem Beziehungsaltar preisgibt. Die Libido ist die flammende Lebensenergie. Wenn sie keinen Widerhall findet, läßt sich das Verlangen zueinander nicht aufrechterhalten, und das dämpft das Feuer der Partnerschaftsmagie.

♃

Jupiter

Die fließende Fülle aus der Sicht der Frau

Als allumfassender und universaler Gott zeigt Jupiter die Möglichkeit an, individuelle Empfindungen mit höheren Bewußtseinsebenen in Verbindung zu bringen. Dabei umfaßt er das Mysterium des menschlichen Kosmos, das nicht erkannt werden kann, weil es in sich selbst vollständig ist und es nichts gibt, was als Erkennendes außerhalb von ihm selbst läge. Das entspricht einer Ein- und Rückbindung menschlicher Sinnsuche in spirituelles Erleben. Damit neigst du allerdings auch dazu, anderen deine weltanschaulichen Erkenntnisse aufzudrängen. Denn Jupiter steht neben dem Suchen und Finden eines persönlichen Lebenssinns auch für das mit seinen eigenen Erkenntnissen opponierende, weil von ihnen abgespaltene Ich, das sich erst aus der Distanz selbst erkennt. Dieses Gefühl in einen größeren Rahmen eingebettet zu sein, vermittelt dir Sicherheit und läßt dich in den Augen deiner Umwelt als eine Übermittlerin spiritueller Werte erscheinen, auch wenn dieses Bild oft nur einen Abklatsch jenes schöpferischen Feuers darstellt, weil alles, was du außen findest, zuvor schon in deiner eigenen Seele «brennt».

Die **Konjunktion** symbolisiert ein bißchen die Perspektive oder das Fenster, aus dem du in die Welt hinausblickst und den anderen so siehst, wie deine jupiterhafte Sichtweise es dir suggeriert. Man könnte also vereinfacht sagen, daß der direkte Kontakt zu Jupiter dich einlädt, im anderen das Beste zu sehen, was du durch deine Jupiter-Brille auf ihn projiziert hast. Doch du selbst bist die Schöpferin, die ruhig merken darf, daß sie nur ihre eigene Schöpfung sucht. Denn deine kreative Sinnsuche entspricht der Sehnsucht, nicht ohne das leben zu können, was dich immer wieder antreibt, und zu suchen, was du immer wieder finden kannst: einen im Suchen selbst versteckten Lebenssinn! Deshalb nimmst du unter dieser Konstellation deine eigene Sehnsucht wahr, im anderen alles zu sehen, was du in dir selbst suchst. Die Sehnsuchts-Allmacht der Jupiterin regiert die Sterne.

Unter **disharmonischen Einflüssen** tritt der Akt der Expansion in den Vordergrund. Es ist eine Reaktion gegen die innere Leere, um die Liebe derer zu erringen, die dir die Anbetung verweigern, nach der du dich sehnst. Vielleicht verbirgt sich hinter diesem Verhalten der Schock der schmerzlichen Ablösung vom Vater, den du auf den Partner überträgst. Diese negative Energie wirkt in den Minderwertigkeitsgefühlen der jupiterhaften Herrscherin fort, die aus einem inneren Zwang heraus den Gefährten stellvertretend dafür bestrafen will, daß der Vater sie verstieß. So wird möglicherweise ein unbefriedigender Teufelskreis in Bewegung gesetzt: Die mittelbare und unmittelbare Verletzung des Begleiters wird zur lebensnotwendigen Beschwichtigung deines inneren Frustes. Eine auf solchen Voraussetzungen basierende Partnerschaft unterliegt der unglücklichen Vorgabe, den Gefährten einzuengen und ihm statt einer persönlichen Entwicklung deine Frustration als Ausgleich anzubieten.

In einer **harmonischen Verbindung** vermag Jupiter ein kolossales Gemälde des Universums zu malen und sich gleichzeitig als spiritueller Befruchter darzustellen, der die Gestirne «dirigiert». Unter einer solchen Konstellation verkörperst du in der Partnerschaft die alte Priesterin, die die Einbeziehung des weiblichen Empfindens selbst in die Hand genommen hat. Dabei erschaffst du dir deine Realität aufgrund deiner zu Glaubensmonumenten erhärteten Vorstellungen, denn Jupiter verkörpert das Verlangen, der Sehnsucht nach Gott ein inneres weibliches Bild zu widmen und dieses in die Welt zu schicken, damit der Mensch es «draußen» finden und beispielsweise als «Himmelsherrscherin» wieder in die Seele zurücknehmen kann. Diese (aus den inneren Überzeugungen gezeugte) Sinnbildung dient dir als Ziel, im äußeren Leben zu finden, was du anscheinend in dir selbst, aber möglicherweise im Partner suchst. Gefällt dir das Angestrebte, dann ist es gut. Gefällt es dir nicht, dann überprüfe deine eigenen Erwartungen. Alles, was du fühlst und glaubst, ist ein Teil dessen, was sich dir in deinem Weltbild spiegelt, denn dieses ist ein getreues Abbild deiner Wünsche und Vorstellungen.

♃ ☉

Jupiter / Sonne

Jupiter der Frau in Aspekt zur Sonne des Mannes

Konjunktion ☌

Im Feuer dieser Verbindung, wenn ihr kraft der Vitalität deiner Seele in eurer Umarmung über euch selbst hinausgehoben werdet, fühlst du dich dem Himmel nahe, weil du einen Augenblick lang spürst, daß du die Schöpferin der emotionalen Welt bist, in der ihr euch befindet. Folgerichtig wird dein Partner zur Materialisation all dessen, was du anstrebst, und weil sich seine Seele gleichermaßen in deiner Projektion selbst erfährt, erfährst du dich in der Reflexion seiner als eins mit dir selbst. Das Fluidum eurer Liebe fügt sich in der Richtung der von dir angestrebten Sehnsucht als kohäsiv verdichtetes Bild zusammen, auf das du ständig Einfluß nehmen kannst und damit die Qualität eurer Beziehung immer wieder neu erschaffst. Da alles in dieser Partnerschaft, was du innerlich glaubst, auf die eine oder andere Art im persönlichen Zusammenspiel seinen Niederschlag findet, bedeutet diese Konstellation für dich die vollkommene Verbindung.

Quadrat, Opposition ⚻ □ ∟

Der disharmonische Aspekt verkörpert deinen inneren Drang, den Mann geistig zu erziehen und zur «wahren» Erkenntnis zu führen. Du siehst ihn niemals dort, wo er ist, sondern da, wo du ihn dir vorstellst; dabei stellst du ihn dir dort vor, wo du glaubst, daß er ist. Der jupiterhafte Geist will in allem immer nur sich selbst entdecken und all das ausblenden, was auf einen Akt der eigenen Projektion hinweist. Das führt zu einem Streben nach verstandesmäßiger Erkenntnis, denn diese Verbindung verkörpert schöpferische Ziele mit einer Vision von Zukunft, die das Ideal einer weltumspannenden Perspektive auf den anderen überträgt. Die Schlußfolgerung liegt auf der Hand: Was dir im Spiegel deiner Vorstellung entgegenblickt, mag das Bild deines inneren Prinzen sein, aber niemals der wirkliche Partner. Doch die Suche nach der perfekten Beziehung ist wie eine Sucht: Der Schatten, der dir dabei im Nacken sitzt, ist das unerreichbare Ziel.

Trigon, Sextil ⊻

Unter dieser Konstellation bist du bereit, über die normale Beziehung hinauszuwachsen und zusammen mit dem Partner neue Visionen zu entwickeln. Die Unruhe, die dich dabei antreibt, solltest du dir als einen Teil vorstellen, der sein Schöpfertum auf den Weggefährten projiziert und dort stellvertretend für sein eigenes Wunschbild als Realität wahrnimmt. Dieser projizierte Teil ist sich seiner selbst aber auch als etwas bewußt, das über das hinausgeht, was er ist, und der das Leuchtende, Würdevolle und Einzigartige aus der Tiefe der kollektiven Sehnsucht im anderen fokussiert. Der reflektierte Teil des Begleiters, der sich in dir erkennt und zugleich mehr ist, als du bist, ist der gespiegelte Wunsch, den du persönlich aus dir herausgerufen hast. In Wirklichkeit projizierst du aus deiner unbewußten Vorstellung das Suchbild des Traummannes, der sich dir nach «deinem eigenen Bilde» reflektiert. Darum mußt du, wenn du ihn über sich hinausheben willst, ebenfalls mitwachsen, damit du sein überhöhtes Bild überhaupt noch tragen kannst. Du brauchst dich nicht zurückzuhalten bei dem, was du projizierst, solltest aber wissen, was dann passiert: Die Sehnsucht, die dich treibt, ist in dir, denn du bist selbst ein Teil von dem, was man das «Stets-über-sich-selbst-Hinausstrebende» nennen könnte.

♃ ☽

Jupiter / Mond

Jupiter der Frau in Aspekt zum Mond des Mannes

Konjunktion ☌

Im beziehungsmäßigen Erleben fühlst du dich mit dem Partner sehr harmonisch verbunden. Mit deiner überschwenglichen Begeisterung vermagst du ihn emotional für dich zu gewinnen und auf Ziele einzustimmen, die von dem Großmut und der Güte deines jupiterhaften Empfindens getragen sind. Du kreierst deine Bilder in der Seele des anderen, und damit steht diese Verbindung für die Materialisation dessen, was dein inneres Selbst an Vorstellungen des Mannes in ihm abrufen kann. Gleichzeitig ist er sich selbst aber auch in dir bewußt. Dieser Bereich, der sich in ihm als Teil seiner selbst bewußt und auf deine Existenz wie auf einen Brennpunkt eingestellt ist, kann von dir als Anreiz zum spirituellen Durchbruch benutzt werden. Es ist die Rückbindung an das innere, ureigenste Göttliche, das durch die Befruchtung seines Mondes zum Ausdruck kommt. Da du all dies selbst in ihm gebierst, bist du die hinter den Bildern deines Begleiters wirkende Gefühlsenergie, die seine mondhaften Erwartungen bis zu den Wolkenrändern aufbläht und danach ekstatisch aberntet.

Quadrat, Opposition ⚻ □ ∟

Im Gefühlsbereich mußt du dir die Vorstellungen genau ansehen, die du auf den Mann projizierst, denn sie färben den Inhalt dessen, was du siehst. Du läßt deinen abgehobenen Erwartungen viel zu viel Spielraum. Du solltest sie enger an die Zügel nehmen, denn sie färben nicht nur auf die Anschauungen, sondern im Scheitern gegenseitiger Erwartungen (im Spiegel des Verhaltens deines Partners) auch auf die Atmosphäre der Beziehung ab. Die Angst, in deinen Gefühlen und Zielen vom Objekt deiner Übertragung nicht verstanden zu werden, ist die Angst vor dir selbst. Und in dieser Angst, die du vor dir selbst verbirgst, verfängst du dich in den Verstrickungen deiner überspannten Vorstellungen, nämlich in den Ängsten vor der Desillusionierung deiner übertriebenen Erwartungen. Gebannt erzittern deine Projektionen im Angesicht der Erkenntnis, daß die Beziehungsträume, die von der unstillbaren Sehnsucht nach dem Paradies erfüllt sind, in der Partnerschaft gar nicht gelebt werden wollen. Sie sind selbst ein Urgrund von Ängsten und Hoffnungen, der die Bilder höchster Erhabenheit und tiefster Verworrenheit hervorzaubert, mit denen deine Vorstellung schwanger geht.

Trigon, Sextil ⚺

Dieser Aspekt repräsentiert die Kraft eurer in den Gewässern der Liebe schlummernden Beziehung. Die gegenseitigen Gefühle, die ihr aufeinander projiziert, stärken euch, weil ihr einander tief vertraut. Der Hintergrund dieser Verbindung besteht darin, daß das Beziehungsbild, das von den Gefühlen des Mannes getränkt und von deinen optimistischen Zielen gesteuert wird, sich darin zeigt, wie tief und unerschütterlich ihr an die gemeinsame Liebe glaubt. Auf dieses herrliche Selbstbild, das du aus dir schöpfst und auf deinen Partner projizierst, kannst du die höchsten Türme bauen. In der Zuneigung zu ihm kannst du einen neuen Fokus deiner Aufmerksamkeit finden und damit deine besten Energien auf ihn konzentrieren; in diesem Fall wirkt die Beziehung wie der energetisierende Jungbrunnen eines einigenden, lebendigen Systems.

♃ ☿

Jupiter / Merkur

Jupiter der Frau in Aspekt zum Merkur des Mannes

Konjunktion ☌

Ständig kreierst du eine größere Perspektive – oder erweiterst wenigstens die Gedanken im partnerschaftlichen Rahmen, und dafür benutzt du die Hirnströme des Mannes. Auf der Suche nach Erlebnistiefe steigst du ein in seine Gedanken, um ihm die Zusammenhänge zu zeigen, die er in seinem Denken nicht findet. Dein positives Charisma durchtränkt seine Sichtweise und bindet seine Gedanken an dich; er wiederum umschließt das ihm Reflektierte in dem ihm von dir vermittelten Ziel. Zwar kann er in seinem Denken nicht durch sich selbst hindurchsehen, wie ein Fenster nicht durch sich selbst hindurchschauen kann, aber du kannst sein Bemühen erkennen. So können sich tiefe Wahrheiten mit hermetischem Erkennen in deinem Hirn zu Einsichten verbinden, deren Ziel darin liegt, in der Beziehung das Zeitlose zu erkennen und daraus reale Gegenwartsbezüge zu gewinnen.

Quadrat, Opposition ⚻ □ ∟

Möglicherweise fühlst du dich von der «erbsenzählenden» Art deines Begleiters bedroht, denn unter diesem Aspekt prägt das Feuer eines alles umfassenden Vertrauens dein Verhalten, das das kühle Hinterfragen und ständige Analysieren des Mannes vehement abstößt. Du stellst seinen Argumenten eine wissende, allumfassende Perspektive entgegen, die ihm den Boden unter den Füßen entzieht und ihn dadurch mundtot macht, indem du all seine Standpunkte schon von vornherein ausschließt. Dabei ist es in Wahrheit so, daß seine Beweggründe, sachlich zu kommunizieren und alles auseinanderzudividieren, dein für dich zwar allumfassendes, für ihn aber nicht allgemein gültiges Weltbild von der dir gegenüberliegenden Seite attackiert. Dein Credo beinhaltet, daß alles in der Welt mit sich selbst verbunden ist und jede Handlung eine andere auslöst, und all die Wirkungen dieser ausgelösten Handlungen die Grundlagen schaffen, auf denen der Mensch steht und die Welt betrachtet. Da aber das, was er sagt, aus deiner Sicht gerade der Voraussetzung bedarf, die du vertrittst (nämlich daß der Standort der Beobachtung auf das Beobachtete einwirkt), ist alles, was er ausdrückt, für dich hinfällig, weil er seinen eigenen Standort (seine Betrachtungsweise, die er ausschließt) nicht erkennt.

Trigon, Sextil ⚺

Diese Verbindung versinnbildlicht Interessenfülle und geistige Expansion in gemeinsamen Dingen, wobei der Sinn des Daseins nicht nur auf der dualen Ebene, sondern besonders in den Labyrinthen der Kommunikationspsychologie empfangen wird. Es ist der Weg, dich in den Gedanken des Partners lebendig zu fühlen und sein bezugsetzendes Denken in Übereinstimmung zu deinem Höheren Selbst zu bringen. Dabei entflammt der innere Geist, den du anstrebst, auch sein inneres Wissen, das er schon so lange vergessen hat. Neue Denkansätze helfen euch, tiefer in die Seele einzudringen und alte, immer wieder aufflackernde Widersprüche zu überwinden. Zusammen könnt ihr die Mittel und Wege entdecken, die Tiefen eurer gegenseitigen Übereinstimmung immer weiter auszuloten. Du spürst genau, wo du sein pragmatisches Denken aufbrechen kannst, damit er mit dir über seine äußere Realität hinaus auch die innere Wahrnehmung empfinden kann. Er weiß wiederum, wie er die vitale Energie des Denkens in dein Inneres zurückreflektiert, damit ihr gemeinsam über die äußere Realität hinaus auch in die tiefe innere Wahrnehmung hineinhorchen könnt. Denn dort findet ihr die Antworten auf alle eure Fragen.

♃ ♀

Jupiter / Venus

Jupiter der Frau in Aspekt zur Venus des Mannes

Konjunktion ☌

Mit diesem Aspekt wirst du dir deiner feurigen Spiritualität bewußt. Dieser Teil, der dir durch deinen Gefährten entgegenblickt und nur darauf wartet, erkannt zu werden, ist der Teil der euch begleitenden Liebesgöttin, die euch alle numinosen Wünsche erfüllt, wenn ihr akzeptiert, wer ihr seid: an ihrer Libido entbrannte Wesen. Ihre Libido ist der menschlichste Teil des kosmischen Bewußtseins, das in euch individualisiert ist und das sich durch die Liebe, die ihr füreinander empfindet, wieder an das Ganze (von dem ihr ein Teil seid) erinnern kann. Euer gemeinsames Erinnern ist auch ein Teil der Kraft, aus der sich die göttliche Libido erschafft und die euch hier in der archetypischen Form der Aphrodite berührt. Alles, was ihr seid, wird euch im anderen bewußt, und das bedeutet, daß ihr gemeinsam den Wunsch verspürt, nicht nur miteinander zu verschmelzen, sondern unter Aphrodites Obhut die flammenden Liebesgesänge anzustimmen, die dem tiefen sexuellen Bedürfnis entspringen, in die göttliche Libido einzutauchen und aus der Tiefe das göttliche Kind zu gebären, das sich in eurer Umarmung als das geschöpfte Bild einer ewig anzustrebenden, wenn auch letztlich nicht zu erfüllenden inneren Sehnsucht strahlend bewußt werden kann.

Quadrat, Opposition ⚻ □ ∟

Im Partnerschaftsbereich erleiden deine übertriebenen Erwartungen häufig Enttäuschungen, denn auf der spirituellen Ebene multiplizieren sich deine optimistischen Vorstellungen mit den Sehnsuchtsversprechungen des geliebten Mannes meist zu unrealistischen Erwartungshaltungen, die nur schwer zu erfüllen sind. Überhöhte Gefühlserwartungen bemächtigen sich deiner Seele, und im Unvermögen, dich für das eine oder das andere Gefühl entscheiden zu können, drohst du, dich in deinen Wünschen zu verlieren. Entweder empfindest du dich als Teil einer Einheit mit dem Partner, verlierst dafür aber weitgehend das Gefühl deiner persönlichen Eigenart, oder erlebst deine Individualität, verlierst aber dafür die Bewußtheit, Teil einer harmonischen Übereinstimmung mit dem anderen zu sein. Deshalb siehst du dich oft in ein Zentrum mit Millionen Selbstwahrnehmungsperspektiven gestellt, wo du aus sicherer Entfernung zu deinen eruptiven Gefühlsausbrüchen erkennst, daß ein Wunsch und seine Erfüllung im Grunde zwei Paar Stiefel sind. Damit sitzt du in der «goldenen» Falle: Solange du deinen emotionalen Wünschen keine äußere Freiheit erlaubst, gibt es keine unerwarteten Wonneschauer. Die erreichst du erst, wenn du deine inneren Wünsche nicht wegen der äußeren Erfüllung, sondern durch die Wunsch-Erfüllung projizierst. Zwar ist das auf die Dauer auch keine Lösung, denn das entspricht dem bloßen Gründeln in den eigenen Vorstellungs-Idealen, doch öffnen sich dir zumindest vorerst die Tore, wenn du dich den ewig dahinströmenden Gefühlen überläßt und in ihrer feuchten Wärme versinkst, ohne auf eine ewige Erfüllung zu drängen. Sonst drängen dich die Exzesse auch über die Grenzen des gesunden Wachstums hinaus.

Trigon, Sextil ⊻

Auf der Beziehungsebene erscheint dir das Leben wie ein ewig sprudelnder Quell, denn Jupiter stellt die unerschöpflich strömende Antwort auf das venusische Liebesverlangen des Mannes dar. Hier bist du von der göttlichen Liebe beseelt, und auch der Seelengefährte scheint von einer tiefen Zuneigung zu dir durchdrungen. Das führt tief in die Urgründe der Spiritualität hinein. Du kannst eine erste Annäherung an die deiner Vorstellung von Liebe zugrunde liegende kosmische Empfindung erreichen, wenn du in das lockende Unbekannte, das unerreichbare Bild deiner Sehnsucht, das dir im anderen entgegenflimmert, bewußt eindringst. Mit etwas Übung wirst du dann entdecken, daß du gewissermaßen selbst zur Liebe werden kannst. Du meinst, in der Glut der liebenden Verzückung deines Seelenmannes zu verschmelzen und erlebst seine Ekstase nicht nur von außen, sondern vom ersten inneren Aufglühen der Empfindungen von innen her bis zur sinnestrunkenen, orgiastischen Raserei. Flammenderes findet sich in keiner Partnerschaft.

♃ ♂

Jupiter / Mars

Jupiter der Frau in Aspekt zum Mars des Mannes

Konjunktion ☌

Im Wirkungsbereich dieser Konstellation geht es darum, den heldenhaften Mars des Mannes mit dem zu verbinden, was dich als höhere Schwingung nach der Lehre C. G. Jungs umgibt. Um die Aggressionen des Begleiters zu kontrollieren, versuchst du deine psychologischen Erklärungsmodelle in ihn hineinzuprojizieren. Das bedeutet, du gibst seinen Aggressionen Gestalt, indem du ihnen zuerst Sinninhalte aufoktroyierst, die du als «erkannte Einsicht» oder «Erkenntnis» dann wieder aus ihnen herauslesen kannst. Die so analysierten Stürme seiner überschäumenden Leidenschaft wirken sich sehr förderlich auf deinen Energiehaushalt aus. Du solltest aber nicht vergessen: Dein Auge projiziert das innere Bild deiner Vorstellung auf ihn, und das, was du siehst, ist nicht unbedingt das, was ist, sondern zeigt vielmehr den Standpunkt, aus dem du das, was du siehst, herausliest. Du fixierst dich auf deine Wünsche und versuchst diese in deinen Bildern zu finden. Das stärkt einerseits deine kreative Phantasie. Die Verbindung bedeutet aber auch, einzusehen, den Mann nicht ändern zu können, und trotzdem der kreative Teil einer sich positiv entwickelnden Beziehung zu sein.

Quadrat, Opposition ⚻ ☍ ∟

Hier fühlst du genau, wie der Partner aggressive und destruktive Energien auf dich projiziert, denn dieser Aspekt bezeichnet die Konfrontation zwischen deinem inneren Sermon und der ausgelagerten, primitiven, auf dich zurückzielenden Aggression des Mannes. Möglicherweise löst er die aggressive Unbefriedigtheit, die sich hinter deiner weltumspannenden Sichtweise versteckt, aus und konfrontiert dich damit mit einem Teil von dir, den du ablehnst. Da du dich selbst nicht mit dem Zielpunkt seiner Angriffslust identifizierst und die Konfrontation mit seiner Wut nicht als Folgerichtigkeit deiner ausgelagerten Aggressionen akzeptierst, versuchst du positive Energie auf ihn abzuladen, was aber insofern nur wenig nützt, weil sich diese «göttliche» Kraft auch aus Teilen deines verdrängten Schattens zusammensetzt, die in ihrer ungeschminkten Absicht, den Helden jupiterhaft zu überwinden, natürlich die instinktiven Abwehrmechanismen deines Gefährten auf sich ziehen. Eine Veränderung kann nur dann eintreten, wenn du deine versteckte Wut, die der andere in dir auslöst, annimmst, ihn bewußt angreifst und damit die Aggression als Teilerfahrung deines Selbst akzeptierst und sie im allumspannenden Weltbild deines Jupiters als interessanten Teilaspekt auflöst.

Trigon, Sextil ⊻

So, wie sich der Mann unter diesem Aspekt dir unterordnet, so organisierst, steuerst und veränderst du seine Realität. Meist bist du auf der Suche, die Antwort nach dem Lebenssinn in den Aktivitäten deines Begleiters zu finden, weshalb du für ihn die «richtigen Ziele» aussuchen mußt. Im Grunde legst du das Fadenkreuz seines Willens auf das von dir bevorzugte Ziel, um ihn aufzufordern, das zu erreichen, was du innerlich anstrebst. Dank deines kreativen Willens gebierst du in ihm die gemeinsamen Ziele und befiehlst ihm (wie die Stiefmutter, die Hänsel und Gretel in den Wald schickte, um dort Beeren zu suchen), sie draußen in der Welt zu finden. Du erschaffst in ihm die Ziele, die er anstrebt, auch wenn er sie kaum versteht, denn sein Trieb ist sich nicht bewußt genug, um das Wissen, über das dein bewußtes inneres Selbst verfügt und das ihm über dich zufließt, erfassen zu können. Doch da alle diese seelischen Prozesse, wenn sie harmonisch ablaufen, euch körperlich und geistig aktivieren, finden in dieser Beziehung viele gemeinsame Bestrebungen ihren krönenden Abschluß.

♃ ♃

Jupiter / Jupiter

Jupiter der Frau in Aspekt zum Jupiter des Mannes

Konjunktion ☌

Im gemeinsamen Erleben erschaffst du dir das Bild des idealen Gefährten aus deinen Wünschen heraus und überträgst es auf deinen Begleiter. Dabei begegnet dir die Projektion in der Gestalt eines Märchenprinzen. Dieses innere Suchbild, das mit dem äußeren Partner korrespondiert, ist aber nicht nur die manifestierte Wirklichkeit deines Beziehungsglücks, sondern auch Symbol tieferer Erkenntnis und geistiger Zielpunkt deiner Reise zu dir selbst. Da diese Verbindung gleichzeitig auch den Weg in sich birgt, dich zu erweitern und dein Beziehungsleben in Übereinstimmung mit dem höheren, schöpferischen Geist zu bringen, strebst du nach einem höheren Erkennen, das sich selbst Gesetz ist, und beschäftigst dich mit Zusammenhängen und Gesetzmäßigkeiten, das kollektive Wissen der Menschheit auch in deiner nächsten Umgebung anzuwenden. Wenn du das erkennst, brauchst du kein Bild des beschützenden Mannes mehr, der dich bis an die Grenzen der Wahrheit trägt. Sondern du kannst äußerlich verändern, was du als Ergebnis deiner inneren Träume im anderen als objektiv verwirklicht vorfindest.

Quadrat, Opposition ⚻ □ ∟

Mit diesem Aspekt zeigt es sich, daß sich deine innere Sinnfindung in die inneren Empfindungen des Begleiters einschleicht und sich in ihm über die eigenen Grenzen hinaustragen läßt. Das Bestreben, das Ganze in einem größeren Zusammenhang zu sehen, veranlaßt dich, immer wieder über neue Schwellen zu gehen, um hinter den Schleiern der äußeren Welt den Weg zu deinem wahren Wesenskern zu finden. Doch lauert in dieser Verbindung auch so manche Falle, hinter der sich die Angst vor der Einsamkeit versteckt: die Angst, ohne den anderen in die Sinnlosigkeit zurückzufallen, für die du trotz übertriebener Sinnfindungsbemühungen nur schlecht gerüstet bist. Meist verlierst du das Vertrauen, wenn der Partner sich dir entzieht und du plötzlich spürst, daß die Vorstellung, einen Mann zu finden, der dich liebt, nur der Tarnung deiner tieferliegenden Weigerung entspricht, das Leben als solches anzunehmen, und du dir im gleichen Atemzug bewußt werden kannst, wie sehr du ihn brauchst. Das weckt die Beziehung manchmal aus der Lethargie. Denn genau an dem Punkt, wo du ihm zu entgleiten drohst, versucht er dich sanft zurückzuholen.

Trigon, Sextil ⊻

Im Gefühlsbereich ist es Agape in der reinsten Form, die als spirituelles Licht in deiner Seele entbrennt, um das Feuer des Animus im Herzen deines Seelengefährten zu spüren. Denn nur die Liebe kann zur Liebe führen. Das ist weit mehr als nur dummes Gerede. Es ist ein Eingehen in eine neue Dimension menschlichen Verstehens, wenn du dich – an deinem eigenen Feuer entflammt – in die Glut eines anderen versenkst. Genauso wie du den Partner nicht wirklich verstehen kannst, solange du nicht weißt, wie er über dich denkt, so verhält es sich auch mit den Gefühlen. Erst, wenn du dich emotional zutiefst mit ihm verbunden hast, kannst du langsam in ihn hineinwachsen und gemeinsam mit ihm zur göttlichen Flamme werden, die der jupiterhaften Majestät eurer Liebe zum Ruhme brennt. Auch wenn du irgendwann entdeckst, daß der, auf den du deine Gefühle wärmend ausrichtest, nur das Spiegelbild deines projizierten Animus ist, so hast du eine Zeitlang die Empfindung, in liebender Verschmelzung mit dem ganzen Universum zu sein.

♃ ♄

Jupiter / Saturn

Jupiter der Frau in Aspekt zum Saturn des Mannes

Konjunktion ☌

Im Bereich der Liebe und Gefühle lehrt dich der Partner die Bedeutung von Ausdauer und Geduld und verhilft dir damit zu einem tieferen Verständnis und zur Einsicht in die notwendigen Abläufe der Beziehung. Er versucht, dir zu helfen, deine Ziele zu korrigieren und deine ausufernden Wünsche zu beschränken, damit du dir einen realistischeren Zugang zu den gesellschaftlichen Möglichkeiten verschaffen kannst. Du hingegen bemühst dich, ihm die Verbindung zwischen Innen- und Außenwelt zu zeigen, denn so, wie das äußere Ich sich in der materiellen Welt zurechtfinden muß, so organisiert das Unbewußte den inneren Willen, mit dem das Ego die ihm feindlichen Widerstände besiegen kann. Zwar reicht sein Verständnis der kosmischen Gesetze kaum über seine Nasenspitze hinaus und dringt auch nicht zu den Quellen deines unbewußten Willens vor, der in seinen intuitiven Feuerbränden auch mancherlei glückliche Entscheidungen aus sich hervorbringen kann, doch hilft er dir, deine Wünsche zu entschlacken und auf den Boden der Realität zu bringen, wo sie sich dann verwirklichen können.

Quadrat, Opposition ⊼ ☍ ∟

Unter diesem Aspekt drängt es dich zu neuen Ufern, und beunruhigt fragst du dich, was dich hinter dem Horizont erwartet, während dein Begleiter fest in seiner Pflichterfüllung ankert. Dabei nimmt er die Vaterrolle an und macht es sich zur Pflicht, dir die Unverantwortlichkeit deiner Ziellosigkeit vor Augen zu halten und dich vor den Gefahren deiner ausufernden Ziele eindringlich zu warnen. Doch sobald du seine strukturierten Erkenntnisse anzuzweifeln beginnst, indem du ihnen die Grundlagen entziehst oder gegen seine Einwände spirituelle Erfahrungen anstrebst, vergrößert sich seine Ablehnung. Das Unbehagen, das sich bei ihm einstellt, wenn er sich mit deinen irrationalen Wünschen und Absichten beschäftigt, entspricht jenen Tiefenängsten, die ausgelöst werden, wenn sein Verstand, gewohnt, vernünftige Entscheidungen zu treffen, auf universale Glaubens- und Zukunftsfragen stößt. Aus seiner defensiven Haltung heraus versucht er die unbekannte Zukunft ebenso in kontrollierbare Abschnitte zu unterteilen wie «karmische Vergangenheit» oder «Schicksalshaftung». Er versucht, starre Dogmen und rigide Wertvorstellungen fortzuführen, und verstellt dir den Raum für neue Sichtweisen. Stellst du ihn ins Abseits, dann opferst du im Partner die kritische Analyse und die reale Einschätzung zur Erreichung deiner Ziele; hörst du aber auf seine Worte, dann tauschst du für das Erreichen strukturierter Zielabschnitte das Gefühl einer inneren Sinnlosigkeit ein. Das weist auf unzählige Spannungen in der Beziehung hin, weil die Verbindung mit einem saturnischen Gefängniswärter der endgültigen Lösung der unterschwelligen Fesselungen bedarf, mit denen er dich immer wieder an seinem Weltbild festzubinden versucht.

Trigon, Sextil ⊻

Auf der Partnerschaftsebene wirst du vom saturnischen «Wächter» eingeschränkt, weil er alles bekämpft, was einen unerschütterlichen Glauben an die menschliche Zukunft aussendet oder einen optimistischen Lebenssinn ausstrahlt. Andererseits ist es gerade die ständige Blockade in allen Gefühlsdingen, die dir zeigt, was ihm jenseits seiner realitätsverbundenen, aber uninspirierten Gedanken fehlt: das innere Vertrauen zu sich selbst und damit auch die Hingabe zu dir als Frau. Denn wo du in der Beziehung als Ausweitung und Fülle stehst, verkörpert er Einschränkung, Mißtrauen und Unlust aus Angst, die Kontrolle zu verlieren. Doch bevor er dir die Freude an der bunten Vielfalt entzieht, die das Leben mit sich bringt und dich auf ein emotionales Minimum reduziert, ziehst du ihm schnell die Maske vom Gesicht und zeigst ihm, daß er gerade von deiner Großzügigkeit, die er bekämpft, am meisten profitiert: Denn je mehr er sein Bewußtsein durch deinen Einfluß erweitert, desto mehr verliert er auch die Angst, dich auf deinen Höhenflügen zu begleiten.

♃ ⚷

Jupiter / Chiron

Jupiter der Frau in Aspekt zum Chiron des Mannes

Konjunktion ☌

Unter dieser Aspektierung bist du gerade durch die Schwelle, die du noch nicht überschritten hast, von dem getrennt, was du gerne erkennen möchtest. Während du dein Haupt hoch erhoben in den Wolken trägst, versucht der Partner deine Höhenflüge zu bremsen und dir zu beweisen, daß deine Träume nichts anderes als die wiedererweckten Sehnsüchte im Spiegel deiner Vorstellungen sind. Du tendierst dazu, dich mit den Fragen nach dem menschlichen Sein zu beschäftigen, denn Jupiter läßt das Interesse für das Kosmische in der Beziehung aufscheinen, während der chironische Begleiter sich zur Hilfestellung bei deinen «Hochseilkünsten» anbietet und dir hilft, deine abgehobenen Wünsche im Alltag zu verankern. Er relativiert deine übertriebenen Erwartungen und führt dich zur Mitte zwischen deinen Zielen und der Art und Weise, sie in der Realität zu manifestieren. Dort öffnen sich dir neue Ausblicke: Du kannst in das Grenzenlose eintauchen und dich trotzdem mit deinen «weltlichen» Problemen auseinandersetzen.

Quadrat, Opposition ⚻ □ ∟

Hier tritt der Mann als Quälgeist auf, der dich so lange plagt, bis du die karmischen Zusammenhänge begreifst. Er versucht ständig, deinen Optimismus zu brechen, deine Höhenflüge zu bremsen und dir statt dessen die Maßstäbe einer freudlosen Kommunikation als Zeichen des äußeren Widerstands aufzuzwingen, den du trotz deiner abgehobenen Ziele nicht länger verdrängen kannst. Die Spannungen wachsen, bis sich entscheidet, ob du an deinen übertriebenen Plänen festhältst oder dem Bedürfnis einer schmerzhaften, aber klärenden Aufarbeitung nachgeben kannst. Gleichzeitig gewährt er dir einen Blick in die Tiefe der Seele und zeigt dir das Abstellgleis deiner Wünsche und Hoffnungen. Damit wird auch das Problem dieser schmerzhaften Verbindung klar: Die Angst vor der Wahrheit ist die Angst vor dem Verlust deiner Illusion, und nur in dieser Angst, die du vor dir selbst verbirgst, verfängt sich das Gift, das du auf ihn projizierst, und genau das ist es, was er dir auf der Beziehungsebene zurückreflektieren kann. Denn er vermag dich nur dort zu treffen, wo du etwas verbirgst, denn das, was du in ihm ablehnst, ist der Fäulnisgeruch deiner Seele. Was dir hier weiterhilft, ist die Erkenntnis, daß die Realität nur eine von dir selbst projizierte Deutung ist. Der karmische Gefährte kann dich nur insoweit schwächen, als daß du das Bild dieser karmischen Verstrickung nicht als Voraussetzung einer möglichen Lösung zu akzeptieren vermagst.

Trigon, Sextil ⚺

Im beziehungsmäßigen Erleben fungiert der Mann als (doppelter) Boden für dein ehrgeiziges Streben, dich über die Ziele der Menschen hinauszuheben oder dich gar im Mittelpunkt einer kosmischen Kraft zu wähnen, die dich mit göttlichem Glanz umstrahlt. Dafür, daß du seine Grenzen öffnest und ihm durch deine schöpferischen Imaginationen zeigst, wie er selbst – ohne dich zu bekämpfen – nach den Sehnsüchten greifen kann, erdet er deine Phantasie und gibt deinem Sehnen Halt. Umgekehrt verschafft dir das die Möglichkeit, ihn zu lehren, über seine eigenen Beschränkungen hinauszuwachsen und nach den Sehnsüchten zu greifen, die er wiederum in dir «kontrolliert». Dadurch wirst du zur allumfassenden Göttin, die sich nicht nur in ihm wahrnimmt, sondern die sich – selbsterkennend – auch über die mehrfachen Brechungen der Realität im Spiegel ihrer Projektionen bewußtwerden kann. Denn dieser Aspekt ist ein Wegweiser auf dem Pfad des Erkennens, der nicht nur «über sich hinaus» auf die göttlichen Flammen des Unermeßlichen weist, sondern gleichermaßen auch «durch sich hindurch» auf die chironischen Urbilder zeigt, von denen die Realität nur ein Teil und jede Suche nach sich selbst ein noch kleinerer Ausschnitt ist.

♃ ♅

Jupiter / Uranus

Jupiter der Frau in Aspekt zum Uranus des Mannes

Konjunktion ☌

Unter dem Einfluß dieser Verbindung fühlst du dich in deinem Innersten so stark berührt, daß du seinem Unabhängigkeitsdrang nachkommst und die sprunghaften Einsichten des Partners in der universalen (Suppen-)Schüssel deines ganzheitlichen Empfindens zu einem alles umfassenden Eintopf umrührst. Da der Mann all deine Ansichten erweitert, die du wiederum ausdehnst, führt das zu spontanen (manchmal exzentrischen) Ansichten und einem weiträumigen Überblick, der euch in der Beziehung zu immer neuen Ufern führt. Oft kommt in dir auch jenes Gefühl zum Vorschein, das nicht weiß, wohin es strebt. Auch der Uranier trägt den Stachel einer verborgenen Sehnsucht im Herzen, in den Tiefen des Unbewußten jene Energiemuster zu finden, aus denen Träume und Sehnsüchte gesponnen sind.

Quadrat, Opposition ⚻ □ ∟

Dieser Aspekt steht für revolutionäre Ideen und die Gabe, durch spontane Einfälle Neuland zu gewinnen; er zeigt aber auch, daß ihr neue Bewußtseinserkenntnisse und -erfahrungen aus dem Streben nach Unabhängigkeit und dem Beharren auf eigenen Grundsätzen nicht gemeinsam tragen wollt oder könnt. Der Mann mag seine willkürliche und unberechenbare Originalität in den Vordergrund schieben, während du dich seiner sprunghaften, schrillen Art mit aller Kraft widersetzt und dadurch oft die Vertrauensgrundlage verletzt, die ihr immer wieder mühsam aufbauen müßt. Solange ihr beide nicht bereit seid, einander zu akzeptieren, ohne die eigene Subjektivität aufzugeben und damit einen geistreichen Widerstand zu pflegen, der die eigene Sichtweise zwar untermauert, den anderen aber dennoch «atmen» läßt, solange müßt ihr immer wieder zerstören, was für eine gemeinsame Zukunft wichtig wäre.

Trigon, Sextil ⊻

Oft wirst du von deinem exzentrischen Begleiter dazu stimuliert, Welten zu erkennen, die du durch deine Brille gar nicht sehen kannst. Dabei bist du versucht, die Visionen aus seinem Unbewußten in vertraute Gefäße zu füllen, um wenigstens den äußeren Rahmen zu verstehen; und weil auch er spürt, daß du allzu Widersprüchliches nicht entschlüsseln kannst, bemüht er sich, dir seine Ideen in verständlichen Chiffren anzubieten. Da du ihm dein schöpferisches Weltbild zur freien Verfügung stellst, hält er einen uranischen «Rückwärts-Salto» für dich bereit: nämlich alles in Frage zu stellen und dabei auch das eigene Denken nicht zu vergessen, das sich im Bemühen, neue Anreize zu schaffen, ständig selbst austrickst. Deinem Credo, daß deine Liebe ein unersättliches Verlangen in sich birgt und deshalb eines glaubwürdigen Beweises seiner Zuneigung bedarf, hält er das Recht nach freier Entfaltung der Individualität entgegen. Außerdem nutzt er – was er nicht verschweigt – jede Gelegenheit dazu, dir seine Sichtweisen aufzudrängen, damit er auf dem Umweg über deine Reflexionen seine eigenen Inhalte erkennt. Somit verschmelzen hier Wachstumspotential und schöpferische Kreativität aufs innigste, solange jeder den Bereich des anderen respektiert.

♃ ♆

Jupiter / Neptun

Jupiter der Frau in Aspekt zum Neptun des Mannes

Konjunktion ☌

Im Einflußbereich dieser Beziehung erhält der Partner die Möglichkeit, seine spirituellen Überzeugungen auf dich zu übertragen, was dich in die Lage bringt, den Mann in seiner äußersten Hingabe zu erfahren. Denn dein expandierendes Verhalten ergänzt sich harmonisch mit seinem neptunhaften Sehnen, sich im Streben nach einem unbestimmten Ganzen aufzugeben. Wenn seine Sehnsüchte in dich einfließen, dann geschieht das durch die Fata Morganen illusionärer Bilder, die aus seiner Seele wie eine rauschende Droge direkt in dein Erleben strömen. Andererseits können diese unstillbaren sehnsüchtigen Mächte schnell auch zum Seelenbrand entarten, wenn du den jupiterhaften Rahmen, den du dem Träumer zur Verfügung stellst, nicht mehr zu kontrollieren vermagst. Deshalb zeigt diese Verbindung auch ein gefährliches Elysium an, das plötzlich zum Illusionentempel werden kann, besonders wenn der Begleiter den Überschuß an Spiritualität, die er durch seine Sensitivität absorbiert, nicht loslassen kann. Dann kann die spirituelle Übertragung auch in Gefilde führen, in denen seine Psyche nicht immer stabil genug sein dürfte, um zwischen Realität und Wahn zu unterscheiden. Ob du seine Träume dann immer noch in dir zu halten vermagst, bleibt unbeantwortet.

Quadrat, Opposition ⚻ □ ∟

Wenn dir der Partner die mystische Erfahrung seiner Träume reflektiert und dir dabei den Lebenssinn in der Harmonie der Sphären signalisiert, spürst du genau, daß seine ausweichende, täuschende Art dein Wahrnehmungsvermögen schwächt und auflöst. Sein spirituelles Streben, jedem rationalen Weltbild entgegenzutreten, das die Realität akzeptiert, verwirrt dich oft so, daß du die Anforderungen der Wirklichkeit verdrängst. Solange du dein Rollenspiel, eine Welt zu leben, die wirklicher sein will als die Realität, nicht durchschaust, bist du bemüht, durch die neptunischen Visionen deines Begleiters in die Räume jenseits deiner begrifflichen Realität einzudringen und dort jenes Geheimnis zu finden, das deinen abgehobenen Zielen angemessen ist; zumindest solange, bis dich die vorprogrammierte Enttäuschung, die dich wie ein schleichendes Gift umzingelt, irgendwann als Enttäuschung durch den Mann erreicht. Zwar mag er sich dir bisweilen auf dem Altar der Liebe als Opfergabe für deinen spirituellen Hunger anzubieten; doch sobald du ihn persönlich anrufst und ihn mit konkreten Zielen konfrontierst, hat er sich schon wieder im Nebel abgehobener Wunschvorstellungen verflüchtigt.

Trigon, Sextil ⚺

Jupiter und Neptun verkörpern die äußerste Spitze des Empfindens, wo sich das Faßbare mit dem Unfaßbaren kreuzt. Sie stehen für wahre Spiritualität in der Beziehung, denn deine Sehnsucht nach unendlicher Ausdehnung wird durch die Visionen des Partners unterstützt. Dein jupiterhaftes Verlangen, bildliche Manifeste aus dem Unfaßbaren zu machen, verbindet sich hier aufs beste mit der Tiefe des Verlangens und der Sehnsucht des Mannes, sich im Streben nach dem Unfaßbaren aufzugeben und sich durch Auflösung mit dem Namenlosen zu vereinen. Wenn sein unbestimmtes Verlangen dich packt, auf ewig miteinander im Göttlichen zu versinken, dann geschieht dies durch die inneren Bilder ungestillter Hoffnungen und Wünsche, die euch einen Himmel spiegeln, der besser zu euren sensiblen Sehnsüchten paßt. Eure gemeinsame Wahrnehmung öffnet sich dabei nach oben und nimmt Eingebungen aus höheren Sphären auf, die dich als Göttin über den Wolken sehen, durch die die Visionen deines kosmischen Begleiters hindurchstrahlen.

♃ ♇

Jupiter / Pluto

Jupiter der Frau in Aspekt zum Pluto des Mannes

Konjunktion ☌

Der plutonischen Kraft deines Partners kommt unter dieser Konstellation die Aufgabe zu, deinen inneren Schöpfergeist mit dem Tiefenwissen der in dir verdrängten Geheimnisse zu krönen. In dieser Eigenschaft ruft er in dir die Assoziationen wach, die dich mit deinem mächtigen Vaterbild verbinden. Denn wenn Jupiter in erster Linie den menschlichen Vatergott darstellt, dann ist Pluto die Grundlage des ewigen Umbruchs («Stirb und Werde»), auf der sich der Vatergott überhaupt erst manifestieren kann. Zwar hast du genügend Kraft, um dir die Hölle vorzustellen, aber nicht genug, um sie zu ergründen. Deshalb reichst du deinem Seelenführer das Licht, das er braucht, um in deine Psyche hinunterzusteigen und dort den gefallenen Vatergott für dich zu befreien, der hinter der Maske des Unheimlichen zum Vorschein kommt. Gleichzeitig bist du dir bewußt, daß du den Kosmos deiner inneren Hölle nur im Brennglas deiner Ängste ausmachen kannst. Daher schenkst du dem Mann das Vertrauen, an seine magischen Kräfte zu glauben, und trägst die Fackel, wenn du ihn in die Tiefe deiner Seele begleitest, um das Medusenhaupt, von dem er weiß, wo es sich befindet, ins Tageslicht deines jupiterhaften Bewußtseins zu bringen. Seine innere Tiefe und dein nach außen gerichteter Wille verbinden sich bei einer harmonischen Zusammenarbeit zur unermeßlichen Kraft, alle Geheimnisse zu durchdringen.

Quadrat, Opposition ⊼ □ ∟

Einerseits neigst du dazu, dem Begleiter deine weltanschaulichen Erkenntnisse aufzudrängen, die darauf zielen, ein bißchen Licht in seine Abgründe zu bringen. Andererseits hast du alle Hände voll zu tun, dich gegen die aushöhlenden Unterströmungen deines Partners zu wehren, der ständig versucht, dein Denken zu unterwandern, denn er besitzt ein gutes Gespür für die psychischen Muster, die unter dem Sichtbaren verborgen sind. Das führt dazu, daß du zwischen deinen und seinen Gedanken nicht immer zu unterscheiden vermagst und oft nicht merkst, daß es seine Ideen sind, die du für deine eigenen ausgibst. Wenn es dir gelingt, herauszufinden, daß es nicht deine Ansichten sind, die du verkündest, sondern die des plutonischen Gefährten, der dich dazu benutzt, seine «Höllengesänge» mitzusingen, dann wirst du alles, was er (durch dich) sagt, in Abrede stellen und bekämpfen. Es scheint, daß du um den Preis, deine joviale Eigenart retten zu wollen, deine positiven Ansätze schon im Vorfeld dieser Verbindung unterdrükken mußt.

Trigon, Sextil ⊻

Unter diesem Aspekt legt dir der Partner auf der einen Seite Hindernisse in den Weg und zeigt dir auf der anderen, wie du sie durch eine starke Überzeugung und im Vertrauen in die sich selbst erneuernden Kräfte immer wieder überwinden kannst. Als menschlicher «Terminator» ist ihm klar, daß du deine Ziele nur im Brennpunkt deiner Psyche ausfindig machen kannst. Und deshalb stellt er sich in der Beziehung als dein karmischer Begleiter dar, der dir hilft, unbewußte Seelenteile ins Licht zu bringen. Doch bitte ihn nie, deine Grundlagen zu zerstören, nur um zu erfahren, wie du die Bruchstücke auf dem Weg des Erkennens benutzen kannst. Er spiegelt dir in seiner Tiefe, die du für seelische Weite hältst, die psychischen Abgründe, die du als expansive Ausdehnung wahrnimmst. Du nimmst also sozusagen deine Wahrnehmung wahr, aber indem du sie jetzt als Tiefe erfährst, bist du bereit, ihm in seinen Anschauungen zu folgen. Solange du dir nicht wünschst, daß dein Weltbild zusammenfällt, wenn dich deine Illusionen verlassen haben, solange ist er dein Freund.

♃ ⚸

Jupiter / Lilith

Jupiter der Frau in Aspekt zur Lilith des Mannes

Konjunktion ☌
Die Lilith des Partners zeigt dir den Weg, zu wachsen und neue Sichtweisen zu integrieren. Es ist nicht entscheidend, dich mit dem Mann zu verbinden, sondern es geht hier darum, wie du dein Gesichtsfeld durch die Akzeptanz seiner verdrängten Weiblichkeit um die von dir zu gewinnenden Erfahrungen erweitern kannst. Zwar möchtest du ihm Licht, Intuition und die Vision einer harmonischen Zukunft schenken und ihm die Ziele eines harmonischen Weges näherbringen; doch das Problem dabei ist, daß die «innere Frau» deines Begleiters sich weigert, sich an dich binden zu lassen. Sie will keine Verschmelzung, sondern wünscht sich die Freiheit, dich zu zwingen, wonach es sie verlangt. Der Seelengefährte verlangt von dir, daß du dich mit seinem Lilith-Anteil gegen ihn verbündest. Gelingt es dir nicht, dich aus seinen Lilith-Projektionen zu befreien, dann versucht sein abgespaltener Teil, dich anstelle der in ihm abgelehnten Lilith zu unterwerfen, was wiederum bedeutet, daß du «als Bild des übertragenen Mannes» von seiner um Identität ringenden Weiblichkeit gesteuert wirst. Während diese um innere Anerkennung ringende Verbindung ihren unbeirrbaren Weg zur Höherentwicklung des Bewußtseins nimmt, schaffen eure unklaren Rollenspiele eine Verwirrung nach der anderen.

Quadrat, Opposition ⚻ ⚼ ∟
Da «dein» Jupiter in der traditionellen Form der Ehe männliche Attribute wie Aktivität und Dominanz verkörpert, während die Lilith des Gefährten die dunkle Antwort auf die patriarchalen Unterdrückungen der Frau ausdrückt, mußt du in dieser Beziehung deinen «inneren Mann» aus dir hervorkehren, um die «Frau im Mann» zu hindern, sie selbst zu werden (während die «Frau im Mann» versucht, die Lilith-Eigenschaften der Stärke und der absoluten Entscheidungsfreiheit aus sich hervorzukehren, um sich gegen deine Übergriffe zu wehren). Deshalb wirst du unter diesem Einfluß vom männlichen Schöpfergeist umstellt, der die Weiblichkeit im Partner unterdrückt, um ihn wiederum zu zwingen, sich gegen deine Unterdrükkung zu wehren, weil erst aus dem Beziehungsgeflecht dieser miteinander kämpfenden Energien der Altar entsteht, auf dem durch das Opfern patriarchaler Ziele die nackte Erkenntnis gewonnen werden kann, daß nur durch die brachialen Kräfte der Umwälzung die jahrhundertealten Anstauungen im Energiefeld der Lilith gelöst werden können. Bis ihr durch die die inneren Abgründe repräsentierenden Gefühle hindurchgegangen seid und an ihrem Ende jene unbekannte erlösende Qualität findet, die offenes Miteinander statt Besitzansprüche symbolisiert, muß die Beziehung großen dynamischen Konfliktstoff überwinden.

Trigon, Sextil ⊻
Auf dem «Kriegsschauplatz» der Liebe bringt dir Adam die verlorene Rippe zurück, die er für dich aufbewahrt hat, denn es ist Lilith, die ihm sagt, daß er dir den Teil, der dir fehlt, zurückbringen soll: der vernachlässigte, abgelehnte Aspekt der Grossen Göttin. Dieser Teil ist sich seiner selbst auch als etwas bewußt, das mehr ist, als er ist. Er, der sich als dich kennt und zugleich auch mehr ist, als du bist, ist der Teil des Weiblichen, der als verführerische Hexe ausgestoßen wurde und jetzt durch den Mann wieder in deinen Schoß zurückkehren will. Und während er in der Tiefe deines Herzens nach den Antworten auf die Fragen nach dem Sinn des Lebens sucht, verbindet er sich mit deinen regenerierenden und expandierenden Jupiter-Kräften, um die visionären Antworten evolutionärer Zukunftsperspektiven aus dir hervorzubringen. Denn solange du nicht erkennen kannst, was in dir selbst unerlöst ist, bist du zu keiner wirklichen Umwandlung fähig, weil du den anderen niemals getrennt von deinen übertriebenen Vorstellungen und Vorurteilen wirklich sehen und erleben kannst. Erst durch die Begegnung mit der dunklen Weiblichkeit im Mann wirst du in deiner Hingabe wieder genußfähig und dadurch vollständig.

♃ ☊

Jupiter / Mondknoten

Jupiter der Frau in Aspekt zum Mondknoten des Mannes

Konjunktion ☌

Unter diesem Einfluß bestärkt der Mann deine Gefühle und hilft dir, deine Seele für die spirituelle Sichtweise zu öffnen, die es dir ermöglicht, durch sensiblere Wahrnehmungen kosmische Bewußtseinszustände zu erahnen. Umgekehrt stärkt dein Bedürfnis nach religiösen Perspektiven im Sinne außersinnlicher Vorstellungen das spirituelle «Immunsystem» deines Partners und verhilft seinen unbewußten Wünschen im Verbund mit deinen Bildern zu einer gemeinsamen Zielrichtung. Während ihr das Ewige «träumt», helft ihr einander, das Bewußtsein zu erweitern, und indem ihr das Geträumte zu einem Teil eurer Zuneigung macht, die euch etwas näher an die Unfaßbarkeit der Liebe heranträgt, kommt ihr der «Chymischen Hochzeit» näher, sofern es euch gelingt, mit beiden Beinen fest auf dem Boden zu bleiben und die ständig neu aufkeimenden Möglichkeiten und Wünsche an der Realität zu überprüfen.

Quadrat, Opposition ⚻ ⚼ ∟

Im ständigen Clinch mit dem Begleiter stellst du dich meist als eine selbstsichere und spirituelle Frau zur Schau. In deinen tiefsten Empfindungen sieht es jedoch ganz anders aus: Dort verbindet sich die Kraft der Überzeugung, über der Sichtweise des Partners zu stehen, mit der seelischen Beklemmung, in Dinge hineingezogen zu werden, die du nicht magst. Sobald du dich tiefer mit ihm auseinandersetzen mußt, stellst du fest, daß dir dazu das nötige Vertrauen fehlt. Aus der Angst, durch die Auseinandersetzung mit ihm den Überblick zu verlieren, kommt es zu einem seelischen Patt: Einerseits wünschst du, in seine Seele hineinzugelangen, aber andererseits willst du dich nicht im Dschungel unangenehmer Erinnerungen verfangen; deshalb fängst du an, an dir selbst zu zweifeln. Du versuchst zwar, dich ihm hinzugeben, aber je mehr du über seine Gefühle meditierst, desto verwirrter wirst du. Somit präsentierst du dich in Wahrheit als eine unentschlossene Frau, die mit ihrem Sehnen schmachtend über die Mondknoten-Gewässer ihres Gefährten streift, ohne sich aber wirklich hineinzuwagen, weil sie sich vor dem Versinken im Unbewußten fürchtet. Aus Angst, von seinen regressiven Sehnsüchten überwunden zu werden, bleibst du lieber deinen esoterischen Gedanken nach Ganzheit verbunden, indem du in der von dir selbst inszenierten Rolle göttlicher Auserwähltheit zur ergebenen Dienerin deiner eigenen Verdrängung avancierst.

Trigon, Sextil ⚺

Dein joviales Wesen zeigt unter diesem Aspekt eine große Nähe zur Spiritualität des Mannes, denn dahinter steht das Bedürfnis, dich mit seinem karmischen Hintergrund auseinandersetzen zu wollen. Er wiederum erweckt mit seinen Erinnerungen deine Intuition, und je mehr spirituelles Potential ihr im anderen entdeckt, desto mehr schwebt ihr in eine gemeinsame Zukunft. Du entzündest seine Erinnerung mit deinem intuitiven Feuer, und er hilft dir, die Fesseln alten Karmas durch seine Rückschau zu lösen. Sein Ziel, die Bilder deines Verstandes aus dem Rahmen materieller Ziele zu lösen, führt in Verbindung mit seinen inneren Gesichtern in die Rückbindung an das ungeformte Ur-Anfängliche in den Tiefenschichten der Seele, wo die Erinnerung an das kindliche Eins-Sein mit den noch planlosen und deshalb unschuldigen Triebkräften euch einlädt, das Zeitlose in eurer Beziehung zu leben.

♃ (AC)

Jupiter / Aszendent

Jupiter der Frau in Aspekt zum Aszendenten des Mannes

Konjunktion ☌

Hier wirst du mit der Erkenntnis konfrontiert, daß dein Jupiter nur ein Ausschnitt ist, der erst durch die Einbeziehung der Teile des Partners zu einem harmonischen Ganzen wird, wenn es um die Erweiterung gemeinsamer Horizonte geht. Möglicherweise wirst du den Mann über das hinausheben, was er wirklich ist, und auch er kann seine persönlichen Ziele in deinen spirituellen oder philosophischen Gedanken finden. Solange er deiner Weisheit und Erfahrung den gebührenden Respekt zollt, kannst du dich mit seiner Meinung solidarisieren und das gemeinsame Credo ins Auge fassen: die Erkenntnis, daß ihr euch die Beziehungsrealität selbst erschafft und sie immer wieder verändert, bis sie euch wie ein angegossener Handschuh paßt. Dabei kann sich die wechselseitige Reflexion eurer Persönlichkeitsanteile zu gegenseitigen Hymnen auswachsen, indem jeder seine (vergrößerte) Identität durch den anderen bestätigt bekommt.

Quadrat, Opposition ⚻ □ ∟

Da du im Bereich dieser Konstellation weniger darauf bedacht bist, einen günstigen Einfluß auf das Ego deines Begleiters auszuüben, sondern dich mehr dafür einsetzt, wie du ihn dazu bringen kannst, deine Ziele zu erfüllen, birgt diese Stellung ein hohes Konfliktpotential in sich. Denn je mehr du ihn zwingst, deine Vorstellung zu erfüllen, desto stärker wirst du mit der «spirituellen Wahrheit» konfrontiert, die nichts anderes als das Produkt deiner ihm aufoktroyierten Ziele ist, die du als globale Wahrheit wiederum in ihm zu entdecken suchst. Damit verbindet sich eine Warnung vor Selbstüberschätzung und Rücksichtslosigkeit, sowie eine stete Aufforderung, bei allen Aktivitäten zu prüfen, inwieweit die dort geltenden Gesetze im Einklang mit deinen Absichten sind, verkörpert dieser Aspekt doch pures Bewußtsein, das sich in deinen egoistischen Ansprüchen selbst in sich zerfleddert.

Trigon, Sextil ⚺

Im Umgang mit dem Partner bist du bemüht, sein Ego zu stärken und alles in der Welt zu unterstützen, was er mit seiner Kämpfernatur für dich anstrebt. Dabei versuchst du ständig, sein persönliches Weltbild zu erweitern und ihm das Visier auf größere Ziele einzustellen, von denen du glaubst, daß sie für eure gemeinsame Entwicklung nützlich sind. Auch wenn du ihn in seiner Sinnsuche oft an der Nase herumführst, indem du ihm die Antwort nach dem Sinn in deinen Zielen finden läßt, ist dieses Verhalten trotzdem kreativ. Du schaffst in seinem Bewußtsein den nötigen Platz, der es ihm ermöglicht, auch Visionen aufzunehmen, die über seinen persönlichen Horizont hinausgehen. Und solange er darüber schmunzeln kann, was sich hinter den Bildern der ihm übertragenen Vorgaben versteckt (nämlich deine eigenen Wünsche, die ihm durch das Fadenkreuz der von dir dirigierten Sichtweise entgegenblicken), solange ist es auch für ihn kein Problem.

♃ (MC)

Jupiter / Medium Coeli

Jupiter der Frau in Aspekt zum Medium Coeli des Mannes

Konjunktion ☌

Im Handlungsbereich wirst du vom Willen des Mannes infiziert, große gesellschaftliche Ziele erreichen zu wollen, und da dich die Kraft seiner Wünsche in deinen eigenen Absichten berührt, wird es dir zur seelischen Verpflichtung, ihn auf diesem Weg zu unterstützen. Im Grunde aber möchtest du ihm zeigen, daß die Lösung nicht einfach darin besteht, sich die eigenen Wünsche zu erfüllen, sondern über diese hinaus auch den Geist der Freiheit und damit das alles durchleuchtende Prinzip der menschlichen Entwicklung zu erfassen. Damit repräsentiert diese Verbindung deine spirituellen, in klarer Absicht formulierten Lebenswünsche, die du deinem Begleiter laufend in den (Bewußtseins-)Rucksack projizierst, bis er sich anschickt, sich ohne eigene Orientierung in deinen schöpferischen Mittelpunkt zu stellen, wo du ihn mit den dir innewohnenden Kräften zu seinen eigenen Zielen führst.

Quadrat, Opposition ⚻ □ ∟

In diesem Beziehungsspiel wirst du mit der Vergeblichkeit des Bemühens konfrontiert, die Wünsche und Ziele deines Partners steuern zu wollen. Ohne es zu bemerken, versuchst du, deine Vorstellungen nach außen auf ihn zu projizieren und damit auf seine Ziele Einfluß zu nehmen, indem du ihm deinen geistigen Hintergrund vorgibst. Doch indem er sich deinen Vorstellungen entzieht, sind die Probleme schon vorprogrammiert. Er wird sich fragen, was dich zwingt, ihm den Weg weisen zu wollen, den er für sich alleine gehen kann; und du wirst dich fragen, warum er sich den Weg nicht dadurch erleichert, indem er sich auf deine Erfahrungen einläßt. Er wird von dir wissen wollen, welche innere Überzeugung es dir ermöglicht, ihm aus einem der Möglichkeit nach unendlichen Kosmos persönliche Wege vorzuschlagen. Und darauf wirst du ihn fragen, warum er dir nicht einfach vertraut. Auch wenn Jovialität der bessere Weg ist, wenn es darum geht, durch eine tolerante Geste erstarrte Fronten zu überwinden, hier klappt die gegenseitige Übertragung nicht: Vom Trieb durchströmt, den Gefährten zu bekämpfen, der sich deinen Erkenntnissen aus übergeordneten Zusammenhängen nicht anschließt, ist dieser Aspekt oft der Protagonist des Egos, das seine unwiderstehlichen Bedürfnisse im anderen (vergeblich) durchzusetzen versucht.

Trigon, Sextil ⚺

Dieser Aspekt steht für eine Beziehung, in der du die rationalen und methodischen Zielsetzungen deines Begleiters im gesellschaftlichen Leben für deine Pläne einsetzt. Man könnte auch sagen, daß du seine Stimme benutzt, um deine «Gebete» zum Himmel hinaufzusenden, denn diese Konstellation ist von einem Gefühl himmlischer Freude durchströmt. Je kreativer du bist, wenn du seine Stimme in den Chor einbindest und das Ganze machtvoll «dirigierst» (also seine Wünsche harmonisch vor deine Absichten spannst), desto produktiver sind die Ziele, die du mit seiner Hilfe erreichst. Das Risiko der Manipulation, wenn du seine Kraft an deine Ziele bindest, milderst du dadurch, indem du ihn in dein Herz einschließt. Das entspricht der seelischen Kraft der guten Hirtin, die sich mit dem Patriarchat arrangiert und damit die strukturierende, Sinn spendende und Ziele setzende Außenwelt mit ihrem eigenen, vom Weggefährten unterstützten Selbstbild in Übereinstimmung bringt.

♃ X

Jupiter aspektlos

Jupiter der Frau ohne Aspekt zu einem Planeten des Mannes

Ohne jupiterhaften Kontakt zum Mann gibt es in der Beziehung keinen Vatergott, der dich auf den Armen der Erlösung zum Olymp hinauftragen kann. Deshalb kannst du das Heiligtum der Väter nicht betreten. Was dir hier fehlt, ist das dich wohlwollend von außen Umfangende, das in der Verschmelzung mit dir zur Flamme des spirituellen Feuers wird. Denn so wie der Gralstempel Jupiters jenseits aller Rationalität und Zweckgebundenheit existiert, so ist dir auch die Spiritualität verwehrt, die Lust schenkt, wenn sie sich kongruent zum göttlichen Odem im Universum bewegt. Deshalb fehlt dir oft das Vertrauen, das du in der Beziehung vergeblich suchst, und es bleibt beim vordergründigen Entzünden, ohne daß du dich in deinem Herzen vom Partner wirklich berührt fühlen kannst. Das Mysterium zu verfehlen, bedeutet zwar den «Himmel auf Erden» zu verpassen, aber dafür die unergründliche Wahrheit auf der tiefsten inneren Ebene zu finden: in dir selbst. Wenn du die eigene Spiritualität hoch einschätzt und die fehlende Jupiter-Verbindung akzeptierst, dann wirst du dein Bewußtsein zumindest so erweitern können, daß du spürst, was dir bleibt: das Suchbild deines Unentdeckten. Dann wirst du den Gott nicht länger schmerzlich vermissen müssen, sondern kannst ihn in dem finden, was dir fehlt: in der Rück-Entdeckung des Erkannten, also in der Verschmelzung «zum Vater» mit dir selbst.

(AC)

Aszendent

Das Charisma der Ausstrahlung aus der Sicht der Frau

Der Aszendent steht für deine äußere Maske, die du den Menschen präsentierst, für das Erscheinungsbild, mit dem du dich identifizierst, für die Art und Weise, wie du auf Menschen zugehst oder für deine persönliche Ausstrahlung, die die Welt von dir wahrnimmt. Doch das, was du nach außen zeigst, verweist immer auch auf deine innere Person, die im Äußeren sucht, was sie im Inneren oft nicht findet, denn du findest (im «Suchen») immer genau die Muster, auf die du dich konzentrierst. Oft kannst du auch aufgrund der Reaktionen des Partners fühlen, wer du bist, wenn du spürst, was er in dir sieht. Du mußt aber versuchen, daß du das, was du siehst, von außen betrachtest. Denn das Gespiegelte, das du vor dir siehst, ist das, was dich sieht, wenn du es betrachtest.

Die **Konjunktion** zeigt, daß es dir gelingt, das Suchbild des Mannes mit deinem Selbstbild zu verschmelzen. Damit nimmt der Partner seine projizierten Bilder in dir wahr. Gleichzeitig fällt es dir leicht, seine Vorstellungen zu spiegeln und ihm seine Wünsche zu erfüllen, weil alles, was er sieht, von der von dir kontrollierten Maske gesteuert wird.

Mit einem **disharmonischen Aspekt** gelingt es dir nicht, deine Maske in dem von dir gewünschten Sinn im Umfeld des Begleiters zu plazieren. Deshalb kann dich der Mann oft nicht verstehen. Es gelingt dir nicht, eine Übereinstimmung mit den Bedürfnissen, die er hat, zu erzielen, wobei du gleichzeitig merkst, daß du dein Selbstbild nicht immer so präsentieren kannst, daß der andere es in der von dir angestrebten Weise wahrnehmen kann.

Unter einer **harmonischen Verbindung** verkörpert der Partner für dich genau das, was du brauchst, um deine Anziehung zu spüren. Es ist sein inneres Bild der Suche, das er auf dich überträgt, das gespiegelte Bild der gesuchten Frau in seiner Seele. Und das, was du glaubst, aus ihm für dich herausfiltern zu können, ist das Bild eines Menschen, der dich in deiner Wunschvorstellung, wie du vom anderen wahrgenommen werden möchtest, trägt. Dieses Bild kann er bis an das Ende seiner Sehnsucht in sich tragen, solange er nicht merkt, daß er nicht die Person in Armen hält, sondern nur die Maske, die du ihm als Ausdruck deiner Ego-Bestätigung über die Perspektive seiner inneren Vorstellungen und Wünsche gestülpt hast.

AC ☉

Aszendent / Sonne

Aszendent der Frau in Aspekt zur Sonne des Mannes

Konjunktion ☌

Dieser Aspekt verbindet dich mit der Sonnenenergie, die der Partner auf dich projiziert und in deren Umfeld du deine Kräfte am besten mobilisieren und selbst die Initiative ergreifen kannst. Es ist der ausdrückliche Wille zur Selbstverwirklichung, der dich durchfließt; es ist aber auch der Versuch, den Willen des Mannes durch den Brennpunkt deines Selbstbildes auf die von dir anvisierten Ziele zu richten und damit seine Energie für deine eigenen Bedürfnisse zu nutzen. Zwar mögt ihr euch bisweilen auch bekämpfen, besonders wenn du merkst, daß er die Initiative ergreift und seinen Einfluß bewußt und zielgerichtet einsetzt. Doch gleichzeitig entsteht vor diesem Spannungshintergrund auch eine enorme Handlungskraft, wenn du merkst, daß er seine Aufmerksamkeit stets dorthin richtet, wo du ihm dein Interesse signalisierst.

Quadrat, Opposition ⚻ □ ∟

Im Beziehungsbereich ist es das Ungeliebte, das ans Tageslicht drängt: die mächtige Kraft der Partnersonne, die den Zugang zu deinem Selbstbild nicht findet und deshalb alles, was du ihr reflektierst, mit ungestümer Kraft angreift. Dadurch, daß du dem Mann den Persönlichkeitsrahmen, d. h. deinen Aszendenten, entziehst, auf den er seinen sonnenhaften Willen projiziert, versagst du ihm die Möglichkeit, seine Energie mit deinen Zielen zu verbinden. Die sich daraus entwickelnden andauernden Mißverständnisse unterstützen das gegenseitige Bemühen, disharmonische Situationen zu provozieren und frustrierende Auseinandersetzungen heraufzubeschwören. Deshalb führt der Aspekt auch nicht zu gemeinsamen Zielen, sondern erschöpft sich darin, aus mißverständlichen Projektionen naiv-narzißtische Vorwürfe abzuleiten.

Trigon, Sextil ⊻

Im persönlichen Umfeld verwirklichst du dein Selbstbild, indem du aus der positiven Übertragung des Mannes das «Begegnungsbild» evozierst, das er zu beeinflussen glaubt. Du dirigierst also seinen Willen über das Bild, das er auf dich projiziert, da es dir gelingt, seine Aufmerksamkeit auf dich zu ziehen und aus dieser Übertragung sein Ich zu steuern. Der Partner wird an dieses Bild gebunden, das er aus seiner Zuneigung schöpft, und da die Person, die du für ihn darstellst, gleichzeitig der Sichtweise entspricht, wie er seine eigenen Sonnenkräfte in dir wahrnimmt, zeigt sich hier, wie du ihn durch die Kontrolle seiner Projektion um dein eigenes Selbstbild tanzen läßt.

Aszendent / Mond

Aszendent der Frau in Aspekt zum Mond des Mannes

Konjunktion

Diese Konstellation, die die Gefühle deines Partners an dich bindet, wirkt sich in der Beziehung sehr positiv für dich aus, denn dein Selbstbild dient ihm für all das, was er zum Ausdruck bringen kann. Auch wenn es nur dein Bild ist, das er in sich wahrnimmt, so zeigt diese Verbindung oft das Beste, was der Mann bei sich selbst empfinden und auf dich übertragen kann. Wenn du akzeptierst, daß er sein Mutterbild auf dich projiziert und von dir die Gefühle erwartet, die er in seiner Mutter sucht, kannst du dich ihm öffnen und vielleicht die Erfahrung deines Lebens machen. Denn unter diesem Aspekt wird er dich genau so empfinden wie seine Anima, die er auf dich projizierend in seiner eigenen Tiefe wahrnehmen kann.

Quadrat, Opposition

Hier befindet sich der Mann im Widerspruch mit sich selbst. Da er einerseits spürt, daß das Bild, das er auf dich projiziert, nicht das ist, das er wirklich sucht, und andererseits das, was du ihm reflektierst, das einzige ist, was ihn anzieht, fühlt er sich total frustriert. Er streckt seine Hand nach seinem ambivalenten Mutterbild aus, das in ihm für das Wechselhafte und damit auch für das Unzuverlässige, für Launenhaftigkeit und Verführbarkeit steht, und versucht dich seiner Vorstellung entsprechend zu verändern. Allerdings gelingt es ihm nicht, weil dein Selbstbild nicht harmonisch in seine gefühlsmäßigen Welt- und Wertvorstellungen einfließt. Möglicherweise fühlt er in dir das Bild seiner verdrängten destruktiven Neigungen, und dieses Bild, das er in eurer Beziehung verzweifelt auszublenden versucht, ist gerade die Voraussetzung dafür, warum er dich in der Tiefe deines Empfindens nicht wirklich erreichen kann.

Trigon, Sextil

Dieser Aspekt verkörpert das im Mann reflektierte Ebenbild, das keine Beziehungsprobleme lösen will, sondern ein noch nicht ganz gereiftes, sehnsuchtsvoll-romantisches Streben nach der idealisierten Partnerschaft darstellt. Das Ergebnis ist das Bild der Liebe und der idealen Beziehung, auch wenn du die Bilder, die der Begleiter auf dich überträgt, durch dein äußeres Verhalten selbst mitbestimmst. Du bist dir sehr bewußt, daß dich der Mann als Seelenspiegel benutzt, um sich dem, was er sich in seiner Mutter ersehnt, zu nähern (und um damit das, was du in ihm verkörperst, besser zu verstehen). Es ist dein inneres Gefühl, das es dir ermöglicht, die Faszination in ihm zu spüren, so daß du nicht nur das in ihm Ausgelöste, sondern auch das innere Bild seiner Übertragung zu erkennen vermagst.

AC

AC ☿

Aszendent / Merkur

Aszendent der Frau in Aspekt zum Merkur des Mannes

Konjunktion ☌
Dieser Einfluß zeigt, daß sich dein Selbstbild mit den rationalen Forderungen deines Begleiters leicht in Einklang bringen läßt, denn seine Wahrnehmungen liegen genau auf der Ebene, wie du dich gerne intellektuell der Umwelt darstellst. Deshalb ergänzt die Vernunft deines Partners auch folgerichtig seine Perspektive, wie du selbst gerne gesehen werden möchtest. Seine Wahrnehmung dringt zwar nicht in die Tiefe des Seins, sondern verbleibt in der Vorstellung dessen, wie du dich ihm zeigst. Es geht hier darum, dich mit den Reflexionen positiver Erwartungen zu identifizieren und damit alle guten Gedanken für dich zu beanspruchen, die als unterschwellige Erwartungshaltung seitens des Mannes auf dich projiziert werden. Solange du das Bild, wie er dich wahrnimmt, akzeptierst, könnt ihr euch gegenseitig als sich ergänzende Teile eines Ganzen erkennen.

Quadrat, Opposition ⚻ □ ∟
Innerhalb der Beziehung siehst du dich ständig in intellektuelle Reibereien mit dem Partner verstrickt. Deshalb versuchst du dich laufend vor ihm zu rechtfertigen. Dabei mißt du seinen Äußerungen zuviel Gewicht bei und rückst seine Gedanken allzusehr in den Mittelpunkt. Du glaubst genau zu wissen, was er gegen dich im Schilde führt, denn du spürst seine Unaufrichtigkeit und Durchtriebenheit. Möglicherweise versuchst du ihn aber auch in seinen Widersprüchen anzugreifen, die du aus seinen Äußerungen herauszufiltern verstehst. Erst wenn du merkst, daß er nur auslösen kann, was in dir selbst liegt, kannst du erkennen, daß die Streitereien möglicherweise nur der Sache dienen, vom wahren Inhalt abzulenken und die grundlegenden Widersprüche in oberflächlichen «Nebenkriegsschauplätzen» vergessen zu machen.

Trigon, Sextil ⚺
Da der Mann intensiv damit beschäftigt ist, sich mit dir geistig auseinanderzusetzen, wird dein Ausdrucksdrang durch die Neugierde des Begleiters verstärkt. Er versucht, auf intellektuelle Weise in dich einzudringen. Dabei benutzt er deinen Aszendenten als freien Bewußtseinsraum, durch den er seine Bilder hindurchprojizieren kann, denn diese Konstellation handelt von der Sehnsucht des Partners nach dem Bild, das er sich verstandesmäßig von dir macht. Da du ihm in der Beziehung dein Selbstbild gerne zur Verfügung stellst, wissend, daß du damit nicht nur sein Interesse anziehst, sondern auch – wohin du dich auch bewegst – stets im Mittelpunkt seiner Aufmerksamkeit stehst, kann dieser Aspekt für dich eine ausgezeichnete Grundlage für einen Gedankenaustausch abgeben, vorausgesetzt, auch der Mann versteht Kommunikation als das, was sie ist: die Erlaubnis, alles in dir zu entdecken, was du ihm an Geheimnissen zur Verfügung stellst.

Ⓐⓒ ♀

Aszendent / Venus

Aszendent der Frau in Aspekt zur Venus des Mannes

Konjunktion ☌

In Überfluß und Fülle kannst du erleben, wie sich eine Welle warmer Gefühle über dein Selbstbild ergießt, denn auf der Beziehungsebene schüttet der venusische Begleiter seine geselligen Umgangsformen und seine angenehme Wesensart über dich aus. Dein persönlicher Ausdruck spiegelt ihm das pulsierende Objekt seiner Begierde, weil er durch seine innere Sehnsucht die Liebe in ihrer tieferen weiblichen Form der Hingabe erfahren kann, ohne in dir aber letztlich die ihm seine Wünsche erfüllende Partnerin zu finden. Durch seine Venus empfängst du den unbewußten weiblichen Teil deiner selbst. Er dagegen zieht das «Bild seiner Aphrodite» aus dir heraus, um sich das Charisma der Erfüllung in der ihm reflektierten Person zu erhalten. Da er dir aber gleichzeitig auch die Welt im Spiegel deiner inneren Erwartungen hingebungsvoll zu Füßen legt, zeigen sich in dieser Beziehung auch Teile emotionaler Stärke und starker suggestiver Ausstrahlungskraft und charakterisieren seine sich an dir entzündende Leidenschaft.

Quadrat, Opposition ⚻ □ ∟

Auf der Beziehungsebene zeigt dieser Aspekt, daß der Partner versucht, seine Weiblichkeit auf dich zu projizieren und seine Venus in dir zu entdecken, eine Situation, die du entschieden bekämpfst. Du bist nicht bereit, seine Projektion anzunehmen und ihm die Liebesgöttin zu reflektieren, weil du seine Männlichkeit ablehnst. Und solange er nicht merkt, daß er die Verantwortung für seine Libido nicht auf seine abgespaltene Venus in dir übertragen darf, findet hier ein psychologischer Rollentausch statt, indem du dich mit deiner aggressiven Seite identifizierst und ihn – da du ihm jede Männlichkeit entziehst – auf den Boden seiner Illusionen zurückstößt. Er versucht sich also durch dich mit seiner aphrodisierenden Seite zu identifizieren; du hingegen zwingst ihn in seine weibliche Passivität zurück.

Trigon, Sextil ⚺

In deiner Person erlebt der Mann eine unbewußte Identifikation mit seinem weiblichen Teil, während du dich unbewußt mit der Kraft identifizierst, die seine Venus auf dich überträgt. Damit symbolisiert die Verbindung das spontane, kindliche Empfinden, die Projektionen der Liebe gegenseitig zu akzeptieren. Du stellst ihm dein weibliches Selbstbild zur Verfügung, in dem er seinen Liebesidealen nacheifern kann; er wiederum dankt es dir, indem er dich in deiner Wunschrolle als Liebesgöttin akzeptiert. Damit verläuft die gegenseitige Rollenübertragung harmonisch, denn beide akzeptieren den anderen in der Rolle, die der eine auf den anderen überträgt. Die Chance, die sich hier bietet, reicht vom Gefühl spontaner Anziehung bis zu jenem tiefen Glück einer vertrauensvollen Geborgenheit und des Aufgehobenseins im (Bild des) anderen.

Aszendent / Mars

Aszendent der Frau in Aspekt zum Mars des Mannes

Konjunktion

Der Partner symbolisiert Antrieb, Impuls und Energie und verkörpert das Erreichen der Ziele aufgrund seiner Durchsetzungskraft. Er ist der unbekümmerte Geist des Zwistes, der das Machtprinzip des Egos auf deinen Persönlichkeitsrahmen projiziert und sein aggressiv-dynamisches Verhalten durch dich und mit dir gegen andere zur Geltung bringt. In seiner Gegenwart füllst du dein Selbstbild mit Aktivität, Willensstärke und Lebenskraft auf. Gleichzeitig hat es etwas ungeheuer Erotisches für dich, wenn dein Begleiter dir seine schöpferische Ausdruckskraft und seinen starken Willen zur Verfügung stellt, mit deren Hilfe es dir gelingt, die widersprüchlichen Gedanken, Überzeugungen und Gefühle mit der Außenwelt in Einklang zu bringen. Diese Verbindung versinnbildlicht die treibende Kraft des Mannes, die sich durch deinen charismatischen Rahmen in der Außenwelt zu manifestieren pflegt.

Quadrat, Opposition

Dieser Aspekt bedeutet die Inszenierung eines wahren «Klassikers» auf der Geschlechterbühne der Leidenschaften. Da du einerseits den starken Mann bekämpfst, andererseits aber nur einen Partner akzeptierst, der seinen eigenen Willen (gegen dich) durchzusetzen weiß, führt das zur Verwirrung deiner Instinkte. Indem du ihn unbewußt antreibst, deine Abwehr zu durchbrechen, ihn aber gleichzeitig auf der bewußten Ebene bekämpfst, zeigt sich hinter deinem widersprüchlichen Verhalten der Wunsch, nicht etwa die Oberhand in diesem Geschlechterkampf zu behalten, sondern die Hoffnung, von einem starken Ritter nach einem zähen, von dir inszenierten Scheingefecht überwunden zu werden. Da du dich außerdem dagegen wehrst, einen überlegenen Mann zu akzeptieren, versuchst du seine Stärke zu untergraben, indem du seinen Handlungen immer wieder den Boden entziehst. Du lebst deinen Aszendenten, indem du den Mann zu aggressiven Handlungen gegen deine Person treibst, wobei du aber nicht nur deine inneren Konflikte stellvertretend in seinen Taten bewältigst, sondern durch die Reflexion seiner eigenen Handlungen auf eine kontrollierte Weise Schuldgefühle in ihm erzeugst, an denen du dich wieder hochzuziehen versuchst.

Trigon, Sextil

Im Beziehungsbereich bist du die gesuchte Adresse für die Durchsetzungsabsichten deines kriegerischen Partners, die ihm für die innere Erfüllung seiner äußeren Ziele zur Verfügung steht. Du bist jedoch nicht der opferbereite «Abfallkübel», in dem er seine unerlösten Aggressionen entsorgen kann. Die Verbindung ist insofern männlich gefärbt, als die Motive eurer Kommunikation Symbole des aktiven Handelns und der Durchsetzung sind. Es bereitet dir aber keinen Verdruß, Mittelpunkt seiner Projektionen zu sein, weil es für dich stimmt, im äußeren Leben die Ziele anzustreben, die er auf dich überträgt. Es ist der Kampf mit dem wilden Tiger, der dich anzieht. Mit ihm kannst du dich in alle Variationen der Sexualität vertiefen und in den Strom der brodelnden Libido eintauchen. Es ist dein Wunsch, gemeinsam mit ihm vorzupreschen, neue Ufer zu entdecken und deinen Willen klar und unmißverständlich zum Ausdruck zu bringen. Deshalb ist diese Beziehung wie kaum eine andere geeignet, durch den Ausgleich zwischen Ich und Du ein größeres Spektrum zu gewinnen.

Ⓐ♃

Aszendent / Jupiter

Aszendent der Frau in Aspekt zum Jupiter des Mannes

Konjunktion ☌

Auf der Partnerschaftsebene versucht der Mann den Kontakt zu seinem schöpferischen Wesen, das oft zu schwach ist, als daß er es in sich selbst wahrnimmt, durch dich herzustellen. Gleichzeitig muß er aber erkennen, daß das, was er in dir sieht, nur ein schwacher Abglanz dessen ist, was er in dir vermutet. Der kritische Punkt in diesem Zusammenhang ist der, daß seine jupiterhafte Ausweitung, die keine Grenzen kennt, an der «Inflation ihrer Übertragung» an deinem Persönlichkeitsbild festhält. Seine Übertragungen wachsen und erweitern sich ständig, und du kannst gar nicht erfassen, was er alles durch dich an Erkenntnissen zu sehen glaubt. Er projiziert die verschiedensten Gesichtspunkte in dich hinein, die mit Bildern wie kosmische Vereinigung, Selbstwerdung und Vollendung assoziiert werden, an denen sie zwar geistig anhaften, ohne aber unbedingt mit dir zu korrespondieren. Du kannst dagegen vieles an Weisheit durch ihn wahrnehmen, wenn du das Bild seiner Übertragung akzeptierst, das dir zeigt, von welchem inneren Standpunkt aus er dich sieht.

Quadrat, Opposition ⚻ □ ∟

Der Wille des Begleiters, der dich zwingen möchte, seine Sichtweise zu teilen, verbindet dich unter diesem Aspekt mit Zügen deines (durch ihn repräsentierten) Vaterbildes. Sein dir aufoktroyierter Wille, dein weibliches Wesen aus der Sicht des Vaters zu interpretieren, kann zur Belastung eurer Verbindung werden. Andererseits erkennst du in ihm das mit seiner eigenen unbewußten Einheit opponierende, weil von ihr abgespaltene Ich, das sich erst aus der Distanz zu sich selbst als das erkennt, als was es in dir erscheint: als die Tochter des Vaters. Das Problem ergibt sich aus der Unvereinbarkeit der gegenseitigen Übertragungen: Dein Gefährte möchte die Vaterschaft in der Beziehung erzwingen; du hingegen drängst zu Veränderungen, deren Auswirkungen neben Chaos auch Kreativität in sich bergen: das Bewußtsein des Ich (denn Bewußtsein wird erst durch Veränderungen und Vergleiche der verschiedenen Zustände erreicht). Hier kämpfst du um deine persönliche Freiheit, damit auf der Partnerschaftsebene nicht Großzügigkeit vorspiegelnde Herrschermuster in Verbindung mit patriarchaler Unterdrückung in wohlwollender Form in den Vordergrund treten.

Trigon, Sextil ⚺

Möglicherweise handelt dieser Aspekt von der Sehnsucht nach einem anderen Blick, der dir die Sichtweise des Partners auf dein dir unbekanntes inneres Wesen freigibt. Zwar steht der Gefährte nicht für ein festes Ziel, auf das du dich zubewegen kannst; vielmehr erschafft er dir einen geistigen Raum durch seine Visionen, die er auf dein Ego projiziert. Dadurch werden dir Erlebnisse zuteil, die dich mit dem verbinden, was er auf dich überträgt. Du erhältst dagegen durch seine philosophische Weltausrichtung positive Unterstützung, weil er deine persönliche Aura schätzt und unterstützt (denn solange du ihm hilfst, seine Erwartungen in deinem Selbstbild zu plazieren, solange hilft er dir bei der Expansion deiner Individualität). Trotzdem sind Gefühle oft in hohem Maße verzerrt, weil ihr nicht erkennt, daß ihr selbst die Grundlagen erschafft, auf denen ihr euch bewegt.

(AC) ♄

Aszendent / Saturn

Aszendent der Frau in Aspekt zum Saturn des Mannes

Konjunktion ☌

Mit diesem Aspekt versuchst du, dein Selbstbild durch die Vaterrolle des Partners zu strukturieren und in den Griff zu bekommen. Du versuchst, deine Persönlichkeitsschwäche durch die Projektion des Mannes zu kompensieren, damit du deine Gefühle durch seine Strukturen filtern kannst. Er unterstützt dein Bestreben, deine Individualität an die kollektiven Strukturen anzugleichen. Deshalb ist die Verlockung groß, seine Anschauungen auf Kosten deiner persönlichen Gefühle zu leben. Die enge Verbindung mit seinen verinnerlichten Leitbildern ermöglicht es dir aber gleichzeitig, seine «Vorstellung von Kontrolle» zu erkennen. Damit bist du dir deiner dir selbst auferlegten Rolle nicht nur bewußt, sondern du bist dir auch darüber klar, daß du dich durch Anpassung an die Gefühle des Mannes langsam an die Sicherheit herantastest, aufgrund der du dich dann traust, deine Empfindungen zu formulieren. Gleichzeitig bist du dir bewußt, daß deine Anpassung auch ein Teil deiner Freiheit oder wenigstens ein Teil eines Weges ist, der zur Freiheit führen kann.

Quadrat, Opposition ⊼ □ ∟

In der Beziehung wirst du vom Partner unterdrückt. Möglicherweise ist es dein unerlöster Animus, dein eigenes Vaterbild, das du über die fehlende Männlichkeit deines sich durch Strukturen absichernden Begleiters anziehst (dann wäre er der schwache Gefährte, der seine fehlende Männlichkeit über die unbewußte männliche Seite in dir auslebt). Sehr wahrscheinlich bist du dir des Dilemmas gar nicht richtig bewußt. Wie sich dein äußeres Ego in der materiellen Welt orientiert, so organisiert der Saturn des Mannes deine innere Beziehungsrealität. Er schafft eine äußere Schwelle, über die du ständig stolpern mußt. Du bist gezwungen, gegen ihn zu kämpfen, obwohl du unbewußt an der Bindung festhältst. Ihm fällt die Aufgabe zu, die Blockaden im Inneren zu erschaffen und deinem äußeren Ich so viele Reize zufließen zu lassen, daß es seinerseits die Aufgabe, die Hürden überwinden zu wollen, ständig erfüllen will. Deshalb ist es notwendig, Abstand zu gewinnen, um diese Verstrickungen zu erkennen und sie in positiver Weise lösen zu lernen, statt sie in äußeren Spiegelbildern überwinden zu wollen. Vielleicht willst du lernen, daß es nicht nur die äußeren Umstände, sondern auch die Begrenzungen in deinem Inneren sind, die dich im Umgang mit deinem karmischen Begleiter zügeln.

Trigon, Sextil ⊻

Im gemeinsamen Erleben zeigt sich der Wunsch, dein angestrebtes Selbstbild in der (väterlichen) Geborgenheit des Mannes zu verwirklichen. Möglicherweise wolltest du dich schon als Kind mit dem Vater verbinden, um deinen Wunsch nach Sicherheit durch die Verschmelzung mit dem «Herrscher» zu erfüllen. Vielleicht stand dir dabei aber die Mutter im Weg. Denn in einem karmischen Sinn belebt sich im Partner immer wieder dein inneres Vaterbild, und obwohl der Mann deine weibliche Rolle nicht sieht (so wie dein Vater dein sexuelles Bedürfnis nicht erkannte), erahnt er in dir dein Potential. Solange du nicht erkennst, daß du in deiner Beziehung auch deine Vergangenheit aufarbeitest, bist du immer wieder gezwungen, dich mit ihr auseinanderzusetzen, und mit der Zeit erkennst du den inneren Stand deiner Aufarbeitung daran, was du in deiner Beziehung als harmonisch entwickelt hast.

Ⓐ ⚷

Aszendent / Chiron

Aszendent der Frau in Aspekt zum Chiron des Mannes

Konjunktion ☌

Diese Konstellation läßt sich als Zeichen dafür werten, daß dein Partner nicht gewillt ist, karmische Probleme unter den Tisch fallen zu lassen. Auch wenn dein Ego nicht immer bereit ist, alte Verletzungen anzuschauen, so läßt die Wahl deines seelischen Begleiters darauf schließen, daß du die Probleme auf der Beziehungsebene nicht länger verdrängst. Da er ohne das Aufbrechen deiner schmerzhaften Themen sein therapeutisches Helfersyndrom nicht leben kann, richtet er alle verfügbaren Kräfte auf deine Tabu-Zonen aus. Trotzdem gibt es für dich keinen Grund, ihn zu fürchten, denn er ist sich selbst als Teil des auf dich übertragenen Persönlichkeitsbildes bewußt. Möchtest du aber wissen, wie du über eure Beziehung denkst, dann prüfe dich, indem du dich fragst, was du von deinem Gefährten hältst.

Quadrat, Opposition ⚻ □ ∟

Unter diesem Aspekt fühlst du dich vom Partner manchmal bedroht, wenn du nicht einsiehst, daß das Schicksal durch ihn eine gefühlvolle Vertiefung deiner Persönlichkeitsstruktur bewirkt und durch sein Wirken das Manko einer manchmal zu flachen Auseinandersetzung mit deinem zu sehr nach außen ausgestrahlten Wesen ausgleicht. Ungerechte Vorwürfe können vorkommen, gegenseitige Schuldzuweisungen sind an der Tagesordnung, denn der negative psychische Zustand des Mannes, den er auf dich überträgt und dem du nur schwer entkommen kannst, schlägt sich in der materiellen Realität eurer Beziehungsebene nieder. Während du ihn ständig daran zu erinnern suchst, daß er seine Übertragungen hinterfragen und überprüfen soll, damit du nicht ständig den Kopf für seine unerlösten Ängste hinzuhalten brauchst, versucht er unaufhörlich deine Seele zu retten, indem er das «Böse» in dir angreift. Damit macht er dich zu seinem Feind, was weniger seiner Absicht, sondern vielmehr der Tatsache entspricht, daß du ihn an seine Dunkelheit erinnerst, die er in dir zu bekämpfen vorgibt. Weil er sich einerseits von deinem scheinbar unerlösten Teil abgestoßen fühlt, was ihn aber wiederum durch seine Verdrängungen anzieht, weil es ein Teil seiner selbst ist, mit dem er sich in dir auseinandersetzt, befindet ihr euch auf der Partnerebene in einem zwar schwierigen, aber sich in der eigenen Disharmonie ausbalancierenden Beziehungssystem. Diese gegenseitig verdrängte Anziehung könnte bei etwas Toleranz und beiderseitigem Willen tatsächlich so etwas wie eine vorübergehende Notlösung bilden, die Verbindung durch das gegenseitige Interesse wenigstens so lange zu erhalten, bis neue, konstruktive Perspektiven ins Bewußtsein vorgedrungen sind.

Trigon, Sextil ⊻

Karmisch betrachtet ist diese Partnerschaft sehr segensreich und sinnvoll, wenn du erkennst, daß du durch die Masken des Mannes, die dieser auf dich projiziert, ebenfalls hindurchsehen und die Mechanismen der Psyche aus seinem Blickwinkel besser nachvollziehen kannst. Dabei bist du dir nicht immer bewußt genug, um die karmische Tiefe, die der Partner aus deinem Selbstbild herauszieht, erfassen zu können. Um an seinen Erfahrungen zu partizipieren, die Teil deines Unbewußten sind, solltest du versuchen, die übertragenen Bilder als Teilerfahrung deines Selbst zu akzeptieren (denn Krankheiten und Schuldgefühle sind oft das Resultat unterdrückter Gefühle, die durch die Projektionen der Seele in deinem Körper abgelagert werden können). Wenn du die Einsicht unterstützt, daß vieles, was schmerzt, seine Voraussetzung nicht in der Beziehung, sondern in der Verstrickung der Menschen in ihre eigenen Projektionen hat, könnt ihr einander in die Arme nehmen, wenn ihr die Gebundenheit an die Qualität eurer inneren Muster akzeptiert.

Aszendent / Uranus

Aszendent der Frau in Aspekt zum Uranus des Mannes

Konjunktion

Die Qualität dieser Beziehung zeigt sich in der frechen Unbekümmertheit, die nicht nur die Räume deines inneren Erlebens erweitert, sondern auch eine Zeit voller Überraschung mit sich bringt. Du fühlst dich herausgefordert, die Gunst des launischen, unberechenbaren Mannes zu erringen, denn oft identifizierst du dich mit seinen originellen Ideen. Da ihr beide keine festen Grenzen kennt, entwickelt er seine unkonventionellen Lebensansprüche im Umfeld deiner persönlichen Entwicklung, was dir enorme Lebenserfahrungen beschert, sofern du seine gedanklichen «Achterbahnfahrten», die dich mit seinem schöpferischen Chaos konfrontieren, akzeptierst. Es ist nicht nur das Freiheitsgefühl, das dich beim Anblick des Helden befällt, sondern auch ein unbestimmtes Ziehen im Solarplexus, denn er verkörpert für dich das unkonventionelle Abenteuer in seiner interessantesten Spielart. Zwar kann er auch für Verantwortungslosigkeit und eine zur Unzuverlässigkeit tendierenden Unbekümmertheit stehen; in aller Regel aber gibt die Verbindung einen belebenden Auftrieb, was zu einer positiven Auflösung von Strukturen und Zwängen führt.

Quadrat, Opposition

Energetisch charakterisiert diese Verbindung das widersprüchliche Gefühlsverhalten deines Partners, der sich dir in unangenehmer Weise ständig entzieht. Unbewußt nimmst du oft eine androgyne Rolle an und opferst ihm deine Weiblichkeit im verzweifelten Bemühen, ihn trotz seiner ständigen Absprünge und seelischen Distanz wenigstens auf der geistigen Ebene ansprechen zu können. Doch weil seine «Purzelbäume» und stets ablenkenden Zauberkunststücke niemals enden, symbolisiert diese Ebene die pulsierende Kraft des Verstandes, der ständig neue Standpunkte einnimmt und damit, statt in den Kern der Dinge einzudringen, laufend die eigenen Grundlagen zerstört. Denn nicht das Unfaßbare ist das Irreale, sondern die Übertragungen des Mannes, die dir immer wieder den Boden der Beziehungsrealität unter den Füßen entziehen. Je schneller du merkst, daß deine Bemühungen nicht fruchten, weil er sich selbst genug ist und jede Form von Nähe flieht, desto unmittelbarer kannst du seine heimatlose Seele loslassen, die es immer dahin zieht, wo sie sich nicht aufhält.

Trigon, Sextil

In dieser Beziehung fällt dir die Aufgabe zu, dich mit den ständigen Umbrüchen und Wechseln des Partners beschäftigen zu müssen, denn diese Konstellation ist auch ein Symbol, in dem sich die Furcht vor der Unberechenbarkeit des Schicksals ausdrückt. Hier versteckt sich der Konflikt, dich mit deiner eigenen Subjektivität gar nicht auseinandersetzen zu wollen, sondern dir das Leben in den «Gedankensprüngen» des Mannes zu erschließen, denen du mit deinem Selbstbild ständig hinterherspringst. Die gute Verbindung mit ihm mag dir dabei helfen, Licht in dein Leben zu bringen. Dabei ist es nicht das krampfhafte Wollen, das zum Ziel führt, sondern der gelassene, fast selbstverständliche Glaube an die eigene Kraft und Fähigkeit, wie sie nur der harmonische Gleichklang zwischen bewußtem und unbewußtem Willen hervorbringen kann. Damit kannst du im Wandel deines Beziehungsbildes plötzlich das Ziel erblicken, unabhängig von allen konventionellen Normen und bürgerlichen Einschränkungen einen ungestümen, potenzierten und kreativen Geist zu entwickeln.

Aszendent / Neptun

Aszendent der Frau in Aspekt zum Neptun des Mannes

Konjunktion ☌

Dies ist eine sehr sensible Verbindung, da du im Mann einen Halt für deine kindlichen Vorstellungen suchst, auf den du deine Wünsche projizieren kannst. Er steht nicht für ein festes Ziel, das du im Auge hast; vielmehr erschafft er dir durch seine Träume einen spirituellen Raum, in dem du ihm in der Rolle des Märchenprinzen begegnen kannst. Indem er dir seine Illusionen zur Verfügung stellt, in denen sich deine Ziele verwirklichen können, gelingt es ihm, die vergessene Stimme deines inneren Empfindens wieder zum Klingen zu bringen. Wenn du akzeptierst, daß jede Wirklichkeit nur ein Geschöpf deiner eigenen Vorstellung ist, und auch nicht vergißt, daß du deine Sehnsüchte niemals dort finden wirst, wo der Verstand die Ergebnisse überprüfen kann, kannst du durch die Benutzung seiner Träume deinen inneren Vorstellungen schärfere Konturen verleihen.

Quadrat, Opposition ⊼ □ ∟

Dieser Aspekt zeigt einen interessanten Ansatz auf der Beziehungsebene. Einerseits verkörpert er für dich die Schwierigkeit, dich von den Illusionen deines Partners abzugrenzen; andererseits bist du es, der seinen Visionen nachjagt. Das zeigt, daß du dir durch seine Träume Zugang zu den tieferen Schichten deines Wesens erhoffst. Die illusionären Ziele, die er imaginiert und auf dich überträgt, existieren zwar nicht wirklich, aber weil du glaubst, daß sie existieren, erschaffst du sie aus deinen Hoffnungen und Ängsten. In den Rückbindungswünschen deiner verdrängten materiellen Verhaftung an die spirituellen Sehnsüchte des Mannes wirfst du dich deiner eigenen Regression in die Arme und ziehst dich in die täuschende Umarmung des Begehrens zurück. Aus dem inneren Wunsch, dich in seinen Träumen zu reflektieren, stellst du dich in deinem (gefälschten) Selbstbild als spiritueller Mensch zur Schau. Doch in ihren karmischen Ausschwingungen trägt die Vergangenheit die Muster (also das, was du in deinem Begleiter zu spiegeln suchst) der Auswirkungen einer werdenden Zukunft schon in sich (also letztlich das, was er schließlich auf dich projiziert). Denn diese Verbindung steht für trügerische, verführerische Gefühle, von denen sich zu lösen ein langwieriger und ernüchternder Prozeß sein kann.

Trigon, Sextil ⊻

Unter diesem Einfluß bricht für dich die geheimnisvolle Tiefe der nebelhaften Ursprünge des Lebens auf, denn hier wird dein Ich-Bild durch die Träume des Mannes verfeinert. In ihm manifestiert sich das Verlangen, deiner Sehnsucht ein inneres Bild zu widmen und dieses dem Partner zu übermitteln, damit er es dir durch die Kraft seiner Träume wieder zurückspiegeln kann. Damit gibt er deinen Taten psychische Energie und verhilft deinem Ego zu einem gestärkten Selbstbild. Du baust aus seiner Traumenergie Muster auf, die dir helfen, deinen Wünschen näherzukommen. Gleichzeitig kannst du aus seinen Träumen Realitäten schaffen, denn Übertragungen sind wie Bäume mit vielen Früchten: Überall da, wo du etwas entdecken willst, brauchst du nur deinen Hut hinhalten und die Früchte fallen hinein, vorausgesetzt, daß du «Frucht» vorher definiert hast. Das bedeutet, du versuchst bei deinem Seelengefährten Übereinstimmungen festzustellen, die mit deinen inneren Bildern korrespondieren. Gleichzeitig bemühst du dich, die Ähnlichkeiten als Grundlage zu sehen, auf der du deinen Wünschen (in seinen Projektionen) entgegenstrebst.

Aszendent / Pluto

Aszendent der Frau in Aspekt zum Pluto des Mannes

Konjunktion

Unter diesem Aspekt zieht dir der Partner die Maske vom Gesicht, aber so, daß er dir dabei hilft, dich in deinen eigenen Abgründen zu erkennen, wenn du das Licht in deinem Keller anknipst. Dahinter wirkt die verborgene, seelische Schwerkraft des plutonischen Höllentriebes, die etwas ungemein Fesselndes für dich hat, weil der Bruder der «Lust am Inferno» die «Lust an der Selbsterkenntnis» ist. Du hast Angst vor deinem Schatten, den er machtvoll auf dich überträgt: Doch wovor solltest du dich noch fürchten, wenn du seine Übertragungen als Teil dieser Angst vor deiner eigenen Macht erahnst, wenn du erkennst, daß sich das Leben nicht durch die Übertragungen des Seelenmannes und höllischen Begleiters, sondern allein durch deine individuelle Absicht erfüllt? Meist stehst du mit zwanghafter Faszination und großer Freude vor dem Gewinn einer größeren Identität. Du kannst dein Ego leicht opfern, um die Natur deines Selbst in der Verschmelzung mit deinem Partner zu erlangen.

Quadrat, Opposition

Starke sexuelle Energien und tiefe Leidenschaft verbinden sich unter diesem Aspekt zu einer Kraft, die dich aus den üblichen Beziehungsmustern herauskatapultiert. Irgendwie bist du auch in der Aura dieses Mannes gefangen, die angesichts der animalischen Qualität in dieser Verbindung deine Ängste enthüllt, die gleichermaßen tiefgreifend und unergründlich sind. Dabei wird dir oft schmerzlich bewußt, wieviel Unerlöstes deine Seele noch in sich birgt. Denn aus dem Wunsch, deine Weiblichkeit in der Beziehung zu leben, wird meist die Angst, dich mit dem Dunklen und Unheimlichen auseinandersetzen zu müssen. Erst in dem Augenblick, in dem du die negativen Projektionen des Partners in dir spürst, beginnst du sein Handeln genau zu beobachten. Du sprichst auf seine unwiderstehliche Aura an, die dich mit seinen Machtgelüsten und Zwangsvorstellungen verbindet. Gleichzeitig erkennst du, wie du über deine Rachegelüste bei emotionaler Rückweisung oder sexueller Zurücksetzung zu reflektieren beginnst. Dadurch merkst du, wie er deine Person zu einem Teil seines persönlichen Willens macht, der dein Selbstbild in seine Ziele einbindet. Du siehst dich vom plutonischen Wahn deines Partners umzingelt, dich bis zur Zerstörung besitzen zu wollen.

Trigon, Sextil

Diese Konstellation verbindet dich mit einem Seelengefährten, der dich durch intensive Transformationen führt. Er ist aber nicht der faszinierende Bösewicht, der dich wie ein Kaninchen hypnotisiert und durch dunkle Rituale an sich bindet; sondern er ist meist der Spiegel, der die Angst vor dem Geheimnisvollen, die du unbewußt in dir trägst, auf sich zieht. Psychologisch betrachtet ist er der wünschenswerte Begleiter, der dich mit Klugheit und Geschick in die seelischen Tiefen hinter den Illusionen deiner äußeren Maske führt. Die unterschwellige Kraft, die er dabei auf dich projiziert, ist wie ein instinktiver Lockruf, mit dem er dich in die unbekannteren Schichten deiner Psyche zieht, wo du die Ur-Sexualität als heilige Quelle findest, die schließlich euch beide regeneriert.

Aszendent / Lilith

Aszendent der Frau in Aspekt zur Lilith des Mannes

Konjunktion

Sexualität ist unter diesem Aspekt alles andere als ein Sinnbild schöpferischer Kraft. Auf der Beziehungsebene versucht der Mann, die drohende Gestalt, die, in ihrer Hand ein Schwert, mit schlangenbekränztem Haupt vor ihm steht, zu töten. Andererseits erwartet er von dir, daß du ihn liebst, denn in der Überlieferung ist es die Sexualität der «männlichen» Lilith, die wie ein Vampir in die Heiligtümer der Ur-Eva einbricht und sich mit der «Tochter der Muttergöttin» versöhnt. Deshalb bist du mit ihm hier in einen nur schwer lösbaren Widerspruch verstrickt. Gefühlsmäßiges Vertrauen ist fast unmöglich, und an die Stelle der Liebe tritt Gewalt, deren Grundlage die Angst ist, die zum Motor der sexuellen Unterwerfung wird und damit das normale Empfinden zerstört.

Quadrat, Opposition

Auf der Beziehungsebene bist du noch immer von diesem alten seelischen Trauma durchdrungen, das dir suggeriert, daß du in früheren Zeiten deine Sexualität benutzt hast, um die Ziele deines Egos zu erreichen. Aus Angst vor Rache hältst du dich emotional bedeckt und versteckst deine Aggressionen hinter einem lustfeindlichen Verhalten. Diesen Schatten ziehst du im Partner an. Sein inneres Bild stellt die Spaltung des männlichen Frauenbildes in Hure und Göttin dar. Er beeinflußt dich, indem er dich gegen deinen Willen zur Göttin erklärt und sich dir zu Füßen wirft, bis dich die Rolle frustriert und du dir nichts sehnlicher wünschst, als gedemütigt zu werden. Gleichzeitig wird er ein Opfer seiner eigenen Macht. Seine Forderung dir gegenüber, die er gezwungen ist, gegen sich selbst zu leben, verstärkt gleichzeitig seine Angst vor Kastration. Deshalb versucht er, dir im Sexualleben die weibliche Würde zu nehmen, weil er keine liebevolle Vereinigung zulassen kann. Zwar begehrt er dich, aber nicht direkt, denn er läßt sich von seiner dominanten, inneren Mutterabspaltung dazu zwingen, das eigene Begehren abzulehnen und diese Ablehnung auf dich zu übertragen. Damit bestraft er entweder dich, falls du dich nach seiner Zärtlichkeit sehnst oder sich selbst, weil er mit dir, immer eifersüchtig auf Eva, in der fruchtlosen Öde seines inneren Bildes ausharren muß.

Trigon, Sextil

Harmonisch aspektiert begegnet dir der Mann als faszinierender Animus vom Typ «dunkle Venus», der die Weiblichkeit verachtet und dich in deiner Persönlichkeitsstruktur bekämpft, da er durch die Ablehnung der Eva keinen Zugang zu seinem inneren Adam gefunden hat. Es ist sein abgespaltener Lilith-Teil, der sich hinter seinem Stachel verbirgt, mit dem er dich zu verletzen sucht, denn seine Projektionen sind wie ein karmischer Abszeß, der – wenn er aufplatzt – alle inneren Gespenster mit einem Schlag freiläßt. Doch mit deinen starken Abwehrkräften gelingt es dir meist, die negative Energie umzudrehen, damit dir die Lilith nicht als verzerrtes Spiegelbild von dem mit seiner Weiblichkeit entzweiten Mann aufgezwungen werden kann. Dadurch lernt auch der Partner, in der Beziehung nicht mehr gegen sich selbst zu handeln. Beide erlangt ihr einen verlorenen Teil eures Selbst wieder, was an das überlieferte Wort erinnert, daß die Libido dem verhinderten Asketen wiedergeschenkt wird, sobald er die Lilith in seinem Inneren überwunden hat.

(AC) ☊

Aszendent / Mondknoten

Aszendent der Frau in Aspekt zum Mondknoten des Mannes

Konjunktion

Wenn der Aszendent das in seine selbstsüchtigen Ziele wie in einen Kokon versponnene Ego darstellt, dann ist der Mondknoten das Ziel, das den Aszendenten anzieht. Deshalb scheinst du für deinen Seelenmann die Person zu sein, die ihn unbewußt zu den Gebieten führt, wo er sein Karma bearbeiten kann; während er für dich die höhere Grundlage ist, auf der du dein Ego «abstrampeln» kannst. Deshalb ist es wichtig, mit beiden Beinen fest auf der Erde zu bleiben, denn während eurer gemeinsamen Reise tauchen viele dem Karma anderer Seelen entsprungene Gedanken und Ideen auf, die immer wieder an der Realität überprüft werden müssen.

Quadrat, Opposition

Unter diesem Aspekt versuchst du dich abzugrenzen, während der Mann immer wieder die Mauern deines Egos durchbricht. Indem er sich bemüht, dir seinen Weg als dein karmisches Ziel zu empfehlen, versucht er, dein Selbstbild als Bühne zu benutzen, auf dem er sein eigenes Spektakel inszeniert. Sein «holistisches Ganzes» spiegelt sich im «Neutron» deines Aszendenten mit der unbewußten Erwartung wider, daß du ihn ins Reich des Unbekannten führst. Das Malheur, das ihm als Regisseur dabei unterläuft, ist, daß er dich mit seinen spirituellen Forderungen verwirrt. Du wirst von seinen karmischen Zielen überfrachtet, da du durch deine Perspektiven seine karmischen Übertragungen gar nicht überschauen kannst. Du überblickst nicht einmal deine eigenen Probleme. Individuelle Prinzipien haben für dich Vorrang, da es um deine Persönlichkeitsausrichtung geht; ihn dagegen interessieren nur universelle Perspektiven, die er durch seine Mondknoten-Brille auf dich überträgt. Peinliche Verstrickungen aus Vertrauensmangel sind die Folge. Je höher die Erwartungshaltung, desto expansiver und unangenehmer kann die Enttäuschung sein. Deshalb werdet ihr große Schwierigkeiten haben, eure unterschiedlichen Scheinrealitäten ineinander zu spiegeln.

Trigon, Sextil

Ist der Mann stark genug, deine Ich-Ausrichtung zu tragen, und du ihm seelisch nah genug, um dich von ihm anziehen zu lassen, dann kannst du mit ihm bis an die Grenzen eurer gegenseitig reflektierten Erwartungen gelangen. Mit etwas Geduld kannst du im Mondknoten deines Begleiters die Grundlage der Empfindungen spüren, die er auf dich überträgt. Indem du versuchst, dich mit seinen spirituellen Energien zu identifizieren, benutzt er dich gleichermaßen als Grundlage, durch die er seine geistigen Kräfte kanalisiert. Das ist mehr als bloßes Verstehen, weil du ihn jetzt nicht nur im Außen als Mann erlebst, sondern gleichzeitig mit ihm verbunden seine Erwartungen an dich überprüfen kannst. Dies erlaubt dir, dich bei der Erkundung deines Egos gleichermaßen innerhalb und außerhalb von dir zu beobachten.

(AC) (AC)

Aszendent / Aszendent

Aszendent der Frau in Aspekt zum Aszendenten des Mannes

Konjunktion ☌
Im gemeinsamen Erleben kann der Mann sein Selbstbild in deinem Selbstbild spiegeln und dadurch spüren, daß du ähnliche Sichtweisen hast. Damit paßt ihr gut zusammen, weil ihr die gegenseitigen Spiegelungen eurer aufgesetzten Masken akzeptiert. Man könnte es auch so ausdrücken, daß sich in der gemeinsamen Verbindung der beiden Aszendenten zwei Köpfe der Hydra vermählen, die den Namen trägt: «Ich bin». Wenn du «ich bin» meinst, könnte das bedeuten, daß du bereits den Partner («er ist») mit einschließt und damit ein Stück vom kollektiven Bild, das eine Signatur von dem ist, was der Mensch mit «wir» umschreibt, auch wenn es nichts anderes ist als das harmonische «Sich-im-anderen-Erkennen».

Quadrat, Opposition ⊼ □ ∟
Hier begegnet dir im Selbstbild des Mannes der Schatten deines Ich, der dich erschreckt, weil er dein unakzeptierter Teil ist. Du kannst den Teil nicht anerkennen, der versucht, sich in dir zu spiegeln. Deshalb solltest du dir genau anschauen, was du in dir durch ihn ausschließt, denn es sind deine eigenen Schwierigkeiten, die du dir in der Verbannung seines Bildes aufbaust. Was du außen verdrängst, schlägt sich in deinem Inneren nieder, unabhängig davon, wie du selbst darüber denkst. Und solange du die Verantwortung für diesen Teil nicht annimmst, schließt du damit indirekt auch das aus, was er in dir reflektiert: deine Maske oder den Teil dessen, der sich in dir erinnert, daß das, was der Partner in dir spiegelt, das ist, was du verdeckt durch ihn anziehst. Dieser abgespaltene Teil, der dir im Mann entgegentritt und der sich durch Vertreibung gewissermaßen aus deinem Bewußtsein ausblendet, nimmt natürlich in das ihm aufgezwungene Exil alles mit, was du an negativem Eigenwert mir dir selbst verbindest. Deshalb bist du versucht, im «Rucksack» deines Wegbegleiters genügend Platz zu finden, in dem du dein eigenes Verbanntes plazieren und damit aus dir «auslagern» kannst. In diesem Fall wirkt die Verdrängung vorübergehend wie ein neues, erlösendes System. Anstelle der Wahrheit, die es dir nicht erlaubt, dein Ich in der von dir akzeptierten Form zusammenzuhalten, kann die Projektion tatsächlich vorübergehend eine Ersatzlösung darstellen, die Integrität deiner Persönlichkeit so lange intakt zu erhalten, bis schlimmere Schicksalszwänge dich zur Aufarbeitung und Rücknahme deiner ausgelagerten Schatten zwingen.

Trigon, Sextil ⊻
In dieser Beziehung kann sich das Bild, das du in der Außenwelt darstellst, positiv mit dem Bild, wie sich der Partner sieht, verbinden, weil das, was er von dir spürt, mit seiner Selbstwahrnehmung korrespondiert. Indem ihr das verdoppelte Ich als gemeinsames Selbst wahrnehmt, von dem das persönliche Ego wiederum ein Teil ist, seid ihr nicht nur «Ich», sondern auch ein Teil des Ganzen, das sich im «Ich des anderen» nach Belieben entfalten kann. Wenn ihr euch in euren gegenseitigen Bemühungen zusammentut, also das, was ihr an euch selbst liebt, auch im anderen akzeptiert, dann werdet ihr das Bild, durch das sich jeder im Ego des anderen reflektiert, überwinden und gemeinsam entdecken, daß die Macht in euch selbst liegt und von niemandem (außer von euch selbst) für oder gegen etwas verwendet werden kann.

AC MC

Aszendent / Medium Coeli

Aszendent der Frau in Aspekt zum Medium Coeli des Mannes

Konjunktion ☌

Der Mann, der seine gesellschaftlichen Erwartungen in deinem Selbstbild reflektiert, erwartet von dir, daß du dir seine Ziele anschaust und irgend etwas über seine Möglichkeiten herausfindest. Das, was er von dir wahrnimmt, ist allerdings illusionär, denn er hat seine gesellschaftlichen Ziele alle in das Bild, das er von dir wahrnimmt, hineingepackt, und er ersucht dich bzw. «sein Bild von dir», ihm seine (in dir gespiegelten) Ziele näherzubringen. Seine Ziele sind zwar so irrational wie das Bild, das er von dir wahrnimmt, doch läßt du dich im Mittelpunkt seines Interesses gerne anpeilen. Psychologisch ausgedrückt wird dein Selbstbild vom Partner als Zielpunkt angesteuert, weil er glaubt, mit dir zusammen seine gesellschaftlichen Vorstellungen umsetzen zu können. Obwohl du seine Ziele nicht genau kennst und auch nicht immer weißt, wo die Grenzen seiner Wünsche sind, so spürst du doch genau, mit welchen seiner gesellschaftlichen Ziele du dich problemlos identifizieren und als bildliche Vorgabe deshalb harmonisch in seine Wirklichkeit projizieren kannst.

Quadrat, Opposition

Aufgrund deiner persönlichen Ausstrahlung und den gesellschaftlichen Zielen des Mannes liegt auf der Beziehungsebene ein krasses Mißverhältnis vor. Er hat noch nicht realisiert, daß das Selbstbild, das er von dir wahrnimmt, seiner eigenen Perspektive entspricht. Er stülpt dir gewissermaßen seine Ziele auf, von denen er glaubt, daß sie mit dir verbunden sind. Da er nicht erkennt, daß er für sein Handeln selbst verantwortlich ist, versucht er, es an deinem Bild zu spiegeln (damit er weiter verdrängen kann, daß es seine Sichtweise ist, durch die er dich wahrnimmt). Im weiteren fühlt er sich ständig getrieben, durch dich etwas zu erreichen. Deshalb kommt er immer wieder auf dich zurück und versucht, die Inhalte seiner Ziele laufend in dir zu verändern. Gleichzeitig wirst du dann mit dem Ergebnis seiner inneren Bilder konfrontiert, die er als subjektiv verwirklicht in dir vorzufinden glaubt. Auf der gesellschaftlichen Ebene ist deshalb mit Verhinderungen und Fehlschlägen zu rechnen. Optimistisches Hoffen ist fehl am Platz, dient dieser Aspekt doch dazu, euch in euren gegenseitigen Bemühungen als getrennt von der Harmonie, die ihr aufeinander projiziert, zu erkennen.

Trigon, Sextil

Mit diesem Aspekt orientierst du dich an den Ideen des Partners und übernimmst eine Mitverantwortung für seine Taten. Das machst du auch, um dich erfolgreich in Szene zu setzen und seine gesellschaftliche Absicht auf das gewünschte Ziel zu lenken. Ein starkes Gefühl der Zusammengehörigkeit ist der Kern dieser Beziehung, denn euer gemeinsames Handeln steht für Wachstumsphasen, in denen die meisten Wünsche in Erfüllung gehen. Das bedeutet, er ist eins mit deiner Energie. Das bedeutet aber auch, daß dein Ego sich in seinen Zielen als das erkennt, was es wirklich ist: ein Stück seiner Wünsche. Der Mann wiederum empfindet deine Kooperation als Unterstützung für seinen Selbstausdruck. Das heißt, du bist ohne weiteres bereit, seine Absichten auf dich zu beziehen und ihm im gemeinsamen Erleben zu zeigen, daß du die Erdleitung im gemeinsamen elektrischen Stromkreis bist.

AC ☓

Aszendent aspektlos

Aszendent der Frau ohne Aspekt zu einem Planeten des Mannes

Da der Mann keinen Aspekt zu deinem Aszendenten hat, kann er dessen Maske nicht erkennen, durch die du nach außen in Erscheinung trittst, denn die unaspektierte Verbindung ist ein Zeichen seines Unvermögens, in deiner Person ein adäquates Echo auf seine Projektionen zu finden. Alles, was er sieht, ist die Materialisation dessen, was er über dich zu denken glaubt. Und er glaubt zu denken, was er (nicht) spürt. Das Ironische daran ist, daß eben gerade in der persönlich gefärbten Spiegelung das Verständnis für das Wesen eines anderen Menschen zu finden ist. Ohne Verbindung zu deinem Selbstbild kann der Partner dein Ego nicht erkennen, und dieses wird sich dadurch rächen, daß es ihm jeden tieferen Zugang verwehrt. Weil dein Selbstbild immer auch Teile deines Persönlichkeitskernes in sich birgt, bedeutet das, daß er im Nicht-Sehen deiner Maske auch Teile deines inneren Wesens ausblenden muß, was zeigt, daß du deine Ich-Identität niemals dorthin projizieren kannst, wo es ihn berührt. Er wird also nicht nur dein Ego nicht verstehen können, sondern – weil das unverstandene Ego ihm jede unmittelbare Nähe verwehrt – auch niemals über deine Schultern blicken und mit dem in Kontakt treten können, was in an dir anzieht. Denn das, was du als Bild von dir in die Welt reflektierst, kommt niemals dort an, wo er es sieht, was wiederum auf das schwache Fundament verweist, auf dem sich eure Beziehung manifestiert.

MC

Medium Coeli

Die soziale Entwicklung aus der Sicht der Frau

Das Medium Coeli ist die Achse an der Spitze des 10. Hauses, der höchste Punkt im Horoskop und damit – astrologisch gesehen – der Höchststand der Bewußtheit eines jeden Menschen. Es zeigt die Berufung, das Entwicklungsziel und das Schicksal und damit alle Themen, Eigenschaften und Neigungen, die es gilt, im Laufe des Lebens aus der Latenz zu heben und durch ihre Verwirklichung in der Welt zu krönen. Damit ist aber vor allem das männliche Weltbild gemeint. Für dich sind die Grundlagen des Denkens nicht unbedingt das höchste Credo deines Weltbildes, denn sie grenzen alles aus, was sich nicht in die Gesetze der Logik eingliedern läßt. Manchmal schiebst du im Laufe deiner sozialen Entwicklung den Punkt deiner gesellschaftlichen Ausrichtung tief unter den Bewußtseinshorizont in deine weibliche Weisheit hinab und läßt die ganze duale Welt im Handumdrehen aus deinem Blickfeld zugunsten einer ganzheitlicheren Sichtweise verschwinden. Denn die Stabilität der Welt wird durch die Kraft der (weiblichen) Ausrichtung bestimmt, die du ihr zukommen läßt. Das Medium Coeli ist also die künstlich ausgezirkelte Rationalität im grenzenlosen Chaos mit dem Ziel, dir im Dschungel der seelischen Irrationalität die Illusion von Sicherheit und Heimat in einem anerzogenen gesellschaftlichen Bild zu geben.

Die **Konjunktion** drückt aus, daß es dir gelingt, den Begleiter in deine äußeren Ziele miteinzubeziehen, die mit der selbsterteilten Aussage «Ich erreiche jeden Gipfel» beginnen. Da du dich ihm gleichzeitig auch als Objekt zur Verfügung stellst, in dem er seinen Willen verwirklichen kann, nämlich dich ans Ziel deiner Wünsche zu tragen, gelingt dein Vorhaben problemlos.

Unter einem **negativen Einfluß** empfindest du den Partner als Störenfried. Er ist jemand, der dich so lange am Erreichen deiner Ziele hindert, bis du ihn verläßt oder dich zumindest von seinen Widerständen nicht mehr provozieren läßt. Der innere Sinn mag darin liegen, trotz seiner Herausforderungen den Überblick und die Ruhe zu erlangen, die du brauchst, um die Relativität deiner persönlichen Ziele zu ertragen, die den energetischen Stand deiner Entwicklung spiegeln.

Positiv aspektiert triffst du auf den Mann, der deine Wünsche versteht und deinen äußeren Zielen harmonisch gegenübersteht. Deshalb ist er auch bereit, dir bei der Verwirklichung deiner Ziele zu helfen, die du auf ihn projizierst. Du umhüllst die Kraft, die er dir schenkt, mit Energie, denn es ist auch für dich vorteilhaft, seine Unterstützung anzunehmen, und damit die Mitverantwortung für das zu übernehmen, was du in ihm auslöst bzw. durch ihn reflektierst.

MC ☉

Medium Coeli / Sonne

Medium Coeli der Frau in Aspekt zur Sonne des Mannes

Konjunktion ☌
Genauso wie das Sonnenlicht durch ein Prisma in verschiedenen Farben erstrahlt, so verbindet sich hier die Sonne des Mannes mit deinen Gesellschaftszielen zu einer feurigen Lebensenergie, durch die sich alle deine Wünsche erfüllen können. Ihr erlebt gemeinsame Wachstumsphasen, die euch die Möglichkeit einräumen, über alle Verschiedenheiten hinaus Brücken zu bauen und das gemeinsam Verbindliche herauszustreichen. Es gibt keine Ziele, die ihr nicht erreichen könnt, wenn ihr sie in euren inneren Willen einbindet. Unter dieser Konstellation verbirgt sich eine mächtige Wachstumskraft, die materielle Fülle und geistigen Reichtum auf sich vereint, und das, was durch die Partner-Sonne durch die physische Verdichtung deines Medium Coeli leuchtet, ist der Brennpunkt des kollektiven Geistes, der durch geistige Energie Negatives umschmelzen und Materielles verändern kann.

Quadrat, Opposition ⚻ □ ∟
Unter diesem widerspenstigen Einfluß solltest du genügend Einsicht entwickeln, um unnötige Auseinandersetzungen mit deinem Begleiter vermeiden zu können, denn eure Zielsetzungen bezüglich äußerer Dinge scheitern an der Verschiedenheit eurer Standpunkte, die ihr kaum überwinden könnt. Der Mann führt gegen dich symbolische Kämpfe, um die Einschränkung seines Willens durch die negativen Muster alter Autoritätserfahrungen zu überwinden; du selbst gehst – ohne die Dinge zu hinterfragen – in der Beziehung oft viel zu leichtfertig mit deinen Zielen und Wünschen um. Du tust so, als wäre das, was du in der Welt anstrebst, etwas Endgültiges oder Konkretes, nach dem du nur zu greifen brauchst. Dabei übersiehst du den Teer, der an deinen äußeren Zielen in Form karmischer Belastungen alter seelischen Vorstellungen klebt, weil du nicht siehst, daß viele deiner Wünsche nur das Resultat ständiger Umschichtungen innerer Erfahrungen von äußeren Lernprozessen sind, die sich in deiner Seele ständig formen und erweitern. Damit kein geschlossener Kreislauf der gegenseitigen Verdrängung entsteht, der sich in seinem Ungleichgewicht ausbalanciert, ist eure gemeinsame Aufgabe nicht das Streben nach Erfolg, sondern die Notwendigkeit, die gegenseitig aufeinander projizierten Autoritätsbilder wieder zurückzunehmen und zu eliminieren.

Trigon, Sextil ⚺
Dieser Aspekt symbolisiert eine lebendige, geistige Kraft, die den vitalen Prozeß der Selbstverwirklichung im sonnenhaften Wesen deines Partners entfacht, dessen Energie wiederum deine Pläne und Absichten unterstützt. Da diese Kraft tief in deine inneren Absichten hineingreift, noch bevor du deine äußeren Ziele überhaupt erkennst, kann man behaupten, daß die Sonne des Mannes die «Erinnerungen an deine Zukunft» auf der kollektiven Ebene empfängt. In ihm schlummert die Erinnerung an deine vitalen Antriebe, bevor du sie selbst in dir entdeckst. In deinen Handlungen und Wünschen spürst du dich von der gewaltigen Kraft seiner Flammen umfangen, was sich im Verlangen äußert, durch ihn zum Urgrund des materiellen Sinns zurückzufinden, den du durch die Unterstützung deiner äußeren Ziele in ihm gefunden zu haben glaubst.

Medium Coeli / Mond

Medium Coeli der Frau in Aspekt zum Mond des Mannes

Konjunktion

In Überfluß und Fülle kannst du hier erleben, wie sich über deine Verbindungen und Pläne eine Woge herzlicher Zuneigung ergießt. Der Mann, der die Möglichkeit hat, seelische Tiefen zu ergründen, die über begriffliche Erklärungen hinausreichen, versucht sich dir in der Rolle des empfindsamen Liebhabers zu nähern und dabei unbewußt das Rollenspiel seiner Mutter zu wiederholen: verführerisch, nie ganz sie selbst, aber voller Sehnsüchte – der ungreifbare Mond eben, der sich über dich senkt und sich bemüht, dir deine unausgesprochenen Wünsche zu erfüllen. Dabei reflektiert er eine emotionale Sensibilität, die dich einlädt, dich auch mit der Liebe auseinanderzusetzen. Du solltest für seine Gefühle ein Gefäß bereitstellen, in das du sie aufnehmen kannst. Denn unter dieser Konstellation wird die optimale Verwirklichung der in der Kraft der Hingabe ruhenden gesellschaftlichen Möglichkeiten erreicht.

Quadrat, Opposition

Im gemeinsamen Handeln fühlst du dich vom Mond des Mannes irritiert, der deine Absichten und Ziele mit solcher Hingabe spürt, daß du manchmal denkst, er säße direkt in deinem Hirn. Die Art, wie er Schicht um Schicht deine Bilder in dir freilegt, erzeugt einen Sog, dem du dich nur schwer entziehen kannst. Dabei kontrastiert seine Launenhaftigkeit seltsam mit der gedanklichen Klarsicht, mit der er deinen Handlungen nachspürt. Irgendwie fühlst du dich durch ihn in die Abgründe der menschlichen Seele gestoßen, auch wenn du es normalerweise als Projektion des Mannes verdrängst. Er wiederum fühlt sich von dir frustriert, weil du dich seinen Gefühlen gegenüber verschließt. Je mehr er sich deinen äußeren Signalen anzupassen sucht, desto mehr siehst du deine Herrschaft über ihn bestätigt. Als hättest du nicht schon genug mit dir zu tun, inszenierst du auch noch manipulative Spielchen mit ihm, nur um zu testen, wieweit du seine Gefühle unter Kontrolle hast, und versuchst, ihn in eine ähnliche Rolle wie die Mutter zu drängen, wenn sie in den Gedanken des Vaters Gehör finden wollte. Dabei ist alles, was er in dir spürt, nur die Materialisation dessen, was er vermutet: Ein Gefühl, das ihn glauben macht, in deiner Realität zu existieren, weshalb er seine Bilder auf dich überträgt.

Trigon, Sextil

Im Beziehungsbereich erschließt dir der Partner jenen Teil, in dem du dich nicht nur als machtgierige Karrierefrau begreifst, sondern auch als eine emotionale Triebnatur, die ihr verdrängtes Innenleben in den Gefühlen des Mannes spiegeln kann. Der Mond symbolisiert das unerschöpfliche Kraftpotential der Psyche, aus dem du die Kraft für das Erreichen deiner äußeren Ziele schöpfst. Die Allianz zwischen den emotionalen und strukturellen Teilen ist unter diesem Aspekt ein Band der Einheit, das nicht getrennt werden sollte, denn die Verbindung beschreibt die Suche nach sozialer Harmonie in den Gefühlen des Weggefährten oder die Suche nach gemeinsamer Wärme im Rahmen eines freundlichen, harmonischen Überbaus.

(MC) ☿

Medium Coeli / Merkur

Medium Coeli der Frau in Aspekt zum Merkur des Mannes

Konjunktion ☌
Dieser Aspekt steht für den Augenblick, wenn du dich in den Bildern des Partners wahrnimmst und gleichzeitig den Hintergrund der Kraft erkennst, die ihn durch dich in seinen Bildern beeinflußt. Damit symbolisiert diese Verbindung das gegenseitige Erkennen, wenn du dich aus dem «Fenster deiner Betrachtungen» lehnst und damit die unterschwellige Sichtweise deines Begleiters erfährst, der von «unten herauf» auf dich zeigt, auch wenn er in dir nur seine eigene Projektion wahrnimmt. Für den Mann bist du wie ein endloser Korridor, in den alle Türen seiner Ziele führen, die er in und mit dir zu erreichen hofft. Dabei wünscht er sich, daß du ihm das eine oder andere Tor öffnest, weil er in der Vielzahl seiner Möglichkeiten ab und zu den Überblick verliert. Natürlich wird das Beziehungsklima nicht nur von der Zufälligkeit deiner Entscheidungen bestimmt, denn das, was durch dich von außen an ihn herantritt, entspricht dem, was er von innen her in dir anstrebt. Es hängt deshalb vom Entwicklungsstand der Partnerschaft ab, welche Türen du ihm aufschließt.

Quadrat, Opposition ⚻ ☍ ∟
Das Problem unter dieser Konstellation besteht darin, daß der Partner die Welt, die du ihm reflektierst, mit nichts anderem vergleichen kann als mit dem, was er kennt. Aus seiner Perspektive kann er deine Ziele nicht begreifen. Er versucht, in dir zu bekämpfen, was er nicht versteht. Da er spürt, daß du ihn in Vorstellungen hineinziehen willst, deren Grundlagen er nicht teilen kann, versucht er, deine materielle Ausrichtung zu verändern. Und solange er nicht versteht, daß ihn nur dein zielstrebiges Bemühen, das er ablehnt, zum unmittelbaren Erfassen der deiner Welt zugrunde liegenden Ursachen verhelfen kann, führt das zu einer völligen Umwertung seiner bisherigen Vorstellung von Erfolg und Anerkennung, denn er fühlt sich von deinen Argumenten gleichermaßen angezogen wie verwirrt. Er bringt sein Denken mit deinen Zielen in Berührung, aber weil sie für ihn nicht den nötigen Sinn ergeben (weil er sie ja nicht aus deiner Perspektive sieht), versucht er deine Wünsche zu sabotieren, da er mit seiner Logik deine materiellen Ziele nicht nachvollziehen kann.

Trigon, Sextil ⚺
Im Spiegel des Mannes wirst du mit dem konfrontiert, was du an Vorstellungen in seinem Denken auslöst. Deshalb steuert er meist auch die richtigen Ideen bei, die dir helfen, deine Wünsche zu erfüllen. Mit diesem Aspekt bist du die Autorin von einem Einpersonenstück, die dem regieführenden Partner das Thema vorgibt, das durch seine Gedanken dann zu dem wird, was du als Akteurin gleichzeitig auf der Beziehungsbühne darzustellen versuchst. Das zeigt, daß du mit wachem Verstand seine Einwände wahrnimmst, dabei klug und geschickt reagierst (wenn er erst einmal versteht, daß es dieselbe Tür ist, durch die er von der gegenüberliegenden Seite her die gleiche Bühne betritt) und die verschiedenen Sichtweisen zu einem Ganzen verbindest, das dich zu den angestrebten Zielen im Leben führt.

MC ♀

Medium Coeli / Venus

Medium Coeli der Frau in Aspekt zur Venus des Mannes

Konjunktion

In dieser Verbindung findet ein harmonischer Rollentausch statt. Du ziehst die Anima-Figur deines Partners auf dich, die sich problemlos festhalten und mit dem Ziel vereinen läßt, die Frau im Mann in deine Pläne einzubinden. Gleichzeitig versucht der Mann, der sich unbewußt mit deiner Weiblichkeit identifiziert, deine Erwartungen in allen Belangen zu erfüllen. Deshalb begegnest du ihm oft als väterliche Autoritätsfigur, die ihm in der Rolle der «kleinen Tochter» die Welt erklärt. Sobald du dir über deine Absichten klar geworden bist, kannst du ihn an die Stelle «dirigieren», wo du die Früchte eures raffinierten Rollenspiels im Erreichen gemeinsamer Ziele ernten kannst.

Quadrat, Opposition

Die schwierige Realität erschaffst du dir aufgrund der disharmonischen Übertragung des Mannes, der sich mit der weiblichen Rolle identifiziert und in deiner «Himmelsmitte» möglicherweise die strenge Haltung seines Vaters gespiegelt sieht, auf die er ablehnend reagiert. Wenn dir die Projektion des Partners nicht gefällt, dann überprüfe nicht nur seine (falschen) Erwartungen, sondern auch das Bild, wie du ihn siehst. Denn das, was er dir (an eigenen Sichtweisen) reflektiert, hängt immer auch mit der Haltung zusammen, mit der du dich ihm näherst. Einerseits ist in dem Bild, wie du ihn wahrnimmst, etwas Negatives im Spiel. Andererseits ist dieses Negative auch genährt von der Situation, wie er dich wahrnimmt, und er nimmt dich durch die ihm gespiegelte Haltung wahr, durch die du auf seine vermeintliche Ablehnung selbst mit Ablehnung reagierst. Das entspricht einer Perspektive, die er wiederum auf dich projiziert, was gleichzeitig die ablehnende Haltung erklärt, mit der du auf ihn zugehst und die sich nur verstehen läßt, wenn man die Verstrickungen gegenseitiger negativer Übertragungen miteinbezieht. Deshalb wirst du im Gefühlsbereich mit Frustration und Unverständnis konfrontiert, besonders, wenn du dich, statt die eigenen Probleme zu betrachten, nur auf die Widerstände mit dem Begleiter fixierst. Vielleicht solltest du noch einmal prüfen, ob deine Ziele und Vorgehensweisen mit deinen innersten Absichten wirklich im Einklang sind?

Trigon, Sextil

Im emotionalen Erleben kannst du die Weiblichkeit des Venus-Mannes im Spiegel deiner Empfindungen spüren. Obwohl er sich der eigenen Ausstrahlung bewußt ist, bleibt er doch oft in einer abwartenden, passiven Haltung gefangen. Erst wenn gegenseitiges Vertrauen da ist und echte Gefühle der Liebe erwidert werden, zeigt er sich dir in all seiner Anziehung und Hingabe. In dir scheint er der liebevollen Autoritätsperson und Führernatur zu begegnen, die seine Persönlichkeit unterstützt und ihm hilft, seine kreativen Vorstellungen zu entwickeln. Dabei spiegelt er dir vieles, was du an dir selbst erkennst, und möglicherweise kannst du über ihn wieder mit deiner eigenen weiblichen Hingabe in Berührung kommen, die du deinen gesellschaftlichen Zielen geopfert hast. Wenn ihr begreift, was ihr einander bedeutet, wenn ihr euch zu ergänzen versteht, könnt ihr durch Ich-Überwindung und Karma-Erlösung zu entgrenzenden Mysterienspielen in unbekannte Tiefen vordringen, wo alle Ich-Vorstellungen aufgehoben sind.

Ⓜ︎ ♂

Medium Coeli / Mars

Medium Coeli der Frau in Aspekt zum Mars des Mannes

Konjunktion ☌
Meist nimmt sich der Partner viel zu wichtig und mißt seinen Handlungen und Gefühlen eine übertriebene Bedeutung bei. Zwar entzündet er aufgrund seiner aktiven Natur stets ein Feuerwerk von Handlungen und springt dabei unruhig von einem Objekt zum anderen, ohne aber innerlich zur Ruhe zu kommen, denn sobald er einen Drachen erschlagen hat, sucht er schon nach dem nächsten. Andererseits kann man auch nicht behaupten, daß er immer gewinnt, denn wenn er irgendwo nicht mehr weiterkommt, zieht er sein Interesse schnell wieder ab und richtet seine Aufmerksamkeit auf andere Dinge. Er merkt meist auch nicht, wenn die äußeren Erscheinungen wechseln, solange ihm das Ziel seines Handelns als Weg erhalten bleibt. Mit diesem Aspekt bietest du ihm in der Partnerschaft eine Zielrichtung für seine Absichten und Vorstellungen an, damit er seine Libido, statt an alltäglichen Dingen aufzureiben, in ein sinnvolleres Ganzes integrieren kann. Voraussetzung ist, daß du dich stets auf deine inneren Strategien besinnst, damit du gelassen auf seine ständigen Veränderungen reagieren kannst.

Quadrat, Opposition ⚻ □ ∟
Das «verhinderte Wollen» des Mannes, der sich gegen deinen gesellschaftlichen Rahmen auflehnt, bildet das Leitmotiv dieser Beziehung, in dem sich eure gegenseitigen Energien auf eine sich bekämpfende Art miteinander verbinden, weil euch im gespiegelten Bild des anderen ständig eure verdrängten Anteile begegnen. Dahinter versteckt sich ein alter Aggressionskonflikt. Dein verspanntes Streben, trotz innerer Ängste die Aggressionen des Partners kontrollieren zu wollen und ihm damit eine Zielrichtung für seine Angriffslust zu geben, zwingt ihn unentwegt, deine Vorgaben bekämpfen zu müssen, weil er deiner Orientierung mißtraut. Die dahinterstehende Psychodynamik ist zwar von unerbittlicher Wucht, doch ist der Schatten dieses Konfliktes gleichzeitig auch ein Geschenk. Du willst mit den Triebkräften des Mannes konfrontiert werden, weil du sie unbewußt verdrängst, und gleichzeitig versuchst du, vor dir selbst zu verstecken, was du insgeheim im anderen suchst: deine in der Aggressions-Verhinderung ausgelagerten Ängste. Deshalb bemühst du dich, deine aggressive Gehemmtheit zu überwinden, indem du deinen Begleiter zu aggressiven Handlungen gegen deine eigenen Ziele anhältst, wobei du unterschwellig zu Lösungsvorschlägen in der Konfrontation mit deinen eigenen Aggressionen zu finden hoffst. Doch mach dir keine Sorgen: Erst in der schmerzhaften Blockade, die Aggressionen des anderen zu verhindern, ist die Verhinderung letztlich selbst eine Form von Aggressivität, nicht nur die Aggression zu verhindern, sondern auch in der Blockade kampfbereit auszuharren.

Trigon, Sextil ⚺
Unter diesem Einfluß bist du bemüht, die aggressiven Kräfte des Mannes in soziale Bilder einzubinden. Solange er nicht erkennt, daß in seinen marsischen Zielen sein kämpferisches Ego schlummert, das in allem, worauf es zielt, die Realität nach seiner eigenen Sichtweise interpretiert, bist du eingeladen, deine Weiblichkeit für das einzusetzen, was man das Kontrollieren seiner Aggressionen auf der Beziehungsebene nennen könnte. Im Bestreben, seine Triebinstinkte auf ein sinnvolles Ziel zu richten und im Bemühen, seine Impulse mit deiner realistischen Weltsicht zu verbinden, gehst du auf ihn zu. Und indem du ihm durch die Klarheit deines Bemühens die Zusammenhänge in dieser Verbindung näherbringst, die oft als Projektionsziele seiner Aggressionen in der Außenwelt wirksam sind, fixierst du seine Wünsche an deine eigenen Ziele und läßt sie ihn finden, indem er sie in seinen eigenen, von dir kontrollierten Vorstellungen suchen muß.

Medium Coeli / Jupiter

Medium Coeli der Frau in Aspekt zum Jupiter des Mannes

Konjunktion
Diese Verbindung steht für optimistische, manchmal auch übertriebene Lebensziele, denn die Vernunft deiner sozialen Blickrichtung wird auf der Beziehungsebene von der Selbsteinschätzung deines Partners bestimmt. Die Spitze des Zenits verbindet sich mit dem Licht Jupiters zu einer leuchtenden Sonne, und in der wabbernden Glut der «Mittagshitze» (Medium Coeli) erscheint dir die strahlende Vision des Begleiters, der das vernünftige Prinzip deines Bewußtseins durch seine expandierenden Vorstellungen erhellt und ausweitet. Es ist der große Verdienst des Mannes, das Verlangen nach dem Höchsten in dir zum Ausdruck zu bringen, denn jedes rationale Ziel wurzelt in einer unbewußten Sehnsucht nach Sinn. Deshalb vermagst du im goldenen Glanz dieser Beziehung tatsächlich Cherubim und Seraphim zu erkennen, auch wenn dieser Aspekt durch die Unterstützung des Partners mehr dem psychologischen Verhalten huldigt, das Unerreichbare in die Realität zu projizieren und dort als Ziel der Sehnsucht anzustreben.

Quadrat, Opposition
Auf der Partnerschaftsebene versteht sich der Mann als ein nach höheren Dingen strebender Visionär, der die Luftschlösser des Unfaßbaren zwischen die Vernunftbilder deines Verstandes hineinzwängen will, um sich in den Möglichkeiten seiner Illusionen in deinen Zielen selbst bespiegeln zu können. Deshalb versucht er, deine Vernunft vor den Wagen seiner in dir angestrebten Ziele zu spannen. Das Problem dabei ist, daß dich seine Wachstumspläne unablässig über die Grenzen deiner eigenen Möglichkeiten hinaustreiben, bis das Ganze zusammenzukippen droht, da jede Erweiterung seiner äußeren Ziele auch deine inneren Zweifel und Gegenkräfte verstärkt. Deshalb befindest du dich hier in der ständigen Gefahr, in der Meditation über die Relativität seiner Ziele seine Projektionen auf raffinierte Art und Weise zu kultivieren. Lehnst du sie ab, dann wertest du den eigenen Abwehrmechanismus zwangsläufig auf; stimmst du ihnen aber zu, lenkst du dich davon ab, daß er dich zwingt, dich mit ihm ständig beschäftigen zu müssen. Denn der krampfhafte Zug, all seine Wünsche in deinem Weltbild gleichermaßen zu berücksichtigen und zwischen ihnen einen fließenden, harmonischen Austausch herzustellen, schwächt natürlich auch deinen eigenen Standpunkt.

Trigon, Sextil
Das Bedürfnis nach Expansion und das unermüdliche Streben des Mannes, Großes im Leben erreichen zu wollen, führen ihn dazu, deine Ziele in seine Pläne einzubeziehen und die gesellschaftliche Perspektive unter seiner Regie kräftig zu erweitern. Er sieht sich als ein visionärer Stratege, der an der unvollständigen Sicht deiner sich immer wieder verändernden gesellschaftlichen Pläne arbeitet. Über die zukünftige Ganzheit in eurer Beziehung meditierend, das vollständige Ziel vor Augen, übertüncht er deine Ziele mit immer neuen Vorstellungen. Das entspricht dem patriarchalischen Verhalten, seine spirituellen Illusionen durch deinen materiellen Rahmen hindurchzuprojizieren, um damit in der äußeren Welt eine reale Zielrichtung zu erzwingen, an die er in der Folge auch zu glauben vermag.

Medium Coeli / Saturn

Medium Coeli der Frau in Aspekt zum Saturn des Mannes

Konjunktion

Bevor du dich mit den Werten der Gesellschaft auseinandersetzt, solltest du dich mit deinen Ängsten beschäftigen, die dir der Partner reflektiert. Der Saturnier versucht, sein Leben durch das ständige Hinterfragen von Gefühlen und Zielen zu kontrollieren, eine Sicht, die er dir auf der Beziehungsebene zu übermitteln versucht. Da du ihm andererseits nicht traust, da er auch deine Ansichten widerlegt, gehst du ihm entweder aus dem Weg oder verpanzerst dich hinter dem rationalen Weltbild deiner Argumente. Wird dir aber bewußt, daß deine Selbsteinschränkung, die dich vor ihm schützen soll, in die falsche Richtung führt, da du seine selbstverhindernde Kontrolle, die du ablehnst, durch dieses Verhalten selbst annimmst, erkennst du plötzlich, daß der Ausdruck des Verzichts und Opfers für dich nicht der Weg sein kann. Dein Weg entspricht der Freiheit, das zu wollen, was sowieso auf dich zukommt, und indem du beabsichtigst, was du sowieso nicht verhindern kannst, spürst du in dir die Lust, dein Schicksal dadurch zu kontrollieren, daß du es freudig akzeptierst. Hinter diesem Quentchen Individualität liegt der Spalt zur Freiheit, der durch das Erkennen der Wirkungen der unbewußten Verdrängungsmechanismen den Geist aus der Enge in den Beziehungsolymp katapultiert.

Quadrat, Opposition

Oft mußt du mit großen Widerständen rechnen, denn hier suggeriert dir der Partner die einzige Empfindung, die er kennt: den Ausdruck strukturierender Selbstdisziplin. Alles, was Spaß und Freude macht, wird unterdrückt und eingefroren, und allmählich versiegt deine Offenheit nach außen im Morast seiner dir aufoktroyierten, alles negierenden Lehre, den gesellschaftlichen Umgang mit anderen Menschen auf das Nötigste zu reduzieren. Auf der einen Seite entspricht das genau der Position des Tyrannen, der darauf erpicht ist, seine Gefühle dank seines unermüdlichen Analysierens vor sich selbst auf Distanz zu halten. Sein Streben nach Objektivität entspricht weniger dem Wunsch nach Tiefe als vielmehr dem Wunsch nach strenger Disziplin, um in der Beziehung deinen gesellschaftlichen Umgang zu kontrollieren. Solange du auf der anderen Seite aber auch nicht erkennen willst, daß du dich nicht einfach zum Opfer des «bösen» Mannes machst, sondern genauso dein unerkanntes Selbst manipulierst, in dessen Mittelpunkt du «seine Kontrolle kontrollierst» und damit die emotional unkontrollierbare Außenwelt für dich unschädlich machst, solange gibt es kein Erwachen.

Trigon, Sextil

Die harmonische Verbindung dieser strukturierenden Kräfte zeigt den Brennpunkt an, wo ihr eure gemeinsamen Ziele erfolgreich in der Welt umsetzen könnt. Deshalb ist dem Bemühen des Mannes, deiner gesellschaftlichen Ausrichtung ein starkes Fundament zu unterlegen, auf dem du die «Kirchturmspitze» äußerer Ziele gut abstützen kannst, meist Erfolg beschieden. Die Beziehung zeigt zwei Materialisten, die der verfehlten Spiritualität wenigstens ein erfolgreiches Bild entgegenhalten, wenn sie an den Träumen vorbei ins konkrete Erleben zielen. Auch wenn ihr euch kaum getraut, übertriebene Wünsche zu formulieren, sondern euch lieber hinter rationalistischen Grundsätzen versteckt, seid ihr in der Lage, die fehlende Gelassenheit in Übereinstimmung mit euren Gefühlen durch die unerbittliche und beständige Beschäftigung mit den äußeren Zielen zu ersetzen, deren erfolgreiche Antworten ein möglicherweise spirituelles Manko rechtfertigen können.

Medium Coeli / Chiron

Medium Coeli der Frau in Aspekt zum Chiron des Mannes

Konjunktion

Auf der gesellschaftlichen Ebene solltest du versuchen, dich mit den Argumenten des Mannes zu beschäftigen, denn durch ihn wirst du mit den Hintergründen deiner Ziele und der Aufarbeitung deiner verdrängten Ängste konfrontiert. Der Partner steht an deiner Seite, um dir zu helfen, deine wahren Ziele mit deinem inneren Wesen in Verbindung zu bringen und die Übereinkunft mit der Umwelt als Teil einer notwendigen Illusion zu erklären, die dir außen nur reflektiert, was du an inneren Werten in die Welt hineinprojizierst. Wenn du seine Gedankenanstöße akzeptierst, dann bist du dir zumindest deiner Abhängigkeit von der eigenen Sichtweise bewußt, die sich aus dem gedanklichen Fühlen, aufzuarbeiten, was der Begleiter dir spiegelt, zusammensetzt.

Quadrat, Opposition

Dein ständiges Bemühen, deine Schuldvorstellungen zu verdrängen, entspricht im Grunde dem verdeckten Streben, durch das Inszenieren von Widerständen die Psyche zu stabilisieren. Und was als treuer Wächter gesellschaftlicher Werte und Moral nach außen in Erscheinung tritt, ist im Grunde nur das innere Gespenst, das die anderen als Projektionsfläche für die eigenen Ängste benutzt. Normalerweise spaltest du das Unbequeme von dir ab und lagerst es aus, damit du es unbemerkt dort draußen bekämpfen kannst. Mit dem Chiron-Mann hast du dir jedoch einen unerbittlichen Prüfer ausgesucht, der mit seinem inneren Röntgenblick in deine Seele eindringt und dir hilft, deine kompensativen Projektionen zu unterdrücken, damit du auf deine Lügen nicht länger hereinzufallen brauchst. Er ist der karmische Gefährte, der dir die ungeliebte Wahrheit vermittelt. Solange du aber nicht die Kraft besitzt, dich mit seinen seelischen Hintergründen auseinanderzusetzen, bleibt dir oft nur deinen Mangel an Tiefe und Aufarbeitung innerer Schwächen dadurch zu kompensieren, daß du dich seinen Vorschlägen unwidersprochen aussetzt.

Trigon, Sextil

Mit diesem Aspekt ist der Partner bestrebt, dich heil durch die widersprüchlichen Vorgaben der Gesellschaft zu führen. Das kann manchmal leichte Irritationen hervorrufen, besonders wenn dir für die Komplexität seiner unterschwelligen Steuerungs- und Erziehungsmaßnahmen das nötige Verständnis fehlt. Es geht hier nicht darum, deine Ziele vorbehaltlos in den Dienst seiner Vorstellungen einzubringen, sondern du wünschst von Zeit zu Zeit in deinen eigenen Grenzen wachgerüttelt zu werden, um dich weiter entwickeln zu können. Solange du seine Ansichten unterstützt, wirkt sich dieser Aspekt höchst fruchtbar aus, und du erreichst deine Ziele mit seiner Hilfe. Der gemeinsame Anspruch, euch mit dem Ganzen ins Gleichgewicht zu bringen, setzt hohes spirituelles Erkennen voraus. Wenn du spürst, daß jede Polarisierung sinnlos ist, daß sich unten und oben nicht gegenseitig bekämpfen, sondern einander ergänzen, stellt diese Verbindung ein der Wahrheit entsprechendes Bild der Wirklichkeit dar. Solltest du auch noch die Beweggründe, über alles nachzudenken, was dich beschäftigt, darin erkennen, daß es dir darum geht, die Reaktionen deines seelischen Begleiters vorherzusehen, dann bist du in der Lage, interessante Gegenvorschläge zu seinen Plänen zu entwickeln, die dich mit seinen Kräften vorteilhaft in Berührung bringen.

MC ♅

Medium Coeli / Uranus

Medium Coeli der Frau in Aspekt zum Uranus des Mannes

Konjunktion ☌

Hier bist du mit einem Mann liiert, der sich schnell in seinen Zielen verliert, da er von einer Sache zur anderen springt und oft nicht weiß, was er einen Augenblick vorher wollte. Meist bist du unfähig, seine Gedanken zu disziplinieren, denn es ist die unberechenbare Kraft des uranischen Willens, die ihn ständig zwischen den Wünschen hin- und herspringen läßt, ohne daß er zu einem klaren Standpunkt kommt. Trotzdem drücken sich hier die Ansätze und schöpferischen Wehen neuer Zielsetzungen aus. Zwar identifizierst du dich oft so stark mit seinen Vorstellungen, daß du von den Bildern seines Geistes fortgerissen wirst. Andererseits läßt die Verbindung auf eine tiefgreifende Veränderung deiner Sichtweise hoffen, denn jeder seiner Gedanken ruft aus dem unermeßlichen Strom schöpferischer Ideen immer wieder einen neuen Gedanken hervor, was dir wiederum zeigt, daß alles, was du da draussen siehst und mit Wirklichkeit bezeichnest, nur ein Abbild dessen ist, wie die Gesellschaft dir die Welt beschreibt. Wenn es dir gelingt, den schöpferischen Ansatz zu akzeptieren, mit dem dein unkonventioneller Begleiter die Gesellschaft konfrontiert, dann hast du auch das Problem umschifft, ihre Ziele zur Wahrheit zu erheben, nur weil man so «denkt». Es gibt keine Welt da draußen, die du zu ergründen hast, es gibt nur deine Verhaltensmuster, die dich zwingen, Fragen zu stellen, damit die Antworten dir genau das sagen, was du zu erfahren wünschst. Damit befindest du dich unwiderruflich auf jener Entdeckungsreise, auf der du alles, was du siehst, im Spiegel deines Gegenübers erkennst.

Quadrat, Opposition ⚻ □ ∟

In der Konfrontation mit dem Partner wirst du ständig in verbale Attacken verwickelt. Einerseits bietet er sich dir in der Rolle eines abenteuerlichen «Hansdampf in allen Gassen» an, der die Ziele durch unkonventionelle Gedankensprünge und azyklisches Verhalten anstrebt. Andererseits ist er aber auch ein närrischer Till Eulenspiegel auf allen Ebenen, der seine Ideen zu unrealisierbaren Zielen aufbläht. Leider getraust du dich nicht, deine Ziele zu formulieren. Denn aus seinem inneren Antrieb heraus quillt ständig kreatives, expressives Aufbegehren, das ihn für jede vernünftige Einsicht unzugänglich macht. Er symbolisiert die unkontrollierte Kraft des Verstandes, die die Ziele bis zum inneren Kollaps übertreibt, und damit, statt in den Kern der Dinge einzudringen, ständig die eigenen Grundlagen in Frage stellt. Deshalb ist diese Verbindung nicht nur ein Symbol dafür, wie hilflos du seinen alles immer wieder über den Haufen werfenden Gedankenmustern ausgeliefert bist, sondern auch ein Ausdruck deines immer wieder zusammenstürzenden Gesellschaftsbildes, alles, was du erfaßt, ständig einordnen zu müssen und aus dem Eingeordneten dann gleichzeitig das zu gestalten, was ganz sicher nicht zu einem Ziel führt.

Trigon, Sextil ⚺

Im Beziehungsbereich tritt der Mann meist als ein gerissener Hirnakrobat auf, der mit immer neuen An- und Absichten brilliert. Da er seine Ideen zu gigantischen Visionen visualisiert, die aber nicht wirklich das Leben berühren, sondern nur wie Seifenblasen durch allerlei aggressive Bilder schweben und immerzu mit sich selbst kokettieren, kannst du hier zum Ankerplatz seiner unruhigen Seele werden, wenn du seine Seifenblasen wie lästige Fliegen erschlägst. Es sind nicht hundert, es sind tausend Fliegenschwärme, die sein Hirn gleichzeitig umzingeln, und das macht ihn zum geistigen «Durchlauferhitzer», der oft nur heiße Luft produziert. Dabei verspürt er meist das Bedürfnis, gegen die Gesellschaft anzurennen und dabei alles auf den Kopf zu stellen. Als Beobachter seiner eigenen Gedanken, der alles sieht, was er inszeniert, ohne aber selbst eingreifen zu können, bittet er dich, ihn aus der Sackgasse zu befreien, indem er seine «Fliegen» auf deine gesellschaftlichen Ziele überträgt, in der Erwartung, daß du sie stellvertretend für ihn erschlägst.

Ⓜ♆

Medium Coeli / Neptun

Medium Coeli der Frau in Aspekt zum Neptun des Mannes

Konjunktion ☌
Spirituell stellt diese Verbindung das Mysterium der Gnade dar, das Erleuchten des Grals, denn es ist der kosmische Schleier, der dich ummantelt, das göttliche Elysium, das dich durchglüht oder dein innerer Schutzengel, der dir aus dem Mann entgegenstrahlt und all deine Sehnsüchte erweckt. Zwar kann dich die enthusiastische Kraft seines spirituellen Selbst, die es ihm erlaubt, Widersprüche zu verbinden und sozial zu handeln, mitunter in Gefilde mitreißen, in denen deine Psyche nicht immer stabil genug sein dürfte, um zwischen Realität und Illusion zu unterscheiden. Andererseits kannst du zu philosophischen Einsichten vordringen, wenn du die überhöhten Ziele im Partner loslassen kannst: Denn das einzige, was er nicht findet, ist das, was er an Realität jenseits seiner projizierten Sehnsucht in dir sucht!

Quadrat, Opposition ⚻ ☍ ∟
Diese Konstellation symbolisiert den Drang des Mannes nach Auflösung gesellschaftlicher Ziele zugunsten dessen, was man die mystische Vision nennen könnte, wenn sie nicht einfach der Realitätsverdrängung entspräche, hinter der sich ein schwaches Ego versteckt. Der Partner drückt für dich auf negative Art das aus, was du mit Pseudospiritualität, Selbstbetrug und Weltflucht umschreibst. Es ist, als ob du, von der Vorstellung seiner Sehnsucht ausgefüllt oder von der idealen Gott-Liebe besessen, der Verschmelzung mit dem Universum nachsinnst. Im Charisma seines vernebelnden Charmes schwebst du in der Gefahr, Traum und Wirklichkeit so miteinander zu verbinden, daß sich dein illuminierender Wahn zur scheinbaren Wirklichkeit emporschwingt und die bewußten Ziele sich auf den Flügeln der Träume im Morast deiner Einbildungen lustvoll auflösen. Das versinnbildlicht auch die Erschliessung der inneren Bilder und das tiefe Eintauchen in die unbewußten Bereiche des Selbst, wo der Begleiter deine Ziele durch seine inneren Sehnsüchte manipuliert. Meist fühlst du dich in den Träumen, die er auf dich projiziert, eingesperrt; trotzdem ist seinem Streben, ihnen auf dem Boden deiner Realität eine konkrete Wirklichkeit zu errichten, nicht immer Erfolg beschieden, da du dich manchmal auch weigerst, auf Illusionen zu bauen. Oder er entzieht sich dir aus Angst, erkannt zu werden, wenn du seine Grundlagen zementierst.

Trigon, Sextil ⚺
In den Zielen des Partners kannst du dich als Teil eines Größeren erfahren, und dieses Größere ist sein Traum vom Paradies. Daher bist du in der Lage, seine verschwommenen Zielvorstellungen zu ertragen, weil du dich in ihm als ein Stück seines Mysteriums erkennst. Je mehr du mit deinem psychologischen Gespür den unsichtbaren Schwingungen des Göttlichen nachstellst, desto leichter fällt es dir, dich seinen Träumen zu öffnen. Wenn es dir gelingt, deine rationale Identität zu relativieren, kannst du alle seine Visionen in dir spüren, weil dir durch die Berührung des Mannes Einsichten zufließen, die dir normalerweise nicht zugänglich sind. Dabei bist du dir stets bewußt, daß eine ausschließliche Beschäftigung mit seinen Zielen dich nicht zurück ins Paradies, sondern in die Hölle der Realitätsschwäche und Lebensverdrängung führen. Die Angst vor dem Versinken in seinen Träumen und dem damit verbundenen Scheitern in der Gesellschaft wird aber in dem Augenblick abgestreift, wenn dein Vertrauen in die Spiritualität dieser höheren Erkenntnis Einzug hält. Das Wissen aus dieser transzendent vergeistigten Dimension ist sich der Relativität seiner eigenen Ziele bewußt, weil es weiß, daß die Überwindung dualer Sinne dem Spiel entspricht, das sich dein Geist selbst ausgedacht hat und das er nur über die spirituelle Einsicht in korrekter Beachtung der Regeln überwinden kann.

ⓂⒸ ♇

Medium Coeli / Pluto

Medium Coeli der Frau in Aspekt zum Pluto des Mannes

Konjunktion ☌
Laß dich vom Charme des Plutoniers nicht becircen, sondern versuche, in den Armen des Mannes von jeder seiner Berührungen gleichzeitig auch Abschied zu nehmen, weil jeder Anfang einer Berührung immer auch das Ende einer anderen ist. Auf der tiefsten Ebene mag dir klar werden, daß es nichts gibt, was verloren gehen kann. Das entspricht auch der Befreiung der Seele, die durch seine Umarmung aus dem Kerker ihrer unerlösten Ängste flieht. Denn sobald du die Beklemmung vor der Tiefe und Leidenschaft deiner eigenen Gefühle überwunden hast, kannst du zu einer neuen Wahrheit vordringen, die weit davon entfernt liegt, was du innerhalb deiner alten Abhängigkeits- und Ohnmachtsphantasien für möglich gehalten hast. Deshalb ist der Mann für dich der Spiegel, in dem du dein Unbewußtes erkennen kannst. Denn in jeder seiner Handlungen drückt sich die Kraft ewiger Veränderung mit aus, die, von Pluto regiert, die Wehen der immerwährenden Umwälzung darstellt. Wenn du begreifst, daß diese Erkenntnis höchst positiv ist, wenn du nicht fortwährend dein eigenes Verdrängtes im Partner bekämpfst, in dem zwar wie in jedem anderen Menschen auch die Saat der Zerstörung keimt, der in der Negativität der zerstörerischen Aspekte dir aber ausschließlich die eigene Angst vor deinen inneren Dämonen reflektiert, bist du befreit.

Quadrat, Opposition ⚻ □ ∟
Die negative Verbindung lädt dich zur inneren Umwälzung des alten Weltbildes auf dem Weg zur inneren Erkenntnis ein, um zu einer umfassenderen Wahrheit zu gelangen. Wenn sie in deinem Leben «greift», dann bist du eingeladen, deine Beziehungsfähigkeit neu zu überdenken. Denn das von deinem seelischen Begleiter verinnerlichte Prinzip stellt eine Reihe von immerwährenden Änderungen dar, deren Wechsel das einzig Beständige ist. Er läßt dich nahe am Abgrund mit deinen dunklen Seiten in Berührung kommen. Das sind Erfahrungen, in denen du dir deiner Unfreiheit und Abhängigkeit bewußt werden kannst. Manchmal sind Machtgelüste und Übergriffe angesprochen, die in ihrer konsequenten Umsetzung schon wieder faszinierend erscheinen, oft sind es fixe Ideen, denen du zwanghaft nachjagst, oder Ohnmachtserfahrungen aus Furcht vor dem Bösen, wenn du in den Spiegel deines eigenen Erlebens schaust. Bist du nicht in der Lage, dich reflektierend über die engen Grenzen deiner gesellschaftlichen Sichtweisen zu erheben, dann versucht dir der Partner über die Erfahrung von Verlust und Schmerz neue Perspektiven zu vermitteln. Denn vor jedem Schritt ins Neue lauert die Vernichtung des Alten, die notwendig wird, um aus der Hülle herauszuwachsen, die du für deine Beziehung hältst.

Trigon, Sextil ⚺
Im dunklen Glanz dieser Beziehung mag dir der Mann zunächst wie ein Folterknecht erscheinen, der in den Katakomben der Hölle seine plutonischen Seelenbilder mit deiner sozialen Perspektive verschmilzt. Dabei nimmt er nicht irgendeine Dimension des Lebens auf, sondern greift sozusagen mitten in die Problemzone hinein. Solche Erfahrungen sind aber nicht negativ, sondern der heilsame Schock, die starre, verdrängende Haltung deiner engen materiellen Sichtweise aufzubrechen. Der Aspekt zeigt, daß du unbewußt zu straucheln suchst. Deshalb gibt es keinen anderen Weg, weil du nur die größten Hindernisse auf dem Umweg zu dir selbst akzeptierst. In diesem Sinne geht es weder um einen Akt der Zerstörung noch der Selbstvernichtung: Das Ganze ist ein gut inszeniertes Psychodrama, und das Positive dieser Verbindung ist, daß sie die Voraussetzungen für die gesuchten Spannungen in der Beziehung schafft.

Medium Coeli / Lilith

Medium Coeli der Frau in Aspekt zur Lilith des Mannes

Konjunktion

Im Gefühlsbereich fasziniert dich, daß der Mann gezwungen ist, seinem weiblichen Dämon zu dienen, den er auf dich projiziert, um ihn als «Frau» gleichzeitig in dir abzulehnen und dich im gleichen Atemzug dafür zu bekämpfen, weil du ihm nicht die Höllenfürstin spiegelst, die er sucht. Seine Lilith-Perspektive pendelt immer hin und her zwischen Liebe und Ablehnung, Begehren und Haß, weil hier die Vollkommenheit in den sich widersprechenden Gefühlen zum Preis der Überwindung der menschlichen Dualität gesucht und gefunden werden will. Der männliche Teil hingegen sucht in dir die Gefährtin, die die Projektion seiner «Lilith» übernimmt und ihm aus seinem inneren Gefängnis, stets seinem inneren weiblichen Dämon huldigen zu müssen, heraushelfen kann. Da deine «Himmelsmitte» aber keine Venusgrotte ist, die seine Libido anzieht, sondern nur das Tor zur Außenwelt darstellt, wie du mit der Gesellschaft kommunizierst, läßt er sich von seiner eigenen Lilith jetzt führen und das Ausmaß seines Verlangens erklären, wenn sein «Adam» voller Stolz in dich eindringt und dabei nicht merkt, daß du nur der Spiegel bist, der seinen Lilith-Teil in ihm abschöpft und ihm seine von ihm selbst als schwach empfundene Männlichkeit reflektiert.

Quadrat, Opposition

Der Partner, der gezwungen ist, seine dunkle Weiblichkeit gegen dich auszuspielen, weil er die Erwartung deiner auf ihn projizierten Männlichkeit nicht befriedigen kann, befindet sich unter diesem Aspekt in einem großen Widerspruch: Gibt er seinem inneren Begehren nach, dir alle Schätze der Welt zu zeigen, dann verstößt er gegen seine abgespaltene Lilith-Natur, die ihn zwingt, jedes «Bruttosozialprodukt» (Medium Coeli) zu bekämpfen; gibt er aber der libidinösen Wollust nach, dich zu zerstören, dann wird er sich schnell darüber klar, daß er dir nie als Mann begegnen, sondern dich nur in der Rolle einer unfruchtbaren Dämonin bekämpfen kann. Wenn du akzeptierst, daß jede Begierde stets das «Verlangen nach dem Verlangen des anderen» ist, entspricht dieser Aspekt möglicherweise der Pervertierung der ungenutzten libidinösen Energie im Harren auf den Schmerz, der am anderen Ende der Liebesschaukel wartet, oder der Suche nach dem Liebestod, der mit den untrennbaren Elementen Begehren und Verzweiflung flirtet.

Trigon, Sextil

Lilith mit ihrer weder greifbaren noch zugänglichen Natur erinnert an das weibliche Unbekannte. Wenn du sie im Verhalten deines Partners entdeckst, dann bedeutet das, daß du deine dunkle, unbekannte Weiblichkeit als psychische Energie in ihm wahrnimmst. Sie ist eine Vermittlerin des Unbekannten, und sie läßt dich spüren, wie sie fühlt, indem sie ihre Empfindungen in deinen gesellschaftlichen Erwartungen reflektiert. Deshalb kannst du hervorragend mit dem Unbewußten deines karmischen Begleiters kommunizieren. Er hilft dir, deine Ziele zu erreichen. Gleichzeitig benutzt er deine Bilder, denn durch deinen Einfluß verändern sich seine äußeren Sichtweisen und damit verschieben sich auch seine gesellschaftlichen Schwerpunkte. Ihr baut starke Energie-Muster auf, die ihr auf gemeinsame Ziele übertragt, und indem ihr eure Wünsche gemeinsam nach außen projiziert, verleiht ihr ihnen durch eure starke Erfüllungserwartung den nötigen psychischen Entfaltungsraum.

MC ☊

Medium Coeli / Mondknoten

Medium Coeli der Frau in Aspekt zum Mondknoten des Mannes

Konjunktion ☌
Mit diesem Aspekt bist du intelligent genug, die Ziele deines Partners mit deinen Wünschen zu verbinden, denn hier verstehst du, daß das, was du für dich anstrebst, auch ein Teil seiner Ziele sein muß. Und weil das, was du für dich zu tun beabsichtigst, immer auch gleichzeitig etwas von dem ist, was der Mann für sich beansprucht, lassen sich eure verschiedenen Gesichtspunkte harmonisch in eine gemeinsame Perspektive einbinden. Deine sozialen Absichten lassen seine karmische Bestimmung völlig mit deinen gesellschaftlichen Zielen verschmelzen, weil alles, was du anstrebst, auch seine eigenen Absichten miteinbezieht. Das bedeutet zwar nicht, daß du der Schöpfer seiner Wünsche bist, aber es zeigt, daß die Ziele, die er sich steckt, sich nahtlos mit den Vorstellungen deiner materiellen Sinnsuche vereinen.

Quadrat, Opposition ⚻ □ ∟
Unter diesem Einfluß gelingt es dir nur schwer, deinen gesellschaftlichen Blickpunkt mit den spirituellen Bildern deines Partners zu verbinden. Auf der Beziehungsebene kannst du seine Ziele nur schwer verstehen, weil seine karmischen Schwingungen keine Resonanz in deiner Wahrnehmung erzeugen. Das bedeutet, daß du deine materielle Sichtweise nicht genügend zu verfeinern vermagst, um die sensitive Mondknoten-Strahlung deines Gefährten in dir spüren zu können. Der Mann kann nicht genügend Erdverbundenheit aufbringen, um seine feinstoffliche Aura auf deine materielle Ebene abzustimmen. Die Verbindung zeigt das Risiko einer spirituellen Unvereinbarkeit, deren karmischen Hintergrund die Beziehung nicht ausgleichen kann.

Trigon, Sextil ⊻
Im gemeinsamen Erleben hilfst du dem Mann, einen materiellen Rahmen um seine spirituellen Ansichten herumzubauen, während er sich bemüht, deine gesellschaftliche Sichtweise zu verfeinern. Wenn seine Mondknoten-Energien durch die Tür deiner «sozialen Mitte» (Medium Coeli) strömen, die du ihm in die Außenwelt aufstößt, gibt er dir die Möglichkeit, das Tor deiner materiellen Ziele um den Anteil der karmischen Erinnerungen, die durch ihn hindurchfließen, zu vergrößern, und mit ihm zusammen die geistigen Inhalte zu verwirklichen, die du normalerweise übersiehst. Bildlich ausgedrückt schleicht er sich in deine Gehirnwindungen ein und dafür, daß er deine Perspektive benutzt, um mit dir gemeinsam die Welt zu betrachten (weil er mitbestimmen will, wie du das Gesehene wahrnimmst), schenkt er dir seinen «inneren Blick». Mit etwas Übung kannst du in den Vorstellungen deines Begleiters heimisch werden, wenn du deine Wünsche in seinen Zielen entdeckst.

MC AC

Medium Coeli / Aszendent

Medium Coeli der Frau in Aspekt zum Aszendenten des Mannes

Konjunktion

Was du von deinem Partner unter diesem Aspekt wahrnimmst, ist die Materialisation dessen, das du auf ihn projizierst. Im Grunde verbindet euch gar nichts miteinander, ausgenommen das positive Bild, das ihr voneinander wahrnehmt. Und doch ist dieses persönliche Bild nicht einfach eine Schimäre: Es dient als Katalysator zur Entfaltung gemeinsamer Ziele. Deshalb ist diese Kombination auch ein guter Hintergrundaspekt, die Identität deines Begleiters auf den gesellschaftlichen Brennpunkt einzustellen, in dem er auf deine Vorgaben reagiert. Oder, anders gesagt, ermöglicht dir diese Konstellation, den Gefährten erfolgreich in Szene zu setzen, um alle deine persönlichen Wünsche und Vorstellungen in ihm zu realisieren.

Quadrat, Opposition

Möglicherweise ist diese Verbindung davon bestimmt, stets rücksichtslos gegen die Bedürfnisse des Partners zu handeln, denn hier liegt ein Mißverhältnis zwischen persönlichen und kollektiven Zielen vor. Den Selbstdarstellungsanspruch, den der Aszendent des Mannes in dir auslöst, lehnst du kategorisch ab. Das Ironische dabei ist nur, daß du mit dem Selbstbild des Begleiters auch die gemeinsame Kraft unter diesem Aspekt ausschließt, die du zum Durchsetzen deiner Ziele benötigst, ganz abgesehen von der Möglichkeit, Bedingungen zu schaffen, um gemeinsame Aufgaben erfolgreich in der Welt durchsetzen zu können. Weil das, was er als Person in deinen Augen darstellt, nicht in die gleiche Richtung zeigt, in der du deine äußeren Ziele anstrebst, ist auf der gesellschaftlichen Ebene mit Verhinderungen und Fehlschlägen zu rechnen.

Trigon, Sextil

Im Beziehungsbereich fühlst du dich ständig angetrieben, das Ego des Mannes motivieren zu wollen, denn alles, was auf der Ebene dieser Verbindung stattfindet, ist die Materialisation von etwas, das nicht in jedem einzelnen von euch, sondern nur in eurem gemeinsamen Zusammenspiel existiert. Das zeigt sich sehr deutlich im deinem unbewußten Verhalten, seine Person ständig mit deinen Zielen zu verbinden: Du projizierst das, was du von ihm erwartest, in den Alltag genau so, wie ein Filmprojektor die Negative auf die Leinwand überträgt. Die Voraussetzung, daß es deine Ziele sind, die er erreichen will, zeigt, daß du ihn erfolgreich in deine Energie miteinbezogen hast, und die Tatsache, daß er bereit ist, dein Spiel zu spielen, zeigt, daß er sich mit dir identifiziert: Du bist für ihn gleichermaßen Regisseurin wie auch Mitspielerin in dem gelungenen Lehrstück «Wie erreiche ich meine Ziele?».

MC

MC MC

Medium Coeli / Medium Coeli

Medium Coeli der Frau in Aspekt zum Medium Coeli des Mannes

Konjunktion ☌

Wenn sich eure «Himmelsspitzen» miteinander verbinden, dann verfügt ihr über einen gemeinsamen Blickwinkel und eine deckungsgleiche Realität. Man könnte diese Konstellation auch als eine übereinstimmende Zielrichtung bezeichnen, die dir zeigt, daß du deinen gesellschaftlichen Überblick an der gleichen Stelle des kollektiven «Meßbandes» wie dein Partner fixiert hast. Diese Übereinstimmung wirkt wie ein starker Leim, der die Perspektive des anderen an die eigene Sichtweise klebt, wenn ihr die Ziele eures Begleiters in die Vorstellung eurer eigenen Ziele einbindet, die ihr euch gegenseitig auf die Stirn zu kleben versucht (wobei ihr glaubt, eure Vorstellungen in den Zielen des anderen zu finden, was innerhalb eines unbekannten Geländes eine identische Perspektive voraussetzt). Es sind nicht nur deine eigenen Gedanken, die dich umzingeln, sondern immer auch die Einfälle des anderen, die dein Wollen und Handeln bestimmen. Diese Verbindung faßt in ihrem Brennpunkt eure gesellschaftlichen Bestrebungen zusammen und ist gleichermaßen das Ziel der Entwicklung und der Samen, aus dem neue Beweggründe und Zielsetzungen entstehen können.

Quadrat, Opposition ⚻ □ ∟

Auf der Beziehungsebene bist du meist nicht nüchtern genug, die Sicht deines Partners als das zu sehen, was sie ist: eine deine Ziele bekämpfende feindliche Ausrichtung, die genauso wahr oder unwahr ist wie deine eigene Perspektive. Deshalb kannst du nur schwer eine Annäherung an die seiner Vorstellung zugrunde liegende Sichtweise erreichen. Damit wird die Ursache zur Form, weil der Mann nur das wahrnimmt, was ihn prägt, und nicht das, was er sieht. Du wiederum siehst in seiner Perspektive nur das Geprägte, das du als seine Wahrnehmung wahrnimmst, ohne dir darüber klar zu werden, was dich zwingt, so zu sehen, wie du siehst. Du erkennst nicht, daß das Medium Coeli kein kreatives Medium ist, sondern nur ein Fenster zur Welt. In seiner reflektierenden «Himmelsmitte» siehst du nur, was sich darin spiegelt, und nicht das, was ist, weil das, was du siehst, geprägt ist von dem, wie du sein Sehen durch deine gesellschaftliche Ausrichtung hindurch wahrzunehmen gelernt hast. Es kann auch sein, daß sich seine Ziele von deiner unbewußten Perspektive nicht genug angezogen fühlen. Trotzdem – oder gerade deshalb – sind solche Krisen und Unschärfen oft die einzige Chance, die Genese deiner eigenen Ausrichtung zu spüren und damit die Voraussetzungen zu deren Änderung.

Trigon, Sextil ⊻

Unter diesem Aspekt stimmen deine Ziele harmonisch mit den Zielen deines Partners überein. Ihr besitzt die Einsicht, die euch erlaubt, die Kongruenz eurer gesellschaftlichen Ausrichtung zu erkennen, die euch zwingt, die Welt übereinstimmend sehen zu wollen. Das entspricht der Fähigkeit, das Spektrum deiner Sichtweise mit der Fähigkeit des Mannes, die Welt wahrzunehmen, zu einer gemeinsamen Perspektive zu verbinden, die euch einlädt, eure Wünsche gleichzeitig anzustreben. Ihr verwirklicht das Ziel, indem ihr es gemeinsam «beabsichtigt», und das Beabsichtigte danach als positives Ereignis «abschöpft». Der Dreh- und Angelpunkt dieser Verbindung ist, wie ihr euch in eurem Inneren auf das ausrichtet, was ihr außen anstrebt. Diese Entwicklung manifestiert sich in der gemeinsamen Zielrichtung etwa nach dem Motto: «Wie muß ich hinschauen, damit ich in dem, was ich sehe, immer das erkenne, was ich sehen will?» Das zeigt auch, daß ihr euch stets auf das bezieht, was ihr innerhalb dieser Beziehung gar nicht verfehlen könnt, nämlich die Identifikation mit den Zielen des Gefährten, weil das in der Gesellschaft Wahrgenommene stets ein Teil der äußeren Erfüllung eurer übereinstimmenden inneren Blickrichtung darstellt.

(MC) X

Medium Coeli aspektlos

Medium Coeli der Frau ohne Aspekt zu einem Planeten des Mannes

Die Vorstellung, die du von deinem Partner hast, entspricht weder der, die er von sich selbst hat, noch der, die er glaubt, daß du sie von ihm hast. Die Vorstellung, die du von dir hast, ist immer auch geprägt von dem, was du glaubst, daß der andere von dir denkt. Und weil die Vorstellung, von der du glaubst, daß sie der andere von dir hat, wiederum von der Vorstellung geprägt ist, wie du glaubst, daß er glaubt, wie du über ihn denkst, ist das, was du von ihm wahrnimmst, von dem gefärbt, was du glaubst, daß er glaubt, auch wenn er nicht fühlt, was du über ihn denken könntest – weil einfach nichts da ist, was er zu spüren vermag. Weil er keine Antenne dafür hat, was dir die gesellschaftlichen Ziele im Leben bedeuten, kann er auch nicht ermessen, was dir im Leben wichtig ist. Was du spürst, wenn du etwas fühlst, ist ein Geflecht von Beziehungen, die darauf beruhen, daß etwas da ist, für das du es hältst, auch wenn dies nicht der Fall ist. Und was du unter einer fehlenden Aspektierung hier für Kommunikation hältst, ist ausschließlich auf Irrtümern gegründet, die aber – bei allem Mißverstehen – schon so etwas wie eine Basis für einen praktikablen Umgang mit anderen abgeben, und zwar aus dem Grund, weil dem Nichtverstehen (bei hinreichender Verständigung!) jede negative Streitkultur abgeht. Es handelt sich dabei um ein so prinzipielles Unverständnis, daß darauf schon so etwas wie eine gegenseitige Toleranzkultur aufgebaut werden kann, wenn du in deinem Denken mit dem Bewußtsein dieses Verstehens zugleich die Einsicht erzeugen kannst, in welcher Richtung der Sinn dieses zwischen euch bestehenden Nicht-Verstehens zu wirken hat. Möglicherweise ist in dem Beziehungsvertrag, den dein unbewußtes inneres Selbst mit dem Unbewußten des Mannes eingegangen ist, die Voraussetzung wegbedungen, daß ihr gemeinsam etwas in der äußeren Welt erreichen wollt. Da du andererseits natürlich auch mehr bist als nur der Teil deiner selbst, zu dem er keine Verbindung hat, ist es natürlich nicht so, daß keinerlei Berührungspunkte zwischen euch vorhanden sind. Doch wenn du glaubst, in dieser Beziehung Lektionen zu lernen, die aus der gesellschaftlichen Auseinandersetzung entstehen, kann man sagen, daß hier keine gemeinsamen Beziehungspunkte existieren, die auch nur im Entferntesten eine gemeinsame gesellschaftliche Perspektive ergeben.

Dank

Mein erster Dank gilt dir, lieber Leser, für die Bereitschaft, dich mit meinen Gedanken auseinanderzusetzen und damit die Grundlagen zu schaffen, auf der sich die Mühe, mich zu produzieren, auch lohnt. Denn das Ziel ist nicht das Geschriebene, sondern das Schreiben selbst. Nicht das Produkt, sondern der Akt des Vollzugs. Ob meine Gedankengänge für dich brauchbar sind, hängt sowieso nicht davon ob, wie irgendeiner darüber denkt, sondern allein von deinem inneren Empfinden, wie es mit meinen Denkansätzen korrespondiert. Meine Überlegungen sind nie nur falsch und dumm (das zwar auch), aber vor allem auch nie nur richtig und klug (irgendwann möglicherweise, für irgendwen), sondern sie sind nicht mehr und nicht weniger als der Versuch, mich im Spiegel des astrologischen Inventars zu bespiegeln, und den Spiegel gleichzeitig auch zu deinem Spiegel zu erklären. (Das macht zwar jeder andere Mensch in seinem Wissensgebiet auch, nur ist es sich der Hintergründe seiner Mechanismen meist nicht bewußt.)

Das Schreiben ist für mich nicht nur ein Mittel, mich zu produzieren, sondern auch der Versuch, mich in deinen Gedanken zu reflektieren. Es dient mir, mein Ego zu rechtfertigen und einen Lebenssinn zu konstituieren. So gesehen bist du für mich gleichermaßen Geführter und Führer, Vater und Kind. Kind, weil du die Welt von mir «beschrieben» haben möchtest, und Vater, weil du mich beherrschst und mir indirekt über die Buchverkäufe signalisierst, was ich dir bedeute. Deshalb empfinde ich jede Kritik als Angriff gegen meine Existenz, gegen die ich andererseits, weil ich die Mechanismen kenne, mich gleichzeitig in Frage setzen zu wollen, auch nichts einzuwenden habe.

Ich habe nicht nur meinen Vater «getötet», sondern alle Autoritäten in meinem Leben bekämpft, um frei zu werden, und das habe ich nun abzubüßen, indem ich die Tat ständig wiederholen muß. Ich bekämpfe dich als Leser, indem ich gegen deine dualen Vorstellungen «anschreibe», und hoffe, trotzdem von dir akzeptiert zu werden, denn möglicherweise bediene ich mich des hinterfragenden Widerspruchs, weil ich mir wünsche, gerade wegen meiner Widerstände gegen das dualisierende Ego von dir geliebt zu werden. Denn meine Partnerschaftsdefinition ist tautologischer Natur. Einerseits will sie Beziehungsmuster erklären; andererseits weiß sie, daß alles, wie man es auch betrachtet, immer nur Ansichten sind, die den Standpunkt bezeichnen, von dem aus man irgendetwas sieht. Mit dem Ansatz des sich selbst bespiegelnden Denkens versuche ich dir zwar Eintritt in ein objektiveres Beziehungssystem zu verschaffen, doch führe ich dich dabei notgedrungen in die nächst höhere Falle: «die Hinterfragung des Hinterfragens». Denn der Partner ist nicht, wie er ist. Identität ist nichts Objektives. Sie ist der unendliche Prozeß, in dem sich alles befindet. Trotzdem bedürfen wir der Worte, um nicht in dieses Loch hineinzufallen, das wir Sinnlosigkeit nennen, und das wir nur um den Umstand vermeiden können, indem wir uns an unseren eigenen Sinninhalten festhalten, und zwar um den Preis, nicht mit der Wirklichkeit konfrontiert zu werden. Dieser Preis hat viele Namen: Religion, Wissenschaft, Shareholder value oder, wie in diesem Buch, «Partnerschaftsastrologie». Und dafür, daß du dich an dem von mir propagierten «Wirklichkeitssystem» festhältst, gilt dir mein Dank.

Liebe und Dank gebührt auch Phoebe, meiner schönen Gefährtin, und meinen früheren Begleiterinnen Ursula und Erika, die in all der Zeit oft vor meinem inneren Auge aufgetaucht sind und mir zeigen, wie viel Zuneigung und Liebe den Menschen auch jenseits partnerschaftlicher Beziehung an seine «Lebensabschnitt-Begleiterinnen» bindet, wenn die Ablösung erfolgreich vollzogen werden konnte. **Mein tiefster Dank** jedoch gehört meiner Mutter, Frieda Frey-Baldinger, die während der Entstehung dieses Buches entschlafen ist (zwischen Venus/Venus und Venus/Mars). Ich hätte nie gedacht, was für tiefe, innere Bilder sich bei der endgültigen Trennung im Inneren auftun. Ich glaube, erst nach ihrem Tod ist mir eigentlich klargeworden, was sie mir im Leben bedeutet hat.

Ein weiteres Dankeschön gilt Voenix, meinem Illustrator, und Arjun, meinem Freund und Helfer bei unseren Workshops und Ritualen, mit denen ich mich auf dem gleichen Weg ins Unbekannte befinde. Außerdem bedanke ich mich bei Gianin für die grafische Gestaltung der Druckvorlagen (dessen Konterfei zusammen mit seiner

Gefährtin Elisabeth die beiden Buchteile ziert), Reini, der mir liebevoll half, die Texte zu korrigieren, JGH, der mich immer wieder anfeuerte, wenn ich den Bettel hinschmeißen wollte, Luzia, Orphea und Melaina, mit denen mich eine tiefe Freundschaft verbindet, und nicht zuletzt meinen (geliebten) Feindinnen, die mich gnadenlos bekämpfen und mir damit auch zeigen, daß sich das Dunkle, das ich beschreibe, nicht nur in meinem Kopf abspielt, sondern daß möglicherweise auch abgespaltene Teile, über die wir uns gar nie Rechenschaft geben, die Fäden bilden, die die unheimlichen Nornen dann zu dem verknüpfen, was wir im Leben «Schicksal» nennen.

Charles

☉ **Sonne**	Selbstbewußtsein, Selbstverkörperung, Selbstverwirklichung
☽ **Mond**	Vertrauen, Geborgenheit, seelische Identität
☿ **Merkur**	Kommunikation, Gedankenaustausch, Objektivität
♀ **Venus**	Harmonie, Erotik, Genußfähigkeit (Anima des Mannes)
♂ **Mars**	Kampfbereitschaft, Triebkraft (Animus der Frau)
♃ **Jupiter**	Ausdehnung, Weltanschauung, Sinnfindung
♄ **Saturn**	Bewußtwerdung, Verantwortung, Kristallisation
⚷ **Chiron**	Schmerz, Frustration, Initiation (Aufarbeitung von Leid)
♅ **Uranus**	Freiheit, Unabhängigkeit, Aufhebung der Norm
♆ **Neptun**	Sensitivität, Spiritualität, Transzendenz
♇ **Pluto**	Instinktnatur, geistiger Wille, Macht
⚸ **Lilith**	Abgespaltene Weiblichkeit (Mörderin/Opfer, Hure/Heilige, Teufelin/Göttin)
☊ **Mondknoten**	Richtung, Lebensziel, neue Aufgabenstellung
AC **Aszendent**	Maske, Ausstrahlung, Erscheinungsbild
MC **Medium Coeli**	Berufung, Entwicklungssinn, Gesellschaftsziel

☌	=	**Konjunktion**	=	0°
⚺	=	**Halbsextil**	=	30°
∟	=	**Halbquadrat**	=	45°
⚹	=	**Sextil**	=	60°
□	=	**Quadrat**	=	90°
△	=	**Trigon**	=	120°
⚼	=	**Anderthalbquadrat**	=	135°
⚻	=	**Quincunx**	=	150°
☍	=	**Opposition**	=	180°
⦶	=	**Spiegelpunkt**	=	♈‖♎ bzw. ♋‖♑

☌ = Konjunktion = 0° (Wirkungsbereich 3-5°)
Die Konjunktion bringt die stärkste Verdichtung gegensätzlicher Kräfte zum Vorschein. Dabei kann es sich um das harmonische Verschmelzen zweier energetischer Stromkreise handeln, die die Beteiligten ständig mit Energie aufladen. Es kann aber auch sein, daß sich die Planeten aufgrund ihrer Natur nicht sehr gewogen sind und du in den Reaktionen des Partners das Stigma eines unbearbeiteten inneren Zwiespalts als Spannungs- und Konfliktsituation reflektiert erhältst.

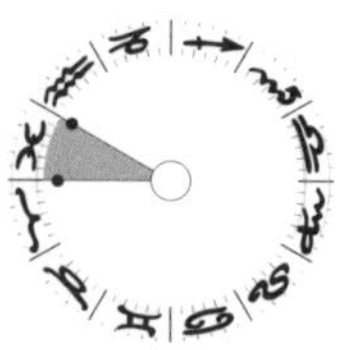

⚺ = Halbsextil = 30° (Wirkungsbereich 1°)
Das Halbsextil ist zwar keine disharmonische Verbindung, doch durch das Aufeinandertreffen gegenseitiger Reizpunkte wirkt sich der Aspekt oft in einer enervierenden Spannung aus, die zur harmonischen Ausbalancierung einer geschmeidigen inneren Differenzierungsfähigkeit bedarf.

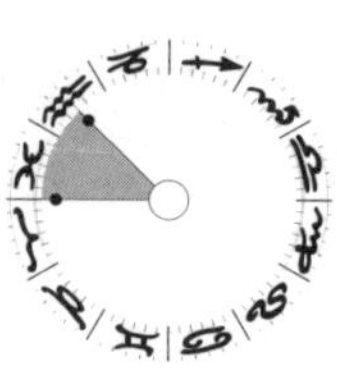

∟ = Halbquadrat = 45° (Wirkungsbereich 1°)
Das Halbquadrat steht für die Materialisation negativer und aggressiver Kräfte, die du im Partner als das «Schlachtfeld» erkennst, auf dem du deine destruktiven Energien bekämpfst.

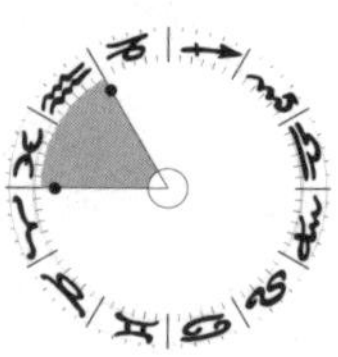

✱ = Sextil = 60° (Wirkungsbereich 2-3°)
Der wunderbaren Spontaneität des Sextils wohnt ein harmonisches Zueinanderfinden alter Beziehungsgefährten inne, was sich in der gegenseitigen Unterstützung gemeinsamer Ziele und der optimistischen Reflektierung der eigenen Wünsche «im Bild des anderen» ausdrückt.

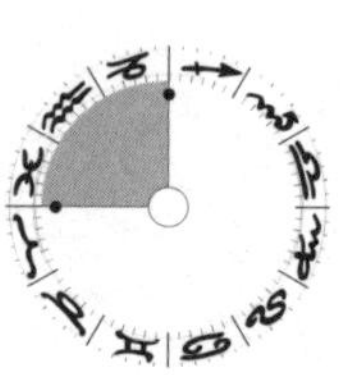

□ = Quadrat = 90° (Wirkungsbereich 3-4°)
Das Quadrat ist die schwierigste von allen Hürden und damit der höchste Befreiungsaspekt (wenn du die Schwierigkeiten in der Beziehung überwindest). Weil du meist nicht entdeckst, was an eigenem Ungesehenen dir der andere alles spiegelt, ist es sehr schwer für dich, zu merken, daß die Lösung nicht einfach darin besteht, den Partner zu bekämpfen, sondern im innersten Willen, bei dir selbst zu spüren, was dir im anderen mißfällt.

△ = Trigon = 120° (Wirkungsbereich 3-4°)

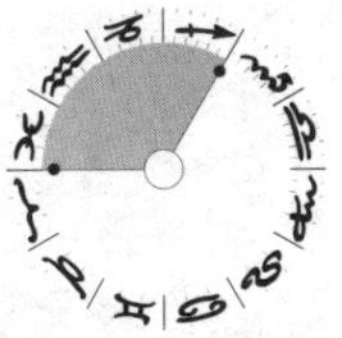

Unter diesem Aspekt bist du dir sowohl deiner Einmaligkeit als auch der Tatsache bewußt, daß du ein (harmonischer) Teil des Ganzen bist. Es ist die totale Verschmelzung mit den Zielen des anderen oder die befruchtende Übereinstimmung mit deinem harmonischen Wesensteil, der dir im Partner gespiegelt wird.

⚼ = Anderthalbquadrat = 135° (Wirkungsbereich 1-2°)

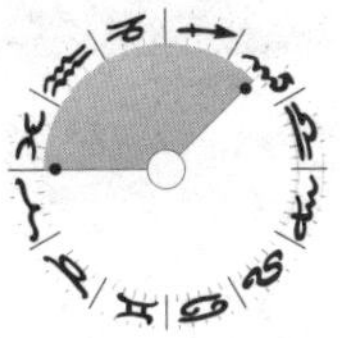

Das Anderthalbquadrat repräsentiert die potentielle Unvereinbarkeit gegenseitiger innerer Schaltkreise: Es geht darum, das disharmonisch Fixierte mit Gewalt zu verändern. Weiterentwicklung ist deshalb oft nur durch bewußt herbeigeführte Zerstörungen möglich.

⚻ = Quincunx = 150° (Wirkungsbereich 2°)

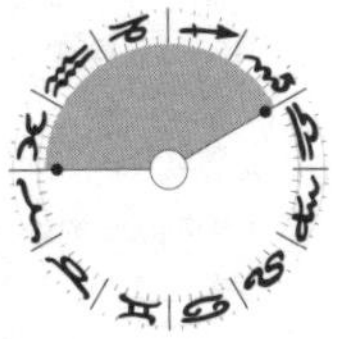

Dieser Winkel zeigt, daß alle Antworten, die du vom Partner erwartest, in dir selbst liegen. Sie enthüllen sich dir, wenn du deine Ausrichtung von ihm abziehst und nach innen richtest. Gelingt es dir nicht, die Antwort in dir selbst zu finden, dann wirst du von deiner eigenen Sinnsuche im anderen verschluckt, der dich zwingt, in allem nur die Antworten zu entdecken, die sich aus deinem unbefriedigenden Suchen nähren.

☍ = Opposition = 180° (Wirkungsbereich 3-4°)

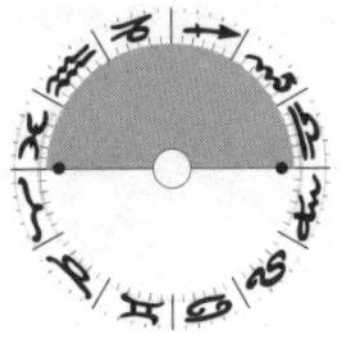

Die Opposition ist das Trennungssymbol schlechthin und somit die Grundlage für die Gegensätze und Widerstände, die dir im Partner begegnen. Hier hast du einen Teil deiner inneren Person ausgelagert, die du im anderen bekämpfst. Umgekehrt kann dich der Aspekt möglicherweise dazu bewegen, die auf den Begleiter übertragenen Bilder als Teile deiner eigenen unentdeckten Energien zu erkennen und durch Akzeptanz und Rücknahme die Begegnung wenigstens teilweise zu entspannen.

⏀ = Spiegelpunkt = gleiche Entfernung zweier Planeten zur ♈/♎ – Achse oder ♋/♑ – Achse (Wirkungsbereich 1-2°)

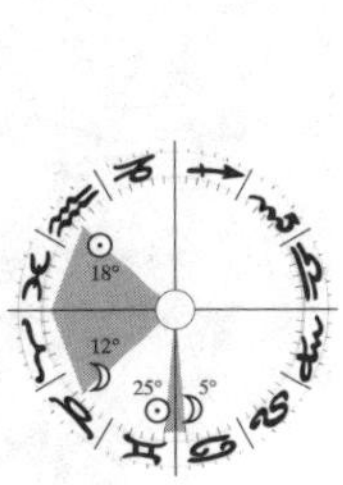

Die «parallele» Verbindung steht für die Möglichkeit, deine Fähigkeiten durch das Einwirken des Partners so zu entwickeln, daß du die Realität, die du durch ihn wahrnimmst, als eigenes Spektakel erkennst, das dich durch die Berührung mit ihm einholt. Je nach der Natur der Planeten kann es sich bei der Aspektierung um ein «Lustspiel» oder ein «Schicksalsdrama» handeln.

Akron

Das Astrologie-Handbuch

Das umfassende Standardwerk zur Astrologie
- vielschichtig und einsichtig für den Laien
- tiefschürfend und wissensreich für den Kenner.

540 S. mit zahlr. s/w-Abb., Festeinband

Es bietet:
- Eine grundlegende Einführung in die Astrologie.
- Einen erstmaligen Schlüssel zur Karmaberechnung.
- Die Deutung in den Zeichen und Häusern.
- Eine Beschreibung der Planeten und ihrer Aspekte.
- Tagestransite, Jahrestransite und Progressionen.

KAILASH

Die ultimative Bibel des wohl eigenwilligsten und polarisierendsten Astrologen im deutsch- sprachigen Raum... unmoralisch im besten Sinne.

ASTROLOGIE HEUTE

Akron/Hajo Banzhaf

Der Crowley-Tarot

Ein umfassendes Deutungsbuch zu den Crowley-Tarotkarten
- verständlich für den Laien, inspirierend für den Kenner.

220 S. mit zahlr. s/w-Abb., Festeinband

Es bietet:
- Eine grundlegende Einführung in den Umgang mit dem Crowley-Tarot.
- Einen Schlüssel zu den Bildsymbolen der abgebildeten Crowley-Karten.
- Die praxisnahe Deutungshilfe für jede Karte, bezogen auf die Fragenebenen: Beruf,Beziehung, Bewußtsein.

Ein Wegweiser zu geeigneten und erprobten Legemethoden für eine umfassende Kartenbefragung.

KAILASH

Akronos-Verlag

Akronos

Akron/H. R. Giger
Baphomet

Eindrücklich gestaltet von H. R. Giger
und von Akron meisterhaft interpretiert.
506 Buchseiten und 22 große Karten
im Format 105 x 170 mm mit Silberschnitt
DM/sFr 84.–

Akron/Voenix
Der Traum des Magiers

Dieser spirituelle Comic ist eine Reise an den ältesten Bestimmungsort der Menschheit: zu Geburt und Tod, Hoffnung und Angst, kurz: zu den kollektiven Urbildern, die in der Seele eingespeichert sind.
36 gezeichnete Seiten im Format 210 x 297 mm
DM/sFr 19.80

Zu beziehen bei: Akronos-Verlag
Ruhberg 20, CH-9000 St. Gallen
Tel. 0041-(0)71/2789669 · Fax 0041-(0)71/2789667

AKRON Computer-Text-Programm

Dieses Handbuch ist auch als Computer-Programm für deinen PC erhältlich.
Es läuft mit einem astrologischen Rechenprogramm, **das die Gestirnspositionen jedes Horoskops direkt mit den entsprechenden Buchtexten verbindet.**

Dieses Programm ist für dich...

✓ wenn dir das **Ausrechnen** von Synastrie-Aspekten oder das **Nachschlagen** der Texte zu **mühsam** ist.

✓ wenn du dein **Selbststudium** anhand der ausgedruckten Analysen von Freunden und Verwandten **vertiefen** möchtest.

✓ wenn du die **Ausdrucke gewerblich anbieten** möchtest.

Interessiert? Dann informiere dich unverbindlich oder fordere unsere Demo-CD an. Probetexte erhältst du kostenlos im Internet. Die Akron-Texte stehen dir mit drei Rechnern zur Verfügung:

ArsAstrologica

Juergen G.H. Hoppmann
Brunnenstrasse 168
D-10119 Berlin-Mitte
Tel. Fax +49 (0)30 4404 40 45
Mobilfunk 0177 830 14 93
jgh.hoppmann@gmx.de
www.come.to/ars.astrologica

Paessler Software

Lärchenweg 8
D-91058 Erlangen
Tel: +49 (0)9131 60 29 87
Fax: +49 (0)9131 60 11 69
info@paessler.de
www.paessler.de

CosmoWorld Software GmbH

Akron-Textprogramm
Ettenhoferstr. 2a
D-81375 München
Tel.: +49 (0)89 7400 146
Fax: +49 (0)89 7400 245
eMail: BodoZinser@csi.com
www.CosmoWorld.com

AKRON
Ruhberg 20 · CH-9000 St.Gallen

www.akron.ch

Akron, Schriftsteller, Essayist und Magier-Philosoph vom Bodensee, befaßt sich seit Jahrzehnten mit Astrologie, Magie, Tiefenpsychologie und Kunst. Während seiner Musikstudien in München Mitglied (Schlagzeuger) einer bekannten deutschen Rock-Gruppe, dabei erste Kontakte mit esoterischen Zirkeln und Bruderschaften. 1971 erschien sein Bucherstling, ein Roman. Später gab er eine avantgardistische Literatur-Zeitung heraus und experimentierte mit alternativen Denkmodellen. Daneben betätigte er sich auch in anderen Sparten, textete eine Rock-Oper und arbeitete fünf Jahre als Musik- und Theaterkritiker bei einer Tageszeitung. Ab 1987 schrieb er eine Reihe von Büchern, von denen «Der Crowley-Tarot» (mit Hajo Banzhaf, 1991), «Baphomet» (mit den magischen Tarotkarten von Oscar-Preisträger H. R. Giger, 1992) und «Das Astrologie-Handbuch» (1995) große Beachtung erhielen und in ihren Sparten zu Bestsellern avancierten. Heute befaßt er sich mit inneren Techniken, gibt Seminare für seelische Nachtmeerfahrten und ist Begründer eines Arbeitskreises für Energietransfer, Initiations- und Schattenarbeit.

Tel. 0041-(0)71-2789666 · Fax 0041-(0)71-2789667 · eMail: akron@akron.ch · http://www.akron.ch